鄧小平★革命人生

Deng Xiaoping

A Revolutionary Life

亞歷山大．潘佐夫
Alexander V. Pantsov
梁思文
Steven I. Levine
—著
吳潤璿
—譯

謹以此書紀念我的雙親

瓦丁．喬齊維齊．厄倫堡（Vadim Georgievich Ehrenburg, 1924-1979）

與

妮娜．史岱潘諾納．潘佐娃（Nina Stepanovna Pantsova, 1929-2011）

——亞歷山大．潘佐夫（Alexander V. Pantsov）

目次

第三部　務實派

蘇聯
蒙古
烏蘭巴托
興安
海拉爾
黑龍江
北安
佳木斯
合江
齊齊哈爾
嫩江
哈爾濱
牡丹江
松江
遼北
長春
吉林
遼源
安東
通化
熱河
承德
察哈爾
張垣
瀋陽
遼寧
綏遠
呼和浩特
北京
天津
北韓
平壤
首爾
南韓
日本海
日本
太行山
石家莊
河北
太原
山西
銀川
濟南
青島
山東
黃海
西安
陝西
鄭州
河南
合肥
江蘇
南京
上海
東海
安徽
牌坊村
湖北
武漢
杭州
浙江
四川
重慶
南昌
長沙
湖南
江西
遵義
貴州
貴陽
福州
福建
太平洋
台灣
廣東
廣州
廣西
南寧
澳門
香港
越南
南中國海
海南
海口
菲律賓

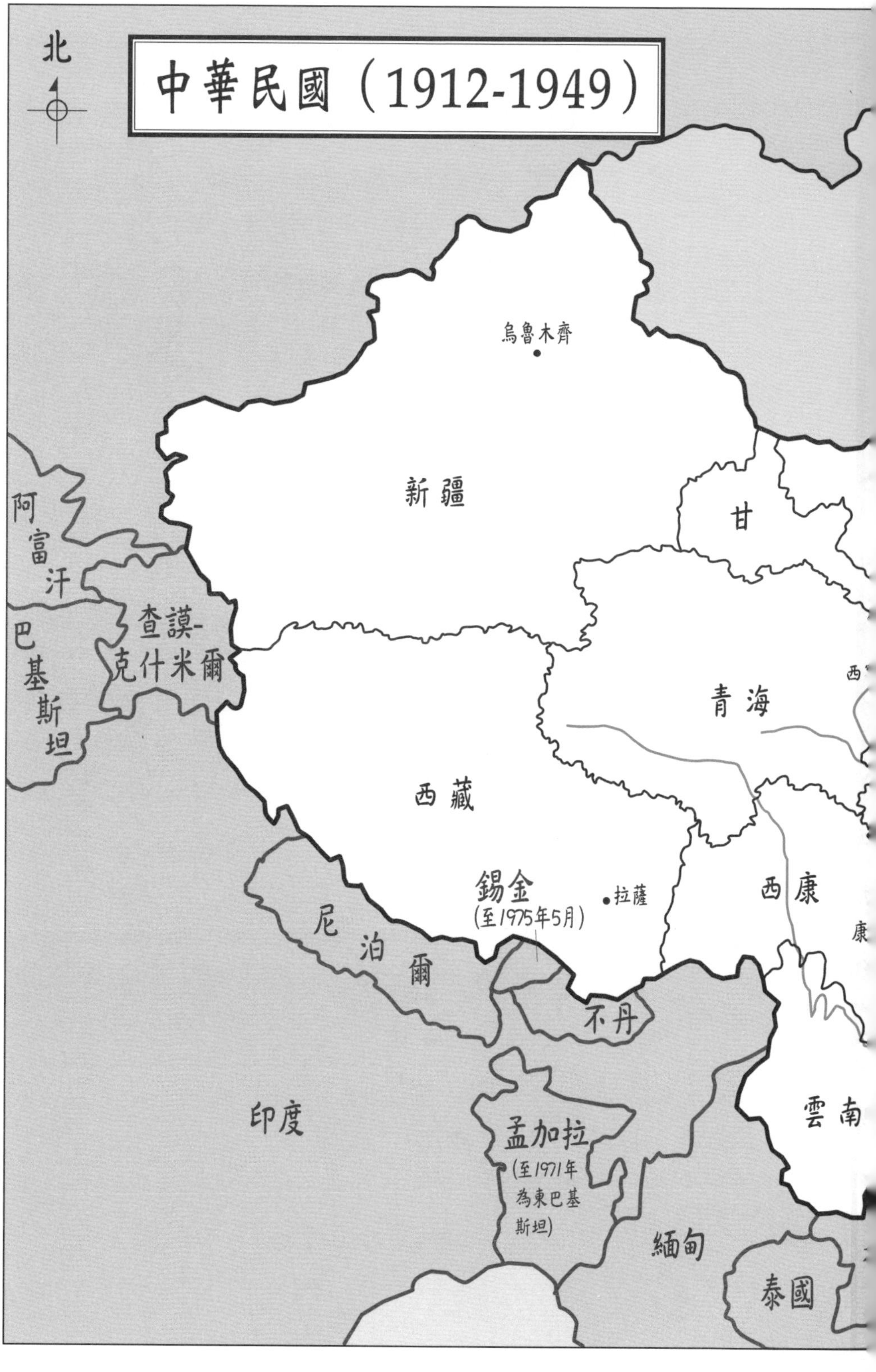
北
中華民國（1912-1949）
烏魯木齊
新疆
阿富汗
查謨-克什米爾
巴基斯坦
甘
青海
西藏
錫金
(至1975年5月)
拉薩
尼泊爾
西康
不丹
印度
孟加拉
(至1971年為東巴基斯坦)
雲南
緬甸
泰國

蘇聯解體後獨立為俄羅斯聯邦）
黑龍江
烏蘇里江
黑龍江
哈爾濱
烏蘭巴托
長春
吉林
寧夏回族自治區
瀋陽
遼寧
日本海
內蒙古自治區
北韓
平壤
呼和浩特
北京
天津
石家莊
首爾
太原
河北
日本
銀川
山西
濟南
青島
南韓
山東
黃海
蘭州
肅
西安
鄭州
陝西
河南
江蘇
合肥
南京
上海
成都
安徽
杭州
東海
湖北
武漢
重慶
南昌
浙江
長沙
湖南
江西
福州
福建
貴州
貴陽
太平洋
台灣
明
廣東
廣西
廣州
澳門
南寧
香港
越南
南中國海
海南
海口
菲律賓

北
中華人民共和國
蘇聯(1991年12月
哈薩克斯坦共和國
(1991年12月16日宣布自蘇聯獨立)
蒙古
烏魯木齊
新疆維吾爾自治區
甘
阿富汗
查謨-克什米爾
巴基斯坦
青海
西寧
西藏自治區
四
拉薩
錫金(至1975年5月)
尼泊爾
不丹
印度
孟加拉
(至1971年為東巴基斯坦)
雲南
緬甸
泰國

主要人物

于光遠（一九一五—二〇一三）。一九七五年起成為鄧小平的親近助手。中國社會科學院副院長兼馬列所所長、毛澤東研究所所長（一九七九—一九八二）。經濟改革者。

尤金（Pavel Fedorovich Yudin，一八九九—一九六八）。史達林派遣至中國的特使，負責檢視毛澤東對馬克思主義的信仰程度（一九五〇—一九五二）。蘇聯駐中國大使（一九五三—一九五九）。

戈巴契夫（Mikhail Sergeevich Gorbachev，一九三一年生）。蘇共中央委員會總書記（一九八五—一九九一）。蘇聯總統（一九九〇—一九九一）。

毛遠新（一九四一年生）。毛澤東的姪子，與四人幫合作。鄧小平的政敵。

毛澤東（一八九三—一九七六）。中共創始人之一（一九二一）。一九三五年起即是中國共產運動的領袖。一九四五年起任中共中央委員會主席。中國國家主席（一九五四—一九五九）。

毛澤覃（一九〇五—一九三五）。毛澤東的幼弟。

王明（又名陳紹禹，一九〇四—一九七四）。鄧小平於莫斯科的同學（一九二六—一九二七）。中共實際領導人（一九三一）。中共駐共產國際代表（一九三一—一九三七）。

王洪文（一九三五—一九九二）。上海造反派首領，文革期間的極左派四人幫之一。中共中央委員會副主席（一九七三—一九七六）。毛澤東的欽定接班人。鄧小平的政敵。一九七六年被捕入獄。

王海容（一九三八年生）。毛澤東的表姪孫女。中國外交部禮賓司副司長（一九七一—一九七二）。外交部副部長（一九七四—一九七九）。

王瑞林（一九三〇年生）。鄧小平政治秘書（一九五二—一九六七、一九七三—一九九二）。一九九二年起任中國人民解放軍總政治部副主任。

王稼祥（化名張烈，一九〇六—一九七四）。在中央蘇區反毛（一九三一—一九三四）。長征期間與遵義會議上支持毛澤東（一九三四—一九三五）。中共中央對外聯絡部部長（一九五一—一九六六）。

王震（一九〇八—一九九三）。副總理（一九七五—一九八三）。中共中央顧問委員會副主任（一九八五—一九八七）。中國國家副主席（一九八八—一九九三）。以鄧小平為核心的八大元老之一。

卡特（James Earl Carter, Jr.，一九二四年生）。美國總統（一九七七—一九八一）。

史達林（Joseph Vissarionovich Stalin，一八九七—一九五三）。布爾什維克黨總書記（一九二二—一九三四）。一九三四年起任布爾什維克黨書記。一九四一年起任蘇聯人民委員會會議主席。

布里辛斯基（Zbigniew Brzeziński，一九二八年生）。美國國家安全顧問（一九七七—一九八一）。

布里茲涅夫（Leonid Ilich Brezhnev，一九〇六—一九八二）。蘇共中央委員會總書記（先為第一書記，後為總書記，一九六四—一九八二）。

布哈林（Nikolai Ivanovich Bukharin，一八八八—一九三八）。蘇共中央政治局委員（一九二四—一九二九）。共產國際主席團主席（一九一九—一九二九）。《真理報》主編（一九一七—一九二九）。布爾什維克派新經濟政策的主要理論家。

布勞恩（Otto Braun，中文名李德，又名華夫，一九〇〇—一九七四）。中共中央軍事顧問（一九三三—一九三五）。

任卓宣（一八九六—一九九〇）。中共旅法支部書記（一九二三—一九二五）。中共旅莫支部書記（一九二五—一九二六）。

向忠發（一八七九—一九三一）。一九二八年起任中共中央委員會總書記。被國民黨拘捕處決。

安德洛波夫（Yuri Vladimirovich Andropov，一九一四—一九八四）。蘇共中央委員會書記（一九六二—一九六七、一九八二）。格別烏（KGB）主席（一九六七—一九八二）。蘇共中央委員會總書記

（一九八二—一九八四）。

朱德（俄文化名丹尼洛夫〔Danilov〕，一八八六—一九七六）。一九二八年至一九四五年的中國內戰與抗日戰爭期間，是毛澤東最親近的助手。紅軍、第十八集團軍與人民解放軍的總司令。一九五六年起任中共中央委員會副主席。

江青（本名李雲鶴，又名藍蘋，一九一四—一九九一）。毛澤東的第四任妻子。一九六六年起任中央文革小組組長。極左派四人幫之一。鄧小平的主要政敵。一九七六年被捕入獄。

江澤民（一九二六年生）。中共中央委員會總書記（一九八九—二〇〇二）。中華人民共和國主席（一九九三—二〇〇三）。

吳晗（一九〇九—一九六九）。劇作家、北京副市長。一九六五年其劇本《海瑞罷官》遭到批評，引爆文化大革命。

李立三（本名李隆郅，一八九九—一九六七）。一九二一年起組織中國勞工運動。中共實際領導人（一九二八—一九三〇）。一九三〇年掀起所謂的李立三冒進路線。

李先念（一九〇九—一九九二）。副總理（一九五四—一九八〇）。中共中央委員會副主席（一九七七—一九八二）。中國國家主席（一九八三—一九八八）。以鄧小平為核心的八大元老之一。

李明瑞（一八九六—一九三一）。廣西軍閥。廣西警備隊總指揮（一九二九）。中國工農紅軍第七與第八兩軍總指揮（一九三〇—一九三一）。

李富春（一九〇〇—一九七五）。一九五四年起任副總理兼國家計畫委員會主任。政治局委員（一九五六—一九六九）。

李維漢（化名羅邁，一八九六—一九八四）。鄧小平的政敵。中共中央委員會組織部長（一九三三—一九三四）。中共中央統戰部部長（一九四八—一九六四）。

李鵬（一九二八年生）。總理（一九八七—一九九八）。

汪東興（一九一六—二〇一五）。毛澤東的貼身警衛。中共中央辦公廳警衛處處長（一九六四—一九七八，期間一九六四—一九六九、一九七七—一九七八改稱為警衛局局長）。中共中央辦公廳主任（一九六五—一九七八）。中共中央委員會副主席（一九七七—一九八〇）。鄧小平的對手。

汪精衛（一八八三—一九四四）。國民黨「左派」首領。武漢政府主席（一九二七）。

谷牧（一九一四—二〇〇九）。副總理與中共中央書記處書記（一九七五—一九八八）。經濟改革者。

卓琳（一九一六—二〇〇九）。鄧小平的第三任妻子。

周恩來（一八九八—一九七六）。一九二七年至一九三四年間中共領導人之一，經常反對毛澤東，之後成為毛澤東的左右手與堅定的支持者。一九四九年起任總理。一九七二年，毛澤東的欽定接班人。一九五六年起任中共中央委員會副主席。一九二三年起即是鄧小平的導師。

季辛吉（Henry A. Kissinger，一九二三年生）。美國國家安全顧問（一九六九—一九七五）。國務卿（一九七三—一九七七）。

林彪（一九〇七—一九七一）。一九五五年被授予元帥軍階。中國國防部長（一九五九—一九七一）。中共中央委員會副主席（一九六九—一九七一）。毛澤東的欽定接班人。鄧小平的政敵。一九七一年企圖逃往蘇聯，但墜機身亡。

金維映（一九〇四—一九四一）。鄧小平的第二任妻子。

俞作柏（一八八九—一九五九）。廣西省政府主席（一九二九—一九三〇）。軍閥。

俞作豫（一九〇一—一九三〇）。俞作柏之弟，一九二七年十月加入中共。中國工農紅軍第八軍指揮官（一九三〇）。

姚文元（一九三一—二〇〇五）。中共上海市宣傳部工作，極左派四人幫之一。鄧小平的政敵。一九七六年被捕入獄。

姚依林（一九一七—一九九四）。副總理（一九七九—一九九三）。經濟改革者。

胡啟立（一九二九年生）。中共中央書記處書記（一九八二—一九八九）。中共中央政治局常委（一九八七—一九八九）。

胡喬木（一九一二—一九九二）。一九四一起任毛澤東秘書。一九七五年起成為鄧小平的親近助手。中國社會科學院院長（一九七七—一九八二、一九八五—一九八八）。中共中央書記處書記（一九八〇—一九八二）。

胡耀邦（一九一五—一九八九）。中國共產主義青年團中央書記處第一書記（一九五三—一九六六）。文革期間遭到迫害。鄧小平的親近助手（一九七八—一九八七）。中共中央主席（一九八一—一九八二）。中共中央總書記（一九八二—一九八七）。經濟與政治改革者。因過度自由化被鄧小平開革。

韋拔群（一八九四—一九三二）。廣西共產黨游擊領導者（一九二五—一九三二）。

夏伯根（一九〇二—二〇〇一）。鄧小平的繼母。

孫逸仙（一八六六—一九二五）。中華民國國父。國民黨創建者（一九一二）。與共產黨籌組統一戰線。

柴契爾（Margaret Thatcher，一九二五—二〇一三）。英國首相（一九七九—一九九〇）。

高崗（一九〇五—一九五四）。東北人民政府主席（一九四九—一九五二）。中央人民政府副主席（一九四九—一九五四）。國家計畫委員會主席（一九五二—一九五四）。一九五五年被中共開除黨籍。

康生（亦名趙雲，本名張宗可，一八九八—一九七五）。毛澤東的特務頭子。中共中央委員會副主席（一九七三—一九七五）。鄧小平的政敵。

張春橋（一九一七—二〇〇五）。文革期間的極左派四人幫之一。鄧小平的政敵。一九七六年被捕入獄。

張雲逸（一八九二—一九七四）。中國工農紅軍第七軍指揮官（一九二九—一九三二）。

張聞天（化名洛甫，一九〇〇—一九七六）。中共中央委員會總書記（一九三五—一九四三）。外交部副部長（一九五四—一九五九）。

張錫瑗（一九〇七—一九三〇）。鄧小平的首任妻子。

淡氏（一八八四—一九二六）。鄧小平的母親。

陳雲（本名廖陳雲，一九〇五—一九九五）。副總理（一九五四—一九六五、一九七九—一九八〇）。中共中央副主席（一九五六—一九六六、一九七八—一九八二）。中共中央紀律檢查委員會第一書記（一九八二—一九八七）。中共中央顧問委員會主任（一九八七—一九九二）。經濟專家。以鄧小平為核心的八大元老之一。

陳毅（一九〇一—一九七二）。第三野戰軍司令員（一九四六—一九四九）。副總理（一九五四—一九七二），兼外交部長（一九五八—一九七二）。一九五五年被授予元帥軍階。

陳獨秀（一八七九—一九四二）。中國共產運動創始人，中國共產黨領導人（一九二一—一九二七）。

博古（本名秦邦憲，一九〇七—一九四六）。中共中央總書記（一九三一—一九三五）。鄧小平的政敵。

彭真（一九〇二—一九九七）。北京市委第一書記（一九四九—一九六六）。北京市長（一九五一—一九六六）。中共中央委員會中任鄧小平副手（一九五六—一九六六）。以鄧小平為核心的八大元老之一。

彭德懷（一八九八—一九七四）。韓戰中國軍隊總司令（一九五〇—一九五三）。國防部長（一九五四—一九五九）。一九五五年被授予元帥軍階。一九五九年批評大躍進。

華國鋒（一九二一—二〇〇八）。一九七六年毛澤東的繼任人。中共中央委員會主席（一九七六—一九八一）。總理（一九七六—一九八〇）。鄧小平的政敵。

賀龍（一八九六—一九六九）。中共中央西南局第三書記（一九四九—一九五二）。一九五四年起任副總理。一九五五年被授予元帥軍階。文革期間自殺。

馮玉祥（一八八二—一九四八）。國民革命軍陸軍一級上將、國民軍指揮官、國民革命軍第二集團軍與西北軍總司令（一九二四—一九三〇）。

楊尚昆（一九〇七—一九九八）。中共中央辦公廳主任（一九四四—一九六五）。文革初期的受害者（一九六六）。中共中央軍事委員會第一副主席（一九八九—一九九二）。中國國家主席（一九八八—一九九三）。以鄧小平為核心的八大元老之一。

萬里（一九一六—二〇一五）。中共安徽省委第一書記（一九七七—一九八〇）。副總理（一九八〇—一九八八）。全國人大常委會委員長（一九八八—一九九三）。經濟改革者。

葉劍英（一八九七—一九八六）。一九五五年被授予元帥軍階。中共中央軍委會副主席（一九六六—一九八六）。中共中央委員會副主席（一九七三—一九八二）。國防部長（一九七五—一九七八）。鄧小平的顧問（一九七七—一九七八）。全國人大常委會委員長（一九七八—一九八三）。

赫魯雪夫（Nikita Sergeevich Khrushchev，一八九四—一九七一）。蘇共中央委員會第一書記（一九五三—一九六四）。蘇聯部長會議主席（一九五八—一九六四）。

趙紫陽（一九一九—二〇〇五）。中共四川省委第一書記（一九七五—一九八〇）。鄧小平的親近助手。總理（一九八〇—一九八七）。中共中央委員會總書記（一九八七—一九八九）。經濟改革者。一九八九年支持天安門廣場抗議分子。遭到鄧小平罷斥。一九八九年起遭到在家拘禁。

劉少奇（一八九八—一九六九）。中共領導人之一。中共中央委員會副主席（一九五六—一九六六）。中國國家主席（一九五九—一九六八），毛澤東的欽定接班人（一九六一—一九六六）。文革期間的頭號受害者。

劉伯承（一八九二—一九八六）。八路軍一二九師師長（一九三七—一九四五）。第二野戰軍司令員（一九四六—一九四九）。中共中央西南局第二書記（一九四九—一九五〇）。中國人民解放軍軍事學院院長兼政委（一九五〇—一九五九）。一九五五年被授予元帥軍階。

蔡和森（一八九五—一九三一）。法國勤工儉學學生領袖（一九二〇—一九二一）。中共中央執行委員（一九二七—一九二八）以及中共中央政治局委員（一九三一）。

蔣介石（一八八七—一九七五）。一九二六年起任國民黨國民革命軍總司令。一九二八年起任國民黨政權領袖。

鄧力群（一九一五—二〇一五）。文化大革命時遭迫害。一九七五年起成為鄧小平的親近助手。中國社會科學院副院長（一九七八—一九八〇）。中共中央委員會宣傳部部長（一九八二—一九八七）。

鄧小平（一九〇四—一九九七）。副總理（一九五二—一九六八、一九七三—一九七六、一九七七—一九八〇）。中共中央書記處總書記（一九五六—一九六六）。文革期間遭清算，但在一九七七年復出掌權，翻轉了毛澤東的政策。中央軍事委員會主席（一九八一—一九八九）。中共最高領導人（一九七八—一九九七）。

鄧文明（一八八六—一九三六）。鄧小平的父親。

鄧林（原名鄧琳，一九四一年生）。鄧小平的長女。

鄧樸方（小名胖胖、胖子，一九四四年生）。鄧小平的長子。

鄧楠（一九四五年生）。鄧小平的次女。

鄧榕（又名毛毛，一九五〇年生）。鄧小平的三女。

鄧質方（小名飛飛，一九五一年生）。鄧小平的次子。

鄧穎超（一九〇四—一九九二）。周恩來之妻。以鄧小平為核心的八大元老之一。

鮑彤（一九三二年生）。趙紫陽秘書（一九八〇—一九八九）。中共中央政治體制改革研討小組辦公室主任。一九八九年被捕並入獄。一九九六年獲釋。

薄一波（一九〇八—二〇〇七）。中國財政部長（一九四九—一九五三）。副總理（一九五六—一九七五、一九七九—一九八二）。中共中央顧問委員會副主任（一九八二—一九九二）。以鄧小平為核心的八大元老之一。

瞿秋白（一八九九—一九三五）。中共實際領導人（一九二七—一九二八）。中共派駐共產國際執委會代表團團長（一九二八—一九三〇）。

聶榮臻（一八九九—一九九二）。副總理（一九五四—一九七五）。一九五五年被授予元帥軍階。

魏京生（一九五〇年生）。一九七八年起中國異議人士領袖。

譚震林（一九〇二—一九八三）。副總理（一九五九—一九七五）。一九七五年起任全國人大常委會副委員長。

蘇斯洛夫（Mikhail Andreevich Suslov，一九〇二—一九八二）。蘇共中央委員會書記（一九四七—一九八二）。蘇共政治局委員（一九五二—一九五三、一九五五—一九八二）。蘇維埃理論家。

饒漱石（一九〇三—一九七五）。中共中央組織部部長（一九五三—一九五四）。一九五五年與高崗一同遭到清算。

鄧小平

革命人生

緒論

一九八九年夏，全球的電視台傳送了中國首都北京有個形單影隻的年輕人手中提著購物袋，站在一排沿著長安大街要開往天安門廣場的坦克車前。他往左走了幾步，然後又向右跨了幾步，想擋住這些強大機器的去路，而他那些孤零零的袋子還在手上一無防備地晃著。

六月五日，中國領導階層最高領導人鄧小平開始透過軍隊的協助要在首都「恢復秩序」之後，這些特寫鏡頭也隨之結束。這場四月中開始進行的學生與市民的示威活動要求真正的民主、公民權以及消滅貪腐，這威脅了官僚政治的絕對權力。這場自由運動不只咬住了北京，也緊抓住許多大城市。儘管已呼籲無數次要這些不受控制的年輕人返家，但他們並不想放棄他們的抗議行動。因此國家領導們必須在使用武力和提出讓步之間做出選擇。他們做出了選擇，以鮮血染紅了通往天安門的街道。

很可能這些年輕的造反者認為可以「以柔克剛」，但在一九八九年六月，老子[1]這個古老的概念被證實並不可行。中國極權政權鎮壓了反對運動，並指控其為企圖進行反革命暴動。接著倖存者開始在中國各城市街頭上投擲砸碎的玻璃瓶碎片，作為象徵性與絕望抗議的標記。鄧小平的名字「小平」正好轉換成「小瓶」。

然而，最後一次爆發的抗議活動非常短命。日子繼續過下去。遭到射殺或被坦克壓死的人都已被埋了起來，服完刑期的人也獲釋出獄。逃過一劫的造反學生重返校園，完成他們的高等學業並開始工作。

經過二十六年之後，中國年輕人對於當時通往天安門廣場街頭以及在廣場本身所發生之事近乎一無所聞。無人膽敢公開討論這場大屠殺，這麼做是非常危險的。天安門（Tiananmen）事件是現代中國三個英文T字頭禁忌之一，另外兩個是台灣（Taiwan）與西藏（Tibet）。

總之，有些人會說為何要重提不堪的過往？畢竟中國現在正跳躍發展，消費市場滿是各種商品。看起來這個廣袤國家的現代化是近在咫尺。大多數的中國人展望未來，而非回首過去。三十七年的經濟改革——同樣的這個鄧小平正是市場社會主義的設計師、創始者與帶領者——導向一個全世界開始談起「中國奇蹟」的局勢。

因此或許中國領導人鎮壓這些自由派是對的決定。畢竟，中國並非美國。況且，這又何嘗不是經過數千年專制的「天朝子民」顯然適應了領導階層的專制權力？

誠然，那些對專制統治或通曉或無知的辯護者引起了如此的爭論。然而，老子認為在中國是「民不畏威，則大威至。無狎其所居，無厭其所生」。[2]同時期的孔子說：「君子和而不同，小人同而不和。」出於相同的理由，孔子也相信世上的四惡之一是「不教而殺謂之虐」。[3]

要是鄧小平錯了呢？如果沒有鄧小平以本國年輕人的鮮血褻瀆首都的街道，中國是否已經攀到其經濟高峰？

儘管一直都有人試圖做出快速的評斷，可是回答這些問題實非易事。畢竟，答案不是只存在於中國近期的歷史中，還須連結我們對這個「中原帝國」（Middle Kingdom）走過二十世紀一路以來的了解——那是條艱困、曲折又戲劇性的道路，帶領著中國從一個西方世界的半殖民地到成為世界強權，從一個落後、古老的君主制到成為社會主義共和國。

當然答案也與對這名中國主要領導人鄧小平的評價連結在一起。他是什麼樣的一個人？他是如何上台？在中國革命和建構社會主義過程中，他又扮演了何種角色？他那非比尋常的改革試圖把中國轉變成一個社會主義與資本主義共生體，其源頭和要素又是從何而來？為何他最終派出軍隊前去鎮壓抗議的青年學子？

那些認識鄧小平的人，包括全球主要政治人物在內都以不同的方式在描述他，可是他們也都承認他那獨到的才能。這其中有赫魯雪夫（Nikita S. Khrushchev）、戈巴契夫（Mikhail S. Gorbachev）、福特（Gerald R. Ford）、卡特（Jimmy Carter）、雷根（Ronald Reagan）和老布希（George Bush）。即便是生性猜忌與多疑的毛澤東兩度把鄧小平趕出政治局，依然重視他，甚至在文化大革命鬧得最兇期間（一九六六——一九七六）也不許任何人摧毀他。

我們該如何具體描繪鄧小平？他是一名長壽的革命家，從上個世紀初一直活到世紀末。在無數的中國歷史與世界歷史事件中，他既是見證者，又是積極的參與者。他躋身位列於毛主席統治下中國共產黨內最高階領導人，並從「偉大舵手」的所有接班人中勝出。或許該重新思考鄧小平的基本信仰既漫長又曲折的道路，其中最引人入勝之處是他不僅自己從毛澤東社會經濟烏托邦的束縛中解放出來，同時協助其人民看清這一切。可是，對於中國共產黨無可挑戰的獨裁統治形式的必要性，他依然深信不疑。當對民主的願景衝撞及此，鄧小平只看見混亂的鬼魅。他一意孤行，不願再往前進。總之，鄧小平並不信任他與同志們所宣稱統治的中國人民，他拒絕把國家的領導權交給整體社會。

鄧小平最終還是活在他的年代，只能完成他所能設想到的事業。他無法像蘇聯的戈巴契夫，無法徹底克服他自我的集權主義世界觀。鄧小平是中國社會主義的改革者，而非埋葬者。

此書是要破解鄧小平這樣錯綜複雜的人物。本書依據了中國共產黨、蘇聯共產黨和國際共產運動的早期秘密檔案。檔案來源的核心包含了莫斯科「俄羅斯國家社會與政治史檔案館」（即「前蘇共中央委員會馬列主義研究所中央檔案局」）中先前大量未解密的鄧小平個人資料，以及鄧小平家庭成員的資料。除了俄羅斯檔案資料的新文件之外，也參考了多達三千三百名中國共產黨領導人的文件資料，諸如毛澤東、周恩來、朱德、陳雲以及其他人。**這是第一本使用了所有這些資料的鄧小平傳記**。

能取得其他文件來源尤其要感謝中國、俄羅斯、美國和西歐歷史學者們的努力，他們的資料也同等重要並值得善加使用。這些包括了鄧小平與其他中國領導人的演講、文章、信件的內容，中國共產黨高層機構、中華人民共和國以及蘇聯共產黨的會議紀錄報告，美國政府和他國政府的官方文件，還有鄧小平與世界上其他最高領導人之間的對談紀錄。於公於私認識鄧小平之人：他的妻子們、兒女們、兄弟姊妹、同僚、秘書、警衛以及其他身邊的成員；他們不可勝數的回憶重要性不遑多讓。主要作者亞歷山大・潘佐夫親訪過許多認識鄧小平之人，與鄧小平共事之人或是受到鄧小平政策與作為影響之人。後者之中最廣為人知的是「西單民主牆」運動（一九七八—一九七九）的中國異議分子領袖魏京生。潘佐夫無數次走訪鄧小平出生地中國四川，以及其他在中國與歐洲和鄧小平一生有關聯的地方，蒐集到許多獨特的資料。本書也幾乎用盡了現有的中文、俄文、英文與法文的二手資料。

本傳記是以前一本廣受好評《毛澤東：真實的故事》相同的筆調完成的客觀研究。對其主人翁採用了相同平衡性的描述方式，既不高舉鄧小平作為改革的典範，亦非僅僅視其為「北京屠夫」的其中一員。

鄧小平在中國現代史的重要性值得對他做出如此詳細與客觀的評價。本書並非是政治性的小刊物，而是以敘事風格來呈現多年潛心學術研究的成果，意味著對於大眾讀者而言是本平易近人、饒有趣味又引人入勝的書。本書試圖重建鄧小平、毛澤東以及他們所有的朋友、敵人所營造出的具體歷史局勢，我們一心嘗試要避免受到左派或右派的政治偏見影響。這是正確理解先人們的唯一方式，同時也是尊重歷史的唯一途徑。如果從自己的政治觀點出發撰寫歷史，就永遠無法成為客觀的歷史紀錄，反而是政治指控。

如果客觀地書寫，我們是否會缺乏「道德規範」？完全不是如此，歷史是充滿生命力的。當我們翻閱歷史時，可以感受指尖上的生命力。我們無法找到完美的歷史人物。想想凱撒大帝（Julius Caesar）、彼得大帝（Peter the Great）和拿破崙（Napoleon）；反思馬丁・路德（Martin Luther）、喀爾文（Jean Calvin）以及亨利八世（Henry VIII）的人生；看看克倫威爾（Oliver Cromwell）、列寧（Vladimir

Lenin）與蔣介石。以美國人的脈絡而言，這反映在有如蓄意殘害數百萬名美洲原住民的傑克遜（Andrew Jackson）總統；更不必提那些對美國奴役非裔美國人提出合理化說法的眾多傑出人士。他們全都是只有單一面向的狂熱分子或壓迫者嗎？幾乎不可能如此。他們都是具有爭議性的人物。甚至是十分極端的希特勒（Adolf Hitler）和史達林（Josef Stalin）的一生，都應該做出客觀研究。當然這兩名獨裁者的作者們都深知這兩人該為發起史上最具毀滅性的戰爭負責，也不該遺忘希特勒在大屠殺（Holocaust）中所犯下的罪行。顯然唯有多面向去描繪這些人物——即便是其中最為可惡之人——方能協助我們破解複雜的歷史現實。是我們需要真理，而非那些早已辭世的領導人。

我們一絲不苟的研究有助於呈現鄧小平這樣充滿許多矛盾的人。鄧小平和其他人一樣，有正反兩面的個性，有弱點也有強項。對於那些視鄧小平為一九五〇年代初期反對毛澤東左派政策的「溫和派」的傳統觀點，我們看法相反；我們展現出直到一九七六年的頭幾個月，儘管鄧小平在文革期間受到毛澤東的迫害，他一直都還是毛澤東真實的門徒，對「偉大舵手」忠心不二。從一九三〇年代初期他們兩人首度開始合作起，鄧小平就傾心支持毛澤東。他熱烈地支持毛澤東一九五〇年至一九五三年之間的土地改革政策、中華人民共和國的史達林化、經濟的社會主義化以及「大躍進」。直到一九六一年五月底，鄧小平才真正開始對於左派政策提出部分批評；可是直到毛澤東在一九七六年過世前不久，他才展現出反抗之心。

鄧小平和毛澤東一樣都是多面向的個體，無法以黑白二色加以描繪。在鄧小平正面功業中包括削減了中國百分之五十的貧窮人口。他也將中國帶往與國際體系進一步大整合的道路之上，並該對中國現在的樣貌負起責任。可是鄧小平絕非一名自由派，他到臨死之前甚至變得和毛澤東一樣，多疑且無法忍受異己。雖然到了一九七〇年代末，他開始透過「實事求是」的口號來拆毀毛派烏托邦；到了一九八〇年代末，他已經開始認為自己是真理的最終源頭。就是此種質變，不僅造成鄧小平與部分身旁親近人士之間的衝突，也發生在他與相信鄧小平早期自由派計畫的中國社會中部分重要人士之間。

我們展現出鄧小平終其一生職涯在國共革命年代、土地改革、為社會主義鬥爭以及文革期間，不僅是名虔誠的共產黨黨員，同時也是一直深信為達目的不擇手段的黨工。對於鄧小平而言，只有作為達成目標的工具時，人民才具有重要性。

直到毛澤東老朽不堪之際，鄧小平還是對毛澤東卑躬屈節。他在「偉大舵手」面前無數回自貶身分，尤其是在文革期間，他終於以最大程度的自我羞辱對折磨他的人表達其忠誠之心。儘管鄧小平的長子因為文革而殘疾，他的妻子因而高血壓，其他子女也在窮鄉僻壤受到精神與肉體的苦難，但這都未動搖他對毛澤東的忠誠。人的基本德行如人性尊嚴、驕傲與原則等，對於鄧小平來說毫無意義。自從他年輕時期將一生投注於共產黨運動起，這些全都不復存在。從那時起，對組織的忠誠戰勝一切情感。就此觀點，鄧小平誠然無異於其他排斥社會傳統基本原則之人。歷經長年的政治生涯，虛偽的變幻無常早已成為他性格的一部分。雖然鄧小平偶爾會冒犯毛澤東並讓他失望，可是毛澤東認為鄧小平深具才幹，並且是他最佳門徒則不令人驚訝。鄧小平並非有意要忤逆毛澤東，因為他有時無法探尋出毛澤東的私密欲望。事實上，跟那名試圖以蔑視經濟規律的驚人速度來建構共產主義的毛澤東相比，鄧小平更像是一名馬克思主義者。可是他依然深信中國共產黨已經成功在落後的中國建立起社會主義，這應是馬克思會不以為然的看法。鄧小平和毛澤東都自承不了解經濟事務，然而他跟毛澤東一樣把自己的經濟觀點強諸於黨和社會之上。一九七〇年代底與一九八〇年代初，鄧小平在毛澤東死後數年所發展出來的改革與開放理論，並非他自己獨創出來。這套說法是根植於俄羅斯布爾什維克黨人尼可萊·布哈林（Nikolai I. Bukharin）對列寧意圖在共產黨控制之下開發市場經濟的「新經濟政策」做出解釋。一九二〇年代中期，鄧小平還是莫斯科共產國際學校的學生時得知這項概念，當他一鞏固權力之後，立刻執行這項政策。與此同時，我們也呈現出鄧小平並未在農民之間劃分公社土地。如此激進地揚棄毛澤東集體主義中最沉重的形式得歸功於農民本身，是他們開始劃分土地。謹慎的鄧小平在此項改革開始一年半之後，才轉向支持此一發展。

鄧小平個性強悍、行事果斷、深具野心且相當殘酷，可是他同時也十分謹慎並保有耐心。因此，鄧小平和毛澤東兩人是系出同門。只要朋友與同僚一在政治上無法滿足鄧小平，他會輕易地拋棄他們，此後再也不把他們放在心上。鄧小平和毛澤東一樣有著堅強的意志，當然也和他一樣擁有領袖魅力。他是操弄人民的巨擘，玩弄陰謀，以華麗的口號誘騙人民。若不使用這些技巧，鄧小平就無法成為領導人，也就無法戰勝覬覦毛澤東接班人大位之人，並在黨、國內建立起自己的獨裁領導。

所有前述的特色都使得本傳記與之前鄧小平的傳記和研究大不相同。有兩點異議之處，那些作品都已經過時，因此並非永遠可靠，有數本作品甚至些許超越了傳記的描寫範圍。即便是最為知名的鄧小平研究者傅高義（Ezra F. Vogel）的《鄧小平改變中國》，儘管該書頗具分量也相當詳細，但在許多重大觀點上也與本書有所差異。首先，該書並非完整的鄧小平傳記。事實上，那也實在不算是本傳記。傅高義僅僅專注於鄧小平一生九十二年中的最後二十七年。他對鄧小平六十五歲之前的生活鮮有興趣，對於鄧小平成長期、成為革命家的歷程，還有掌權以及成為毛澤東內部核心要員的活動只做了輕描淡寫（八百三十五頁中只有三十二頁）。傅高義以政策分析家的身分寫作，而非以傳記作者或歷史學者的角度；他只對鄧小平在後毛澤東時期的改革感到興趣。第二，傅高義缺少擷取獨特的俄羅斯原始檔案，而這正是我們研究所倚賴的資料，且這對於了解鄧小平政治生涯與個人生活又是極其重要的。第三，或許是最重要的部分，傅高義的書並未做多少批判也缺少客觀性。鄧小平本人表示過他一生的功過是好壞各半。這樣的說法要比傅高義和煦的觀點更接近真正的評價。鄧小平和毛澤東同樣犯了許多嚴重的罪行，也要為數百萬人民之死負責。一九五〇年代初期，甚至連毛澤東都試圖阻擋鄧小平屠殺過多的反革命分子。一九五〇年代末期，鄧小平殘害知識分子；一九七〇與一九八〇年代，他逮捕甚至殺害異議分子。更別提鄧小平在一九八九年六月四日天安門屠殺中的責任問題。這也顯露出在中國研究圈中，對於傅高義著作的回應是相當冷淡的。因為對鄧小平採取非批判性與不符實際的正面角度，他們對該書做出恰如其分的批評。[4]《中國經濟評論》前編輯陸建鑫（Pete Sweeney）表示同樣的觀點：「我們期待看到一份對他（鄧小平）的政治想法更具批判性的作品。」[5]

這就是我們的工作。**對於中國在二十世紀末的歷史中最為重要的政治領袖，我們盡量寫一本內容完整又客觀的傳記**。

總而言之，我們身為歷史學者的責任是對鄧小平以及那個被他徹底改變的國家建立起鮮明生動的形象。我們並未明確頌揚或苛責鄧小平，正如同我們也未明確褒貶毛澤東。不帶政治性斧鑿的細心讀者肯定能以我們所提出的龐大證據為基準做出自己的結論。我們試圖以當初了解毛澤東所有複雜性的方式去理解鄧小平。我們期待本書也能協助讀者更為清楚地了解中國的過去、現在以及未來。只要我們不厭其煩地去破解中國的奧秘，便能達成此任務。本書中，我們的方法是仔細檢視鄧小平，這名中國所造就的出色革命家和改革者，而他隨後也在漫長政治生涯中重塑了中國。

第一部

布爾什維克派

★

第一章

生於龍年

灰色觀光巴士停在小廣場上，精力充沛的女導遊宣布：「鄧小平同志的故里到了！」窗外翠竹搖曳，香蕉樹四處林立，一條兩旁種滿了常綠橡樹、玉蘭與槭樹的小路通往一座宅院，所在離四川省牌坊村不遠，宅院單獨坐落在新設計的公園裡，就是已故領導人鄧小平的故居。

大巴士的空調也不敵街上一整個的悶熱。仲夏絕非在中國西南旅遊的最佳時節。溫度計已經來到攝氏三十度，濕度幾乎是百分之百。人們渴望能吹來一陣清爽的微風。我們一行人迅速穿過紅白相間的大門進入園區，搭上由電動拖拉機牽引著的一長串無頂棚小車，很快就抵達一間寬廣、上覆弧形紅磚屋頂的平房農舍。這是一棟建在低矮山丘上的中國傳統三合院建築，有座長方形的內院。這就是鄧小平家族的老家。房舍相當宏大，占地超過兩百四十坪。庭前池塘漂著百合與蓮花，正廳後方是片竹林，林蔭中還有一口不深、水質清澈的圓井。當地人稱這座房舍為「鄧家老院子」。

當我們踏入這棟有十七間屋的磚造農舍，終於感受到期盼已久的涼爽。這名精神飽滿的女導遊旋即帶領我們來到第四間屋，屋內有張四隻矮腳的亮漆木頭大床盤據在一角，床頂梁柱雕工精美。床上蓋著一張簡單的竹蓆。導遊以鄭重的口氣宣布：「先生女士們，鄧小平同志就是在這張床上出生的！」

雖然大家都很清楚這名導遊扭曲了事實，還是讓人感到背脊一陣涼意。真正屬於富裕鄧家雙親的那張床，還有其他財產，在一九四九年中共掌權之後，已全都分配給農民了。[1]

關於這張床的「善意謊言」並不會貶低整體的觀感。房舍被保存得相當良好。所有的一切看起來就像在那個龍年農曆七月二十日（一九〇四年八月二十二日）當天，這棟房子傳出新生兒刺耳哭嚎聲時的模樣。他的雙親難掩心中喜悅。他們已經有了一個女兒，不過，就和所有的中國人一樣，還渴望能有兒子來繼承家業延續香火。男兒的責任之一就是照料年邁雙親，並在他們辭世之後，按照傳統定期去掃墓。

這名欣喜若狂的父親參照了孔夫子（西元前五五一—前四七九）的名字，給他的兒子起了個吉利的名字：先聖。他向世人宣告這名鄧家嬰兒要比孔子更聰慧，而這是極其輕率的舉措。不過，鄧小平的父親肯定事先問過當地的算命仙，如此一來，這名算命的也得承擔取了如此「傲慢」名字的責任。

就某種程度而言，鄧小平的父親要如此給兒子起名，必須符合鄧家全族的家譜傳統，也就是所有居住在現今稱為協興（場），往昔稱為望溪（鄉）的鄧氏家族的傳統。在舊中國時期，不存有個體，所有人僅僅屬於群體的一部分——從單一共同的先祖起始追溯而下的一大群遠近親族。每個氏族的族譜，每年會記錄親族成員的出生與死亡，以及其他活動事項。在族譜中，每一代人都會有個特定的字輩排行，每個人名字中都使用該字輩。名字通常是兩個字，其中之一表示字輩排行。鄧小平這一輩——鄧家第九代——的排行是「先」，如此一來，他父親的選擇也隨之受限。當然，這也並不斷定第三個「聖」字就應該在「先」字之後。不過，鄧小平的父親出生於一八八六年，村中大家都喊他為鄧文明。他與眾不同，如同中國俗諺所說，他「不怕捋虎鬚」。

多年之後，鄧小平稱他的父親為「小地主」，[2]有時候甚至說是「中農」。[3]鄧小平的女兒鄧毛毛說她的祖父耕種「些許農地」。[4]鄧小平的弟弟鄧墾則記得祖父擁有四十畝地。[5]不過，一九六七年紅衛兵對鄧小平極具敵意，宣稱鄧文明擁有大約二十英畝的土地，還雇用許多勞工，儼然大地主，是農民和窮人口中的「土豪」或吸血鬼。[6]極有可能如鄧小平傳記之一的作者曾經寫的，「真相……落在兩個極端值之間」。[7]

在當時，鄧小平父親的思想相當進步，且受過良好教育。他不僅上過當地私塾，也在四川省會成都讀過新式法政學校，在那他認識了國民革命思想，一心一意贊同十九世紀末的改革派。[8]鄧文明畢業後回到老家，在鎮上的中學教書，與富裕的鄰居相處得宜。他加入了反清復明的秘密組織「袍哥會」（哥老會）。數年之後，他成了「掌旗大爺」，也就是該組織的實質首領。[9]

鄧氏一族眾多成員在縣城、地方，甚至是省府中擔任要職，積極參與政事。家族一世祖鄧鶴軒原籍江西省，一三八〇年以兵部員外郎身分，隨著明太祖朱元璋的軍隊入蜀。[10]鄧鶴軒的後人中頗多具有文望，其中鄧時敏還進入享有盛名的翰林院，那是大理寺主要官員來源以及成為皇子師傅的國家諮詢機構。[11]或許鄧文明承繼他對知識與政治活動兩方面的渴望。

鄧文明十三歲時娶妻①，並未能生兒育女。因此兩年之後，他納娶一名女子淡氏，希望能生下個兒子。依據當時的法律，在正室過世之前，她都只是侍妾。鄧文明對她只要求一件事，也就是幫他繼承香火。因此，那張亮漆木製大床就是新娘的嫁妝，馬上被當成考驗之用。九個月後，一九〇二年，他們生下第一名小孩，是個女嬰。他還是需要一名兒子。現在兒子來了！鄧小平的女兒寫到：「圓臉、寬額頭、淡眉毛、白皮膚、小眼睛，還有我們家族代代相傳典型的圓鼻頭。」[12]對於鄧小平的雙親而言，鄧小平是世上最漂亮的嬰兒。他母親大喊著：「仙娃！」還緊抱著他。

鄧文明與其他親人奮力地敲鑼打鼓，打碎陶器來驅趕惡靈。為了相同的理由，穩婆把佛經與《論語》安置在新生兒的身邊。接著這名父親點上一把火炬，兩名佃農撐著還無法獨自撐起身體的年輕母親，讓她穿過火焰的下方以求淨化。在神龕前點燃蠟燭，插在堆滿著米的托盤上。隨之派信差跟娘家報喜，並帶了公雞給這名母親的雙親，以宣告生下一名男嬰。

---

① 譯註：其第一任妻子為張氏，病死無後。

到了第三天，便廣邀親戚，直到那時才會替嬰兒洗澡。每名賓客會把一顆煮熟的白蛋或紅蛋放進用來當作是洗禮盤的銅盆內，裡面裝滿了燒開過的水。紅蛋表示賓客期望新生兒擁有無限的幸福，白蛋代表著長命百歲。此外，會把尚未洗過的洋蔥和薑也放進盆內，這象徵著智慧和健康。在嬰兒洗完澡之後，會把錢幣、裝飾品以及蛋與米送給穩婆作為酬謝。

就在同一天，開始替這名男嬰安排婚事。儒學思想家亞聖孟子（西元前三九一—前三〇八）說：「丈夫生而願為之有室，女子生而願為之有家。父母之心，人皆有之。」[13]親朋好友爭相搶訂婚事，對象不是和鄧文明這名新生兒同年就是年紀稍長。名單收集後，在當地術士協助下，他們開始排起新郎新娘的生辰八字。經過冗長的爭論後，他們終於選定一個富戶唐姓家族的女兒。[14]她的生辰八字與鄧小平最為相配。媒婆被派往女方家中，很快就安排好一切。在交換禮物和寫在紅紙上雕有龍鳳圖樣的關書後，鄧家與唐家就此成了姻親。不過，因為女孩還是名嬰兒，在適婚年齡前依然與自己的父母同住。

傳統以及鄧家的社會地位掌控著所有的生活常規。即便像是鄧文明這樣開明的人，也無法一直脫離傳統道德上的嚴厲拘束。鄧家的母親淡氏也是相當傳統保守。在淡氏嫁給鄧文明為妻之後，才產下頭一胎。鄧媽媽以明理、節儉，以及善於炮製川菜而眾所周知。對於和所有川菜一樣都加入大量辣椒的泡菜，她有著獨門工夫。這手藝也一直都是她愛子的最愛，鄧小平也和所有四川人一樣，不喜歡清淡無味的食物。鄧媽媽也會養蠶，再賣掉蠶絲。鄧小平記得家中種著非常多的桑樹。[15]

鄧小平生長在備受寵愛與呵護的環境之下。[16]他雙親衣食無缺，周遭的農田和桑樹帶來穩定的收入，餐桌上總堆滿了米、肉與蔬食，衣櫥內華服充盈。[17]鄧家還養了狗、家畜與水牛，庭前池塘中還有優游其中的鴨子，家禽和鵝任意在庭院中漫步。[18]竹林遍布四周，諸如家具、床墊、枕頭，乃至於繩索，都是家族成員和長工手製而成。新鮮竹筍製成辣味醃筍也是道菜肴，還煎竹葉來泡茶。鄧家來自竹林的收入並不低於來自種稻和養蠶。

鄧文明管教嚴厲，但是並不會責打兒子。鄧文明信仰虔敬，視家庭的福分為至關緊要之事。小男孩剛滿五歲大，這名父親就把他送到村中的舊式私塾去上課。在一九〇一年至一九〇九年之間，帝制中國處於教育改革，各地私塾紛紛關閉，不過牌坊村的這間私塾還倖存著。私塾先生鄧俊德是鄧文明的親戚，教孩子們儒家的基礎經典。他個性嚴厲，要求甚嚴，時常鞭打學生，還強制那些最難以管教的學生跪在孔夫子像前數個小時。他也迫使鄧文明替鄧小平更名，從原來極為進取的先聖，改為溫和的希賢。[19]這是鄧小平年少時期的名字，他一直用到一九二七年夏天。直到成為共產黨員，他才遵循革命團體的規則，改為這十分平凡的小平。[20]

這名小男童繼續在私塾受教一年，之後進入鎮上的北山小學堂，那是他父親在一九一〇年方才創建的學校。[21]在學校中，除了教授經典古籍之外，還有基礎的數學和中國文學。經典古籍依然是主要科目，因此年幼的鄧小平終日與同學為伍，周而復始地複述老師從《論語》和《孟子》所引用之經典名句。《大學》與《中庸》也是中文課程的教材。他試著背下這些經典，可是並無法理解其中大多數的內容。這些中國古代哲學中的倫理戒律無法引起他的共鳴，如同也未能吸引其他的中國革命分子，諸如年少的毛澤東。[22]

鄧小平的學校生涯（一九一〇—一九一五）與中國內部天翻地覆的事件處於同時。反清革命思維已醞釀多時，滿族人不斷試圖要撐起那時不我予的專制體系已然失敗。滿洲人甚至承諾引進憲法，不過接二連三的事件讓他們動彈不得。包含由知名的孫逸仙所領導的「同盟會」反清組織，不斷在各個城市革命舉事。人們歸咎是滿洲人縱容外國人對清廷腐朽政權強加不平等條約，以致中國關稅被迫由外人掌控，還可租借中國的領土，以及享有治外法權和國內貿易免稅。

一九一一年五月，清廷決定向國外貸款來修建鐵道，引發許多中國小額投資者強烈抗議。四川省以及其他省份都發起了廣泛的愛國行動。各地抗議者紛紛上書請願、杯葛拒買外國貨品，並舉行集會和召集罷工。川督趙爾豐派兵彈壓示威群眾，在一九一一年九月初造成流血事件。鄧文明動身前往縣城，參與了抗議行動，他和當時受過教育的人想法一致，認定：「這個社會不像樣子，是應該革命。」[23]

一九一一年武昌雙十革命，此一部隊起義的重大消息旋即撼動了四川與全中國各地。此後，起義席捲了整個國家。中國開始有了真正的革命，一個月內，就推翻清帝國十八個省份的滿洲政權。就如同革命時常會伴隨著劫掠而來，此事無所不在。軍方馬上就掌控了四川，當地的政治環境變得極其軍事化。[24]

起義省份的代表們與此同時群聚於南京，十二月二十九日召開了「南京代表會議」，會中選舉同盟會首領孫逸仙為總統。一九一二年一月一日，孫逸仙就任，並宣布建立中華民國。不過滿洲人拒絕投降，任命袁世凱為內閣總理大臣和北洋軍統帥，從而鎮壓叛亂。袁世凱是名圓滑的政治人物，旋即利用此混沌局勢，把自己往前推成為君主政權和革命分子之間的橋梁人物。一九一二年一月中旬，他向六歲大的皇帝與攝政②提出「優待清室」條例以求退位。一個月後的二月十二日，滿清王朝覆亡。三天之後，袁世凱取代孫逸仙總統之職。孫逸仙缺乏隸屬自身的軍隊，無法反抗這名野心勃勃的將領。參議院宣布解除孫逸仙臨時大總統一職。

此時，鄧文明早已深涉革命行動，被指派為團練局局長，加入革命軍，很快成為鎮長。此時他家中已經多添了三名孩童，五名小孩需要多方關照與心力。可是，他們的父親只對政治感興趣，而那只為他平添麻煩而已。一九一五年還是一九一六年，他試圖要圍捕把他視為死敵的當地張姓麻匪，行動失敗。當地方當局招安張麻匪，並將他指派為部隊指揮官時，鄧文明就此逃亡。他拋妻棄子，躲在重慶市內，一待就是四、五年。

在他離家期間，家庭財務狀況自然惡化。根據鄧小平的回憶，母親和孩子們都瀕臨破產邊緣。鄧小平的弟弟也確認此事無誤。根據他的說法，他們必須一直借貸才能維生。[25]不過，鄧文明在逃跑之前還是把長女給嫁了出去，並將長子安置在廣安縣城的高等小學之內（中國小學當時分為低年級、中年級和高年級三級。鄧小平在鎮上完成了五年的初等小學堂的學業）③。

到了一九一五年，還年少的鄧小平與許多受過教育的中國少年相仿，深刻地感受到中國的墮落，已經開始懷抱英雄理念，要為中國的自由而奮鬥。外在世界傳來的革命新聞與謠言，以及他父親和北山高等小學堂內革命教師的典範，毫無疑問地深刻烙印在青春的鄧小平身上。鄧俊德對他的學子講授了無數的中國人民抵抗外侮的歷史故事，這長存在鄧小平的腦海之中，同時他也開始涉獵當代政治的基礎知識。老師所說的愛國故事打動了鄧小平，他甚至能背誦愛國將軍岳飛的英雄詞牌〈滿江紅〉。在這闋詞中，這位南宋著名的將領呼籲國人要驅逐胡虜。[26]一九一五年五月七日，袁世凱總統接受了日本意欲將中國變成日本殖民地的「二十一條」要求，鄧小平與其同窗對此皆感到憤恨。擔憂國家命運之情湧入所有愛國公民的內心之中。

鄧小平的個性逐漸成形。他從母親那方承繼了堅定與意志剛強，而父親給予了火爆性格（這也就是中共內部稱他為「辣椒拿破崙」與「小火砲」的原因）。不過，他不會鬥氣。據說在他的童年時期，已經擁有強烈的正義感。有回他想幫助一名貧困的同學，於是偷了父親的五銀元，這在當時是筆不小的數目。當他父親開始找尋犯罪之人時，他靜靜地哭著，交給父親一條鞭子。鄧文明質問了兒子，得知他是要協助朋友，認定他行為得當。鄧文明並沒有揍他，只是納悶他兒子準備接受懲罰，又不抗訴的舉措。對此，這名小「罪犯」回說：「當賊就該受罰，這是法律。」[27]

鄧小平從來沒想在同學中成為領袖人物，不過他也無法忍受屈辱，即使跟同年齡的相比，他總是個頭矮小。在青少年時期，他就不再長高，身高不足五呎。

鄧小平來到廣安的新學校，他維持著平和的脾氣，個性獨立自主。因為離開老家，他只能一週見到親人一次。其餘時間，他都待在鎮上的宿舍之內。那段時期，廣安市區還保持著如中世紀般的樣貌，狹窄的街道與鋪石的道路。唯一的現代標誌就是那歐式風格的兩層樓灰磚房，也正是鄧小平學習建築、地理、歷史、自然、文學、音樂、美術以及體育的地方。學校左近有座天主堂。鄧小平見過的第一名外國

② 譯註：隆裕太后。

③ 譯註：當時初等小學堂修業時間是五年，包含低年級與中年級。高等小學堂則是四年。

人就是主持該教堂的法國神父。

直到一九一八年暑假畢業之前，鄧小平都在此受教。聽從他那還住在重慶父親的指示，鄧小平繼續在廣安接受中學教育。鄧文明顯然企圖要讓他的兒子成為高官。不過，鄧小平只在廣安的中學讀了一年。一九一九年夏天，他的父親通知他，在重慶創立了一所提供給準備去法國勤工儉學學生的預備學校。鄧爸爸認為自己的兒子不該錯失這樣的機遇，因此年紀輕輕的鄧小平離開廣安來到了重慶。跟鄧小平一起出發的有只比他大三歲半的堂叔鄧紹聖，還有一名也渴望赴歐的小同鄉遠親。

中國青年在法國勤工儉學是由兩名在法國讀書的無政府主義者李石曾與吳稚暉所發想的計畫。他們認為法國是民主、工業先進的國家，深信能將教育和革命銜接起來。一九一二年，他們在法國建立「留法學生儉學會」，依據「工作一年，讀書兩年」為前提，中國學生在法國企業工作便能自給自足。

一九一七年八月，中國參與了第一次世界大戰。中國政府派遣了十四萬名勞工至法國，主要是去挖掘戰壕。[28]這激起李石曾和北大校長蔡元培的想法，組織起一個大規模的中國青年運動，前去法國工作。他們很快成立了「華法教育會」。在中國許多城市內設立了預備學校，就是為年過十四歲、未滿二十九歲想去法國的學生所設。[29]

一九一八年三月，在四川省會成都首次成立了這樣的學校。到了八月，眾多愛國的重慶市民同樣深受鼓舞，集資了超過兩萬銀元，並在隔年一月也建立類似成都那樣的學校。學校坐落在市區內的前孔廟。一九一九年九月中旬，鄧小平、他的堂叔以及家鄉的朋友一起入學。[30]

對於能展望世界，並在歐洲接受教育，鄧小平感到十分興奮。一名較為年長的同校同學回憶：「鄧小平同志是稍晚才進入這所預備學校的。那時就是顯得非常有精神，總是精力充沛。他的話不多，學習刻苦。」[31]鄧小平喜歡讀書，並把這所並不出眾的學校當成重慶市內最好的學校。[32]上課主要課目是法文與中文、數學和物理，還有一些或許學生們在法國能謀得工作的粗淺技術技能。

校規十分鬆散，學生上課與否聽其自便。鄧小平和其他同學一樣充分利用這種自由，把許多時間耗在跟朋友一起在重慶閒晃、上個小館、登高爬山，去欣賞這座大城中長江與其支流嘉陵江匯流處的奇景。重慶散布在河水的兩岸，市區部分沿著狹窄、像個鸚鵡嘴般的半島侷促擁擠。日常活動鎮日都是沿著河畔運行。重慶當時是中國大型內河港市之一。

這座老城建立於西元前十一世紀，一直以來都是重要的貿易中心。一八九〇年三月，依據「中英條約」，重慶開為通商口岸，外國人、傳教士與商人紛紛擁入。該城人口幾乎達到五十萬之眾，包含數座新式學堂、銀行，還有數不盡的店家，任何商品都能買得到，包含舶來品，還有一間美國醫院，不過並沒有現代工業。

該城獨有的特徵是充斥著苦力。他們從江中打水，扛著水走上陡峭的山坡，再供給居民。苦力都住在城門外沿河的簡陋小木屋中。不過，每年夏季河水氾濫時，就會沖走他們的屋舍，會有數以萬計無家可歸之人流落街頭。對於改善此種局面，重慶當局無所作為。

鄧小平和同窗在城中漫步，不可能不注意到這些社會不公的景象。凡夫俗子的痛苦所帶來的苦惱，還不如中國復興所面對的問題來得強烈。集軍事統帥與掌權政客於一身的袁世凱手中握有各地軍閥，嚴厲地掌控著中國。一九一六年六月，在他逝世之後，國家碎裂成由督軍統領的無數個自治區域，並爆發了流血內戰，鄧小平的故鄉四川省也受到波及。省政府垮台，整個省被分割成由各地小軍閥所掌控，他們彼此間又相互征伐不歇。[33]

一九一八年十一月，第一次世界大戰告終，中國的國際處境變得益加紛雜。在巴黎和會上，勝方的協約國與日本訂有密約，漠視中國代表的抗議，把日本於大戰初期所占據的原德國在山東半島的殖民地青島與膠州灣，判給日本。此種帝國主義霸道行徑在中國境內觸發了極大規模的反日運動。一九一九年五月四日，北京學生組織了龐大的示威活動，全中國愛國公民也迅速支援，包含重慶在內，大多數的學生都走上街頭。學生們鼓吹抵制日貨、搜索商家且將日貨充公，事後並公開燒毀日貨。學生團體夜以繼日在長江與嘉陵江上巡防，阻止載有日貨的商船駁岸。六月三日，有場規模甚大的示威活動，由市內二十多所學校的學生同步抗議。[34]

鄧小平也參加了「五四運動」。他和其他預備學校的同學在重慶駐防軍營前，舉行了整整兩天兩夜的大規模集會，要求官兵支持他們。他們得意洋洋地返回學校，點上了營火，把所有的日本商品：日製服裝、牙粉罐、木製臉盆，全都丟入其中焚燒。他們的尊嚴感與政治意識覺醒持續了好長一段時日。[35]一九一九年六月二十八日，當消息傳出中國代表團拒絕簽署不公的凡爾賽和約之前，整個中國境內一直都紛擾不安。

參與了愛國運動激起了鄧小平對政治的興趣。他與其他同學開始研讀革命性的民主刊物，這其中有北京的《晨報》，以及當時受到年輕自由派分子所喜愛、由五四運動召集人之一的陳獨秀教授所創辦的《新青年》。[36]

與此同時，鄧小平的課業也接近尾聲。一九二〇年七月中旬，他通過了考試。可是成績並不顯眼，因為主要學科法文對他來說並不容易。然而校方認為他能夠適應在法國工讀。可是鄧小平必須支付三分之二的旅費，無法跟他堂叔一樣，依據考試成績而享有赴法所需的三百元旅費。

鄧小平並不灰心，回到了家中，知道一向支持他的父親會資助他。鄧爸爸在那時又回到了牌坊村。縣中的掌權派換了一批，他的死敵張麻匪不再構成威脅。儘管家中財務面臨困境，他仍是二話不說就給了兒子所需要的旅費。他賣掉部分耕地，並跟他的姊夫與岳母借貸才籌得這筆費用。在鄧小平的祖父母與舅舅面前，鄧文明對此海外之行描繪出一幅樂觀的景象，指出此行將會讓他們的孫子與他的外甥大展鴻圖。他表示一旦鄧小平受到國外教育之後，勢必會發財，屆時將不僅僅能照料自己的雙親，還能顧及其他近親。[37]

然而鄧小平的母親起初是拒絕讓兒子變成當時中國人口中的外國人：「毛茸茸的洋鬼子。」她流著淚責備丈夫：「這孩子這麼小，你就要把他給送到世界的另一頭去讀書，還工作！真沒天良！」鄧小平的弟弟回憶著：「我媽非常鍾愛小平。她希望他成年之後能在家務農。」不過，父子兩人心意已決。鄧小平甚至絕食抗議，最後他母親只能勉強同意。

一九二〇年八月底，鄧小平跟家人道別，重返重慶。在出發前，他的么妹鄧先珍還不滿八歲，嚎啕大哭地喊著：「別去！」

「你怎麼了啦？」鄧小平問道。「我很快就回來了！」

他蹲下來握著她的雙手，又說：

「小妹，你不要哭，哥哥還要回來的，你一定要等到哥哥回來再出嫁啊！」[38]

然後他揮手道別。到前去法國的起點重慶還有段漫長旅程，他一刻都不想耽擱。他的面前橫陳著漫漫人生，充斥著危險與偉業，幾經起落後是最終的勝利。

第二章

從巴黎到莫斯科：布爾什維克主義的教訓

一九二〇年八月二十七日下午，鄧小平、鄧的堂叔鄧紹聖，以及其他預備學校的畢業生搭上吉慶輪汽船，[1]離開了重慶。船沿著長江往下航行，前去上海再換船前往馬賽。在碼頭邊有場盛大的送別會。碼頭工人宰了頭公羊，用烏鴉毛攪拌著烏鴉血，再厚厚地塗抹在船首上。接著是震耳欲聾的爆竹聲，用來撫慰令人畏懼的長江河神，以及冤魂水鬼們。不舉行這樣的儀式，學生們誰都無法離開重慶碼頭。[2]

一行人面對著漫漫長路，其中大多數人都不曾離開過四川。當汽船行近那名聞遐邇，將四川省與中國其他地區一分為二的長江三峽時，他們全都擠在甲板上，興奮至極。兩岸峻偉的山脊把長江擠在中間，水流湍急而下，從原先有八百多公尺闊的江面縮減成只有五十多公尺寬的翻騰急流。不過，往下流經八公里之後，江面再度擴展開來，接著大幅而迅速地在兩岸山崖中蜿蜒而行，江水在激流中翻騰，江面再度縮減，這情形周而復始。

長江在流經三峽之後，寬闊的水流再度平緩下來，一路直達漢口、漢陽與武昌的武漢三鎮。武漢是利益交會之地。鄧小平和其同行之人一下了船，便馬不停蹄前去漢口火車站。他們全都沒見過這個西方科技的神奇產物，蒸汽機車頭。就在他們踏上了火車月台之際，一輛列車籠罩在陣陣濃煙中，駛進車站。他們目眩神迷地盯著火車瞧，愈發深信他們前往法國的決定正確無疑。他們勢必要前往歐洲獲取新知，好全心致力於中國工業化。

離開武漢八百公里遠之後，汽船駛進了長江的支流黃浦江內，旋即泊停在上海碼頭。此時離安德烈．勒鵬號郵輪（André Lebon）①開船航向馬賽還有好幾天，因此鄧小平和朋友們決定要一探上海這座城市。[3]

上海不但是中國、同時也是東亞地區最大的工商業中心，當時人口約有一百五十萬之眾。這座城市讓他們大開眼界。最讓他們感到震撼的情景是外國人的優越地位。在九十平方公里的城市中，他們控制了約三十平方公里的區域。公共租借（International Settlement）和法租界（French Concession）將市中心一分為二，把華人區擠在外圍。在租借區適用治外法權，派駐著外國軍隊和警方，同時還有外國企業、銀行與賭場。供歐洲旅人使用。不過，鄧小平與其同志對上海有不同的看法。公共租借區邊界的印度錫克警察對他們羞辱般的搜身，激怒了他們；同時在英國的公園入口處會有個告示牌，上面寫著「華人與狗不得進入」。他們義憤填膺表示：「這是中國人的領土！」[4]

直到九月十一日星期六的一大早，他們在搭上法國人引以為傲的安德烈．勒鵬號郵輪後，依然感到忿忿不平。這艘船可以搭載一千一百名乘客，包含了兩百名的頭等艙與一百八十四名二等艙乘客。[5]而這些四川學生買的是最便宜的船票，只能待在骯髒、悶不通風又擁擠的船艙內②。當船航行到大洋上時，許多學生暈船暈得十分厲害，不過鄧小平與多數的同學並未因此感到沮喪。他們夢想著能在遙遠的法國，勤工儉學。船行三十九天，超過一萬兩千八百公里航程，一九二〇年十月十九日星期二的上午，安德烈．勒鵬號停靠在馬賽港了。[6]

「華法教育會」的代表在岸邊迎接這批初來乍到的學子。整群人立刻驅車從馬賽前往巴黎，更精準地說是巴黎西北郊的拉加雷訥白鴿城（La Garenne-Colombes）。在此城的拉潘德街（la Pointe）③三十九號有三個組織，分別是「華法教育會」、「中法友誼會」（Sino-French Association of Friends of the Guardians Council）與「中法監護中國青年委員會」（Sino-French Guardians Council），負責接待與指派這些「勤工儉學」計畫的參與者。這三個單位緊密結合，會定期從中國駐法大使館處收到小額的補助款。

在鄧小平與他的同學抵達法國之際，中國有一千三百多名留法學生，其中包含二十一名女性。[7]有些已經完成小學高年級課程，其他人就像鄧小平這般只讀了預備學校，僅有約莫九十人有大學文憑。他們的年齡幾乎都在三十歲以下，只有幾人已過而立之年。這之中有四十三歲的徐特立，之前是湖南省第一師範學校的教師；五十五歲的葛健豪（葛蘭英），她是勤工儉學運動健將蔡和森與蔡暢的母親。大多數人都在法國初中或高中，學習法文。[8]

鄧小平和他的堂叔被派到法國北方離巴黎有兩百七十公里遠的巴耶（Bayeux）小鎮上的一所私立學校。首次搭乘火車的愉悅心情讓他們忘卻旅程的辛勞。十月二十一日晚上，他們住進了學校宿舍。雖然隔天是週末，他們已經開始上課了。

不過，鄧小平旋即失望。就如同在重慶時一般，主要的必修課目是他無法領略的法文。因此他在巴耶的頭五個月中，用他自己的話說就是「一無所獲」。當然，他不會歸咎於自己，而是把過錯推給學校。學校對他和其他同學不僅在教學上十分差勁，而且「糧食貧乏」，把他們當成「小孩子」般對待，強迫他們「每天很早就要上床睡覺」。[9]

除此之外，到了一九二一年春天，儘管鄧小平極端省吃儉用，還是把從家裡帶來的錢都花光了。他

---

① 編註：此船是以法國海洋遠運公司（Compagnie des messageries maritimes）董事長之名命名。當時的留學生記述中多譯為「昂特萊蓬號」或「鴦特萊蓬號」。

② 編註：根據江澤民的回憶，當時船艙分一、二、三等，船票一張分別是八百圓、五百圓、三百圓，為了照顧貧窮的學生，臨時將貨艙改為四等艙，一張票一百圓，因此船艙內暗沉悶熱，堆放了各種貨物。見江澤民，〈留法、比勤工儉學的回憶〉，《赴法勤工儉學運動史料》，冊三（北京：北京出版社，一九八一），頁四四九。

③ 編註：當時留學生紀錄多稱拉加雷訥白鴿城為「哥倫布」，拉潘德街為「德拉普安特街」。

的學費占了大半的開支，每個月超過兩百法郎，[10]同時他也想要多遊賞這個諾曼第古鎮的種種。巴耶是知名的法國觀光中心，有著眾多的博物館，其中之一滿布名聞遐邇的巴耶繡帷，以及巴耶聖母院和一座大型的植物園。巴耶寧靜、狹窄的街道都是鵝卵石道，兩旁都是二到三層樓的中世紀時期房舍。還有無數的咖啡館。鄧小平首度品嘗到咖啡，對咖啡的喜好自此終生不變，還包括了法式千層可頌。

然而到了一九二一年冬末，阮囊羞澀的鄧小平無法再去咖啡館流連。三月十三日，他、他的堂叔，還有大多數的中國學生都離開學校，回到了拉加雷訥白鴿城。請「華法教育會」的員工幫他們找工作，同時也資助學生部分花費。四月二日，鄧小平和同學前往勃艮第（Burgundy）的勒克佐（Le Creusot），他們在法國大企業之一的施奈德（Schneider）冶金工廠中當粗工。鄧小平和堂叔開始在軋鋼廠工作（不知什麼原因，打從一開始鐵工就是鄧小平在法國最想要學會的職業。早在一九二〇年八月，在填寫法國大使館的問卷以取得簽證時，他就在「職業」欄上填上「鑄鐵」[11]）。

一天十小時疲憊不堪的工作、薪資微薄、工廠餐廳食物貧劣、還加上師傅們的虐待，十六歲大還未適應粗工或精神羞辱的鄧小平，這些在在都帶給他慘烈的印記。[12]鄧小平和其他許多中國年輕知識分子一樣，首度體驗了工業化的負擔。日後成為中國外交部長的陳毅，他與鄧小平當時同在施奈德工廠工作，他寫道：「把我的虛榮心除掉了……差不多我來法的初志完全是失望了，因為勤工所得不能儉學……至於說借勤工儉學來改造社會尤其荒謬，試問把人塞到孔口，為生活而呼吸都無餘力，哪裡能說改革事業……」[13]陳毅是在施奈德工廠工作時，才開始思索自己失望痛苦的原因。他旋即認定此原因是出自於「社會制度不好」。[14]可是，鄧小平從來沒產生過這種念頭。當然他知道法國社會未臻理想境界。然而，此刻他並不認為「體制缺失」已然成為「自由故鄉」法蘭西共和國內部的「嚴重問題」。[15]他還經歷尚淺，所學不足，僅僅有過勉強度日的經歷。況且，他總感到不如人：因為他的年紀因素。他被認為還是個學生，因此薪資甚至要比其他中國人更低。因為他無法完成工作量，法國工人不斷羞辱他。當然，他們不會只鄙視鄧小平一人，而是看不起所有「黃臉人」。[16]

最後鄧小平再也無法忍受，三週後便辭職了。他身無分文，也無處可去，因此回到拉加雷訥白鴿城的「華法教育會」。超過五百名失業的中國年輕人也無法忍受「資本主義恐怖之處」，都聚集在此。該會的職員開始每人每天發放五法郎，讓他們住在協會產業的一棟兩層樓建築物的地下室和閣樓，還有戶外的營帳之中。難以想像拉潘德街三十九號變成什麼模樣。教育會的秘書嘗試將這些不速之客做有序的管理，他下令他們要清洗廁所、收拾垃圾，還有不要喧譁，不過成效不彰。這些學生們憎惡他，罵他是「督軍」④。[17]

鄧小平就在此處容身。一九二一年春天是法國一次大戰後經濟危機的高峰期，協會職員無法再替鄧小平，或是其他中國學生謀得工作。一九二一年，百分之五十五的留法中國人都處於失業狀態。[18]鄧小平之後說道：「一到法國……找工作已不大容易，工資也不高，用勤工方法來儉學，已不可能……那些『工業救國』、『學點本事』等等幻想，變成了泡影。」[19]

這樣的生活當然是讓人沮喪的。三十九號這棟樓內打鬥頻起，且愈來愈多。有五人因為械鬥、鬥毆和意外而死亡⑤。[20]失業的學生中謠言紛傳著，每日發放五法郎就將終了，會趕走所有寄居者。雖然大使館提供回家的船票，不過沒人想返國。不光彩的回國意味著「丟臉」。唯一的選擇就是按兵不動，發牢騷。

接著到了九月初，協會員工終於宣布，不再對學生發放補助。到了九月中旬，寄宿在三十九號的學生失去了最後的生活資助。雖然那時里昂大學（Lyons University）新設立了個中法大學（Sino-French

---

④ 編註：學生以秘書劉厚之可惡管理「有似軍閥」，故稱他是「劉督軍」。

⑤ 編註：根據作者所引用的李璜回憶錄，「凶死」的五人中，有一人用酒精燈煮飯時，不慎引起火災而死；三人至森林中誤食毒菌而亡；一人不慎被電車壓死。並無因械鬥而死者。另外「病死」者六十一人，多因肺病而亡。見李璜，《學鈍室回憶錄》（台北：傳記文學出版社，一九七三），頁六九。

Institute），但其新委派的副主任宣布該學校的目的是培育中國的社會菁英，不會接受失業和無處可去的學生。[21]

蔡和森與其他包括陳毅在內的行動派反抗分子的回應，是草擬了一份憤怒的抗議信給北大校長蔡元培。這封信有兩百四十三人簽署，鄧小平也在其中，這是他首度參與政治活動。[22]一百二十五名激進分子旋即抵達里昂，試圖闖進該校建築物之內，不過遭到逮捕，旋即遭到法國警方驅逐出境。[23]

鄧小平並未參與此次衝入學校的行動，因此儘管他也列在兩百四十三名連署者之中，並未遭受遣返。他當然同情那些年紀較長的同學，不過，新事件很快就掩蓋過此次的插曲。

一九二一年十月底，鄧小平和他的堂叔終於找到一份在香博倫（Chambrelent）扇子與紙花工廠的工作。不過僅僅在兩週之後，他們就遭到開除，同時只能靠打零工勉強度日。直到一九二二年二月初，兩人才找到長期的工作。這回是在蒙塔日（Montargis）郊區盧萬河畔沙萊特（Châlette-sur-Loing）的哈金森（Hutchinson）橡膠工廠工作。這是意想不到的好運。他們的待遇還不壞，還有免費的宿舍，同時中國工人自己烹調的食物價廉又味美。[24]

鄧小平在此處待了八個月，從一九二二年二月十四日到十月十七日。他在橡膠製鞋車間內製作橡膠鞋套。這份工作並不繁重，不過他一週得工作五十四個小時。閒暇時，他會在盧萬河畔沙萊特鎮上漫步；來到以無數運河而讓人著迷，被稱為「嘎帝內區（Gâtinais）威尼斯」的蒙塔日；或是與舍友聊天。在他新結交的三十多名熟人中有些人相當有趣，包括了來自安徽省的李慰農，還有湖南省的汪澤凱。他們幾人獨特的見解與其他同儕大有不同之處。這些中國青年把自身的問題歸回到「社會秩序的缺失」，並開始自稱為共產黨徒。鄧小平加入他們。來自福建的新朋友鄭超麟後來回憶起鄧小平：「有個四川小孩子，矮矮的，胖胖的，只有十八歲。每日這個時候總是跳跳蹦蹦，走到這一角同人說笑話，又走到那一角找人開玩笑。」[25]鄭又說：「鄧小平年齡最小……我們大家都喜歡他，就是把他當作小孩子，喜歡同他講話，同他開玩笑，同他玩。」[26]

鄧小平藉由年長朋友的協助，以這種方式開始汲取新穎的共產主義理念。他很快開始閱讀初期還被稱為自由派，現在則被稱為布爾什維克派，由陳獨秀教授所發行的刊物《新青年》。中國共產黨於一九二一年七月在上海創立，陳獨秀是其創始人。

當然，鄧小平之前就知道共產主義、布爾什維克主義，以及俄羅斯「十月革命」的新聞。當他還住在重慶時，知名的四川報紙《星期日》和《國民公報》，刊登大量關於俄羅斯布爾什維克主義以及其意識形態的文章。[27]一九二〇年代初期的法國，每家報社都會報導列寧（Vladimir Lenin）和托洛斯基（Leon Trotsky），有些報紙非常支持俄羅斯革命分子。包括鄭超麟在內，許多中國學生都會訂閱這些出版品。[28]一九二〇年十二月，陳獨秀派了他的信使，北京共產黨圈內成員張嵩年來到了巴黎，來春即組織了歐洲第一個中國共產黨團體，初始成員只有三人：張嵩年本人、他的妻子劉清揚，以及來自江蘇省的青年周恩來。[29]之後張嵩年吸收了兩名學生入團。[30]陳獨秀的長子陳延年原本是無政府主義者，他在一九二一年年底來到了巴黎，開始發行油印的《工餘》雜誌，這是華人學生間首份這樣的刊物，後來轉投入馬克思主義和布爾什維克主義。[31]

鄧小平勢必聽聞過這些新起的左派運動，不過直到他認識這些共產黨員之前，他對共產主義毫無所悉。甚至在他聆聽鄭超麟與其他同學的說法，還有閱讀《新青年》之後，他對共產主義的認識依然缺乏完整的輪廓。[32]不過，有件事他倒是學得很快：強力團結的革命組織能夠翻轉這個世界。

在建立起這樣的組織不久之後。一九二二年六月底，幾乎囊括鄧小平所熟識之人，二十三名支持共產主義人士在巴黎的布洛涅森林（Bois de Boulogne）聚會。他們宣布建立「旅歐中國少年共產黨」，並決定發行一份布爾什維克派刊物《少年》。四川人趙世炎被選為黨書記。[33]到了一九二二年年底，「中國共產黨中央委員會」決定合併法國、德國與比利時的支部，新建一個中國人旅歐共產組織，也就是「中國共產黨旅歐支部」，由趙世炎和周恩來集體領導。[34]

這些團體都是秘密建立，因此鄧小平的朋友們並未通知他。他們只是持續進行宣傳工作，和閒聊這些話題並提供他共產文學素材。一九二二年十月，他重新燃起在法國接受教育的希望。他積存了些許的積蓄，並寫信回家尋求更充足的金援，好讓他上學。依據鄧榕的記載，儘管鄧文明和其家人「那時正遭逢巨大的財務困境」，還是賣掉了另外一塊地，匯款給他的長子鄧小平。[35]

當鄧小平抵達盧萬河畔沙萊特小鎮，打算在當地的高中註冊時，很不幸地學費漲幅超過預期，因此他必須放棄計畫。他不再努力去獲取文憑。多年之後，他語帶嘲諷地表示，當他住在法國時都沒上學，只有工作。[36]顯然無法在法國接受教育讓他頗為失望，多有怨懟。

他又回到哈金森工廠工作，不過一個月之後，再度辭職，驕傲地通知工廠領班，他「拒絕工作」。[37]他當下手頭上有點錢。雖然那些錢不足以支付學費，可是夠他過活一陣子，尤其是沒人把他趕出宿舍。

鄧小平對社會不滿，又無可去之處，這加速他朝向左派的進程。到了一九二三年夏天，他終於擁抱了共產主義，雖然他還是不了解其理論精髓之處。他並非因為在思想上發生了深層的進化，而是由於對資本主義不抱奢望，並對革除資本主義強加在他身上的傷痕與羞辱已然準備就緒，轉而加入布爾什維克運動。他寫道：「在資本家以及他們的爪牙——領班——蔑視與剝削我之際，那時我就領悟到階級意識。」[38]「你們的資本家，」多年之後鄧小平告訴法國外長羅蘭・杜馬（Roland Dumas），「你們的資本家也教訓了我，使我和我們這批人受到教育，走上了共產主義道路，信仰馬列主義。」[39]換言之，年輕的鄧小平和毛澤東及其他共產黨員不同，並非藉由意識形態鬥爭而理解共產主義。他對社會學科以及政治意識的認識依然不夠充分，並無法讓他在與其他選項相較中做出選擇。「總而言之，我從來不曾受過其他思想的影響。」他後來表示：「我直接找上共產主義。」[40]

一九二三年六月十一日，他重返巴黎並加入「中國社會主義青年團旅歐支部」，此組織的原名是「旅歐中國少年共產黨」。[41]他和蔡和森的妹妹蔡暢一同宣示加入，她比鄧小平年長四歲。蔡暢的夫婿李富春當時是中國社會主義青年團旅歐支部的領導人之一，鄧小平與這對夫婦成為終生的摯友。[42]

鄧小平從那時起全心投入到危險的布爾什維克工作之中。他不久之後給雙親寫封家書，要斷絕親情關係。他宣告不想娶那個許配給他、還是名「不識字、不相識」的唐家姑娘，並請求他的雙親退掉這門婚事。而且他告訴雙親不會返家，因此也無法照顧家庭。[43]對於鄧家雙親而言，他們為了愛子已然犧牲了所有一切，這簡直是致命的打擊。他們的兒子不僅僅不知感恩，還威脅要讓他們在全村人面前丟盡顏面。他的行徑違反傳統，他們整個鄧氏家族會「丟面子」。鄧小平的父親迅速回了一封信，憤恨地指責他兒子的行為「是不孝，是大逆」，還威脅他，除非他重新考慮婚事，否則家庭與他從此脫離關係。不過，鄧小平堅持己見，他在另外一封回信中複述前信的內容。用他自己的話來說，結果是他「實際上……脫離了（家庭）關係」。[44]

鄧小平的母親馬上就生了病，而鄧文明則去與唐家排解他家女兒無故遭到退婚的問題。雙方男主人都同意，被新郎鄧小平所回絕的新娘會成為「寡婦」。鄧小平自此之後不再理會他的家人，與父親之間的通信隨之中斷。好長一段時日，鄧小平都不知他的么妹在收到他的家書不久之後，已然過世。數年之後的一九二六年，他的母親也因肺結核辭世。[45]無人會將么妹過世歸咎到鄧小平身上，可是與棄家不顧的兒子分離似乎損及了他母親的健康。

一九二三年夏季，也就是在鄧小平加入社會主義青年團不久之後，他開始參與每個重要的革命事件：起初是發行中國社會主義青年團旅歐支部的報刊《少年》，然後從一九二四年一月起，刊物改名為《赤光》。在離巴黎義大利廣場（Place d'Italie）很近，格德華街（Rue Godefrois）十七號的旅社三樓，有間僅有一坪多空間大小的窄屋內間。這就是這些刊物的編輯室，也是周恩來的蝸居。一九二三年二月，周接下中國社會主義青年團旅歐支部書記的職務。也就是在一九二三年夏季的某日，鄧小平於此與周恩來初次相識。鄧小平是否直覺出這名禮貌周到的青年——上身套著寬鬆外套，而下半身所穿的褲子又太短的——注定會在他的一生扮演著極端吃重的角色？

周恩來比鄧小平年長六歲半，生於一八九八年三月五日，來自江蘇鄉下的耕讀人家。早年失怙，由親戚扶養長大⑥。十五歲時，他搬到嬸嬸家，位於北京東方一百一十公里的巨型商業重鎮天津。一九一七年，他從極負盛名的南開學校畢業。接著赴日繼續深造，不過並未認真讀書，反而關注激進的左派分子，還有社會主義者與文學，並開始閱讀《新青年》。一九一八年，他在東京加入了愛國組織「興中會」。到了一九一九年四月底，他回到了天津，[46]積極地投入五四運動，以他在愛國媒體中展露出才華洋溢的文筆，很快就在都市青年中打響名號。一九一九年九月，他跟十九名志同道合的夥伴為了要拯救祖國，建立了「覺悟社」。

儘管周恩來熱中於政治活動，不過並未放棄繼續深造的期望。一九一九年尾聲，他獲准進入南開大學部文科就讀。可是在四個月之後，一九二〇年一月，他遭到逮捕，旋即因組織學生的反日愛國示威而被學校開除。當年夏天，周恩來從獄中獲釋，決定前往歐洲。

一九二〇年十二月中旬，周恩來抵達馬賽，立即浸淫在革命工作之中。他選擇巴黎作為基地，經常行旅至德國、比利時和英國，分別在那組織起中國學生。他個性活潑，擅長社交，並且散發出一種與生俱來的智慧，還結合了無可爭辯的領袖特質。一九二三年，當鄧小平結識周恩來時，他們全心都在向旅歐的中國人分送共產主義宣傳品。蔡暢回憶著：

> 《少年》刊物是輪流編輯，鄧小平、李暢英⑦同志刻蠟板，李富春同志發行。後來該刊物改名為《赤光》……鄧小平、李富春同志是白天做工，晚上搞黨的工作，而周恩來同志則全部脫產。[47]

鄧小平與周恩來在這兩年的時光中，幾乎天天碰面。他們愈來愈熟識緊密，迅速建立起友誼。鄧小平之後回憶著：「我一直把他看成兄長，我們在一起工作的時間也最長。」[48]

鄧小平在中國社會主義青年團中展現出其為一名「幹練與務實」同志的長才，很快有了個「油印博士」的新綽號。[49]不過，鄧小平與周恩來或其他領導人物有所不同，他只投入務實工作，不會去解決理論性問題。在一九二四年至一九二五年間所發行的兩期《赤光》雜誌中，他有三篇短文可以作為明證。文章相當尖銳，筆調十分粗糙，並以新聞報導體例書寫，可又與周恩來或另外一名旅歐支部（從一九二五年初，中國社會主義青年團旅歐支部改為「中國共產主義青年團旅歐區」）領導人任卓宣深邃的理論性文章無法相比。鄧小平在主要論述部分猛烈抨擊，而非著重在細緻的分析之上。

於此之際，中國境內發生了意外事件。一九二二年八月底，中國共產黨和中國共產主義青年團開始與在一九一二年擔任過臨時大總統的孫逸仙，和其所創建的國民黨合組成一個全國性的統一戰線。中共與共青團在資金與意識形態上都受到「共產國際」（Comintern）支助，因而受其壓力不得不然。一九一九年三月，俄羅斯布爾什維克派為宣揚世界革命建立共產國際，為共產黨員的國際性組織。布爾什維克派了解到，藉由統一中國境內所有的反帝國主義與反封建主義的力量，再透過他們的領導，便能給予全球帝國主義一記重拳。統一戰線採取讓個別的共產黨員和共青團成員加入國民黨。當與國民黨合作時，中國共產黨在國民黨內部該保有其完整的獨立性，在中共發展成為群眾的政治組織之前，都留在國民黨內。[50]換言之，莫斯科當局指示中共利用在中國南方深具影響力的國民黨，不僅能為中國的獨立奮鬥，也能強化本身群眾基礎。

一九二三年夏季，旅歐的中國青年社會主義分子和共產黨員受命加入國民黨。不久之後，超過八十人的旅歐支部內所有成員都加入國民黨，[51]其中也包括了鄧小平。旅法中共黨員亦加入國民黨。

孫逸仙從一九二三年二月起在廣東領導政府。一九二四年一月，中國國民黨第一次全國代表大會在廣東召開，孫逸仙正式批准所有中共黨員與共青團成員加入國民黨。因為自從一九二三年起，蘇聯方面一直提供孫逸仙實質援助，包含大量的資金、幾十名的軍事與政治顧問，他因而採納莫斯科方面的政

⑥ 譯註：周恩來出生後不久就過繼給早逝的叔父周貽淦，由守寡的嗣母陳氏撫養長大。

⑦ 編註：即李大章（一九〇〇—一九七六），日後歷任中共北方局委員及宣傳部部長、四川省省長、中央統戰部部長等職。

策。一九二四年五月，俄國人在廣東黃埔地區替國民黨建立軍事學校⑧，訓練國民黨部隊的軍官。孫逸仙藉由布爾什維克派的協助，企望運用軍事力量來統一這個從前總統袁世凱死後就四分五裂的國家。

在融入統一戰線之後，旅法的共青團成員、中共黨員與國民黨黨員一起從事反帝國主義行動，發動示威並分送宣傳文件。一九二五年春季，當他們的祖國境內展開一場真正的民族革命時，他們的行動變得特別積極。

此時，鄧小平是共青團內宣傳健將，他的政治地位已經開始攀升。一九二四年一月，他除了有編務工作之外，還開始在共青團內擔任專門書記。七月中旬，中國社會主義青年團旅歐支部第五屆大會上他被選入常委會，成為三名書記的其中一員。一九二五年初，鄧小平以共青團領導人之一的身分前去里昂。一九二五年四月，中國共產黨讓他入黨，[52]更為精確的說法是，加入中共的旅歐支部。[53]

旋即到了一九二五年六月，中共與國民黨旅歐支部的領導人在巴黎舉行群眾集會和示威遊行，抗議中國境內的法國勢力。這些事件源於中國境內一場新起的反帝國主義暴動「五卅慘案」，起因為一名日本人在上海殺害了一名共產黨工人進而觸發。孫逸仙那時已經辭世（歿於一九二五年三月十二日）。包含國民黨左派領袖在內的國民黨新大老們利用此一局勢，動員中國海內外全黨之力發起民族革命。共產黨員也支持這次的行動。法國警方當然不能容忍旅法中國人的示威。因此他們逮捕了許多共青團、中共以及國民黨成員，隨即遣返出境。在這樣的情境下，鄧小平急速返回巴黎，以協助填滿這場災難引發的失去領導幹部的真空狀態。他加入共青團旅歐支部的臨時常委會。與此同時，他成為中共旅歐支部的候補委員。[54]這幾個組織所剩成員無幾，像是共青團臨時常委會包括鄧小平在內也只有三人。[55]

鄧小平因此成為中共旅歐黨員的領導人之一。不過，該組織也只是在苟延殘喘。鄧小平住在一間位於巴黎西郊比揚古（Billancourt）卡斯德亞街（Rue Casteja）三號，鄰近雷諾工廠的某個小旅館的第五號房內。他還有兩名同志室友，分別是共青團旅歐支部的領導傅鍾以及成員楊品蓀。整個一九二五年的下半年，他們三人都盡全力維續著這場從六月起發動的反帝國主義鬥爭。他們和中國人社團開會，發行宣傳單和請願書。法國警方檔案中還保有許多這些活動的秘密報告。[56] 局勢最後終於演變成烏雲罩頂，一九二五年十二月，組織決定要傅鍾和鄧小平開始準備撤離法國。他們將前去莫斯科，預計進入共產國際於一九二一年四月所建立的專門大學「莫斯科東方勞動者共產主義大學」（Communist University for the Toilers of the East，俄文縮寫是KUTV）⑨。一九二五年，鄧紹聖跟著其堂姪鄧小平一起加入中國共產黨，他們兩人也跟著另外十七名同志一道前往莫斯科。只有楊品蓀一人匆忙離開旅館，前往安全的藏身地，還有少數幾人續留在巴黎幾個月，以便逐漸結束所有中共與共青團旅法的任務。[57]

一九二六年一月七日，鄧小平、他的堂叔、傅鍾還有其他人全都上了火車，火車緩緩駛出車站。巴黎市郊馬上就落在身後，這些中國未來偉大的成年政治改革者看著車窗外的田野和綠茵，這個優美的國度曾經對他們意義重大。他們在出發之前全都收到巴黎警方的驅逐出境通知書。比揚古警局隔天就前往卡斯德亞街三號，以及其他人所居住的另外兩間旅館搜捕。一份警方秘密報告還提到在卡斯德亞街三號第五室所發現的資料：

> 找到許多法文和中文的重要小冊（《中國勞工》、《孫逸仙遺囑》、《共產主義ABC》等）、中文報紙、特別是莫斯科發行的中文報紙《前進報》，還有兩台印刷機的器具、墨水、印板、滾筒以及許多包印刷紙……就外觀上看來……這些（住在此處的）中國人是活躍的共產主義分子。[58]

---

⑧ 譯註：即黃埔軍校。

⑨ 編註：莫斯科東方勞動者共產主義大學（簡稱莫斯科東方大學）於一九二一年開辦，一九二七年該校中國部停辦，一三七位學生轉入於一九二五年設立的莫斯科中山大學（Sun Yat-sen University of the Toilers of China），最後於一九三八年停辦。莫斯科中山大學成立時全名是中國勞動者孫逸仙大學（簡稱UTK），一九二八年更名為中國勞動者孫逸仙共產主義大學（簡稱KUTK），改名前後皆通稱莫斯科中山大學，於一九三〇年停辦。

這回法國警方出乎意料地敏銳，不過，再也無濟於事。這列火車載著鄧小平與朋友一行人飛快前往「十月革命」的母國，在那片大地上布爾什維克主義大獲全勝的經驗正是鄧小平滿心企盼學習之處。

一九二六年一月十七日星期天，他們穿越德國與波蘭之後抵達了莫斯科。中共莫斯科支部代表們在白俄波羅的海車站熱烈地迎接他們，迅速將他們帶往位於史特拉斯特奈亞廣場（Strastnaia Square）上由前女修道院改建而成的莫斯科東方大學（KUTV）。所有人都拿到一份學生證，同時也有個假名。鄧小平的名字是克列佐夫（Krezov），這很可能是隨意亂起的名字。[59]共產國際學校行政部門官員最擔心的是維持秘密性。

他們之後全都搬進東方大學東方學系的宿舍之中（東方大學現在名稱還加上布爾什維克黨中央委員會總書記史達林「史達林命名」的字樣）。[60]當鄧小平抵達莫斯科之際，東方大學是蘇聯境內規模最大的大學之一。來自亞洲各地的學生數達一千六百六十四人，包含一百多名中國人，而他們大多數都從歐洲而來。[61]

鄧小平在莫斯科遇到許多法國時期的舊識，[62]其中有中共與共青團旅歐支部的書記任卓宣。任卓宣已經來到莫斯科兩個月，他專注在政治活動，而非學業之上。當任卓宣被指派為中共莫斯科支部的書記時，他興奮過了頭。一月十九日，他召集組織內的全部新成員，讓許多人吃驚的是他強加以軍事般的管理。[63]

莫斯科的一切與巴黎大異其趣。中國共產黨和共青團支部於一九二一年十二月在莫斯科成立，自此之後，所有黨員都過著斯巴達般的生活。中國領導人想要抹去其黨員從「落後的宗族社會」承繼而來的「老舊思維與觀念」。鄭超麟在一九二三年春來到莫斯科，回憶起中共莫斯科支部的黨員：

> 裡面分出了領袖和群眾……領袖不像是群眾的同學，倒像是群眾的師長……莫斯科同學那種領袖觀

念，我們根本沒有……那些絕對服從的群眾，他們不僅開會時絕對服從，連私下說話中也不敢有不滿意的言語……我們分成幾個小組，每個小組四五人……每星期開一次或兩次會，小組會議之外還有全體會議或其他性質的會議。每次開會……緊張、興奮、熱烈……開會時間大多數消磨在「個人批評」上面……例如：你個性強、你驕傲、你有小資產階級習氣、你有無政府主義傾向，等等。被批評者也想出類似的批評以批評批評者……在心裡種下仇恨種子。[64]

任卓宣從氣氛相當閒逸的法國而來，卻迅速地採用了莫斯科模式。他之後為他的政策辯解，寫道：「〔東方大學中共支部〕在互相訓練上極為嚴格，其方法是列寧所說黨的自我批評……學生都是知識分子……必須要他們放棄小資產階級意識和資產階級色彩而無產階級化。這就是說，在思想、言論、行為、態度上都要從原樣改變過來，否則要受批評，嚴厲的批評，至改變而後止。」[65]

在抵達莫斯科一週後，鄧小平也必須進行自我批評。身為忠誠黨員的他提交一份書面聲明：「我來此雖不久，團體對我已有很正確的批評，使我知道自己的缺點，向著自新的路上走去，向著使我成就一個真正的共產黨員的路上走去。」[66]

在鄧小平抵達莫斯科前的兩個月，共產國際才成立了莫斯科中山大學，中共莫斯科支部辦公室就位於該校之內。中山大學專為中國人而辦，招收共黨、共青團和國民黨黨員，[67]也是統一戰線的教育化身。

鄧小平抵達莫斯科的十二天之後，轉到了莫斯科中山大學。一九二六年一月二十九日，他拿到了中山大學編號二三三的學生證，化名是伊凡・謝爾蓋耶維奇・多佐羅夫（Ivan Sergeevich Dozorov）。[68]隔天的一月三十日是星期六，他就開始上課。

兩年的課程內容極為吃重。鄧小平要學俄文、馬克思的歷史唯物論、中國與外國革命史、布爾什維克史、經濟地理學、政治經濟學（從列寧所鍾愛，由德國社會學家卡爾・考茨基〔Karl Kautsky〕所著的《卡爾・馬克思的經濟學說》〔*The Economic Doctrines of Karl Marx*〕一書中學習）、組織政黨、軍事訓練，還有新聞學。[69]學生一週上課六天，每天從上午九點上課到晚上七點，中間有兩小時的用餐時間。[70]

鄧小平像是塊海綿般吸收新知。他自己表示，他來到莫斯科「才知道什麼是共產主義」。他剛進中山大學所寫的自述中提到：

> 我過去在西歐團體工作時，每每感到能力的不足，以致往往發生錯誤，因此我便早有來俄學習的決心。不過因為經濟的困難，使我不能如願以償……我更感覺到，而且大家都感覺到，我對於共產主義的研究太粗淺……所以，我能留俄一天，我便要努力研究一天，務使自己對於共產主義有一個相當的認識。我還覺得，我們東方的青年，自由意志頗覺濃厚，而且思想行動亦很難系統化，這實對我們將來的工作大有妨礙。所以，我來俄的志願，尤其是要來受鐵的紀律的訓練，共產主義的洗禮，使我的思想行動都成為一貫的共產主義化。我來莫的時候，便已打定主意，更堅決地把我的身子交給我們的黨，交給本階級。從此以後，我願意絕對地受黨的訓練，聽黨的指揮，始終為無產階級的利益而爭鬥。[71]

鄧小平被派到第七小組「理論家小組」，成員是前景最被看好的中共與國民黨學生，其中包括黃埔軍校校長兼國民黨國民革命軍第一軍軍長蔣介石的長子蔣經國，以及其他中國領導人的親族。上課用俄語教學，但隨堂口譯的中文總是不精確。並沒有中文教材，鄧小平又無法加入法國小組，因為雖然他在法國住過五年，但並未學會法文。

不過鄧小平依然抱持樂觀，依然努力不懈認真學習，在圖書館內一待就是數個小時。雖然他的俄文並沒有比他的法文來得更好，可是他在布爾什維克歷史、馬克思理論以及馬克思經濟學等社會學科中成續亮麗。鄧小平傾心在馬克思、恩格斯（Engels）、列寧、史達林以及布哈林等人的中譯作品上。

莫斯科的環境支撐起他的好情緒。一九二六年，蘇聯所實施的「新經濟政策」開花結果。目標在共產黨掌控下發展市場經濟，其成果隨處可見。經濟快速成長，市場上充盈著愈來愈多的國營與私營產品。隨時都有新開幕的商店、餐館與咖啡廳。鄧小平的某個同學回憶著：「我們從未斷缺過雞鴨魚肉。」

> 早餐還供應蛋、麵包、牛油、牛奶、香腸、紅茶，偶爾甚至有魚子醬。我認為這世上不會有富人的早餐比我們的更為豐盛……當我們這些學生愈來愈厭倦俄羅斯飲食，他們〔官員〕趕緊找來一名中國廚師……我們能在中餐與俄餐之間做選擇。[72]

學生的閒暇時間也有充分安排。他們會參觀博物館、看展覽，還上戲院。一九二六年夏天，他們甚至到列寧格勒（Leningrad，今聖彼得堡）旅行。[73]

鄧小平在此處的日子，與他在法國時總處於半飢餓狀態截然不同。他透過閱讀馬列主義叢書與文章，還有當時史達林與布哈林的演講，都證實了當時新經濟政策（ＮＥＰ）模式的社會主義有顯著的優越性，這在鄧小平的世界觀裡烙下深刻印象。

馬克思說：「權利永遠無法優先於社會的經濟結構，以及由經濟結構制約形成的文化發展。」[74] 列寧主張：「嘗試完全禁止，停止所有私人、非國營交易，例如貿易、或那無可避免有數以百萬計小型生產者的資本主義等等的發展……試圖套用這些政策的政黨，不只愚昧且是自毀長城。」[75] 史達林認為：「新經濟政策是當無產階級國家掌控著制高點，為了容許資本主義的特殊政策。」[76] 布哈林告誡：「我們應告訴所有農民……讓自己富足、累積財富、開發你們的農場。只有白癡才會說貧窮將會**永遠**跟著我們。我們現在必須實施一項能消除貧窮的政策。」[77]

黨的政治工作占去鄧小平大多數的平日時間。不久之後，他被選進共青團大學支部。學生支部第七小組也選他作為小組長。[78]他因此被迫捲入大學內的派系鬥爭之中。陷入爭辯的問題是任卓宣在一九二六年初宣揚「會議第一，學習第二；實踐第一，理論第二」的口號。[79]更專注在課業上而非參加黨會議的學生被公開污名化為「學院主義」與「個人主義」，無法忍受冗長會議而跑去用餐的學生被批評為「小資產階級」與「自我中心」。許多老師對此深感不滿，餐廳員工也不表贊同。[80]中山大學校長卡爾．拉狄克（Karl Radek）自己都深表憤慨。雖然拉狄克是列寧派元老人物，不過他認為個人自由至高無上。一九二六年二月十八日，在中山大學黨大會上，他譴責中共莫斯科支部的領導方式。[81]之後他親自替支部撰寫工作計畫，規劃中共的學生黨員要研習馬列主義和三民主義，強化彼此互助的精神，還有阻止盲目地聽從領導當局。學生們可自由地思考與討論與中國革命有關的任何問題，他要求任卓宣不得干涉。[82]

拉狄克的決定孕出沃土。許多精力充沛的中國年輕人夢想著在莫斯科謀得黨職，公開地大聲反對中共莫斯科支部。二十一歲的安徽人、共青團成員王明⑩是他們的領袖。因為任卓宣的化名是「拉斐爾」（Rafail），他把任卓宣理論與實務指令貼上「拉斐洛夫主義」（Rafailovism）的標籤，一個聽起來像是判決的詞彙。結局是在一九二六年春，教學部分幾乎停頓下來。幸運的是，假期在六月展開，包括鄧小平在內的學生都跑到莫斯科外郊的塔拉索伏卡（Tarasovka）。不過，王明與其同志並不情願就此結束這場論證。六月抑或七月時，他們召開了一場激烈的大會，直接駁斥任卓宣以及莫斯科支部內的其他「老大們」。直到校長拉狄克抵達塔拉索伏卡，並以布爾什維克黨中央委員會、共產國際執委會以及中山大學校方的名義來解散中共莫斯科支部之前，會議已延續了四天。一九二六年夏季，任卓宣回到了中國。[83]

俄羅斯布爾什維克當局決定自此之後，包括鄧小平在內的中共全體黨員都成為俄羅斯共產黨候補或非投票黨員，這是剝奪他們獨立性的舉措。候補黨員無法成為職務候選人，因此無法與一般黨員競爭職位，更別說要成為中山大學黨委會的領導幹部。此外針對黨組織，俄羅斯共產黨領導方式與拉狄克並不一致，而和中共莫斯科支部的領導抱持相同的看法，同時不允許任何自主性。如此一來，諷刺的是中山大學內的黨務方針一成不變。所有共產黨與共青團成員仍舊得參加冗長的黨會議，還有其他如小組討論與時事座談等活動；會中還被迫要公開表示效忠黨的領導。[84]中山大學委員會書記塞德尼可夫（Sednikov）努力不懈地灌輸中國學生觀念：在一個全心全意為革命勝利而鬥爭的政黨內，是禁止公開談論民主的。[85]

這些都沒影響到鄧小平。儘管個性衝動，他設法避免走入歧途，並接受多數人的觀點。他想成為黨內服從命令的士兵，遵從黨的鐵律。因此，當任卓宣擔任書記時，鄧小平聽命於他；當他開始失勢時，鄧小平就反對他。一九二六年八月十二日，他在一篇階級組成的文章中闡述正統的觀點：「中央集權是自上而下。必須完全服從領導的指令……民主並非一成不變的概念。民主的擴張或限縮取決於周遭環境的變化而定。舉例而言，革命之前的俄羅斯和當今的中國是無法擴張民主的。」[86]

因此，大學黨支部定期給他正面的評價並非意外之舉。其中一份是問答格式，上面日期標誌為一九二六年六月十六日：

> 一切行動是否合於黨員的身分？一切行動合於黨員的身分，無非黨的傾向。
>
> 守紀律否？守紀律……對黨中的紀律問題甚為注意，對一般政治問題亦很關心且有相當的認識……出席黨的大會和組會與否？從無缺席。
>
> ……
>
> 黨指定的工作是否執行？能切實執行。
>
> 對功課有無興趣？很有興趣。
>
> 能否為別人的榜樣？努力學習可以影響他人。

---

⑩編註：原書間或以其本名「陳紹禹」稱呼，因考量在中共官方文獻及相關書籍中，多使用其化名，故中文版統一改以王明稱之。

……

在國民黨中是否能實行黨的意見？能。做什麼工作是最適合的？能做宣傳及組織工作。[87]

另外一份日期為一九二六年十一月五日的評估：

〔多佐羅夫〕是十分積極、精力充沛的共產黨員與共青團員（全聯盟共產黨〔布爾什維克〕預備黨員）。他是大學共青團委會中最優秀的組織工作者之一，組織紀律性強，又能始終如一，亦擅長學習。多佐羅夫同志已從共青團團委會的組織工作中積累了豐富經驗，並極為熟練。他積極參與政治工作，也同其他人保持同志關係。他名列前茅，黨訓練非常良好（單獨對國民黨黨員展開工作——被指派此任務的都是最優秀的黨員），或許最適合投入於做組織工作。[88]

一九二六年十月九日，在第七學習小組的大會上鄧小平擔任小組長，「因為他作為良好，並切實做好工作」，因此將他從候補黨員轉為「全聯盟共產黨」正式黨員是「合適與有益」的。[89]

依據黨規，鄧小平在道德方面也表現出眾。相對幾百名男性學生中，中山大學內只有二、三十名女性學生，鄧小平不像大多數的同儕糾纏女性，他非常謹慎自持。他喜歡某個特性的女孩，其化名是朵嘉多娃（Dogadova）。她長相動人、身材纖細、一頭短髮、眉毛細黑，還有著相當性感的嘴唇。不過，鄧小平沒有採取任何親近她的行動。他把時間都花在課業與黨務上。他只知道那個女孩的真名是張錫瑗，於一九〇七年十月二十八日出生在直隸省（今河北）房山縣良鄉車站的工人之家（她的父親是名鐵道工人）。一九二五年十一月二十七日，張錫瑗與王明一同從中國來到了中山大學。在抵達莫斯科的一個月之後，加入了共產黨。張錫瑗一開始是隸屬於第三小組，然後是第四小組。[90]她是名成績相當平凡的學生，通常只拿到七十來分的成績，不會一直參與黨務工作，曾經被斥責「沒完成黨交辦的任務」。因此她對愛情也不是太感興趣，必須得重新贏得組織的信賴。

與此同時，中國境內事件迅速迭起。在孫逸仙辭世之後，汪精衛領導的左派在國民黨內上台掌權，加速進行民族主義革命。在廣東境內的中共黨員遵從莫斯科方面的指示採行激進策略，目標是要在國民黨內奪權，並依據史達林在一九二五年春提出的理論性構想，改革國民黨為所謂的人民黨。[91]到了一九二六年三月，許多在莫斯科與廣東的人咸信，中共在國民黨內取得勝利是指日可見。不過，三月二十日，國民革命軍第一軍軍長蔣介石⑪發動軍事政變對付左派分子，迫使汪精衛與數名和蔣介石敵對的蘇聯軍事顧問離開中國。此後，蔣介石要求中共限縮其在國民黨內政治性與組織性的自主權限。他一手掌握軍政大權。至關重要的是，他自任為國民革命軍總司令一職。[92]

莫斯科方面被迫接受此既成事實，指示中共放緩在國民黨內攻擊的節奏，以重整力量。[93]蔣介石保留了統一戰線，滿意此種退讓。一九二六年七月初，蔣介石藉由蘇聯首席軍事顧問加倫（Vasilii Bliukher）的協助，展開北伐征服軍閥統一全國。當時國民革命軍士官兵數大約十萬人。其所面對的三個北方軍閥軍力多達七十五萬人。馮玉祥所統領的國民軍有十五萬人部署在中國西北，客觀上來說是蔣介石的盟軍。一九二四年十月馮玉祥就已宣布支持孫逸仙，當時馮占據北京並請求蘇聯協助，莫斯科方面旋即派遣數十名軍事顧問前來。不過，在北伐之前的三個半月，馮玉祥在對抗北方軍閥時遭到重挫，他與家人前赴莫斯科，尋求蘇聯廣泛的軍事援助。[94]即使如此蔣介石仍順利發動了北伐。一九二六年七月十一日，蔣麾下軍隊受到民族革命的影響拿下首度的大捷，並占領了湖南省會長沙。

對於北伐高奏凱歌，莫斯科的中國留學生當然十分投入。馮玉祥的個人特質也獲取他們的關注。[95]

⑪ 譯註：一九二五年八月二十六日，合併國民革命軍第一師與第二師為第一軍，軍長蔣介石，周恩來任政治部主任。一九二六年一月二十日，蔣介石辭軍長職務，由何應欽升任軍長。故三月二十日「中山艦事件」發生時，蔣介石並非第一軍軍長。

當馮玉祥一家人於一九二六年五月九日抵達莫斯科雅羅斯拉夫爾（Yaroslavl）車站時，有紅軍步兵與騎兵儀隊、為數眾多的中國留學生（鄧小平很可能身在其中）以及許多蘇聯和外國記者迎接他們。在接下來的三個多月中，已經替他安排好完整的規劃，不過馮玉祥大多數時間都待在中山大學內，與包括鄧小平在內的中國留學生開會。對於他呼籲要進行革命以及推翻帝國主義，學生們熱切地加以回應。[96]所有人都知道就在馮玉祥抵達莫斯科當天，他站在列寧的石棺前，宣布他已經加入了國民黨。

在馮玉祥逗留莫斯科期間，他得到額外金援的承諾，並獲蘇方提供新軍官來強化他的蘇聯顧問團。馮玉祥要帶著這些強心針回到中國。[97]

八月十七日，馮玉祥離開莫斯科的隔天，蔣介石繼續揮軍北伐，從長沙推進到武漢。到了一九二六年秋天，國民革命軍已經進入長江流域。十月，馮玉祥方面從甘肅省派出一個師的軍力進入陝西省。十一月十八日，他們包圍了此區域的關鍵城市西安。與此同時，蔣介石攻下武漢，並在一九二七年元旦，宣布該城為國民政府的首都。[98]馮玉祥準備進軍河南，要將部隊與蔣介石的國民革命軍會合，並請求莫斯科方面多派顧問。[99]

共產國際從莫斯科派出超過二十名傑出的中國留學生給馮玉祥，作為回應。尚未完成兩年課業的鄧小平也名列其中。北伐已經進入決定性階段，共產國際的官員相信「如將工作置之不理……直至數名莫斯科同志完成學業之後，那將是愚蠢之事」。[100]

一九二七年一月十二日，鄧小平從中山大學的學生名冊中給移了出來，當天便出發回到中國。他旅居海外超過六年的時光至此告終。在中山大學黨委會對他最後的一份報告中表示：「非常主動與精力充沛，最佳的組織工作人員之一。既保有紀律，又能始終如一。課業表現十分優異。受到良好訓練。」[101]可是在第七小組大會中做出晉升他從候補黨員為全聯盟共產黨正式黨員的決議必須廢止。[102]鄧小平重返中國，他再度成為中國共產黨正式黨員。這名年輕幹練的共產黨員頂著革命的浪潮。在浪潮的波峰上，他與同志們企盼著站上權力的舞台。

第三章

從西安到上海

鄧小平離開莫斯科之際，馮玉祥已經來到鄧小平與其同志的目的地西安。火車最遠只能駛到上烏金斯克（Verkneudinsk，現今為烏蘭烏德〔Ulan Ude〕），他們從此處改搭乘蘇聯載運馮玉祥軍火的卡車，繼續穿越蒙古草原與烏爾加（Urga，現今為烏蘭巴托）。接著騎乘駱駝貫穿戈壁沙漠，最後在銀川騎馬來到西安。這一路甚為艱辛——草原上嚴寒而沙漠中酷熱，沙塵暴遮天蓋日目無所視，口鼻滿是沙塵。到了三月底，這群從莫斯科回來疲憊不堪、衣衫襤褸的學生終於抵達了西安。鄧小平的女兒毛毛，記載她父親的觀察：「二十多個同志，到了西安都已經是衣不蔽體了。」[1]

他們先住在軍營內，然後再引薦給馮玉祥。這名四十四歲的元帥散發出自信。[2]馮玉祥個頭高大、身形魁梧、滿臉是肉、肩膀寬闊。他簡單穿著農民的棉襖和鬆垮垮的長褲，動作沉穩，聲音輕柔，講話總是點到為止。[3]他立刻指派這些新進人員領導軍中以及其他機構的政戰單位。

鄧小平被派往有七百多名學員的「西北中山軍事學校」，他們之前大都是當地平民學校的學生，在此學習軍事與軍技科目，還有社會學科課程。學校位於市內回族區域的邊區，靠近那一四八〇年代興建、名聞遐邇的鐘鼓樓。[4]

就在鄧小平抵達西安前不久，馮玉祥先指派部署在陝西的國民軍指揮官，也是國民黨內左派分子于右任創建該軍校。于右任接著任命三十七歲的陝西本地人史可軒帶領軍校。史可軒擔任過獨立師師長，具有行政歷練，才剛加入中國共產黨。[5]他的副手李林是從東方大學畢業的共產黨員，鄧小平還在法國時就與李林熟識。還有許多共黨黨員也在軍校中服務。

鄧小平擔任政治部主任，主要負責指導黨在軍校內的宣傳工作，還有諸如中國史、國民黨黨史、布爾什維克主義等等政治科目的教學事項。其他學科包括了中國革命的當代問題、列寧思想、農業與農民問題、軍隊政工基礎。大約有百名的下級軍官是中共黨員或候補黨員，專門提供給他們的課程是：何謂共產黨？共產主義基礎，還有《資本論》（*Capital*）。鄧小平分享出他在莫斯科時所學到的知識。他回憶著：「政治教育主要講革命，公開講馬列主義。在西安，〔那〕是一個紅色的學校。」[6]

鄧小平證明自己是名積極投入又充滿活力的講師。因此上層領導馬上指派他到中山學院與安全教育學校教書，要訓練基層政工幹部。[7]有段時間他同時還兼任軍校共黨組織的書記，[8]且在一九二七年五、六月間，他還加入軍校內國民黨專門小組的常委會。[9]他時常提供有關中國政治與國際局勢，以及蘇聯情況的報告給基層軍官和指導員。他甚至還參與業餘才藝表演，在觀眾們所喜愛以愛國教育為主題的簡單劇作中演出。[10]

鄧小平的待遇微薄，不過左近的回民區有無數誘人食指大動的小吃店，他和同志經常光顧。在回民區主要幹道北院門與毗連巷弄內的空氣中充滿著辛香料的氣味。鄧小平特別喜愛極其美味的牛肉泡饃，時常唆使他的長官帶他與其他黨員，用軍校費用報銷吃一頓。[11]

西安是人口稠密的陝西省會，大約有八十萬居民，是中國商業與文化大城之一，坐落在中國本土和荒野漠原交界之上。西安的市集中堆著要與草原游牧民族以物易物的中國傳統手工品，包括絲與棉的紡織品、瓷器、茶葉、大米、漆器以及玉飾。西安四面有壯觀的城牆環繞，在中國歷史上一直都扮演著重要角色，在十一世紀中曾經是十三個王朝的首都。人聲鼎沸的街道上滿是繁華的商家，加上華麗壯闊的古代宮殿與寶塔總能讓遊客大為驚嘆。

不過鄧小平無暇參訪西安的景點，甚至連回民區也只是一週去一次。中國境內和西安本身的局勢正急速轉變中。四月十二日，從上海傳來了噩耗，國民革命軍總司令蔣介石在上海與其他華東城市針對共產黨員發動一場流血的「白色恐怖」行動①。因為在推展北伐期間，伴隨而來的佃農、貧民與鄉下窮人的大規模運動，史達林再度下令中共要在國民黨內發動政治攻勢，所以蔣介石採取行動。一九二七年初春，中共收到蘇維埃政治局的指令：「擠掉國民黨右派分子……執行占領軍中重要職務的政策……強化軍中國民黨與共產黨小組的工作……繼續武裝農工的道路，**以及改革各省農民委員會為備有武裝自衛能力的實質權力機構**。」[12]

此後，佃農、貧民與農村窮人反抗「農村吸血鬼」的運動達到「瘋狂的階段」。[13]包括上海在內的數座城市中，共產黨武裝工人糾察隊甚至開始對那些有影響力的國民黨與共黨領袖的有錢親戚發動暴力攻擊。

這就是蔣介石最後解散統一戰線，並宣布在南京重新籌組國民政府的原因。結果在國民革命軍占領區內，冒出兩個相互敵對的權力中心：蔣介石在南京領導的反共政府，以及汪精衛為首位於武漢的左派政府②。局勢發展現在得看馮玉祥要支持哪個陣營而定，鄧小平、其他國民黨左派分子，以及共黨黨員立刻在馮玉祥軍中發動反蔣宣傳。五月五日，一場人數多達一萬五千人的大型示威活動，就在馮玉祥西安的住所「紅城」前舉行。參加者中不僅是軍人而已，還有許多市民。[14]蔣介石被大聲譴責，並被指控為「背叛革命」。[15]

馮玉祥顯然受到這場活動的影響，將其軍隊更名為國民革命軍第二集團軍，同時揮軍推至河南，以

---

① 譯註：四一二事件。國民黨稱清黨，中共則稱四一二反革命政變。蔣介石與國民黨右派及上海青幫成員取締非法蘇聯顧問並逮捕、殺害中共黨員與部分民眾之事件。

② 譯註：寧漢分裂。北伐期間，國民黨內部以南京蔣介石為首的清共勢力和武漢汪精衛為首的容共勢力彼此分裂。

便和國民黨左派部隊會合。六月一日，他的部隊拿下開封，與第一集團軍的左派將領唐生智會合。[16]六月十日，汪精衛為首的武漢政府首腦們抵達鄭州，和馮玉祥會面。會談期間，馮玉祥表達反蔣情緒，公開表示蔣介石是「狼心狗肺的畜生」。[17]看起來似乎他準備與蔣決一死戰。

與此同時，馮玉祥也私下告知武漢當局，共產黨企圖挑戰他掌控的軍權，積怨不小。共產黨招募農民團體、工人、婦女與青年組織，指導農民群眾運動，這些在在造成馮玉祥治下省份的騷動。他相當重視秩序，對此無法忍受。[18]最讓他光火的是婦女解放。他忿忿表示：「婦女協會成立之後，潼關一帶的婦女天天外出開會、置兒女和做飯家務於不顧，引起丈夫不滿。參加協會的婦女振振有詞，說兒女非我一人所生，亦應平均照顧方算平等。從此家庭不安。」[19]

國民黨左派禮貌性地聽他發了牢騷，可是無所作為。接著六月十九日，馮玉祥和「畜生」蔣介石在徐州會面，要協同行動對付中共。他對國民黨左派發出最後通牒，要求他們也要與共產黨斷絕關係。馮玉祥主張：「人民想要壓制此種（共產主義）專制。」[20]

馮玉祥與蔣介石並不相同，他不想處決軍中的共黨人士。六月二十一日，當他回到開封時，他很客氣地跟蘇聯首席軍事顧問解釋他無法再與中共合作的原因。然後馮玉祥送給他以及其他顧問禮品與金錢，跟他們道別。[21]鄧小平事後回憶：「在一九二七年清洗期間，蔣介石在南方不留情面地殺害共產黨員，煥章先生（馮玉祥字）反倒是把我們禮送出境。」[22]同時馮玉祥下令陝西省長石敬亭，要西北軍校內所有共產黨軍官都到鄭州報到「讀書」，不過中共陝西省委會不理會此道命令。

兩週之後，史可軒在西北軍校內從教師和基層幹部中組成一個營，對那些已然「背叛革命」之人發起短暫的抗爭。過了兩週，史可軒遭到逮捕，並被國民黨處決。[23]六月底，中共陝西省委會下令鄧小平和副校長李林前往武漢。[24]

在武漢等待他們的是個危險任務，那裡的局勢已經到了關鍵時刻。長沙是另外一個左派的堅強堡壘，當地軍事將領和政治領袖轉而對抗起工會，並攻擊共產黨。在武漢，經濟狀況陷入預期中的停滯狀態，宣稱是左派的將領唐生智正準備轉投向蔣介石。[25]

一九二七年七月初鄧小平抵達武漢，目睹崩潰局勢的惡劣景象讓他害怕。他立刻被指派為中央委員會的唯一書記，同時必須負起其他無法前往武漢的七名書記的工作重擔。[26]他的責任包括替政治局會議做紀錄、準備草擬中央委員會決議、聯繫當地組織，以及與正在從事地下工作的黨員建立起聯繫管道。鄧小平的上司是書記處主任鄧中夏，三十三歲湖南本地人，頸長且頭髮稀疏。由於他身為中央委員會成員且職位更高，總是忙於其他任務，便把文書工作交付給鄧小平，而鄧小平表現得十分稱職。

鄧小平並未涉入黨內領導階層的政治與組織鬥爭。他沒有時間、體力，也沒經驗。中國共產黨內滿滿都是政治家或理論家，無人認為他屬於其中一員。領導會議通常都在漢口舉行，鄧小平擔任記錄，目睹了許多風暴般的爭執。統一戰線切切實實地在他們眼前拆解，共黨領導們以及蘇聯顧問對於阻止崩解束手無策。史達林對於中國境內實際的權力平衡一無所知，他要求共黨領導們要落實農民革命、在國民黨內奪權，並消滅國民黨所依賴的「不可靠將領」。[27]不過，中共政治局委員在武漢並未掌有實權。六月底，陳獨秀沉痛地告訴國民黨中央執委會政治顧問鮑羅廷（Borodin）與青年共產國際（Communist Youth International）代表拉菲爾．吉塔洛夫（Rafael Khitarov）：「我不了解這些莫斯科來的命令，也不同意。莫斯科不僅不了解這裡的現況……莫斯科現在還要求我們做到我們所無法達成的沒收土地的目標。」在聽聞陳獨秀的論見之後，共產國際代表羅易（M. N. Roy）即刻通知共產國際執委會政治書記：「六月二十六日，中共政治局公開違反共產國際的指令。陳獨秀表示，莫斯科方面不了解局勢，並傳送無法執行的指令……中國共產黨與共產國際之間有明顯的差異。」[28]

七月八日，火大的史達林要求中共政治局委員「以共產國際執行委員會（Executive Committee of the Communist International, ECCI）的指令為基準，去修正黨領導階層的基本錯誤」。[29]陳獨秀反倒是在七月十二日辭職，他寫了封辭職信給中央委員會，部分內容為：「真的無路可去，實際上我也無以為繼。」[30]三天後，國民黨左派首腦汪精衛與共產黨斷絕關係，效法蔣介石在武漢地區啟動白色恐怖行動。共產黨以發動全市總罷工回應，但未果。某個見證人寫道，因為共產黨「在漢口工人間完全沒有基礎」。[31]

總而言之，統一戰線崩潰瓦解、工人運動煙消雲散，鄧小平與市內其他共產黨員必然得進入地下工作，一如上海、廣東與他地的黨員早已進行的秘密活動一般。七月二十四日，包含鄧小平老友周恩來在內的共黨新領導階層指揮整個黨要轉變成非法組織，並在工作上嚴格保密。黨組織必須遷移到新地點，偽裝成民宅、商店與醫院。所有重要黨務人員必須改名換姓，還要易容，並保持高度的警戒心。[32]鄧小平就是在此時期為了執行指令，才把名字從希賢改為小平。中共書記處也從他原本住的武昌，搬到長江對岸的漢口。

七月底，莫斯科派了一名新特使來到漢口：維薩里昂・羅明納茲（Vissarion Lominadze）。他是老布爾什維克黨員，與史達林熟稔，也是共產國際執委會委員之一。他告訴中國人，之所以派他前來是為了「在中國革命的道路上，修正共產國際官員與中共中央委員會在過去所犯下的無數錯誤」。羅明納茲要求盡速召開緊急黨大會、重組黨的領導階層，以及實施新戰術以取代早就失敗的戰術。他接著強調「中共中央委員會曾經犯下嚴重的右傾機會主義錯誤，並違反共產國際的指令」。[33]

就在稍早幾天前，新組成的臨時中央政治局已經決定要在國民黨軍隊內引發武裝暴動，並在湖南、湖北、廣東與江西發動農村暴動。他們意圖在秋收時節佃農必須與地主談減租時煽動貧農，透過減免債務等權宜之計來落實農民革命。羅明納茲熱烈支持此路線。從七月三十一日晚上到八月一日，共黨領導階層在江西省南昌市內發動首波暴動。起事人數大約兩萬餘軍民，奪下了南昌。不過，他們卻無意占領省城。暴動隊伍向南推進，目標是在廣東建立起革命政府。九月底和十月初，他們在靠近粵東汕頭港附近遭受到致命挫敗，他們原本要到該處接收蘇聯提供的軍火。而這支部隊就此瓦解。

一九二七年八月七日，中共新領導人瞿秋白此時在漢口與羅明納茲召開中央緊急會議。會議是在武漢政府前蘇聯顧問的公寓內舉行，位於昔日俄國租借區一棟大型歐式三層洋樓房的二樓③。與會人數有二十五人。鄧小平參與其中，並擔任書記工作。他坐在窗邊角落的小桌旁，記錄會議內容。他並未加入討論，不過也沒什麼實質討論。

大多數時間是羅明納茲在說話，嚴厲批評中國共產黨。瞿秋白以黨領導的名義進行自我批評。此刻最好不要與莫斯科的特使發生口角。由於中共陷入危機之中，從共產國際挹注金援需求孔急，更甚於以往。會中只有五人發言，包括一名個頭高大、三十四歲的湖南人毛澤東，他發言了兩次。這是鄧小平首次見到他。毛澤東口才便給、剴切陳言，批評前領導階層在軍事和農民方面的「錯誤」。他主張中共應該趕緊組織一支結合盜匪、遊民、乞丐和貧農的軍隊；不僅僅透過徵收地主的土地，還有農民的土地，方能將他們都吸引到共產黨中。[34]

就某種程度而言，這些想法微不足道，聽起來全非布爾什維克主義。當時黨中沒有領袖人物，抑或是說對於革命運動中軍事因素的決定性角色問題，還是在共產黨與貧農盜匪結盟對抗富農問題上，共產國際已然直接插手。如此一來，鄧小平不可能不記得這名開口說話之人。他在莫斯科所學的是完全另外一套。對於毛澤東而言，他沒注意到這名中央委員會的小書記，鄧小平的身高甚至不及毛澤東的肩頭。鄧小平當時靜靜坐在角落記錄著會議內容，還是個無足輕重的角色。一九六〇年時毛澤東回憶道：「有人後來說我們兩人在武漢碰過，不過我完全不記得。或許我們見過，可是我們顯然沒交談過！」[35]毛澤東當時已經是眾所周知的黨員、創黨者之一，還是組織部長。基於毛澤東在湖南黨員中極具威權，中共內部稱毛為「湖南王」，也認為他是農民問題專家。

羅明納茲立刻批評這名發言者的極左主義，不過在會後，總書記瞿秋白指示這名湖南王——在這場「八七會議」中被選為臨時中央政治局[36]候補委員——回到故鄉去領導「秋收暴動」。[37]

九月底十月初，瞿秋白與中央委員會職員，包括鄧小平在內，離開武漢遷至上海。在遷移之前的九

③ 譯註：會議舉行地點是漢口俄租界三教街四十一號（現鄱陽街一三九號），蘇聯農業顧問羅卓莫夫住所。

月中旬，經由漢口俄羅斯領事館轉來共產國際的指令給瞿秋白，宣布共產黨員開始鬥爭，從而在中國境內建立蘇維埃政府。[38]在許多鄉間地區，開始稱呼激烈的秋收暴動為蘇維埃，不過隨即全都失敗收場。起事部隊的殘眾逃至難以出入的地區，這通常都是群山之中，因此就變成游擊戰。毛澤東與其一千五百人的疲憊殘兵也撤退至湖南與江西邊境的井岡山山區。一九二八年四月，也參與了南昌暴動的朱德在共黨於汕頭地區被擊潰之後，率眾加入毛澤東。[39]

中共臨時政治局和書記處還留在上海。共產國際的領導階層與中國共產黨遵循著馬克思主義的傳統教條，依舊認定工人階級是革命主要的原動力。因此他們試圖恢復在一九二七年夏季被消滅的無產階級運動。一九二七年十二月十一日，首先在共產國際特使漢茲．紐曼（Heinz Neumann）領導之下，他們在廣東省組織了一場暴動。儘管在都市地區進行地下活動的局勢持續惡化，得冒著生死風險，他們還是在上海高度投入。秘密警察的恐怖手段毫不留情，他們首要目標是追捕共產黨員和左派分子。一九二八年三月七日，國民黨政府宣布國家進入緊急狀態。散播與三民主義[40]不容的思想是種「政治攻擊」，可以處十五年的徒刑。凡「擾亂和平與秩序」、「煽動擾亂和平與秩序」、「通匪」或「進行反政府宣傳活動」者，判處死刑。[41]從一九二七年四月中到十二月中為止，在上海與相鄰的江蘇省逮捕了超過五千六百人，這其中有兩千人遭到處決。[42]在那段時期，共產黨員從接近五萬八千人縮減到只有一萬人。[43]

所有人都在盡全力偽裝隱瞞自己身分。兩名共產黨最高領導人張國燾和李立三嘗試冒充兄弟，從外地來到上海尋覓良醫。張國燾臉色蒼白，因此假裝生病，而李立三在陌生人面前不斷詢問張國燾的健康狀況。他們住在一棟位於公共租借區，有著六間屋的豪華公寓內（有錢人比較不被懷疑）。[44]

鄧小平也假扮成一名富人。他一開始在公共租借區中心地帶繁華的五馬路上還「擁有」一間小店鋪，接著是間古玩店。[45]平日身穿奢華的長袍、頭戴時髦的帽子、嘴抽昂貴的香菸。事實上，到那時鄧小平已經是稍有分量的角色，至少在地下工作小組中是如此。他的秘密辦公室位於公共租界區的西側，在同孚路柏德里七百號（現今石門一路三三六弄九號）的一棟兩層樓石屋後方的死巷子內。[46]此處就是中共中央委員會辦公廳，鄧小平每天都來此地處理「中央委員會行政問題與技術問題」。[47]一九二七年十一月中，瞿秋白認可鄧小平的工作勤勉與能力表現，任命他為臨時政治局書記，並在一個月之後，晉升為中央執委會秘書處主任。

鄧小平現在的直接主管是也曾在莫斯科讀書的羅亦農，不過是在一九二一年至一九二四年間，早於鄧小平。然而在一九二八年四月十五日，羅亦農遭到逮捕，六天之後被處決，其職務改由周恩來接手。[48]在劉亦農與周恩來兩人的任職期間，鄧小平把地址、化名，以及黨的組織和領導幹部的所有密碼等檔案都保留完整。他還負責文件、財務的工作，以及黨高階組織會議的準備與進行。此外，他要維持地區組織與中央委員會支部的聯繫工作、安排中共權限內的運輸事宜，還得準備政治局會議的議程。換言之，他得負責所有以前執行過的工作，只不過現在不再是一名書記，而是整個秘書處的首腦。而且他還得參加領導階層所有的會議，並在會中表達自己的觀點。他同時持續在臨時政治局會議中擔任記錄，只有少數幾次責成他人負責。

一九二八年春，鄧小平遇到人生的重要事件。他娶了張錫瑗，正是那名短髮、細黑眉毛、豐厚雙唇，他在莫斯科時已然結識的美麗女孩。她在一九二七年秋天回到中國，立刻被指派到武漢書記處，鄧小平也就成了她的上司，開始追求她。鄧小平年輕，張錫瑗不僅漂亮，個性溫順、開朗、善良，還全心奉獻給黨。一九二七年秋，她跟鄧小平一起搬到上海，沒多久兩人便開始同居。他們在上海鬧區昂貴的四川飯店裡，邀請了超過三十名賓客辦了一場華麗的婚禮。畢竟，鄧小平當時裝扮成一名富商。張錫瑗梳個精心處理又高雅的髮型、踩著高跟鞋、穿上開衩開到大腿的絲質長旗袍，看起來美麗不可方物。鄧小平多年之後回憶表示，她真是「少有的漂亮」。[49]

婚宴花了一大筆錢，不過鮮有人知道是由鄧小平的父親所支付的，在鄧小平遷居上海之後，他們又聯絡上了。[50]鄧文明尊重傳統，雖然兒子或許一直無甚出息，不過還是很寵愛他。要他不管兒子的婚禮費用，他可「丟不起那個臉」。可是他兒子很快就以可鄙的忘恩負義態度回報他。鄧小平得知他父親逐漸回復財務狀況，還在經商——鄧文明與幾個同村夥伴一同在牌坊村經營絲織廠，開始向上海地區供應蠶絲——他就以父親的名義跟父親的上海合夥人借了一筆錢。他們答應了。這名殷實的商人從來沒想過，他們一直以來所敬重的合作夥伴的長子竟然是個尋常騙子。鄧小平在收到一大筆金額後，交給了黨，絲毫不愧疚地立刻搬家。[51]

雖然鄧小平深知父親家財有限，但是他還是這麼做了。鄧爸爸還要養活許多人。鄧小平的母親在一九二六年過世之後，鄧文明續弦蕭氏，她替鄧文明生下第四個兒子，起名為先清。可是數個月後，蕭氏生病且很快就病逝。不幸的鄧文明結了第四次婚，這回娶了已經有個九歲大女兒的寡婦。他新妻子的名字是夏伯根，來自相當貧困的江上船工之家。她只比鄧小平大五歲，和鄧小平不同，從小就知道什麼是需求和困頓。因此嫁給鄧文明是種解脫，特別是他視夏氏女兒為己出。

鄧文明除了自己之外，必須奉養自己的母親（鄧小平的祖母，當時還在世）、妻子、三個兒子（其中兩人已經在花他的錢讀書），還有兩個女兒。他也持續在金援他那浪費又永遠不知感恩的長子。老鄧是名備受尊敬的居民。他在鄉里受到推崇，在一九二八年時甚至被指派為廣安縣團練局局長，指揮六、七百人以保衛本縣。[52]在鄧文明經商那段時日，其茶館就開在鄧小平所讀的北山小學堂對面，館內總是高朋滿座。人們來此交際應酬，擲骰子，還有聽從這名智者老鄧的話，由他擺平紛爭，提供建言，還時常接濟那些落難之人。[53]按照他老鄉的回憶，「此人留著長鬚」，總能贏得「周圍之人敬重他為好東家、軍事統帥、公眾人物和仲裁者」。[54]這可能是鄧小平如此惡劣對待父親的原因嗎？他是在展現普羅階級的感受嗎？或許他只是認為父親的財產他有權分一杯羹。

這對新婚夫妻在婚後，搬到周恩來與其妻鄧穎超在公共租界西區遵義里所租賃的一棟兩層樓小屋，和熱鬧的通衢大道只有一個窄巷的距離。周恩來與妻子住在二樓，鄧小平夫妻則住一樓。除了有蔣介石的秘密警察之外，還有公共租界和法租界——中共主要辦公室都在此區——的警察，使得上海的政治局勢日復一日惡化。地下工作已經變得益發危險。鄧小平回憶：

> 我們在上海做秘密工作，非常的艱苦……地下工作沒有被捕過，這種情況是很少有的。但危險經過好幾次。最大的危險有兩次……我去和羅亦農接頭，辦完事，我剛從後門出去，前門巡捕就進來，羅亦農被捕……就差不到一分鐘的時間。後來羅亦農被槍斃了。還有一次，我同周總理、鄧大姐、張錫瑗住在一個房子裡……巡捕發現了周住在什麼地方，要來搜查，他們通知了周恩來……我當時不在，沒有接到通知，不曉得。裡面巡捕正在搜查，我去敲門，幸好我們特科有個內線在裡面，答應了調來開門。我一聽聲音不對，趕快就走，沒有出事故。以後半年的時間，我們連那個弄堂都不敢走……那個時候很危險呀，半分鐘都差不得！[55]

中國整個局勢發生變化。國民黨的警察在多數城市，就像是在上海這般恣意妄為。不過在湖南江西交界、湖北、陝西，以及其他農村地區，建立蘇維埃的活動正凝聚力量。中國共產黨第六次全國代表大會在一九二八年六、七月中舉行，會中評估當前政治局勢並擬定黨的長期路線。因為中國境內的白色恐怖活動，大會在蘇聯離莫斯科不遠的地點召開，一百一十八名與會代表中有高階黨職人員。鄧小平、李維漢，還有其他兩名黨的要員任弼時與羅登賢都留在上海，負責處理中共日常黨務工作。[56]這段期間，鄧小平顯然不僅在黨組織工作上，在政治事務中也已然是名要員。最重要的是，他在黨最高領導階層的小圈圈中站住腳跟。他受到尊敬，也常被徵詢意見。

然而在第六全會代表們重返上海之後，鄧小平在黨內事務中的角色多少消退了些。新任的中央委員會總書記由五十八歲的向忠發取代了瞿秋白，他過去是工人運動重要領導人之一。瞿秋白因為一九二七年暴動事件失敗，在莫斯科的會議中遭到嚴厲批評。向忠發不採納鄧小平的意見，反而倚賴精力充沛、辦事有效率的李立三。李立三深具才幹，是名受過良好教育的知識分子，從一九二八年十一月起在新的中央委員會下領導宣傳部。周恩來擔任組織部長，持續發揮重要的影響力。就是這三巨頭在領導中共。鄧小平回到單純處理秘書處工作，直接隸屬於周恩來，不過不再涉入政治問題。

很快的到了一九二九年五月，因為蔣介石與當地軍閥之間鬥爭的結果，左傾將領已經在中國西南的廣西省掌權，消息傳到了上海。俞作柏與李明瑞表兄弟二人協助蔣介石擊敗廣西反動集團。在這場戰爭中，雖然他們支持蔣介石對抗軍閥，但是按照自己的政策方向而行，並未將敵對的矛頭指向共產黨。此外，他們還透過從一九二七年十月起就加入中共、俞作柏的弟弟俞作豫，與共產黨合作。對於他們與中共之間的關係，蔣介石並不知情，並協助拿下廣西的大權。他們要求向忠發派遣一組幹練的黨工。

政治局決定派遣幾十名具有軍事與政治地下鬥爭經驗的黨員前去廣西。依據周恩來的建議，中共派鄧小平為中央委員會特使④。八月二十七日，鄧小平把秘書處的領導職務交付給組織部的一名書記，便動身出發。此是這名深具組織幹才的青年在新舞台上一展長才的時機。鄧小平在俞作豫以及其他已經來到廣西的同志協助之下，在俞作柏與李明瑞的部隊內組織了一場反國民黨暴動，並藉此鼓舞其他地區迅速發展的蘇維埃運動。

鄧小平很滿意這份新任務。他首次在地方上獨當一面，能依據中國西南地方所有成功的共黨運動經驗獨自做出決定。他當然只能在特定的限制之內自行作主，亦即得依據一九二八年六、七月間的中共第六次全國代表大會，以及中央委員會和政治局之後確認的範疇內行動。六大是在新經濟政策的理論巨擘布哈林的指導下舉行；他同時還是共產國際的領導人之一，並在蘇聯政府與俄羅斯共產黨領袖中名列第二，僅次於史達林。根據他的指示，全會中正式接受這種說法：儘管中國的「中國民族資產階級背叛革命，走到帝國主義地主豪紳的反革命營壘」，但其革命目前仍屬於「布爾喬亞民主」階段。這是馬列主義者對於蔣介石、馮玉祥、汪精衛與其他國民黨領袖的政變，所回應的專業說詞。因此，現今不可能在「半封建時代」的中國執行社會主義政策。他們反而了解到，應該鎖定目標，限縮豪紳地主以及鄉間官員的權力；武裝農民，建立蘇維埃權力機構；完全沒收所有地主、宗族團體、寺廟的土地，並重新分配土地給無地農民或貧農；取消書面或口頭上土地與其他租約協議的重利債務及高利貸款；還有以單一累進的農業稅取代軍閥與國民政府的所有苛捐雜稅。57

一九二九年八月中，關於農民問題，政治局收到共產國際做出與六大決議相反的書面指令之後，持續遵守原本的路線。共產國際表示因為「富農」經常「在運動中公開或偷偷地扮演著反革命角色，因此必須堅定鬥爭他們」。[58]這封信件反應蘇聯政治局勢中激進的轉變，也就是史達林主義集體化正在開展，還伴隨批評布哈林的「右傾富農路線」的觀點⑤。辨別自耕農與否成為蘇聯內首要的鬥爭目標，也導致共產國際在其他國家推行新的術語，這就是「打倒富農」。這條新路線取代原先驅動新經濟政策的精神：僅僅訴諸於消除「地主」土地所有權。一九二九年八月十七日，從鄧小平的會議紀錄中顯示，政治局成員含蓄地表達不贊同共產國際的新政策，同時有段時間政治局確實延宕執行該指令的時程。[59]他們之所以如此並非因為態度溫和，而單純只是不了解該如何處理。因為關於中國革命中「布爾喬亞民主」特性的問題，共產國際的來信中並未正式取消第六全會中的決議。因此他們該如何調和這兩份南轅北轍的文件？

然而，大體上說來鄧小平並不擔心，因為他有堅定的指導方針：把一切工作的基準都遵照第六全會的決定。他的妻子已經懷孕四個月，他確實相當擔心。周恩來、鄧穎超，以及人也在上海的張錫瑗小妹張曉梅夫妻要他放心，承諾會好好照顧她。鄧小平跟摯愛揮別，帶著輕鬆的心情登船航向香港。他從那裡潛入河內，抵達了與法屬印度支那相鄰接的廣西省。跟鄧小平同行的是一個戴著牛角框眼鏡、個性靦腆、為人可靠的龔飲冰。他是湖南人，之前在黨秘書處會計部工作。他應該是擔任信差傳訊的工作，要在廣西和上海之間定期來回奔走，以便政治局了解鄧小平與其他同志的活動，並傳遞政治局最新的指

④ 譯註：鄧小平以中共中央副秘書長身分，化名鄧斌，從上海乘船到香港，再到海防，走陸路潛入廣西。
⑤ 編註：布哈林認為新經濟政策下的富農是農村資本主義分子，應該予以消滅，但他主張「富農和平長入社會主義」，認為應利用和平的經濟手段，如稅收、信貸政策、合作社組織等限制富農，進而消滅富農。但這與史達林所提倡的暴力剝奪所有地主富農財產土地的觀點相異，故被史達林批為「右傾投降主義集團」。

令。[60]

大船緩緩地離開碼頭，上海的摩天大樓顯得愈來愈遙遠，最後消失在悶熱的空氣之中。鄧小平的人生展開新頁，不過他這時還不知道此行有多重要。

革命的摩洛克神（Moloch）⑥要求獻祭。祂這回找上了鄧小平，把他短暫的家庭幸福放到祭壇之上。五個月後的一九三〇年一月，張錫瑗因為難產與新生女嬰一同過世，他們甚至還來不及幫她起個名字。那時鄧小平應該已經因為黨務回到上海盤桓數日。[61]他設法去看他垂死的妻子與女兒，但是無力拯救她們。

多年之後，失去摯愛的痛苦消散在新事件之中，他首任妻子的印象慢慢退隱在過去。一九七九年三月，上海市民政局革命委員會代表請他談談關於張錫瑗之死的事，他依稀僅僅記得她的忌日。「張錫瑗，」他說：「一九二九年冬在上海過世（約莫十一、十二月）。」[62]一名小成員之死即便是至親與鍾愛，相較於烙印在回憶之中的重大革命事件，也要黯然失色。

⑥譯註：摩洛克神是上古近東神明的名號，與火祭兒童有關。在當代歐美語言中，摩洛克有特定的引伸，指需要極大犧牲的人物或者事業。

第四章
廣西試驗

一九二九年九月初，鄧小平與龔飲冰抵達香港。他們在香港島上岸，雇輛黃包車，拉著他們到位於香港島北邊下榻的旅館。中共廣東省軍委書記聶榮臻與南方局書記賀昌同時也負責指揮廣西省的黨務工作，他們就住在附近。鄧小平去找聶榮臻與賀昌聽取局勢的簡報。

他得知一九二八年一月時，廣東省委會已經派出好幾組廣西同志回到原籍地，他們也參與了一九二七年十二月那場以失敗告終的廣東暴動。[1]其成員大都落腳在廣西省會南寧，由俞作豫、陳豪人、張雲逸與龔楚等人領導。俞作豫是一九二九年成為廣西省實力派人物之一俞作柏將軍的弟弟。廣東省委會透過探員來來回回於香港和南寧之間保持聯繫。[2]

南寧共黨黨員正試圖拉攏當地軍事領袖俞作柏和李明瑞為自己人，建立由中共控制的省級武裝部隊，以便滲透進廣西軍政府內奪取實權，最終建立起新蘇區。他們揮舞北伐時期運用的「統一戰線」大旗，試圖以陰謀的手段達到這些陳義過高的目標。[3]同時在廣西省西北部東蘭縣的高山地區絕大多數都是少數民族，當地人韋拔群所率領的游擊隊相當活躍（當地人口中壯族占了八成，瑤族有百分之十二，而漢人僅有百分之八）。韋拔群本身是壯族人，擁有廣大的土地，但在讀過孫中山、列寧以及陳獨秀的著作後，一九二五年十一月時，他還資助鄰近其他村莊的「農民運動課程」。多數的族人大學生都去協助韋拔群組織「反封建鬥爭」。一九二六年秋，被當地人稱為「拔哥」的韋拔群武裝了壯族貧農，奪取縣城，建立起革命委員會。中共廣西省委會接著派給他數名黨員，韋拔群任命其中一人陳勉恕為縣長。[4]一九二七年四月，蔣介石發動政變，之後，廣西軍閥成功地把韋拔群趕到山區中。可是在共黨黨員建議下，俞作柏反而開始資助拔哥武器與軍需。[5]一九二九年八月，韋拔群加入了共產黨。[6]

這些就是鄧小平所聽取的簡報內容。他隔天就與龔飲冰、賀昌離開香港。[7]

一週之後，他們抵達南寧。中年發福的俞作柏穿著帥氣的白色軍長服，誠摯地迎接他們。從一九二九年六月起，他就擔任廣西省主席。鄧小平用化名鄧斌向他自我介紹，並接受俞作柏的提議擔任他秘書的工作。鄧小平在這個職務上更容易收服俞作柏，他回憶著：「我同俞作柏見過幾次面，根據中央指示的方針進行統戰工作……同時注意把中央派到俞處的幹部分配到合適的地方。」[8]

九月中旬，共產黨省大會召開。依據鄧小平女兒鄧毛毛的說法，而且很可能是鄧小平本人所說的，在大會中他「談到目前的局勢和工作」。[9]現在難以確認這些說法，很可能不是鄧毛毛，就是鄧小平本人搞混了。同樣的鄧毛毛又斷言：「根據中央的指示和多年從事秘密工作的經驗，父親到了廣西後，並未公開露面，只在極小的範圍內活動，只和極少數的人進行接觸和聯繫。」[10]那麼當時怎麼可能在一場參加人數眾多的省級場合公開演講？關於此點，在中共廣西特別委員會給廣東委員會的報告中隻字未提鄧小平演講一事，只有提及廣東委員會代表（賀昌）的報告、廣西特別委員會的工作報告，以及縣代表的演講。[11]首屆廣西省黨代表大會一致認同中央委員會的路線，並選出與鄧小平同年的雷經天，擔任由七人組成的新特別委員會的領導。[12]

在所有的事務上，雷經天當然必須聽從中央委員會代表的意見，一如他自己之後回憶所言，鄧小平實際上才是廣西省黨組織的領導人。[13]然而他現在掩護特別委員會領導階層與鄧小平之間的聯繫，在一間販售瓦斯燈名為「明燈」的破舊小店二樓隱秘房舍與個別幾名同志開會。[14]在其中一場會議中做出決定，要由賀昌、鄧小平與龔楚組成「廣西行動委員會」，意圖組織未來舉事。[15]

九月中旬，俞作柏準備揮軍對抗蔣介石。鄧小平與其他黨員認為此事相當愚蠢，試圖勸阻俞作柏，以免俞作柏注定的敗戰會讓他們建立共黨控制廣西部隊的所有努力化為灰燼。可是前國民黨左派領袖汪精衛再度與蔣介石對抗，慫恿與他理念相同且又對共產黨不察的俞作柏。一九二九年九月二十七日，俞作柏宣布對抗蔣介石。十月一日，他的親密戰友廣西警備隊指揮官李明瑞進軍廣東，俞作柏隨後出發。共黨人士感到相當開心，一九二六年加入中共的張雲逸被指派為南寧地區駐防部隊的指揮官。[16]

鄧小平顯然是與行動委員會其他成員商議後，在此局勢下做出唯一正確的決定。他下令如果俞作柏和李明瑞的部隊戰敗，張雲逸應當立即在駐防於南寧，分別由他所掌控的警備第四大隊以及俞作豫的警備第五大隊中發動起義。這些部隊中有許多共產黨員，例如在第四大隊中就有超過百名的軍士官是共產黨。[17]配署在南寧市內的「廣西教導總隊」幾乎全屬「紅色」。因為蔣介石部隊目標是要剷除市內所有效忠中共的軍隊，南寧受此威脅，也該是發動叛變的時機。警備第四大隊與教導總隊轉往西北沿著右江上游四百八十公里遠重新部署，警備第五大隊則往西南沿著左江上游一百六十公里部署。因為南寧位於廣西河流主幹甬江上，此計畫可行。甬江由三條皆可通船航行的江河匯流而成，運輸部隊與裝備是件易事。人口超過六萬人的百色縣政府位於甬江的上游，將是此次起事的基地。位於珠江上游的龍州縣府人口稍少於百色。

這幾座城市都經過精心挑選。百色是中國最大的鴉片貿易補給站之一，龍州是緊鄰印度支那的主要海關站。攻下百色的「禁菸督察局」保證了共產黨的實質獲利。該局公開向從鄰近省份運送鴉片的商人徵收半合法的鴉片稅，並透過無以數計的鴉片館在銷售。龔楚寫道：「中共為了要解決經費來源，對這種害民的捐稅，仍暫時照舊辦理。因此在龍州方面的軍政費，也足以自籌自給了。」[18]奪下法國人掌管的龍州海關也會帶來類似的好處。他們也能從這兩座城市中富有的地主身上「借到」為數不少的金錢。

百色特別富裕。幾百匹馬組成的商隊馱著鴉片定期從貴州與雲南而來，塞滿街道。從香港、上海以及廣東來的商人「據說是來採購鴉片……幾百匹馬成群擠在街上，且商人們在店內極其仔細地檢查這些黑色、扁平的鴉片磚」。[19]

張雲逸在收到命令之後，迅速從警備第四和第五大隊中各派遣一營部隊到左江與右江地區，為撤退先做準備。鄧小平利用地下無線電與中央聯絡，並通知上海方面此項決定。中央委員會隨即核准。[20]

俞作柏與李明瑞遭逢慘敗後退回到南寧，及時趕上俞作豫警備第五大隊的剩餘部隊，一起航向龍州。俞作柏打算從龍州前往香港，於是跟夥伴解釋他必須得緊急處理自己的健康問題。他的「治療」持續了近乎十年之久。直到一九三七年抗日戰爭開打之後，他才返回中國。

在警備第五大隊出發之後，鄧小平與張雲逸把警備第四大隊和教導總隊中還留在南寧的大約兩千人撤退出來。他們跟廣西特別委員會的所有成員一同搭船前往百色。[21]

在這趟八天的航程中，難以想像的美景經過鄧小平的眼前，可是都是毫無人煙的熱帶地區。某個與他同時代的人在五年前造訪過這些地方，生動地描述道：

> 景致……滿布奇岩怪峰……一層層明顯火山黑岩的迷宮，到處都是熔岩氣泡造成的洞穴，顯示出不斷變化的形狀……山東每平方公里四百二十五人、江蘇是三百八十七人，廣西猜想應該只有四十一人，要比中國本土其他省份的人口來得更少。這與比鄰的法屬印度支那擁有富饒沃土與絕佳交通形成強烈對比，廣西仍以同樣的植栽、同樣的工具、同樣緩慢又靠不住的運輸方式，甚至是同樣的麻匪，如同三千年前一般……當地土著的遺民……依然群居在西南的貧瘠區域。[22]

此區域內的商業城鎮百色看起來像是宇宙的中心。它坐落於山脊下，有一條小支流匯入右江，而後水流從朝南急轉向東。貧苦的山區居民必定對此座城市留有很深的印象。它是座典型的中國中世紀城鎮，四周的城牆還有鐵門，其名稱是一七二三年從原壯族村名「博澀寨」而來。在壯族語中意味著「洗衣的好地點」。百色有許多屬於當地貴族的瓦頂石屋、家族廟宇、商店、市集、餐廳，還有已經廣為人知的鴉片館。

十月二十二日，鄧小平抵達百色的廣東會館，這是棟建於十八世紀初期的美麗私宅，其樣式是中國傳統南方建築，位於市中心風景如畫般的岸邊。鄧小平與張雲逸同住二樓無窗房間，屋內裝潢相當簡樸，兩張木頭長板凳鋪上床墊，兩張小桌上各有一盞煤油燈。

鄧小平在一抵達之後隨即召開黨委會議，會中決定把部隊與當地民眾納進共產黨宣傳之下，只是得循序漸進。他們也急需從城市窮人與工匠中組織起武裝分遣隊，再與共產黨員一起對抗「反革命分子」（百色與廣西全省並無現代工業）。

因為當他們離開南寧之後，就已經失去與上海之間的無線電聯絡，且他們無法修復。沒人知道還能採取什麼行動。他們期望能收到來自香港的指示，他們派出龔飲冰。他除了要在口頭上做出詳盡的報告之外，還應該把廣西特別委員會針對九月與十月事件的一封書信交給黨領導階層。[23]他們在等待龔飲冰返回百色之際，選擇維持統一戰線，佯裝自己就是俞作柏的代表，要抑制頌揚蘇維埃政權，還要維持老衙門和以昔日相同的稅率徵稅，並僅僅推舉張雲逸來擔任上右江地區的督辦。[24]

在接下來清洗軍中「反革命勢力」的行動中，他們只殺了第三營營長。其他在政治上不可信賴的軍官全都被「禮送出境」至該區邊境之外的十一個縣份。當地顯示出「反動傾向」的城鎮首長也依例辦理，只有一人遭到處決。[25]

十月底，壯族共產黨領袖韋拔群已經得知黨內同志來到了百色，從東蘭縣派了一名特使前來跟鄧小平與張督辦致意。他把在反「半封建」革命期間奪取的金錢交給了他們。鄧小平不理會統一戰線的正式條件，提供韋拔群進一步擴大對抗地主的私密方法作為回贈。[26]為了達成此目的，鄧小平還送給他兩三千支步槍。[27]鄧小平對韋拔群與特使直言以告：只有在離百色東北方一百一十公里的東蘭老游擊區內，共產黨才真正受到歡迎。右江上游的其他縣份幾乎完全沒有共黨活動，且農民不是懷疑共產黨，就是抱持敵意。

其中的部分差異是韋拔群是第一個組織群眾之人，時間還早在一九二〇年代中期。更重要的一點是在東蘭縣內與其周遭地區，壯族與漢人之間的民族矛盾深深地影響著當地的革命鬥爭。絕大多數的農民都是壯族。他們基本上都加入韋拔群的游擊隊運動，並非階級因素，而是反漢人情緒才加入部隊。他們依照氏族與部族的分界線區隔彼此，在對中國人根植的歷史仇恨中找到了共通之處。在中國人來臨前，壯族的祖先一直都是廣西的主人，打從七世紀起就落腳於此，直至第十世紀。新來的墾居者奪走肥沃的河谷地區，強趕壯族人到山上並橫征暴斂。其結果是「漢人與漢化壯族、部落人民之間的關係近於永久對立爭戰」。[28]壯族人失去先民的土地，不過保留下語言和文化，世世代代都與漢人鬥爭。比方在十九世紀中葉，許多人加入了「太平天國」（一八五一——一八六四），以推翻並取代滿洲王朝（清朝）為目標。在漢族第一次大遷移後落戶廣西的貧苦客家人率領了此次叛亂，他們大都居住在廣西的東部，部分散居於北部與南部地區。[29]這些後到的客家人，來到此區之後，就像壯族一般，被迫居住到土地貧瘠的區域。而富有的「本地」漢族自然占據了谷地，他們以嚴苛的條件把土地租給新移民，壓榨他們。結果就是爆發滔天巨浪的動亂，所有衣食無著的人們像是客家人、壯族人以及許多孤苦貧民群聚起來。這場席捲中國東南各省的腥風血雨造成兩千萬人以上死亡。

正是這股對漢人熊熊怒火鼓動壯族人在一九二〇年代中期拿起武器，特別是因為他們的生活近年來持續惡化。廣西由於受到軍閥統治，稅率暴增。除了基本的土地稅外，還有其他幾十種稅目——灌溉稅、抗災稅、商業稅、契稅、買奶油稅、菸稅、茶稅、煤油稅、煤稅、布稅，甚至草鞋稅、養豬殺豬稅、維持軍警稅，還有建築軍營稅。此外這些稅目還得預付幾年後的稅款。繳不起稅的就得入獄，還被痛揍。[30]

毫無疑義壯族內部貧富懸殊的情況也不在少數。僅僅是氏族首長以及東蘭縣內的壯族地主就擁有六、七成的土地。族人們必須跟他們租地。[31]不過，絕大多數的壯族平民與族長和地主有家族血緣關係，並不會想反抗那些富足的族人。攻擊漢族人又完全是另外一回事，那些住在鎮上之人的「豪奢」讓窮苦的壯族人感到目眩神迷。一九二〇年代中期，韋拔群的叛亂開始「剝奪這些剝奪者」，不僅殺害富有的漢人，還有所有可惡的漢人。他們在行動之前，會舉行獻祭十二顆雞頭的傳統儀式，把雞血倒滿杯中並一口氣全都喝掉。[32]

韋拔群率領著幾十名當地的共產黨員，[33]在鄧小平與張雲逸的部隊抵達該地之前就很活躍。他們把階級特性灌輸到行動之上，可是通常以失敗收場。[34]壯族游擊隊尊敬拔哥，可是並沒有緊抱著他那布爾什維克理想，不僅是因為對社會學一無所悉，還由於壯族語中缺乏諸如自由與平等這類共產主義概念的關鍵字眼。因此韋拔群和起事者經常表演給這些不會說漢語的壯族文盲看。為了要解釋**平等**的意涵，其中有名黨員爬到另外一人的肩膀上，然後再爬下來並站在那個人身邊。[35]

荒野多山的廣西省顯然面臨許多難以解決的問題。對於一名缺乏經驗的共產黨門外漢，年輕又僅受過少許教育，缺乏群眾經驗且僅有馬克思主義課本知識，這簡直就是不可能的任務。而鄧小平這名四川人對壯族，或包括廣西方言與客家話等任何當地語言毫無所悉。[36]

這些都沒能讓鄧小平膽怯。他就和那些派他前去廣西的中共領導階層一樣，或許認為共產黨員的任務，就是跟所有受壓迫的漢人與壯族人表明大家都是「兄弟」。此外，從階級的觀點做出最終分析來看，韋拔群游擊隊所掠奪和殺害的東蘭漢人就是「剝削者」。

十一月初，龔飲冰不辭辛勞地帶來中央委員會的指令，要求一場「共黨起義」，在改組警備第四大隊和教導總隊為「中國工農紅軍第七軍」並以張雲逸為軍長之後，宣布成立右江蘇維埃政府。龍州的警備第五大隊重組為「中國工農紅軍第八軍」，由俞作豫擔任軍長，也建立起蘇維埃政權。[37]龔飲冰也交給鄧小平廣東省委會十月三十日指令，關於建立廣西「前敵委員會」——紅七軍與紅八軍駐節地區的軍政最高組織——已經為中央委員會批准。[38]

中央委員會命令得在龔飲冰返回百色的十天內發動此「起義」。不過，鄧小平在與張雲逸和其他人討論後，決定等待。[39]在宣布建立蘇區與組織軍隊之前，必須審慎準備。他提議在十二月十一日舉事。

龔飲冰帶著鄧小平的信前去上海，信中表示：「我們堅決執行中央的指令，大概需要四十天的準備，就可以就緒，那時會立刻宣布起義。」[40]

此時，東蘭與周遭地區的「共產大革命」已經展開。韋拔群在收到鄧小平的軍火後，與其壯族勇士迅速發動攻擊並奪下東蘭與鳳山兩縣。他們在當地與鄰近的村莊進行徹底的屠殺，殺光所有人並燒毀一切物品。有目睹之人寫道：「在與豪紳的衝突中，農民群眾實行燒殺政策的錯誤傾向頗嚴重。每攻下豪紳所占據之村莊，必焚毀一空，且亦不分別是豪紳地主抑係其統治下之農民，有見人即殺之勢。」[41]

居住在右江上游的農民當然驚恐不已，且「幾乎全是始終站在豪紳方面」。[42]他們無論如何都與當地的地主緊密連結，不僅是因為族群關係，也是血緣因素——這與其他漢人一樣，都活在特定的家族之下。職是之故，要在毫無「準備」下於百色宣布成立蘇區確實風險極高，尤其因為此區內的鄉村居民大多數為擁有土地的自耕農，共黨能倚賴的雇農人口不多。[43]

儘管東蘭發生越軌暴行，共產黨還是相信只要用「打倒土豪劣紳！」的口號，就能吸引漢人貧農。可是他們錯了。雖然地主（多數都是中小型地主）毫不留情地剝削他們，但是農民和「地主」之間的社會紐帶勝過階級意識。鄧小平跟中央委員會報告右江上游地區的漢人農民社會地位：

> 大部分土地都分割在中小地主手中，故自耕農民很窮，每每不夠自己吃。當地的田租是四六開（其佃農四成地主六成），佃農對其東家則完全是奴隸式的，每每在東家打零工不給工錢。[44]

鄧小平相信如果透過有效的宣傳，揭露此種明顯的剝削，將可激發貧農叛亂。因此他在發起政變之前，命令其下屬要「深入進行土地革命並奪取地主、土豪與劣紳的財產」。與此同時，他為了讓漢人農民安心，禁止「恣意縱火與濫殺」。並以單一累進稅取代無數的苛捐雜稅。正值拚命榨取大戶時，通過保護小商人產業的特別決議。這些資金與鴉片收入讓鄧小平發放給紅七軍每名兵士二十圓，這在當時是相當大的一筆金額，用以收買未來的效忠。鄧小平對拔哥下達指令，要他立刻在東蘭宣布建立蘇區。幾週之前的百色報紙——《右江日報》與《士兵之友》——也開始公開強力發送共產黨宣傳。十一月七日，鄧小平在百色組織了一場盛大的示威，慶祝布爾什維克革命十二週年。[45]

所有的作為幾乎無法影響漢人農民的情緒。「極少人投過來」，鄧小平的副手陳豪人之後承認。[46]鄧小平也確認百色的農民起義，其實「作戰完全沒有運用群眾……單憑紅軍的力量」。[47]撇除紅軍之外，只有鄉村與都市內無親無靠的窮苦民眾急著要劫掠，他們要求殺害富戶或中富人家並奪取財物。他們飢腸轆轆、衣衫襤褸、只求苟活，形成一股流寇。除了有韋拔群的游擊隊之外，這些人成為共產黨的主要盟友。聽聞有二十圓的好處，他們衝來要加入共產黨部隊。

東蘭的窮農與貧民四處攻擊所有他們認為是「富人」的人，也就是那些只有些微產業之人，而百色和鄰近縣份很快就和東蘭的情形相同，開始流行著燒殺擄掠。在鄧小平眼前，此場布爾喬亞民主革命正轉向為激進的社會主義革命。

包括鄧小平在內的共產黨員有種複雜的情緒。一方面來說，運動分子想要加入中共，他們在當地的黨組織迅速擴大。幾個月以來，黨員數目成長超過十倍。[48]另一方面，升高對抗全部的有產階級的衝突違背第六次全代會的路線。[49]

不過，鄧小平沒有時間再去進行修正了。十一月中，他遵照政治局的命令，偽裝成逃亡商人，與其他兩名同志離開百色前去上海。他想要留在龍州，以通知廣西紅七軍總指揮李明瑞和黨員俞作豫，重組他們的部隊為紅八軍的決定。不過，鄧小平在離開百色不遠時與李明瑞不期而遇，而李將軍正要通知他準備進攻南寧的消息。與蔣介石作戰失敗讓這名壯志雄心的將軍感到困頓，因此想辦法報復。他看起來精疲力竭、蒼白孱弱。鄧小平隨同李明瑞回到百色，在經過漫長的會談後，他終於說服李明瑞回到龍州，去專心組建紅八軍與蘇區。鄧小平以前敵委員會的名義，甚至提議讓他擔任紅七軍與紅八軍聯合部隊的總指揮官。李明瑞表示同意後，旋即離去。他收到來自龍州的消息，他在那裡的部隊發生譁變，因此必須趕回去恢復秩序。[50]

鄧小平在百色又耽擱了兩週之久，在收到李明瑞表示已經平息叛變之後，重新往上海出發。他在十二月初終於來到龍州，不過只逗留了兩天。他設法召開一場幹部會議，並在會中宣布中央委員會決定把警備第五大隊改為紅八軍，由俞作豫擔任軍長，並討論即將起事的細節。

一九三〇年一月，鄧小平回到上海；規劃中的百色起義已經在一九二九年十二月十一日舉事。張雲逸在一場群眾聚會上宣布組建包括三個縱隊（規模約等於團）的紅七軍，總兵力有五千人。警備第四大隊和教導總隊構成第一縱隊，鄰近縣份來的貧農窮民組成第二縱隊，韋拔群的游擊隊建成第三縱隊。軍長是張雲逸，鄧小平的副手陳豪人擔任政委並替代鄧小平為前敵委員會書記。龔楚則是參謀長。[51]

隔天在鄰近的平馬召開第一次大會，十一個縣與五個村的農民、工人和士兵代表首度成立「右江蘇維埃政府」，選出共產黨員雷經天為主席。[52]接著他們宣布沒收地主的所有土地，還有起先被稱為「富農」的反革命分子財產。此舉回應了貧民窮農的壓力，但與第六次全代會中的決議背道而馳。鄧小平和陳豪人兩人之後承認，並未得到正式的共產黨命令要求沒收右江上游地區為數稀少的富農土地，[53]還用了**反革命分子**這個婉轉的說法。[54]國有化沒收而來的土地，並移轉給蘇維埃政府以後平均分配給無地農民與土地貧瘠的農民，但他們將來無權買賣。[55]社會主義革命持續在百色進展且日益激進。

在來自莫斯科以及位於上海的共產國際遠東局雙方面的持續壓力下，政治局政策也急轉向左。一九二九年十一月，因為遠東局領導人伊格納西・瑞爾斯基（Ignacy Rylski）不斷要求中共領導階層，要對地方黨員發布逮捕「所有封建成分、仕紳、地主、富農與將領」的命令，中共領導階層終於被迫發布來自「共產國際執委會政治秘書處」關於農民問題的信件。[56]

不過，到了十二月，瑞爾斯基再度表達對於中共領導階層的不滿，用他的話語就是「經常乖離布爾什維克路線」。他痛斥中共領導階層，關於他認為不能與之聯合的俞作柏以及其他「民族改革者」問題，可能對廣西委員會下達了「不清楚又不正確」的指令。換言之，遠東局基本上認為鄧小平在廣西的

「聯合陣線」工作上犯了錯。[57]雖然中共政治局並不認同這些指控，[58]但是無法忽視這些指控。特別因為是在布爾什維克共產黨內與右派分子的鬥爭轉烈，這不僅僅是導致共產國際在中國農民問題的路線上，同時也在民族解放運動整個戰術路線上激進化。一九二九年七月在莫斯科召開共產國際執行委員會第十次擴大會議，做出極其清楚不含糊的表態，強調可能會威脅到所有共產黨的「右派危險」，以及批評「右派」無法看清世上「新革命崛起的徵兆」。

稍後在一九二九年十月底就確認了擴大會議中決議的「精準性」，當時紐約股票交易所股價崩跌，旋即導致「大蕭條」。因此加速了各地共產黨對於馬列主義者預言，世界資本主義無可避免地崩壞正快速接近的新期待。共產國際執委會政治秘書處十月二十六日擬定了新指令，十二月中正當世界金融市場開始翻騰時來到了上海。它指出中國已經進入「民族危機的最深層階段」，因此「目前黨內主要危險是右傾機會主義氛圍」。[59]

當鄧小平在往上海的路上一抵達香港時，立刻投入這益發濃厚的左派氣氛。他整份工作報告都透著正面回應，雖然不無批評之語。因為李明瑞是國民黨員並支持國民黨內蔣介石的死敵汪精衛，中央委員會代表指示鄧小平不要誤信李明瑞。他們要求鄧小平「對富農……一定要有堅定的態度」。[60]

鄧小平趕緊跟中央委員會保證，在廣西時期他們確實是將富農當成反革命分子來對待，且整體而言共產黨是與國民黨黨員進行鬥爭。他還說明「對李明瑞，我們當然不好怎樣還存有幻想，但是現在，在左江我們主觀的力量還不夠趕走他，而以為暫時利用他的線索去發動其下層群眾工作也不是不可以的」。[61]鄧小平甚至提議允許李明瑞加入共產黨，表示他本人和俞作豫都會推薦他（討論鄧小平這份報告的紀錄中，並沒有提到他的提議。不過，中央委員會經討論採納了提議。因此從那時起，李明瑞總指揮不再被視為「民族改革者」）。[62]

最後中央委員會代表下令鄧小平以及紅七軍與紅八軍領袖，要將拔哥游擊隊的基地東蘭轉為「土地革命」的中心。他們規定「要注意防止大殺大燒的現象」，不過因為一般而言，「燒殺還可給肅清封建勢力的任務以很大的幫助」，所以「必要的」燒殺擄掠還是得繼續。關於紅八軍，中央委員會代表要求起義中的第八軍部隊離開龍州再與張雲逸的部隊會合，然後朝東往毛澤東與朱德的部隊運作的江西、廣東以及福建邊界擴大蘇區[63]（鄧小平自己提議把廣西蘇維埃政府併入毛澤東和朱德的蘇維埃政府[64]）。最後中央委員會確認紅七軍前敵委員會的資格，並指派鄧小平為其書記，以及兼任一份更高的紅七軍政委職位。

一九三〇年三月初，中央委員會將此告知廣東省委會，此時鄧小平已經身在龍州。[65]二月七日，也就是在俞作豫於市內群眾大會上宣布為指揮官的六天之後，鄧小平來到該地；還有另外兩名共產黨員分別被任命為第八軍的政委與參謀長。第八軍下轄兩個縱隊，總兵力大概兩千人。李明瑞同時擔任紅七軍與紅八軍的總指揮。

鄧小平在來到龍州之後，依據局勢行事。某些資料宣稱中央委員會也指派他為第八軍的政委，有下達命令的實權。[66]因為幾乎其他指揮官都不在城內，也就加強了他的權力。當鄧小平不在龍州時，一心想要報仇的李明瑞已經擅自決定，要攻擊被國民黨軍隊占領的廣西省城南寧；藉由說服張雲逸南寧方面守軍空虛，拉著他一起冒進（國民黨主力部隊當時確實沿著廣東省北部部署）。當鄧小平得知所有的共產黨部隊都投入這場戰役時，他嚇壞了。「從主客觀的條件上估計，攻南寧必遭失敗。」他焦慮地說：「〔紅〕八軍更為危險，有全軍覆滅的可能。」[67]

他立刻下令給指揮官，要部隊返回，不過為時已晚。二月九日，消息傳來，紅七軍已經在南寧外圍潰敗，失去百色的基地。龍州的局勢立刻陷入極端的危急。只有紅八軍部分部隊在俞作豫率領下回到龍州。其餘部隊在李明瑞指揮下前去救援張雲逸。

一九三〇年二月十二日，也就是在紅八軍殘眾撤退回來之後的兩天，鄧小平重複先前在百色的作為，宣布沒收地主的所有土地並移轉給蘇維埃政權，之後進行平均分配但無權買賣，同時以單一累進稅取代無以數計的苛捐雜稅。[68]他再度向中國商人強行勒索，禁止他們從市內移出資金和貨物，並要求奪取幫助「反革命分子」的所有富農的土地。[69]

古城龍州地動山搖。這算是幾個世紀以來大屠殺的一部分，不過有好一段時間都很寧靜。一八八六年，龍州開口通商①，已經把鄰接的越南併為殖民地的法國人旋即出沒。法國人與當地居民設法和平共存。但在鄧小平印刷傳單向龍州居民慷慨陳詞苛責法國帝國主義之後，一切全都改變。因為法國領事館的一封照會，要求新當局在隨處可見的劫掠、逮捕和殺害平和的居民之後，要「恢復秩序」，激起了鄧小平的手段。除此之外，印度支那總督提議派遣十五名法國士兵和一輛裝甲車前來龍州保護領事館，領事還以會接受此提議為要脅。[70]

二月十九日，市內窮人在鄧小平的鼓動與紅八軍兵士的協助下，奪下領事館和海關，並放火將後者付之一炬。同時沒收龍州所有法國人的產業，這包括銀行、商店，甚至還有天主堂。法國公民進行抵抗，包含領事與傳教士在內全都被送往鄰近的印度支那。[71]

此次行動讓共產黨納進十五萬銀元，[72]不過鄧小平馬上就遇到新的難關。二月底時，五架法國戰機轟炸龍州，投下一百八十公斤的毒氣炸彈。雖然俞作豫的兵士打下其中一架戰機並殺死兩名飛行員，可是已經無法留在市內。況且鄧小平很快就獲悉廣西軍第八師正往龍州推進，以及五百名法國士兵已經越過中法邊境。[73]

鄧小平和俞作豫決定紅八軍部分部隊應該迅速與紅七軍會合，他們認定其餘的紅八軍應該在右江地區的某處運作。其他人應該暫時留在龍州，不過假使遇上直接威脅也該撤離。[74]鄧小平火速前往位於龍州東北方四十公里遠的第一縱隊，想要把部隊帶往右江。可是他的縱隊馬上陷入與優勢的敵軍長期戰鬥之中。三月十日，鄧小平「失去耐心並決定率領一小組人馬先行，留下主力殿後」。[75]他這麼做難以定論好壞。用鄧小平的說法，他必須轉達重要的「中共中央委員會指令給紅七軍……愈快愈好」。[76]到底

① 譯註：光緒十一年，清法《天津條約》。台灣的台南（台灣）、淡水、高雄（打狗）亦在其列。

為何無從得知。無論如何，在鄧小平拋下部隊不久，第一縱隊就被徹底殲滅。

三月底，還留在龍州的紅八軍第二縱隊遭到慘敗。鄧小平的說法是俞作豫「迷戀於〔徵〕龍州的稅收」，因此延誤撤退時機。[77]敵軍奪走該城，軍長俞作豫逃亡，他安然抵達香港，但好運就此用盡。英國警方逮捕他，並將他交給國民黨部隊。一九三〇年九月六日，國民黨在廣東槍決他。

三月中，鄧小平在右江上游地帶出沒。他得知紅七軍的殘眾與李明瑞所統率的紅八軍部隊早就一起前往東蘭，因此他沿著危險困難的小徑，前往韋拔群的地盤。有一度遭到武裝土匪打劫，他們揮舞著刀還問「要錢還是要命」。鄧小平聰明地交出身上的二十元，帶著小命逃跑。[78]

四月初，鄧小平終於到達崇山峻嶺中韋拔群所在的武篆。有個見證人回憶：「飄著毛毛細雨，近掌燈的時候，一位精悍的年輕人，戴著竹笠帽，提著枴棍，穿著草鞋，褲腳捲得高高，後面跟著一位紅軍戰士，神采奕奕地來到我家門口。」[79]這名陌生人自我介紹說是鄧斌，並要求帶他去找拔哥。

鄧小平早在一九二九年秋韋拔群來到南寧參與一場共黨會議時，就認識他了。從那時候起，他們兩人關係一直很好，甚至彼此稱兄道弟。[80]韋拔群看到又餓又濕的鄧小平，難掩心中焦慮。他讓鄧小平坐在屋內的火爐旁邊烤乾身子，供他飽餐一頓；[81]隔天還挪一間位於之前魁星樓內的蘇維埃政府辦公室，供他使用。

鄧小平在這待了整整一個月。紅七軍消失無蹤，連韋拔群也不知道它的下落。鄧小平在武篆時，把時間都用在融合布爾什維克主義與壯族農民運動兩者之上。他和韋拔群和雷經天一同草擬幾份關於農民問題的文件，試圖讓家族長制的壯族人相信他們的社會是與漢人相同的，實際上是區分為土豪、劣紳、地主、富農、中農、貧農、佃農和工匠。「天下窮人是一家，窮人不打窮人。」當談到燒殺之時，每個人都能分到足夠的土豪、劣紳、地主和富農。[82]

鄧小平開始關注在宣傳集體農場生活之上。他待在龍州短暫的時日中，沿著中越邊界中心區的居民根據他們自己的提議，採行土地集體耕作。他們不僅沒收富人的土地，而是所有人的土地。之後他們從所有人家中收集穀物、家畜和設備，並交給村蘇維埃政府。在村中「建立一座大廚房，由（村蘇維埃政府）消費合作社來管理。還有一個牛棚。所有住家房舍、農業器具和畜牧都共同使用」。[83]鄧小平顯然喜歡這個實驗，如果東蘭壯族人決定仿效的話，還擬定特別的《共耕條例》。不過他並未堅持要全面性與迅速移轉此種管理模式，反而提議交由村蘇維埃政府來做決定。一九二〇年代中期，鄧小平在莫斯科所讀過的馬克思主義作品中，就集體農場問題上，並無勸說要迅速做出轉變。鄧小平嘗試溫和勸說之後，僅有兩個村莊簽署同意要進行共耕。少數幾個村莊願意沒收「富農」的土地，其餘的村莊則是徵收所有的土地，但之後並未進行共耕，而是把耕地不分貧富地平均分給所有人（東蘭的多數壯族人口並不了解徹底剝奪親戚，甚至那些富有親族產業的理由。拿走一切又平均分派則是完全另外一回事）。[84]

一九三〇年五月初，鄧小平終於得知李明瑞和張雲逸的下落，他們再次在離東蘭東邊不遠約莫四十公里外的地方現身。鄧小平急忙與他們會合。在彼此敘說近況之後，他們決定以兩個縱隊朝百色推進。他們急需軍餉，因此在奪下該城之後，他們會放任部隊恣意洗劫該區。[85]不過，此回在共產黨重新入侵之前，許多城中之人與其附近的村民已經逃跑。所有還算得上是富商的人都帶著存貨和鴉片，搭船躲到南寧。[86]

市中鮮有可供掠奪之物，鄧小平與同志們氣急敗壞。他們也無法久留。雲南軍師長張沖正往百色推進，而紅軍尚無法與他作戰。鄧小平事後回憶：「雲南軍能打仗，最沉著。」[87]紅軍迅速撤退到右江下游三十多公里外的平馬小鎮，紅七軍一直在那待到秋天。鄧小平無法與上海透過無線電聯繫，既不能呈報工作，也無法接收指令。

九月底，中共中央委員會南方局專使鄧崗從香港來到平馬。南方局建於一九三〇年代初期，是中共在南方省份的最高黨組織。鄧崗甫從莫斯科回到中國，他在莫斯科中山大學讀了一年書（他在蘇聯期間用了個奇怪的化名：Don Steele）。[88]他當下告知鄧小平與紅七軍的將領，一九三〇年六月十一日，政治局已經做出非比尋常的決議案——《新的革命高潮和一省或數省的首先勝利》。事實上是由中共領導人李立三所擬定，基本上要共產黨員發動革命鬥爭奪取權力。決議案中表示：「中國革命有首先爆發，掀起全世界的大革命，全世界最後的階級決戰到來的可能。」[89]一九二九年肇始，毫無疑問地，共產國際以中國已經進入「民族危機的最深層階段」的說法，迫使政治局做出如此荒誕的冒進主義。

紅七軍受命往廣西省東北部推進，並要進攻奪取三個城市：柳州、桂林，然後是廣州。[90]因為紅七軍兵力只有七千餘人，且面對著數萬名國民黨和廣西省軍閥的部隊，這是個狂妄的計畫。不過一九三〇年夏秋之際，在政治局的壓力之下，幾乎是蘇區內所有的共黨部隊都嘗試執行此可比擬為、也等同於荒謬的計畫。比方毛澤東與朱德攻擊南昌與長沙失利，另外一支賀龍的共黨游擊隊則威脅武漢。

鄧小平與張雲逸試圖跟鄧崗解釋執行此計畫的困境，不過他聽不進去。[91]南方局已經賦予他擔任指揮紅七軍的任務，因此任何討論都是多言無益。十月二日，在一場前敵委員會擴大會議中通過決議，要在此戰役採行全面陣勢，部隊誓言要拚死決戰。[92]

在右江上游（東蘭）地帶，只留下拔哥的部隊。繼續看下去，將會發現到兩年之後的一九三二年十月，東蘭的蘇維埃政府在敵軍的屠殺下崩解。韋拔群死於自己人之手，他的姪兒受到國民黨一千四百元獎賞的誘惑，在深夜趁他睡著之際用鋒利的長矛刺死他。之後他把首級交給了廣西政府，他們把他的頭放在裝滿酒精的廣口玻璃瓶內。接下來幾個月，廣西當局帶著它到省內各個鄉鎮，警告那些想要叛亂之人。他的屍體埋在廣西東邊的武篆，一九六一年才找到他的首級。在他先前的墓地旁修建了一座紀念館。[93]韋拔群死後，東蘭農民立刻把他葬在美麗的大牙山山腳下。一九五一年，共黨新政權將他的遺體遷葬至市府的受難英雄墓園。

這一切都是後事。此刻紅七軍的主力開始繞過廣西東北部與湖南西南部，試著強行通過柳州或桂林，但徒勞無功。他們一路上奪下並劫掠小鎮，接著又在優勢敵軍的壓力下逃亡。一九三一年一月初，紅七軍失去了三分之二的兵力後，終於來到位於廣西與湖南群山交界之處偏遠的全州縣，桂林大約在南方一百三十多公里遠。鄧小平和張雲逸無力再堅持下去，他們激烈地抗議此次冒進行軍。這是個膽大的作為，而且軍中許多人也支持鄧、張兩人。鄧崗無力反對多數人的意見，便離開他們去跟中央委員會控訴。[94]

一個月後之後鄧崗抵達上海，才得知中央委員會早就開革李立三，這肯定讓他極感失落。莫斯科對於中共狂妄的計畫感到相當氣餒，不過這也是因為其自身激進言辭所致，因此莫斯科方面改弦更張轉變路線。共產國際顯然並未預期中共領導階層會直截了當地攻擊大城市，無畏地讓紅軍流血，還宣稱要激起世界革命。命運的嘲諷是正當一九三〇年九月底鄧崗找到鄧小平時，共產國際執委會譴責李立三。十一月十六日，共產國際寫了〈關於立三路線問題給中共中央的信〉，譴責李立三的政治路線為「反馬克思」、「反列寧」、「機會主義」與「本質上」的托洛斯基派。[95]一九三一年一月初在上海舉行中央委員會擴大會議，克里姆林宮特使、前東方大學校長巴威爾・米夫（Pavel Mif）重組了中共領導機構，強力支持自己的前學生王明為政治局常委。此後，王明在數名東方大學同窗支持之下，開始掌握黨的領導權力。包括新任的中央委員會書記博古在內，他們發起了狂熱的反李立三運動。中共的老領導階層儘管瞧不起「米夫的雛鳥」，還是被迫採取了新路線。

紅七軍英勇的努力都徒勞無功。一九三一年三月底，政治局新領導階層降調鄧崗到廣東，一年半之後，年僅二十九歲的他在一場與廣東軍隊的戰役中陣亡。[96]

鄧小平、李明瑞和張雲逸在整個一月間都無法進攻大城市，同時對於撤銷李立三路線一事毫無所悉，只能等待中央的隻字片語。過了一整個月的無事晃蕩之後，二月一日，他們進入廣東北部的小村梅花，才從一名當地黨員那兒驚訝地得知李立三已遭撤換。可以想見他們的反應！

鄧小平與同志們依據正確的行動路線，也就是無論如何都要衝過去，去與位於江西南部的毛澤東和朱德部隊會合。一九三〇年十月十七日，那時毛澤東的蘇區已經改名為「中央蘇維埃區（CSA）」，是共產黨的主要基地。梅花大約位於此區西南一百一十公里遠。不過，鄧小平他們被河面寬闊、水流湍急的樂昌河（現今稱為武江）擋住去路。部隊一分為二。鄧小平和李明瑞率領其中一部，渡河到對岸。

不過，正當張雲逸率領另一部殘眾渡河時，敵軍砲火來襲。結果是鄧小平與李明瑞獨自率眾前去江西，他們在數日之後的二月八日來到了中央蘇區的邊界。直到一九三一年四月，張雲逸和他的士兵在歷經多次生存淬鍊後，抵達了江西。[97]

鄧小平那時已經回到了上海。一九三一年三月十日，他離開蘇區前往上海去跟中央委員會匯報。當鄧小平得知提升了王明時，他感到「非常心煩意亂」，因為「他對他（王明）不好」（鄧小平和王明曾一起在莫斯科求學）。在離開之前，鄧小平把任務交給李明瑞和另外一名前敵委員會成員許卓，他們兩人表示了解並同意他前往上海的決定。此外，鄧小平宣稱：「在當時，沒有真正的敵軍威脅。」[98]許卓替代鄧小平前敵委員會書記的職務，鄧小平假扮成藥草商離開部隊營地。

或許這是真實經過，不過許多事實令人對鄧小平的說法存疑。舉例來說，據信當鄧小平離開前往上海當天，敵軍正在攻擊李明瑞的部隊，他只能緊急撤退。鄧小平在附近的醫院內探視部隊，聽見砲聲，當場寫信給李明瑞：「我想你已經遭遇敵軍，目前正在撤退當中。我無法趕上你們，請殺出一條路到井岡山與那裡的紅軍會合。我要利用此機會跟黨中央匯報紅七軍狀況。」[99]他把信交給許卓，然後立刻離開。

這是否表示確實存在著「嚴重威脅」？他為何拋下處境如此艱困的老同志，並寫下這樣奇怪的信？如果鄧小平本人擔心無法追上紅七軍，那為何會認為許卓就能追得上？或許他在一九三〇年二月時，單純「失去耐心」並決定離開。這也很難定論。他的其中一名戰友同志，之後擔任人民解放軍將軍的莫文驊並不相信，鄧小平是在收到前敵委員會的批准之後才離開部隊。[100]在文化大革命期間，紅衛兵拚了老命指控鄧小平「逃往上海避難」，因此展現出其「本質上是可憐的懦夫」。[101]鄧小平之後得替自己辯護，在他寫於一九六八年六、七月間的《鄧小平自述》裡，以及一封於一九七二年八月三日寫給毛主席的信中，都發揮了大師級般的水平。他承認一九三一年初時，無論如何「作為主要負責人的我，在這種情形下離開部隊是絕對不應該的，是嚴重的政治錯誤」。不過，他仍堅持他的行為「在組織上是合法的」[102]

（參照鄧小平收到前敵委員會的批准）。此時李明瑞與許卓兩人都已不在人世，因此整個插曲就只有留在鄧小平的內心之中。

如此一來，廣西試驗以全面失敗告終。李立三的冒進主義僅需承擔部分的責任。中國布爾什維克分子的激進政策並未激起大多數廣西人民的精神。結果是農民改革採取一連串的燒殺擄掠行徑，由窮農、貧民還有東蘭壯族結合而成的武裝搶匪，在紅軍的主動支援下恣意妄為。並沒有大規模的農民運動。鄧小平很快就被迫自我承認。[103]

第二部

毛派

第五章
「五不怕」精神

一九三一年三月底，鄧小平在上海備受冷遇。新領導階層冷落他有一個月之久。他被隔離在一間秘密的公寓內，待在那反省導致廣西境內蘇維埃運動失敗的「大錯」。中央委員會已經從鄧崗以及軍委陳豪人那兒得知紅七軍四處遊蕩之事。一九三一年一月，陳豪人離開紅七軍營地之後來到上海，比鄧小平早了兩個月。[1]陳豪人絕非鄧小平的朋友，送交中央委員會的一份報告，指控前敵委員會（也就是指鄧小平）「有輕視群眾運動的傾向」、「避免敵人」，以及「缺乏進攻精神」。[2]有名戰場指揮官在二月底時抵達上海，[3]在過了兩個月之後的四月四日，控訴紅七軍的指揮官們。這些都是嚴重的指控。

無人知道這個問題是如何化解的，不過因為高層領導中無人譴責鄧小平，因此他並未被迫認錯。或許可以假設是政治局內正在鬥爭。周恩來不滿王明的作為，在向忠發與張國燾支持下，阻擋通過對鄧小平的負面決議。王明不喜歡這個「對他不好」的鄧小平。三月二十七日，周恩來、張國燾與向忠發試圖讓共產國際執委會遠東局涉入鄧小平這個案子，企圖將聽取鄧小平說法之必要性予以合法化。[4]不過，在鄧小平四月二十九日跟中央委員會呈遞報告之後，又過了一個月。他完全沒嘗試要自清。鄧小平在詳述廣西鬥爭的說法之後，承認犯下許多過失，包含「左傾冒進的李立三路線」與「右傾機會主義富農路線」。他申明自己的「主要」錯誤是僅「以軍事為中心」來「決定所有問題」（而未「以群眾為中心」）。[5]簡言之，他同意對他的批評。

這種做法正是王明與其他政治局成員依據中國傳統所要求的那種不留情面、必要的自我批評主義，讓鄧小平丟臉。他們無法把「階級敵人」的標籤貼在他身上，因為這是周恩來或其他與鄧小平有共同革命情誼的老黨員所不許的。周恩來與其他老黨員跟鄧小平有交情，在中國社會此種非正式的關係是很重要的。鄧小平清楚知道該如何運用關係來幫助自己。之後每次黨內發生危險的衝撞時，鄧小平都會遵循此種歷經淬鍊的戰術，大膽承認他的「過錯」，雖因此而丟臉，不過藉由他個人的關係，總能保留領導階層的職位。

王明和他的同志寬大的接受了鄧小平的自我批判，他們讓悔過中的鄧小平又多在上海待了兩個半月，完全無事可做，才再給予他改過自新的機會。七月中，鄧小平被派往中央蘇區工作，他搭船前去廣東東部的汕頭，再前往贛南。

在上海無所事事讓鄧小平感到相當沮喪，不僅因他「在政治生涯中……遭逢挫敗，還有因為市內的一切都讓他想起已故的妻子張錫瑗」。[6]去年一月時，他甚至無法幫她下葬，而由黨內同志幫他完成。為了安全因素，張錫瑗的墓碑上還刻著別名張周氏。[7]鄧小平設法掃墓數次，甚至帶著與他在十一年之後重逢的弟弟鄧先修一同前去。[8]

鄧小平從上海出發，終於能放鬆心情。他的同伴是個美麗的年輕女孩。鄧小平跟她在甲板上散步，情不自禁地讚賞她的瓜子臉。她跟張錫瑗一樣有著美麗的雙唇和一頭短髮。不過最重要的是有對大眼睛襯托著黑色眉毛，並以溫暖輕柔的眼神盯著鄧小平！她生於一九〇四年秋，只比鄧小平小兩個月，名金志成①，這是她的革命名字。不過，跟她熟識的人都喊她「阿金」。她出生於浙江一家客店小職員的家庭，父親讓她受到良好的教育。一九二二年，阿金從寧波師範畢業，開始在女小②教書。她很快就被共產主義思想給吸引，並在一九二六年十月加入共產黨。中共一九二五年至一九二七年間的民族革命失敗之後，她搬到上海，並與一群婦女投入黨務與商會工作。一九三一年一月，她被逮捕並被拘押一個月，之後因貪污的巡捕收受共黨探員的賄賂，而以「缺乏證據」獲得釋放。她無法繼續留在上海，且中央委員會指派她前去蘇區。這就是她與鄧小平搭乘同艘汽船的緣故。[9]

這兩名年輕人在動身前往險途之中彼此相互吸引，很快發展成熱戀。有個晚上鄧小平與金維映彼此擁抱入懷。從那時起，他就喊她為妻子，而她也稱他為丈夫。

八月初，他們抵達位於中央蘇維埃區東南的高山城鎮瑞金縣城。他們雀躍的是可以就此結束秘密生活。縣城四處飄揚著紅旗，不需要害怕國民黨特務。瑞金激發起他們心中萬丈的希望。他們首次感覺到像是在自己國家內的自由公民。

「從此刻起叫我金維映，」阿金開心地告訴鄧小平：「也讓其他同志這麼叫我。」

他們坐在一條小山溪的岸邊，金維映看著自己倒映在寒冷溪水中的身影。「映」這個字就是指「倒映」，「維」是「蘇維埃」這個詞中的一個字。

「好呀。」鄧小平笑著說：「這名字真好聽，我以後就叫你金維映。不過，我滿喜歡叫你阿金。」[10]

他們兩人在瑞金正式結婚。

可是喜悅之情旋即消逝。鄧小平再度發現自己深陷政治鬥爭的漩渦。瑞金縣委會書記③晉升之心狂熱，在下屬中發現「敵方臥底」：社會民主黨、國民黨員以及秘密組織「ＡＢ團」的成員。「ＡＢ團」是江西國民黨於一九二五年至一九二六年間建立的組織，目的在消滅共產黨（Ａ與Ｂ字母意指不同成員入會的不同層級，也就是省或是縣級④）。縣委書記或許發瘋了，在他掌權的六個月內（一九三一年二

---

① 譯註：金志成的本名是金愛卿，之後改名志成和維映。
② 譯註：定海縣立女子小學，亦是金維映母校。
③ 編註：即李添富。
④ 編註：另有一說指ＡＢ團是Anti-Bolshevik團，即反布爾什維克。

月至八月初間），有四百二十五名被指控與社會民主黨有假設性關聯的共產黨員遭到逮捕與處決，包括了前縣委書記、當地蘇維埃政府主席、工會領袖⑤以及其他百分之八十的領導幹部。[11]當然，AB團、社會民主黨以及其他反共分子也試圖以奸細或密探滲透進中共組織，瓦解共產黨運動。一九三〇年代初期，當蔣介石對蘇區進行圍剿時，這些人特別活躍。第一次圍剿是在一九三〇年末與一九三一年初之間、第二次是同年四月與五月間、第三次則在七月到九月。不過，瑞金縣委書記顯得過分熱切。他領導的肅反委員會同時逮捕了無辜和有罪之人，且又懶得去找可信的定罪證據。其他許多人也如法炮製。例如在福建西部的蘇區，同時期就因誣告而處決了六千三百五十二人。[12]一九三〇年十二月，在黨組織內以及在贛西南和贛中地區的軍隊中，毛澤東的支持者鼓動了一場武裝衝突，被稱為「富田事變」。毛澤東人馬的肅清行動極為殘忍，以至於受害者起身反抗並殺害那些折磨他們的人。然而毛澤東卻從這場衝突中獲勝。他解除了富田叛軍的武裝進而摧毀，並持續著清洗運動。江西西南地區超過九成的黨幹部慘遭殺害、入獄和開革。[13]

鄧小平在一九三〇年底到隔年初之間得知富田事變。之後在一九三一年四月二十九日給中央委員會的報告中表示，他並不認同毛澤東的行動，並認為那事實上「助長AB團的發展」。不過，他也責難那些叛亂分子。[14]

當鄧小平到達瑞金時，毛澤東、朱德以及其他領導幹部都遠離城市，在前線作戰。後方瑞金地區僅有少數的領導人員：余澤鴻、謝唯俊與霍步青⑥，他們完全認同鄧小平的觀點。鄧小平的妻子也積極支持他。一九三一年八月中，余、謝與霍他們三人勸進鄧小平競任縣黨委書記一職。十月初，前書記和縣蘇維埃主席因為過度狂熱追捕真實與想像中的敵人，遭到逮捕與槍決。鄧小平著手恢復政治受害者的職權，並在這些被誣告的共產黨員中，釋放了三百名以上的倖存者。他事後回憶：「我們迅速地懲辦了反革命分子，為被冤屈的幹部平了反，開了縣蘇維埃代表大會，幹部（幾乎全是本地農民幹部）群眾積極起來了，全縣局面大為改觀（關鍵在於有了大批與群眾有聯繫的本地幹部）。」[15]

九月底，蔣介石第三次圍剿失利後，毛澤東、朱德和「中國工農紅軍第一方面軍」總部參謀人員重新集結在瑞金近郊的葉坪村。縣政中心和新縣委書記的重要性快速成長。

儘管鄧小平還是權限受限的二級幹部，但他經常與領導階層——毛澤東、朱德和其他蘇區的中央委員會成員會面，並在毛澤東之後發言。[16]接著他投入在村莊與聚落中建立蘇維埃政府，繼續在農民之間宣傳共產主義——為此，他甚至成立縣報《瑞金紅旗》——並投入大量心力執行農業改革。[17]

在劃分土地上，鄧小平遵循毛澤東一年前以驚人的方式表達過的補平原則：「抽多補少、抽肥補瘦」。[18]對於贛南的共產黨而言，這是唯一可行的農業政策。這是他們把無數的貧農與困苦的客家移民——數個世紀前就遷徙於此，卻未與掌控當地經濟大權的族群同化——給吸引過來的唯一方式。贛南的客家人數甚至多於廣西。瑞金這片山區是眾所周知的「客家縣」。這一帶在移民來到之前也沒什麼本地氏族；在共產黨來了之後，更是一個也不剩。客家人和本地族群不斷爭鬥，終致完全摧毀他們。不過，從本地人沒收來的土地不足以分給所有人。唯一的手段就是重分配所有的土地，至少在某種程度上能滿足人口中的貧困階層。

可是一九三一年十月中旬來自上海中央委員會領導階層的電報送到了瑞金，其中嚴厲地批評了此項農業政策，並指控其主要謀劃者毛澤東是「右傾、富農路線」。這意味著毛澤東把土地平分給窮人、「富農」和「地主」。上海領導階層表示要把最差的土地給富農，最好的土地給窮人，且什麼都不該分

---

⑤ 編註：前縣委書記鄧希平，縣蘇維埃政府主席蕭連彬，縣總工會委員長楊舒翹。

⑥ 編註：余澤鴻（一九〇三—一九三五），原名余世恩，曾任中共中央秘書處秘書長、北方局宣傳部長等職，於一九三一年八月調任江西中央蘇區；謝唯俊（一九〇八—一九三五），又作謝維俊，曾任毛澤東的秘書，一九三一年春被派任為贛東特委書記兼紅軍贛東獨立師政治委員；霍步青（一九〇二—一九三三），又名霍仁雲，曾任中共中央組織部接待處主任，一九三一年派至江西擔任蘇區中央局特派員及紅軍學校政治部宣傳部長。

給地主[19]。十一月初，蘇區中央局成員在瑞金召開中央蘇區第一次代表大會（贛南會議），在毛澤東面前攤出這些指控，而毛澤東以當地的狀況為由去解釋自清徒勞無功，[20]終而被免去蘇區中央局代理書記職位，還為其「平等主義」遭貼上「極嚴重的一貫右傾機會主義錯誤」的標籤。[21]

當月稍後，肯定是來自莫斯科的壓力，毛澤東被任命為「中華蘇維埃共和國（臨時）中央政府主席」。[22]不過這並未強化他的職位，因為拍板定案的是黨部官員，而非政府官員。在所有的共產黨體制中，黨部官員位階高於政府官員，後者得聽命前者行事。如此一來，揭發平等主義支持者的動員持續在匯集能量。

鄧小平很快成為箭靶。一九三二年三月，中央執委會下的某委員調查他的縣份，之後做出一份強烈的決議案：「瑞金與先前相同，並未遵照『地主不分田、富農分壞田』的原則……直到現在還有七處地方把好田分給富農……尚未矯正此種局勢。」[23]

這是份非常危險的批評，尤其因為瑞金那時候已經是中華蘇維埃共和國的首都。中央單位開始對所有事物詳加查核。鄧小平的頭上再度懸著一把達摩克里斯之劍（Sword of Damocles）⑦，不過，老熟識們又救了他一回。這次是由鄧小平在巴黎時的同志，現在擔任江西省委書記的李富春拉他一把。李富春藉由傷害鄧小平的方式來救他，把他調往瑞金西南方四十多公里外偏遠的會昌縣，紅軍剛剛才奪下該縣。這可能是與鄧小平的守護天使周恩來商議過的決定，周恩來當時是蘇區中央局的領導。

一九三二年五月，鄧小平搬到會昌，一直待到隔年的三月。會昌是位於狹窄河谷上的古鎮，為景致秀麗的崇山峻嶺所環繞。或許鄧小平並不怎麼關注此區的美景。他一到該地，就投入工作之中，而工作也隨之立刻增加。一九三二年六月，江西黨委會指派鄧小平為尋烏、安遠與會昌三縣的聯合縣委書記。七月，鄧小平同時還被指派為剛成立的江西軍區第三作戰分區的政委，其範圍還包含福建省武平縣。他的工作極其繁重，必須處理農業改革，才不至於既得罪貧農，又激怒了領導階層。[24]他同時也得建立黨組織、蘇維埃政府以及自衛部隊。幾個月內，他就成功募集了一萬三千五百二十八人組成民兵，這是個驚人的成果。

可是厄運再臨。一九三三年初，他被捲入一場黨內新鬥爭中，此番是中共中央委員會領導階層和毛澤東之間就對抗國民黨圍剿戰役的戰術問題發生衝突。打從一九二八年至一九二九年間在井岡山區進行游擊戰，毛澤東和朱德一直遵循人民游擊隊戰事的戰術方針，以下是毛澤東表達其基本原則：

（一）分兵以發動群眾，集中以應付敵人。

（二）敵進我退，敵駐我擾，敵疲我打，敵退我追。

（三）固定區域的割據⑧，用波浪式的推進政策。強敵跟追，用盤旋式的打圈子政策。

（四）很短的時間，很好的方法，發動很大的群眾。[25]

不過，共產國際官員認為毛澤東的戰術相當「危險」、「被動」與「背離路線」。[26]他們認為唯一正確的戰術，就是蘇維埃紅軍所採行的戰術，而紅軍指揮官們堅信進攻的魔力。王明與其同志——其中最重要的是博古，在王明於一九三一年底前往蘇聯成為中共駐共產國際執委會代表後，由他擔任中共領導人——屈膝服從莫斯科當局，因此儘管毛澤東的戰術已讓江西游擊隊擊退敵軍三次圍剿，他們還是質疑毛澤東的戰術。事實上這是因為毛澤東的成功傷及了他們的權威。

一九三一年十一月初在贛南會議上，毛澤東不僅被批評傾向「富農路線」，還被指責犯下「軍事錯誤」。鄧小平參與討論，並替毛澤東說了好話。不過，鄧小平並未闡明自己的觀點。除了鄧小平之外，替毛澤東軍事戰術辯護的還有他人，分別是擔任江西省公略中心縣委書記與紅軍獨立第五師師長的毛澤

---

⑦ 譯註：源於希臘傳說，代表擁有強大的力量非常不安全很容易被奪走，或比喻隨時可能發生的潛在危機。

⑧ 編註：指建立鞏固的革命根據地。

東胞弟毛澤覃、贛東特委書記謝唯俊以及毛澤東的秘書長古柏。他們被嘲謔為「四大金剛」，是指他們幾人不似「切割過的鑽石」，尚未歷經拂拭。[27]

鬥爭毛澤東的高峰落在一九三二年秋天。在蘇區中央局擴大會議上，毛澤東再度因為「右傾機會主義」的理由遭到毀滅性批評，並被解除第一方面軍政委職務。暴怒的毛澤東發了兩封憤慨的電報給中央委員會，可是中央委員會並不支持他⑨。[28]

一九三三年初，因為上海黨組織遭到重大挫敗，中央局總負責人博古與戰友宣傳部長張聞天⑩被迫遷往中央蘇區。[29]因為此二人都痛恨毛澤東，一場風暴衝突勢所難免。

風暴源於福建黨委會的三份文件，對中央委員會就福建西南蘇區的軍事戰術審慎地表示憂慮。[30]黨領導階層當然非常不滿，特別是因為三份文件中有兩份出自福建省委代理書記羅明之手，而在此之前他已經與毛澤東會面，並討論在福建西南蘇區內純粹運用游擊戰守勢。羅明之後召開會議，會中不僅公開支持毛澤東的戰術方針，也說服了整個福建黨委會認為毛澤東的方式是正確的。這個身形單薄、外貌害羞的年輕人展現出強悍性格，並對可能因為與中央委員會軍事戰術唱反調而被指控為「叛徒」後下台一事，顯然無所畏懼。[31]

一九三三年二月中，博古與張聞天發動一場反「羅明路線」的黨內鬥爭。這名固執的福建人⑪與其支持者皆被撤職，[32]其他與羅明抱持相同想法的人也被四處搜捕。二月二十三日，在黨領導的機關報《鬥爭》上有篇以〈什麼是羅明同志的機會主義路線〉為標題的文章，其中也牽扯到鄧小平，因為他轄下分區遵循「純粹防禦」戰術，所以也首次受到抨擊。鄧小平之所以成為目標，不僅是因為他曾經在十一月的黨會議上替毛澤東辯護，最主要原因是他在此文發表之前的三個月，也就是一九三二年十一月時，確實在執行游擊隊作戰。在國民黨軍隊的重擊下，他與游擊隊被迫棄守鄰近中央蘇區的尋烏縣城。從博古與張聞天的觀點而言，此種棄守行為證實他們對鄧小平的看法是正確的。除了游擊戰還會有什麼其他因素導致失敗？

在發布這篇文章五天之後，江西黨委會對鄧小平所轄的三個縣發出了一道書面指令，宣布鄧小平的「純粹防禦路線」以及「羅明路線」同根同源。江西省委書記李富春再次嘗試拯救老友，立刻把鄧小平調離會昌，轉任江西省委宣傳部長的職務，讓他在自己的羽翼之下。[33]

然而批評鄧小平的運動還在持續進行。三月中，一場中共領導階層的會議召他前來，他受到斥責。之後鄧小平採取務實政策，寫了份承認「錯誤」的自我批評。他知道「丟臉」幾次要比丟了腦袋來得划算。不過，這次自救並未發揮效果。不久之後，張聞天親自來到會昌對黨內激進分子施壓，要他們通過譴責鄧小平的決議案。此回定調了鄧小平的「錯誤」為「會尋安的羅明路線」說法。[34]其他三名「金剛」——毛澤覃、謝唯俊與古柏——同時成為此次鬥爭的目標。雖然明知目標並非針對此四人，而是毛澤東本人，但黨領導階層與其馬前卒還是提升了攻擊力道。毛澤東不僅是游擊戰的主要辯護者，而且是博古和張聞天在黨內最主要的實力派對手。

鬥爭持續了整個春天。四月下旬，江西黨委會召開一場擴大會議，鄧小平上海時期的舊識李維漢發布一份針對「四大金剛」的惡毒報告，攻擊他們不僅是「羅明路線在江西的創造者」，也是「黨的派別和小組織的領袖」。[35]

鄧小平被迫寫下第二份自我批評，然後是第三份。「感覺自己了解是錯了，」他承認：「沒有什麼問題，只有快到實際工作中去。」[36]不過，他否認那些博古的偏激手下試圖死釘在他身上的「右傾」與

⑨ 譯註：共產黨在上海再次遭到破壞。政治局常委盧福坦等被捕變節，致使張聞天、陳雲險些被捕。博古在請示共產國際後，遷移中央機關進入江西中央蘇區。

⑩ 編註：原書間或以張聞天的化名「洛甫」稱呼，因考量他並非一直使用此化名，現今相關書籍也多使用其本名，故中文版改以張聞天稱之。

⑪ 譯註：作者誤植，羅明是廣東大埔人。

「機會主義」指控。

五月初，鄧小平收到「最後的嚴重警告」，並被撤銷江西省委宣傳部長一職。其他三人也遭到懲處，同時四人攜帶槍械的權力也被剝奪。在某場會議上，眾人靜默不語地看著他們繳出自己的手槍。[37]不過整體而言，這四人算是相當僥倖地逃過一劫。既沒有遭到逮捕，甚至也沒逐出黨外。五月，鄧小平被派往中央蘇區邊境的縣份擔任巡視員，可是十天之後就被召回，因高層中某人驚慌他可能「逃跑」。[38]似乎一時之間他們對鄧小平也束手無策，不過緊接著一名黨領導階層要員，紅一方面軍總政治部主任王稼祥介入。王稼祥從一九二九年起就認識鄧小平，鄧小平在王稼祥推薦下，擔任其所轄的總政治部秘書長。七月時，王稼祥十分滿意鄧小平的工作表現，指派他擔任中央革命軍事委員會機關報《紅星》總編。

對於鄧小平來說，最嚴重的後果就是失去個人性命。五月初，對於這些拋向金維映丈夫的指控，她認為他是有罪的，便棄他而去。

毛澤東明顯是對的，他曾經說過，〔在為真相辯護時〕一個人必須「一不怕撤職，二不怕開除黨籍，三不怕老婆離婚，四不怕坐牢，五不怕殺頭」。[39]

鄧小平那時是否全面擁有了這些精神？可能並非如此，因為被最親密之人背叛留給他深刻的烙印。最大的痛苦是幾個月之後，金維映調到黨中央總部內的組織部工作，開始公開地和他的惡敵組織部部長李維漢同居。一九三四年一月，金維映和李維漢結婚。鄧小平到死都無法原諒那個他曾經親熱喚她「阿金」的人。如果在場有人碰巧提到她的名字，他會立刻改變話題。

其實，並不該苛責他的妻子。對他們兩人而言，革命勝過愛情。一九三一年十一月，因為阿金在他縣擔任縣黨委書記的要職，他們兩人基本上已然是分居狀態。當她得知他犯下「滔天大罪」、他的自我批評，還有那個她當時也在場的江西黨委會擴大會議中的決議，她當然相信他有罪。除了離開鄧小平，其他作為都意味著反黨。

此後阿金的生活陷於悲慘。一九三六年九月，她替李維漢生下兒子，但因為她全心全力投入黨務工作，無暇照料兒子。一九三八年三月，中央委員會派她到莫斯科學習。兩個月之後，又調她到一所中共位於莫斯科外圍古欽諾村（Kuchino）的秘密黨校。一九四〇年初，她因出現精神錯亂的病徵，被送到精神病院，一直待到德蘇戰爭爆發為止⑫。[40]一九四〇年三月，周恩來和妻子鄧穎超去看她，被她鬼魅般的外表嚇到：「金維映精神很不正常，兩眼發直，衣服不扣，只聽她說話，但聽不清說什麼。」[41]在德蘇戰爭初期，該醫院內所有在莫斯科沒有親屬的病人都被送往安全處所，不過之後的下落無人知曉，撤離後，也找不到任何文件資料，很可能是死於德軍空襲輸送車隊。[42]

鄧小平因為丟臉損失很大，可是隨著時間過去，他也收穫甚鉅。批評直朝他而去，但也瞄準他與毛澤覃之間的關係，這引起毛澤東的注意。這名個頭矮小的四川人當時因為對毛澤東軍事戰術的熱誠，幾乎已經被剝奪了所有實權，這讓中華蘇維埃共和國領導人毛澤東對鄧小平激情熱血的戰鬥精神留下深刻印象。毛澤東總是記得鄧小平「在中央蘇區是挨整的，即鄧、毛（澤覃）、謝、古四個罪人之一，是所謂毛派的頭子」。[43]鄧小平也談到他自己在中央蘇區是怎樣被認為「毛派的頭子」。不過，他還表示：「我能在被打倒後的極其困難的情況下堅持下來，這沒有什麼秘訣，因為我是共產主義者，也是樂觀主義者。」[44]

一九三三年十月，有個注定要扮演重要角色的人來到了中央蘇區。此人是德國共產黨人奧托·布勞恩（Otto Braun），他在中國用的是李德和華夫兩個名字。一年半之前，共產國際與蘇軍總參謀部第四局⑬派他前來中國，擔任中共中央委員會的軍事顧問。在來到瑞金之前，他在上海生活了一年，直到一九三三年一月都與博古密切聯絡。他與博古兩人對莫斯科極為忠誠，同時兩人的俄語都非常流利。李德

---

⑫ 譯註：一九四一年六月二十二日。

⑬ 譯註：第四局負責蒐集中東與亞洲各國的戰略情報。

曾就讀於莫斯科的伏龍芝軍事學院（M. V. Frunze Military Academy）。兩人很快成為摯友。李德自認為是中國紅軍在軍事戰略與戰術問題上的首席權威，不容反對意見，且自信到傲慢的境界。多年之後，李德自己承認：「我變得十分頑固和僵化……捍衛自己的觀點毫不自我批評。」[45]⑭

他蔑視毛澤東的軍事戰術。他在軍校中學到一切以攻勢作戰為上。李德因為有博古的支持，在「不失寸土！」的口號下，把毫無意義的陣地戰戰術強加在紅軍身上。一九三三年九月，這結果很快就反映在紅軍試圖擊退國民黨部隊第五次圍剿的成敗之上。

鄧小平忙於出版工作，讓他無暇涉入這次軍事行動。他把所有時間都投入在準備宣傳文章，編輯所收到的資料，甚至還親自操刀與校正。機關報《紅星》每週發行一萬七千三百份。鄧小平還有很多工作讓他分身乏術。從一九三三年八月六日到一九三四年九月二十五日之間，他發行了六十七期的《紅星》週報。[46]

同時期的前線局勢正在惡化。國民黨軍隊處處推進，沿著中華蘇維埃共和國的邊界建立起一連串的碉堡——每座強大的石堡相距約兩三公里。他們強力鞏固這道封鎖圈。博古、李德和周恩來三人取代了毛澤東政委的職位，決定棄守中央蘇區。一九三四年五月，中央委員會秘書處認可了這項決定，共產國際則在六月初時批准。[47]

此時，中共統治集團內又冒出新的紛爭。在一九三四年一月接替毛澤東擔任「中央執行委員會人民委員會主席」的張聞天和王稼祥，開始對博古與李德的威權方式表達不滿。毛澤東感受到這是剷除博古與李德的時機，便結合了張聞天和王稼祥，還有對連續敗戰不滿的中央革命軍委會主席朱德與其他指揮將領。毛澤東已經與王稼祥建立起良好的工作關係，現在他又成功贏得張聞天的支持。[48]

在紅軍主力部隊於一九三四年十月從中央蘇區開始朝西「長征」之後的三個月，這夥同謀對博古與李德發動了決定性的一戰。[49]長征期間，毛澤東、張聞天和王稼祥順利贏得多數領導階層的支持。幾乎所有紅軍指揮官都力挺他們。

鄧小平當然與編輯同志被編入秘密代號為「紅章」的縱隊，一起走上長征之途。多年之後，鄧小平回答女兒問及他在長征中的工作時，他幽默地回答：「跟到走。」[50]事實上，在長征期間，他持續編輯與發行《紅星》，在複印機上用模版印出數份，為的是提升敗軍將士們撤退時的士氣並激發出未來的勝利。從一九三四年十月二十日到十二月中，他想方設法發行了六期。

不過，一九三四年十二月中，鄧小平突然重新被指派一份要職，再度擔任中央委員會秘書長。這很可能與毛澤東、張聞天和王稼祥當時正要開始準備對博古與李德發動決定性的重擊有所關聯。在指派鄧小平新職的當晚，博古同意召開中央政治局擴大會議，討論抵抗第五次圍剿的經驗與教訓。會議地點在紅軍迅速轉進中經過的城市——貴州遵義。鄧小平身為秘書長，將會負責此場歷史性會議的記錄工作。

一九三五年一月七日拿下遵義，兩天之後，博古在李德的陪伴下，和朱德、周恩來、鄧小平與極多的黨員和部隊將領都進入城中，唯獨毛澤東、張聞天與王稼祥待在遵義城外郊區。所有人都露宿在城中心和數間寬敞的民宅，不遠的天主堂⑮是由白色與灰色石頭搭建而成，還有七彩繽紛的玻璃裝飾著半圓形窗戶與紅磚屋頂。這棟建築物既有中國傳統，又兼具歐洲哥德式風格。共產黨強行徵用這座天主堂作為總政治部，並用來作為群眾宣傳活動之地。[51]

遵義會議於一月十五日召開，進行了三天，共有二十名與會者⑯。會議在一棟剛蓋好的房舍二樓小

---

⑭ 譯註：伏龍芝軍事學院創立於一九一八年，目前已與「馬林諾夫斯基裝甲部隊學院」合併成「俄羅斯聯邦軍隊綜合軍事學院」，是為俄羅斯聯邦軍培養各種兵種團以上指揮軍官的學校。

⑮ 譯註：中共建政後，柳條街天主堂被圖書館占用。文革期間被毀，文革後官方出資按原貌修建，並遷出圖書館闢為紀念館。

⑯ 編註：出席會議的政治局委員有博古（中共中央總負責人）、張聞天（中央政府人民委員會主席）、周恩來（中央革命軍事委員會副主席、紅軍總政治委員）、毛澤東（中央政府主席）、朱德（中央革命軍事委員會主席、紅軍總司令）、陳雲（全國總工會黨團書記），政治局候補委員有王稼祥（中央革命軍事委員會副主席、紅軍總政治部主任）、鄧發（國家政治保衛局局長）、劉少奇（全國總工會委員長）、凱豐（即何克全，共青團中央委員會書記），紅軍總部和各軍團負責人有劉伯承（紅軍總參謀長）、李富春

屋中⑰舉行，大家又擠又吵。在博古和周恩來所提交的報告與補充報告中，他們把一切問題都歸咎於客觀條件，張聞天、毛澤東和王稼祥則擊毀他們兩人的所有說詞。然後這三人把從中央蘇區撤退的責任都歸咎到博古和周恩來，還有李德的身上。毛澤東把他們的軍事戰術貼上了「幼稚的戰爭遊戲」標籤。毛澤東「終於把攻擊矛頭指向博古與李德的領導技巧」。[52] 鄧小平坐在角落，用心做記錄。李德並未發言，他認為這是一場袋鼠法庭（kangaroo court）⑱審判，同時也深受瘧疾所苦。至於周恩來，當他一發現風向有異，他也隨之轉變；在他第二度發言時，完全承認毛澤東與其一幫人所說的為事實。[53] 周恩來顯然是在眾人面前「丟臉」了。會議結果是毛澤東、張聞天與王稼祥勝出。會中通過張聞天所擬定的決議案，直稱博古的報告「基本上錯誤」，並經過軍事領導階層指認戰術路線錯誤是喪失中央蘇區的主要原因。[54]

遵義會議之後，政治局委員舉行一場單獨的組織會議。毛澤東在會中被增選為中共中央政治局常委，接下來他被指派協助從此不再對他構成威脅的總政治委員周恩來。[55] 二月初的政治局常務委員會議中，張聞天突然要求博古把總書記的職位讓給他。毛澤東立刻支持張聞天，一團亂的博古屈服了。一個月後的三月四日，黨的新領導人派任毛澤東為前線政委。[56] 如此一來，毛澤東成為軍中要角，而政治局委員也才開始注意他的意見。

從那時起，毛主席（毛主席是中華蘇維埃共和國中央執委會主席的敬稱，通常不會加上名字）⑲取代了周恩來，成為鄧小平的導師與保護者。多年以來，鄧小平都是從下方仰望毛澤東，徹底承認他無邊無際的權威。已經「丟臉」的周恩來僅僅保留著資深同志的身分，也是許多領導人的其中之一。當然鄧小平不可能不尊敬他，不過並非需要崇拜的對象。

此時還持續著長征之路。一九三五年六月底，鄧小平在經由毛澤東的同意後調往軍中，在林彪指揮下的紅一方面軍擔任政治部宣傳部主任，這很可能是鄧小平自己的想法。[57] 因為依據毛澤東觀察，中國，也包括共產黨本身，政治權力都來自槍桿子。當鄧小平女兒問她的父親為何會被調到紅一軍宣傳部時，他回答：「那時候天天行軍，〔在中央委員會內〕沒有事情幹。」用毛澤東的說法，「前線需要」鄧小平。[58]

鄧小平對於此一新任務滿心歡喜。那段時期他通常散發出樂觀的態度。早在幾天之前，他還與留法時期住在一起，之後又同去莫斯科中山大學讀書的老友傅鍾開心地會面。傅鍾早就是一名職業軍人，並在一九三〇年春來到上海之後，開始在中共中央軍委會內工作。一九三一年夏，傅鍾前往位於武漢北方的鄂豫皖蘇區。從一九三一年四月起，傅鍾的所有工作命令都是由黨領導人之一，同時統率中國工農紅軍第四方面軍的張國燾直接下達，他則擔任紅四軍政委。一九三二年十月，紅四軍被國民黨軍隊打敗，被迫放棄鄂豫皖蘇區。一個月後，他們在四川西北部重新建立蘇區，也就是在一九三五年六月中當長征第一階段完成後，鄧小平在當地遇見那時看起來極為瘦削、但也相當成熟的老友。

鄧小平欣喜若狂，特別因為是傅鍾在部隊內位高權重。傅鍾送給鄧小平「三樣禮物：一匹馬、一件狐皮大衣、一包牛肉乾」。剛剛損失自己座騎的鄧小平回憶：「這三樣東西可真是頂了大事呀！」他先前的馬無法支撐長征煎熬，半途就已不支倒地。[59]

從江西到四川的路途累垮了所有人，包含鄧小平在內全部人的體力都消耗到極限。從中央蘇區開始長征的人馬有八萬六千多人，來到四川時就只剩兩萬出頭而已。

（紅軍總政治部副主任）、林彪（紅一軍團軍團長）、聶榮臻（紅一軍團政治委員）、彭德懷（紅三軍團軍團長）、楊尚昆（紅三軍團政治委員）、李卓然（紅五軍團政治委員），還有擔任會議記錄的鄧小平（中央秘書長）、紅軍軍事顧問李德及翻譯伍修權。

⑰ 譯註：會址為當時紅軍總司令部駐地，原為黔軍二十五軍第二師師長柏輝章占地三千餘坪的寓所。

⑱ 譯註：源於十九世紀美國，當時在偏遠地區巡迴辦案的法官，其收入來自辦案數量甚至是被告的罰金，因此將這種到處奔跑辦案而不重視公正的法庭稱為袋鼠法庭。

⑲ 譯註：其實「毛主席」之稱是始於一九三一年十一月二十七日，毛澤東在中華蘇維埃共和國中央執行委員會第一次會議上，當選為中央執行委員會和人民委員會主席。

不過最為艱困之處還橫陳在前。長征隊伍在張國燾部隊匯集之後，新統合的紅軍無法繼續留在四川西北部，只得繼續朝著川甘陝邊界行軍。這些崇山峻嶺中落後、野蠻的居民對共產黨展現了發自內心的仇恨，周而復始的衝突可能會演變成長久戰。

七月時紅軍重組整合後，鄧小平的紅一軍團成為第一方面軍第一軍。不過，毛澤東與張聞天陣營和另一陣營的張國燾之間隨即爆發了權力衝突。八月初，軍隊分成兩個縱隊，左縱隊由張國燾率領，毛澤東指揮右縱隊。他們分別往北推進。鄧小平與傅鍾也必須分開，回歸到自己的部隊之內。

在共產黨員面前等著的是無數的沼澤高原，無路可走。張國燾的縱隊沿著沼澤區左方前進，毛澤東的縱隊則是繞著右方，他們試圖要穿越高原，並在離甘肅南方邊界約一百三十多公里處會合。

然而左路軍陷入臭氣熏天、泥濘難行的泥淖之中，無法橫渡途中一條寬廣的山中河流。九月中，鄧小平所在的右路軍抵達甘肅。張國燾要求他們折返⑳，可是張聞天與毛澤東回絕了。直到一九三六年十一月底，張國燾在與國民黨軍隊作戰中損兵折將後，終於出現在毛澤東的總部與他和解，共產黨和紅軍領導階層的分裂才告結束。一年半之後，張國燾逃離共產黨掌控的地區，並公開宣布已經脫離中國共產黨。[60]

那時毛主席已經在陝甘寧邊區建起新的蘇區。一九三五年十月二十二日，毛澤東在陝西吳起鎮宣告結束長征，並指稱紅軍行軍了兩萬五千里。實際上是一萬兩千里，但也是令人刮目的成就，不過兩萬五千里聽起來更為雄壯。[61]在場能慶祝此大事的官兵都是勉力走到，但人數已不足五千人。鄧小平也是其中一員。一九三五年十一月，鄧小平再度成為紅一軍團政治部宣傳部長，旋即加入了對抗國民黨軍隊攻擊蘇區的戰事。在某場戰役中，鄧小平受傷差點無法逃脫。傅鍾送的狐皮大衣「給子彈打了好幾個洞」，[62]不過他自己運氣倒很好。

一月，鄧小平跟著紅軍主力部隊朝東來到了山西省，可是在攻勢發起之後，他回到了蘇區。一九三六年五月，他被晉升為紅一軍團的政治部副主任，負責黨組織與宣傳工作。數日之後，他投入甘肅西北地區的新戰役之中，這次是對抗與蔣介石同盟的甘肅軍閥。在之後的幾個月裡，鄧小平都在參與戰鬥，贏得了下屬的敬重和指揮官們的讚許。可是十一月時，他突然罹患傷寒，因高燒而意識不清。「什麼東西都沒法吃……只好煮點米湯餵他。」[63]在行軍與撤退時，他都被扛在擔架上。直到一九三七年一月初，鄧小平才完全恢復意識，此時他的軍團已經撤回陝西。讓他吃驚的是，他已在一九三六年十二月中再度晉階，此回擔任紅一軍團政治部主任。

鄧小平在陝西收到另外一則消息，卻是讓他痛苦哀傷，他父親已過世。鄧文明在前一年才又新添了一名女兒。當他從省城返家時，在離家兩三公里遠的小徑上遇到一幫麻匪伏擊而亡。於是當時鄧家最年長的鄧小平的弟弟鄧先治遵從傳統，埋葬了家族之長的遺體。

依照村民的說法，鄧文明下葬時發生了不尋常的事情。在挖掘好墓穴之後，一條紅金色從未見過如此之大的長蛇突然從中爬出來。這條蛇發出些微沙沙聲響地捲起身子，躲到綠草之中。那些在場之人解釋這條蛇為神兆：所有人都知道一條金色、鑽石形狀的頭以及眼珠中有四個紅點的蛇出沒時，就是「黃河大王」顯靈。因此，人們確信此事意味著鄧家出了偉人，此人將會翻天覆地並展開一場大革命。[64]或許村民們是對的。

⑳編註：毛澤東、張聞天等人決定北上，因此中央紅軍（紅一方面軍）自貴州翻山涉水至四川與張國燾的紅四方面軍會師後，決定往北取得甘肅南部，建立川陝甘根據地。然張國燾一直堅持南下川康，故與右路軍分裂，南下穿過松潘草地，希望在西康創建根據地，並一度要求已至甘肅的右路軍折返回四川。

第六章
太行山之師

在鄧小平生病期間，發生了改變中國政治版圖的重大事件。一九三六年十二月十二日，西北軍指揮官①少帥張學良下令逮捕人在西安的蔣介石。張學良要求蔣介石結束對抗共產黨的內戰，並領導全國全面抵抗日本帝國主義。

此時日本問題已經成為中國人的主要禍患之一。一九三一年秋天起，日本人採取持續入侵中國領土的策略，首先是占領滿洲，然後是熱河，再接著是河北東部。一九三五年，日本人來到了北平（一九二八年六月起改北京為北平）。[1]蔣介石當時正與中華蘇維埃作戰，無法分兵抵抗日軍侵略。不過中國共產黨藉由愛國主義的宣傳與煽動，還挑動了一波深得人心的反日情緒。對日本入侵與蔣介石不抵抗一事，中國公民群情憤恨，中共此舉緩慢但穩定地取得大量支持。一九三二年四月十五日，根據毛澤東的提議，中華蘇維埃政府正式宣布對日抗戰。[2]中共軍隊當然不會去距離中華蘇維埃甚遠的滿洲作戰。此舉純為象徵性，可是在許多愛國人士的眼中，共產黨正轉變為一支真正的民族部隊。

中共這項政策與莫斯科同調。一九三五年夏天，史達林害怕德軍與日軍入侵蘇聯，對共產國際的戰

① 譯註：此為西北剿匪總司令部副總司令。

術與組織結構做出大幅度的改變。接著所有的共產黨都專心致力於組織新的統一戰線，在西方對抗法西斯，在東方抵抗日本。中共中央委員會政治局旋即更改中華蘇維埃共和國名稱為「中華蘇維埃人民共和國」。[3]與此同時，全中國境內都掀起了強烈的反日運動。

張學良這名前滿洲軍閥在日軍的壓力下撤出滿洲，重新部署在陝西省中南部地區。他不滿蔣介石政府對於公然的侵略者採取安撫政策，同時也要在國民黨軍隊中，尤其是二十萬西北剿匪的官兵面前表態。這正是張學良出面抵抗蔣介石，呼籲他以共同抗日為由與共產黨和解的理由。

無可否認，張學良面臨著優勢的國民黨軍隊即將全面開戰之下，馬上釋放了蔣介石，而蔣介石則軟禁了少帥。即使如此，蔣介石終於了解繼續對入侵者讓步是不被允許的。

三月底，蔣介石在杭州與周恩來領軍的中共代表直接談判。達成協議，允許中共繼續保有三個師總數超過四萬人的武裝部隊，以及在所屬區域內維持其政府的協議。不過，中共現在將聽命於南京。[4]四月初，中共政治局批准此決定，然而並不打算全面施行。[5]共產黨部隊人數超過十萬人，黨領導階層中沒人會想把部隊人數裁減超過二分之一。

當中共準備與日本對抗時，他們在中國北方強化黨組織。一九三七年一月，中央委員會與紅軍總部已經遷移至陝北延安，在五、六月間，毛澤東與張聞天在此召開了許多場會議。當時擔任西北局書記的劉少奇極具才幹，提交了數份報告。鄧小平從一九二九年就認識他，先是在上海後來是瑞金。一九三五年的遵義會議，他們兩人都支持毛澤東。

一八九八年十一月二十四日，劉少奇生於湖南。他和鄧小平一樣都在莫斯科讀過書，於一九二一年十二月加入共產黨。劉少奇個子很高、臉色蒼白、沉默寡言，讓他看起來憂悶又神秘。他與鄧小平，還有包括毛澤東在內的其他中共黨員大不相同。[6]不過，他果斷又勇敢，與毛澤東一樣都善於組織，同時精通布爾什維克理論。[7]

劉少奇需要全力以赴來「保衛華北」，尤其是直接面對日軍攻擊威脅的平津一帶。[8]六月十日，政治局常委會決議指派當時紅軍總政治部副主任楊尚昆去協助劉少奇，並派任鄧小平接替楊尚昆的職務，且同時擔任紅軍前敵總指揮部政治部副主任（十七天後，紅軍前敵總指揮部政治部更名為紅軍前敵總指揮部政治教育部，主任是鄧小平[9]）。

在過去兩年，鄧小平的生涯已然往前邁了一大步。從一九三五年六月起到一九三七年六月止，他在權力的台階上迅速攀升，從相對不甚緊要的紅一方面軍政治部宣傳部主任，爬升成為中共所有軍隊的總政治部副主任及其戰鬥單位的政治教育部主任。顯然他持續討好毛澤東，沒有毛澤東的支持，不可能有如火箭般迅速拔擢。

毛澤東又怎會不重視鄧小平呢？政委一職在任何戰役中都是核心人物，鄧小平在此角色上展現效率，又能倚重，還不會企圖拚命成為老大或埋頭於理論。他行事謹慎，展現驚人的熱情，公開承認毛主席無可爭議的領袖地位。鄧小平比毛澤東小十一歲，個子矮小的他有張孩子氣的臉和發光的眼神，朋友圈熟知他是個話匣子，愛說笑話和講故事。毛主席肯定也喜歡鄧小平的農民背景、隨和的個性，還有對黨志業的熱情與投注。毛澤東就是這樣的人：說話尖酸的農民小夥子，靠著自身的智慧、意志以及對共產主義的奉獻一路功成名就。他們兩人都喜歡吃很辣的食物！但鄧小平跟土產的革命家毛澤東並不相同，他在法國的中學與蘇聯的大學求學過的事實又該怎麼說？中國共產黨員鮮有在外國讀書的經驗。最為重要的是鄧小平還待在中國權力核心之中，他並未跟博古一樣變成教條主義者，因此他能抓住毛主席的理念。

總而言之，一九三七年六月毛澤東把鄧小平拉上延安的領導階層。不久之後的七月七日，日軍在華北地區發動大規模的軍事作戰。七月二十九日，日軍奪下北平，隔天進入天津。兩週後的八月十三日，他們開始轟炸蔣介石的經濟命脈以及英美投資者的中心——上海。

在當時，國民黨政府軍委會與中共代表在南京舉行會議②，鄧小平參與其中。如他事後所言，他在

②譯註：朱德與周恩來、葉劍英出席蔣介石主持的南京國防會議。

「幕後」工作，擬定基本文件。[10]

鄧小平回到延安，八月二十二日得知蔣委員長已經被日本人逼到窮途末路，並與蘇聯簽訂互不侵犯條約，條約中蘇聯承諾協助中國抵抗日本入侵。就在當天，蔣介石下令中國工農紅軍併入由他統率的國民革命軍之中。三天後，位於陝甘寧的共產黨部隊改編為「第八路軍」，[11]下轄三個師（各師有兩個旅），分別是林彪的一一五師、賀龍的一二〇師，以及劉伯承的一二九師。朱德擔任紅軍總指揮，彭德懷為副總指揮，任弼時擔任政治部主任③。[12]

鄧小平被指派為八路軍（第十八集團軍）④總政治部副主任，基本上是持續先前的任務。此外，九月底時，他成為派駐在山西省主席閻錫山主持的第二戰區戰地動員委員會第十八集團軍代表。[13]九月二十一日，鄧小平跟隨朱德、任弼時和第十八集團軍副參謀長左權來到山西省會太原。九月二十三日，他在太原得知所有的中國政黨已經組成抗日民族統一戰線。史達林可以歡慶了。形式上中國現在已經加入抗日戰爭之中，因此大幅降低日軍攻擊蘇聯的機會。

四天後，朱、任、左、鄧他們四人已經來到太原東北方九十公里、非常靠近作戰前線的五台縣，當地局勢持續大幅惡化。日本皇軍一個接著一個拿下人口重鎮，迅速沿著三條戰線朝南京、武漢與太原方向往南推進。

那時第十八集團軍主力的三個師部隊正行軍開赴山西北部與東北部。[14]八月底，政治局下令他們要與第二戰區內其他中國軍隊一起以機動性游擊戰方式作戰，以取得南京政府的信任和民意的認可。但倘若日軍在前線有所突破，禁止中共部隊轉為獨立進行游擊戰（毛澤東稱為「麻雀戰術」⑤），或擴大軍事作戰範圍遍及所有華北日據地區。[15]毛澤東堅持在敵軍戰線後方採行游擊戰，推斷此方式不僅能使共產黨贏得被蔣介石所拋棄而淪入悲慘命運的人民信任，同時也得以保留、甚至還可能擴大自己的軍力。儘管毛澤東與他自己並不信任的國民黨組成統一戰線，不過此點可以理解，但他也要求共產黨軍隊不得在山區對日軍進行「獨立自主」的作戰，以節省軍力，且絕不成為共產黨死敵蔣介石手中的傀儡。毛澤東解釋抗日戰爭曠日廢時，因此必須保持耐心，並等待日軍耗盡軍力。[16]他不斷跟同志們勸說：「敵進我退；敵駐我擾；敵疲我打；敵退我進。」堅持不得投入超過四分之三的紅軍主力部隊去對抗日軍，剩餘的四分之一應該留在延安去防衛蔣介石可能發動的攻擊。[17]張聞天完全同意這樣的觀點。[18]

毛澤東對形勢的判斷有理。他和許多軍閥相似，極其清楚了解到他的權力、甚至是他本人的性命完全依賴於他的軍力。因此他並不認真看待統一戰線一事，也不會聽從蔣介石的指令。毛澤東表示：「在〔與國民黨〕聯合抗日的情況下，要把民族革命與社會革命貫通起來。」

在統一戰線的長期過程中，國民黨有計畫地從各方面影響和吸引共產黨及紅軍，我們要提高政治警覺性……國民黨內有些人動搖於國共兩黨之間，這對我們吸引國民黨是有利的，共產黨吸引國民黨的條件是存在著的。兩黨之間互相吸引的問題，要在鬥爭中解決。

毛澤東最終的目標還是社會主義革命。因此他認為黨內的主要危險是「右傾機會主義」，換言之，也就是「投降」國民黨並拒絕社會主義革命鬥爭。[19]

在不建立基地的情況下要於日本占領區內進行長期游擊戰是不可思議的事。但這也正是第十八集團軍十月底時出發的任務。一九三七年十月二十三日，日軍突破山西東北部前線後，一一五師副師長聶榮

③編註：紅軍參謀長為葉劍英，副參謀長為左權。第一一五師，林彪任師長，聶榮臻任副師長；第一二〇師，賀龍任師長，蕭克任副師長；第一二九師，劉伯承任師長，徐向前任副師長。

④編註：第八路軍於八月二十五日成立，九月十一日，八路軍總部接到國民政府軍事委員會的電令，改名為第十八集團軍，朱德與彭德懷分別任總司令、副總司令。但中共與一般民眾仍習慣以八路軍稱之。

⑤譯註：將整個戰場細分為許多個小組織戰鬥，通過反覆分散和整合，迷惑敵人與分散敵方注意力，再集中兵力群起殲滅。

臻收到中央委員會的指示，領導大約兩千人的小股部隊進入日軍位於五台山前線的後方。五台山是一道沿著山西、察哈爾與河北邊界，一路從北往南延伸兩百八十公里長的高聳山脈。十一月七日，日軍攻入太原的前一天，聶榮臻率領部隊在四周都是敵軍占領區中建立起軍區指揮部。指揮部所在的阜平縣，位於河北省西北部鄰近山西省的山區之中。[20]

十一月初，毛澤東一再宣布國民黨所領導的華北正規軍作戰已經結束，現在主要的戰事是由共產黨領導的游擊戰。[21]就此來說，第十八集團軍開始重新部署前線後方的次級單位。賀龍的第一二〇師受命在山西西北部進行游擊戰。劉伯承的第一二九師以個別營級與連級單位滲透進山西東南部，進入太行山區。

鄧小平此時在山西西南地區從事宣傳。十二月底，他回到位於山西東南部洪洞縣的第十八集團軍總部。洪洞縣坐落於太行山支脈太岳山的西麓。鄧小平在此處過年，並不知道即將到來的新任務。

一九三八年一月五日，中共中央革命軍事委員會決定調派鄧小平擔任第一二九師的政委。[22]這是鄧小平最精采的時光。鄧小平被授予中共三個師其中之一的政治大權，成為中共占領區中最有權勢的人物之一。基本上他已經是手中握有大量軍事權力的地區軍閥。鄧小平如何巧妙運用此權力決定了他未來的生涯。

一九三八年一月十八日，他來到太行山區遼縣⑥為群山環繞的西河頭村，劉伯承的師部即位於此地。用松樹、雲杉和冷杉罩著的師部廂房為大雪覆蓋，在陽光下耀眼刺目。太行山主脈沿著山西、河北與河南之間的邊界，北從五台山一路往南延伸到黃河，是華北平原和山西高原之間的天然屏障。其山勢陡峻，海拔有一千多公尺，群山銜接不斷。當地居民說：「門挨門，戶挨戶。山在外，山在內。」[23]

鄧小平情緒高漲，壓根不在意天寒地凍。有名見證人回憶：「鄧主任小平到了司令部。個子不高，見了我們總是笑。」[24]

鄧小平與師長劉伯承很快找到共同的語言。他們從一九三二年一月起就認識。劉伯承跟鄧小平一樣都是四川人，幾乎是小同鄉。劉伯承生於距廣安不遠的開縣，他大鄧小平一輪，都是龍年生，然而他們彼此相似之處也僅止於此。鄧小平曾說：「我們的個性、喜好完全不一樣。」[25]

劉伯承是一名職業軍人，一九一一年辛亥革命時，他還曾加入過學生軍，之後進入重慶的軍校⑦。一九一四年，劉伯承加入孫中山的中華革命黨參與多次戰役，受傷九次還失去右眼。一九二四年，他首度接觸到共產黨，僅在兩年之後，他就說服自己共產黨能拯救中國並且加入。[26]一九二七年南昌起義失敗後，劉伯承逃到香港。接著他被派往蘇聯，並在伏龍芝軍事學院學習兩年。一九三一年夏他返回上海，在周恩來底下的中央委員會軍事委員會工作，之後遷往中央蘇區，擔任紅軍學校的政委與校長。一九三一年十月起，他擔任中央軍事委員會參謀長。一九三三年，劉伯承跟鄧小平境遇相同，因支持毛澤東游擊隊戰術遭到解職，可是在一九三四年十二月長征期間，藉由毛澤東和張聞天的支持官復原職。一九三五年一月，在遵義會議上劉伯承支持毛澤東，一度隨張國燾的紅四方面軍行動，並在一九三六年十月與紅四方面軍指揮官一同抵達陝西。第一二九師是在一九三七年由張國燾殘餘部眾組成。毛澤東指派紅四方面軍徐向前擔任副師長。毛主席並未將此老兵與張國燾的錯誤綁在一起。毛澤東知道劉伯承只是遵從政治領導的命令行事。

劉伯承的屬下喊他「獨眼龍」，不過這個綽號並不適用於他：師長為人善良溫和。鄧小平回憶：「初次見面，他就給我留下了忠厚、誠摯、和藹的深刻印象。」[27]

鄧小平來到太行山，立刻投入師部與周遭地區的組織、動員和政治工作。他把最大的心力投入宣傳共產黨。[28]一九三八年七月，羅斯福總統的私人代表埃文思・卡爾遜（Evans F. Carlson）來到太行山地區觀察，對鄧小平留下深刻印象。卡爾遜事後回憶：「〔鄧小平〕是一個矮小、健壯和健談的人，對事

---

⑥ 譯註：現今為左權縣，因八路軍副總參謀長左權在此陣亡，抗戰勝利後為此更名為「左權縣」。

⑦ 編註：重慶蜀軍都督張烈武設立之「陸軍將校學堂」。

物的興趣廣泛且熱切。」[29]

鄧小平為使受教育不多的觀眾對其宣傳留下深刻印象，和部屬們一起上台表演愛國劇碼，唱歌，在牆上、住家和廟宇上貼大字報，在群眾聚會上激昂地演講，還與戰士和當地居民開誠布公的談話。他們使用簡單的語言「向群眾說明目前形勢和生路，揭露敵人的殘暴」。[30]

即便有許多難民從可惡的日本人所占領的城市或城鎮逃入山區，不過鄧小平他們訴求群眾的方法並非總能引起回響。當時在師部控制下的地區，「在經濟上……是忽視的，民生凋敝，軍隊供給極端困難」。但是，軍隊只把「敵軍占領區」當成「殖民地」。鄧小平寫道：「在敵占區只有需索而無工作（亦即只掠奪敵占區人民的財物資源而未生產建設），故徵集資財亦無成績，這是我們（主要是太行區）最窮困時期。」如此一來，共產黨軍隊「給了敵占區人民很壞的影響」，並「大大損害了」他們自己的「政治聲望」。因此他們的統治權威幾乎蕩然無存。[31]

周遭村莊內窮苦居民基本上是小農，依照中國標準也是極其貧困，他們唯一能感謝的是共產黨沒有入侵他們微薄的土地（如果他們還有那麼一點土地的話）。一九三五年十一月，中共政治局和中華蘇維埃共和國中央委員會對於勞動農民改變了戰術，放棄平等分配土地。[32]這反映了抗日統一戰線的政策改變，同時就某種程度而言，華北的地主與富農屈指可數，還沒有客家人，而窮人與小農之間的生活水平差距幾希。甚至真要平分土地，他們也分不到什麼。陝北與山西全境的鄉下居民都活在饑饉交迫邊緣。比方在一九三三年中共抵達前夕，山西省正遭到持續數年的嚴重乾旱，且在抗日戰爭前還有洪水氾濫隨之而來。許多人死於饑荒，大難不死者只是苟延殘喘地度日。太行山中的局勢極為困苦，一九三八年只有一百五十萬人還活著。[33]

從這些人身上也榨不出什麼東西。這才是第一二九師一開始會遭逢困境的原因。劉伯承並未調節農業生產和減輕農民負擔，反而是依賴軍事力量，基本上是致力在晉冀豫魯四省擴大地盤與建立基地。鄧小平加速宣傳工作。一九三八年仲春，第一二九師順利在敵軍防線後方建立起數個基地。當時這也得到了所謂「山西新軍」第一與第三縱隊的協助。山西新軍亦被稱為「山西青年抗敵決死隊」，是一九三六年九月在閻錫山的倡議下組成。[34]一九三八年四月底，鄧小平依照毛澤東與劉少奇的指示，召開了第一二九師的軍政會議，決定建立起晉冀豫軍區⑧。[35]

四個月後，鄧小平回到延安參加第六屆中央委員會第六次全體會議。雖然他不是中央委員會委員，但首度受邀以實際與會者身分參加如此重要的黨內會議。這次擴大會議從九月二十九日起召開直到十一月六日才結束：五十六名與會者中只有十八人是中央委員會委員或候補委員。[36]其他是重要軍職人員或像鄧小平這樣的重要黨職人員。對於黨和鄧小平個人而言，此次大會至為攸關。已經全面掌控中國共產黨的毛澤東，花費三天的時間提出了一份廣泛的報告。他清楚地表明中共現在已經團結在他的周圍，有必要重新檢視黨的歷史，從「錯誤」區別出「真理」，並以是否支持正確路線為依據評估所有人。同時，必須果決地揚棄教條主義，以及將馬克思、恩格斯、列寧與史達林等人學說的「中國化」。[37]

毛澤東在會議的結論中拉回到中國共產黨的歷史面。他毫無意外一如過去般表示：「一九三三年在中央蘇區對鄧小平等同志的打擊也應取消。」[38]毛澤東的聽眾們歡迎這些說法，在全體會議之後，政治局立刻決定讓鄧小平進入中央委員會北方局。[39]十月六日當天，鄧小平得以在六屆六中全會上發言，然而他僅簡短地提出務必要仰賴群眾，「由下至上」地鞏固華北軍區的勢力。[40]然而，卻過了好一段時間之後，鄧小平和劉伯承才開始認真執行此方針。直到一九三九年十月，他們兩人才朝此方向推行，在冀南根據地設立冀南銀行，並發行了在華北共區內廣為流通的紙幣。[41]

不過這都是鄧小平與劉伯承在一九三九年七月三日到八月二十五日之間，回到延安參加高層會議後的事，而會中焦點在中共對孫逸仙三民主義的看法。關於孫逸仙的思想，毛澤東規定新的指導方針：

---

⑧ 譯註：這是由山西國民兵軍官教導團改編而成，中共與閻錫山合作在山西組織的一支新軍。名義上歸閻錫山領導，實際領導人是中共黨員薄一波。

中國共產黨對三民主義的態度，一是理論上承認它……二是實踐上實行它。八路軍、新四軍[42]、邊區和黨的工作，都是執行三民主義這一共同綱領。要公開號召、宣傳解釋三民主義，否則不能扶持左派與爭取群眾。一切策略的出發點不要脫離國民黨的大多數。[43]

此時在史達林的規劃下，毛澤東已經開始發展中國革命運動的新觀念，中國共產黨搭配毛澤東的理論，應該能在戰後與蔣介石的鬥爭中取得勝利。[44]中國共產黨現在必須提倡所謂的「新民主主義」，而非激進的左派思想、社會主義道路。「新民主主義」將在共產黨的領導下，與「舊的西方民主主義」有所區隔。共產黨是工人階級的政治化身，現在自我重新改造為革命統一戰線組織，追尋統一「所有具有革命潛力的階級和層別」。因此毛澤東支持以三民主義精神進行社會改革，共產黨強調新的民族情感而非階級利益，以訴諸於中國同胞。毛澤東承諾在革命後保障私人財產，刺激民族企業，並追求保護主義政策，也就是在嚴格的國家掌控下吸引外國投資者。毛澤東呼籲降低稅率，發展多黨體制，建立聯合政府，施行民主自由，以及快速修正共產黨過去所犯下的全部「左傾錯誤」。[45]藉由吸引不論是國民黨或是共產黨中反對專制的溫和派中國人，以擴大共產黨的群眾基礎。

鄧小平與劉伯承信奉毛主席的新思維，一九三九年九月初回到太行山地區後即準備施行。他們於一九四〇年開立銀行之後，更關注開發生產，揚棄之前把敵軍占領區視為自己「殖民地」的政策。一九四一年三月，他們依據北方局的指令召開晉冀豫邊區臨時參議會，七月時擴大邊區範圍至山東省。一個月後，新統合的晉冀魯豫邊區人口有兩千三百萬人，他們建立了政府作為最高權力執行機構。

當然他們也持續推動所有的工作。一九四二年九月初，政治局在第一二九師所部署的區域建立起北方局中共中央太行分局，毛澤東指派鄧小平擔任書記領導該局。而他身為第一二九師的政治委員，在此之前早已在指揮當地的黨組織業務。[46]

一九四三年春，第一二九師下轄所有地區的稅率降至百分之三十到三十五之間，佃租為百分之二十五，且利率低於百分之十五。[47]依據鄧小平在中共中央機構《解放日報》的文章所述，「這就是在限制封建剝削下促進國民經濟發展的方針」。

> 這也正是孫中山先生給我們指示出的道路……政府規定的工業負擔是最輕的……（我們還）調解租佃關係和主雇關係……政府每年還舉辦了數百萬元到千萬元的低利和無利的貸款……我們的軍隊，除了自己生產解決一部分軍費之外，每到農忙時候，漫山遍野，都是穿著軍服的人，同老百姓在一塊勞作。

最後，「沒有正確的政策，就談不上經濟建設；而這些政策的訂定，必須以人民福利和抗戰需要為出發點。」[48]

這些合情合理的觀念僅僅扮演戰術性角色，而非戰略性。在奪取整個中國政權後，共產黨立刻拋下孫逸仙。不過，一二九師於太行山和晉冀魯豫邊區的其他區域內從一九三〇年代末到一九四〇年代中，都在實施毛澤東的新想法。這些作為不僅給當地經濟帶來正面的影響，同時也帶給共產黨正面形象，迅速提升了支持度。儘管一九四一年至一九四三年間在山西與周遭區域遭逢嚴重的旱災和蝗災，還是有前述的成果。弔詭之處在於蝗蟲們儘管胃口奇大，卻能使人民免於饑饉。士兵和農民喜歡抓蝗蟲，用手捏死，然後烤來大吃一頓。[49]

一九三九年秋初，鄧小平不僅帶來延安的新想法，也帶來了新妻子。她是來自雲南東北宣威的卓琳。鄧小平的朋友鄧發於一九三九年八月從新疆來到延安，是他介紹他們兩人認識。鄧發是延安中央黨校的校長，當時與鄧小平一樣都沒老婆，也喜歡聊天。這兩人很快就湊在一起，甚至同住一屋簷下。「那時候，在延安，鄧發帶著你爸爸，兩個人一天高高興興地到處轉。」張聞天妻子劉英告訴鄧小平的女兒：「人們都說他們活像兩個遊神一樣！」[50]

「同住一屋簷下」會讓人產生誤會，因為延安多數的共黨和軍方官員都住在城外的窯洞中。這些成排堆疊的窯洞沿著水淺多岩的延河，往北綿延好幾公里。從遠處望去，像是燕巢或蝙蝠巢穴。[51]這兩個姓鄧的就居住在其中一處「巢穴」。

環境的簡陋並未使得他們心煩，尤其是他們兩人在閒暇時都待在窯洞外。延安本身相對是座大城，有商店、小吃、喧囂的市場與擁擠的街道。雖然日軍戰機對延安造成嚴重破壞，摧毀許多房舍和大片環繞四周的城牆，可是這座城市還是朝氣蓬勃，很可能還頗自得其樂。自從抗戰開始，許多愛國青年蜂擁至此，這其中包括許多有志於共黨大業的動人女子。鄧發比鄧小平小上兩歲，是個喜歡和女性打堆廝混的人。

鄧發說服他的好同志，陪著他到延安「中央社會部」去找他認識的某個年輕女孩。個性大方的鄧發喜歡替未婚的朋友彼此介紹。鄧發急著替瀟灑的（如果這個字眼適合形容中國游擊隊的話）鄧小平找對象：他消瘦、儘管已經三十五歲外表看起來仍相當年輕、有張細緻卻又相當男性化的臉龐。他剪了頭髮，看起來更有男子氣概。

在社會部工作的卓琳立刻吸引住鄧小平。她個頭嬌小，比鄧小平還矮些，有張圓臉、濃眉和淘氣的眼神。她的個性也讓鄧小平著迷：活潑、有活力又獨立。他們開始相互探訪，通常是跟著鄧發和卓琳的朋友一道前往，兩人交談了很多事。鄧小平知道她生於一九一六年四月，比自己小十二歲，這就像他自己和劉伯承之間一樣，也是生於龍年。他也得知她的本名是浦瓊英，是在一九三八年要進入社會部工作時，自己選了卓琳當作化名。所有的學生都有可能會在日本或國民黨後方地區從事地下工作，因此個個更名改姓。卓琳的父親浦在廷以「火腿大王」聞名全國，因為一九二〇年時他發明一種保存火腿的方法，並創建自己的公司「宣威宣和火腿股份有限公司」。自由派的浦在廷早年長期支持孫逸仙，後者甚至授予他少將軍銜。他最終對革命失去興趣，夢想徹底破滅，他的事業也垮了。不過還是對卓琳和其他六個孩子提供了優秀的教育環境。卓琳以優異的成績從中學畢業，並考上北京大學物理系。一九三五年十二月，她在北平被共產主義的理念給吸引並參加抗日學生運動。在日軍占領北平之後，她放棄求學並跟著姊姊和一名女性友人一起逃往延安。一九三七年十一月她進入一所幹部訓練學校，隔年初入黨。卓琳在社會部接受短期課程後，就在該部門工作。第十八集團軍中的士兵和軍官大都是粗鄙的農村青年，她是名聰明又受過教育的女子，對於他們的追求並不怎麼感興趣。

卓琳一開始對鄧小平是有所保留的，她事後回憶：

他大概在那個時候就對我有意了，我不知道，他就找我的女朋友，跟我一塊兒到延安的女朋友，讓那個女朋友來跟我談，說他想跟我結婚，問我同意不同意。我說我年紀還輕，我不想那麼早結婚，我拒絕了。因為去延安的那些長征老幹部都是工農幹部，我們就怕跟一個工農幹部結婚，不是看不起他們，是他們沒有知識，跟他們說話說不到一塊兒，所以我就不敢和這些工農幹部結婚……後來他自己找我談，談了兩次：第一次談一談他的情況，談談他的希望。我聽聽，覺得這個人還可以。他是有點知識，是知識分子。第二個呢，我想，反正早晚都得結婚。我那時候已經二十三歲了，我說算了吧，湊合吧。他親自找我談了兩次話，我才同意。

但她「提出個條件，就是結婚後馬上離開延安」。她害怕朋友們會奚落她嫁給「土包子」。鄧小平假裝了解她的焦慮，可是卻說：「我只有一個缺點：我年紀大你十二歲。除此之外，我想我還趕得上你。」[52]

婚禮在八月底舉行。毛澤東跟愛人江青為他倆積極籌辦婚禮。就在自己的窯洞前擺設喜宴。三個月後的十一月十九日，儘管毛澤東和江青兩人之間年紀差距是更大的二十一歲，他們也成婚了。

包括張聞天、博古、劉少奇、李富春與其他人在內，幾乎所有共黨領導階層都來跟他們道賀。只有當時人在蘇聯的周恩來和他的妻子沒在場。賓客整晚氣氛熱鬧異常，不停吃喝。他們還按照中國習俗，拚命灌新郎喝酒。但當天晚上鄧小平直到最後看起來還是神采奕奕。

事後，張聞天的妻子劉英告訴丈夫：「小平的酒量真大呀！」張聞天笑著回答：「裡面有假！」鄧發和張聞天真是鄧小平的好朋友，在其他人不知情的情況下給了鄧小平一瓶水⑨，鄧小平整晚喝的都是水。[53]

幾天過後，鄧小平帶著妻子前去太行山，不是前去基地而是到第十八集團軍的總部。與大家見面後，彭德懷大喊：「鄧小平你可真會找老婆，你們怎麼長得跟兄妹似的！」[54]鄧小平把卓琳留下來，讓她在彭德懷總部專心做婦女訓練工作。不過她開始變得憂愁。當鄧小平過一陣子去找她時，卓琳跟他抱怨孤單寂寞。

「你至少可以給我寫信。」卓琳以受傷的語調說。

「寫信？寫什麼？」鄧小平驚訝地說。

「嗯，寫你每天都做些什麼。」

鄧小平聳了聳肩。

「好，我以後叫秘書給我寫一個，我印幾十份，一個月給你發一份。」

接著卓琳再也忍不住情緒。

「算了算了，你別這樣搞了，我也不要你寫信了。我們要住在一起，才能了解彼此。」

從那時刻起他們彼此就再也沒分開過——長達五十八年。這些年中卓琳記得有名中央委員會的官員（她並未說出是誰）所說的話，此人有次在鄧小平夫婦倆前往太行山之前把卓琳找去他的辦公室。他說：「你的責任是照顧好鄧小平。」[55]聽起來像是黨交辦的任務。

一九四一年九月十一日，卓琳替鄧小平生下長女，用她自己的琳字給女兒起名（之後鄧琳自己改為

「林」字）⑩。可惜，這名年輕的母親無法照料這名嬰兒太久。就在一週之後，鄧小平和劉伯承的部隊必須從剛生下這名小嬰兒的村子中撤退，而卓琳必須把嬰兒交給一戶農家。[56]她事後表示，自己不想讓部隊分心去照顧她和這名嬰兒。卓琳忍著淚，頭也不回地跟著丈夫一道離開。她不斷地說：「琳兒，琳兒，我可憐的小傢伙。」

令人開心的是，他們並未失去這名孩子。一九四三年十月卓琳抱回這小女嬰，當中共中央委員會太行分局委員蔡樹藩跟妻子回到延安學習時，卓琳託付給她代為照料鄧林。蔡樹藩與妻子寵愛鄧林，經過鄧小平與卓琳同意後，他們收她為乾女兒。不過他們無法照顧她，因此把她安置在延安的托兒所。那裡當然不是理想的兒童寄居地，有一回完全沒人看著鄧林，害她幾乎死掉。她太靠近窯洞內的火爐，冒出來的火花燒著她的棉襖袖子。托兒所老師在屋外，沒有馬上聽到她的哭聲，當她跑進來時，這名兩歲大嬰兒的手臂已經被火給吞噬。鄧林奇蹟般被救了下來，不過留下一道很大的傷疤。[57]

鄧林的父母忙著自己的工作，並不知道此事。一九四四年四月十六日，卓琳生下一名男孩。鄧卓兩人欣喜若狂。一開始先是卓琳深情又開玩笑地喊這小孩「胖胖」，鄧小平隨後才這麼喊他。這名男嬰長得胖乎乎，合該有此乳名。可是卓琳還是無法自己照料他。這次她完全沒有奶水，所以他們夫妻兩人把兒子也交給一戶農民，只是時間不長。

一九四五年十月，又生下次女，卓琳取名為楠（小孩的名字都由她起，鄧小平並未干涉）⑪。在家

---

⑨ 編註：鄧榕（毛毛）在《我的父親鄧小平》一書中，卻記載是李富春和鄧發念著友情，給鄧小平一瓶水充作酒。見鄧毛毛，《我的父親鄧小平》（北京：中央文獻出版社，一九九三），頁四四五。

⑩ 編註：儘管日後鄧琳才自己改名為鄧林，但因現今相關文獻資料都採改名後的「林」，本書之後將統一使用「鄧林」。

⑪ 譯註：不過，「胖胖」鄧樸方的名字是劉伯承所起，取「樸實方正」之意。鄧小平之後親自為么子取名，為了與長子樸方的名字「質樸相對」，決定用質方二字。

他們喊她眠眠，鄧楠的哥哥一看到她時，對她伸出自己的小手，口齒不清地喊著「眠眠、眠眠」。沒人聽懂胖胖在說些什麼，那時他才剛開始牙牙學語，不過鄧小平和卓琳喜歡這個名字。[58]不幸的是，他們也得與眠眠分離好一段時間，同樣把她託給陌生人。

一九四五年八月十五日日軍投降，抗日戰爭結束，可是中國共產黨軍隊反倒開始準備新的戰鬥，這回是對上國民黨取得中國政權。鄧楠出生前夕，第一二九師已經對入侵領土的國民黨部隊打了好幾場勝仗，可是重要又具決定性的戰鬥還在前方。

兩個月之前，鄧小平以主要地區黨領導人之一的身分，參加了在延安召開的中共第七次全國代表大會，他被選入中央委員會。依據投票表決，他是四十四名中央委員中的第二十八名[59]（附帶一提：一九四〇年春，莫斯科方面曾經建議毛澤東在第七次全國代表大會上把鄧小平列入黨領導班子之中）。[60]

鄧小平本人缺席這次大會，因為根據毛澤東的指示，從一九四三年十月起至一九四五年六月止，他都在掌管中央委員會北方局⑫以及位於太行山的第十八集團軍總司令部，並對轄區內所有黨內組織執行所謂的整風運動⑬。這是場大範圍的黨內「清洗」，目標是要再度檢視黨史以抬高領導的崇拜，也就是對毛主席的崇拜。北方局與部隊的所有領導幹部，包括張聞天、博古、朱德、彭德懷和劉伯承在內都在延安。他們接受了一場由毛澤東個人掌控以及其建立的特別委員會（是交由康生領導的秘密情報組織⑭）的指導。毛澤東讓鄧小平負責太行山，並授權他指揮晉冀魯豫邊區的戰役。這顯示了毛主席寄予他極大的信任。

當大會接近尾聲時，毛澤東親自致電鄧小平恭賀他入選中央委員會，並要他到延安參加第七屆中央委員會第一次全體大會。[61]

從鄧小平的觀點看來，毛澤東同時兼具偉大的戰略家、戰術家與理論家於一身，還是名有智慧的領袖與導師，正帶領著共產黨朝著一個又一個勝利前進。[62]毛澤東在黨內取得全面且決定性的勝利，而毛澤東崇拜也達到高峰。第七次全代會中通過由劉少奇——毛澤東把他放在黨領導階級中第二把交椅的位置——所提出的黨章，其中聲明「黨以毛澤東思想作為自己一切工作的指針」。[63]

鄧小平很可能深知是毛澤東把他的名字納入中央委員會名單之內。[64] 鄧小平坐在掛著馬克思、列寧、史達林和毛澤東畫像的七屆一中全會的大廳中，和其他人一起為剛剛於全會中被選為中央委員會、中央政治局以及中央書記處主席的「舵手」鼓掌。鄧小平相信毛澤東與中國革命是無法分割的。

⑫編註：楊尚昆在一九三七年十一月至一九四五年八月期間，擔任中共中央北方局書記。鄧小平自一九三八年八月六屆六中全會後開始擔任北方局委員，一九四二年八月，楊尚昆赴延安，故由彭德懷代理書記。至隔年八月因彭德懷赴延安，改由鄧小平代理北方局書記。另外，一九四二年九月成立了中共中央太行分局，由鄧小平擔任書記，領導晉冀魯豫邊區。一九四三年十月中共中央裁撤太行分局，與北方局合併。

⑬編註：此即自一九四二年二月開始的延安整風。整風指「整頓三風」，包括「反對主觀主義以整頓學風，反對宗派主義以整頓黨風，反對黨八股以整頓文風」。

⑭編註：即中共中央社會部，主管黨內的情報工作及保衛中央領導人，於一九三九年成立，又稱「中央情報部」。

第七章
新民主主義革命前線

一九四五年八月二十五日，鄧小平與包括劉伯承在內的第十八集團軍的政治幹部及指揮官一起從延安飛回太行山。這架飛機和機組人員是由美方所提供，美軍從一九四四年七月底起即在中共總部設置聯絡單位。[1]

中國的盟邦對於結束抗日戰爭都感到歡欣鼓舞：包括一九四一年十二月七日加入抗日戰爭的美國人，以及一九四五年八月八日對日宣戰，並接著在滿洲擊潰日本關東軍的俄國人。不論美方還是蘇方，都不願見到在中國境內發生一場杜魯門（Harry Truman）與史達林都尚未準備，且可能升高為第三次世界大戰的新衝突。[2]杜魯門想讓大兵們回國返家，順應民意；而史達林則因為美國壟斷核子武器的因素，要在中國境內尋求妥協。《雅爾達協定》（Yalta Agreement）中的秘密條款以及《中蘇友好同盟條約》分別於一九四五年二月十一日和八月十四日簽署，兩者同樣抑制了史達林的擴張想法。這兩條約都對蘇聯有利，在遠東地區都對蘇聯做出重要的經濟、政治與土地讓步。大戰後不久，史達林對中共奪權的能力顯現疑慮。他不願因無條件支持中共而使蘇聯從美國和中國所取得的利益產生風險。因此他建議毛澤東與蔣介石「達成暫時性的協議」，堅持毛澤東親自前去重慶與毛的死對頭會晤。史達林指新內戰可能導致中國滅亡的說法絲毫站不住腳。[3]抗日戰爭結束不久，蘇聯共產黨中央委員會發了封電報給毛澤東：「考慮到放手進行內戰的政策有害於中國復興……我們認為你與蔣介石會面並與之達成協議是項權宜之計。」[4]

不過毛澤東和蔣介石無法達成協議。兩黨之間深層的敵意使得內戰勢不可免。在抗日戰爭期間儘管存在著統一戰線，中共與國民黨雙方部隊在日軍防線後方的武裝衝突甚至時有所聞。

一九四五年八月起，軍隊間就哪一方應該接收日軍受降，以及於何處何時，已出現新的「分裂」。八月十一日，在裕仁天皇宣布日本投降的前四天，朱德下令中共軍隊對所有前線發動總攻，以「準備接受日『滿』敵偽軍投降」。[5]蔣委員長命令共產黨「原地駐防待命，不得擅自行動」。[6]美軍太平洋戰區指揮官麥克阿瑟將軍（Douglas MacArthur）下令駐華以及印度支那北緯十六度以北的日軍只能向蔣介石的部隊投降。[7]八月十六日，毛澤東與朱德要求蔣介石「收回」成命並「公開承認錯誤」。[8]第十八集團軍旋即占領位於北京西北一百九十公里的主要城市張家口。對此，負責監督日軍投降的中國陸軍總司令何應欽要求日軍重新奪回該城，並堅守到國民黨軍隊抵達為止。[9]總而言之，已經種下新一場流血屠戮的種子，敵手開始為大規模的戰爭磨刀霍霍。

在鄧小平政治領導下的軍隊注定要在衝突中扮演重要角色。他們所駐防的地點用劉伯承的話來說，是「〔敵軍通往〕華北解放區的大門」[10]（共產黨稱自己位於日本後方的根據地為「解放區」）。

一九四五年九、十月間第一二九師在改番號為「晉冀魯豫軍區野戰軍」之前，擊敗了要進入太行山區接收日軍投降的國民黨軍隊①。此次作戰實際上觸發了內戰。[11]鄧小平多年之後驕傲地回憶：「〔我們的部隊〕也就是三萬出頭，從編制上講，一個完整的、編制充實的團都沒有，而且裝備很差，彈藥很少，可以說是一群游擊隊的集合……在那樣的情況下，把閻錫山的進攻部隊完全消滅可不容易啊……」[12]

毛澤東和蔣介石此刻正在重慶會談，協商所有政治組織立足平等以共同促進和平建設。無人相信協商會有成果。毛澤東之後說：「由於史達林堅持，我被逼著非去〔與蔣介石會商〕不可。」[13]美國人同時強迫蔣介石走上談判桌，不過正如一名蔣介石傳記的作者所觀察：「國民黨絕對不會退讓成為一個鬆散的合組政黨。」[14]如此一來，劉伯承和鄧小平部隊在一九四五年十月打敗國民黨軍隊極具意義。毛澤東十分開心地說：「我們的方針也是老早定了的，就是針鋒相對，寸土必爭。這一回，我們『對』了，『爭』了，而且『對』得很好『爭』得很好。」[15]畢竟這樣的勝利愈多，史達林愈快放下他對中國問題的擔憂，並放手讓毛澤東一搏。

然而史達林對此可是一點都不著急。他直截了當地禁止共產黨軍隊在蘇聯軍隊撤出之前就占領華北的城市，他甚至不斷表達他對於國民政府能在滿洲建立起勢力的企望。儘管莫斯科並不反對共產黨秘密滲透至滿洲的農村地區，組織地下的中共中央委員會東北局，甚至是建立林彪統領的「東北人民自治軍」。[16]

劉伯承和鄧小平拚命鞏固戰果，毛澤東下令要他們對往北調度的國民黨軍隊再次發動攻擊。[17]共軍再度取得勝利。鄧小平日後通常也都會承認，「我們這個野戰軍，從抗戰以後，一直沒有停止過一天打仗。最多只能整訓一個禮拜，十天都難得呀！」[18]

史達林最後終於開始動搖了。一九四五年十月，史達林決定將蘇軍擄獲的部分日本軍火轉移給中共在滿洲的軍隊。雖然他並不想凸顯他參與中國內戰的角色，但是還是承認這個事實。「所有的聯絡官和其他人都必須盡速撤離延安與其他的毛澤東作戰地區。」他此時暗示他的屬下：「中國內戰已經大大轉向了，我擔心敵人會指控在我們那些地區中的人是中國內戰的組織者，但我們其實什麼也沒掌控。我們的人愈快撤離愈好。」[19]

一九四六年二、三月，很諷刺地蔣介石在右派的壓力下，把史達林推往無條件支持中國共產黨的道

---

① 編註：負責攻打晉冀魯豫軍區的國民黨軍隊是第二戰區司令長官閻錫山。八月二十日成立的晉冀魯豫軍區，由劉伯承擔任司令員，鄧小平任政委，並於上黨戰役（九月十日—十月十二日）殲滅閻錫山約三萬五千人的部隊後，改番號為「晉冀魯豫軍區野戰軍」。

路上。國民黨和中國輿論開始對蘇聯軍隊在東北的行為表達不滿。毫無疑問，蘇聯占領軍犯下無可辯解的劫掠：他們拆解了重要工業設施與其他產業，並運回蘇聯。滿洲工業有八億五千八百萬美元的損失。[20]三月六日，中華民國外交部為此抗議，要求蘇軍迅速撤離。[21]蔣介石當時是否了解中共將會取代俄國人？答案可能為否，蔣介石打算靠美國來占領這些蘇軍撤出的城市。可是他失算了。

一九四六年三月十三日，史達林開始撤軍，並在五月三日完成。他此時又被蔣介石激怒，號召他的中國同志要當機立斷，甚至還批評他們對美軍過於客氣。史達林因此允許中國共產黨軍隊進入滿洲城市，並堅持林彪的部隊要盡速占領城市。他下令紅軍要協助中國共產黨去奪取通訊線路。[22]

毛澤東接著對國民黨發動第三次重擊。一九四六年三月，他下令林彪攻擊國民黨在滿洲往吉林省會長春推進的軍隊。他們再度獲勝，占領了長春與哈爾濱，並把蘊藏豐富煤鐵的東北轉換為自己的軍事基地。[23]

這些初期的勝利與蘇聯新的中國政策都鼓舞了毛澤東、鄧小平以及整個中國領導階層。一九四六年四月底，毛澤東發電報給林彪：「一切決定於戰場勝負，不要將希望放在談判上。」[24]兩個月後，毛澤東又發出同樣的電報給劉伯承與鄧小平，可是換了些字眼：「大打後，估計六個月內外時間如我軍大勝，必可議和；如勝負相當，亦可能議和；如蔣軍大勝，則不能議和。因此，我軍必須戰勝蔣軍進攻，爭取和平前途。」[25]

一九四六年春，也就是內戰正式開打的第一年中，中國共產黨不幸常是失敗的一方。國民黨軍隊擁有四百三十萬人，數目遠遠超過中共的一百二十萬人。共產黨被迫放棄一百零五座城市與城鎮。在西起陝西東臨黃海的區域上，蔣介石發起全面攻勢，他同時還在滿洲地區開戰。然而美國人認為蔣介石的行動「好大喜功」，會危及經濟混亂與他的政府存續問題。蔣介石因為延長戰線，任由「共產黨游擊戰攻擊部隊間的通訊管道」，這迫使他的部隊「不是撤退，就是連同那些美軍裝配的武器一起投降。」[26]可是共產黨暫時還是處於劣勢。

鄧小平跟大家都一起歷經了困頓時期。他的野戰軍依據那些經歷時間淬鍊考驗的原則——敵進我退，敵駐我擾，敵疲我打，敵退我追——進行密集的游擊戰。部隊在敵軍側翼的後方發動無數攻擊，持續騷擾。「我們打法也怪，」劉伯承說：「我們不理會那些伸出來的手，我們從他們的手邊擦過，穿過他們的小據點，一下子抱住他們的腰，猛虎掏心，打他的根。」[27]

這樣的戰術奏效了，尤其蔣介石軍隊除了在數量上占有優勢之外，其他層面都不如毛澤東的部隊，特別是士氣這一層。國民黨的軍隊不像中共的軍士，鮮少有戰鬥意志。事實上早在這場新內戰開打之前，國民黨便「開始失去他們的動力與革命熱誠」，[28]這才是蔣介石的災難之根。儘管他擁有部隊數目優勢，但他的手下將領通常避戰，以免冒著損兵折將的風險，危及自身的政治影響力與財富來源。貪污和區域黨派意識盛行，軍閥殘毒勢力依然強大。杜魯門緊密地觀察中國局勢，不得不跟閣員宣布「蔣介石〔的軍隊〕不會拚死作戰。共產黨會——他們很狂熱。在目前的情況下，〔提供援助〕也是杯水車薪」。[29]全力支持蔣介石的美國國務卿喬治・馬歇爾（George Marshall）說：「他〔蔣介石〕正損失百分之四十的補給品給敵軍。如果比率達到五成時，他就必須對是否還繼續供給自己的部隊做出決定。」[30]即使如此，因為冷戰之故，美國人還是持續支援蔣介石。直到一九四九年底，美國人提供他的賒帳與貸款約有二十億美元（這金額超過在戰後支援西歐的任何單一國家），並賣給他十二億美元的軍火。[31]

從一九四六年三月起，晉冀魯豫邊區的參謀總部駐節於河北省南方太行山東麓的邯鄲。鄧小平、卓琳與孩子們都住在這座有著狹窄石板街道與荒涼佛寺的古城中。一九四五年十二月，這一家人在搬來邯鄲之前終於團聚了。鄧小平極其開心，卓琳卻是十分焦慮。當時他們的長女相當憔悴，完全不開口說話，還不太吃東西。兒子則腹瀉不止，且卓琳沒有母乳可以哺育襁褓中的幼女。可是到了一九四六年春，一切都慢慢解決了，孩子們身強體健。鄧小平的女兒毛毛寫道：

對於孩子們來說，邯鄲，是他們進的第一個大城市。那裡的一切都和鄉下不一樣，什麼都挺新鮮的。住房的廁所裡有抽水馬桶，我的哥哥也就是三歲多，從來沒見過這玩意兒，看著奇怪，就一天跑到廁所裡去放水沖馬桶玩兒個不停。

高階軍官的家庭彼此間住得很近，主婦們輪流準備食物。唯有卓琳不需要做飯，沒人吃得下她的菜。鄧毛毛說：「沒辦法，我那個媽媽呀，這一輩子也沒學會炒菜的手藝。」[32]（附帶一提，鄧小平在法國時學會做菜。他終其一生在閒暇時都喜歡弄些四川菜和水餃。[33]）

鄧小平成天開會，協助劉伯承精心規劃作戰，動員共產黨員以及指導農業改革。在內戰開始之際，農改措施變得極為激進。一九四六年六月中，鄧小平與幹部們根據中央委員會在同年五月四日做出的決議，一如早先一般開始慫恿貧農、窮人和乞丐起身對抗富有地主，組織鄉村會議，並在會中迫使他們去「清算」這些「剝削者」，再從這些被貼上地主標籤的人手中沒收土地後平均分配。[34]鄧小平他們忽略了太行山區的情況一如華北地區，農民持有土地是普遍現象，而地主只占少數。他們隨意挑選鬥爭的對象。

鄧小平少有時間與家人相聚，但他又累到無法享受妻子陪伴或與孩子玩耍的樂趣。鄧小平在家中甚少開口。卓琳只好自行調適這種狀況。「讓鄧小平這樣一個老幹部說家長里短的親熱話，肯定不行。」卓琳曾這樣寫道：「你要老是讓他說，他也說不了什麼……慢慢相處吧。就這樣，慢慢互相之間就了解了。」[35]

有空時劉伯承時常帶著家人來到鄧小平家中。他的妻子汪榮華和卓琳感情相當好，她總是精神飽滿，還比卓琳小一歲。他們通常圍著一張大桌子坐著喝茶，孩子們就在地上玩。有次他們來訪時，卓琳要鄧小平給兒子起個「大人」名字：

「總叫胖胖可不成！」

鄧小平想了一下說：「我們也給兒子取名叫太行吧，鄧太行。」

不過卓琳不同意。劉伯承和汪榮華的長子②已經用了這個光榮名字。「師長！」她轉頭跟劉伯承說：「你兒子占了我們的名字，你得給咱胖胖取個名！」

劉伯承笑說：「這是政委的事，與師長沒有關係。」

不過鄧小平拒絕：「誰都知道劉鄧不分嘛！你就起一個吧。」

因此劉伯承在紙上用毛筆寫下「樸實方正」四個字，說：「這孩子長得樸實方正，叫樸方如何？」

大家都喜歡這個名字。卓琳說胖胖：「立刻去跟劉伯伯說謝謝。」

劉伯承與汪榮華的兒子聽到後，走向胖胖並按著胖胖的頭去跟他的父親鞠躬。大家都笑了。[36]家庭生活的平淡與內戰的高潮迭起形成強烈對比。

同時這場內戰還持續著。蔣介石在一九四六年對「解放區」發動全面攻勢後，隔年春把攻擊重點放在兩個方面：西北的延安以及中共在山東的基地。三月中，毛澤東被迫棄守延安，之後他率領精疲力竭的延安駐軍與他個人衛隊沿著山徑來到晉北。中共的山東部隊指揮官③陳毅也開始遭到挫敗。毛澤東接著實施了一項高明的計畫：讓暫時受困於敵軍「鉗形」陣勢中動彈不得的劉伯承和鄧小平部隊，渡過黃河，朝南穿透進入蔣介石部隊的後方，在中原的大別山一帶建立新基地。此種聲東擊西的策略是迫使蔣介石把西北與華北前線的部隊重新部署，來防守中部地區的主要城市如武漢、九江、南昌、上海與首都南京。這策略摧毀了蔣委員長的戰略計畫。

---

②編註：汪榮華為劉伯承第三任妻子，兩人除劉太行外，另育有二子四女。劉伯承與第一任妻子程宜芝於一九一二年生子劉俊泰，劉俊泰雖為劉伯承長子，但長年與母親在老家相依為命，又中鴉片煙毒並患精神病，一九六一年餓死於老家。劉太行接受訪談時未曾提及劉俊泰，也自稱自己是劉伯承長子，見http://www.kgyx.com.hk/introduct/nav_7_68.aspx。

③譯註：職稱是華東野戰軍司令員。

毛澤東在一九四六年夏天首次想出此一作戰計畫，並與劉伯承和鄧小平談起，他們兩人當然熱烈地支持毛主席。用鄧小平的話：「中原的戰略地位非常重要，正當敵人的大門，其中大別山是大門邊。」[37] 劉伯承和鄧小平向毛主席保證，他們能讓四萬五千到五萬人的部隊南進，並在十天內完成「小長征」。毛澤東表示首要任務就是一切都要謹慎考慮。[38]

一九四七年五月中，鄧小平有鑑於前線局勢嚴峻，再次提起這個想法。[39] 五月十五日，按照鄧小平的提案，中央委員會建立中原局，並由他擔任書記。[40] 六月底，劉伯承與鄧小平的部隊越過黃河。對於這個或許可以被稱為「內戰中最壯麗的軍事作戰」，[41] 鄧小平在渡河前夕跟軍士們發表一篇慷慨激昂的演說：

> 我們應當把戰爭推到蔣〔介石〕管區去，不能讓敵人把我們家裡的罈罈罐罐打爛……我們晉冀魯豫區好似一根扁擔，挑著陝北和山東兩大戰場……我們打出去，挑擔子愈重，對全局就愈有利。[42]

他們僅在一個晚上就完成此次渡河行動，標示著中共軍隊反攻肇始的號角。[43] 一九四七年三月底，中共軍隊改名為「中國人民解放軍（ＰＬＡ）」。數以萬計的將士散布在一百多公里寬的前線，渡河並朝南發動作戰。劉鄧大軍已經對揮軍大別山區準備就緒。毛澤東於七月底下令，部隊八月七日出發，以急行軍走了超過四百六十公里。[44]

此次行軍十分艱困，部隊必須穿越黃河南岸因為近來氾濫而綿延好幾公里的泥濘沼澤。他們必須摧毀自己的重裝備，因為不論是火砲，還是馬達動力車輛都無法拖拉而過。不過戰士們還面對著另外一道主要障礙——中國南北一分為二的淮河——擋在他們通往山區之前。他們似乎無法涉水而過，當下找不到什麼可行的方法。大家開始抱怨，可是到了八月二十七日拂曉時，淮河水位突然降低。這真是個奇蹟！劉伯承下令開始渡河。他們涉水渡河之後回頭一瞧，讓他們吃驚不已的是剛剛渡河點的水位迅速攀升！

讓人立刻想到的是：

> 摩西向海伸杖、耶和華便用大東風、使海水一夜退去、水便分開、海就成了乾地……耶和華對摩西說、你向海伸杖……摩西就向海伸杖、到了天一亮、海水仍舊復原。[45]

誰扮演了摩西的角色——是劉伯承或鄧小平——難以定論，不過老天爺對中國共產黨施恩看樣子不假。甚至無神論的鄧小平都承認：「過淮河，天老爺幫了一個大忙。」[46]

這支部隊基本上二十一天完成行軍，並在八月二十七日抵達大別山區。鄧小平通知毛主席與中央委員會完成此次「歷史性任務」。鄧小平將「中央委員會與毛主席的英明領導」視為成功的關鍵，他打算在半年內建立起一個穩固的「解放區」。[47]

可是新問題橫在劉伯承、鄧小平與將士面前。鄧小平回憶道：「北方人到南方，真不容易。果然一過淮河，好多人拉肚子。」[48]北方人不適應南方食物，喜歡麵食而非米飯。他們的腸胃對辛辣的食物鬧彆扭。另外，北方人無法聽懂當地方言，也不了解當地的生活方式與風俗習慣，在熟悉環境上吃足了苦頭。

除此之外，鄧小平一開始就在新占領區內推動左派農業改革，破壞了民眾對這批新人的信任。他當然嚴格執行共產黨在一九四七年秋以來益發激進的路線。九月十三日，在位於北平西南方三百公里的西柏坡召開的「全國土地會議」④中，中共中央通過了《中國土地法大綱》：「廢除一切地主的土地所有

④ 編註：「全國土地會議」召開於一九四七年七月十七日至九月十三日，第一階段由各解放區匯報土地改革的情況，第二階段則討論土改政策，於九月十三日通過《中國土地法大綱》，並於十月十日由中央公布。

權……鄉村全部人口，不分男女老幼，統一平均分配，在土地數量上抽多補少，質量上抽肥補瘦。」[49]換言之，共產黨回到毛澤東在江西蘇維埃運動時期的老方法，「抽多補少、抽肥補瘦」。

解釋如此「曲折」政策的理由，是因為在這場新內戰開打之際，「打倒蔣介石」的宣傳口號在黨內激發出一種「回到『蘇維埃運動』政治口號與政治實踐」的氣氛之中。[50]甚至連平日冷靜的劉少奇都對解決社會問題的步伐失去耐心。就是由劉少奇負責草擬一九四六年五月四日的秘密決議案⑤，並領導此次的全國土地會議。

然而毛澤東很快就理解到左派農業改革與新民主主義的戰術政策之間相互牴觸。一九四七年十二月初，他與周圍人士進行商議，接著中央委員會中數名成員跟他表達此左派政策的疑慮。[51]劉少奇自己也開始表示這條路線是錯誤的。[52]

一九四八年一月十四日，毛澤東讓鄧小平加入討論。在共產黨游擊隊多年來積極活動的新占領區內建立軍事基地者中，鄧小平是唯一的黨領導人。當地民眾的反應非常不支持這些轉變，並拒絕共產黨的農業政策。毛澤東深入研究鄧小平的觀點，發給他一份有著六個問題的清單，其中有「新區土改是按土地法大綱分平，還是對富農及某些弱小地主暫時不動？新區中富農及弱小地主態度如何？」[53]這是毛主席首度要求鄧小平討論社會經濟問題，可是鄧小平一開始感到相當困惑。一月二十二日，他覆電給毛澤東：「土地改革中，如富農不動，則不能滿足貧雇農要求。」不過他立刻提到，他的部隊在大別山區只有對約莫六百萬人口的穩定根據地，徵收地主和富農的土地與浮財。也就是在其他進行長期游擊戰的地區，還有額外約莫六百萬人，鄧小平保留地認為「對一般的小地主、富農應該暫時不動。」[54]不過毛澤東並不滿意。他在二月六日寄給鄧小平的電報中表示：「在大反攻後所占新區鬥爭策略與組織形式，均應與日本投降前的老區及日本投降至大反攻兩年期間的半老區有所不同。」[55]鄧小平現在清楚了，並趕緊表示同意。「暫時不鬥富農底財……使地主，特別是小地主能夠生活，不要一掃而光。」[56]毛主席重視這份快速的回電，二月十七日，他根據鄧小平最後一封電報寫道：「小平所述大別山經驗極可寶貴，望各地各軍採納應用。」57

接著在一九四八年四月底，鄧小平首次嚴厲批評土地改革的左派路線：「『左』的傾向，表現在土改中劃階級『左』，把地主富農同樣對待，侵犯中農，對中農採取拒絕態度。」58

中央委員會在五月時任命鄧小平為中原局第一書記。六月初，鄧小平以中原局的名義，依照毛澤東認可的農業改革來擬定指令⑥。這段長文值得引用：

鑑於我們以往在新區所犯的急性病的錯誤，脫離了群眾，孤立了自己，在對敵鬥爭與確立根據地的事業上，造成了許多困難……我們制訂的方針和計畫，不是從新區的客觀實際出發，而是從主觀的願望出發。我們到新區不調查不研究，簡單地抱著半年完成土改的意願……就分配土地的內容來說，很多都是假的。或者是地富領導的假分；或者是群眾一度得到而又在敵情嚴重和地富威脅下，秘密將土地歸還地富，改成租佃關係；或者是少數勇敢分子（其中不少是流氓分子或與地主有聯繫的分子）霸占果實，而大多數貧雇農沒有分到，或分得很壞很少的土地；或者是農民只敢要弱小地富和中農的土地，而不敢要有勢力的地富的土地。這種情況各地區都差不多……由於我們……以為槍桿加土地改革可以解決一切，所以在政策和策略上普遍犯了嚴重的「左」的錯誤……或在過早實行土改上，或在籌糧籌款的負擔政策（即打土豪的政策）上，或在工商政策（消滅地富的資本部分）上，或在打人、捉人、殺人問題上，把一批可能聯合或中立的社會力量，迅速地趕到國民黨方面去並且拿起武器來同我們對立……我們在錯劃階級、分浮財、殺人等問題上，都曾打到中農，而

⑤編註：這是指一九四六年五月四日劉少奇所主持的中共中央會議上，發布的《關於清算減租及土地問題的指示》，簡稱《五四指示》。該指示決定將減租減息的政策改為沒收一切地主的土地分配給農民。《中國土地法大綱》可說是對《五四指示》的擴充發展。

⑥編註：此即《貫徹執行中共中央關於土改與整黨工作的指示》，簡稱《六六指示》。

尤以在軍糧供應上損害中農利益最大，甚至還損害到貧農的利益……社會秩序的不安定和無政府的混亂狀態，已經嚴重地破壞和停滯了社會經濟，市場凋敝和工商停業的現象極其普遍。這樣輕率地打亂原有的社會經濟結構的結果，使很大數量依靠工商業、副業和市場生活的群眾，喪失了固有的謀生的道路……我們對於城市鄉村的公共建築物、工廠、作坊、學校、文化事業、教堂、廟宇，乃至地富的房屋、家具、樹木等等，做了相當普遍的嚴重的破壞，且以軍隊最為嚴重，引起人民的極大反感。群眾說：「共產黨軍事好，政治不好！」我們許多領導同志，至今還沒有真正覺悟到這種農業社會主義的破壞性是反動的罪惡的行為，對於人民的利益和黨的政治影響都是難以估計的損失。[59]

這是對於錯誤與失敗多麼驚人的坦白！

六月二十八日，毛澤東在回覆鄧小平的電報中，親筆寫了兩段文字褒揚鄧小平的軍隊，稱讚他們「吸引了大量敵人到中原方面，這樣就從根本上破壞了敵人將戰爭繼續引向解放區企圖徹底摧毀解放區的反革命計畫」。毛澤東同時以中央委員會的名義發送此文件給所有中央委員會各局與次局，以及前線各委員會。[60]

國民黨在一九四八年的處境變得極為險峻，這不僅是因為劉伯承和鄧小平部隊的行動。國民黨軍隊已經開始快速撤退，且蔣介石無能為力反轉戰局。接替馬歇爾擔任國務卿的迪安．艾奇遜（Dean Acheson）在一九四九年一月初寫下：

長期作戰不僅在軍事上與經濟上嚴重弱化了國民政府，在政治與士氣上亦然。〔抗日戰爭期間〕他們〔已經〕陷入貪污腐敗，爭奪地盤與權力，並依賴美國去替他們贏得這場戰爭以及保有國內的優勢……中國人民對政府的信心正持續喪失中……〔一九四七年與一九四八年的上半年〕揭露……他們外表的力量是虛幻的，他們的勝利是不牢靠的。[61]

國民政府無法刺激經濟發展，也無法管理經濟的狀況是顯而易見的。一九四六年，通膨起飛。從一九四五年九月起至一九四七年二月，貨幣價值劇貶，一九四七年每月的通膨率達百分之二十六。國民黨領導階層面對不斷深化的危機毫無指望。[62]罷工運動大增，單單一九四六年在上海就有一千七百一十六次罷工。一九四八年春，政府在所有重要城市採取了基本糧食配給制，並以人為低價強迫收購穀物，以增加糧食儲備量。[63]低價——一種金融強制措施——使政府得以比原先用市價去收購買到更多穀物。不過，這樣的措施疏遠了國民黨的富農盟友。

總而言之，艾奇遜斷定蔣介石的「軍隊已經失去戰鬥意志，且其政府也失去民眾支持」，強調「另外一方來說，共產黨透過堅決的紀律和瘋狂的熱誠，試圖以人民的捍衛者與解放者的身分來自我宣傳。不需要擊敗國民政府軍，他們就會分解。歷史已經一再證明，沒有自我信仰的政權與沒有士氣的軍隊無法在戰鬥考驗中存活下去」。[64]

一九四八年四月二十五日，共產黨奪回了延安。到了一九四八年六月，國民黨軍隊已經縮減到三百六十五萬人，然而中共軍隊卻增長為兩百八十萬人。[65]

至一九四八年二月底之際，鄧小平與他的部隊在完成任務後，離開大別山區並向北來到淮河。人民解放軍現在準備對蔣介石的部隊發動一場大規模的攻勢。

到了一九四八年秋，中共土地政策的改變已相當明顯。新民主主義在各地都取得人民的同情與支持。對於中共拋棄左派路線，已對國民黨不抱希望的富農做出積極的回應。中共成功地統合分歧的政治勢力，而這對其勝利具有決定性的作用。

一九四八年九月八日至十三日，鄧小平至河北西柏坡村參加政治局擴大會議（九月會議）。在毛澤東的軍隊五月間抵達該村之後，此處即成為中共的新首都。會中決議要在三年內摧毀國民黨政權。[66]一九四八年九月至隔年一月，中共部隊發動了三次主要的戰略作戰：第一次在滿洲⑦、第二次是華東、第三次是平津地區⑧。摧毀超過一百五十萬的敵軍官兵，奪下許多重要城市，這其中包括了北平。

在從一九四八年十一月打到翌年一月的第二場作戰淮海戰役⑨（以淮河與黃河沿岸城鎮海州為名）中，鄧小平與劉伯承和陳毅（陳毅是鄧小平中原野戰軍鄰近的華東野戰軍司令員兼政委）在規劃與執行上貢獻重大。在戰役前夕，中央軍委會建立總前敵委員會以統一前線的指揮事權，成員包括五人：鄧小平、劉伯承、陳毅、陳毅的副手粟裕以及譚震林。鄧小平擔任此委員會的書記。[67]

重要決定都交給鄧、劉、陳三巨頭。他們相互之間認識已久，且相處和睦。此外，這三人全是四川人都說川話，喜歡高談闊論和開玩笑，不過當討論到嚴肅議題時，他們果斷又堅決。部隊都很清楚他們三人只有在外表上有所不同——劉伯承頎長、陳毅厚實、鄧小平矮小；三人中由鄧小平拍板定案。每個人都知道毛澤東在指派鄧小平為總前委書記之後，親口告訴鄧小平：「交給你指揮了。」[68]多數的將士都敬重這三人，但是卻怕鄧小平。鄧小平有著毛澤東的支持，手中握有極大的權力且無懼於運用。他嚴苛要求所有屬下，並對違反軍令者毫不留情。此外，他證明自己不僅僅是強有力的黨組織者，也是精明的軍事戰略家。鄧小平長期與劉伯承共事，相當擅長分析軍事上的細微要點，參謀們對於所有作戰事項都會尋求他的指令。[69]

淮海戰役勝利預先注定了國民黨政權崩解。一九四九年三月，鄧小平參加中共中央委員在西柏坡舉行的七屆二中全會。毛澤東企盼著革命勝利，決心要摧毀國內的布爾喬亞階級。[70]鄧小平尚未察覺到此項轉變，他強烈相信毛主席，不論其政策是左派抑或右派都準備支持他。毛澤東那時確實在左右之間搖擺不定。時間回溯到一九四八年九月的政治局擴大會議期間，鄧小平不會沒有注意到當毛澤東親自公開譴責極左的土地問題時，毛澤東也斷言，因為「大工業、大銀行、大商業，不管是不是官僚資本，全國勝利後一定時期內都是要沒收的」，所以社會主義是中國國家經濟的領導原則。毛澤東說：「整個國民經濟還是新民主主義經濟，即社會主義經濟領導之下的經濟體系。」[71]顯然毛澤東試圖超越新民主主義，只有劉少奇謹慎地嘗試提醒毛澤東和同志們，「過早的社會主義政策是要不得的」。[72]但包括鄧小平在內的所有人都靜默不語。

一九四二年至一九四五年間的整風運動並非偶然吹起，這使得中國共產黨成為領導人主宰的政黨，一如史達林的蘇維埃共產黨。鄧小平徹頭徹尾支持這個改變。他十分確信，

> 如果不整，黨確實要腐朽……全黨同志都應該接受整黨，誰也不能強調特殊……人人都要反省……確實不能挽救的，要決制出去……黨領導得好不好，中央的路線政策執行得如何，得要看共產黨員合不合標準。毛主席指示正確，我們如果搞自由主義，處處違反，還是要失敗的。經過整黨，我們的意志統一了……人民解放事業才能成功……使黨在思想上和組織上完全一致。[73]

另外，七屆二中全會上也討論了解放軍繼續南征越過長江的計畫⑩。這份任務交給劉伯承和鄧小平，以及陳毅的部隊，第二野戰軍與第三野戰軍⑪在一九四九年一月十五日分別收到新軍令。[74]

在二中全會中的一場書記處會議後，毛澤東給了鄧小平第一道命令。鄧小平聽從毛澤東的要求，針對這場即將到來的勝利，遞上一份共產黨在新解放區內建立軍與黨行政單位的領導職務名單。鄧小平女兒鄧毛毛寫道：「鄧小平拿出一個名單，邊念邊解釋。」

---

⑦ 譯註：共產黨稱為遼瀋戰役，國民黨稱為遼西會戰。

⑧ 譯註：共產黨稱為平津戰役，國民黨稱為平津會戰。

⑨ 譯註：國民黨稱為徐蚌會戰。

⑩ 譯註：即渡江戰役。

⑪ 譯註：二野原是中原野戰軍，因由劉伯承和鄧小平領導，也稱為劉鄧大軍。三野原為華東野戰軍，由陳毅領導。

> 中共中央華東局由鄧小平、劉伯承、陳毅等十七人組成，鄧為第一書記。華東區管轄範圍有……地跨山東、江蘇、浙江、安徽、江西等省份。華東區共有軍隊兩百萬人〔解放軍共有四百萬人〕。上海市由陳毅任市長，南京市由劉伯承任市長……對於鄧細緻又周全的報告，毛澤東欣然贊同。他說：「人事配備，現在就這樣定，將來有變動再說。」[75]

三月三十一日，鄧小平擬好作戰計畫，包括要渡過長江與進兵南京、上海與杭州。計畫被送交至中央軍委會，於四月三日批准通過。四月二十日晚上，二野與三野部隊沿著四百八十公里寬的戰線渡過一公里多寬的長江。「我們在任何地方都沒有遭遇大的抵抗。」鄧小平在報告中表示：「二十四小時內大體上三十萬人全部過了江。隊伍一過江，敵人就亂了。他們的想法只有一個，就是如何逃出我們的包圍。他們一齊向南潰退，人民解放軍立即實行寬正面的追擊。在這過程中，南京在四月二十三日占領。」[76]

國民黨政府遷都至廣東。一九四九年五月，二野與三野進攻上海，一週之內就擊毀二十萬的守軍。五月二十七日，他們占領了國內最大的城市，並在三週後攻陷浙江省會杭州。

國民黨毫無挽救機會。解放軍部隊以洪流般的速度往南推進。九月初，國民黨政府一如對日抗戰時期般，再度撤退到重慶。

這段英雄時日中，鄧小平和所有共產黨都無比歡欣。他感到勝券在握。勝利的滋味讓他樂得陶陶然。四月二十七日，他跟陳毅一起來到蔣介石的總統府。他女兒日後問他：「你們在蔣介石的總統寶座上坐了坐嗎？」他笑著說：「總要坐一坐嘛！」[77]

五月初，卓琳和孩子們來到了南京。他們都搬到上海，和陳毅一家人住在一起（上海新市長也同樣是一妻三子）。鄧小平馬上去找首任妻子張錫瑗的骨灰罈並帶回家中。他和卓琳費了好大工夫才找到她的墳墓，因為在日軍占領期間埋葬她骨灰罈的公墓區已遭到毀壞。鄧小平把她的骨灰罈放在一樓，打算要重埋骨灰罈，不過始終抽不出身去做，最後也忘了。鄧小平甚至不記得他當年離開上海的時間，而卓琳也不記得他前妻的骨灰罈一事。直到一九九〇年，鄧小平已經是八十六歲的老人，來到上海時突然想起這件事。他現在想要把骨灰罈葬在北京的革命公墓，便詢問一名市黨部的幹部骨灰罈的下落。幸好上海官員告訴他，這個「孤零零」的骨灰罈早就葬在上海的革命公墓之內。當天晚上，這名官員把墳墓的照片交給鄧小平。顯然在鄧小平的要求下，數日之後這名官員陪伴著鄧榕和鄧小平的秘書王瑞林，至張錫瑗的墓前獻花致意。鄧小平本人未曾前往。[78]

一九四九年夏，人鮮少待在上海的鄧小平收到毛澤東的命令，要回北平報告。七月中在北平西北風景秀麗的香山雙清別墅中，鄧小平和毛主席兩度會談，接著跟中央委員會提交一份報告。鄧小平從北平向中央委員會華東局委員發出一封信件，轉達重要訊息：

> 毛主席強調從軍事上迅速占領兩廣雲貴川康青寧諸省，盡量求得早日占領沿海各島及台灣。同時我們提出的外交政策的一面倒（例如倒向蘇聯），愈早表現於行動對我愈有利……內部政策強調認真的從自力更生打算。[79]

八月四日，在由共產黨控制的統一戰線最高權力機構「中國人民政治協商會議」籌備會中，鄧小平發表工作報告。他告訴與會者京滬杭戰役完整的經過，他最後表示：「這勝利在政治上表示了反動的南京政府的滅亡。」[80]之後他並未返回上海，而是前往位於南京，由他領導的中央委員會華中局與二野參謀總部。

九月底，鄧小平再度回到剛剛改名，再次成為首都的北京。因為過度操持工作造成嚴重頭痛，因此此番他收到的命令是休養身體恢復健康。[81]此時，中國人民政治協商會議第一屆全體會議在北京召開。九月三十日，最後一場會議中鄧小平被推選為中央人民政府委員。毛澤東成為中央人民政府主席，中央人民政府副主席則有劉少奇、朱德，以及醉心於中共的孫逸仙遺孀宋慶齡。[82]

一九四九年十月一日在北京天安門廣場上，鄧小平與劉少奇以及其他共同參與鬥爭的同志們參加了中華人民共和國的開國典禮。在紫禁城入口的城門樓上，他站在離毛澤東不遠之處熱切地融入毛主席的一句一字。毛澤東宣布：「中華人民共和國中央人民政府今天成立了！」[83]鄧小平聽著喇叭播放新國家的英雄禮讚〈義勇軍進行曲〉，並看著毛澤東緩緩地升起五星旗。他知道這面旗左上角中間的大星星象徵共產黨，右邊成半圓環繞的小星星代表新民主中國的四個主要階級：工人階級、農民階級、城市小資產階級和民族資產階級。廣場上擠滿的人群為之瘋狂。禮砲聲響徹雲霄：二十八門齊射代表中國共產黨歷經二十八年的鬥爭。

革命在中國大多數地區已然成功。對此勝利有決定性的貢獻者中，鄧小平肯定排在前列。

第八章
西南區大老

十月二十一日，鄧小平和劉伯承回到二野，即將面對一場揮軍老家四川的戰役。國民黨在四川駐防著數萬名部隊，決心要對共產黨發起決定性的一戰。二野也負有拿下西南的貴州、廣西、雲南、西康和西藏等省份納入共產黨統治的任務。西藏在清朝覆滅之後，於一九一三年七月宣布脫離中國獨立，不過並無國家承認。一九二二年七月，中國共產黨通過一份決議案，其主要任務之一就是「用自由聯邦制，統一中國本部、蒙古、西藏、回疆，建立中華聯邦共和國」。[1]

一九四九年五月，中央軍委會曾為即將到來的戰爭擬定作戰計畫，毛澤東也已經在七月中旬親自和鄧小平討論過此計畫了。[2]八月一日，中央委員會成立西南局，任命鄧小平擔任第一書記，劉伯承為第二書記，賀龍是第三書記。他們幾乎花了三個月的時間才完成此一軍事計畫的細節部分。[3]十月二十二日，第二野戰軍終於發動戰役要把蔣介石從重慶趕跑，十一月底重慶落入共產黨之手。十二月八日，鄧小平衣錦還鄉進城。在夾道歡迎的人群中，無人認出這名意志堅強的指揮官就是當年只有十六歲大、從重慶奔赴遙遠法國那名青澀的預備學校學生。

卓琳和孩子們與鄧小平在重慶會合。「他們〔鄧小平與劉伯承〕進軍西南，不准任何人帶家屬。」卓琳回憶著：「……我說，你不帶家屬我不幹，你們老是把我們『丟』了不管。這次我一定要跟著你去，我是共產黨員，你砍我的頭我都得跟著你去。他沒辦法了，只好帶著家屬。」[4]和卓琳爭辯是沒用的，儘管她懷了七個月的身孕，還是要去。她也是名意志堅定的女性，想要什麼一定要到為止。

劉伯承的妻兒們也和卓琳與三名孩子一道踏上西南的征途。他們搭乘兩輛美軍吉普車，沿著崎嶇顛簸、灰塵飛揚的道路前行。孩子們在車上調皮搗蛋，不斷說想要尿尿。「男孩子尿尿，汽車走著，就那麼把著。女孩子要尿尿怎麼辦呢？」卓琳說：「教堂裡有一種水罐，就拿那個水罐給小孩接尿，接了以後倒在汽車外頭。」[5]

同時其他單位也來支援二野包圍蔣介石所撤退的成都，十二月十日，他們迫使蔣介石以及他那頹傾的政府其他成員逃到台灣。蔣介石失去了中國大陸戰場，與他的戰友們決定繼續在台灣對抗共產黨。

十二月二十七日，成都陷落，中國內戰差不多已告結束。勝利的共產黨現在幾乎占領了所有的省份，還沒拿下的只有西康、海南島、西藏與台灣。不過一九五〇年六月底韓戰爆發的數日之後，美國人派出第七艦隊進入台灣海峽，就此決定了台灣的命運。第七艦隊的出現阻止了人民解放軍三野入侵台灣，並讓蔣介石能在美國的支持下將這座島嶼轉為反共基地。

在西藏，美國人無施力之處。蔣介石和毛澤東兩人都認為西藏是中國的一部分，絕無可能允許國際干預去支援西藏獨立。達賴喇嘛日後承認：「藏人對美國人期望過高，我認為這不切實際……〔如果蔣介石〕出面支援西藏獨立，〔那麼〕在幾百萬的中國人眼中，〔蔣介石與他的政黨將會成為〕民族恥辱。」[6]

一九四七年，英國承認印度與巴基斯坦——西藏的南部鄰國——的獨立，並在一九五〇年承認中華人民共和國，其前殖民地很快也跟著英國的腳步承認。如此一來，毛澤東不再縛手縛腳。一九五〇年一月十日，毛澤東正與史達林會商，從莫斯科打電報給鄧小平說：「現在英國、印度、巴基斯坦均已承認我們，對於進軍西藏是有利的。」他下令西南局「解放西藏」。[7]

可是這名中國領導人並不急於使用武力。達賴喇嘛廣受中國與世界尊崇，因此在新民主主義的官方原則以及統一戰線的基礎上，毛澤東堅持透過和平方式完成西藏統一，只有在西藏政府拒絕談判時才會使用武力。一九四九年十一月底，毛澤東建議「西藏問題的解決應爭取於明年秋季或冬季完成」，[8]甚至在外交前線勝利之後，他仍維持這一立場。

劉伯承和鄧小平的部隊遵循毛澤東的命令，在一九四九年十二月到一九五〇年三月底之前，只「解放」了位於四川和西藏之間的西康省東部地區。有一段時間金沙江（長江的上游）成為西藏與中華人民共和國之間的界河，只有一萬多人且裝備簡陋的藏族部隊部署在西康西部。

毛澤東與周恩來總理的特使與達賴喇嘛的使節已經在新德里會談數個月。可是談判毫無進展，毛澤東因此對鄧小平與劉伯承下達可以攻擊的命令。

一九五〇年十月七日，二野部隊中有四萬名將士越過金沙江。他們的目標是摧毀藏軍，並在兩週的血腥戰鬥中完成任務。超過五千七百名藏族鬥士戰死。[9]接著外交官們再度接手談判。解放軍在拉薩東方一百二十公里處停止推進，並專注在藏人戰俘間進行宣傳工作。解放軍向他們教導社會主義，並告訴他們外國魔鬼「有大鼻子、藍眼睛、白皮膚」會「騎」在他們的「脖子」上，要他們「遠離祖國」。[10]之後釋放他們返家，甚至還發給旅費。中國軍方試圖透過有禮的行徑以及跟農民或鄉鎮居民拿任何東西時都付錢，來贏取當地人的支持。他們並不會搶劫或污衊僧眾，甚至還修築道路。「中國人非常有紀律。」達賴喇嘛承認：「他們計畫周詳。」[11]

西藏政府在抵抗中國入侵問題上企圖取得國際支持，但毫無成效。即使向聯合國申訴，美國、英國和印度也都無回應。聯合國第五屆常會一致否決討論中國入侵案。世界對西藏問題置之不理。

藏人與世隔絕又無兵可用，只得屈服在橫陳於前的痛苦現實之下。他們派出一組代表團前往北京，一九五一年五月二十三日中國代表們交給他們十七條協定——《中央人民政府和西藏地方政府關於和平解放西藏辦法的協議》。文件上寫著：「西藏人民團結起來，驅逐帝國主義侵略勢力出西藏，西藏人民回到中華人民共和國祖國大家庭中來。」[12]根據這些條款，達賴喇嘛將正式保有宗教與內政事務（防衛事務除外）的職權，同時解放軍將會進入西藏，可能是去協助執行這份協議。雖然西藏代表團並未得到授權，中國的代表還是要求他們簽署這份協議。這份協議之後蓋上達賴喇嘛的關防大印——由北京工匠事先製作的——即行「生效」。

美國人之前在協助西藏問題上袖手旁觀，現在卻試圖勸阻達賴喇嘛批准此協議，甚至提供他庇護。達賴喇嘛那時只有十五歲，不過已經嫻熟政治操作。一九五一年十月底，他接受毛澤東經由電報傳給他的那份協議文件，做出明智的決定：「火燒的傷口就應該用火來治療。」這意味著「問題來自東方，中國人。處理的唯一方式就是去那裡，面對面去談。」[13]

第一野戰軍部分單位很快占領西藏西南地區，劉鄧大軍在未開一槍的情況下進入拉薩。完成「和平解放」西藏。[14]鄧小平並未參與此次進軍，不過是由他與劉伯承、賀龍一起規劃，並直接控制整個作戰。如此一來，他也能慶祝這份勝利。

此時鄧小平手上轉著好幾個重要職位。他不僅是中央人民政府委員、第二野戰軍政委與西南局第一書記，同時還是共和國最高軍事單位的中央人民革命軍事委員會委員與西南軍區的政委。一九五〇年七月，他成為當時中國西南地區下轄川、貴、滇、康四省最高政府機構的西南軍政委員會副主席。[15]此區域全面積超過八十九萬平方公里，比德州加上阿奧克拉荷馬州還要大①；根據估計總人口數介於七千萬到一億五千萬之間。[16]

中華人民共和國區分成六個區域，其中四個——華東、中南、西北和西南——的治理單位被稱為軍政委員會。[17]此種劃分符合中國人民政治協商會議於一九四九年九月二十九日通過的共同綱領指令，作為中華人民共和國省級組織架構。[18]劉少奇定義此種統治形式為「殘酷、直接的軍事獨裁」。[19]

中國與所有的共產獨裁體制相同，政府附屬在黨之下。如此一來，鄧小平即便只是軍政委員會的唯一副主席，他擔任黨在此區第一書記的職務讓他成為這個地區的老大。此外，毛澤東害怕地區權力過於強大（一如滿洲王朝在一九一二年衰亡後的情況），於是讓西南地區三個最重要的人物劃分為黨務、軍政以及軍令三部分：賀龍領導軍區，劉伯承負責軍政委員會，鄧小平處理西南局。不過三人中，只有鄧小平能與毛主席直接呈報，幾乎享有無限的權力。他之後回憶：「在中華人民共和國成立的最初幾年中，中央都給予地方獨立處理問題的廣泛權力。」[20]

鄧小平的西南局與中國西南軍政委員會在「解放」西藏之後，也擴大了對西藏的控制。[21]現在超過兩百一十九萬平方公里的巨大土地歸於鄧小平掌控之下。一百萬的藏人再加上人口介乎一千到三千萬之間不同地區的少數民族，且各有各的傳統和信仰。無人知道實際的數目，或者甚至有多少不同的族裔也無人知曉。比方說，鄧小平認為雲南有超過七十個少數民族，然而依據最新的資料顯示是二十四或二十五個少數民族。[22]某些少數民族還處於母系社會與氏族部落階段。好幾個地區中還存有奴隸制度。在某些沿著緬甸與寮國邊界的叢林部落中還有食人的習俗。幾乎所有這些民族都仇恨漢人。

這些地區的漢人與少數民族絕大多數都是文盲，又極為貧苦。死亡率極高。村莊和部落中沒有電力設施，也沒有道路。大多數的可耕地用來栽種罌粟花。城市中充斥著失業者，而金融體系則是城鄉一體，全都混亂不堪。

總而言之，鄧小平接管的轄區廣袤、人口過剩又經濟落後。高壓手段搭配上宣傳這帖健康良藥是朝光明未來迅速進步的唯一方式，中共領導階層對此深信不疑。[23]馬克思說過：「暴力是所有舊社會孕育出新社會的助產婆。」[24]在中共面前還樹立著社會主義蘇聯的榜樣，他們敬稱這名「老大哥」的道路正是他們意欲遵循之途。

整片區域中仍有殘餘的國民黨軍隊四處抵抗，更加強了共產黨傾向運用「紅色」恐怖。艱苦的後衛部隊戰爭是發生在西南區，特別是在蔣介石部隊最後堡壘的川滇兩省境內。一九五〇年在共產黨推翻當地菁英並建立起自己的地方政權之後，發生密集的武裝鬥爭。內戰期間形形色色的部隊騎牆觀望，現在

① 譯註：約二十八倍的台灣土地面積。

則是攻擊共產黨。到底有多少起事者難以定論。一九五〇年，毛澤東聲稱中國全境內有超過四十萬名「分散在各個偏僻地方的土匪」。[25]不過，依據公安部的正式資料，光是西南地區就不只幾十萬。[26]賀龍與鄧小平所給的人數較低，呈報此區內有數萬名土匪在活動。[27]然而賀龍和鄧小平也表示，在整個西南區中川、康、滇、貴等地正陸續爆發大規模武裝暴亂。鄧小平事後回憶，還有九十萬名頑固的土匪正在與共產黨作戰。[28]不論精準的數字為何，反革命部隊人數龐大又頑強抵抗。

一九五〇年三月，中共中央委員會通過兩個決議案：《剿滅土匪，建立革命新秩序的指示》以及《關於鎮壓反革命活動的指示》。因為一九四九年十二月到一九五〇年二月間在莫斯科與史達林進行會談，毛澤東感到壓力過大，正在休養中，由劉少奇主其事。[29]當毛澤東銷假回來之後，他表示這些決議案還不夠強硬，並指控他的同僚們正犯著「過度寬大」的右派錯誤。[30]一九五〇年十月十日，中央委員會屈服於毛澤東的壓力，發布一道新指令要增強「反革命罪」的懲罰。

鄧小平統掌三萬名黨籍幹部與約二十萬名非黨籍地方官員，熱烈回應了中央委員會的決議。[31]十月十日之後，他們恣意處決了一大批人。地區安全組織、軍隊、貧農窮人組成的民兵、法院人員以及檢察官全都參與了此次長期血洗行動。[32]大規模處決的時點介於一九五〇年底至隔年年初之間，他們在川西地區展現了極端的手段。一九五〇年十一月，川西地區處決一千一百八十八人，十二月是九百四十二人，翌年一月有一千三百零九人，二月達三千零三十人，三月是一千零七十六人，四月為八百四十四人。[33]六個月內總共殺害八千三百八十九人，平均每天殺了四十六人（與此同時的北京僅僅處決七百人。）[34]一九五一年二月，鄧小平與來自中國南方的鄧子恢（聲稱處決一半到三分之二的反革命分子是好事；且三月十三日，鄧小平發了份報告給毛澤東，通知毛主席雲南省某些地區的地方官員有九成是「特務、地主或是其他壞成分分子」。四川的局勢也讓鄧小平很擔心。[35]

這波公開處決席捲了鄧小平的西南地區，範圍之大讓毛主席本人都感到不得不介入干預。「殺人不能太多，」一九五一年四月三十日，他寫給鄧小平的指示宣稱：「太多則喪失社會同情，也損失勞動力。」他發下一道命令：農村地區不能處決超過人口比例的千分之一，城市內還得低於此數字。[36]一旦毛主席開口說話，所有人都按規定行事。鄧小平依據毛澤東的處決配給量，與下屬逐漸減少槍決人數。例如此時的川西地區，整個五月到六月上旬，又處決了四百零三人。[37]「每日常規」降低到九至十人，減少了超過四分之三。

在這場大規模鎮壓反革命分子運動中，官方保守估計至一九五一年底，整個中國境內處決了超過兩百萬人，另有兩百萬人入監服刑或送進勞改營。[38]許多無辜者甚至不是中共的反對者，卻慘遭誣陷殺害。[39]

在一九五〇年六月二十八日頒布的《土地改革法》②之後，西南地區和全中國境內大量的極端行徑成了執行土地改革的特徵。在後續的兩年半內，西南局孜孜矻矻地執行此項措施，用毛澤東的話說就是應該「推翻整個地主階級」。[40]改革是從由上往下的土地革命開始。因為大多數的農民還是相當消極被動，中共派出工作隊到鄉下，把貧民與無地的農工組織成「工農聯盟」。他們的任務是以暴力方式處理他們眼中所認定的每一個地主。因為毛澤東認為有必要「待到幾年之後再去解決半封建富農問題」，因此新法形式上禁止徵收富農的土地。[41]然而僅是地主們的土地並無法滿足所有貧農對土地的渴望，所以即便是最小的地主也不放過。這種事情隨處發生，四川地主的產業就占了共享土地總數的六成。[42]因為法律允許奪取「反革命分子」的土地，富農輕易地就被貼上反革命分子標籤並沒入其土地。共產黨的行動公然牴觸了自己公開宣布的政策。富農的數目實際上已經縮減。屬於佛寺，包括了宗廟、廟宇、教堂、學校以及祠堂，還有工業家與商人的土地也全被徵收。急就章的「人民法庭」授權在農村中宣判死刑。許多抵抗共產黨接收的人不是被槍決，就是被發配到集中營。

早在一九五一年五月，鄧小平就向毛澤東報告已經完成了改革的第一階段任務。當時西南區的共產

②編註：《土地改革法》於六月二十八日中央人民政府委員會第八次會議討論通過，六月三十日公布施行。

黨已經分配土地給超過一千三百五十萬無地或少地農民，土改以「懲治不法地主，發動貧雇農……鎮壓反革命等內容進行」。[43]這場「很激烈的、是歷史上沒有過的」鬥爭方式（一如毛澤東所標示中國土地改革的特色[44]），出現了轉捩點，令毛澤東欣喜若狂。他在鄧小平的報告上潦草地寫下批示：「所有這些都很好，都值得慶賀，一切尚未做到這一步的地方，都應這樣做……所有這些都是正確的，各地都應這樣做。」他通知同僚們：「小平同志的報告很好！」[45]並非所有的地區領導人都得到這樣的考評，比方毛澤東就批評華南局的葉劍英在當地地主問題上「打虎不力」。[46]

毛澤東也讚許鄧小平解決少數民族間土改問題的方法。儘管少數黨幹部有所抱怨，鄧小平還是遵從毛澤東就少數民族問題要謹慎處理的訓示，在少數民族地區採取漸進式改革。在西藏就暫停土改政策。「有的同志思想有顧慮，以為這樣做會喪失階級立場，不懂得在那裡階級立場表現得不同。」鄧小平說：「什麼叫正確的階級立場？就是現在不要發動階級鬥爭，做到民族與民族之間的團結。」[47]鄧小平與西南局在西南地區把大量的少數民族導入教育機構，還包含一所民族研究所。至一九五二年十月，已經有兩萬五千名民族幹部接受布爾什維克式訓練。[48]

在一九五一年六月啟動的第二階段土改期間，再次分配土地給另外的兩千五百萬人；到了隔年夏天，四千五百萬無地農民在第三階段分得土地。鄧小平向北京呈報：「可以說西南的土地改革基本上已經完成。」[49]當一九五三年春完成第四階段土改時，剩餘的一千六百萬農民中的一千萬人成為擁有自己一塊地的所謂中農。[50]還未分配土地的六百萬人都是少數民族，直到一九五〇年代中葉才經歷了土改。

革命的石磨接下來要研磨的對象就是城市小資產階級。在中華人民共和國建國初期，多虧有新民主主義理性又溫和的政策，城市小資產階級已經增加了一點五倍的產值並收到創紀錄的利潤。[51]毛澤東對於產量躍升並未感到鼓舞歡喜，反而對小資產階級的興盛心煩意亂。因此毛澤東決定要對他們出手重擊。這就是階級衝突的邏輯：「在打倒地主階級和官僚資產階級以後，中國內部的主要矛盾即是工人階級與民族資產階級的矛盾。」[52]鄧小平總是確信要和「領袖」的「明智指示」站在同一條陣線上，也同意這麼做。

一九五一年底到隔年初，鄧小平在西南地區對「資產階級分子」發動鎮壓行動。[53]「三反」運動指向資產階級對國家機關的腐化，「五反」則鎖定在私營企業③。[54]共產黨開始對資產階級敲骨吸髓，藉此破壞他們的經濟位階。鎖定的個人對象被拉到不懷好意的群眾面前公開羞辱；許多人在審判後遭到槍決，這些都是對公義的嘲諷。

其他地區領導人的作為與鄧小平並無歧異。最後毛澤東自己不得不下令改變路線。在一九五二年春的政治局會議中，毛澤東聲稱：

> 目前還是搞新民主主義（似乎他已經忘掉這個詞彙相當久的時間，不過現在突然間想起），不是社會主義。是要削弱資產階級，不是要消滅資產階級。是要打它幾個月，打痛了再拉，不是一直打下去，都打垮。[55]

不過到了一九五二年九月，國營資本在工業比率中上揚到百分之六十七點三，在貿易中占了四成。社會主義部門已經掌控了中國經濟。[56]

鄧小平追隨毛澤東的領導，在財經領域中也大有斬獲。理查・埃文斯（Richard Evans）寫道：「此區的通貨膨脹率低於全國平均值，從破萬的通膨率降到一九五一年的百分之二十，到了一九五二年已經低於百分之十。」[57]

一九五〇年五月，毛澤東下令要審查鑑定共產黨員並重新登記，鄧小平也全心全意地支持這項工作。

---

③ 譯註：三反是指在國家機關和企業中進行反貪污、反浪費、反官僚主義；五反是指在私營企業中進行反行賄、反偷稅漏稅、反偷工減料、反盜騙國家財產、反盜竊國家經濟情報。

這個目的是要清洗已滲透到黨內的「階級異己分子、叛變分子、投機分子、蛻化變質分子」。鄧小平跟重慶的黨員解釋這個整風運動「主要是查思想、查作風，看我們的同志對黨的革命事業抱什麼態度，在各種運動中是否執行了黨的政策，是否聯繫了群眾，工作是否做得那樣好，是否合乎毛澤東思想。目的是經過整風，克服思想上政策上的混亂現象，達到思想上的統一，政策上的統一，使工作在已有的基礎上前進一步」。[58]到了一九五三年，共產黨開除了百分之十的黨員。鄧小平協助完成了此項重大成果。

鄧小平對黨內激進分子的演講也強調，共產黨必須藉由自己的道德典範樹立起高標準：「共產黨員……需要具有純正的做法……謙遜樸素和實事求是的作風。」[59]然而他這些話是針對其他人，而非他自己。鄧小平在重慶的兩年半期間，和其他許多黨領導人一樣，從游擊戰清教徒般的生活轉換成都市的舒適安逸。他和家人一開始是住在以前屬於國民黨的一棟兩層樓房中的一層；另外一層先是劉伯承和他家人使用，後來則是賀龍一家。鄧小平和卓琳很快就與愛熱鬧的賀龍一家人成為好友。然而鄧小平一家很快就搬到西南局新修建完成寬敞新穎的辦公室，其內還裝配有當時十分奢華的空調系統。鄧小平喜歡吃美食，不過卓琳手藝平庸。因此有專門的廚師為鄧小平一家準備餐點。鄧小平閒暇喜歡打撞球，甚至聘用私人教練來教他此遊戲的精妙之處。多年之後在一九六〇年代末期文革期間，厭惡鄧小平的紅衛兵抨擊他：「吃特別的食物，住特別的房舍，還享受好東西。」[60]

談物質產品，這毫無疑問地是誇大其辭了。鄧小平除了一只瑞士勞力士手錶和一件高品質的棕色羊毛衣，沒有其他奢侈品。在國共內戰期間，他才拿了一支派克鋼筆的戰利品，可是一九四九年夏天在上海被扒走了。鄧小平終其一生對此耿耿於懷，他每到上海就會講起這件事並感嘆：「上海的小偷真厲害啊！」[61]

鄧小平事實上都穿著樸素的黨服。他像毛澤東以及其他高階領導人一樣，穿著顏色單調，有著四個口袋與寬鬆袖子的外套（夏天是棉衫，冬天是棉襖），扣子會扣到脖子。鄧小平戴著工人尋常戴著的軟帽。他全家人穿著樣式都相同，他孩子們穿著也與同儕無異。卓琳也比較偏愛樸實的黨服樣式。從他們住重慶起，卓琳在她創立的住宿學校④擔任校長。表面上這所學校公開招生，實際上是提供給西南局和軍政委員會的高階幹部子弟就讀。卓琳掌握一切大小事項：課程、訓練、九十名學生的休課期間、校服提供、營養等等。因為缺乏教師，她自己還教幾門課程：中文、算術；雖然她沒有音感，但有時仍得教音樂。她自己的孩子——鄧林、鄧樸方與五歲大的鄧楠——都是她的學生。

鄧小平和卓琳在重慶又多了幾個小孩。一九五〇年一月二十五日，他們的三女兒來到人間，因為她有著光亮又毛茸茸的頭髮，小名為毛毛。許多中國父母都喊自己的新生兒毛毛。按照家族傳統，他們為女兒命名時都用木字邊的字，卓琳給她起個全名為鄧榕。這個名字有個深遠的意義。釋迦牟尼就是坐在榕樹下悟道成佛，因此榕樹在佛教中是菩提樹。雖然鄧小平和卓琳根本不是佛教徒，但身為中國人，佛教還是多少具有象徵意義。一年半之後的一九五一年八月，他們又生下另外一個兒子質方。鄧質方還小的時候，因為個性相當活潑，家中所有人都喊他乳名「飛飛」。

卓琳當時負擔非常沉重，不想要這名么兒。她在生下鄧榕之後的一個月，就已經開始在學校工作。她要求二野的衛生部長施行人工流產，可是他告訴卓琳：「也許這是一個男孩子呢！」中國重男輕女，因此鄧毛毛寫道：「為了這句話，飛飛幸得生命。」[62]

當時鄧小平的繼母，也就是他父親的遺孀夏伯根和小女兒鄧先群都住在鄧小平家中。鄧小平把這名討人喜愛又謙遜的小女孩送到中學讀書。夏伯根只比鄧小平大五歲，說話輕聲細語、心地善良又工作勤奮，與卓琳相處融洽。當卓琳去學校工作時，也很放心讓她在家中照顧小孩。

一九五〇年，還有好幾名親戚也處於「鄧小平的羽翼」之下。鄧小平親自到牌坊村接出還住在那裡的親戚，[63]其他人則是自己過去找他。他悉心照應著他們。他任用自己在中共黨內工作的胞弟鄧墾（鄧先修）擔任重慶市副市長，並把異母妹妹鄧先芙送到西南軍政大學，之後安排在黨組織工作。[64]鄧小平

④ 譯註：中央西南局人民小學。

起先把長期在家中管理財務並患有鴉片毒癮的弟弟鄧先治送到戒毒醫院治療，之後讓他到貴州擔任鎮長。他也照料異母弟弟鄧先清，並幫他找到一份好職位。

總之鄧小平熱心照料家中成員，或許是要彌補他長年無法顧及他們。但還不只這些，他也拯救家人免於可能的危難。一九五〇年的土改中，儘管地主鄧先治的哥哥是西南局的老大，貧農們毫無疑問還是想要「清算」他，同時也瞄準夏伯根以及鄧家其他還住在「老宅」的家人。這甚至有可能會連累到鄧小平。有人或許認為該通知毛澤東（附帶一提：當鄧小平把鄧先治送往戒毒醫院時，堅持改用化名。鄧先治不僅被視為是牌坊村中的大地主，也是國民黨時期地區辦公室的主管。）

當然，在多年之後的文革期間，紅衛兵揭露鄧小平的所有作為。「鄧小平把身為地主的繼母，還有地主親戚們都搬到重慶的新房。」他們憤恨不平地說：「鄧小平是寡廉鮮恥地主階級的孝子賢孫。」[65]可是這波橫掃中國農村令人驚恐的屠殺浪潮放過了鄧小平的親戚一命。鄧小平巧妙地化解了他的家族問題。

一九五二年七月一日是中國共產黨建黨三十一週年慶，鄧小平參加重慶與成都之間火車的通車典禮。他深為此計畫自豪，這是他已逝的父親鄧文明的夢想。當碩大的黑色機車頭發出軋軋聲響進入重慶車站時，站在月台上的鄧小平開心地咧嘴笑著。正在工業化的中國已經踏上劇烈改革的道路。

機車頭的正面掛著用一捆捆穀穗框住的毛澤東畫像。就如同「領袖」本人已經來到重慶給他那忠貞不二的子弟道賀。事實上這名黨國的領導人顯然相當滿意鄧小平的表現，截至目前為止一直忠心地遵循他的路線。

第九章
北京競賽場

一九五二年七月底，毛澤東將鄧小平調往北京並逐漸把他帶進自己的親信圈中。毛主席愈來愈喜歡這名精力充沛、且還相當年輕的四川人（鄧小平當時四十八歲）。八月七日，毛澤東指派鄧小平擔任中央人民政府政務院總理周恩來的五個副總理之一。直到當時，其餘四人中還有兩人非共產黨員①。藉由共產黨員鄧小平就任副總理一職，毛澤東發出終結新民主主義的訊號。這個國家旋即進入建構社會主義的新階段。毛澤東也把鄧小平納入中國二十一名最高領導人的名單中，且在預定發行的新版蘇維埃百科全書中也將納入這些人的傳記，這是共產黨世界中相當大的榮耀。[1]

鄧小平帶著卓琳、孩子們、繼母夏伯根以及同父異母的妹妹鄧先群一同前往首都。他們住在一棟離高階領導階層居所中南海不遠的舒適房舍中。只有政治局委員方能住進本為昔日皇宮一區比鄰著紫禁城

① 編註：中央人民政府政務院是一九四九年十月二十一日至一九五四年九月二十七日期間，國家政務的最高執行機關，但職權與規模小於一九五四年九月二十七日成立的國務院（最高國家行政機關）。一九四九年十月的幾次中央人民政府委員會會議中，通過由周恩來擔任總理，董必武、陳雲、郭沫若、黃炎培四人任副總理，當時郭沫若及黃炎培並非共產黨籍。鄧小平是於一九五二年八月七日才成為第五位副總理。

的中南海，當時鄧小平尚未進入政治局。

鄧小平的新鄰居是他的老鄉兼老戰友，當時擔任解放軍副總參謀長與華北軍區司令員的聶榮臻。聶榮臻非常好客，且燒得一手好川菜。因此鄧小平與家人經常上門「享受免費的美食」，暢飲鄧小平喜愛的烈酒。鄧小平不是酒鬼，可是養成了每天晚餐前必來一杯的規矩。[2]

鄧小平現在和眾多老友，特別是周恩來，齊聚北京，感到如魚得水。革命之都滿是歡樂的氣氛。紅旗飄揚，揚聲器隆隆地放著軍樂，家家戶戶貼著標語和海報。可是街道上幾乎沒有任何汽車，因為中國還缺乏汽車工業，也並未從蘇聯進口許多新型汽車和卡車。

在一九五二年下半年至翌年上半年中，毛澤東把其他數名地區領導人調回北京，同時也指派他們擔任國家和黨機構的高階職務。政治局委員高崗原先擔任東北人民政府主席，出任國家計畫委員會主席；饒漱石為中央組織部部長；鄧子恢是農村工作部部長。稍早在一九五〇年九月，毛澤東把習仲勳調回北京，起初擔任宣傳部長，之後擔任政務院秘書長。除了習仲勳之外，鄧小平與其他三人都很熟。在權力走廊中，鄧（小平）、高、饒、鄧（子恢）、習這個五重奏被稱為「五馬進京」；其中高崗被稱為「（五馬進京）一馬當先」②，因為他是五人之中擁有最大權力者。[3]

毛主席擔心過度的地方分權主義，那是中國歷史上的常見現象，他很快就廢除所有的軍政委員會與黨的地方局。他顯然偏愛將這些昔日地方領導人就近看管，藉由他們來強化中央領導。

高崗剛晉升高位，贊成迅速轉換成社會主義建設；劉少奇是毛澤東在黨內當前的副手，支持漸進主義。此時他們兩人在中共領導階層中出現不和現象。周總理負責經濟開發，傾向劉少奇。而毛澤東則一手是高崗另外一手是劉少奇與周恩來，在其中取得平衡。

毛澤東當然是左派，因此高崗的觀點比劉少奇的要更為貼近他自己的想法。可是毛澤東又對史達林的實質與政治協助深感興趣，但後者並不會允許他拋棄新民主主義並迅速轉換成社會主義。史達林由衷擔心，直覺地意識到工業化的共產中國會對他在共產世界中的領導造成威脅。因此這名克里姆林宮的獨裁者對他的盟邦就算提供了不可或缺的援助，也有所局限，他要把毛澤東綁在自己身邊。中國共產黨的戰術道路隸屬在史達林的政治路線之下。[4]在一九四〇年代末期到一九五〇年代初期，毛澤東陽奉陰違，在自己根深柢固的左派路線以及莫斯科強加在他身上的溫和路線間搖擺不定。

於是毛澤東先批評高崗，接著是劉少奇，再來是周恩來。因此在一九四九年五月，劉少奇對高崗的左派冒進主義發動了尖銳的批評，毛澤東支持了劉少奇。[5]可是兩年半之後，高崗說服了毛澤東對中國國內資本家發動鬥爭。[6]毛澤東也支持高崗所提倡在滿洲加速農業合作運動的左派報告，高崗還尖銳地斥責劉少奇採取了相反的路線。[7]然後到了一九五二年春，毛澤東似乎反轉自己的態度，並再次確認「為了經濟開發與人民福祉要進一步利用私人資本」的需求。[8]

毛澤東一直以來都是好演員。他現在扮演著「人民帝王」的角色，享受玩弄那些難以摸清他情緒的臣屬。他假裝道家智者的風範，時常說出高深莫測的哲學格言再以引經據典強化啟示。毛澤東故意混淆議題，且時常聲稱他退休的時間已經來臨。毛澤東在討論退職時，炮製史達林的範例。這名蘇維埃獨裁者反過來化身為「恐怖伊凡」（Ivan the Terrible）③，假裝要退休卻是作為打探臣下反應的手段。[9]同僚中當然沒有人會讓史達林或毛澤東退職。「偉大領袖」周遭之人迅速了解這是貓捉老鼠，可是無法預料年邁的獨裁者下一步會出什麼招數。

鄧小平就是在氛圍如此緊繃的北京工作。他現在幾乎已經日日與毛澤東接觸，抑或更精準地說是每

---

② 譯註：毛澤東為了削減地方權力，調高崗、饒漱石、鄧子恢、鄧小平、習仲勳等地方第一要員進京。習仲勳是中共現任中央委員會總書記習近平的父親，當時任西北局第二書記。饒漱石原是華東局第一書記，鄧子恢原是中南軍政委員會副主席及中南局第一書記。其中只有高崗一人是六個大區身兼黨政軍四大要職（東北局第一書記、東北人民政府主席、東北軍區司令兼政委）唯一一人。

③ 譯註：伊凡四世又被稱為伊凡雷帝，是俄國歷史上的第一位沙皇。因政治手腕頗為冷酷殘忍，也被稱作恐怖伊凡。

個晚上或深夜；因為毛主席通常在下午四、五點之間起床，一直工作到清晨。毛澤東通常在中南海接見鄧小平或其他「黨內同志」。在毛澤東的私人住所裡，有一張大床，屋裡高高堆疊著書。他躺在屋內床上聽取他們的報告、處理文件，以及時不時發出自命不凡的話語。他有時在隔壁的廳房召開會議，邊吃早餐或晚餐邊聽取報告。毛澤東輕蔑用字有禮和語意清楚，對各種議題都表達了隱晦的意見。

因此鄧小平的首要任務是在特定的時機點參詳出「大老闆」真正的意圖。這就是極權主義下的中國、蘇聯，以及各地由強人主宰國家的政治藝術。在那些對權力你爭我奪的領導中，除了毛澤東之外，鄧小平不能讓自己依附於其他人——不能依附高崗、劉少奇、周恩來——但必須與他們維持良好的關係。鄧小平必須嗅出風向並緊釘住「偉大的舵手」所指引的方向。鄧小平從此刻起非常清楚這一點。從重慶④飛往北京的路上，他的女兒鄧楠絕非偶然地問他：「在四川的時候，人家叫你首長，那到了北京以後你是什麼呀？」鄧小平回答：「腳掌。」[10]那正是毛主席現在需要鄧小平始終扮演的：強而有力、永遠支撐他的雙足。

一九五二年秋冬的一切讓鄧小平印象深刻。九月，毛澤東指派劉少奇擔任團長，去參加蘇聯共產黨第十九屆代表大會。劉少奇的任務是判斷史達林是否認為中國現在處於資本主義最後階段，建立社會主義的時機是否已經來到。劉少奇十月時帶回來的答案並未讓毛澤東滿意。雖然史達林最終還是同意可以開始在中國建設社會主義，但他堅持要「逐步」行動。他建議毛澤東「不要急於進行農業合作化與集體化，因為中國在集體化階段處於比蘇聯更有利的位置」。[11]

模稜兩可的建議給予劉少奇和周恩來任由他們喜好去解釋的空間，他們兩人強調「逐漸」以及「不要急於」。毛澤東之後把左派的高崗調來北京擔任國家計畫委員會主席，跟高崗抱怨劉少奇和周恩來的「保守主義」，並慫恿高崗在黨內對「右傾機會主義」發動鬥爭。[12]

這樣的時機點是一九五二年十二月三十一日，在黨的主要報紙《人民日報》發布了稍早於五天前，政務院會議中通過由財政部部長薄一波所草擬的一份新稅制法案。[13]該法對所有財產形式皆統一徵稅，因此剝奪了國家與合作企業的稅率特權，並對私人資本部門的競爭提供了優惠條件。這是要與新民主主義原則保持同調。

鄧小平與薄一波相知甚深，有理由相信毛主席也支持此種溫和的方式。鄧小平就在不久之前還親自跟毛主席提議要暫停針對資本階級的「三反」與「五反」運動，且毛澤東已經表達完全支持。[14]可是毛澤東讀到草案之後，突然之間變得憤怒起來。中央委員會委員尚未批准這份文件，且他個人對此一無所悉。一九五三年一月十五日，他寫了封極其憤怒的信給周恩來、鄧小平、陳雲與薄一波，表達他反對恢復私人企業。[15]毛澤東相信擬定草案之人展現出「資本階級思想」，犯下「右傾機會主義的錯誤」。[16]

周恩來、鄧小平、陳毅與薄一波都沒料想到毛主席竟有如此的反應，全被打亂。又有誰能料到毛澤東的心緒變化會如此突兀？身為總理的周恩來跟毛澤東輸誠，並承諾處理此種局勢，[17]不過毛澤東依然氣憤難消。一九五三年二月十六日，毛澤東把他給高崗那封內容包含批評「右傾」的私人信件發表在《人民日報》上。[18]三月，毛澤東改組政府，撤掉八名在周恩來掌控之下與產業有關的重要部長，並把他們指派歸於高崗指揮，高崗情勢因此一飛沖天。數個部會也被劃歸給鄧小平：民族事務委員會、鐵道、郵務、通訊與組織等部會，不過這些都是二級部會。[19]一九五三年夏，毛澤東開始就財政與經濟工作規劃全國會議，試圖在此會中揭露所有「右派」的面具，其中包含最具權勢的劉少奇。

毛澤東指派高崗、周恩來與鄧小平主持這場會議。[20]在一九五三年六月十五日的政治局會議上，「偉大的舵手」藉由批評劉少奇與其他黨職人員，「堅定」地力拚要建立「新民主主義社會秩序」，為此一會議的總意識形態定調。[21]在這場閉門會議中（六月十三日至八月十三日），不僅在稅制問題上，也在中共整體政治策略上討論激烈。所有人在聽取數份報告之後，包含主要報告人高崗在內，都一致批評薄一波。

---

④譯註：作者誤植為成都。

高崗渴望成為毛澤東退到領導階層「第二線」之後的共產黨領導人，因此最為活躍積極。他那時已經開始說劉少奇和周恩來的壞話，並暗示他享有史達林本人的支持。[22]高崗認定自己已經取得毛澤東對他個人抱負的支持。他對薄一波發動邪惡的攻擊，可是真正的目標是劉少奇（然而毛澤東已經禁止他對劉少奇直接批評）。可是包含劉少奇在內的所有人都了解高崗意欲何為。高崗指控薄一波犯了與黨的路線相抗的「原則性錯誤」，也就是中國共產黨運動中的死罪。[23]

因為沒人知道高崗是否依據毛澤東的指示在行事，局勢持續威脅著「溫和派」。七月七日，周恩來寫了一封信給毛澤東，請求批示。毛澤東意會到劉少奇和周恩來感到相當害怕，並無意要拔除他們兩人的職位，便繼續當他的和事老。他只不過是要點醒他們兩人，誰才是真的老大。毛澤東在清楚表態之後，現在能細細品嘗他的勝利成果。毛澤東在獲悉高崗的作為之後，回覆給周恩來：「要展開桌面上的鬥爭，解決問題，不要採取庸俗態度，當面不說背後說，不直說而繞彎子說，不指名說而暗示說，都是不對的。」[24]

周恩來立刻把這份「揭示」傳遞給薄一波、劉少奇與鄧小平，他們也了解該如何行事。他們在領導小組會議中發言並公開承認自己的錯誤。[25]周恩來就自己的部分總結了這些討論，並承認自己的「政治與組織錯誤」，對薄一波發出嚴厲又全面的譴責。[26]

鄧小平因為比其他人「犯錯」較少，逃過了道歉。八月六日，他極其巧妙地宣布：

> 大家批評薄一波同志的錯誤，我贊成。每個人都會犯錯誤，我自己就有不少錯誤，在座的其他同志也不能說沒有錯誤。薄一波同志的錯誤是很多的，可能不是一斤兩斤，而是一噸兩噸。但是，他犯的錯誤再多，也不能說成是路線錯誤（也就是政治錯誤）。把他這幾年在工作中的這樣那樣過錯說成是路線錯誤是不對的，我不贊成。[27]

總而言之，鄧小平尖銳地攻擊已經自我批評的薄一波，並在這個決定性的時刻支持他這名悔過的同志。對於鄧小平能正確了解他的意思，毛澤東感到相當滿意。在八月九日的政治局會議中，毛澤東甚至批評高崗。[28]八月十二日，毛澤東在大會中講話，並表示會議「很成功」。對於劉少奇和鄧小平已經承認「部分錯誤」，毛澤東表示讚許之意並明確支持周恩來。顯然毛澤東把這場會議視為中共政治意識形態發展的轉折點，而非一場針對要推翻劉少奇和周恩來的論壇。他需要堅定又一貫地批評薄一波，但對手下那些操之過急的批評者如高崗之流提出警告：「有意見請提，破壞黨的團結是最沒有臉的。」毛澤東事實上把薄一波的錯誤歸類為「路線錯誤」，並表示：「新稅制發展下去，勢必離開馬克思列寧主義，離開黨在過渡時期的總路線，向資本主義發展。」總而言之，從毛澤東的觀點來看這場會議已經幫助讓中國就此轉向發展，並揭開他所認為的新民主主義幻象。通往發展社會主義的道路就此攤開。毛澤東自此之後以建設社會主義的新總路線為基準加速農業集體化，希望在十五年或稍微更長的時間內完成目標。[29]

雖然毛澤東在會中清楚表態，高崗仍堅持要把數名黨內重要領導人拉到自己這邊，這包括了陳雲、林彪、彭德懷和黃克誠。高崗甚至許諾在黨改造後的領導階層中提供要職給他們。[30]與此同時他還持續說劉少奇和周恩來的壞話。

高崗也試圖拉攏鄧小平，鄧小平日後回憶：

> 他〔高崗〕用拉攏的辦法，正式和我談判，說劉少奇同志不成熟，要爭取我和他一起拱倒劉少奇同志……高崗也找陳雲同志談判，他說：搞幾個副主席，你一個，我一個。這樣一來，陳雲同志和我才覺得問題嚴重，立即向毛澤東同志反映，引起他的注意。[31]

鄧小平稍微曲解了真相。不過高崗已經在九月時和鄧小平談過此事，而鄧小平一直到十二月才告訴毛澤東。[32]這是個相當微妙的問題，且不可操之過急。高崗確實以自己的名義說出這些話，可如果鄧小平沒有舉發，毛澤東或許會有另外一種想法。在鄧小平的「回憶」中有一處是非常令人質疑的，也就是他斷然地告訴高崗「劉少奇同志在黨內的地位是歷史形成」，還表示整體上來說劉少奇是名好同志，但這樣的立場去勸退高崗是非常不妥的。[33]很有可能是鄧小平花了些時間反覆思考，試圖去臆測這名精明的「偉大舵手」的想法。

儘管發生了這麼多事，毛澤東還是和劉少奇、周恩來，甚至是薄一波等人維持著正常的工作關係。雖然薄一波被拔除了財政部長的職位，他還是政務院財政經濟委員會的副主任，當時的主任是陳雲。鄧小平的行情則持續看漲。在會議結束四天之後，鄧小平除了保有原先的副總理職務，又增加了政務院財政經濟委員會第一副主任，同時取代薄一波財政部長的職務。在整個九月期間，毛主席都在與鄧小平開會討論形形色色的公務議題。[34]

十月，毛澤東再度表態並不想壓制任何人，並在中央組織工作會議過程中顯現他的這項保證。組織部新部長饒漱石在會中嚴加譴責自己的副手，負責日常工作的常務副部長安子文。饒漱石與高崗相同，實際上是攻擊劉少奇。劉少奇是負責組織部的中央委員會書記，他身為安子文的盟友，在安子文與饒漱石數不清的衝突中，總是站在安子文這邊，而饒漱石相信劉少奇在破壞他的權威。此外在一九五三年初，饒漱石估算高崗或許會成為毛澤東的接班人，便和高崗建立起緊密的關係。[35]

劉少奇非常不高興，立刻通知毛澤東，毛澤東因而雷霆大怒。饒漱石的情況相當不同於高崗，他並非依照毛主席命令行事。毛澤東想在第二次全國組織會議上揭露饒漱石的目的，可是周恩來勸退了毛澤東。「偉大的舵手」向饒漱石清楚表明，是在他的領導之下批准了組織部的工作。朱德與鄧小平顯然是在毛澤東的允許下，緊接著在此會議中讚許組織部的工作。鄧小平對與會者保證，「中央組織部的工作是有成績的……這是與毛主席特別是劉少奇同志的直接領導分不開的。」[36]

饒漱石和高崗已經收到警告，但令人無法理解的是他們仍固執地持續分裂活動，開始為自己的人馬劃分未來的領導職位。先是陳雲，然後是鄧小平，兩人終於告訴毛澤東高、饒二人的陰謀。毛澤東火冒三丈，和鄧小平會商，並徵詢他的看法。鄧小平知道毛主席深愛傳統格言，便引用了孔子的話：「君子去仁，惡乎成名？」[37]毛澤東表示認同。

在一九五三年十二月二十四日的政治局擴大會議中，毛澤東攻擊高崗和饒漱石，指控他們兩人的「分裂」行為。高崗面紅耳赤地坐在那兒，當毛澤東轉頭問這名受害者是否認同這樣的指控，高崗勉強擠出：「同意。」[38]毛澤東接著宣布他要休假，指派劉少奇擔任代理主席，並指示他要監管二月的中央全體會議⑤，要在會中通過「關於增強黨的團結」的決議。鑑於毛澤東的指示，劉少奇在私下聊天中對由他掌管中央委員會領導一事表示猶豫。劉少奇反而建議由鄧小平第三度擔任中央委員會秘書處主任，負責例行性工作。這非常有可能是劉少奇對鄧小平在關鍵時刻支持他，表達感恩之意。[39]

毛澤東喜歡這個想法，不過延宕下來，直到他從杭州休假回來之後，才下達這份任務指派。當他在西湖旁放鬆享受美景時，任由劉少奇、周恩來和鄧小平把高崗和饒漱石兩人給生吞活剝。

劉少奇在中央委員會全體會議（一九五四年二月六日至十日）中提交主要報告，會中批評那些破壞黨內團結的「同志」變得自誇並認為自己「最棒、最聰明」。劉少奇肯定是按照毛澤東的同意行事，並未提及高崗與饒漱石兩人的名字。[40]包括鄧小平在內的所有人在劉少奇的領頭之下，拚命自我批評。然而高崗、饒漱石兩人肯定未能搞清楚狀況，並未自我批評。

全會之後建立兩個委員會，其中之一是「高崗事件」（由周恩來領導），另外一個是「饒漱石事件」（由鄧小平、陳毅和譚震林負責）。幾週之後兩個委員會向政治局遞交報告，指控高饒二人「宗派情緒」、「地方主義」、在地盤內建立「獨立王國」並陰謀奪權，對他們羅列成堆的指控。在周恩來的報告中，高崗不僅是「資產階級個人主義野心家」、「黨內資產階級的代表」、「剽竊別人文稿」、「地方主義

⑤ 譯註：中共七屆四中全會。

者」、「違背共產主義者道德標準的人」、「許多攻擊他人的謊言與謠言」的散播者，更是祖國的叛徒。[41]中共最高領導們似乎相當震驚。

事實是相當可恥的。所有人都知道高崗對滿洲的俄國人厚顏無恥地拍馬屁，並不斷犧牲中國人的利益去諂媚蘇聯老大哥。比方在國共內戰期間，高崗在自己的地區分送的是蘇聯領導們的畫像，而非中共領導階層的。一九四九年夏高崗前去莫斯科與史達林會談，他突然提議增加蘇聯派駐大連的軍隊，建議蘇聯海軍進駐青島，其中最重要的是承諾滿洲地區加入蘇聯成為第十七個共和國。除此之外，對於包括劉少奇、周恩來、彭真、李富春、薄一波及其他人在內的中共領導階層，高崗不斷跟史達林以及史達林派駐中國的代表科瓦廖夫（Ivan Kovalev）彈劾他們「右傾」、「高估中國資本階級」以及其他種種「罪狀」。他甚至通知史達林，毛澤東本人反蘇維埃、有「托洛斯基右派」行動。不過史達林並不相信這些指控，在高崗於莫斯科會議期間，史達林把在一九四九年十二月二十四日所收到科瓦廖夫的報告交給了毛澤東，報告中羅列出這些指控，[42]還有高崗與科瓦廖夫之間的密電。

毛澤東當時吞忍下憤怒，因為史達林還是國際共產運動的首領。他不敢處罰高崗過度傾蘇的態度。這是當時的背景。不過在周恩來、鄧小平與其他人解決分裂事件之際，經過防腐處理的史達林屍體正放在莫斯科紅場上列寧墓的旁邊。高崗這下得獨自面對這場風暴。

饒漱石的境遇也是如此。鄧小平的委員會譴責饒漱石多項「罪名」：「與高崗共同進行反黨活動」、「資產階級個人主義」、鬥爭「部分……中央領導同志（如劉少奇）」，以及其他罪狀。指控中唯一少掉的是「背叛祖國」與「道德墮落」。眾人皆知饒漱石不同於女性殺手高崗，舉止非常謙和，並且是典型居家男人。他與外國人接觸時，即便是與「老大哥們」也相當謹慎自持。[43]儘管如此，鄧小平委員會還是挖出充足的罪狀去嚴厲斥責饒漱石。

周恩來委員會所揭露的材料實質上是足以致命，也導致一場悲劇。當委員會還在收集資料之際，高崗崩潰了。一九五四年二月十七日，他試圖開槍自盡，可是被警衛制止住。幾個月後的八月十七日，他吞下大量的安眠藥自殺成功。[44]高崗原深信擁有毛澤東的理解，豈知毛澤東已經背叛了他。[45]

一九五四年四月，毛澤東休假後返回北京，任命鄧小平擔任中央委員會書記處秘書長，同時兼任饒漱石之前的職務——組織部部長。顯然鄧小平是此次「高饒事件」的最大受惠者。他才是「五馬進京」中真正的一馬當先者。

一九五四年九月，在甫召開的全國人民代表大會中推選周恩來擔任新行政機關國務院的總理，確認鄧小平為副總理。毛澤東占了最高新職位「中華人民共和國國家主席」，劉少奇擔任全國人民代表大會常務委員會主席。鄧小平也成為國防委員會十五名副主席中的一員，以及中共中央軍委會十二名委員之一。後兩個職位是極大的榮耀，因為毛澤東和鄧小平是這兩個組織中唯有的文人領袖，其他人都是軍中統兵將領。一年之後，這些勇將被授予中華人民共和國元帥的榮銜。毛澤東原本也授予鄧小平元帥的軍銜，但是他謙遜地婉拒。[46]

第一屆人大通過了中華人民共和國憲法⑥，確認了中國現在是「工人階級領導的，以工農聯盟為基礎的人民民主國家」。[47]可是在那時，全中國都已經建立起社會主義，強制農民集體化作業，城市中的私人產業也已由國家接管。新民主主義早已是明日黃花。

鄧小平身為副總理，當然也參與了社會主義建設，不過他主要的責任是領導中央委員會書記處的工作。一九五五年三月，毛澤東授權鄧小平在中共全國代表會議上報告高崗和饒漱石的「罪狀」，以總結這個「事件」，鄧小平嚴厲批評高、饒二人，充分證明了毛主席對他極度信任。這場支持毛澤東政治路線的會議開除了分裂分子，並要求根除所有毛澤東路線的敵人。[48]不久之後的一九五五年四月一日，饒

⑥ 編註：這部憲法因於一九五四年頒布，故稱「五四憲法」，現已失效。之後還有於一九七五年九月在第四屆全國人民代表大會第一次會議中通過的「七五憲法」、一九七八年三月由第五屆全國人民代表大會第一次會議通過的「七八憲法」，以及一九八二年於第五屆全國人民代表大會第五次會議上通過，至今仍使用的「八二憲法」。

漱石被捕；[49]一九七五年三月，他因肺炎死於獄中。

鄧小平於此同時持續他快速晉升之道。一九五五年四月初在中央第七屆五中全會上，鄧小平跟毛澤東的愛將林彪一起當選政治局委員。鄧小平現在站在權力的頂峰，緊貼著凡事都少不了他的毛主席。毛澤東讚許鄧小平的工作能力、組織才能和精力。毛主席在一九五〇年代初期記下這段：「無論是政治，還是軍事，論文論武，鄧小平都是一把好手。」[50]從那時起，毛澤東未曾改變過他對鄧小平的這份評價。

第十章
「批評個人崇拜」與其後果

一九五六年二月初，毛澤東指定朱德擔任中國共產黨代表團團長去參加「蘇聯共產黨第二十次代表大會」（CPSU），鄧小平為副團長，其他團員還有譚震林（一九四五年十二月起，擔任鄧小平的中央委員會書記處副秘書長）、王稼祥（中共中央對外聯絡部部長）與劉曉（中華人民共和國駐蘇聯大使）。

這是史達林死後中共兄弟黨的繼任人赫魯雪夫首次召開大會。對毛澤東、鄧小平和中國其他領導人來說，赫魯雪夫讓他們百感交集。赫魯雪夫於一九五四年秋前來中國慶祝建國五週年，在此期間他讓所有人都相當開心，但也讓他們感到困惑猜疑。

赫魯雪夫並非外交家，在需要理智之處，他總是感情用事。他在中國期間都相當愉悅。赫魯雪夫置外交禮節於不顧，擁抱並親吻毛澤東，這讓中國人相當震驚；他舉止滑稽，承諾過多，像個商人般分送貨物。在鄧小平也參與的高峰會層級會談上，赫魯雪夫簽署了許多協議，其中包括蘇聯給予中國五億兩千萬盧布的長期貸款，並誓言協助建設大量工業計畫。他甚至同意幫助中國訓練核子專家。[1]赫魯雪夫試圖討好中國領導階層，但事與願違。毛澤東、劉少奇、鄧小平以及史達林的其他中國子弟都視赫魯雪夫的行徑為軟弱，而非慷慨。鄧小平現在將在對方的主場直面這名非比尋常的蘇聯領導人。

對於準備重返「赤色麥加」（Red Mecca）莫斯科一事有何想法，鄧小平並沒有留下隻字片語。莫斯科是他年輕時的城市，是他首度與初戀情人張錫瑗相識的城市，是他埋首於研讀馬列主義和孕育革命希望的城市。三十年前他還是二十一歲的年輕人，首次來到莫斯科。時光荏苒！中山大學如今安在？共產國際執委會呢？史特拉斯特奈亞廣場上前女修道院的東方大學呢？即使是鄧小平這般並不感情用事的人，當他期待著此行時，思緒肯定也回到了過去。

這次他是搭飛機來到莫斯科。飛航用了三天的時間，途中落地加油數次。二月九日，鄧小平與譚震林、王稼祥一道出發；二月十一日，飛機降落在蘇聯首都。在出發之前，鄧小平曾經與毛澤東、劉少奇、周恩來以及陳雲一起晤談兩次，討論代表團在大會中該如何行事。因為赫魯雪夫與他的人馬和已故的史達林並不相同，並不適合擔任「領導與老師」的角色，他們決定中國共產黨不會對「老大哥」展現過度的尊重。

鄧小平抵達莫斯科後馬上跟時年七十的朱德解釋這個方針。朱德與劉曉大使先去了趟東歐，比其他人早幾天抵達蘇聯首都。鄧小平要求先看朱德對這場大會的歡迎詞，並以黨新路線的精神提出兩點觀察。他說：「首先，不能單單提到蘇聯對中國的協助和支援，協助和支援是互惠的。其次，談到蘇聯對中國的援助部分要注意分寸，不能誇大。」[2]德高望重的朱德習於接受黨領導階層的指示，立刻做了修正。

大會預定於二月十四日召開，在這之前數日，鄧小平、朱德、譚震林、王稼祥和劉曉在莫斯科四周郊遊頗為盡興。他們其中三人——鄧小平、朱德和王稼祥——都懷抱著過去的回憶。朱德、鄧小平與王稼祥三人都曾在莫斯科求學。朱德是從一九二五年夏季到隔年的夏季，這和鄧小平的時間點是差不多的，不過並非中山大學而是東方大學。王稼祥不僅在一九二五年至一九三〇年間於這兩所大學就讀，而且從一九三七年至一九三八年間他還在共產國際執委會工作，並於一九四九年十月到一九五一年一月間擔任中國人民共和國首任駐蘇聯大使。唯獨譚震林是首度來到蘇聯首都，因此同志們都樂於帶他在城中四處逛逛。鄧小平和朱德參觀了許多新景點：國民經濟成就展覽館（Exhibition of National Economic

Achievements）、地鐵、和平原子展覽館（Exhibition of the Peaceful Atom）以及位於列寧山（Lenin Hills）①的莫斯科大學（Moscow University）。一行人相當歡樂。

二月十五日，朱德以中國共產黨的名義向大會祝賀，接著朗讀毛澤東一封信歌頌已故的史達林。毛澤東在信中談到由「史達林同志和列寧在一起締造了並親自培育〔的〕蘇聯共產黨」之所向披靡。[3]代表們站起身，對中國共產黨的來信報以極其熱烈的掌聲。所有的一切看起來似乎很順利。

接著突如其來的在二月十九日，赫魯雪夫在克里姆林宮的一場宴會上通知朱德，他想和中國代表團在會後進行密談。「要談談史達林。」他神神秘秘地說。[4]朱德自然同意，雖然他不了解這名大會領導人心中的想法。朱德、鄧小平與其他中國團員直到隔天，聽到蘇共領導人之一同時也是蘇聯部長會議（Council of Ministers）副主席阿納斯塔斯・米高揚（Anastas I. Mikoyan）的演講，才察覺發生了什麼事。讓中共代表團感到極其驚訝的是，米高揚批評史達林違反集體領導的原則。接著他們回憶起其他發言者也都「特別強調列寧主義，引用列寧的話，沒有一個人引證史達林的話」。他們立刻通知北京，並建議北京要採取以下立場：「對史達林的功過不表示意見，但對提倡集體領導和反對個人崇拜表示有其重要性。」[5]毛澤東不表反對。

朱德接著想起來，在鄧小平一行人抵達前五天的二月六日，赫魯雪夫在克里姆林宮接見他並談到農業集體化，那正是中國當時近乎完成的工作。赫魯雪夫表示蘇聯在完成集體化之後，糧食生產長期都低於一九一三年的水平。「〔之所以造成錯誤〕是由於領導人不了解農民，」他解釋：「史達林除了一九二八年到過西伯利亞農村外，再未到過農村。他只是從電影中了解農村，其他政治局的領導人也是如此。」[6]天真的朱德並未把這些話放在心上，不過有鑑於大會所發生之事，代表團成員立刻舉行了一場特別會議。他們迅速通知毛澤東。

① 譯註：位於莫斯科市西南，海拔兩百二十公尺高，是莫斯科市的制高點。一九三五年至一九九九年稱為列寧山，現今是麻雀山。

可是中國人一直到大會後才得悉主要的情勢。二月二十七日晚上，克里姆林宮派了特使前來告訴朱德，依據蘇共中央委員會的指示，他有責任在二月二十四日至二十五日間的夜晚，把赫魯雪夫〈關於個人崇拜及其後果〉的秘密報告通知朱德。該報告指控已逝的獨裁者無數罪狀，包括導致了許多誠實的蘇維埃公民死亡。[7]鄧小平指出：

我們在會議期間沒有聽到反對史達林的秘密報告。在會議閉幕的第二天下午，蘇共中央聯絡部派人拿著報告到代表團住處……當時代表團商量，朱總司令年紀大，由我聽通報。實際上不是什麼通報，而是由翻譯（師哲）念赫魯雪夫的秘密報告。我們的翻譯邊看（報告）邊口譯，念完蘇方就拿走，只念了一遍。[8]

在鄧小平和譚震林以中國共產黨名義在列寧史達林墳墓前獻上花圈的隔天，特使正好前來，這或許不僅僅是耐人尋味的巧合。

鄧小平把這項「震撼消息」通知了朱德與代表團其他成員，並表示「（這份）報告很亂、無條理」，看得出來赫魯雪夫讓鄧小平大吃一驚。朱德回說：「這講的是他們自己的事，我們到這裡是來作客的。」可是鄧小平並不同意這樣的說法。「史達林是國際人物，這樣對待他是胡來！不能這樣對待革命領袖史達林。」譚震林試著調解朱德與鄧小平兩人說：「我們不應該隨便同意他們的意見，應有自己的態度。但這是他們的內政，我們不一定能影響他們。」王稼祥和劉曉在旁靜默無語。鄧小平接著說：「此事關係重大，要報告中央，（我們個人）沒有表態。」他們接著一起寫了份電報再傳回北京。[9]

儘管早在一九五四年四月，毛澤東就從中國駐蘇聯大使張聞天處收到蘇聯對史達林態度明確轉變的快電，這則從莫斯科傳來的消息還是讓毛澤東感到相當震撼。[10]可是變調是一回事，露骨的譴責又完全是另外一回事。真是難以置信！

並不是毛澤東特別鍾情史達林，我們可以回想他們兩人在莫斯科會談期間，史達林高高在上地接待他，而毛澤東極其敬重史達林並視他為偉大的老師與了不起的馬克思主義者，因此毛澤東初始的反應是憎惡。但在深思熟慮後，他壓抑了最初的感受，因為他發現，譴責克里姆林宮的前獨裁者能讓他在意識形態上獲得解放。[11]毛澤東現在可以依照己意提出馬克思主義的修正理論，毋須檢視蘇聯經驗。

與此同時，對於蘇聯大老們通知他們這份報告的荒謬處理方式，毛澤東與中國其他領導人自然是相當憤怒：蘇聯方面甚至不允許中國共產黨的代表發電報回北京。除了中共之外，赫魯雪夫對其他十二個主要的共產黨如法炮製，這些社會主義國家之外還有法國和義大利共產黨。他們代表團的領導人也同樣只能倉促地看看報告，之後報告就被取走。其他「兄弟」共黨的代表團則完全一無所知。此種輕視態度讓各方無法原諒。[12]

就在二月二十七日當晚，蘇共邀請中國代表團還有選出的幾個共黨代表團舉行了一場小型會議。赫魯雪夫在會中發言解釋這份報告。他隔天親自拜訪住在莫斯科郊區國營招待所的中國代表團，再次誹謗史達林並尋求他們的支持。[13]

鄧小平一行在三月三日返抵北京三個小時後，就向毛澤東、劉少奇與周恩來報告一切經過。中華人民共和國其他數名領導人也參與了這場在中南海召開的緊急會議。

毛澤東在三月召開了四場會議，與會者包含中央委員會書記處和政治局的成員與非成員，會中反覆討論揭去面具的史達林。與會者都看得出來這件事觸及毛澤東的痛處。否則怎麼會是這個樣子？畢竟這不僅僅是已逝「國父」的問題，也是史達林派社會主義本身的問題，中國正處於近乎完成後者的階段。赫魯雪夫魯莽的演說摧毀此一模式的基礎，對中國在內的社會主義國家的共產黨權威揮出重拳，因為這些組織沒有一個不是靠個人崇拜而存在。這些政黨都是以領導人為中心的形態，建構在極端中央集權的列寧原則之上，有著結構性極權體制的特徵。赫魯雪夫的報告直接破壞了對「偉大舵手」的崇拜，而在中國對毛澤東個人崇拜的膨脹之大，並不亞於蘇聯境內對史達林的個人崇拜。

毛澤東發現最近的情勢特別紛擾不安。腦中浮現過各種不同的看法，一個比一個更為紛亂：劉少奇、周恩來和其他同僚會用什麼方式來理解對個人崇拜的批評？他們有可能不利用赫魯雪夫這份報告來質疑毛主席嗎？其中一人會跟赫魯雪夫一樣背信忘義背棄自己的領袖與導師嗎？

表面上所有高階領導階層的成員都堅定站在毛澤東的身後，不過誰知道他們腦海中浮過什麼想法？當史達林還在世時，赫魯雪夫也是緊抓著他的一字一句。毛澤東得知朱德在莫斯科並未讀出赫魯雪夫報告的精髓之後，變得相當憤怒。他說：「朱總司令這個人十分糊塗。可見朱德和赫魯雪夫都靠不住。」[14]

三月十七日晚上，毛澤東召開中央書記處的擴大會議，這回所有的領導階層成員全部與會，還有數名重要官員，而鄧小平於會中再度針對蘇共二十大進行報告。[15]《新華社》人員已經找到赫魯雪夫的秘密報告，翻譯好並列印出來，此時中共領導階層都已經知悉全文。

毛澤東在書記處擴大會議中宣布：

> 赫魯雪夫反史達林的秘密報告，一是揭了蓋子〔以釋放壓力〕，這是好的。二是捅了樓子，全世界都震動……這麼大的事情，這麼重要的國際人物，不同各國黨商量是不對的。事實也證明，全世界的共產黨都出現混亂……〔我〕過去認為赫魯雪夫這個人不死板、較靈活……不過，現在看來，此人有點實用主義。他上台後需要我們支持，所以〔他會〕把中蘇關係搞得好一點。

眾人都表同意，鄧小平還補充說：「蘇共的大國主義基本上沒有改。做秘密報告，事前不打招呼，事後念一遍就完。」王稼祥和擔任中華人民共和國外交部第一副部長的張聞天也同樣指控赫魯雪夫擁有大國沙文主義。

會議結束後，毛澤東要在場所有人再次深思如何處理批評個人崇拜此等重大問題。[16]三月十九日下午，毛澤東又召開一場會議，開頭就說：「總的感覺是很亂，不知你們覺得怎樣？」接著他因為還沒吃早餐，便開始一面喝粥一面仔細聽取發言。他開玩笑地說：「我『從頭到尾』看了赫魯雪夫的秘密報告，不過沒有失去胃口。」[17]

鄧小平發言：「報告主要是從史達林個人性格方面講的，但個人性格不能說明這麼大的國家、這麼大的黨，在這麼長的時期內犯了一系列的錯誤。」[18]顯然鄧小平機巧地拯救史達林與毛澤東免於遭受攻擊。用鄧小平的話說，領導人通常並不為所犯下的錯誤或罪行承擔個人責任，而是由整個黨與領導階層來承擔。毛澤東當然不會沒注意到他子弟兵的努力。鄧小平的說法必定給毛澤東留下深刻印象。

王稼祥、張聞天都表示支持毛澤東的看法，特別是周恩來也顯示非常支持他。他們再度尖銳批評蘇共的強權情結。他們對史達林個人感到不少委屈，但主要還在批評他從莫斯科指揮中國革命的錯誤之上。這點當然與鄧小平不同。比方王稼祥就表示「李立三路線和陳紹禹（王明）路線」，[19]也就是「冒進主義」和「投降主義」，都直接來自史達林，且周恩來之前還表示：

談到我黨的許多錯誤時，我們沒有講蘇聯，只講自己犯錯誤。但實際上許多問題並不是我們決定的，而是蘇共決定的，或由蘇共主持的共產國際決定的。當時中國〔共產〕黨只是照辦。現在談史達林的錯誤，應該說中國革命受的損失，蘇共要負一定責任。[20]

毛澤東同意這些發言，評論史達林的功過是三七開。他之後以「過去六年來藏在心裡」的追憶方式發表長篇大論。毛澤東講述史達林在他一九四九年底到隔年初訪問莫斯科期間對他的羞辱。史達林好長一段時間沒有接見他，把他像名囚犯般晾在鄉下的宅邸之中。且在談判期間，史達林對毛澤東輕慢的程度，讓毛澤東感到神經緊繃。毛澤東接著表示：「天要下雨，娘要嫁人。有什麼辦法呢？」他又說：

但赫魯雪夫反史達林，這樣也有好處，打破「緊箍咒」，破除迷信，幫助我們考慮問題。搞社會主義建設不一定完全按照蘇聯那一套公式，可以根據本國的具體情況，提出適合本國國情的方針、政策。[21]

看起來所有結果都很好。不過下一個發言者劉少奇或許提防著毛澤東，他聲稱從自己的觀點來看，史達林的諸多錯誤中，主要是在集體化期間強迫加快合作化過程。[22]劉少奇這麼做可是別有用心。在關於社會主義轉型問題上，大家都知道毛澤東近來尖銳地批評劉少奇「保守主義」與「溫和」。

從一九五四年至一九五六年上半年兩年半過程中，當時有一億一千一百萬農戶或約百分之九十二的比率在中共暴力脅迫下進入合作生產的階段。農村反抗的規模絕對無法與布爾什維克集體化時期相提並論。失去產業的富農進入集體農場，而不是全然被消滅。[23]集體化依然加速推動，其經濟結果也對中國造成傷害。

「偉大的舵手」很容易被激怒，不過劉少奇此時顯然並未考慮到這一點。因為劉少奇衷心反對社會主義建設毫無根據的快速成長，他很可能只是採取了保守的立場，且或許他單純沒注意到毛主席的情緒。情況很可能就是如此，劉少奇的說法顯然增添了毛澤東以及他那些志同道合同僚們對他的懷疑。

環顧毛澤東的身旁，顯然只有鄧小平一人認為劉少奇「在冒險」。因此在會議尾聲時，鄧小平開始提出在中國或在中共絕對沒有搞個人崇拜一事，因為毛主席一直在抵制這種情況。[24]這聽起來很假，可是鄧小平的謊言是為了要救劉少奇。在他們共同鬥爭高崗和饒漱石後，他對劉少奇更加尊敬。

然而毛主席沒理會鄧小平的話，還指示他的秘書陳伯達以及新華社、中宣部的官員，要對蘇聯的個人崇拜問題擬出一篇社論。四月五日，《人民日報》以〈關於無產階級專政的歷史經驗〉為題刊登該文。毛澤東在包括鄧小平在內的數名領導階層成員協助下親自修改該文。[25]這篇文章是針對廣泛的大眾，因此並未對前共產黨偶像甚至包括涉及中國革命部分有過度的批評。中國共產黨領導人毛澤東並不想要有人以反史達林的旗幟來反對中國共產黨的專政。之後在四月二十八日政治局擴大會議上，毛澤東承認：「我們並無意在報紙中寫給群眾看……史達林與第三國際所幹下的壞事（如果在這樣的文章中出現任何這樣的一句話，勢必會『引起不健康的關注』）。」[26]一如毛澤東所企盼，文章以三七開總結史達林的功過，可是還是讚揚了蘇聯「對於過去錯誤……無私的批判」。

之後在四月二十五日的政治局擴大會議中，毛澤東發表了影響深遠的〈論十大關係〉演說。這篇演講基本上標示著毛澤東世界觀的重要轉折，反映解放的新氛圍，接著就在中共內部發展開來。毛主席首度公開呼籲根據「多、快、好、省」的原則，沿著捷徑朝向光明未來前進，而不是由俄國人來帶領；不過對於建設中國特色的社會主義，他並未提出詳細的計畫。[27]

毛主席這樣冒進的想法嚇壞許多中國領導人，包括劉少奇、周恩來和陳雲。在當時，周恩來、陳雲以及其他經濟學家正忙於準備第二個五年計畫，且他們並不歡迎毛澤東的左派想法。不論劉少奇或鄧小平都沒抓住毛澤東演講的革命意涵。

這觸怒了毛澤東，他譏諷地說：「成功似乎讓我昏了頭，我一直『盲目向前衝』。」夏末時，他告訴「身旁的人」因為「健康因素」，他想要辭掉中華人民共和國主席一職，只保留中共中央委員會主席的職務。[28]

然而一九五六年重要的大事即將到來：中國共產黨第八次全國代表大會。在此大會上，根據毛澤東在一九五五年三月完成的提案，劉少奇應該就中央委員會的工作提交政治報告，鄧小平發表〈關於修改黨的章程的報告〉，周恩來則提出〈關於發展國民經濟第二個五年計畫的建議的報告〉。毛澤東本人不再打算發表重要演說，而這些並無不尋常之處。一九五二年，史達林在布爾什維克黨第十九次代表大會中基本上也是靜默無語，僅指示中央委員會書記格奧爾基·馬林科夫（Georgii M. Malenkov）發表主要報告。可是毛澤東與史達林不同，他仔細檢查了所有大會文件的草稿。

看起來毛澤東對這些文件都很滿意，不過這只是表面。實際上他只是熟練地隱藏他的想法，並放手讓他的同僚去做。但毛澤東不忘藉此測試他們並耽溺於自己益發高漲的懷疑。就如同告訴他們：「看看你手中有什麼牌可打。」

他們確實都掉進毛澤東的陷阱之內。甚至連鄧小平都做了一連串傻事，包括在黨章以及他自己對於修改黨章的報告中，都省略「毛澤東思想」的字眼。在當時許多不同的規章和報告中，還一直保留毛澤東思想作為中國共產黨意識形態的基礎。[29]現在老戰士彭德懷明顯受到蘇聯譴責個人崇拜的影響，突然想到要建議在黨章中「刪除」這個字眼。劉少奇立刻附議他的說法。[30]鄧小平同樣並未反對，很可能是因為當時毛澤東並沒有表示不滿。[31]此外，鄧小平知道從一九四〇年代末期開始，毛主席本人不斷表明厭惡過度強調這個用詞。如此一來，一九四九年一月，毛澤東自己把這個說法從「新民主主義青年團」（共產主義青年團的前身）黨章中給移除，反而以「結合馬列主義與中國革命實踐的理論」來替代。他也從其他好幾份文件中刪去這個說法，包括他自己一九五三年四月發行的新版《毛澤東選集》第三卷。[32]然而毛澤東本人並未提議要從黨章中刪除這個詞彙，因此難以理解像鄧小平這樣經驗老到的黨工怎麼會無法即時自我定位。不過事實就是事實。鄧小平犯了錯，且毛澤東記住了，一如未來所顯示的結果。一九六七年十一月，毛澤東跟幾名最親近的同僚對鄧小平和劉少奇發牢騷，可能是因為在第八次黨代表大會期間他們忽略毛澤東的意見。[33]

在鄧小平〈關於修改黨的章程的報告〉裡，黨章以「中國共產黨以馬克思列寧主義指導」取代原本的毛澤東思想「作為自己行動的指南」。[34]鄧小平特別強調對抗「神化個人」的必要性。在此關聯上，他讚許蘇共第二十次大會對所有人揭示了「把個人神化會造成多麼嚴重的惡果」。[35]事後鄧小平嘗試替自己辯駁：「這個報告是幾個人集體起草的，這一段也不是由我寫的，似乎記得還是參照一論無產階級專政的歷史經驗寫的。」[36]

鄧小平的藉口相當可悲。他得承擔報告的責任，應該在報告中載明同時包含確定能討好毛澤東的字眼。尤其，鄧小平報告的立論指毛澤東在反對中國共產黨內個人崇拜上本就扮演著重大角色，這份報告或許意圖搶先，以避免毛主席受到批評。此外，鄧小平宣布「馬克思主義從來沒有否認傑出的個人在歷史上所引起的作用」，並一般來說「對於領袖的愛護——本質上是表現對於黨的利益、階級的利益、人民的利益的愛護，而不是對於個人的神化」。[37]換言之，鄧小平玩弄兩手策略，他讓所有人知道，敬愛這名原本應避免英雄崇拜的主席有助於在中國建設社會主義。

毛澤東當然不會反對這樣的觀點。儘管鄧小平未能抓到毛澤東〈論十大關係〉演講的精髓，且輕率同意刪除「毛澤東思想」等字眼，但整體而言毛澤東和鄧小平的關係還是相當好，雖然當中籠罩著毛澤東的疑心病和心思沒被猜到的憤慨。據毛澤東建議於一九五六年九月召開第八次全國代表大會前夕，代表們推選鄧小平擔任中央書記處總書記。這個職位是比中央秘書長更為重要的職務，因為總書記不僅履行黨組織運作，而且在制定政治決定中扮演重要角色，但曾在第七次大會中被廢除。這暗示著鄧小平將成為黨領導階層中最核心的菁英，進入新成立的政治局常務委員會。毛澤東表示：「我認為鄧小平是相當誠實的人。」

> 他像我。這不表示他沒有缺點，不過他是相當誠實的人。他有許多能力，把事情處理得很好。你們認為他每件事都擅長？沒有，他只是跟我一樣。很多問題上面他會犯錯，少數幾個判斷不正確。不過總的來說，他很傑出，能把事做完。他相當謹慎、誠實，是個好夥伴。人們不會太怕他。今天我說他不少好話……我認為他適合〔擔任這份工作〕。不論他行不行，由大家決定，不過我認為他多少還行。也有人對他不滿，就跟對我不滿一樣。〔沒錯〕有些人對我不滿，我是個造成許多人受傷的人。不過今天那些人選了我，因為他們把集體利益放在他們個人利益之上。你們會說鄧小平沒傷過人嗎？我不相信。不過總的來說，他是值得的人，相當好的人，或多或少能公正解決問題，且對他自己的過錯相當嚴格……黨內鬥爭磨平他了。[38]

不用說鄧小平樂於此次的晉升，雖然當他的名次往前時，還謙遜了一番表示：「一不行，二不順。我不行，我不行。我的威望和能力都不行。」[39]不過，他也不能不這麼做：這是中國陳腐的傳統。立刻接受新職會被認定為傲慢。

結果就是鄧小平追隨了毛澤東、劉少奇以及老黨員林伯渠的腳步，幾乎是全體一致推選鄧小平為中央委員會委員。接著在九月二十八日的第八屆一中全會上，鄧小平成為政治局委員與總書記。他也進入政治局常務委員會，在黨內排名僅次於毛澤東、劉少奇、周恩來、朱德與陳雲之後的第六位（後面四人都列名副主席）。

現在鄧小平不再處於毛澤東的陰影之下，他站在「偉大的舵手」身邊。可是他一如過去一般，從未夢想要和毛主席平起平坐。集權主義的權力暗示著一個無可爭辯的「領袖」專政。

第十一章
「後起之秀」

鄧小平身為總書記，把家人安置在有著高牆與人民相隔的中南海菁英房舍含秀軒之內。這裡離中央委員會會議和舉行政府儀式的懷仁堂不遠，是棟內部有著四合院的傳統平房建築。中央委員會中央辦公廳主任楊尚昆分配這間房舍給鄧小平。楊尚昆四十八歲，是中國共產黨資深黨員。一九二六年楊尚昆還在莫斯科中山大學讀書時，鄧小平就認識他了。一九二七年，他們各走各的，但一九三三年在中央蘇區，他們再度交會。之後在抗日戰爭初期，鄧小平與當時擔任北方局書記的楊尚昆積極合作，也就是說鄧小平是楊尚昆的直屬長官。鄧小平的女兒鄧毛毛回憶說：「楊尚昆一家和我們家一向交往甚密。」[1]

鄧小平的新家有個灰磚屋頂，他與卓琳住在那完全對稱、四周種滿了優雅扁柏庭院的北廂房。孩子們和奶奶夏伯根住在西廂。王瑞林是鄧小平的秘書，住在東廂。他二十五歲，是個戴著大圓眼鏡的山東人，從一九五二年九月起就一直跟隨鄧小平（除了王瑞林之外，鄧小平的秘書工作還有另外一人擔任，就是卓琳）。鄧小平的年輕保鑣張寶忠是來自黑龍江的農民孤兒，從一九五四年二十歲時就跟隨鄧小平。廚師是楊維義，總是待在屋內的僕人叫吳洪俊。鄧小平的鄰居是他的老友，同時也都擔任副總理的李富春和陳毅，還有另外一名朋友中央委員會書記處副秘書長譚震林。在第八次全國代表大會中李富春和陳毅都入選政治局，譚震林在一九五八年才成為這個最高權力組織的委員，一年之後也擔任副總理。[2]

毛澤東住在豐澤園菊香書屋，離他們一家實際上只有兩分鐘的路程，離懷仁堂也很近。劉少奇、周恩來、朱德、陳雲以及其他黨國高層都住在左近。鄧小平現在經常與毛澤東和其他人會面，因為需要不斷關注國家與世界的社、經、政局勢，還有黨內狀況。

一九五六年秋緊跟在第八次全代會之後，中國共產黨領導階層再次認真地關心起國際事件，此回是東歐局勢問題。前波蘭共黨（波蘭統一工人黨）領導人瓦迪斯瓦夫．哥穆爾卡（Władysław Gomułka）在史達林的干預下，於一九四八年被拔除總書記一職。他在獄中蹲了三年（一九五一—一九五四）且剛剛回到黨內，於一九五六年十月初要求在波蘭軍隊中任職的蘇聯軍官撤回蘇聯。哥穆爾卡的首要目標，是那名所有職務都是經由史達林指派的波共政治局委員、部長會議副主席、國防部長康斯坦丁．羅科索夫斯基元帥（Konstantin Rokossowski）。赫魯雪夫大吃一驚，想都不想就在十月十九日下令駐節在波蘭西部與北部的蘇聯軍隊依據《華沙公約》的條款，開始逐漸朝華沙推進。就在同一天，赫魯雪夫帶著三名蘇聯共產黨中央委員會主席團成員與華沙公約組織軍隊指揮官伊萬．科涅夫元帥（Ivan Konev），突然出現在華沙進行會談。不過因為許多波共領導人都支持哥穆爾卡，赫魯雪夫與波共的會談並無進展。波蘭人動員國內安全軍隊並開始組織武裝民兵。蘇聯和波蘭似乎處於社會主義國家首場戰爭的爆發邊緣。赫魯雪夫因此嚇到，並下令撤退，蘇聯軍隊停止推進。不過，這種暫時的和緩是騙不了人的。克里姆林宮的老大還是得想盡辦法「解決華沙的局勢」。[3]十月二十一日，波蘭統一工人黨在中央委員會全體大會上選舉哥穆爾卡擔任第一書記。[4]

波蘭的社會主義危機當然首先是受到赫魯雪夫那篇談論史達林演講的激勵。赫魯雪夫對獨立國家採取冒進的軍事行動，只是惡化了這場局勢。毛澤東清楚知道這點，開始對蘇共領導人表達不滿。其他包括鄧小平在內的中國領導人之前認為赫魯雪夫反個人崇拜只是「難堪」的行為，觀察到這點之後也開始對赫魯雪夫表示憤怒。

在十月二十日傍晚赫魯雪夫暫停部隊推進的消息傳到北京之前，毛澤東召開了政治局擴大會議。他在會中首度批評蘇聯「大國沙文主義」。毛澤東在不久前才收到一封來自波蘭領導階層的求援信，因此他覺得自己是名合法的仲裁者。[5]「兒子不聽話，老子打棍子，舊社會習以為常。」他提醒與會者：「但蘇波關係不是老子與兒子的關係，是兩個〔獨立〕國家、兩個共產黨之間的關係。」[6]大家都表示同意，並決心要警告赫魯雪夫無論如何都不能訴諸武力對付波蘭。

在會後，毛澤東一反禮儀，穿著睡衣在臥室內召見蘇聯大使帕維爾．尤金（Pavel Yudin）。「我們堅決反對你們這樣做，」毛澤東憤慨地宣示：「請你馬上打電話告訴赫魯雪夫我們的意見：如果蘇聯出兵，我們將支持波蘭反對你們。」有名目擊者記下「尤金在整個會見過程中都非常緊張，他帶來的蘇聯大使館參贊蘇達利科夫（Nikolai Sudarikov）負責記錄，也非常緊張。尤金滿頭大汗，不停地用手帕擦臉，不斷地〔用俄文〕說『是』、『是』」。[7]

赫魯雪夫在收到尤金的通報後大為緊張，並在十月二十一日決定「有鑑於局勢……〔全面〕避免武裝干預，並展現耐心」。他邀請包括中國在內的數個社會主義國家的共黨代表前來莫斯科進行「協商」。[8]毛澤東、劉少奇、周恩來、陳雲和鄧小平決定支持蘇聯領導階層處理此局勢。十月二十三日大約下午一點，毛澤東再次把那倒楣的尤金叫到臥室內，毛主席坐在他的床上告訴尤金這層意思。接著他的口氣透露出對赫魯雪夫反史達林政策深深不滿，他說：「批評史達林並無不當，不過關於批評的方式我們有不同的觀點。」[9]劉少奇、周恩來、陳雲和鄧小平坐在椅子上，成半圓形地圍在「偉大舵手」的床邊，卑躬屈節地不發一語。

十月二十三日一大早，中國代表團搭乘一架蘇聯飛機前往莫斯科。毛澤東指派的代表團成員中有劉少奇、鄧小平、王稼祥與胡喬木（最後一人是中央委員會書記處書記，也是毛澤東個人秘書之一）。當天深夜十一點代表團就與赫魯雪夫會談，當時東歐另外一個國家匈牙利的局勢已開始惡化。匈牙利人民從當年春天起就對匈牙利工人黨的史達林主義政策愈來愈不滿，在十月二十三日爆發成一場真正的人民暴動。數以千計的示威群眾走上布達佩斯與其他城市的街頭遊行，呼喊「國家獨立與民主」的口號，高唱山多爾・裴多菲（Sándor Petőfi）的詩句：「以馬札爾人的神為名／我們現在發誓，／誓言將永不再成為／如過去般的奴隸。」裴多菲是一八四八年革命英雄與著名詩人，死於與沙皇的哥薩克戰鬥之中。[10] 由於此民主革命，權力落入受到歡迎的自由派共產黨人伊姆雷・納吉（Imre Nagy）之手。[11]

匈牙利是此次會談的核心議題，蘇共和中共代表們開了九天的會。劉少奇、鄧小平和其他團員與赫魯雪夫、維亞切斯拉夫・莫洛托夫（Vyacheslav Molotov）、尼古拉・布爾加寧（Nikolai Bulganin）在史達林位於莫斯科近郊理普奇（Lipki）的宅邸內進行協商。赫魯雪夫有好幾次還邀請劉少奇、鄧小平和其他團員到他自己的主席團會場參觀。[12]

劉少奇立刻傳達毛澤東對於蘇聯「以不適當的方式批評史達林」的看法給赫魯雪夫，而赫魯雪夫也只有點頭而已。赫魯雪夫極度焦慮，且藏不住他對於確保中國人支持他的關切。劉少奇在譴責赫魯雪夫之後，跟他的蘇聯同志保證，中國共產黨至少在波蘭問題上面會跟蘇聯站在一起（心中謹記不得使用武力）。鄧小平也表示了同樣的話。[13]

隔天十月二十四日，劉少奇在赫魯雪夫的主席團會議上再度強調，他認為「蘇共中央委員會對波蘭採取的措施（放棄武力干涉）是正確的」。[14] 赫魯雪夫感到滿意。「劉少奇很和藹，是個能以人性基礎去談話的人。你可以和他檢視問題，並解決問題。」他事後回憶：「劉少奇是留給我印象最深的人……當我們談話時，雖然我們是透過翻譯，但我覺得彼此想法一致，能立刻理解對方，不需要和盤托出。」鄧小平當時也給赫魯雪夫留下「非常強烈的印象」。[15]

不過局勢演變迅速，劉少奇不斷與毛澤東諮商。毛澤東起初不同意赫魯雪夫與其他蘇聯領導人的觀點，他們相信應該迅速部署蘇聯軍隊至布達佩斯。毛澤東反而建議採取像是波蘭的和平手段。[16] 突然之間在十月三十日下午，毛澤東收到駐匈牙利大使與劉少奇傳來，關於布達佩斯發生私刑處死國家安全官員的消息，他失去了耐心。立刻打電話給劉少奇，由他通知赫魯雪夫和其他蘇維埃主席團成員毛澤東的新觀點。毛澤東現在相信「（蘇聯）軍隊應該進駐匈牙利與布達佩斯」。[17] 這表示他同意鎮壓匈牙利民主運動。

諷刺的是就在同一天，赫魯雪夫和主席團其他成員做出蘇聯軍隊應該撤出匈牙利以及所有社會主義國家，且應該透過和平手段解決匈牙利事件的結論。換言之，他們最後接受中國人更早之前的觀點。布爾加寧告訴中國代表團他們現在「觀念錯誤」，[18]可是鄧小平直截了當地說：

〔你們〕先要掌握住政權，不讓政權落到敵人手裡。蘇軍部隊應當回到原來的位置上去，堅決維護人民政權……蘇聯軍隊不必撤出匈牙利，蘇共要盡一切手段協同軍隊，一起幫助匈牙利共產黨重建政治控制和秩序。[19]

鄧小平的說法相當尖銳，劉少奇試圖緩和這樣的觀感，開玩笑地說：「昨天我們勸說你們從匈牙利撤軍，你們不同意；今天你們又來勸說我們非撤不可。」[20]現場有人笑了出來，不過整體的氣氛還是相當緊張。劉少奇和鄧小平立刻通知毛澤東，當然毛澤東還是不滿意並相信赫魯雪夫正在從左派搖擺到右派。

毛澤東的判斷無誤。赫魯雪夫完全陷入死結中。十月三十日上午，蘇共主席團通過〈關於發展和進一步加強蘇聯同其他社會主義國家友誼和合作的基礎宣言〉，作為對中國的讓步，其部分內容表示：「社會主義國家間的關係只能夠建立在……互不干涉內政的原則上。」[21]現在又該如何？攻擊布達佩斯？

赫魯雪夫無法冷靜下來，他通宵達旦地都在思考問題。他基本上接受中方的說法，在主席團會議上宣布：「不會從匈牙利和布達佩斯撤軍，並主動恢復匈牙利的秩序。」[22]當天傍晚他在機場送別中國代表團，告訴劉少奇，蘇共中央委員會主席團已經決定「幫助匈牙利恢復秩序」。[23]

十一月四日，蘇聯軍隊開進布達佩斯與匈牙利其他城市，在各地都遭到頑強的抵抗。自由鬥士朝著裝甲車丟擲汽油彈（Molotov cocktail），甚至衝入坦克車履帶之下。雖然赫魯雪夫順利以鮮血淹沒了匈牙利革命（超過兩千五百人死亡，受傷人數突破兩萬人），蘇聯軍隊的傷亡也相當恐怖：死亡人數七百二十人，這數字是整個韓戰（一九五〇—一九五三）期間的兩倍半。輕重傷士兵超過一千五百名。[24]

那時鄧小平已經回到北京好幾天了。中國代表團成員約在十一月一日至二日的子夜回到北京，直奔中南海，先遞交給毛澤東一份詳細的報告，然後再交給政治局。他們聲稱：

> 蘇聯同志的大國沙文主義由來已久，表現十分突出，由此而引起兄弟黨對他們的強烈不滿……東歐國家的民族主義情緒也由來已久，於今尤烈……從波蘭和匈牙利的情況看，已經出現了否定蘇聯的一切以至否定十月革命的傾向。各自誇大民族特性，否定國際共性。蘇共領導人雖然開始感到過去大國主義一套不靈，但並未覺悟到必須改轅易轍。[25]

毛澤東接著談到需要準備關於史達林的新文章，「特別是經過波匈事件」[26]之後。這樣的文章擬刊登在十二月二十九日的《人民日報》上，大大稀釋了對史達林的批評。[27]

十一月六日，鄧小平在中央委員會書記處會議中談到東歐的情勢，宣稱：「波蘭、匈牙利事件發生後，青年學生中、民主人士中，甚至黨內某些幹部中，思想上有些混亂，很有必要趁此時間有組織、有領導地主動地在黨內外普遍進行一次階級教育和國際主義教育。」[28]也就是說，在支持鎮壓匈牙利人民起義之後，鄧小平立刻帶著全新能量轉入剷除自己國內的意識形態反革命。

鄧小平將精力投入在兩個方向上：準備以新的整風運動框架來發動另一次的「清洗」，還有以「百花齊放、百家爭鳴」為口號的全國性運動。後者是針對知識分子圈中的意識形態敵人，透過激勵科學家與文化指標人物，還有「民主黨派」人士自由表達他們的觀點。這兩個運動主要的鼓動人物當然是毛澤東，鄧小平則是主要執行者。

第二場運動的範圍較廣，毛澤東在一九五五年十二月構思出此方案，並於一九五六年五月公開宣布，不過當時並未受到知識分子的支持，他們自然是害怕掉入陷阱之中。[29]毛澤東那時不只一次重提此事，可是直到波匈危機期間，才揭露出社會主義國家中資產階級復辟的真正危險，於是開始執行這個概念。十月十七日，毛澤東與劉少奇、周恩來、鄧小平以及其他領導階層討論這個問題，[30]一個月後在一場與國際青年代表團的會議中，鄧小平宣布：「〔雖然〕馬列主義是我們的指導思想，但在學術問題上可以『百家爭鳴』，我們的方針是自由爭論。不怕爭，真理是愈辯愈明，如果馬列主義被駁倒，那就說明馬列主義不行。」[31]

之後中國看起來像是發生了意識形態解禁。共黨或多或少地放鬆了教育機構的控制，報紙上也出現了表達自由概念的文章。不過，很快就會發現到毛澤東、鄧小平以及其他黨領導人並非要進行自由化。他們並未公開反對自由化，不過有時候他們無法偽裝憤怒之情。因此到了一九五七年一月十二日，鄧小平來到北京清華大學，警告那些過度自由之人如果繼續這樣的精神，就會對他們實施專制。[32]

儘管如此，毛澤東在二月底的最高國務會議上，還是發表了一篇名為〈關於正確處理人民內部矛盾的問題〉的公開演說，他呼籲要加速「百花齊放運動」。[33]鄧小平當然支持毛澤東。「只是因為在批評上犯了錯，就不敢做，不敢說，這是錯的。這是回到過去噤聲與消沉的精神麻痺主宰一切的時代。」[34]

一九五七年五月初毛主席呼籲，在四月底宣布的共黨清洗框架內，進行全面的意識形態與政治多元主義。號召非黨員公民、尤其是「民主黨派」成員，[35]以及其他知識分子來批評馬克思主義與中國共產黨黨員，對黨政策進行誠實大膽的評價，並協助消除官僚主義、主觀主義、宗派主義的「黨內三惡」。中國所有報紙與大眾宣傳手段幾乎有一個月全面開放給對任何政治問題想表達批評觀點的人。五月時，許多知名的非共黨公眾人物參與了由鄧小平領導於北京召開的一系列會議。

然而許多自由派人士開始批評的並非「個人錯誤」，而是批評整個共黨獨裁體制。接著六月八日在毛澤東的授意下，中央委員會發布要對「右派分子」採取反制的指令。共產黨取消了言論自由，回到政治與意識形態恐怖管控的老辦法。

中國共產黨成功執行了大範圍的政治鼓動，現在能使勁連根拔除所有雜草並摧毀其他「壞東西」。[36]在鄧小平跟蘇聯駐中國參事彼得．阿波斯莫夫（Petr Abrasimov）會談中如此評論：「大魚已經在網中。沒有中國共產黨的鼓動，他們〔右派〕不敢開火，並開始如此大規模的行動。右派……像條溜到地面上的蛇，又想溜回去，不過尾巴已經被牢牢抓住。」[37]阿波斯莫夫應該不至於感到驚訝：中國共產黨中央委員會已經在一封密信中事先通知莫斯科方面這場運動真正的目的。這是當時蘇共中央委員會負責意識形態的書記愛卡特琳納．富爾采娃（Ekaterina Furtseva）告訴《新時代》（*Novoye Vremia*）記者瓦列金．別列什科夫（Valentin Berezhkov）：「『百花齊放』是算計來揭露出人民政權的對手，然後剝奪他們拖慢中國發展社會主義的機會。」[38]

毛澤東現在授權鄧小平領導這場對知識分子的鎮壓運動，指派他領導中央委員會內一個新成立的組織，去落實反制與「擠出膿包」。[39]鄧小平樂得接手這份工作。多虧他的行動，在中華人民共和國歷史上，首度將「資產階級右派」的標籤貼在數百萬受過教育的人民身上，其中半數被強制「透過勞改營進行再教育」。他們並非所有人都批評了這個政權，許多人仍然效忠新當局，但卻淪為陰謀與「階級鬥爭邏輯」下的受害者。比方說，在無意間被他人聽到說了「美製的鞋油真的很好」，就足以被逮捕送到勞改營中。[40]不過這點並不會困擾鄧小平，他從來都不是自由派，且無法容忍多元主義。之所以參與了百花齊放運動，只是因為毛澤東要他這麼做。

一九五七年九月底，鄧小平在第八屆中央委員會第三次全體會議上，針對反「右派分子」與黨整風運動提交主要報告。鄧小平總結此次運動的結果，要求在拔除「毒草」之後，要強化馬克思列寧主義宣傳與政治教育。他也跟所有人保證，這場反「右」的決定性鬥爭甚至會以更廣的打擊面持續下去，還解釋處於危急關頭的是「在政治戰線上和思想戰線上的社會主義革命」，也就是解決人民與資產階級「右派」知識分子之間對立的、不可調和的致命矛盾。鄧小平指出，對於敵人，需要運用「揭露、孤立和分化的方法，有的還要用懲辦和鎮壓的方法」，並語帶威脅地警告知識分子，要求「『獨立』和『自由』：

『新聞自由』、『出版自由』、『文藝自由』」是絕對無法接受的。[41]

雖然在文革期間（一九六六—一九七六）鄧小平本人與家人都遭受強烈與不公的迫害，他也對那些無辜之人的遭遇感到後悔，不過終其一生，他從未質疑過以如此憤世嫉俗的挑撥方式進行反「右」鬥爭的合理性。一九八〇年二月，他在第十一屆中央委員會第五次全體會議上，承認「我就犯過錯誤。一九五七年反右派，我們是積極分子，反右派擴大化我有責任，我是總書記呀」。一個月之後，他做出更為平衡的評價：

> 一九五七年反右派鬥爭還是要肯定……我多次說過，那時候有的人確實殺氣騰騰，想要否定共產黨的領導，扭轉社會主義的方向，不反擊，我們就不能前進。錯誤在於擴大化。[42]

鄧小平的後悔來得太遲。當時有大量無辜的受害者死於鄧小平的行動之下。

鄧小平的努力並非沒有受到注目。一九五七年十一月，毛澤東帶著他前去莫斯科歡慶十月革命四十週年。毛澤東用這些字眼跟赫魯雪夫介紹鄧小平：「你看見那位小個子嗎？他聰明能幹，很有前途。」接著毛澤東竭盡全力誇讚鄧小平是「中國與中國共產黨未來的領導人」。「這是未來的領導人，」毛澤東說：「他是我親密的戰友之一。後起之秀……這個人既有原則性，又有靈活性，是難得的人才。」[43]赫魯雪夫本人一年前就已經對鄧小平做了紀錄。「是啊，」他表示同意：「〔波匈事件談判期間〕我也感覺到這個人很厲害。」[44]因為毛澤東在跟赫魯雪夫談論中共其他的領導人時，用了「陰沉的字眼……甚至糟蹋他們」，所以對鄧小平的讚揚就顯得特別了不起。比方說毛澤東談到劉少奇，他說劉少奇「的長處是原則性很強，弱點是靈活性不夠」。他說「朱德同志年齡大了。他德高望重，但不能指望他主持工作了」。他甚至在周恩來身上找缺點（但並未明講），但也說了周恩來是「有弱點能自我批評，是個好人」①。[45]

鄧小平與毛澤東在莫斯科參加了兩場國際會議：一場是社會主義國家共產黨和工人黨的代表會議，另一場是全世界超過六十個國家參加的各國共產黨和工人黨代表會議。鄧小平以中國共產黨的名義，宣讀了針對第一場會議蘇共中央提出的共同宣言修正草案，這份宣言透過確認「堅不可摧的團結」，來終結那場震撼了社會主義陣營的意識形態政治危機。

召開社會主義國家執政黨的會議是出自毛澤東的主意，他擔心社會主義陣營內會發生新的大變動。一九五七年二月初赫魯雪夫附議這個想法，十月二十八日他送出一份宣言②草案至北京，可是不論是毛澤東本人還是中共高階領導階層成員都不喜歡這份草案。[46]他們反對的主要理由是「從資本主義和平過渡至社會主義」的可能性論點。赫魯雪夫在第二十次代表大會中首度清楚表達這個論點，[47]當時立刻激怒了中方，但他們並未公開反對，只在閉門會談上表達他們的不同看法。[48]一九五七年十月底，毛澤東在飛往莫斯科之前跟尤金大使解釋：「我們不會公開討論此問題……因為那對赫魯雪夫同志無益，應該強化他的領導地位。我們忍住不討論我們的觀點，但這並不意味它們不是真理。」[49]

中共領導們也不滿意蘇共第二十次代表大會將「論兩個體系和平共存」與「論在當前時代防止戰爭的可能性」納入此草稿之中。毛澤東決定他們自己擬好一份草稿是個不錯的主意，且在莫斯科準備的話，他還能遊說他的蘇聯同志。他特別討厭「和平過渡」這個問題，並向中宣部主任陸定一與書記們陳伯達、胡喬木解釋，要求他們三人完成一份草稿。鄧小平負責整體工作，楊尚昆會協助他們三人。[50]

這幾個人在十一月三日抵達莫斯科後就開始處理這份草稿。他們在完成草稿之後，便與堅貞的蘇聯黨工中央委員會書記處負責意識形態的主管米哈伊爾．蘇斯洛夫（Mikhail A. Suslov）協調。談判持續了好幾天，鄧小平很有技巧地引領他們，以至於順利讓蘇斯洛夫基本上接受了中方的用字。蘇斯洛夫並不同意刪除關於「和平過渡」的論點，可是鄧小平與其他中方代表主張，資產階級永遠不會和平地把權力讓渡給工人階級，且武裝力量是必要的。[51]因為是「偉大舵手」的決定，鄧小平提議在草案中同時納入兩個觀點：和平過渡與非和平過渡。赫魯雪夫指示蘇斯洛夫接受這樣的版本，而在毛澤東的批准之下，鄧小平也同意把一句對於赫魯雪夫極為重要的話給納入草稿之中；亦即承認第二十次代表大會的「歷史性決定」，不僅對「蘇共和在蘇聯建設共產主義具有重大意義」，更宣示國際共產主義運動「以馬克思列寧主義為基礎促進長遠發展」的新階段開始。[52]因此雙方達成了妥協，鄧小平返回北京後，也將此版本通知了政治局常務委員會。[53]

十一月十九日，毛澤東與其他代表團團長簽署了這份宣言。他自命不凡地跟赫魯雪夫說：「這次你們〔總算〕能夠平等相待。」鄧小平當時也在場。「把會議的宣言搞好，我很高興。過去說是兄弟黨，不過是口頭說說而已，實際上是父子黨，是貓鼠黨。」[54]赫魯雪夫不得已笑了一笑。毛主席的傲慢當然讓赫魯雪夫不悅，不過他佯裝無視。

那幾天赫魯雪夫試著去迎合毛澤東。幾個月前，他才粉碎了由史達林前左右手莫洛托夫所領導的「反黨」集團，毛澤東對此很不高興③。赫魯雪夫現在非常想把毛澤東拉攏成自己人。因此赫魯雪夫把毛澤東以及包括鄧小平在內的中國其他團員安置在克里姆林宮內，讓毛澤東入住沙皇的寢宮（大多數其他共產黨代表團都住在莫斯科外的大宅邸）。赫魯雪夫每天早上都帶上禮物去拜訪毛澤東，陪他參觀文

---

① 編註：毛澤東在談話間未曾提及周恩來的缺點，僅大力稱讚周恩來的外交長才：「這個同志在大的國際活動方面比我強，善於處理各種複雜矛盾。他是非常精明強幹的人，有弱點能自我批評，是個好人。」

② 編註：此宣言全稱是《社會主義國家、共產黨和工人黨宣言》，簡稱《莫斯科宣言》。

③ 編註：莫洛托夫為史達林親信，曾任蘇聯人民委員會主席、蘇聯外交部長、蘇聯部長會議第一副主席等職。因反對赫魯雪夫的「去史達林化」政策，與馬林科夫、卡岡諾維奇（Lazar Kaganovich）、謝皮洛夫（Dmitri Shepilov）等人試圖以布爾加寧取代赫魯雪夫成為蘇共中央委員會第一書記未果，被指控為「反黨集團」而被驅逐出蘇共中央主席團，幾年後這些人都被開除黨籍，黨內外甚至海外各國共產黨也有不少人對赫魯雪夫的決議表達質疑批評。中共雖認為赫魯雪夫對此事的處置不當，但在公開場合仍表示支持。

化景點，還與他進行「親密友善」的會談。[55]不過他還是未能贏得毛澤東的尊敬。在波匈事件之後，毛澤東對赫魯雪夫的敬重全失，甚至當面批評他處置不當。某場宴會上，毛澤東告訴赫魯雪夫：「你的個人脾氣不好，很容易傷人。在兄弟國家之間有什麼不同意見，讓人家講出來以後，慢慢談，著急不行。」[56]

鄧小平自然密切關注毛澤東在莫斯科所教他的這場絕佳外交課程。此次行程結束之際，鄧小平對「老大哥」的敬重已消失無蹤。他同時還讚賞「偉大的舵手」攀到頂點，尤其是他必然注意到毛澤東對他的特別關愛。當然他並沒有聽到毛澤東跟赫魯雪夫讚許他的對話，因為這兩名領導跟其他戰友同志分坐兩處，可是毛主席明顯視他為實際上的副團長。毛澤東跟赫魯雪夫進行私下會談時帶著鄧小平，也跟鄧小平討論談判中最棘手的細節。[57]

因此連鄧小平自己也頗感驚訝，正是這次莫斯科之行，讓他終於得知深藏在毛澤東內心、有關於如何以「快、好、省」的原則建立中國式社會主義的想法。有些理念是包含在毛主席〈論十大關係〉的演講之中，鄧小平先前就已然了解。十一月十八日在共產黨和工人黨代表會議上，毛澤東突然宣布中國在十五年後鋼產量要超越英國，[58]鄧小平對此熱烈地鼓掌。

當然毛澤東是在喜好浮誇的赫魯雪夫影響之下做出此宣言。赫魯雪夫在數日之前的十一月六日蘇聯最高蘇維埃紀念會議上，大聲宣示蘇聯將在未來十五年內不僅趕上美國，甚至超越美國。[59]不過傾向冒進主義一直都是毛主席的特色。[60]

鄧小平在回到中國之後，以誠摯的熱忱開始遵循新的路線。部分高階領導人過去對於移轉至社會主義的速度抱持相當大的疑惑，這時候也選擇相信「偉大的舵手」。鄧小平日後回憶：

> 大躍進，毛澤東同志頭腦發熱，我們不發熱？劉少奇同志、周恩來同志和我都沒有反對，陳雲同志沒有說話。在這些問題上要公正，不要造成一種印象，別的人都正確，只有一個人犯錯誤。這不符

> 合事實。中央犯錯誤，不是一個人負責，是集體負責。[61]

一九五八年一月，毛澤東在杭州與南寧召開了高階幹部會議，會中嚴厲批評那些反「冒進」之人。他在杭州宣示「意識形態與政治掛帥」，並在南寧刻薄地批評周恩來，警告他還有「某些同志和右派只剩五十公尺了」。[62]總理感到相當煩悶，做了自我批評。之後他跟秘書解釋他錯誤的主要原因是他早就「落後毛澤東同志」。他憂傷地表示：「我必須好好讀毛澤東思想。」[63]毛澤東提議換掉周恩來的總理職務，代以當時擔任中央委員會華東局第一書記的知名左派柯慶施。可是過沒多久，周恩來請求退休，毛澤東也就寬宏大量地原諒了他。[64]

一月三十一日，毛澤東以〈工作方法六十條〉這份重要文件來總結兩場會議的結果，文中毛澤東在經濟上提出「大躍進」的路線，推出「苦戰三年」口號，他再度表示決心要「用十五年的時間趕上或者超過英國」。雖然在這個場合上，他並未否認或許需要「更多一點時間」才能達成，但他呼籲：「我們需要使盡全力。」[65]

鄧小平並未參與這場一月的會議，不過他緊密追蹤會議的進程。他從中得到啟發，回憶說：「一九五八年……我確實高興。」[66]鄧小平受到毛澤東的魅力蠱惑，自己的意志似乎完全癱瘓，不論是對中國的經濟條件或領袖的藍圖，全都無法再做批判性的評估。鄧小平把「偉大的舵手」當成上帝般的信賴，盲目地跟從毛澤東。在這點上，他和其他高層領導全都一個樣。[67]有名在場者寫道：「每個人都爭相跳上這班開往烏托邦的列車。劉少奇、鄧小平、周恩來與陳毅這些曾經能拉住毛主席的人，都只有一種聲音，那就是毛澤東的聲音……每個人都困在這場集體歇斯底里症的烏托邦。」[68]

二月中，鄧小平在四川告訴當地幹部：

> 在建設社會主義問題上，有兩種方法的鬥爭。一種是搞得快一些，一種是搞得慢一些。毛主席和黨

> 中央的方法，就是根據客觀可能的條件，加快建設。搞建設也要有革命家的態度，要積極創造條件搞快點……這是我們的正確態度。[69]

此時毛澤東散發著能量，催促「遲滯落後者」。毛澤東不斷在國內各處走動，以難以置信的精力迫使黨幹部落實他的冒進藍圖。他對經濟學了解有限，不過對自己不會犯錯卻有無比的熱誠、意志和信念。他不會做出具體回應，因為基本上根本不知道如何超越英國，僅是激昂地渴望能夠達成。毛澤東特別著迷於鋼鐵和糧食這類經濟成長指標的大幅增長。他不明所以地視這些指標為基礎數據。他還要求領導幹部要去試驗，承諾不會以「左派」或「主觀主義」去「痛批他們」。[70]毛澤東了解一件事：中國跟其他國家相比擁有個龐大優勢，也就是可以仰賴巨大的廉價勞動力。

在一九五八年三月於四川省會成都的一場領導幹部工作會議上，儘管幾乎所有人都已經盲目追隨毛澤東，毛主席還是指控他們保守並盲目效法蘇聯。那時也是其中一員的鄧小平自我批評，他承認：

> 反冒進是不好的，挫傷了群眾和幹部的積極性。我對於這場鬥爭，在一個短期之內是有過模糊認識的，沒有意識到黨內有什麼兩條路線的不同。在某些問題上和一些同志有共同的看法，也曾設想過基本建設和某些事情是不是慢一點好，是不是謹慎一點好。[71]

四月，鄧小平跟蘇聯大使尤金提到：「我們……正在考慮如何用多種形式把接下來的工作交給人民：在二十五年內或更久的時間追上美國。」就鄧小平的觀點而言，此種口號有助於推動民眾奮力向前。[72]

如果同志承認「犯錯」，毛澤東是會原諒他們。因此毛澤東對鄧小平從保守派轉為「大躍進」積極的擁護者感到相當滿意。

一九五八年五月，依照「偉大的舵手」指示在北京召開第八屆全國代表大會第二次會議，要對兩年前通過的《關於發展國民經濟第二個五年計畫的建議的報告（一九五八—一九六二）》加以重新考慮。報告中所規定的國民經濟成長率已經無法滿足毛主席，因為報告中的鋼產量到一九六二年時只達到一千零五十萬噸至一千兩百萬噸。為了要超越英國，需要真正的大爆發，尤其是因為此時毛澤東已斷定中國能在七年內讓鋼產量超越英國，而非先前的十五年時間，煤產量的超越則是在兩三年內。

劉少奇此時已經完全順從黨領導人，提交主要報告。鄧小平則依據毛澤東的指示，針對莫斯科的會議做出報告。[73]第二次會議的代表們當然熱烈支持這兩份報告，並通過了中國共產黨以「鼓足幹勁、力爭上游、多快好省地建設社會主義」為準則的新總路線。[74]

黨大會通過進行「大躍進」。毛澤東即刻愉悅地宣布來年，也就是一九五九年，就會趕過英國。這意味著一九五八年中華人民共和國要生產一千零七十萬噸的鋼，產量得加倍；到了一九五九年就是兩千萬到兩千五百萬的鋼產量。不久之後，毛澤東重新檢閱這份數據：他希望在一九五九年達到三千萬噸。那麼在十五年之後的一九七〇年代中期，毛澤東算出的年產量是七億噸，或是英國人均鋼產量的兩倍。即便是計畫最初展望在一九六二年幾乎可以達到兩億五千萬噸，毛澤東在一九五八年時，還想讓糧食產量翻倍成長到三億至三億五千萬噸。[75]

清楚定下這份計畫後，幹部和群眾開始工作。鄧小平極端地積極，每天都與毛澤東、政治局委員、書記處書記們討論經濟發展問題。

毛主席非常滿意鄧小平這名「中國與共產黨未來領導人」在莫斯科談判期所扮演的角色，於此同時，鄧小平也在毛主席的指示下開始投入更多心力在國際事務——首先就是要處理中共與蘇共之間日益複雜的關係（直到那時鄧小平除了書記處的整體領導工作之外，直接涉入的只有宣傳與農業部門，與蘇共和國際事務的關係是由王稼祥處理）。[76]

一九五八年夏，與克里姆林宮領導階層新一回合的談判把鄧小平捲了進去。七月二十一日傍晚，毛澤東召見鄧小平，跟他解釋剛剛才返回北京的尤金大使請求緊急會面一事。跟著鄧小平一起來到的還有政治局常委們，尤金本人在兩名大使館官員的陪同下也馬上到場。在問候與例行性談話後，尤金向毛澤東呈遞蘇聯領導階層一份針對蘇聯與中國建立太平洋聯合艦隊的提案。毛澤東提問由誰掌握艦隊，不過大使並不知道，因為赫魯雪夫沒有表明。毛澤東變得很火大，尤其是因為四個月之前，中國領導階層收到蘇聯國防部長羅迪安．馬林諾夫斯基（Rodion Malinovsky）的來信，其中包含一份蘇方提議在中國境內共同建造追蹤蘇聯太平洋艦隊船艦的雷達站。毛澤東與包含鄧小平在內的中國其他領導人看過那些提案，認為那是侵犯中國主權。[77]

翌日，毛澤東對著尤金說教了五個半小時，在場的有鄧小平以及中國其他領導人。他說：「你昨天離開後，我睡不著，也吃不下。」尤金婉轉地建議毛澤東直接與赫魯雪夫討論這些問題，不過毛澤東表示「或許不會召開」高峰會議。[78]

尤金也很生氣，以至於幾天之後因為嚴重的動脈瘤與右半身暫時麻痺而臥病在床。七月三十一日，赫魯雪夫突然親自飛往北京，決定要與毛澤東本人會商。赫魯雪夫的意圖是相當正直的，單純想逐步發展「共產黨與社會主義國家的國際利益」，但他後來也表示那已被誇大解讀。[79]

毛澤東與他會面，聆聽他的解釋（赫魯雪夫日後表示「我竭盡可能地道歉」），[80]不過毛澤東非但未立刻原諒他，反而把從史達林時代以來他所累積的羞辱和憤怒，一吐為快。

在第一場與赫魯雪夫的會談中，毛澤東在所有的戰友裡頭只找鄧小平與會，鄧小平現在成為中蘇關係的首席專家。在開始會談之前，毛澤東不是忘記已經跟赫魯雪夫介紹過鄧小平，就是不相信赫魯雪夫還記得這件事。他說：「這是鄧小平同志，我們的總書記。」還補上：「你別看他個子小，但是他是我們淮海戰役的總指揮、前委書記，在中央主持日常工作，所以今天由他來主要跟你談。」[81]然而誠如會議速記紀錄所顯示，絕大多數時間都是毛澤東在講話，鄧小平只是偶爾即時反駁。[82]只有在隔天的會談，鄧小平才透露出他的性情以及精明的論證能力。依據口譯官閻明復的說法，毛澤東在某些時候會退開並放任鄧小平去攻擊赫魯雪夫，而鄧小平「指出了蘇共想干涉我們國家（中國）的主權、控制我們

〔中國共產〕黨的一系列的事實」。[83]

這次拜會讓蘇聯領導人殫精竭慮。毛澤東有天把會談地點移到游泳池，他覺得在那能夠很放鬆，可是這卻讓赫魯雪夫一點都不輕鬆。「偉大的舵手」划過平靜的水面，向他的客人展現他精熟的泳技，而不太會游泳的蘇共首領則不知所措。赫魯雪夫甚至連晚上都無法放鬆，因為他在所住的別墅內飽受蚊子侵擾。他跟毛澤東說：「我們現在在中國了，甚至連蚊子都幫你忙。」[84]赫魯雪夫在回國之前試圖「在一場危局中扭轉局勢」，指著鄧小平跟毛澤東開玩笑說：「我最怕的就是你們的這個小個子。」[85]或許矮小的鄧小平讓赫魯雪夫想起在潮濕的北京夜晚那些貪婪吸血的昆蟲滿懷惡意地咬他。

毛主席跟一名隨扈說他是如何對待赫魯雪夫的，就像「用針扎驢子屁股」。[86]毛澤東指示鄧小平要跟中共所有省市、自治區的黨委第一書記們簡報當前的中蘇關係。[87]

可是不論是毛澤東抑或鄧小平，都無法長時間關注在赫魯雪夫身上。一九五八年秋，大躍進的態勢達到頂點。為了把有效的勞力運用發揮至極致，以及動員群眾去建設各種不同的灌溉計畫，在城市與鄉下地區建立起容納一萬戶或更多戶數的大型人民公社。人民受到短期豐饒的前景鼓舞，不僅努力工作，同時也建立共產關係。削除薪資與私有土地，轉變成「各盡所能、各取所需」的原則。從家禽甚至連餐具都是集體化。試圖發揮勞動力產能到極致，建立起提供免費食物的集體食堂取代家家戶戶的廚房。毛澤東很滿意自己這項想法，並宣布：「在城市和鄉下，我們都得把共產主義想法灌輸到各地社會主義秩序之中。」[88]

鄧小平也醉心於人民公社。「人民公社具有異常強大的生命力，農民們說，它是『雷打不散』的。」他還寫道：「在我國條件下，人民公社是加速農村社會主義建設的強有力的武器，也是將來農村由集體所有制向全民所有制過渡和由社會主義向共產主義過渡的最好的社會組織形式。」[89]

一九五八年八月，毛澤東認為「已經解決糧食問題」，因此決定專心在冶金問題上。[90]在整個國家內有如傳染病般地建造原始的鼓風爐。不論男女老少都開始把他們手上的任何東西熔成鐵：廢鐵、門把、鏟子、鍋碗瓢盆。

鄧小平整個一九五八年秋天都在奔波視察人民公社、工廠、教育機構或其他地點。高階領導人在當時馬不停蹄地走訪國內各地。毛澤東親自樹立典範。九月，鄧小平在東北研究局勢；十月，他到天津與河北省視察；十月底到十一月初，他來到故鄉的西南地區。他和黨幹部、黨員、工人、學生、教師和醫生會談，發表演講並討論問題。鄧小平遵循毛澤東路線，慷慨激昂地堅稱：

我們不僅要建成社會主義，還要向共產主義過渡……搞鋼鐵就是搞共產主義，是戰略任務……堅決搞一批相信這個道理的人去試驗……公社組織起來要注意骨幹……要敢想敢做……只要人的思想解放了，就能更多地掌握科學技術，充分發揮和挖掘物質的力量……公社的食堂要辦得好一些，使農民感到比過去在自己家裡還吃得好，這樣才能顯示出公社和集體化的優越性。

鄧小平對短期的未來描繪了一幅令人印象深刻的景象：每人每年會有三十公斤的豬肉、每天兩公斤多的穀物和四分之一公斤的蘋果，所有婦女都會穿著高跟鞋還塗上口紅。他大聲疾呼：「我們要多少就有多少！」[91]

人們都點頭同意。有個模範農民宣稱他一畝地就生產了七萬斤（約三十五公噸）稻米，當時中國每畝地的產量也只有約四百斤，因此這讓鄧小平印象深刻。[92]

當時就是這樣的情況。毛澤東本人就是吹牛總司令，因此所有人都擔起了無法完成的責任也就不讓人意外。有名見證人說：「人們全都爆發出難以置信的熱誠，似乎只要再多那麼一點力氣，他們就能夠移山。那時我會彈點鋼琴，因此著手在兩個月內寫出了一齣歌劇。」[93]

鄧小平在四處巡視時，偶爾才顯露出疑慮。他建議河北④的地區領導：「工資拉平，是平均（即消除工人與農民、城市與鄉村、勞心與勞力者之間的差異），不是平等。現在講各取所需還早著呢。」他也告訴遵義⑤的黨幹部：「……要允許人們有選擇的自由……大集體，小自由。」[94]

鄧小平在廣西開始對原始鼓風爐熔化而得的鋼品質表示不滿。[95]這可以理解，畢竟鄧小平曾經在法國施奈德鋼鐵廠短暫工作過，還有誰能比他更清楚小型鼓風爐是無法產出真正鋼材的？

一九五八年十一月，毛澤東本人也開始擔憂。中國領導階層的注意力已經從穀物問題轉向「大煉鋼」，收穫稻米和其他穀物的工作已經落到婦女、老人與孩童的肩膀上。雖然他們毫不間歇地工作，還是無法產出非比尋常富饒的糧獲。糧食短缺問題蔓延開來，毛澤東下令減緩大躍進的腳步。鄧小平日後表示：「當時，經過幾個月的時間，毛主席首先很快地發覺了這些錯誤，提出改正這些錯誤。」[96]

毛主席現在指示鄧小平要草擬一份十五年建設社會主義的計畫，並要求有關轉移至共產主義部分要謹慎小心。[97]很快地，在十一月底召開的中央委員會第六次全體會議中，通過了依據毛澤東想法，由鄧小平草擬出非常溫和的〈關於人民公社若干問題的決議〉。[98]鄧小平闡述：

> 我們必須劃清集體所有制和全民所有制的界限，必須劃清社會主義和共產主義的界限。目前的人民公社基本上是集體所有制的性質，不能說就是全民所有制，只是含有全民所有制的若干成分。我們的任務是建成社會主義，逐步增加共產主義的因素，為過渡到共產主義準備條件……按勞分配原則

④編註：作者誤植為湖北。鄧小平是於十月中旬視察河北保定地區時做這番講話，見楊勝群、閻建琪等編，《鄧小平年譜（一九〇四—一九七四）》，下冊（北京：中央文獻出版社，二〇一〇），頁一四六二。

⑤編註：作者誤植為廣西。鄧小平是在視察貴州遵義大風暴公社，談到社員食衣住行等生活問題時提到這個觀點。見前註，頁一四六七。

在社會主義建設時期，具有積極的作用，不能加以否定。[99]

就在這場全會中，毛澤東正式提出要求辭去中華人民共和國主席職位，並建議由劉少奇取代。大會一致接受他的提議，強調「這是毛澤東同志主動請求，不再擔任國家主席一職，能全心全力致力於黨中央委員會主席的工作」。[100]

在此時，不論是毛澤東、鄧小平還是其他領導人都不急著公開承認錯誤。即便是一九五八年的穀物收穫量只有兩億噸，比計畫中的三億到三億五千萬噸要少，還是完成了把糧食運往國外（主要是運到東歐社會主義國家）的預定計畫。結果就是透過徵稅和以低價強迫收購穀物，幾乎奪走農民的所有收穫。周恩來公開承認：「寧可中國自己少吃或是不吃，少用或是不用，就是要履行對外已簽的合約。」鄧小平提議，如果大家能省下幾顆蛋、半公斤的肉、半公斤的油、六公斤的穀物，整個出口問題就會輕易地消失。其他領導人也無反對。[101]

結局是中國爆發饑荒。在從一九五八年至一九五九年間的冬季，根據各種不同數據顯示，有兩千五百萬農民處於挨餓狀態，七萬到十二萬人餓死。[102]鄧小平強烈感受到當前的狀況，對他而言已經來到做出決定的時刻：不是反對毛主席，就是不理會慘不忍睹的數百萬無辜人民，繼續跟隨毛主席。

第十二章

存在與意識

洞見並未立刻出現。毛主席依然認為這些難關都只是暫時的，整個一九五九年間，鄧小平持續跟隨他的路線。二月中，儘管經濟局勢明顯惡化，毛澤東仍堅稱：「總而言之，一九五八年，我們的成績是偉大的，缺點錯誤是第二位的，是十個指頭中的一個指頭。」[1]他開始迫切要求繼續推行大躍進。隨著春季將到，鄧小平也激發出一掃先前疑慮的熱情。他鍥而不捨地強調「巨大成功」、「全面團結」、「修正總路線」，重複地表示：「去年是全面大躍進，各方面發展很快。」[2]

可是鄧小平在一九五八年底的演講之後，開始出現更為批判的傾向。一九五九年一月，他承認：「工業出亂子，可能把整個國家計畫搞垮。」他在四月時又表示：「現在看得明白，如果不根據客觀的可能來制定計畫，就難免在執行的過程中做一些不適當的安排，造成一些人為的困難。」他認為失敗的主要原因是一九五八年黨內興起的「浮誇風」。[3]

不過，這樣的演說當時並未引起毛主席的不滿，因為針對那些欺瞞他穀物收成量的地方幹部，毛主席已經親口表達憤怒之意。[4]他說：「我們現在必須抑制激情……如果我們努力趕過蘇聯，會不會是個國際性錯誤？考慮到相互利益，我們必須堅持辯證法。辯證法發展迅速，已經接近此問題的解決方案。」[5]

鄧小平同樣概略性提起問題，承認毋須趕著去打破「國際紀錄」，同時繼續追隨毛澤東。他建議改善方法，毋須改變路線：「沒有制度的要建立制度，一行一業地搞」，還要恢復管理企業和工資的「過去好的制度」，並嚴格遵守每日八小時工作時數以及鼓勵批評和自我批評。關於此點，鄧小平跟「領袖」一樣，繼續主張大躍進在一九五九年還要持續下去。[6]在此時期，鄧小平和毛主席之間並無不和之處。

一九五九年春，鄧小平指示新華社去收集關於建立人民公社問題的資訊，因為不論是毛澤東還是他，都不再相信地區提出的報告。接著鄧小平和周恩來派遣五個檢查小組去管理煉鋼工作。他們應該是去調查情勢，且如有必要就關閉部分鼓風爐並將人力轉到農業生產之上。[7]二月，鄧小平與彭真、李富春和楊尚昆親自調查華東地區的狀況，走訪了上海、蘇州與濟南。鄧小平在上海提醒黨的經濟激進分子，毛澤東那幾乎被人遺忘的一九五六年第八次全國代表大會開幕致詞：「虛心使人進步，驕傲使人落後。」[8]

此種行為有助於強化他在上層權力階梯中的位階。一九五九年四月初，毛澤東在中央委員會（第八屆）第七次全體會議上宣布：

> 權力當然不只集中在常委和書記處，但是總要有一個核心機關，經常注意問題。中央的主席是我，常委的主席是我，所以我毛遂自薦為元帥。[9]書記處的總書記就是鄧小平，你就當個副元帥。行不行？毛澤東為元帥，（毛澤東指向鄧小平）鄧小平為副元帥。（毛澤東環視了與會者）你們贊不贊成？如果贊成，就照這樣辦。就如大家說的，「一朝權在手，便把令來行。」唐朝人的兩句詩。鄧小平，你掛帥了，一朝權在手，便把令來行，你敢不敢呀？[10]

鄧小平必定也強調了這些話語，不過他行事謹慎，自然不急著仗勢欺人。他仔細聆聽毛主席對於國內外局勢的講話，也不會置劉少奇、周恩來與陳雲這些同志的話語於不顧。不過這些人並未說出什麼特別高明之語，只是跟毛澤東一樣寧可咒罵地方幹部提供膨脹的統計數據，抱怨當前的困境，呼籲調查以及預言短期內經濟會暴漲。

只有一道有如青天霹靂的聲音：政治局委員兼國防部長彭德懷元帥。一九五九年七月十四日七中全會後的三個半月，大膽的彭德懷寫了封私信給毛主席，批評大躍進。信中推翻「政治掛帥」的口號，並譴責黨內盛行的「小資產階級狂熱」、「左傾」與「主觀主義左傾」。[11]彭元帥孤身行事。他之後表示未曾在高階領導階層中（劉少奇、周恩來、陳雲、朱德、林彪與鄧小平）尋求過其他人的支援，因為他們全都沒有勇氣公開譴責錯誤的路線。[12]

鄧小平仍是一名官僚，並沒有在直接捲入反對毛主席的遊戲之中出牌。然而就算他突然違背了自己的信條，他還是無法對彭德懷施以援手。這名豪情萬丈的元帥撰寫這封信時，鄧小平因為命運的轉折而暫離職務。七月初，他在離中南海不遠的一間菁英俱樂部中打撞球時滑倒了，失去平衡跌在石頭地板上，摔斷了右腿骨，因此住院治療。討厭鄧小平與西方撞球的紅衛兵多年後寫著：「這是放蕩成性的鄧小平罪有應得的懲罰。」[13]鄧小平這次跌得很嚴重，得立即開刀並在醫院休養三個月。毛澤東的醫生①當時也負責照料鄧小平，依他的暗示來判斷，鄧小平當時除了腿傷之外，就是顧念一名照顧他的年輕護士。結果那名女孩懷孕了，她被解職並被迫人工流產。[14]不過該名醫生的話或許也應存疑。當鄧小平還用兩腳走動時，並未曾去追女孩子。可是誰又知道呢？或許髖部骨折有所影響，改變他那對女性清教徒般的關係。

鄧小平關在醫院時，錯過了一九五九年七月至八月間，於江西省廬山所舉行的政治局擴大會議和中央委員會全體會議。毛澤東在會中猛烈攻擊彭德懷。毛主席視彭德懷的信為「右傾機會主義」的綱領，

① 譯註：即李志綏。

很可能是為了「爭取群眾，組織隊伍」。會議結束後，彭德懷被逐出政治局並解除了國防部長的職務（林彪為新任國防部長）。支持彭德懷的也同樣被開除，包括湖南省委第一書記周小舟、外交部副部長張聞天、人民解放軍總參謀長黃克誠和毛澤東的秘書之一李銳。[15]

鄧小平在病榻上尖銳地抨擊彭德懷和他的「同謀」，而毛澤東也期望他這麼做。此時，正如一直以來，毛澤東都很滿意鄧小平。九月底，在重組中央軍委會時，鄧小平成為指揮軍方的最高權力機構常務委員會的委員之一。[16]在此之後鄧小平於一篇建國十週年的文章中，申斥「少數右傾機會主義分子，看不見一九五八年以來的大躍進運動和人民公社運動的偉大成就，竭力誇大群眾運動中的某些已經克服了的缺點，藉以非難黨的建設社會主義的總路線」。[17]這篇文章幾乎同時出現在蘇共和中共的主要印刷媒體——《真理報》（*Pravda*）與《人民日報》。

九月底到十月初這段時間，鄧小平回到實務工作上。醫生建議他不要過度工作（一天不要工作超過四小時），因此直到一九五九年底之前，他只進去辦公室幾次。多半時間他都待在家中打牌（尤其是打橋牌，那是一九五二年時有個四川朋友教會他的），經常與家人到中南海的戲院看戲，還有在卓琳與保鑣張寶忠陪同下散步去運動他的右腳。鄧小平散步時還是一如往常般陰鬱無語。他拄著枴杖，一步步地走著。不過卓琳和張寶忠注意到他隨時不斷地在想事情。[18]

我們只能臆測鄧小平在思索些什麼。一九五九年那年糧食歉收，部分是因為天然災害。人民公社中的農民想方設法只能收穫一億七千萬噸的穀糧，這要比一九五八年的收穫量還低十五個百分點。可是增加農業稅多出了一千八百六十萬噸的糧食。因此發生了全國性的普遍饑荒。整個國家處於人道災難的邊緣，大躍進已然失敗。

此次失敗與彭德懷的大膽舉措迫使鄧小平反覆重新思考局勢。這就是他所戮力以求的「光明未來」嗎？不是，毛澤東的理論性與實務性指令都與這名總書記在莫斯科所研習的馬克思主義不合。馬克思聲稱「存在規定了意識」，但毛澤東卻論證以意識形態與政治為優先。這些相反的立場無法調和。

持續惡化的中蘇關係也困擾著鄧小平。在這場與蘇共領導人之間的論戰中，個人因素扮演了重大角色，不過在此種情況下，鄧小平相信過錯是在赫魯雪夫身上。毛澤東自大的行為激勵了鄧小平民族主義的回應，而赫魯雪夫笨拙的表現喚起了不滿與憤慨，這都是可以理解之事。外國人長久以來壓迫中國，而最近這場爭議在中國人之間增添了民族主義的委屈感。對於彌補超過一世紀之久的屈辱，優柔寡斷的赫魯雪夫看起來像是個合宜的目標。不過就某種程度而言，赫魯雪夫認為已經受夠了，且他了解毛澤東並非單純對他不敬而已。因此他也採取攻勢。游泳池談判一事特別讓他倍感羞辱，此事也確實「政治不正確」。通常而言，毛澤東在態度上從不思隱藏他對蘇共領導人的輕蔑，這回終於激起了反應。

一九五八年十月三十日，赫魯雪夫在蘇共中央委員會主席團會議上堅持「和緩地削減與中國之間的貿易」。[19]十二月一日，他在克里姆林宮與美國參議員休柏特．韓福瑞（Hubert Humphrey）進行馬拉松式會談，明確譴責中國領導階層的國內政策。[20]毛澤東馬上經由自己的管道得知此事，他從來沒料想到「大老粗」——毛澤東跟他老婆江青形容這名蘇聯領導人的用詞——赫魯雪夫竟會如此開棋。[21]不過這名蘇共領導並未就此沉靜下來。一九五九年一月，他在給蘇共第二十一次代表大會的報告中批評「平均式共產主義」（egalitarian communism），將它與「戰時共產主義」（war communism）——列寧與布爾什維克黨人在俄羅斯內戰（一九一八—一九二一）期間嚴酷的體制——做對照（赫魯雪夫日後宣稱他當時只是「順道」帶過，可是他確實在這個議題上用了一整段的論述）。[22]雖然他是泛指，並未特別譴責中國，但與會的周恩來、康生與中國其他代表都了解其意並憤怒異常。這正是赫魯雪夫的意圖。他回憶道：「他們在聽完我的評論與讀到報告內容之後，毋須再進一步跟他們解釋我們對『大躍進』採取負面的看法。這樣的情勢顯然也無助於深化我們的友誼。相反地還造成冷淡。」[23]

六月二十日，赫魯雪夫揮出更為簡單明瞭的一擊，突然之間取消一九五七年十月十五日在莫斯科所簽訂，承諾提供中國生產核子武器技術的協定。[24]他之後又表示：「他們猛烈譴責我們……這不就讓給了他們原子彈的我們，顯得像是愚昧順從的奴僕嗎？」[25]七月十八日，他在波蘭的波茲南（Poznań）公開尖銳地抨擊「公社」，表示那些正玩弄此概念之人「不了解共產主義的意義，也不知建構共產主義的方法」。[26]

毛澤東肯定是氣急敗壞地對這一切加以回應，不過他的回應暫時沒有針對赫魯雪夫。他甚至在政治局擴大會議中通過一個特別的決議案，要讓（當下）看起來像是沒發生過事情一般。[27]可是一九五九年九月三十日，赫魯雪夫為了與中國建交十週年的會談飛往北京。衝突變得無可避免。

鄧小平當時身體不適，因此並未參與此場新高峰會。他只有和赫魯雪夫與老友蘇斯洛夫握手，而蘇斯洛夫在十月一日國慶的前夕抵達北京（儘管鄧小平跌斷大腿，還是到天安門廣場參加了遊行和閱兵）。[28]他當然立刻就得知十月二日舉行的會談氣氛是非比尋常的火爆。討論的核心問題是：蘇中與美國之間的關係，其中包括台灣議題；以及莫斯科對於一九五九年八月底點燃的中印邊界衝突②的回應。第一個問題起因於九月時赫魯雪夫訪問華盛頓與美國總統艾森豪（Dwight Eisenhower）會面，中國共產黨領導人當然視美國總統為首要敵人。第二個問題來自於赫魯雪夫希望在他與艾森豪會面之前避免紛爭，因此在中國與印度的衝突中並未支持這個兄弟之邦。九月九日塔斯社③發布對中印邊界局勢的聲明，清楚地指出蘇聯的中立態度。這些議題基本上涉及蘇共第二十次代表大會中所聲明的和平共存政策，而這正是中共認定為錯誤的政策。

在兩名社會主義國家領導人先前的會議之中，從沒能出現如此白熱化的憤怒。不論是赫魯雪夫抑或毛澤東都不想理解對方。從一九五八年起擔任中國外長的陳毅元帥直接坦白地聲明中國的立場。他堅稱蘇聯的政策是「機會主義與遷就主義」。赫魯雪夫勃然大怒開始咆哮：「瞧這個左派。陳毅同志，你要小心，如果你轉向左派，可能最後是成了右派。橡樹雖是很堅硬，但還是會斷。」毛澤東支持陳毅說：「……那麼我也送你一頂帽子，就是右傾機會主義。」赫魯雪夫：「我們不會接受。我們走的是有原則的共產主義路線。」他那對小眼睛還眨了眨。

> 為何你們可以批評我們，大哥就不能責備你們？你，毛澤東同志，在某場與尤金同志的會談上嚴厲批評蘇共，且我們接受這項批評……結果是你們能責備我們，我們卻不能……你們不能容忍反對意見，你們相信自己才是正統，這才是你的傲慢所透露出來的情況。陳毅扣我們帽子，還是個政治性帽子。他有什麼立場可以這麼做……收回你們的政治性指控，否則我們將會降低兩黨之間的關係。

毛澤東試著跟赫魯雪夫講道理，可是赫魯雪夫罵個不停：「如果誠如你們所言，我們是遷就主義，陳毅同志，」他大吼著：「那麼別把你的手伸出來，我是不會去握的！」陳毅毫不退讓，可是毛澤東用安撫的口氣說：「陳毅說的是個別事項，你不該囊括一起。」王稼祥接著說：「整件事是翻譯錯誤。陳毅並沒有說你們把遷就主義當成某種教條。」[29]

但這也無法讓赫魯雪夫冷靜下來，他決定縮短訪問行程，隔天就飛離北京。離開之前，他在機場依然對陳毅大吼，可是毛澤東不再介入。就在離開之際，毛澤東好像突然想起赫魯雪夫在波茲南對人民公社的評論，毛澤東說：「我向你解釋一下，我們的人民公社不是從上面布置下去的，是群眾自發搞起來的，應該支持。」[30]可是赫魯雪夫對毛澤東的解釋不感興趣。抵達莫斯科後，赫魯雪夫向主席團成員進行簡報，他要求「與中國友人的討論紀錄不該保存為文件，而該銷毀」。[31]蘇共與中共雙方領導人之間的分裂已然成為事實。

毛澤東提起人民公社僅僅是要保留面子。這些公社早就失敗，「偉大的舵手」也無意在經濟議題上

---

② 編註：中印兩國為了邊界劃定問題，於一九五八年底至一九五九年間多次書信往返討論。印度尼赫魯（Javāharlāl Nehrū）政府認為中印邊界已確定，並要求中國接受邊界東段的「麥克馬洪線」（McMahon Line），以便將藏南地區歸為印度領土，但中國政府始終不予承認。八月底印度軍隊越過邊界向北推進至「麥克馬洪線」並建立哨所，中印雙方交火。

③ 編註：塔斯社（Telegraph Agency of the Soviet Union，縮寫為TASS）為蘇聯的國家通訊社，於一九二五年成立。

進行論戰。在與蘇共的爭論中，毛澤東唯有就國際關係、和平共存、和平過渡等政治領域上才感到信心十足。

正是在這些場域裡毛澤東決定要對赫魯雪夫公開宣戰。十月初，毛澤東已然開始指稱赫魯雪夫「有修正主義的傾向」。在十二月初於杭州的政治局擴大會議上，毛澤東甚至堅稱：

> 赫魯雪夫不是一個好的馬克思主義者……他的宇宙觀是實用主義，思想方法是形而上學，有大國主義，有資產階級自由主義……從同赫魯雪夫這麼多次接觸看，這個人不大懂馬列主義，比較浮淺，不大懂階級分析的方法，有點像新聞記者，隨風轉，容易變。

毛澤東也注意到赫魯雪夫有時說話是興頭上衝口而出，是個極端的主觀理想主義者。不過，毛澤東表示希望蘇聯領導人會修正路線：「〔否則〕蘇聯黨內會有力量來糾正他……如果不改正……可能是八年之後，他將完全破產。」[32]一九六〇年一月，毛澤東在上海的政治局擴大會議中，呼籲要在媒體上公開與蘇共進行論戰。[33]

與此同時赫魯雪夫並非僅是呆坐一旁。一九六〇年二月初，他在一場華沙公約政治諮商委員會（Political Consultative Committee）的晚宴上喝得酩酊大醉，並在中國觀察員康生面前開始咒罵毛澤東：「如果一個老頭子不明智，等於是一雙破套鞋④，實際上是擺在那個角落裡當廢品，沒有用處。」[34]康生立刻告知毛澤東。毛澤東指派宣傳人員準備文章攻擊這名「當代的蘇聯修正主義分子」，時間點與列寧九十歲冥誕（一九六〇年四月二十二日）同一天。鄧小平與其他效忠毛澤東的信徒希望能平撫「偉大舵手」的心靈傷口，提議重新恢復似乎已經被遺忘的詞彙「毛澤東思想」。此舉顯而易見是要激怒赫魯雪夫。在三月底的高階幹部會議上，鄧小平表示：「在國內一般可以提『馬克思列寧主義、毛澤東思想』。這樣提就把兩個聯繫起來，〔而〕不是兩個東西。中間一個頓點，就是表明互相有聯繫的」，以及

「毛澤東思想堅持了馬克思列寧主義的普遍真理，並且在馬克思列寧主義的寶庫裡面增添了很多新的內容」。[35]

劉少奇也同樣談到支持毛澤東思想，最後，「偉大的舵手」終於同意在宣傳中使用毛澤東思想這個語詞。

一個月後，中共中央委員會的理論性刊物《紅旗》以及黨報《人民日報》分別刊出兩篇論戰：〈列寧主義萬歲〉與〈沿著偉大列寧的道路前進〉。兩篇文章滿是引用列寧、馬克思和恩格斯的話語，反對赫魯雪夫「〔資本主義和社會主義〕兩個制度和平共處」的政策，以及「從資本主義和平過渡為社會主義」可能性的論述。俄方的回應相當疲弱。蘇共的理論家無法從這些典範人物中找到強有力的論述，去為第二十次大會的外交政策路線訂立基調。[36]一九六〇年夏末，美國國家安全委員會（National Security Council）成員也在緊密追蹤這些事件的發展，開始慎重考慮蘇聯是否會採用對付托洛斯基的手段，也就是暗殺的手法拔除毛澤東這個眼中釘。[37]

六月初在北京召開「世界工會聯合會」（World Federation of Trade Unions）大會之前，毛澤東再度派出鄧小平與蘇聯作戰。在某場包含蘇聯在內的眾多外國代表團歡迎晚宴上，鄧小平以「蘇聯修正主義」為主題，進行超過一個半小時的猛烈抨擊。[38]諷刺的是與此同時，赫魯雪夫在蘇聯主席團會議中提出「要求〔中方〕前來並交換一系列問題的觀點」，以緩和緊張關係。[39]鄧小平的演講破壞了赫魯雪夫的意圖。三週之後，藉由在羅馬尼亞首都布加勒斯特召開共產黨第三次全體會議的機會，赫魯雪夫親自做出回應攻擊中共代表彭真。赫魯雪夫對他大聲吼叫：「如果你們要史達林，把他連棺木一起載走好了！我們可以把他用火車專列送去給你們！」[40]俄方也在這場大會上發送一份六十八頁的文件，譴責中共的內外交政策。會後，俄國人組織大多數的代表團——除了阿爾巴尼亞、北越和北韓之外——舉行了

④ 編註：指蘇聯人在下雪天所穿的長筒套鞋。

為期兩天攻擊中國的討論會。

赫魯雪夫在回到莫斯科之後，還懷恨地跟好友說：「當我看到毛澤東時，就如同看到史達林。毛澤東完全就是他的翻版。」[41]七月十六日，赫魯雪夫下令從中國撤回所有的蘇聯專家，要求中國境內以蘇聯援助進行修建計畫的全部技術文件都需歸還。從七月二十八日到九月一日，短短一個月內，一千三百九十名蘇聯工程師與技師、科學家、設計人員以及其他專家都返回俄國，而超過兩百五十個中大型中國工業修建計畫不是終止，便是遭到擱置。

這一擊正中要害且影響甚大，尤其是在中國經濟的關鍵時刻。八月初，陳毅在與毛澤東、周恩來會商之後，召見新任蘇聯大使斯捷潘．契爾沃年科（Stepan Chervonenko），並聲稱撤回蘇聯專家是一件「震驚全中國的大事」。儘管他婉轉地表示「很難想到兩國會變得不友好」，又警告朋友之間斷交是嚴重之事。[42]在北越領導人胡志明願意親自擔任調停人的協助下，中共與蘇共領導人舉行新會談；到了九月中雙方順利朝彼此邁進一步。八月十五日，蘇聯方面邀請中方討論雙邊關係，「以便消除歧異，順利地舉行十一月召開的莫斯科兄弟黨會議」。毛澤東欣然接受，決定再度派遣鄧小平前去莫斯科。可是毛澤東並未放棄原則性鬥爭。九月十二日，他指示鄧小平要把中國在布加勒斯特收到的六十八頁文件所做的回應交給契爾沃年科——答覆意見書的頁數長達兩倍之多。[43]在先前的指控之上，中共又堆砌了關於撤出蘇聯專家以及在羅馬尼亞兄弟黨會議中不同意中國就議程進行一般性討論的新指控（後者顯然是故意之舉，畢竟在羅馬尼亞會議之前三週的世界工會聯合會大會召開前夕，鄧小平本人已經公開攻擊「蘇聯修正主義分子」）。為了解決歧見和達成團結，針對遵循莫斯科一九五七年宣言的需求，毛澤東提出了五點建議。

九月十六日，鄧小平率領一個包含彭真、楊尚昆、康生、陳伯達與中國駐蘇聯大使劉曉在內的九人代表團飛往莫斯科。在出發之前，鄧小平跟代表團員簡報。「我們要從世界大局出發，」他說：「要維護國際共運的團結，要維護中蘇友誼。但原則問題不能讓步，一定要把主要問題上的分歧闡明，表明我們的觀點。要反對赫魯雪夫將蘇共一家的觀點強加於人的錯誤做法。」[44]鄧小平完全贊同毛澤東的立場，不過此次任務從一開始就注定失敗。

代表團住在列寧山上的宅邸，離中國駐蘇聯大使館很近，包括鄧小平在內的所有人都喜歡這棟四周寧靜、樹林環繞的房舍。不過代表團只在此夜宿，會議地點是在大使館內，能與北京電話聯繫又遠離安裝在住處內的監聽設備。他們帶著尋釁的情緒來到克里姆林宮與俄國人會商。楊尚昆在日記中寫道：「會談情況如何難於料定，總之各種可能我們都設想了，不怕，敢於鬥爭！」[45]

在接下來的六天（九月十七日至二十二日），中方與蘇斯洛夫和其同志共開了五次會議。在場人士回憶：「那時，鄧小平五十六歲，看上去要比實際年齡年輕許多，他個子小，但是肩寬體闊，精力充沛。」[46]鄧小平詳細解釋數日前，中共對蘇共中央六十八頁聲明文件的答覆意見，但蘇斯洛夫表示將遵循蘇共黨內的路線。蘇斯洛夫堅稱，撤回蘇聯專家只是因為他們無法在大躍進所造成的氣氛下工作，因此他們的離去錯在中方。鄧小平回覆表示與蘇聯專家的關係非常良好，還反過來繼續「以完全冷靜強硬的態度」發動攻擊：「你們片面撕毀合同到底要達到一個什麼目的？……你們的做法不僅造成我們國民經濟上的巨大損失，而且嚴重損害了中國人民的感情。你們在這個問題上不要近視，要有歷史眼光！」[47]鄧小平發言期間，蘇聯所有的代表紛紛大聲表達他們的憤慨。最終還是得由蘇斯洛夫提議「不附帶任何條件」地終結這場論辯。鄧小平在缺乏毛澤東的指示下只回答：「可以，完全可以停止，但是有個條件，你必須先承認你們錯了，因為你已經攻擊我們很多很多了，我們什麼話也不說了，這麼行呢？」[48]

雙方無法達成相互諒解。不過在會談後，蘇共在克里姆林宮凱薩琳廳安排一場頂級晚宴。其中一名口譯員李越然說：

（我）記得……赫魯雪夫等蘇共中央主席團成員都參加了。赫魯雪夫同鄧小平坐在一起……赫魯雪夫雖然保持了慣常那種微笑，但是眼神總給人一種來勢不妙的感覺。果然，他先從阿爾巴尼亞之事入手（誠如我們所知，阿爾巴尼亞並不支持蘇聯那份六十八頁的反中文件），影射攻擊中國共產黨。鄧小平是個直率人，他從容而又誠懇地望著赫魯雪夫說：「阿爾巴尼亞勞動黨是小黨，能夠堅持獨立自主，你應該更好地尊重人家，不應該施加壓力。」

「這不僅僅是蘇共和中共之間的分歧問題。」赫魯雪夫脹紅著臉大聲地說：「他們拿了我們的金子和糧食，可是反過來又罵我們……」

鄧小平嚴肅地說：「援助是為了實行無產階級國際主義義務，而不是為了控制和干涉。你援助了人家，人家也援助了你嘛。」[49]

可是怒急攻心的赫魯雪夫持續猛力攻擊鄧小平。赫魯雪夫酒一杯接著一杯喝，又抱怨中共在史達林問題上態度前後不一，一開始支持鬥爭個人崇拜，可是現在又非如此。他把話題帶到了高崗說：「高崗是我們的朋友，你們清除了他，就是對我們的不友好，但他仍然是我們的朋友！」接著話題又跳到莫洛托夫身上說：「你們不是喜歡莫洛托夫嗎？你們把他拿去好了，把他給你們。」赫魯雪夫後來喝得爛醉如泥，轉移他那呆滯的目光朝向康生說：「中國發表的文章〈列寧主義萬歲〉，我們說……有一些極左的觀點……這些個東西都出自你的手筆……你搞的就是左傾教條主義！」脾氣暴躁的康生輕蔑地笑著說：「你給我扣一頂帽子：左傾教條主義。我也送給你一頂：右傾機會主義。」赫魯雪夫嚇了一跳，不過接著舉起他的酒杯說：「算了吧，還是讓我們互祝健康吧。乾杯！」[50]

九月二十三日，中國代表團返抵國門。鄧小平向毛澤東與政治局常委會匯報此行。

中蘇間的問題，可以說是不大不小的問題。所謂不大，就是說天不至於塌下來。說不小，是因為涉及的的確是一系列重大原則問題，關係到國際共產主義運動的根本問題……他們走一步，我們跟一步；他們只走第一步，我們絕不先走第二步。[51]

九月三十日，鄧小平再度飛往莫斯科參加二十六國共產黨和工人黨文件起草委員會會議，要商談草擬出八十一個政黨排定十一月在莫斯科開會的最終文件。可是鄧小平和蘇斯洛夫（實際上是毛澤東和赫魯雪夫兩人）都無法克服彼此的歧異，這影響了起草委員會的工作，所有成員幾乎每個字都相爭不下，尤其是蘇共與中共的代表。鄧小平並不沮喪，他謹遵自家領導人的指示，一直保持絕對沉靜的態度。[52]他甚至還開起玩笑，鼓勵代表團的其他成員。

他跟駐蘇聯大使劉曉的妻子說：「張毅啊，你知道『兔子吃雞』這個典故嗎？」

「什麼，兔子吃雞，兔子？」張毅以為聽錯了。

「對，兔子吃雞。」鄧小平說：「這件事發生在陸定一（中共中宣部部長）身上。」

「是在延安嗎？」有人問。

「不是在延安養兔子，是在延安做報告。談到托洛斯基是什麼，他這個無錫話可就糟了。說來說去總是『兔子吃雞』。我們有些同志聽完報告，總不相信兔子吃雞，就像張毅現在一樣，一出會場便四處打問：『兔子吃雞』是怎麼回事？沒聽說兔子還會吃雞呀。」[53]

聽完這個還有類似的故事之後，大家都笑了；在這樣的聊天後，他們準備再度和令人厭煩的蘇斯洛夫奮戰。

二十六國成員的起草委員會終於在歷經無比耗神的努力後，對十一月由八十一個政黨代表所要簽署的一份「莫斯科會議的宣言」或多或少達成了協議。十月二十三日，鄧小平飛回北京匯報，而後毛澤東指派劉少奇擔任莫斯科會議代表團團長。十一月五日，鄧小平這一次擔任劉少奇的副手一起來到莫斯科。他們還是住在列寧山上的那個宅邸。劉少奇覺得不太舒服，顯然未準備好與赫魯雪夫進行令人精疲力竭的辯論。中蘇之間迅速惡化的關係影響到劉少奇個人。他的長子劉允斌打從五歲起就住在蘇聯，在那讀書、工作，並娶了俄國女子。寵愛孩子的劉少奇還有個孫女住在莫斯科，他非常擔憂她的命運。這是劉少奇在此行中長時間在宅邸周圍的林中散步，以及菸不離手的原因。他是個深沉的人，現在則變得非常陰鬱。

可是鄧小平仍保持冷靜頭腦，且看起來論戰讓他精神振奮。他全神貫注這場再度與蘇斯洛夫與赫魯雪夫糾結不清的討論。劉少奇鮮少插嘴表示意見。會議的結局是一份妥協文件，蘇方接受中方那些有關帝國主義一成不變的本質以及所有共產政黨皆平等的論述，中方則同意在宣言中納入蘇共第二十次代表大會的重要性與和平過渡的論述。在劉少奇簽字之後，鄧小平與其他成員問心無愧地在十二月二日回到中國，而劉少奇還因公務多滯留在莫斯科一週。[54]

毛澤東認為會議的結果和鄧小平的表現都是成功的，且評定二十六名成員的委員會「工作卓然有成。有爭論與討論，這點很好」。[55]鄧小平從莫斯科回來之後，一頭栽入經濟問題。

一九六〇年夏，中國面臨嚴重的危機⑤。六月，周恩來告知毛澤東農業經濟已被嚴重「破壞」；[56]緊接著之後在七月，鄧小平的老友、國家計畫委員會主任李富春提議採行一項新經濟政策，其中之一是「調整、鞏固、提高（標準）」，周恩來又加上「充實」二字。[57]李富春表示新路線的目標是要「消除因為大躍進而存在的某些失調現象」。[58]甚至連毛澤東都了解到局勢令人汗顏的程度，雖然他認為對於大躍進的失敗毋須承擔個人責任，不像古代哲人孔子所言「君子恥其言而過其行」。[59]

一九六〇年九月，毛澤東要求政治局常務委員會建立起由兩百人左右組成的生產隊；他還是保留那摯愛的人民公社，只是把它當成基本的行政單位以及農村產業中三方系統的組成要素（一九五九年二月與三月的政治局擴大會議，切割擁有四、五萬人的人民公社，成為每個大約六千人的「生產大隊」，還有層級更小的「生產隊」。每個級別的產業都對應到集體化的特定級別）。毛澤東並無意再退讓，直到一九六〇年十一月初，他才批准周恩來通過中央委員會指示，允許人民公社社員擁有少量的個人土地，並可從事小規模家庭副業。[60]

但這些都未減緩危機，每天仍有數萬人瀕於餓死。北京發生嚴重的糧食短缺。每個月配給的花生油不足三百三十公克（黨工的規定量是五百公克），且如運氣特別好的話，每個人還有四百五十公克的肉。米的配給量是十三點六公斤。三口之家的糖只有分配五百公克左右。[61]包括鄧小平在內的許多黨領導人和他們的妻子開始在私人豪宅的庭院內種菜，到城外鄉下去找野菜或可食的樹根，還喝由樹葉泡成的茶。[62]

到了年底，已經得知糧食收成量降低至一億四千三百五十萬噸，且與一九五九年的人口數相比已經減少一千萬人。[63]專家日後統計從一九五八年至一九六二年，中國多達四千五百萬人死於饑荒。[64]

一九六一年一月，毛澤東在中央委員會全體會議中號召所有人「調查研究」實際情況，又表示「要實事求是，一切從實際出發……我們是馬克思主義者，不能剝奪勞動者。」[65]這顯然是相當粗淺的想法。

一九六一年三月在北京與廣州，鄧小平參與了兩場針對人民公社問題的高級幹部會議。在廣州會議中，依據毛主席的想法通過了一份由「偉大舵手」的秘書們所草擬出來的文件，而這所謂的〈農業六十條〉再次標明了「改變路線」的必要性。毛澤東在各地不斷複述「共產風」並未帶來好處，但他仍將問題歸罪於地方幹部，並鄭重要求領導幹部進行調查。四月初，鄧小平出發前往北京周圍地區。[66]

卓琳跟著鄧小平一同前去調查。在幾乎整整一個月的時間中，他們與地方黨組織和公社的領導們會談，還視察農田、工廠以及公共食堂。他們被親身所見所聞給嚇壞了。整個鄉村地區看起來像是長期被敵軍占領，社員一無所有，連鍋碗瓢盆都付之闕如。他們的家既沒有門，也沒有鎖。凡是可以燒的都被丟到後院的鼓風爐中燒光，凡是能夠被熔成鐵的也都熔光。公共食堂更是悲慘，社員拖磨著悲慘的生活。可是人們還是害怕表達不滿。他們看起來飢餓、精疲力竭，除了食物以外，什麼都無法引起他們的興趣。鄧小平一再詢問：「你們在公共食堂內吃得好嗎？」農民回答：「是的。沒問題。都很好。」鄧

⑤編註：大躍進運動期間，中國也同時面臨頻仍的天災。自一九五八年起至一九六〇年，全國皆面臨嚴重乾旱。

小平最後斷然地說：「公共食堂是個大問題。現在群眾議論很多，讓我們一起來想想該如何做好。」卓琳剛從一個農村回來，接著站起身說：「在上輦村，食堂是假的，由食堂分糧食，社員回家做飯才是真的！」鄧小平聽聞此事感到非常開心，轉身跟在場與會的上輦村民說：「你們村的幹部對『共產風』、『平調風』⑥頂得好，鍋、碗、瓢、盆沒有被刮跑，鎖沒有砸，門沒有拆，是很好的事。」[67]社員一臉困惑，無法跟上轉變迅速的黨路線。

鄧小平跟在鄰近地區進行調查的彭真於五月初回到北京，向一直滿心在等待的毛澤東進行報告：

> 要進一步全面地調動農民的積極性，對供給制、糧食徵購和餘糧分配等問題的措施，還需要加以改進……關於糧食徵購和餘糧分配問題，這是目前幹部和群眾最關心的問題，大體有兩種意見：多數生產隊贊成對包產的餘糧購九留一，對超產的部分購四留六；少數生產隊願意包死。目前社員愛糧如珠……應該把絕大部分〔餘糧〕按勞動工分、按〔社員〕出售肥料分配給社員，鼓勵他們像經營自留地一樣，在集體經營的土地上精耕細作，積極施肥。

這份報告特別強調平調風所損害的農民勞動實質利益，並同時載明「〔公共〕食堂問題比較複雜」，應該由社員們自行解決。[68]

顯然鄧小平與彭真並未提出真正革命性的建議，並未要求清算人民公社，而僅是建議毛澤東回到一九五〇年代中期的社會主義，並具有更高等級的合作社。其他人包括周恩來與朱德基本上也給予毛澤東相同的建議，強調需要恢復依據勞動力的分配制，不過關於公社食堂問題，他們說得更為詳盡。「絕大多數甚至於全體社員，包括婦女和單身漢在內，都願意回家做飯。」周恩來堅稱：「應解決如何把食堂散好和如何安排好社員回家吃飯的問題。」[69]周恩來抑或朱德都未建議削減人民公社為行政組織的形式。此時毛澤東自己已經斷定應當關閉公社食堂。[70]如此一來，同僚們的報告只是再度確認他是對的。

但毛澤東對於下一步不知如何是好，決定退居他口中所謂的「第二線」，把黨國的日常管理責任交給屬下，他自己則專注在重大事務，由劉少奇和鄧小平負責解決這些事情。

劉少奇和鄧小平開始更為深入去調查問題。僅在一個月後一九六一年五月底的中央委員會工作會議上，劉少奇意外地在毛主席也在場的情況下批評毛澤東。劉少奇當然沒有提到「偉大舵手」的名字，可是所有人都了解他意指何人。「湖南農民有一句話，」他說：「他們說是『三分天災，七分人禍』……從全國範圍來講，有些地方，天災是主要原因，但這恐怕不是大多數；在大多數地方，我們工作中間的缺點錯誤是主要原因。有的同志講，這還是一個指頭和九個指頭的問題。現在看來恐怕不只是一個指頭的問題。總是九個指頭、一個指頭，這個比例關係不變，也不完全符合實際情況。」[71]

大家都知道毛澤東以「九個好指頭、一個壞指頭」的原則來比擬大躍進的功過。在場人士都屏息以待，毛澤東感到受辱。周恩來更為謹慎，一語不發，可是突然發生了奇蹟，鄧小平明確地支持劉少奇：

> 現在是否還可以用前一個時期的辦法解決今天的問題？我看不行了。在生產關係方面，不但農村緊張，城市也緊張，這裡面也有個所有制的問題。究竟是天災，還是由於人禍？少奇同志也說過，在一些地區恐怕我們工作上（包括若干政策）的毛病是主要的，天災不是主要的。[72]

毛澤東為之一震。幾天之後毛澤東顯然隱藏了心中的憤恨，宣布他很長一段時間「對中國社會主義如何搞還不甚懂」。[73]他還跟他的醫師抱怨：「所有的好黨員都死了，只剩下一幫牛鬼蛇神。」[74]

先前給毛澤東留下深刻印象的鄧小平擁有的彈性都到哪去了？是否鄧小平對公社的調查對他自己產生深遠的衝擊，以至於在他跟「偉大舵手」呈報溫和的報告後，還持續為不幸的根源困擾不已？還是他

⑥ 編註：「平調風」意指強迫實行窮富拉平，統一核算，無償調撥大隊、生產隊的資金、人力、物資。

和劉少奇一樣，終於抓到經濟崩解的原因且無法自持？這可能性極高。「完全違背客觀規律，企圖一下子把經濟搞上去。」他接著說：「主觀願望違背客觀規律，肯定要受損失。」75

鄧小平從這趟艱辛的學習道路回來之後得出結論，必須改革毛澤東烏托邦式的社會經濟發展。於是他現在所面臨的新問題是在毛主席過世之前都還要挺住；換言之，反對領導人的同時又不會危及自己在黨內的地位。鄧小平並不想遭受到彭德懷造反後的命運，可是他已經無法再盲目地跟隨毛澤東。

第十三章
「黃貓、黑貓」

鄧小平一九六一年五月那篇演講表態支持劉少奇，激怒了毛澤東，也是他忤逆的首次訊號。既然鄧小平是名經驗老到的官僚，肯定知道自己在玩火，可是他停不下手。

一年之後的一九六二年夏，因為鄧小平批准擴大家戶的生產量，也就是之後在農村廣泛推行的包產到戶，這甚至更加激怒了毛主席。他這樣做是遵循了陳雲和劉少奇的前例。

皖東地區早在一九六〇年代末期就自發地轉換成包產到戶制度。依據此種制度，農民應該從自己承租的土地所收穫的糧食中繳交給集體（也就是生產隊，可是實際上是上繳給國家）規定的數量，以換取「工分」①。農民收成超出的部分都能留給自己，或是繳給生產隊換取其他報酬。這樣的制度隨地區不同有所差異。他們不能決定要栽種何種作物，得聽命於生產隊；生產隊在開耕之前會提供農民工具、肥料與種籽。這些措施毫不違反社會主義，包產到戶制度不像布爾什維克新經濟政策走那麼遠，因為中華人民共和國的農民並無把餘糧賣到市場的權力。儘管如此，包產到戶制度還是激勵了社員們的物質利己主義，很快就開始帶來了成果。一九六一年秋，穀物收穫量已經增加了四百萬噸。看起來似乎一切都很

---

① 譯註：工分依農民的工作時間來計算，單位的生產收穫所得依工分分配給農民。

順利，可是到了一九六一年的下半年，起先並未反對人民進行「實驗」的毛澤東，開始對恢復「個別農民耕作」表達了不滿。九月，中央委員會發布一道譴責包產到戶的指令。[1]十二月底，毛澤東詢問安徽省委會第一書記：「生產恢復了，是否把『責任田』②這個辦法變過來？」[2]第一書記曾希望從一九六一年春起就遊說施行包產到戶，他以問題回應問題，「群眾剛剛嘗到甜頭，是否讓群眾再搞一段時間？」[3]

毛澤東相當惱火，很快就把這名膽敢與他對立的安徽官員開除。不過，毛澤東並未廢除這項持續擴散到整個中國的制度。

一九六二年初，在北京召開了中共有史以來規模最大的中央委員會擴大會議，「偉大的舵手」再次痛下重手。七千名黨幹部參與了此次從一月十一日一直進行到二月七日的會議。因為鄧小平負責召開與組織這場會議，毛澤東再次找到對他不滿的理由。毛澤東認定此次會議「能從過去的經驗與教訓中好好分析，並達成全黨團結」，可是他反而在會中面臨歷來最嚴厲的批評。

即便鄧小平想要掌控局勢，他也無能為力；局勢已不受控制了。鄧小平在中央委員會書記處的副手彭真首次公開攻擊毛澤東。彭真一開始把大躍進的失敗歸咎給政治局常委會，可是他接著把批評焦點放在毛澤東身上。彭真表示毛澤東堅持加速過渡至共產主義，並鼓動支持公社食堂。所有人都屏息聆聽。接著鄧小平發言：「我們到主席那兒去，主席說：『你們的報告把我寫成聖人，聖人是沒有的，缺點錯誤〔大家〕都有，只是占多少的問題。不〔要〕怕講我的缺點，革命不是陳獨秀、王明搞的，是我和大家一起搞的。』」

沒人了解鄧小平是否想要化解僵持的氣氛，或是鼓勵彭真繼續批評。但彭真衝動地接著說：

> 毛主席的威信〔即使〕不是珠穆朗瑪峰〔那麼高〕，也是泰山，拿走幾噸土，還是那麼高；〔毛主席的威信〕是東海的水，拉走幾車，還有那麼多。現在黨內有一種傾向，不敢提意見，不敢檢討錯誤。一檢討就垮台。如果毛主席的百分之一、千分之一的錯誤不檢討，將給我們黨留下惡劣影響。

隔天效忠毛澤東的左派分子陳伯達試圖勸說彭真講道理，可是彭真仍追著說：「關於毛主席的問題，要說清楚。似乎彭真講毛主席可以批評，並不得人心。我的意思是不要給人一個印象：別人都可以批評，就是毛主席不能批評，這不好。」[4]

這段時期的彭真，不斷展現出其頑固性格。在災難性的大躍進之後，這名人高馬大、粗魯直率，比鄧小平年長兩歲的山西人已經失去控制。一九六〇年起，他不時表示出對領袖個人的懷疑，公開質疑領袖「思想」的偉大之處：「毛澤東思想是『主義』嗎？這還需要討論。」甚至毛主席本人也表示：「誰是第一？留給後人來說。我們還沒完成工作！」[5]

毛澤東當下還能忍住，可是他的憤怒正在累積。他不僅氣憤彭真，也對彭真的上司鄧小平感到不滿。在彭真發言的數日後，劉少奇再度談到「手指頭間的關係」，也讓毛澤東很不高興。

過去我們經常把缺點、錯誤和成績，比之於一個指頭和九個指頭的關係。現在恐怕不能到處這樣套……恐怕是三個指頭和七個指頭的關係。還有些地區，缺點和錯誤不止是三個指頭……還有一種「左」比右好的說法……我看這種說法，也是不正確的，是錯誤的。[6]

聽完這些話後，毛澤東只能在劉少奇、彭真與其他人面前飛快丟出「自我批評」。他承認了許多人心中早已質疑的問題，表示：「許多經濟建設的問題我並不了解……我投入相對更多的關注在社會秩序、生產關係的問題上。關於生產力，我的了解是非常少的。」

毛澤東在以這種方式整肅自己之後發動反擊，要求他的其他「同志」進行自我批評：「公開說出心

---

② 編註：即包產到戶制的其中一種形式，一九六一年安徽率先實施，將主要生產資料、生產計畫、勞動力、分配、上繳任務統一集體管理（稱「五統一」），這種「包產到隊、定產到田、責任到人」的責任制包產到戶，稱之為「責任田」。

中的話，最多一個或兩個小時，可是要全都說出來。」[7]

這項要求激起了回響。黨領導人紛紛想取得先機，開始承認自己的過失。其中鄧小平察覺毛澤東心中怒海翻騰，因此他決定緩和局面。他的講話內容正是官僚藝術的典範。一方面，他在黨員間切割大躍進的責任，把最大的責任攬在自己以及由他領導的書記處身上；另一方面，他頌揚毛澤東的「自我批評」以及他百戰百勝的思想。接著他總結出，儘管有些缺失和錯誤，整體而言中國每件事都是好的——意識形態、黨、「在毛澤東同志領導下的」中央委員會、幹部、傳統、工作方式，甚至連群眾。這些年黨有偏離「優良傳統」，也只是因為「少數的同志不夠努力學習毛澤東思想，或對它還不夠理解」。[8]

在鄧小平發言完後，周恩來也跟鄧小平一樣圓滑地將大多數的錯誤歸咎在自己。他喋喋不休地講述自己的錯誤還自我貶抑，以至於連毛澤東都出面打斷他說：「交代一回也就好了。」[9]

然而不論是周恩來或鄧小平都無法讓毛主席的情緒轉好。彭真和劉少奇的發言毀了他的心情。[10]會議結束後，憤憤不平的毛澤東離開北京前往杭州度長假。他最喜歡的清靜景點之一是宜人寧靜的西湖畔。他再次把黨內日常管理工作交給劉少奇以及包括鄧小平在內的其他政治局常委，但已不再信賴他們任何人。[11]

毛澤東一如以往「刻意」釋放權力。這一回他採用「引蛇出洞」的戰術。他總愛提起：「引蛇出洞，聚而殲之。」[12]毛澤東確信歷經「百花齊放」運動實戰考驗的戰術，這次對黨領導階層也能奏效。

就跟以往一樣，他是對的。如劉少奇、鄧小平、周恩來、陳雲等閱歷豐富的官僚也無法看穿毛澤東，這實在讓人驚訝。當他們在劉少奇主持下就經濟問題召開工作會議時，毛澤東仍如影隨形，他們承認存在著經濟急難。[13]儘管「偉大的領袖」不滿農民個人產業增長，但是他們找不到比支持發展包產到戶更好的解決辦法。到了一九六二年夏季，百分之八十的安徽農民已經在包產到戶系統下生產；在四川、浙江與甘肅等省的許多地區，這個數字達到百分之七十至七十四；貴州、福建和廣西數省的許多縣份，比率介於百分之四十至四十二點三之間。整個中國約有百分之二十的農民是屬於包產到戶。[14]

此外到了三月初，劉少奇和鄧小平開始認真地讓那些於一九五〇年代末期被整肅下台的人復職。雖然他們不敢提起彭德懷和他的「同謀們」，但平反超過三千六百名普通右派分子。[15]

一九六二年上半年，中央委員會、政府與省黨委內許多領導人物勸說要擴大包產到戶制度，特別是國家計畫委員會主席李富春與農村工作部部長鄧子恢與副部長王觀瀾。鄧子恢最為堅持不懈。在政治局常委會五月的工作會議上，他說：「在許多山區，我們必須允許他們（農民）進行個別耕作。我們還是能稱這個為包產到戶制，這些將是社會主義個別農民。如果他們能完成提升產量的工作，這樣做就沒有錯了。」[16]許多農民都支持他。

毛澤東仍與眾人意見相左，愈來愈不滿此種經濟運作模式。他跟他的醫生說：「現在社會上很複雜，有人提出包產到戶，這就是搞資本主義。我們搞了這麼多年，才三分天下有其二，而仍有三分之一掌握在敵人或敵人同情者手裡。敵人可以收買人，更不要提那些娶地主女兒的人。」[17]

當毛澤東提及「敵人同情者」時，並未指名心中認定的是誰，可是跟他對談者肯定知道劉少奇的妻子王光美是一九二〇年代北京軍政府內位高權重之人的女兒，而鄧小平的太太卓琳也非出自貧苦人家。

一九六二年二月二十五日，毛澤東指示秘書田家英調查小組，視察農村的局勢以及劉少奇剛剛去訪湖南省的幾處地方和毛澤東的老家韶山沖。毛澤東知道田家英與他有志一同反對包產到戶制。當他這名誠實的秘書在兩個月後返回北京並向他報告時，毛澤東感到相當驚訝，他表示農民：「反覆要求委員『全力協助依戶分地』。」毛澤東做個鬼臉說：「我們是要走群眾路線的，但有的時候，也不能聽群眾的，比如要搞包產到戶，就不能聽。」[18]

可是田家英仍冒險跟陳雲報告調查結果，之後又去匯報劉少奇，劉少奇再找上鄧小平。他們三人強烈贊同毛澤東秘書的報告，鄧小平更在委員會的報告上批了一個字「准」！劉少奇告訴田家英：「要使包產到戶合法起來。」[19]陳雲完成一份給毛澤東與政治局常委會的特別報告，強調「許多地方能再次（如一九五〇年代初期）使用分地與強化家戶任務指派的方法，以刺激農民生產活動，加速恢復農業生產。」[20]

一九六二年六月底，在書記處檢視華東局的農村工作匯報上，鄧小平公開說：「在農民生活困難的地區，可以採取各種辦法。安徽省的同志說：『不管黑貓黃貓，能逮住老鼠就是好貓。』這話有一定的道理。『責任田』是新生事物，可以試看看。」[21]

我們並不知道安徽是否有這個說法，可是很肯定鄧小平家的四川農民熱愛這句有著不同顏色貓咪的尖銳格言。或許鄧小平只是把它套用到安徽的情況。無論如何，這句關於貓的說法成為他最廣為人知的用語。在普遍的說法中，黃貓變成了白貓，或許是因為有更大的反差。他當時這麼說是因為華東局尖銳地批評包產到戶制，還貼上「路線錯誤」標籤，並指出包產到戶企圖恢復個別農民經濟。陳雲和鄧子恢也在場為包產到戶辯護，且在場的書記處委員意見一分為二。[22]

不知為何鄧小平放下心防。或許鄧小平認為毛澤東誠心承認他自己的「錯誤」，更有可能他真心相信要恢復中國經濟別無他途。最後總算不只有他一人直衝著風車攻擊。這幾個不切實際的人有可能真心認為他們能改變毛澤東的想法嗎？

這倒難說。在七月七日共青團中央委員會全體會議上，鄧小平重述他關於貓的煽動性說法。他這一次賦予它深沉的理論性意義，並將它說成是四川諺語，更把這句話歸給他的四川老鄉劉伯承元帥。

〔我們必須〕調動農民〔增加農業生產〕的積極性……劉伯承同志經常說一句四川話：「黃貓、黑貓，只要抓住老鼠就是好貓。」這是說的打仗。我們之所以能打敗蔣介石，就是不講老規矩，不按老路子打，一切看情況，打贏算數。現在要恢復農業生產，也要看情況，就是在生產關係上不能完全採取一種固定不變的形式，看用哪種形式能夠調動群眾的積極性就採用哪種形式。[23]

毛澤東密切注意他手下那批年輕逆鱗者在北京的一言一行。對於毛澤東而言，鄧小平的說法僅僅意味著一件事：即使連忠誠如鄧小平般的戰友都準備在國內回復資本主義。畢竟中央委員會總書記已經確認任何生產關係的形式，只要行得通，就是好方法。

當然鄧小平無意恢復土地私有制。他所提到的各種生產關係都是社會主義形式。他在共青團大會上甚至強調：「總的來說，在全國，要鞏固集體經濟，也就是鞏固社會主義制度。這是根本方向。」[24]不過，毛澤東並未注意這一點。

毛澤東在七月回到北京，對鄧小平以及其他所有贊成包產到戶的人大發雷霆。他第一個會見的是劉少奇，劉少奇順道告訴他，陳雲與田家英想要向毛澤東報告。不過，在泳池游泳的毛澤東勃然大怒。他爬出泳池，朝著劉少奇大發雷霆說：「土地現在又按照過去壞年代的方式劃分……你們有做什麼去抵抗這事？我死之後，會變成怎樣？」[25]在這之後，毛澤東接見陳雲，可陳雲並未察覺「偉大舵手」的心緒極糟，開始討論個體經營與合作經濟得有相當長時期並存的權宜之計。毛澤東火冒三丈地大吼：「『分田單幹③』是瓦解集體經濟，是修正主義。」[26]在陳雲報告的留白之處，毛澤東批下：「此人是店員出身，資產階級本性不改，一貫的老右傾。」[27]

陳雲受到驚嚇。[28]他馬上寫了封信給鄧小平，希望鄧小平會再轉遞給毛澤東。陳雲在信中以健康因素為由請求離職。他在毛澤東過世十四年之後，才從這次「離職」中恢復原職。

毛澤東「拔除」陳雲之後，在劉少奇、周恩來以及左派陳伯達都在場的情況下，將矛頭轉向了田家英和鄧子恢。他要求《紅旗》總編輯陳伯達對強化人民公社集體經濟以及發展農業生產的議題準備一份決議案草稿。中央委員會屈服於毛澤東的壓力，迅速發出禁止宣傳包產到戶制的公告；[29]由狂熱效忠毛澤東的陳伯達所草擬的決議案，則在緊接下來的一九六二年九月第十次中央委員會全體會議中通過。[30]

行事謹慎的周恩來總是閃避討論政治敏感議題，也未表態支持或反對包產到戶制，可他立刻支持了

③ 編註：「單幹」即私有化、個體農戶或手工業者。

「偉大的舵手」。鄧小平和劉少奇擔心害怕的程度也不在陳雲之下，為了自身利益而同意了領袖的所有要求。有名人證回憶說：「毛主席態度明確以後，大家不能不跟著轉變態度。」[31]

鄧小平匆忙打給共青團中央委員會第一書記胡耀邦，要求胡耀邦立刻刪去他的演講速記報告中有關黃貓黑貓的句子。[32]在與被派至基層組織的幹部會議上，劉少奇批評包產到戶制，堅稱很不幸地高層與基層幹部都「對集體經濟的信念有所喪失」。[33]

可是毛澤東仍持續他的攻勢。他顯然在休假期間已經把所有事情徹底想清楚，現在他要為在七千名幹部會議中所承受的屈辱報仇。無論包產到戶制在經濟上帶來多大成效，毛澤東都不願接受，因為他不容許資本主義復辟。

在接下來的七、八月，毛澤東把全國的領導幹部召集到天津附近的北戴河開會，進行為期一週的「洗腦」工作。毛澤東在開會前夕先與各省省委第一書記會面，他大聲叫嚣著：「你們贊成社會主義，還是贊成資本主義？……現在有人主張在全國範圍內搞包產到戶，甚至分田到戶。共產黨來分田？」[34]也在同場會議中，毛澤東比較冷靜地對唯唯諾諾的同志說：「〔農民〕單幹勢必引起〔階級〕兩極分化，兩年也不要，一年就要分化……〔就連〕赫魯雪夫還不敢公開解散集體農場。」[35]

提起赫魯雪夫絕非意外之舉。北戴河會議期間，中蘇關係已然全面不和。一九六〇年莫斯科會議以及短暫的關係回暖後，一九六一年春再次爆發激烈的爭執，這一回牽扯到蘇共與中共盟友阿爾巴尼亞勞動黨（Albanian Party of Labor）之間進一步惡化的關係。恩維爾．霍查（Enver Hoxha）是阿爾巴尼亞勞動黨內的史達林。一九六一年初，他擊潰黨內親赫魯雪夫的反對派系後，急遽拉升對蘇聯與赫魯雪夫本人的攻擊力道，並與中共有志一同地指控赫魯雪夫為修正主義。阿爾巴尼亞領導人對赫魯雪夫提出一長串的指控。霍查譴責赫魯雪夫鬥爭史達林的個人崇拜、支持和平過渡與和平共存，尤其是在阿爾巴尼亞代表團於羅馬尼亞共產黨大會期間不支持赫魯雪夫攻擊中國共產黨之後，蘇聯切斷了經濟援助。在一九六〇年十一月莫斯科會議上，他甚至公開發洩對赫魯雪夫的不滿：「當老鼠在蘇聯境內都有得吃的時候，阿爾巴尼亞人民卻要餓死，就只是因為阿爾巴尼亞勞動黨的領導階層未對蘇聯領導階層卑躬屈節。」[36]西班牙共產黨領袖多洛雷斯．伊巴魯立（Dolores Ibárruri）聽聞之後，把霍查比喻為「一條還會咬餵牠那隻手的狗」。[37]一九六一年五月，蘇共中央主席團通過反制阿爾巴尼亞的新措施，終止提供阿爾巴尼亞軍火，並從阿爾巴尼亞法羅雷（Vlorë）海軍基地撤回八艘蘇聯潛艦。[38]毛澤東當然支持阿爾巴尼亞，且滿是交相指責的照會換文已然展開。

赫魯雪夫意圖在蘇共採行一份新計畫，以取代列寧於一九一九年所宣布的計畫，毛澤東突然收到這個消息。直到一九六一年七月底，蘇聯才揭露計畫的草案。蘇共領導階層顯然是想聲明揚棄布爾什維克的無產階級專政理念。草案宣稱蘇聯的社會秩序，甚至是共產黨本身都是全體人民所共有。「偉大的舵手」就是氣憤赫魯雪夫的粗魯無禮。他在政治局常委會中說：「這個〈蘇共綱領草案〉是王大娘的裹腳布，又臭又長。」[39]一九六一年十月舉行的蘇共第二十二次全體大會要通過這份新計畫，毛澤東派了可靠的周恩來擔任中共代表團團長前去參加。在赫魯雪夫朗讀關於中央委員會的作為和蘇共新計畫之後，周恩來並未遮掩他的憤怒，這也激化了中國人內部同仇敵愾的氣氛。蘇共首領不僅舊調重提第二十次大會上中方認定是修正主義（「和平過渡」以及其他論述）的論點，也更新他對史達林個人崇拜的批評。中方在列寧史達林墳前獻上花圈作為抗議之舉。在獻給史達林大元帥的其中一個花圈上還寫著：「敬偉大的馬克思列寧主義者喬瑟夫．史達林。」周恩來之後與赫魯雪夫會面，重申中共在所有爭議性議題上的立場。可是赫魯雪夫火冒三丈說：「我們過去亟需你們的協助，那時中共的意見很有分量。可是現在局勢不同了。」[40]

周恩來縮短八天的訪問行程，在大會閉幕前就飛回北京。他用了超過十小時義憤填膺地跟毛澤東與其他領導人報告此行。周恩來宣稱：「中共與蘇共之間的意識形態差異是個原則問題……兩黨之間的意識形態鬥爭凸顯誰將擊敗誰的問題。」[41]於此之際，依據第二十二次大會的決議案，蘇聯把裝有史達林遺體的棺槨從陵寢中移出，埋在克里姆林宮的牆角下。大會一致決意通過這份決議案，聲明：「史達林嚴重違反列寧的指示，濫用權力，大量鎮壓誠實的蘇聯人民以及在個人崇拜期間的其他種種行徑，都讓人無法將裝有他屍首的棺槨繼續放置於列寧陵寢之內。」[42]

毛澤東認定此舉是「叛徒」赫魯雪夫全面拋棄馬克思列寧主義。一九六一年十二月中央委員會工作會議聽從毛澤東的指示討論國際局勢，鄧小平對鬥爭蘇聯修正主義提出報告。「國際共產主義運動面臨分裂問題，」他說：「首先是社會主義陣營，主要是中國和蘇聯的關係。」[43]

從中方的觀點來看，分裂的原動力當然是來自毛澤東本人，鄧小平在沒有毛澤東的批准下，無法大聲宣揚此一長遠的結論。周恩來、陳毅、彭真、康生、楊尚昆以及絕大多數的中央委員會委員都支持此分裂情勢，只有劉少奇以及中央對外聯絡部部長王稼祥支持和解立場。一九六二年二月，王稼祥在取得劉少奇的支持後，甚至還寫信伴隨著數份報告給周恩來、鄧小平與陳毅，勸告與莫斯科和解。[44]可是他們對此想法都毫無興趣。毛澤東在得知王稼祥的報告與劉少奇和解的立場後勃然大怒。他這次並未處置劉少奇，可是拔除王稼祥的職務，並由康生來接替。

「蘇聯到現在幾十年，」毛澤東告訴北戴河工作會議的與會者：「還有修正主義，為國際資本主義服務，實際是反革命……資產階級是可以新生的，蘇聯就是這個情況。」[45]

毛澤東相信資本主義復辟的相同危險也會在中國發生，因此在中央委員會第十次全體大會上，他交給黨一份最重要的工作：「我們從現在起就必須年年講〔階級鬥爭〕，月月講，天天講，開大會講，開黨代會講，開全會講，開一次會就講，使我們對這個問題有一條比較清醒的馬克思列寧主義的路線。」誠如中國與世界經驗所展現，「社會主義國家有階級存在，階級鬥爭肯定是存在的。」所以有可能會發生資產階級復辟，就如同英國與法國資產階級革命勝利之後，這些革命都曾「幾次反覆」發生。[46]

工作會議的與會者和大會成員全面支持他們的「導師」。鄧小平也熱烈對毛主席鼓掌叫好。不過，有誰能斷定鄧小平是否真心如此？毛澤東本人不再相信鄧小平的坦率。這點非常危險。因此，曾試圖與風車搏鬥的總書記必須重新贏取「偉大舵手」的信任。

緊接著出現了一個大好時機。毛主席原本已經不再信任鄧小平處理經濟問題的能耐，但決定在鬥爭蘇修主義時再度任用他。鄧小平在這點上與其他毛派「鷹犬」有所不同，他精力充沛，並有本事與俄國人進行機智又勞心的論戰。因此儘管毛澤東對於鄧小平的貓說一事十分不滿，他還是再次授權鄧小平領軍對抗外敵。

毛澤東再次把反對勢力逼入牆角之後，感覺重攀頂峰。他認為赫魯雪夫不斷惹出「一波波污垢和謊言」，因此想挑戰赫魯雪夫以決一死戰。[47]這些都反映在中共政治局的決定以及發給蘇共中央委員會的照會之中。[48]

鄧小平急著表現自己，以便不負毛主席的信任。一九六三年七月五日，鄧小平帶著毛澤東指派的任務來到了莫斯科，這後來成為他最後一次造訪此地。七名成員的代表團中還有彭真、楊尚昆和康生，他們主要的對手是蘇斯洛夫、波諾馬瑞夫（Boris Ponomarev）與安德羅波夫（Yuri Andropov）④。用一名見證人的話說，這些「奇怪的」談判，甚至「難以稱之為談判」而像是聾子間的對話。[49]十五天內於蘇共中央委員會新建成的接待大廳中召開了十一場會議，雙方輪流針對早已不再正常化的關係進行冗長又「乏味」的宣示。[50]兩派人馬只是一絲不苟地要達成最後的結論，並粗魯地批評對方，希望對方先怒而破壞雙方關係。無人想為斷交負責。

在會談之前與進行間，兩國都在國內的報紙與廣播中發起歇斯底里的運動。六月十四日，中國人民先獲悉兩個「兄弟」共黨與兩國之間有著深沉的意識形態差異，蘇聯人民一個月後也得知此事。六月二十七日，三名中國外交人員與兩名中國公民公開發送誹謗蘇共的中共文宣，被蘇聯驅逐出境，但他們在

④編註：蘇斯洛夫時任蘇共中央主席團書記處書記，波諾馬瑞夫為中央國際部部長，安德羅波夫則是國家安全委員會主席。布里茲涅夫（Leonid Brezhnev）於一九六四年繼赫魯雪夫後擔任中央第一書記時，任命蘇斯洛夫為第二書記，波諾馬瑞夫為第三書記。安德羅波夫一直擔任國家安全委員會主席，直到一九八二年接任中央總書記。

中國國內受到英雄般的歡迎。

在莫斯科中蘇進行談判的同時，蘇美英之間簽署《禁止在大氣層、外太空和水下進行核武器試驗條約》的會議也正在展開。中方認為這些談判是露骨的反中花招，要施壓中國宣示放棄核子試爆，因為眾所皆知中國正努力開發自己的核武。因此中國人假定赫魯雪夫要再度出賣他們，以拉攏那些帝國主義分子。[51]

這些自然都影響了莫斯科中蘇談判的氛圍。心理戰使人精疲力竭。多疑的中方相信己方遭到不斷地跟監，對談也被監聽，甚至還吃到不佳的伙食。某一回晚餐後在一輛返回宅院的車上，彭真相信這輛轎車裝有監聽器，因此便大聲抱怨食物的品質，之後餐飲確實改善了。[52]

鄧小平分別在七月八日第二場與七月十二日第四場會議上發言。他的第一場演說包含翻譯時間在內就耗掉五小時，第二場也用了四小時。在七月二十日最後一場會議，他做了簡短、摘要性的演說。其他時間他基本上不發一語，幾乎只有幾次丟出諷刺或刻薄的評論。

他第一場講話將中蘇衝突的歷史按照時間先後順序，從蘇共第二十次代表大會開始概述。他指控對手在戰爭與和平、一九五六年波蘭危機期間採行之大國主義和冒進策略、匈牙利事件中的投降策略、玷污史達林、試圖將中國置於其軍力控制之下、攻擊中華人民共和國內政與外交政策、切斷對中國的軍事與和平經濟建設的援助，以及與美國帝國主義和解等問題上，都偏離了馬克思列寧主義。鄧小平也再度提起赫魯雪夫對中國共產黨和毛澤東的無恥言論。

事實上，鄧小平的話了無新意。他那明確具有指控性的演說讓俄國人毫無妥協空間。最後鄧小平老調重彈，重述了赫魯雪夫早已透露給國際共產運動成員蘇共與中共之間的黨際分歧。他提到一九六〇年六月底蘇聯領導人在羅馬尼亞共產黨大會上的行徑。「彭真同志有幸去了布加勒斯特的會議，」鄧小平嘲諷地說：「那時他體重大概八十公斤，因此他還挺得住；可是如果是我去，因為我只有五十公斤，我就沒辦法挺住了。」波諾馬瑞夫對此適時回擊：

可是格里深同志（Grishin，他是全蘇維埃工會委員會主席，參加了一九六〇年北京的世界工會聯合會。在此會中，鄧小平首度公開披露雙方的分歧。）重七十公斤。這事起於北京的會議，要比布加勒斯特的來得更早。這也是布加勒斯特會議的開始與原因。

鄧小平並不在意「細節」。他只突然說了句：「我知道。」[53]

蘇斯洛夫隔天回答了鄧小平所有的指控，把話題專注在一九五〇年代蘇聯提供中國龐大的援助上。鄧小平聽完他說的話之後，靜靜地問他：「或許我們休息一下，明天再談？」蘇斯洛夫獨腳戲唱了五個小時，顯然把鄧小平搞得疲憊不堪。

七月十二日，精神重新振作起來的鄧小平再度批評蘇共，這次針對蘇共關於亞洲、非洲和拉丁美洲民族解放運動的「非革命性」路線。波諾馬瑞夫隔天回應，彭真接著在後天發言。中間又經過一天的休會，輪到安德羅波夫上場，最後七月十九日是康生。康生朗讀一篇在北京就準備好的講稿，提到史達林同志有多「好」以及赫魯雪夫的行為有多麼「不正確」，不斷指稱赫魯雪夫是罪犯、匪徒、賭徒、有如「恐怖伊凡」的暴君、俄羅斯史上最惡劣的獨裁者、傻蛋、一坨屎以及白癡一名。中方所有的字眼與描述都出自於赫魯雪夫自己說過的話。[54]

蘇斯洛夫對「直指我黨領導階層與赫魯雪夫同志、我黨以及會議的決議案的扭曲、捏造與詆毀」堅決提出抗議。[55]不過鄧小平、康生與其他中國人置之不理。鄧小平嘲笑地說：「蘇斯洛夫好像表示了抗議。」並建議休會，之後再議。[56]蘇斯洛夫在與赫魯雪夫會商後，同意隔天七月二十日再舉行會議。鄧小平遵循毛澤東的指令，邀請蘇共派出一個代表團前往北京互惠訪問，日期可容後再定。「我們目前的會談提供了很好的開端，」鄧小平做出結論表示：「繼續談下去是很重要的事。」[57]可是不論是蘇斯洛夫還是鄧小平都相信，他們永遠不會再相遇。

赫魯雪夫參加了稍後在克里姆林宮舉行的送別宴會。他舉杯敬祝未來所有的分歧都會消除，可是言談之中缺乏真誠之意。鄧小平有樣學樣地談到渴望團結和友誼，但也同樣是虛偽。

當天傍晚鄧小平跟著他的同志們一同離開莫斯科。毛澤東堅持他們一定要搭火車回來，害怕俄國人會打落飛機。可是鄧小平大膽地回覆毛澤東：「不，我們飛回去。」晚上十點，飛機載著他們永遠離開了這個「世界修正主義」之都。[58]

對於這個一度情同手足的兩黨間關係破裂，毛澤東有著頗具哲思的看法。他引用《三國演義》的卷首詞說：「分久必合，合久必分。」[59]關於蘇共的局勢實際上是有利於他。毛澤東試圖防止資本主義在中國復辟，他在一九六三年初發起新一波社會主義教育群眾運動，展開了「反修防修」（反對國外修正主義、防止國內修正主義）宣傳運動。如此一來，鄧小平一行人斷然回絕了蘇聯「修正主義分子」的英勇表現，完美地與毛澤東的目標接榫。

七月二十一日下午，毛澤東帶著劉少奇、周恩來等權力核心成員，親自到機場去迎接這些「英雄們」。在此之前，他只有親自到機場給同志接機兩次：一九六〇年十一月劉少奇從莫斯科會議返國，以及一九六一年十月周恩來參加蘇共第二十二次代表大會後返國。超過五千名幹部與民眾參與了這場勝利儀式，鄧小平的女兒毛毛也是其中一員。[60]

鄧小平相當開心。似乎他那罩頂的烏雲已然消散，再度享有毛主席的無限信賴。但這只是表象罷了。在一九六一年至一九六二年的鬥爭之後，毛澤東並未準備就此原諒他，特別是因為「偉大的舵手」這幾年對人益發多疑。中國的赫魯雪夫們準備背叛他，一如背信忘義的赫魯雪夫先前背叛史達林一般，這念頭隨時隨地糾纏著他，揮之不去。鄧小平和他那多色貓論也符合了這樣的角色。

然而毛澤東並不急於給予致命一擊，他通常頗有耐心，特別是對鄧小平這樣的人。雖然毛澤東仍需要這名精力充沛的總書記持續服務，但他現在對待鄧小平就如同對待劉少奇、彭真以及那些看起來有「右傾機會主義」的同志一樣，時時提防著他們。

一九六四年七月末，鄧小平按照毛澤東的指示管理一個專門撰文揭露國際修正主義——當然蘇聯是第一個案例——的委員會。該委員會的主席是康生，成員還包括了新華社社長吳冷西與一名其他宣傳單位的人員⑤。在談判最後一回合期間，七月十四日蘇聯在報刊上發表了〈蘇共中央給蘇聯各級黨組織和全體共產黨員的公開信〉，委員會的職責就是要對此做出回應。[61]文章是以中共中央委員會轄下主要機構《人民日報》與《紅旗》編輯的名義發表。全部共有九篇文章，預定還有第十篇，不過毛澤東決定九篇文章就足以料理赫魯雪夫。據說在中國有個說法：「我們端出九評來回應他們的一評。」[62]

蘇聯領導人氣急敗壞地回應這些批評（蘇聯中央委員會主席團委員在內部表示：「中國人是笨蛋」[63]），毛澤東感到非常滿意。他幾乎要原諒鄧小平支持包產到戶一事，然而新的事件迫使他再度懷疑起這名總書記的「右傾」。可這一回毛澤東憤怒之深，讓他幾乎花了長達十年時間，才寬宏大量寬恕了這名「蠢」學生。

⑤ 譯註：喬冠華。

第十四章
第二號走資派

毛主席一九六三年起積極地鬥爭國內的「反革命」勢力。五月，這場農村「社會主義教育」運動當時已然成為對包產到戶擴散與資本主義復辟的鬥爭主戰場，中央政治局甚至通過特別文件，即所謂的〈前十條〉①，針對此運動定義目標、策略和範圍。此份文件是在毛澤東直接監督下草擬而成，他點出要反特定的「新資產階級」，其中主要是包括未經改造的「地主」、「富農」以及其他頑固的剝削者。就毛澤東的觀點來看，他們已經滲透至許多公社與生產隊的領導階層，以便對黨進行反擊並劃分土地。[1]在集體化、公社化、饑荒以及反包產到戶鬥爭之後，很難說中華人民共和國內還存在著何種的地主或富農，可是毛澤東在這個問題上堅持此種觀點。

反蘇修的鬥爭已經展開新的回合。「偉大的舵手」終於戰勝時運不濟的赫魯雪夫。一九六四年十月十四日，蘇共中央委員會全體大會讓赫魯雪夫下台退休。雖然這與毛澤東無關，可是毛主席也還未完成擊潰國內「敵人」。資本主義復辟的危險驅使他懷疑為數眾多的黨內同志持有惡劣意圖，特別是因為社會主義教育運動不斷揭露出黨組織內部「資產階級墮落」的醜聞。黨內領導階層中可靠的左派分子——

① 譯註：正式名稱為〈關於目前農村工作中若干問題的決定（草案）〉，於五月二十日公布。

林彪、康生、陳伯達以及其他人——經常跟他呈遞告急的局勢。許多省級官員也不落人後，只上遞毛澤東想聽的訊息。很明顯黨內至少有一半的基層組織已由「階級敵人」掌權。

鄧小平擔任總書記，也積極參與了「反復辟」的鬥爭。毛澤東視他為揭露赫魯雪夫之人，不過對他在國內陣線上的工作不甚滿意。一開始鄧小平顯然與其他左派分子不同，不願以經濟發展為代價，奮不顧身地去追隨階級鬥爭的腳步。之後在一九六八年夏，鄧小平本人也承認這點。

> 一九六三年開始的社會主義教育運動，有了主席親自主持制定的前十條，明確地以階級鬥爭、兩條道路的鬥爭為綱，規定了一套完整的、正確的理論、方針、政策和方法，完全沒有必要再搞一個第二個十條。第二個十條是完全錯誤的。在杭州搞這個文件的時候，我是參加了的，我完全應該對這個文件的錯誤，負重大的責任。[2]

鄧小平所提起的「第二個十條」是指政治局在一九六三年十一月所通過的草案②。主要起草人是毛澤東的秘書田家英，而他在一九六二年十月還曾支持包產到戶制。這份文件強調「運動進行的每一個步驟，都不能耽誤生產」。[3]劉少奇與鄧小平都支持這份文件。

毛澤東表面上看來完全沒有任何回應，不過，對於「溫和派」削弱此運動的企圖，他很難不察覺出來。毛澤東再度訴諸於自己最愛用的「引蛇出洞」戰術，一年後的一九六五年一月，他會讓所有人都知道，他只不過是在等待時機而已。[4]

毛澤東同時開始仔細衡量國內外「修正主義」的根源，並最後做成結論。他認為中國社會的主要矛盾，不在窮苦勞動階級和未經改造的剝削階級之間，而在於具政治意識的群眾與掌有權力卻未改革世界觀的官僚之間。這些走在資本主義道路上的貪婪黨幹部是復辟的主要力量，因為他們正試圖帶著社會跟他們一起走。要如何與他們論之以理？應該拔除他們的職位並開除黨籍？當然應該如此，可是這還不夠，因為與他們同流合污之人會來接手替代。因此有必要改變人民的世界觀，清洗掉所有過去的殘渣，成為共產主義的真正建設者。換言之，文化革命是必要的，也就是直指中國人的傳統道德、習慣、想法以及其他文化價值進行文化層面的階級鬥爭；以共產主義新的一切來取代。遵循經濟基礎的革命性改革，也必須徹底改造上層結構中的所有面向（毛澤東日後強調「鬥爭黨內走資本主義道路的當權派是主要任務，不過絕非目標。〔文化大革命〕目標是解決世界觀的問題，要把修正主義連根拔除」[5]）。

不論是劉少奇、鄧小平抑或其他許多中國領導人當然都沒有這種想法。因此就社會主義教育問題，他們持續執行「領袖」的舊觀念，也就是在中國「主要的矛盾是在貧下中農和富裕階層之間」[6]（多虧了毛澤東，劉少奇運氣不錯，還取得了「社會主義教育運動總司令」的頭銜）。可是他們已明顯落後於毛澤東。

一九六四年夏，毛澤東對文化戰線發動攻擊。六月二十七日，他聲稱文藝界和多數刊物「〔過去〕十五年來……基本上〔不是一切人〕不執行黨的政策」。[7]如果將來讓事情過去，而不執行文藝界的階級整肅，則「將來……〔它們〕要變成像匈牙利裴多菲俱樂部（匈牙利知識分子鼓動政治改革的組織）那樣的團體」。七月二日，毛澤東要求政治局常委在文化部內組織新整風運動，並在中央委員會內建立「文化革命五人小組」，負責所有文藝界事務。[8]他指派彭真擔任組長，副組長是中共中央宣傳部部長陸定一，其他成員是康生、中宣部副部長周揚以及新華社社長兼《人民日報》總編輯吳冷西。[9]

毛澤東很快就不滿意彭真這組人的作為。彭真行事極端謹慎小心，從文化層面到學術討論都努力限制中共干預，然而毛澤東盼望以階級鬥爭之火點燃文化戰線。

劉少奇和鄧小平也因不積極探知毛澤東的情緒而持續惹惱毛澤東。他們顯然冥頑不靈，又無法察覺毛澤東已不再認定中共的優先目標是煽動「貧下中農」反抗「地主富農分子」。

②編註：即〈關於農村社會主義教育運動中一些具體政策的規定（草案）〉，簡稱〈後十條〉。

一九六四年九月，中央委員會在劉少奇領導之下，草擬了社會主義教育新的指導文件〈後十條修正草案〉。文件是以劉少奇妻子王光美在河北省人民公社進行五個月調查中所收集的資料為基礎，而且它將貧農對抗地主的舊鬥爭概念視為絕對要務。[10]

毛澤東立刻懷疑出了問題：這證明劉少奇有意將鬥爭方向從主要的新敵人——位高權重的黨員幹部（「走資派」）——轉向到無足輕重的角色。

一九六四年十二月中，中共中央召開政治局工作會議，會中討論並通過劉少奇小組草擬的文件。鄧小平負責準備這份文件，當他聽聞毛澤東不甚滿意，發現這下他又犯了錯。鄧小平顯然因為擔憂而建議毛澤東略過劉少奇這場發表，並表示不會有嚴肅的討論。然而毛澤東再度發動攻勢，現身會場並聽取劉少奇的報告。數日後，毛澤東公開譴責劉少奇，宣布：

地富是後台老闆，台上是四不清幹部，四不清幹部是當權派，你只搞地富，貧下中農還是通不過的，迫切的是幹部。地富反壞還沒有當權。③

劉少奇試圖反駁。「有人不同意這是主要矛盾問題。」毛澤東打斷劉少奇表示：「不要管什麼階級階層，只管這些當權派，共產黨當權派，五大領袖和跟當權派走的。」

周恩來當然立刻支持毛主席，但鄧小平似乎害怕黨內鬥爭會造成走資派失控，因此提議集中火力在少數「特別根深柢固的腐敗分子」。毛澤東不理會鄧小平的說法，只是重述他自己的觀點：「首先必須抓到狼，然後是狐狸。這是我們必須解決問題的方法，如果你不先對這些當權派開刀，將來就不會有結果。」劉少奇試圖再次反駁，可是毛澤東不願再聽。[11]

這場爭辯發生在十二月二十日。六天之後，毛澤東邀請老同志們到人民大會堂去舉辦慶生宴會。包含劉少奇和鄧小平在內超過四十人都來參加了，在毛澤東突如其來氣急敗壞地發表演說前，氣氛是相當歡樂的。他說：「我想繼續批評社會主義教育運動中一些錯誤觀念和判斷。」他並沒有點名劉少奇，但突然指稱劉少奇的觀點是非馬克思主義的，指責中央有的機關搞「獨立王國」（毛澤東心中所想的是鄧小平的書記處）。毛澤東最後意有所指地警告「黨內產生修正主義的危險」。[12]毛澤東講話時，席間鴉雀無聲。

隔天上午毛澤東回到工作會議上宣布：「我們這個黨至少有兩派，一個社會主義派，一個資本主義派。」[13]隔天他開始在與會者面前揮舞兩份文件——中華人民共和國憲法與黨章——並大吼著前者賦予他身為公民的權利，後者給予他作為黨員的權利。毛澤東也說「你們之中（此處指鄧小平）」還不允許他來參加會議，還有其他人（劉少奇）不讓他說話。[14]

毛澤東取得多數人的支持，之後退回了〈後十條修正草案〉。陳伯達在毛澤東指示下，提交一份被稱為〈二十三條〉④的新文件，並於一九六五年一月通過。文件中聲明：「這次運動的重點是整（治）黨內那些走資本主義道路的當權派。」[15]

就在一九六五年一月之際，因為劉少奇「頑強反對」對「黨內走資派」進行鬥爭，毛澤東決定撤換他。這也意味著社會主義教育運動鬥爭正式拉開序幕。[16]

毛澤東此時尚未對鄧小平定出結論，雖然他還是很惱怒他這名總書記。但他與鄧小平的關係很快就破裂了，因為鄧小平與一個不論是他或是任何一個中國人都不應反對的人發生了尖銳的衝突，那人就是「偉大舵手」那急於報復與背信忘義的老婆江青。

---

③ 編註：「地富反壞」即地主、富農、反革命及壞分子。「四不清」是相對於「四清」——先是「小四清」（清帳目、清倉庫、清財物、清工分），後擴張為「大四清」（清政治、清經濟、清組織、清思想）。這些是一九六二年底開始「反修防修」的社會主義教育運動中的一環。

④ 譯註：即〈農村社會主義教育運動中目前提出的一些問題〉。

一九六四年，這名身體虛弱但意志極其堅強的婦女在中國領導階層中具有重大影響力，但這並非因為毛澤東深愛著她。在他們過去二十五年婚姻中，毛澤東對她一向冷淡，反而在一窩情人間滿足他自身的性需求。其中最重要的是引人目光、二十歲大的列車服務員張玉鳳。可是毛主席重視江青對他的狂熱忠誠，並需要她作為文化界的專才。一九三〇年代初期，江青在上海演出話劇和電影；一九六二年九月底，毛澤東讓她掌控中央委員會與政府二者處理文化事務的單位。毛澤東這名好鬥成性的配偶開始拚命對「腐敗的」文學和「墮落的」藝術灌輸階級道德原則。在江青的領導下，新形態京劇和芭蕾開始出現在中國的舞台上，並成了某種宣傳品。儘管形式卑劣、內容粗糙，但是極具革命性。

然而對於精力充沛的江青而言，戲曲只是個小舞台。她渴望政治權力。因此她很快就與許多領導階層分子起了衝突，打從江青成為毛澤東的老婆那天起，他們就討厭她。大多數老同志對「領袖」的前妻賀子珍還保留著溫情的記憶。毛澤東在再婚的兩年前就與她離婚。心懷恨意的江青永遠都不會放過他們這一點。只有少數人和她關係良好，包括她的前情人康生，也是他意外地在一九三八年介紹江青給毛主席。

可是在一九六二年秋之前，江青都還只是個家庭主婦與毛澤東的秘書，因此無法傷害到鄧小平或政治局中的任何委員。可是在「偉大的舵手」把她推上階級鬥爭的中央舞台後，即便她還不是中央委員會委員亦非政治局委員，就自覺大權在握並開始干涉許多領導人的業務。

江青的作為自然激怒了這些老幹部。可是說來奇怪，包括鄧小平在內，幾乎沒有人認為需要隱藏他們對她不滿的情緒。對於熟稔官場的官僚而言，這是無可原諒的行為。

因此，一九六四年夏在看過江青批准的一場「傑作」之後，鄧小平跟大家表示：

〔因為文藝改革運動〕，現在有人不敢寫文章了，新華社每天只收到兩篇稿子。戲台上只演兵，只演打仗的，電影哪有那麼完善？這個不讓演，那個不讓演。[17]

江青毫無疑問立刻在敵人名單中載入鄧小平的名字，並把鄧小平不值得信任的觀念強力灌輸給毛澤東。有段時間毛澤東似乎不理會她對鄧小平的誹謗，但最後還是開始深思熟慮她所說的話。

一九六五年初，奸巧的江青成功地讓毛澤東也採取她對鄧小平密友吳晗的看法。吳晗既是中國重要的劇作家與歷史學者，同時還是北京的副市長。雖然吳晗並非共產黨員，可是鄧小平真心喜歡這名自由派教授。鄧小平珍視吳晗對中國歷史的深厚學養，尤其是明史部分。鄧小平幾乎每週都和他在一間高級俱樂部碰面，一起打橋牌。深愛此西方遊戲的共青團中央委員會第一書記胡耀邦也加入其中。他們喜歡在打牌時閒聊。[18]

老吳晗對明史的知識坐實了自己的垮台。時間回溯到一九六一年一月，他寫了一齣京劇《海瑞罷官》，是關於一名十六世紀時勇敢、高尚的官員海瑞大膽上書直諫昏庸皇帝。雖然主題早就眾所皆知，但江青發覺吳晗有意識地在海瑞與彭德懷兩人之間做了對比。當這齣戲一端上舞台，她就提到這齣戲有問題。可是當時不論是毛澤東還是毛澤東身邊的任何人都不支持江青的看法。毛澤東喜歡這個角色，他在海瑞身上看到自己的身影，是一個「剛正不阿」的革命家、反抗腐敗階級罪惡的戰士。[19]

可是一九六五年起，局勢就此改觀。毛澤東對劉少奇非常惱火，開始四處找尋敵人。江青現在成功說服毛澤東質疑吳晗的「兩面手法」，不久之後更懷疑鄧小平的忠誠。邪惡不遑多讓的老友康生協助了江青。當她最先提出該戲的問題時，康生也懷疑她的做法，但大約到了一九六四年下半年某個時候，康生了解他能從此戲中萃取出不少政治資本，也開始在毛澤東耳邊吹風，表示吳晗是個「反革命分子」，試圖為昔日的國防部長平反。「我們批判彭德懷，他們（康生暗指劉少奇、鄧小平與其他人）藉戲劇美化彭德懷。完全是跟中央唱對台戲。」[20]

毛澤東終於對江青和康生的結論讓步，而且他對於中共領導階層中有「陰謀」的想法揮之不去，並認定他懷疑的一切完全合乎邏輯。吳晗直接隸屬於北京市長彭真，讓人聯想到彭真是劉少奇、鄧小平的親密戰友，也是後者那個「獨立王國」——這正是毛澤東對於中央委員會書記處的看法——的副手。在毛主席發熱的腦袋中，這四人——吳晗、彭真、劉少奇和鄧小平——是團結在一處的「黑幫」，在他看來，他們已經「奪取大量權力……掌握省級與地方黨委會的宣傳工作，尤其是在北京市府黨委會中」。因此，毛澤東決定「公開、全面、徹徹底底地揭開黑暗面」，甚至要更強化個人崇拜，「以便鼓勵群眾解散反毛的黨官僚」，這些都已是必要手段。[21]

一九六五年二月，毛澤東決心開始在報紙上批評吳晗那齣京劇。這是他日後對於此事的說法：

那個時候，我們這個國家在某些部門、某些地方被修正主義把持了，真是水潑不進、針插不進。當時我建議江青同志組織一下寫文章批判《海瑞罷官》，但就在這個紅色城市（北京）無能為力，無奈只好到上海去組織。最後文章寫好了，我看了三遍，認為基本上可以，讓江青同志拿回去發表。我建議再讓一些中央領導同志看一下，但江青同志建議：「這文章就這樣發表，我看不用叫恩來同志、康生同志看了。」江青補充道，不然劉少奇和鄧小平也會想……看的。[22]

毛澤東所說的這篇文章⑤刊登在一九六五年十一月十日的上海《文匯報》，作者是三十四歲地方黨報《解放日報》的記者姚文元。這篇文章花了不少工夫。江青與另外一名上海左派分子張春橋準備了十一份草稿，專人秘密遞送給毛澤東。手稿就裝在幾個京劇錄音的盒子內。[23]之所以採取這些強化的安全措施，是因為毛澤東想對「溫和派」給予意外的重擊。

鄧小平、彭真以及其他「右派」（因為毛澤東毫不懷疑劉少奇是「修正主義」）的最後一次忠誠考驗，落在一九六五年九月與十月的中央委員會工作會議。毛主席在會中建議要批評吳晗。一如預期的，鄧小平、彭真還有其他人都未能通過考驗。鄧小平出於表面工夫，開始調查這名教授的活動，且很快就宣稱「吳晗是左派（意味著可靠之意）分子」。[24]彭真之前就顯露出嘴巴不牢的個性，他在九月底與中央委員會總部文化官員的會議上表示：「什麼來頭不來頭，不用管（是中央委員還是毛主席），只問真理如何，真理面前人人平等。」25

毛澤東無法原諒這件事。他在工作會議上對與會者丟出挑戰說：「我提倡造反，是反對袁世凱稱皇帝的那種反。」接著他又說：「我快要去見馬克思了，怎麼交代？你給我留個修正主義尾巴，我不幹！」26在此之後，毛澤東通知姚文元發表那篇文章，把吳晗那齣戲貼上標籤，指其為資產階級要對無產階級專政與社會主義革命發動鬥爭的武器。

北京領導階層當然對這篇文章採取了負面回應。吳晗不僅是教授和劇作家，也是副市長。彭真完全不知毛澤東本人就是那篇文章的藏鏡人，他首先發難，不許在中央媒體上重行刊登此文章。他還去尋求鄧小平的支持。鄧小平毫不懷疑說：

> 〔知名京劇演員〕馬連良演的那個海瑞的戲我看過，沒什麼錯誤嘛。有些人總想踩著別人的肩膀往上爬，對別人一知半解，抓著一點辮子就批半天，好自己出名，我最看不起這種人。你告訴教授，沒有什麼了不起，我們照樣打牌嘛。政治和學術一定要分開，混淆在一起是最危險的，會堵塞言路。27

彭真信心大增，跟著吳教授一起藉由把這齣戲的討論轉換為學術性質，試圖反擊姚文元的政治攻擊。十一月十五日，吳晗在《光明日報》的副刊上對那名上海記者的批評發表了回應，指出《文匯報》中數個不正確的事實。「姚文元這樣批評我，我也不怕。」吳晗寫道：「不過我覺得這樣牽強附會的批評，亂扣帽子，這種風氣很不好，〔此後〕誰還敢寫東西，誰還敢寫歷史？」28

毛澤東在讀完吳晗的回應文之後，整夜輾轉難眠。彭真和北京市委會掌握了中央媒體，顯然不想就此投降。鬥爭開始加溫。毛澤東事後回憶：「拿北京市委會完全沒辦法。」29

---

⑤ 譯註：即〈評新編歷史劇《海瑞罷官》〉。

鄧小平完全不知道自己正在跟誰纏鬥，還在跟他的教授朋友打橋牌。不過這名可憐的教授無法專心在牌局上，始終在咳聲嘆氣。可是鄧小平試圖安撫他：「教授，別這麼長吁短嘆，凡事都要樂觀。怕什麼，天還能掉下來嗎？我今年六十一歲了，從我參加革命到現在，經歷了那麼多風浪都熬過來了。我的經驗無非兩條……要樂觀，向遠看，向前看，一切都好辦了。有我們給你往前頂，你可以放心了吧！」[30]

五天後，毛主席受到更為沉重的一擊：北京領導階層開始反擊，在《光明日報》的副刊中寫著：「姚文元亂來一通，不利於百家爭鳴。」[31]接著就《文匯報》記者想知道為何他們所撰關於吳晗的文章並未在北京刊登一事，《北京日報》總編輯詢問北京市委會宣傳部部長該如何回覆，部長竟然回說：「就告訴他今天的天氣如何，哈、哈、哈。」[32]這根本是超乎尋常的政治白目！江青想要和總書記會談，看到卓琳正在接待某個外國代表團，江青走向她。「毛主席所指示的路線，」她說：「已經被文藝圈忽視多年了。我希望能見到鄧小平並討論文藝圈存在的嚴重問題。」卓琳告訴鄧小平，可是鄧小平並不打算要同江青碰面。此外，他還在某場談話中提到：「既然現在只有一兩場新戲能看，老戲碼還是能演。我舉雙手贊成改革傳統戲曲，可是，我本人並不喜歡這事。」[33]

十一月二十六日，周恩來終於介入了。他打電話給彭真並說明毛澤東在姚文元文章中的角色。[34]十一月二十九日，《人民日報》最終還是刊登了這份卑劣的誹謗。可以肯定《人民日報》之所以用附帶評論刊出那篇文章，是為了當時的學術論戰，更甚於指向姚文元文章的爆炸性政治意涵。

此後，吳晗被批評給壓垮，不再去俱樂部了，但鄧小平還是希望能平息這場風暴。鄧小平有時跟其他牌友談到吳老。「還沒撤銷教授的免職令。」他俏皮地說：「撤銷時，謝天謝地，他就能回來打牌了。」還說：「吳晗不一定與彭德懷有關。彭德懷事件和吳晗事件無關聯。」[35]彭真同樣也無意投降。一九六五年十二月，他告訴吳晗：「你錯的就檢討，對的就堅持，堅持真理，修正錯誤。」[36]

可是毛澤東並無意就此平息。他利用這篇討論吳晗的文章來提升社會主義教育運動到新的水平：用毛澤東自己的話，這篇文章被當成「偉大無產階級文化革命的指標」。[37]

在文章發表的兩天之後，毛澤東離開了受劉少奇、鄧小平與彭真一行「黑幫」掌控的可恨的北京，前往空氣中滿布著激進主義的左派重鎮上海。幾天之後毛澤東當下心緒大好，再出發前去讓他終於能鬆一口氣的杭州西湖：現在所有事態的發展都按照他的計畫而行。

可是十天之後，毛澤東再度上路。他靜不下來，需要完全投入這場鬥爭。毛澤東回到上海，在那召開一場政治局常委會的擴大會議，接著原路折返回杭州。陳伯達、康生還有其他內部人士在那等他，要討論進一步鬥爭吳晗的計畫。接著在過年前返回杭州之前，他又走訪了好幾個地方。一九六六年二月初，他來到了武漢。[38]

當時鄧小平、劉少奇和周恩來三人都是政治局常委，對於文化革命五人小組草擬的〈關於當前學術討論的匯報提綱〉採取模稜兩可的政治立場。這份妥協文件一方面表示「對吳晗同志《海瑞罷官》的批判……是馬克思列寧主義、毛澤東思想同資產階級思想在意識形態領域內的一場大鬥爭」，另外一方面又表示：

> 學術爭論問題是很複雜的，有些事短時間內不容易完全弄清楚……要堅持實事求是，在真理面前人人平等的原則，要以理服人，不要像學閥一樣武斷和以勢壓人……要有破有立（沒有立，就不可能達到真正、徹底的破）。[39]

之後彭真和三名小組成員（康生、陸定一、吳冷西）飛往武漢交報告給毛澤東。二月八日，毛澤東在東湖畔的東湖賓館接見他們。他不滿意這份報告，可是他現在還不想打出底牌。「你們幾個完成的。」他說：「我不用看。」[40]接著一陣靜默無語，他又說：「這樣的問題，三年以後再說。」[41]

那是個陷阱，可是彭真、陸定一和吳冷西假定毛主席已經批准了他們的論點。他們在與毛主席會談後帶著輕鬆的心情，在秘書和保鑣的陪同下，前往以古書店知名全國的武昌和漢口。[42]幾天之後，中央委員會通過了〈關於當前學術討論的匯報提綱〉。該文件被列為最高機密，只能在特定人士之間傳閱。

毛澤東迅速採取行動。三月中，他在杭州邀請劉少奇、周恩來（鄧小平當時在西北地區進行視察任務）以及省委會、自治區和中央政府直轄下的省級城市的第一書記們前來參加政治局常委會擴大會議，同時還有許多中央委員會官員也前來與會。很多人對會中見聞大感吃驚。毛澤東不僅嚴厲反對彭真、吳晗與吳冷西宣傳資產階級文化，同時還呼籲在全國的所有高等學府、中學與小學中發動階級鬥爭：「現在大學、中學、小學大部分被資產階級、小資產階級、地富出身的人壟斷了……這是一場嚴重的階級鬥爭……不要壓年輕人，讓他們冒出來……學生要造反，要允許造反……就是要教授給學生打倒。」[43]吳冷西完全洩了氣，請求周恩來讓他進行自我批評：「主席這次（對我）批評很重，我要好好檢討。」[44]

會議中討論的其他問題即中共是否要派代表團出席蘇共第二十三次代表大會。在場者中只有彭真支持這個想法，而毛主席直截了當地拒絕。「我們不去，」他總結：「〔要保持我們〕旗幟鮮明，不拖泥帶水。」[45]雖然彭真的「叛徒行徑」並不令人意外，但還是深深地惹怒了毛澤東。毛澤東很快否定彭真報告中的說法，並解散文革五人小組。四月，彭真遭到在家拘禁，陸定一也馬上遭到整肅。[46]之後他們跟其他兩名因完全不相關的原因被解職的官員——人民解放軍總參謀長羅瑞卿和中央辦公廳主任楊尚昆——被劃歸在一塊，成為虛構的「反黨集團」成員。[47]

一九六六年五月十六日，政治局宣布解散這個五人小組，並依照毛澤東的命令以直接隸屬政治局常委會的「中央文化革命小組」來取代，並由陳伯達擔任組長（八月底，陳伯達因工作繁重而將該組長職務移交給毛主席的配偶副組長江青[48]）。政治局發布通知⑥，首度號召整個黨要「高舉無產階級文化革命的大旗」。[49]

此份通知中數段文字都是由毛澤東親自操刀。最為重要的一段是：

> 混進黨裡、政府裡、軍隊裡和各種文化界的資產階級代表人物，是一批反革命的修正主義分子，一

旦時機成熟，他們就會要奪取政權，由無產階級專政變為資產階級專政。這些人物，有些已被我們識破了，有些則還沒有被識破，有些正受到我們信任，被培養為我們的接班人，例如赫魯雪夫那樣的人物，他們現正睡在我們的身旁，各級黨委必須充分注意這一點。[50]

當「偉大的舵手」提到赫魯雪夫那樣的人物時，無人知曉他心中所想的是誰。當然所有人都知道毛主席的接班人是劉少奇，可是哪怕是康生或是上海來的左派分子張春橋，都未曾想過劉少奇可能是毛澤東心中的那個人。可是毛澤東認為他那還沒被眾人看清的「中國赫魯雪夫」說法是這篇通知的主軸，因此他馬上明確告知康生和陳伯達。他極度盼望他這份報告不僅在黨內「引爆」而已，還有整個社會。

這才被啟發的康生之後解釋：

文化大革命起因於階級和階級鬥爭依然存在於社會主義體制之中……我們過去二十年建構無產階級專政的經驗，特別是東歐近來資產階級自由主義和資本主義的復辟事件，也都引發在無產階級專政環境與社會主義條件下如何進行革命的問題。為了解決這個問題，毛主席親自在中國發起文化大革命。

用康生的話來看，「偉大舵手」一開始是提議進行一份三年計畫的革命。「像這樣偉大的革命，」這名毛澤東信任的戰友堅稱：「以三年為期並不算長。」[51]

這份通知開宗明義就指出文革要捲進廣大群眾，這是其顯著的特點。毛主席授權人民去判斷「修正主義派黨員」以及「黨內大人物」。文革的震撼力是來自那些身無過多的知識壓迫、也未受到儒家社會

⑥譯註：即〈五一六通知〉。

「誤謬」人道主義觀念限制的年輕人，也就是那些高等教育機構、技術學校、中學與小學的學生們。五月二十五日，北京大學學生在食堂的牆面上張貼首份大字報，群起鬥爭走資派。他們指控北京市委會大學工作部的數名領導以及北京大學校長陸平（同時也是北京大學黨委會書記）執行「反對黨中央、反對毛澤東思想的修正主義路線」。[52]北京其他大學或學校學生，還有外省學校的學生跟風響應，張貼數以千計的大字報並放棄學業。意欲改革六百萬名中華人民共和國走資派居民的史詩般鬥爭就此展開。

鄧小平當時還未被波及，但發生的狀況深深震撼了這名偶爾會被動反對毛澤東的總書記，可是這消息肯定也傳到毛澤東耳中。例如，在楊尚昆被捕之後，鄧小平一度庇護他的女兒；在彭真被拘禁後，鄧小平不僅未譴責他，還送給他半簍橘子。[53]鄧小平或許能做得更多，但他自己一手協助創立的極權制度杜絕任何公開反對「領導人」的形式。鄧小平日後承認：「在那個條件下，真實情況是難以反對。」[54]

如果毛澤東有意要懲罰鄧小平的話，他有可能因為這半簍橘子受罰，不過毛澤東還沒打算對他下手。鄧小平或許開始認為那杯人生苦酒就此擦肩而過。他和其他高階領導人一樣，「都還沒有從中品味出暴雨欲來前那滿天狂風的氣息」，且他之後接二連三地犯錯，顯然他對這場突如其來的瘋狂運動完全未做準備。或許他不再期望成為支撐「偉大舵手」的「雙足」了。[55]誰知道呢？無論如何，鄧小平的行徑只加速了他的垮台。毛主席心中的不滿益增，對鄧小平愈來愈憤慨。

六月初，鄧小平在北京終於把毛澤東從心底趕了出來。他和劉少奇透過支持北京市委會，派了個由中共與共青團活躍分子組成的工作組進駐北京大學去「恢復秩序」。

然而因為有劉少奇和鄧小平的名字，五月二十九日周恩來打電話給毛澤東，詢問是否可以派出工作隊，而「領袖」並沒有表示反對。毛澤東運用他一貫的手法再度測試鄧小平和劉少奇，給予他們再次完全表態的機會。他們也再次陷入毛澤東的圈套內。在六月三日召開政治局擴大會議之後，他們決定派出類似的工作組前往北京其他的教育機構。「不派工作組不成。」鄧小平堅稱：「工作組代表黨領導階層……我們必須趕快派出工作組，要像消防隊救火一樣快。」[56]結果總計動員了七千三百二十九名幹部組成了這些工作組。[57]

六月九日，鄧小平、劉少奇、周恩來、陳伯達、康生和新任中宣部部長陶鑄一同前去杭州西湖，要說服毛澤東返回北京。可是毛澤東大笑地回絕了。他們接著懇求允許派出工作組至全國各地的所有大學，但毛澤東對此不置可否。[58]

鄧小平和劉少奇心亂如麻地回到北京，並做出兩個截然相反的決定。一方面，他們下令全國各級學校的教學暫時停課半年並取消考試。另外一方面，他們認為派遣工作組至各大學去「恢復秩序」是正確的做法。「中央認為北大工作組處理亂鬥現象的辦法是正確的、即時的。」他們聲稱：「各單位如果發生這種現象，都可參照北大的辦法處理。」[59]過沒多久，從北京派出超過一萬人的工作組到全國各地。[60]

他們犯下滔天大錯。毛澤東現在能輕而易舉地指控他們「鎮壓」群眾。他現在只等待痛下致命一拳的時機。與此同時，康生私下通知周恩來，表示「劉少奇和鄧小平可能活不下去」，要他「不要與工作組有任何的牽連，應該把領導運動〔文革〕握在自己的手裡」。[61]毫無疑問康生是以毛澤東的名義告訴周恩來的。

毛主席本人佯裝一切無事，順道走訪故鄉韶山，一探數年前修建完成自己尚未駐足過的豪華宅院滴水洞，接著去了武漢。七月十六日，毛澤東在長江中游了十六公里，向包括「第一號走資派劉少奇」、「第二號走資派鄧小平」在內的世人展示，他依然身強體健。七月十八日，他回到北京並對劉少奇和鄧小平揮出重拳。

毛澤東住在北京西邊前使館區的釣魚台，顯示出拒絕回到劉少奇和鄧小平所居住的中南海之意。劉少奇立刻前去晉見毛澤東，可是被拒於門外。「偉大舵手」的秘書告訴目瞪口呆的劉少奇，「主席現剛從旅途回來，正在休息。」事實上，毛澤東在與康生、陳伯達進行閉門會議，他們兩人極力醜化劉少奇和鄧小平的行為。

隔天委靡不振的劉少奇召開政治局擴大會議討論工作組的問題。這只會把局勢搞得更糟。毛澤東並未與會，可是陳伯達依據毛澤東的指示行事，要求立刻撤銷工作組。大多數在場者都不知道毛澤東真正的立場，拒絕了陳伯達的提案。鄧小平顯然是失去耐心，以極其尖銳的態度表態。他從座位上跳起身並用手指指著陳伯達說：「你們說我們害怕群眾。你們到前邊試試！」接著吸了口氣後說：「撤工作組我不贊成！」劉少奇支持他。[62]

劉少奇一直要到隔天傍晚才見到毛澤東，而毛澤東終於亮出底牌並明言：「工作組沒用，前市委爛了，中宣部爛了，文化部爛了，高教部也爛了，《人民日報》也不行。」[63]毛澤東在接下來的八天內召開了七場會議，要求「撤銷工作組」，因為「阻礙群眾運動，阻礙革命勢力，幫助反革命」。[64]「誰會鎮壓學生運動？」毛澤東憤怒地質問劉少奇和鄧小平：「只有北洋軍閥……這樣就把群眾放到對立面去了……凡是鎮壓學生運動的人，都沒有好下場！」[65]

鄧小平、劉少奇以及其他中央委員會領導人之後走訪北京教育機構去進行調查，以回應「偉大舵手」的要求，但他們在那飽受猛烈攻擊。他們試圖自清，看起來相當可憐。他們跟學生談話並呼籲節制，然而他們的「說明和勸說，則顯得那樣的無奈和無力」。[66]

七月底，學生組織內的積極分子在天安門廣場人民大會堂內舉行一場會議，也羞辱了鄧小平和劉少奇。鄧小平在超過萬人面前被迫自我批評，而他表現笨拙。「必須說清楚北京市委會派出工作組到大學與中學是依中央委員會的決定。有的同志說，老革命碰到新問題，的確是這樣。」他這麼說顯然是相當氣憤。[67]劉少奇看起來也相當沮喪，感到「困惑、不知所措、身不由己地飄在海上」。他尖聲地，幾乎以歇斯底里的聲調承認他並不知道怎樣進行文化大革命。[68]北京市委會第一書記李雪峰在廳內如雷的掌聲中宣布，按照政治局的決定撤出所有各城市中學和大學內的工作組。[69]鄧小平的女兒鄧毛毛當天也在場，她痛哭失聲。

五月二十九日，在科學與技術具有領導地位的清華大學附屬中學內建立了「紅衛兵」組織。毛澤東非常喜歡這個名稱，並盛讚其成員。龐大的紅衛兵組織隨後建立，毛澤東對他們指派了明確的任務：

「要……打倒走資本主義道路的當權派。」[70]

八月五日，「偉大舵手」自己寫了篇約莫兩百來字的大字報〈炮打司令部——我的一張大字報〉。毛澤東下令刊印，並在八月七日北京召開的第八屆第十一次中全會上發送給所有與會者。現在所有人都知道文化大革命的目標是平日領導中央委員會的劉少奇和鄧小平。中全會上改變議程，要解決中華人民共和國主席和中共總書記的人事案。[71]康生回憶：「我們已經揭露藏在我們身邊的中國赫魯雪夫們。」[72]八屆十一中全會後，廢除了總書記一職，也拔除書記處的權力。書記處不再符合需要，職權移交給文革小組。鄧小平和劉少奇依然是政治局常委，且鄧小平在投票中還與毛澤東和林彪一樣全票通過，[73]不過鄧小平的影響力已經大幅下降。毛澤東指派林彪擔任接班人，取代聲名狼藉的劉少奇。林彪成為唯一的副主席。[74]

十一中全會結束後，緊接著於八月十三日至二十三日舉行的中央委員會工作會議中，林彪指名道姓攻擊劉少奇與鄧小平。鄧小平女兒表示林彪當時是把鄧小平「當成敵人來對待」。[75]林彪認定鄧小平與劉少奇的問題同屬「敵我矛盾」。此事之後，鄧小平難以成眠，無法再工作，於是把工作都移交給康生。[76]現在鄧小平整日在家中閒坐，不跟任何人說話，只有偶爾看看黨傳給他的資料。

一整個九月都是如此。在十月新的中央委員會工作會議上，鄧小平再度遭到粗暴的人身攻擊。陳伯達提交主要報告，指稱文化大革命中有兩條主要路線在鬥爭：一條是毛澤東主席率領黨路線的「無產階級革命」，而另外一條是「資產階級反動路線……代表人即劉少奇和鄧小平同志。他們要負主要責任」（資產階級反動路線一詞正是毛澤東所構思的，當然他也編修了陳伯達的報告）。接著林彪再次點名攻擊鄧小平和劉少奇，控訴他們走的是「壓制群眾、反對革命的路線」。[77]

留在他們面前的路就是自我了斷，可是不論是劉少奇抑或鄧小平都不會這麼做。他們在毛澤東的要求之下，重新自我批評。十月二十三日，他們兩人一個接著一個先後承認自己應「承擔主要責任」。鄧小平更進一步表示：「如果當時我們虛心一些，善於聽取不同意見，特別是向主席隨時提出報告和請示，是一定會得到主席的指示和幫助的，是可以使錯誤得到及時糾正的。」[78]鄧小平承諾將改正自己的「錯誤……自己努力站起來」。可是根據鄧毛毛的說法，鄧小平「的〔自我〕檢查也是違心的……他完全沒有這種想法，但在那種情況下，他沒別的辦法」。[79]

總之，他怎麼想並不重要。毛澤東確定劉鄧兩人雙雙丟臉之後，現在扮起和事老的角色。毛澤東在前一天傍晚就已經收到鄧小平自我批評的內容，他寫下批示：

> 小平同志：可以照此去講。但在……第一行「補過自新」之後，是否加幾句積極振奮的話，例如說，在自己的積極努力和同志們積極幫助之下，我相信錯誤會得到改正的。請同志們給我以時間，我會站起來的。幹了半輩子革命，跌了跤子，難道就一蹶不振了嗎？[80]

在鄧小平自我批評的兩天之後，毛澤東總結表示：

> 不可能……把一切全都怪罪〔劉少奇和鄧小平〕。他們和中央委員會雙方都有錯——中央委員會沒把事情管理好。沒有足夠的時間，我們〔毛澤東的確說「我們」！〕精神上沒準備好。我們沒把政治和意識形態工作給做好……會議後，顯然一切會更好。[81]

可是毛澤東無法抑制他對鄧小平的不滿：「鄧小平耳聾，開會卻總在離我很遠的地方坐著，而且從一九五九年起就不來向我報告工作。」[82]

鄧小平耳聾一事是真的。他有時右耳會一直耳鳴，每年病情逐漸惡化。[83]這正是每次在毛澤東房間內召集高階領導會議時，鄧小平故意坐在毛主席床頭的原因。如此看來，「偉大舵手」挑剔他是毫無道理。毛澤東說中央委員會總書記不來找他報告工作，這也是扭曲事實。只需要去檢視中國近年來出版的

《鄧小平年譜》一書，就確認毛澤東所言不實，他只是想在這名昔日聽話的學生身上強加另外一道傷口。畢竟，毛澤東過去深深信賴鄧小平，還稱他為「最親密的戰友」與「後起之秀」，可是鄧小平卻在大躍進失敗之後觸怒了這名老人。毛澤東認為鄧小平已經不再殫精竭慮，對他的話也不再心領神會，因此他此刻毫無寬恕他或劉少奇的意願，只想好好羞辱兩人。

文革小組抓緊了「領袖」的心思，要打鐵趁熱。鬥爭鄧小平和劉少奇是他們政治生涯進階的彈簧墊。一九六六年十二月底，張春橋和幾千名清華大學的師生舉行示威活動，首度公開點名攻擊劉少奇和鄧小平要求他們下台。[84]他們在海報與大字報上寫著「打倒劉少奇！打倒鄧小平！」，他們兩人的名字還畫上黑色的大叉叉。

鄧小平一生最艱難的時刻現在找上門了。他可能不只一次想起孔子的話：「歲寒，然後知松柏之後凋也。」[85]他要跟這些參天巨樹一樣，挺立熬過困境。打不斷，打不倒，但是要保留氣力等待來春。咬緊牙關並忍受磨難。

第十五章
拘捕與下放

在這些惡劣的時日裡，鄧小平很幸運地並不孤單。摯愛他的卓琳一直幫著他熬過人生苦難。卓琳跟背叛了鄧小平的前妻不同，竭盡全力和鄧小平患難與共。鄧小平娶得賢妻的確好運，難以再覓得如此良友。

鄧小平的繼母夏伯根毫不過問政治，不過她全心全意深愛著這名繼子。某個讓人心煩的傍晚，她跟卓琳說：「你得冷靜地看看這局勢。想想你們結婚多少年了。你一定很了解他。如果你跟他離婚，這就太傻了！」

卓琳吃驚地看著她。

「媽！我真的很了解他。靜一靜。我不會跟他離婚的。」[1]

「文革期間，我母親全力支持父親。」鄧小平的長女鄧林回憶：「還有雖然四周所有人都在喊著『打倒鄧小平！鄧小平是黨內第二號走資派』，他是『這個和那個』，她最擔心的還是他，照顧他，和他同甘共苦；他們是心手相連。」[2]

卓琳當然非常焦慮，特別是與孩子們有關的部分。他們因為是「第二號走資派『黑幫』家庭」的一員，故而在學校受到欺負。可是卓琳並未因此拋棄丈夫。相反的，她鼓勵孩子們要相信自己父親的清白，告訴他們鄧小平昔日英雄般的事蹟。她要孩子們知道他們的爸爸是清白的，沒有做錯事。[3]

孩子們的行為舉止都恰如其分。雖然在紅衛兵的壓力下，他們參加了「批判大會」，還要忍住淚水正式譴責自己的父親。鄧小平的女兒甚至被迫寫大字報貼在中南海的牆上，粗陋地批評他們一家之主微不足道的小過。可是他們從來不會說：「我們要切斷跟父親這個走資派的關係。」[4]他們並未跟其他人的子女一樣，去譴責他們「反動派」的雙親為「人民的敵人」。

文革迅速在整個國家中蔓延開來，成為一場益發血腥的事件。狂熱的紅衛兵得到「偉大的舵手」授權去粉碎那些走資派，已然沉迷於恐怖手段。一波暴力巨浪吞噬了北京，然後是中國其他城市。一九六六年八、九兩個月，這些狂怒的年輕人僅僅在北京就殺害了一千七百七十二名涉嫌的走資派。同時期的上海，一千兩百三十八人遇害，七百零四人無法承受年輕紅衛兵的羞辱而自殺。安全部隊並未干涉。[5]「中國是龐大人口的國家，」毛澤東當時這麼說：「沒有了這些人也不會怎麼樣。」[6]

老師成為青少年的首要目標。有些學校內的某幾間教室成了監獄，學生們在那辱罵這些因為屬於「資產階級反動當權派的黑幫分子」而被逮捕的老師。他們虐待、毒打和羞辱這些老師，許多人因此而死。有一所這樣的監獄就在黨領導階層居住區中南海的對面，那是北京第六中學的音樂教室。學生用一個老師的鮮血在牆上寫下這些字眼：「紅色恐怖萬歲！」[7]這口號正是這些年輕學生對一九六六年五月十六日中央委員會通知的理解：「在這場文化大革命中，我們學校被資產階級知識分子給支配的現象必須徹底改變。」[8]不然，他們還能如何理解此事？

紅衛兵在整個中國推出了裝模作樣的公開審訊，其中主要的表演者就是被他們逮捕的走資派。把被嚇得要死的年長者驅趕上街，將手給綁在一起，在群眾惡意叫囂聲中遊街示眾。然後就是成立袋鼠法庭，迫使「某某反革命機會主義分子」或「某某反黨黑幫成員」跪在革命群眾面前。

一九六六年十二月底，張春橋鼓動革命工人叛亂，突襲占領了上海市委會。王洪文在「上海整風」中扮演著「參謀總長」的角色，率領此次舉事。上海市委會因此遭到「癱瘓與顛覆」，再也無人聽其指揮。[9]

一月六日，暴亂分子在上海人民廣場組織了一場十萬人的批鬥大會，逼迫市委會領導們在會中承認自己的「罪過」。[10]這些暴亂分子受到上海駐軍指揮部的支持，進而新建市政機構。

毛澤東聽聞上海市委會被占領後，號召「全國的黨、政、軍、民各界，全國的工人、農民、革命學生、革命知識分子、革命幹部，學習上海市革命造反派的經驗」。[11]之後全國各地紛紛建立起新的權力機構——革命委員會，並由三類代表瓜分職位：紅衛兵與造反派的領導、解放軍軍官以及「革命幹部」。文化大革命愈演愈烈。

一九六七年一月十一日，政治局通過取消劉少奇、鄧小平以及數名高階走資派官員參與政治局會議的決議案，其中還包括陳雲在內。[12]四月一日，《人民日報》和《紅旗》發表文章攻擊劉少奇和鄧小平。此文是在媒體上首度公開提及鄧小平的名字，指他為「黨內另一個〔第二號〕最大的資本主義道路的當權派」。

鄧小平再也按捺不住情緒。四月三日，他寫了封必恭必敬的信給「偉大的舵手」，表明自從一月十二日起就想與毛主席會面請求「指示」。他謙卑地寫道：「〔我〕覺得我所犯錯誤的性質似已確定。」[13]鄧小平擊中目標，這正是毛澤東一直以來希望他做的。毛澤東的不滿已蓄積許久，而他是如此熱愛人們在他面前卑躬屈節。

毛澤東在讓鄧小平吃了幾個月苦後，派了親信汪東興去找鄧小平。汪東興當時是中央辦公廳主任，從一九四七年起就任職於毛澤東的中央辦公廳警衛局。沉靜又務實的汪東興傳遞一份重要的指令給鄧小平：「不要著急。」他解釋毛澤東把劉少奇問題和鄧小平問題分開處理，並允許鄧小平寫信給毛澤東。[14]這意味著毛主席認為鄧小平仍是「同志」，原因為何？誰又知道呢？或許因為毛澤東實際上認為鄧小平還是個誠實的人且特別好用。可能毛澤東認為鄧小平是不小心犯了錯，與他從一九六五年一月起就認定劉少奇百分之百是赫魯雪夫分子並不一樣。也可能毛澤東只是害怕鄧小平在軍隊中廣泛的支持度。幾乎所有的將領和元帥都認為這名第二野戰軍的前政委是自己人。鄧小平在軍官中也廣受尊敬，沒人會忘卻昔日袍澤情誼。現在他突然徹底垮台不會惡化解放軍中的局勢嗎？就算這樣，鄧小平現在也能鬆一口氣了。

毛澤東在幾天之後主動想跟鄧小平談一談，把他從睡夢中叫醒並叫他過來。他們一直談到清晨。毛澤東再度批評他派出工作組一事，而鄧小平再次請求寬宥。可是「偉大的舵手」接著問他一個難以回答的問題，也就是鄧小平為何突然在一九三一年三月拋下紅七軍？記得鄧小平總是宣稱他離開前線是要跟上海的中央委員會呈報當前局勢。可是毛澤東凝視著他，等待著鄧小平的回答，顯然這才是毛澤東要把鄧小平挖起床的原因。如果鄧小平倉皇失措並設法閃躲，那麼過去的「右派習性」在此時就變得至關重要了。鄧小平將會從「同志」的身分轉為戰友們的「叛徒」——且這將明確改變他與解放軍的關係。可是鄧小平總有辦法替自己辯駁，他直視著毛主席，表示他是在收到前敵委員會的允許後才離開軍隊。他重述我們早就知道的部分，也就是他離開是為了跟上海的領導階層報告。[15]毛主席顯然接受了他的解釋，不過也只是看起來如此而已。

此時，紅衛兵的瘋狂舉措已經蔓延至高階領導所居住的聖殿中南海內。劉少奇住家的牆壁上四處潑寫著：「打倒中國的赫魯雪夫劉少奇！」中央委員會內年輕的職員全都加入造反行列，不斷把這名年邁的國家主席拖到「批鬥大會」上對他拳打腳踢，要他丟臉。七月十八日，造反派翻箱倒櫃地搜索劉少奇的住家。九月中，他們逮捕他的妻子並關進監獄內。極度悲傷的劉少奇遭到歇斯底里的攻擊，他的血糖數值急遽攀升。

一九六七年七月十九日，中南海造反派前去搜索鄧小平的居所。他們先把鄧小平和卓琳帶離家，因此夏媽媽和子女是他們暴行僅有的見證人。讓派遣他們前來之人大失所望的是，他們什麼也沒找到。鄧小平家中完全沒有保留工作有關的文件或紀錄。[16]

就此結案嗎？肯定不會如此，這次失敗只是更激怒了造反派。他們在鄧小平家人所住的巷弄牆上貼滿著憤怒難平的大字報，要求打倒這名「黨內第二號走資當權派」。十天後，他們把鄧小平和卓琳拖到批鬥大會上，對他們嚴詞批評，甚至毒打一頓。造反派要求鄧小平在三天內完成一封認罪信，並禁止他們夫妻二人離開住家。不許任何人去探視他們，甚至包括子女在內。[17]換言之，鄧小平夫妻倆被軟禁在家。

鄧小平從批鬥大會返家之後憤恨異常，再度寫信給「偉大的舵手」。鄧小平肯定清楚造反派的攻擊是得到毛澤東許可。「『領袖』對最近那屈辱般的解釋還不滿意？「我目前確實心中惶惶無主，不知如何是好，所以我十分懇切地希望能夠面向主席請教。我自覺這個請求是不一定恰當的，但我別無辦法，只能向主席傾吐我的心情。」[18]鄧小平情緒從來不曾如此低落過。

雖然毛澤東肯定收到這封信，但是他並未屈尊回覆。他人不在北京，也不會真的關心鄧小平的遭遇。當時在不同的紅衛兵團體和反紅衛兵組織間已爆發了「使用軍火」的內戰。[19]毛澤東玩弄鄧小平，就如同貓捉弄老鼠一般。毛澤東先給鄧小平希望，然後再作弄他。他不要弄死鄧小平，也無意開除他的黨籍。七月十六日，毛澤東甚至跟某個同僚脫口說出：「如果林彪身體不行了，我打算把鄧小平找回來，至少讓他當名政治局常委。」[20]此事之後，他不斷跟周恩來、張春橋、汪東興還有數名其他戰友表態，鄧小平和劉少奇並非是一個豆莢內的兩顆豆子。[21]不過，毛澤東需要鄧小平至少經歷第一層的地獄，如此一來鄧小平至死都會記得此事。鄧小平因為許多不同的「錯誤」和「固執」而遭受懲罰，日後才不會再自作聰明，並會像奴隸般服侍他這名「偉人」。毛澤東在原諒之前還有好長一段路要走，必須讓鄧小平在好一段期間內吃點苦頭。

一九六七年八月一日，鄧小平忠心的秘書和警衛被調離。四天後，造反派再度衝進鄧小平的住所。他們在大門口掛上一個長形紅色標語「第二號黨內走資派鄧小平批鬥大會」。用黑色寫上鄧小平的名字，其他的字都是白色。鄧小平的女兒毛毛回憶著：

> 中南海的造反派……從屋裡把父母親押出來，由造反派團團圍在院子中間。一些造反派上前將父母的頭強行按下，讓他們彎腰、低頭認罪。一陣震耳欲聾的「打倒」口號聲後，造反派們氣勢洶洶連喊帶叫地批判了一通，然後便七嘴八舌亂糟糟地進行質問……一個……女造反派喊叫的聲音特別尖銳特別刺耳。母親的眼鏡讓造反派給拿掉了，她低著頭想看一下父親都看不清。父親耳聾，又彎著腰，根本聽不清那些吼叫，因此也無從回答。他剛剛辯解了幾句，話還未說完，便被粗暴地打斷。[22]

鄧小平臉色死白地回到家中，立刻躺下。在那之後的幾天，鄧小平既不笑也一言不發，坐在躺椅上菸不離手。九月中，他寫下他的困境並寄給中央辦公廳主任汪東興。汪東興把信呈給毛澤東，可是「偉大的舵手」禁止他回信給鄧小平。[23]鄧小平很快再次遭受重擊。來自高層的命令，鄧小平的子女和夏媽媽被逐出中南海，住在走路有半小時路程的某間小屋一樓的兩間屋內。鄧小平和卓琳身邊只有僕人和廚師。

鄧小平夫妻兩人在此近乎全面隔離的情況下過了兩年。他們無法去看自己的孩子，甚至也不能通信。對於子女，還有那些受鄧小平牽連而遭迫害的其他親戚的情形，他們一無所悉。鄧小平的弟弟鄧先治在貴州省的某縣任職，未能熬過迫害；一九六七年三月十五日，鄧先治自殺。鄧小平他們也都不知道卓琳的哥哥浦承綱已經英年早逝於獄中。[24]

可是他們不再受到暴力相向，甚至每個月收到相當可觀的月薪。鄧小平擔任最高階官員，每個月待遇是四百零四元人民幣；卓琳的部分是一百二十元。然而大多數勞工的最高收入僅僅略多於四十元。[25]上午時卓琳聽從中央委員會辦公室官員的囑咐，進行體力勞動打掃自家庭院。鄧小平會幫卓琳打掃，雖然沒人告訴他得勞動。其他時間他們不是讀書，就是靜靜坐在家中聽廣播不斷抽菸。卓琳也有菸癮。「我抽菸，是因為想孩子們。」她說：「只要能見到他們，我馬上就不抽了。」[26]他們兩人過著悲慘的日子。

此時鄧小平在中央委員會和文革小組的死敵們——毛澤東的老婆江青、秘密情報頭子康生與國防部長林彪——都試圖說服毛主席立刻剪除這名前總書記。他們幾人當然不會在毛主席寬恕鄧小平之後，還跟他一起分享權力。一九六七年十一月五日，他們與「偉大的舵手」會面，並尖銳地對鄧小平提出質疑。毛澤東重提他的舊怨：

劉〔少奇〕、鄧〔小平〕互相合作，「八大」決議〔劉少奇的政治報告〕不通過大會主席團，也不徵求我的意見就通過了。剛通過，我就反對。六三年搞了個十條〔〈後十條〉〕，才隔三個月，他們又開會搞後十條〔〈後十條修正草案〉〕，也不徵求我的意見〔毛澤東有所掩飾，實際上他早就讀過、修改並正式批准該文件〕，我也沒到會。鄧小平要〔被〕批〔評〕，請軍委準備一篇文章。

這群人正準備鼓掌，但毛澤東暫歇一下後接著說：「我的意見還要把他同劉少奇區別一下，把劉、鄧拆開來。」[27]

可是經過這次挫敗之後，這群人並未就此放下。他們毫不懈怠地試圖跟毛澤東證明鄧小平並非是比劉少奇更不具威脅性的「敵人」，甚至更糟糕還是個「叛徒」。就算不判鄧小平死刑，至少也該開除他的黨籍。他們心中懷此目標，並在一九六八年五月建立起「鄧小平專案組」，任務是收集「第二號走資派」的「問題」材料，特別是與「拋棄」紅七軍有關的資料。六月，這個專案組要求鄧小平寫一份類似批評性的自傳。難以知道他們這麼做的原因。有可能是因為他們認為鄧小平或許會自曝其短？毛澤東聽聞成立鄧小平專案組之後，再也忍不住要趕走江青與江青一幫子人：

要允許犯錯誤。人家犯錯誤就要打倒，你自己就不犯錯誤？對鄧小平，我的觀點還是一樣。有人說他與敵人有勾結，我就不太相信。你們那樣怕鄧小平，可見這人厲害。[28]

七月五日，鄧小平繳出幾乎達七十頁的「認罪」文件。他對許多「過失」懺悔，因為沒有自我批評，就無人會接納他的報告。他甚至還承認一九三一年初犯下「嚴重的政治錯誤」離開紅七軍。可是即便是如此嚴重的政治錯誤都不及一個羅織編造的錯誤——也就是「背叛」與「棄離」——來得致命。鄧小平仍堅持他是收到前敵委員會的批准之後，才前往上海。此外，他也提到一九三三年鬥爭羅明路線時，中央委員會在博古主持下已經調查過此事，他當時也已寫出原由。[29]提到博古是相當明智的，因為博古不僅殘害過鄧小平，也對付過毛澤東本人。顯然鄧小平在捍衛自己的同時，也圓滑地回敬對手。

可是這個小組可不會呆坐一旁。他們查閱中央委員會組織部中的龐大檔案文件，其中還包括了鄧小平的個人檔案。該小組審訊了許多人證並察訪許多與這個一生死敵有關聯的地方。一九六八年七月末，專案組擬好一份近乎四十頁的綜合報告〈黨內另一個最大的走資本主義道路的當權派鄧小平的主要罪行〉。該報告提供許多鄧小平在中華人民共和國時期「右傾機會主義行為」的證據，可是令江青和她的同志們大失所望的是，關於鄧小平「背叛」的罪名缺乏具有說服力的證據。

專案組成員銜命要挖掘得更徹底，可是他們再也探查不出其他資料。因此，在一九六八年十月的第八屆中央委員會第十二次全體會議上，江青、康生與其他左派分子不得不把他們手中的資料交給黨中央委員。即使如此他們仍要求開除鄧小平。他們群情激昂，甚至流通於中央委員之間的「綜合報告」上，鄧小平一家人的姓名也被塗掉。這一切還是沒能影響到毛主席，因為他們的報告中鮮有事實根據。「鄧小平這個人，」毛澤東在大會中說：

> 我總是替他說一點話，就是鑑於他在抗日戰爭跟解放戰爭中間都是打了敵人的，也沒有查出他的別的歷史問題……鄧小平，大家要開除他，我對這一點還有一點保留。我覺得這個人嘛，總要使他跟劉少奇有點區別，事實上是有些區別。我的思想恐怕有點保守，不合你們的口味，〔但我還是要〕替鄧小平講幾句好話。[30]

這已足夠讓鄧小平保留住中共黨籍。只有劉少奇被「永遠」開除黨籍，還被貼上「一個埋藏在黨內的叛徒、內奸、工賊，是罪惡累累的帝國主義、現代修正主義和國民黨反動派的走狗，犯下了大量最嚴重的罪行」。[31]

鄧小平表示熱烈支持十二中全會的決定。無論如何他都無法替劉少奇辯護，對他而言，最重要的是他還保留黨籍。十一月初，他寫信給汪東興：「我最大的希望是，能夠繼續留在黨內，做一個普通黨員。如果可能的話，請黨分配給我一個小小的工作，或參加力所能及的勞動。」[32]他依舊未收到回信。

直到一九六九年春，鄧小平的生活才開始起了變化。四月召開中國共產黨第九次全國代表大會，毛主席再次表示「鄧小平與劉少奇要有區別」。[33]此次全會總結三年文革期間的「狂飆」（Sturm und Drang），當然全都同意毛澤東的看法。鄧小平再次寫信給汪東興，謙遜地重複他心中只有一件事：「在我的餘年中，努力做好黨分配給我的工作。」他也保證自己永遠不會要求重審案子。[34]

毛澤東直到此時態度才放軟，中央辦公廳的官員很快就通知鄧小平和卓琳，從此時起可以每週六下午會見他們的兒女一次。他們的次女鄧楠是第一個得到中南海當局允許會見他們的人。這對爸媽見著女兒感覺時間怎麼都不夠。「兩年沒見了，」卓琳興奮地說：「看到鄧楠完全變成個大姑娘啦。那麼苗條，愈長愈漂亮了！」[35]鄧楠的確長得更可愛。她辮子上綁個蝴蝶結，臉上更增添了魅力。鄧小平這名二十四歲大的女兒於一九六八年時還是北大物理系的學生，雖有超過三個月的時間在校內遭到毒打與羞辱，此時還是散發著青春朝氣和健康神情。鄧楠跟她的哥哥「胖子」①鄧樸方都是北大物理系的學生，在一九六八年五月同時遭到逮捕並關在牢籠般的房間裡，每天都要歷經好幾個小時的訊問，意圖要他們告發自己的父親。他們的長姊鄧林當時還是中央美術學院學生，在學校也遭到毒打。鄧毛毛和鄧飛飛兩人在家跟夏媽媽同住，一而再受到造反派的檢查。毛毛與飛飛兩人在學校也被同學圍剿。

① 編註：鄧樸方的小名為胖胖、胖子，鄧榕的著作中都用「胖子」。

鄧楠嚇呆了，可是她倔強地堅持一無所知。鄧樸方在隔壁房間大聲哭喊著：「家裡的事，只有我一人知道，弟弟妹妹們什麼都不知道，要問就問我吧！」[36]

鄧楠現在看到父母親，再也藏不住情緒。鄧小平靜靜地帶著微笑看著她，而卓琳則說個不停，問她很多諸如「怎麼就你一個人？其他人呢？」之類的問題。當她母親問起：「胖子呢？」鄧楠立刻情緒沮喪並趕緊跑到浴室，她母親直覺樸方遭逢了不幸，追了上去。

卓琳的預感是對的。鄧楠嚎啕大哭並告訴他們一切經過。一九六八年八月底，鄧樸方再度歷經一場審訊後出事了。他從被拘禁的大樓四樓跳下去，跌斷脊椎骨。紅衛兵不願承擔這名前總書記兒子死亡的責任，才安排他就醫。在此之前，沒有任何醫院敢接收這名「反革命黑幫子女」，因此鄧樸方從此下半身癱瘓。又過了好幾個月，這名年近二十五歲的倒楣青年才被轉送到專門醫院接受最基本的醫療照顧。[37]

鄧樸方的雙親感到備受煎熬。卓琳回憶：「我連哭了三天。」[38]鄧小平一如昔日沉默不語，不停抽菸；可是他寫了一封信給毛澤東，請求把鄧樸方轉往更好的醫院。毛澤東顯露了同情心，這點事實上並不讓人訝異，因為這正是他讓鄧小平徹底屈服於他意志之下的方式。從今而後，這名已經屈服的學生將永遠感激毛澤東這個折磨他的人拯救了自己的兒子。「偉大的舵手」下達一道命令給汪東興，迅速安排鄧樸方轉至優良的軍醫院外科病房，自此鄧樸方才受到真正的治療。鄧小平和卓琳每個月支付二十五元的醫療費②。[39]

此時中國境內的情況正在惡化。從一九六八年八月底起，中蘇邊界的局勢愈來愈緊張。中共與蘇共此時關係徹底瓦解，兩國關係緊繃。一九六八年八月二十日至二十一日的晚間，蘇聯軍隊進入捷克斯洛伐克。蘇聯當局主張所謂的「布里茲涅夫主義」（Brezhnev Doctrine），聲明如果危及社會主義，蘇聯有權介入到任何一個社會主義國家；中共當局感到迫切的危機。一九六八年十月，中國軍隊處於警戒狀態。一九六九年三月中共第九次全國代表大會前夕，中蘇雙方沿著遠東邊界地區爆發武裝衝突。蘇聯與中國邊境部隊為了烏蘇里江上一座島嶼的控制權相互開火。俄國人稱呼該島為達曼斯基（Damansky），中國人則命名為珍寶島。依然未知是哪方先開火，很可能是有人突然神經過於緊張，無意識下開火的。雙方都有死傷。衝突的第一天三月二日，蘇方有二十九名士兵與兩名軍官陣亡，四十九名軍人受傷，一人被俘且受虐而亡；中方當日損失十七名軍士。從三月二日起至二十一日止，蘇聯軍方喪失五十四名士兵與四名軍官，八十五名士兵與九名軍官受傷。中國方面的死傷人數一直不詳。根據中國統計數字，二十九名軍人陣亡，六十二人受傷，一人作戰中失蹤。但蘇聯的統計數字顯示中國陣亡人數超過八百名。[40]

毛澤東相當驚訝，以至於在九大上宣布：「我們要準備打仗……你打來〔我們的領土〕呢，那我就要對付了。」[41]大會結束後，毛澤東發出一道秘密指令，準備將大多數的黨領導人撤出北京，這樣假使發生戰爭，他們即可就地組織抵抗。[42]同時從醫院中撤出主要的走資派分子。十月十七日，劉少奇被送到開封，住在一棟屬於當地「革命」當局產業的房屋內。他當時健康狀況已經非常惡劣，咳個不停，脈搏跳得很快，還有肺積水現象，總是發著高燒喘不過氣。一個月後，在一九六九年十一月十二日，劉少奇過世了。[43]

鄧小平的命運卻大不相同。當時也決定疏散鄧小平，不過並非與劉少奇一樣孤獨一人，而是允許帶著妻子與繼母一起。當時鄧小平的健康狀況也低於一般水平。「偉大的舵手」指示汪東興和周恩來總理負責安排鄧小平搬遷並確保他的福利。當局選定中國南方的江西省作為他的寄居地。鄧小平在此地應該接受「透過勞動再教育」，以一次到位地自我改正。周恩來親自打了許多通電話給省裡的「革命」當局，要確保會善待他的老友夫婦與老友的繼母：「這些人也不能當全勞力使……身體也不大好，收房費

② 編註：如前所述，鄧小平當時薪水每月四百零四元，卓琳每月領一百二十元，但要用錢時需一次次向組織申請。中央也規定每個孩子每月發給二十五元生活費，給鄧小平繼母每月二十元，都從工資中扣。不過在一九七〇年二月九日鄧小平寫給汪東興的信中提到，他們夫婦自該年一月起每月合計只領到生活費二百零五元。每月給鄧樸方三十五元左右，其中二十五元是醫院費用，另外十元是給他買菸和零用。參見鄧榕，《我的父親鄧小平：「文革」歲月》（台北：雙大旅遊出版社，二〇〇〇），頁六四、一六一。

也要照顧一點……你們要多幫助，要有人照顧他們。」此外還說：

他〔鄧小平〕已經是六十幾歲的老人……我的意見應該把他安排在南昌附近，便於照顧。最好讓他們夫婦住一棟兩層小樓。樓上他們夫婦住，樓下是工作人員。當然了，最好是獨房獨院，還能在院裡做些活動，又安全。[44]

所有事情安排就緒後，一九六九年十月二十二日上午，鄧小平、他的妻子以及繼母在鄧小平專案組兩名成員的陪同下，帶了幾箱的書以及許多家居用品一同登上一架伊留申十四型（IL-14）飛機，[45]從北京飛往南昌。他們不知道在前方有什麼事等著，可是無論如何離開到外圍地區被認為是「正面發展」。[46]兩年完全隔離的生活已然結束，鄧小平得到透過勞動「以贖前愆」的機會。

江西當局已經處理好周恩來所有交辦之事，甚至還找到一間周恩來所要求的那種房舍：有內部庭院和高圍籬的兩層樓房。它位於省會南昌西北十三公里新建縣郊區望城崗（現改為望城）村不遠，原先是由福州軍區南昌步兵學校所占用，還曾經一度被改為「五七幹校」③（這是透過幹部勞動進行再教育的基地）。這棟樓空間相當寬敞，有著紅磚瓦頂與雕花陽台，周圍種滿了肉桂和梧桐。過去是兵校校長辦公室，因此現在被稱為「將軍樓」。鄧小平和卓琳的臥房在二樓，屋內有兩張靠著牆放的木床，還有一把椅子和一個五斗櫃。夏媽媽的寢室也在二樓，屋內還有一間有張辦公桌、一張沙發、一個書櫃與一張讀寫桌的書房，甚至還有間浴室。一樓是餐廳、廚房和門廳。這棟樓區分成兩個部分，可是只有一部分是安置「囚犯」。另外一半是警衛的住所，也就是給一名江西省革命委員會成員和一名年輕士兵住的。外圍還有十二名砲兵團的士兵守衛。鄧小平、卓琳和夏媽媽在這與世隔絕的房舍住了三年半之久。

鄧小平一天得在新建縣拖拉機修理廠內從事三個半小時的「透過勞動鍛鍊」（一九七〇年起是一天兩個半小時），工廠牆上攻擊他的大字報數天之前才移除。工廠離軍校大概一公里。老鄧——領導階層決定工人們該這麼稱呼他，禁止他們喊他「第二號走資派」鄧小平或是鄧同志——必須每天早上八點到班。他和卓琳通常是六點半起床。鄧小平會去做體操，用濕毛巾洗臉，再跟夏媽媽與卓琳一起吃早餐。七點半他和卓琳一起離家去工廠工作，她負責清理火星塞線圈。二十分鐘的路程並不累人。他們歷經兩年與人隔絕的生活，終於能呼吸到純粹的農村空氣。他們沿著兩旁環繞著水田和住家的狹窄小徑而行，邊走邊沉思。後面還跟著警衛。鄧小平在工廠內擔任機工，一如他往昔年輕時在雷諾工廠那樣；十一點半下班鐘響後，他和卓琳一道返家。他們與夏媽媽一起午餐，午睡幾個小時，然後研讀「偉大領袖」的作品和看報以提升意識形態水平。政治研究也是他們「再教育」的其中一環。鄧小平在家也會做些家庭瑣事。他會洗地板、砍柴火和切煤塊。卓琳要洗衣服和做些女紅，煮飯則由夏媽媽負責。他們在小花園內還養雞和種點蔬菜。他們固定在六點吃晚餐，鄧小平仍維持著小飲一杯或是賞月的習慣。八點，他們會聽中央人民廣播電台的節目，以跟上新聞時事。鄧小平在入睡前必會繞著屋子散步，並在十點上床就寢。他會讀書一小時，然後藉由安眠藥入睡。每天如此日復一日地過著。[47]

工廠的黨總支書記羅朋是名老共產黨員。命運的諷刺是他之前在公安部工作，在鄧小平領導的一九五〇年代末期的反右鬥爭中遭到降職。善良的羅朋當然沒有心懷怨念，對鄧小平相當好。鄧小平在寫給中央辦公廳的信中表示「我們過得非常愉快」。[48]依照毛澤東的指示，鄧小平通常有事會與中央辦公廳主任汪東興聯絡。從一九六九年十一月起至一九七二年四月止，鄧小平寫了七封信給汪東興，其中只有兩次——一九七一年十一月八日和一九七二年八月三日——膽敢直接打擾「偉大的舵手」。[49]

在鄧小平與卓琳搬至江西後幾天，他們獲准能再度會見兒女。孩子們現在能去江西看他們比較長的時間——一次兩、三個月。那時他們心愛的孩子除了鄧樸方之外都下放到農村。鄧林在河北，鄧楠與鄧

---

③ 譯註：五七幹校是為了貫徹毛澤東「五七指示」而定名。文革時期集中容納黨、政機關幹部與科研文教部門的知識分子，對他們進行勞動改造、思想教育的場所。

毛毛在陝西，鄧飛飛在山西。一九六九年至一九七一年，他們幾個孩子都去看過父母親。一九七一年六月，鄧小平順利把當時身體還很糟的鄧樸方接回自己家中。鄧毛毛回憶：「哥哥因癱瘓，下肢萎縮，腿腳總是冰涼。」[50]

中國此時正面臨著翻天巨變。一九七〇年秋，展開一場瘋狂批評陳伯達的運動，在此之前他還是毛澤東最親信的人之一。陳伯達一開始還領導文革小組，並自一九六六年八月起擔任政治局常委。第九屆中央委員會第二次全體會議之後，他突然被指控「叛國與間諜」的罪名。鄧小平無法理解其中道理，可是首敵之一的陳伯達中箭落馬讓他頗為振奮。[51]一年之後的一九七一年九月，林彪神秘地從政壇上消失。鄧小平有好長一段時間不知道林彪發生了什麼事。工廠內的黨員包括鄧小平和卓琳在內，一直到一九七一年十一月六日方才知道消息。鄧小平聽到林彪、林彪的妻子與兒子試圖飛往蘇聯一事相當震驚。從群眾對這名在九大上被宣布為毛澤東接班人的林彪的批評來看，鄧小平知道「偉大的舵手」終於開始看清這名鄧小平的老敵手。[52]這消息讓鄧小平相當高興，激起他命運立刻能改變的高昂希望。鄧小平說：「林彪不亡，天理不容。」[53]

鄧小平把所有事都擺在一旁，十一月八日他直接寫信給毛澤東，並請汪東興轉交。他盛讚「毛主席與中央英明的領導」及時揭露了叛逃者的「陰謀」，感謝「偉大的舵手」派他〔鄧小平〕到江西「整整兩年」，還告訴毛澤東，他遵循毛的指示，正在「努力通過勞動和學習自我改造」，也「絕對遵守他向黨做的保證」。他又說道：

> 我個人沒有什麼要求，只希望有一天還能為黨做點工作，當然是做一點技術性質的工作。我的身體還好，還可以做幾年工作再退休……想做點事，使我有機會在努力工作中補過於萬一……我衷心誠摯地祝願主席萬壽無疆，主席的健康就是全黨全國人民最大的幸福了！[54]

鄧小平長子半癱瘓地躺在隔壁房間，這幾年他的妻子週期性地有高血壓問題。鄧小平是否反思過他其實是寫了感謝信給那名造成他親愛的「胖胖」殘疾，也造成妻子罹患高血壓而其他兒女在農村受罪的主要負責之人？鄧小平是否了解發生在他身上、他家庭乃至於整個國家的所有事情與其歸咎給江青與林彪，還不如更該說是「偉大的」毛澤東？這就難說了。他這段時間從未跟家人或其他人談過這個問題，無人能斷定他心中所想之事。

鄧小平似乎長久以來除此之外已無他法去對這名折磨自己的人宣揚忠誠之心。可是這封信在某種程度上超越所有其他的信件。其實輕易就能了解原因。鄧小平此時根本不考慮人性尊嚴、驕傲和原則，而是力圖利用這個局勢重返領導階層。在鄧小平這幾年的政治生涯中，虛偽精明已經成為他性格的一部分。甚至他溺愛的女兒也承認：「由於政治和時勢所使，他不得不進行了一些違心的自責，不得不使用『文革』的通用語言……想說的話不能說，不想說的話卻逼著一定得說。」總而言之，他「被迫違心地做出檢討」。[55]

鄧小平的信是發送出去了，可是再次石沉大海。毛澤東也不好過，因為他被「親密戰友」背叛，使他相當沮喪，個性也變得乖戾，什麼事也不做，且連續好幾天把自己關在臥房內足不出戶。他已經相當衰老，時常咳嗽，抱怨頭痛和雙腳沉重。他的血壓也升高，還有週期性心跳過快的問題。

可是毛澤東讀到這封信——不過並非立刻——還很欣賞。他變得相當多愁善感。林彪逃亡事件讓他心灰意冷，以至於開始想起像是鄧小平這樣在年輕與作戰時期的許多朋友，他們現在因為自己的緣故而受難。一九七二年一月六日，文革初期也受到相當程度迫害的陳毅元帥過世；當毛澤東得知此消息後感到十分沮喪。他的健康狀況很差，但他不理會醫生的建議，在睡袍外罩著一件大衣，就跑去跟陳毅的未亡人張茜表達哀悼。讓所有人大吃一驚的是，毛澤東告訴她：「要是林彪的陰謀搞成了，是要把我們這些老人都搞掉的。」之後他就想起鄧小平，並提出關於鄧小平的問題是屬於「人民內部」的矛盾。[56]

毛澤東的這些話極其重要。所有人都想到一九六六年八月時，林彪把鄧小平問題歸類為「敵我之間的矛盾」。如此一來，毛澤東的宣示能被視為是給第二號走資派的實質平反。周恩來立刻要求陳毅的親屬散播「偉大的舵手」這樣的「啟示」，才能眾所皆知。

可是鄧小平必須再等一年才獲得正式的寬恕。毛澤東是逐漸恢復鄧小平的職位。一九七二年二月，鄧小平收到恢復黨員權利的通知，這意味著他不再被軟禁。四月，鄧毛毛和鄧飛飛獲得允許重回大學接續學業。五月，深受毛主席喜愛的老黨員王震將軍告知鄧毛毛，「領袖」在陳毅追悼會上曾說鄧小平的問題一定要解決。王震鄭重其事地說：「你爸爸應該出來工作！」[57]鄧小平了解自己必須再往「偉大的舵手」身邊靠近一步，才能永遠奉承巴結他。因此，一九七二年八月三日，他再度寫信給毛澤東。

此次鄧小平總結了自己所有的錯誤行為，跟毛澤東保證已經把所有問題都想清楚並做出適切的結論。「我犯的錯誤很多，」他寫道：「我的錯誤的根源是資產階級世界觀沒有得到根本改造和脫離群眾脫離實際的結果。」他承認自己過去犯下「最大的錯誤」是「沒有高舉毛澤東思想的偉大紅旗」。因此「我……一直發展到同劉少奇一塊推行了一條反革命的資產階級反動路線。總書記的工作，我做得很不好，沒有及時經常地向主席請示報告，犯了搞獨立王國的錯誤。」鄧小平對於自己在一九六〇年代初期曾經支持包產到戶制表示後悔，且對於相信彭真及其同夥之事也表示不會原諒自己。他更滿意地表示：「無產階級文化大革命揭露我和批判我，是完全應該的，它對於我本人也是一個挽救。」

總而言之，鄧小平解釋自己只有過去做錯，可是現在「已經改正」，已經回歸為具有政治意識的黨員。「我覺得自己身體還好，」他重述了先前寫給毛澤東的內容：「還可以做些技術性質的工作（例如調查研究工作），還可以為黨、為人民做七、八年的工作，以求補過於萬一。我沒有別的要求，我靜候主席和中央的指示。衷心地敬祝主席萬壽無疆！」[58]

毛澤東終於滿意了。他要不就是相信鄧小平，不然就是繼續心懷感傷下去。十一天之後，他對鄧小平的信件寫下批示：

鄧小平同志所犯錯誤是嚴重的。但應與劉少奇加以區別。（一）他在中央蘇區是挨整的，即鄧、毛、謝、古四個罪人之一，是所謂毛派的頭子……（二）他沒歷史問題，即沒有投降過敵人。（三）他協助劉伯承同志打仗是得力的，有戰功。除此之外，進城以後，也不是一件好事都沒有做的，例如率領代表團到莫斯科談判，他沒有屈服於蘇修。這些事我過去講過多次，現在再說一遍。[59]

此後，甚至連江青都提到有必要「及時」恢復鄧小平的「所有工作和聲望」，因為他已經透過「鬥、批、改的艱苦過程鍛鍊」。[60]

鄧小平的平反現在只差形式而已。一九七三年一月，周恩來的健康急速惡化。他在一九七二年五月已經被診斷罹患膀胱癌，現在醫生偵測到他有血尿的現象。無人能替代他總理的職位。只有鄧小平具有周恩來的經驗和體力，也有知識和能力去承擔這個職位。至少鄧小平能分擔周恩來的重擔，因此毛澤東終於下令讓這名前走資派重返掌權。

一九七三年二月十九日，鄧小平和卓琳帶著孩子與其他家人離開了「將軍樓」。拖拉機工廠的工人們前來送行，卓琳送他們橘子和糖漬果乾。[61]

鄧小平已經六十九歲，但是感覺很硬朗。他的血糖偶爾會升高。不過他總是隨身帶著一瓶糖水或糖漿，只要一感身體不適，就喝個幾口。攻擊終會過去。「我還能好好再活二十年。」他開心地不斷說著：「我還能再活二十年。沒問題。」[62]

新的試煉在等著鄧小平。在攀往頂峰的路徑可不是點綴著玫瑰花。他還得鬥爭，等待時間，堅持到底。

第三部

務實派

1. 牌坊村中鄧小平出生的故居。

2. 鄧小平出生的房間。牆上照片分別是他的父親鄧文明與母親淡氏。

3. 鄧小平於1910至1915年間就學的協興初級小學堂。鄧小平的座位是第二張桌椅的右邊。

4. 往來法國馬賽與上海之間的安德烈．勒鵬號郵輪（André Lebon）。鄧小平等人於1920年9月11日自上海搭乘這艘郵輪，歷經三十九天才到達馬賽。

1965年6月 柳溥庆又
把它还赠给邓小平。当年邓小平在这
张照片附贴的硬纸卡上写道：“圃青
兄惠存 希贤赠 一九二五 五 二十
三日 里昂” 纸卡右下角的法文
为：美国照相馆里昂共和国路48号。

5. 1920年，人在法國的鄧小平。

6. 1924年7月，中國社會主義青年團旅歐支部第五次代表大會於巴黎舉行。後排右三為鄧小平，前排左四為周恩來，左一是聶榮臻，左六為李富春。

7. 莫斯科中山大學，鄧小平於1926到1927年初在此就讀。

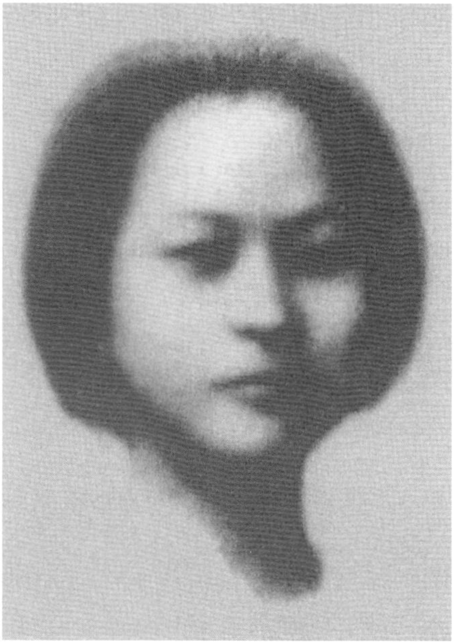

8. 張錫瑗，鄧小平的首任妻子。1926年攝於莫斯科。

9. 廣西時期的鄧小平。

10. 金維映，鄧小平的第二任妻子。

11. 第一二九師師部。鄧小平（左二）與劉伯承（右二）。最左為參謀長李達，最右是鄧小平的副手政治部副主任蔡樹藩。1938年1月攝於山西省遼縣。

12. 鄧小平與第三任妻子卓琳分別抱著四歲的鄧林及快滿兩歲的鄧樸方。1945年底攝於河北武安縣。

13. 1960年2月，鄧小平至安徽合肥市的江淮人民公社視察，參觀沼氣池模型。

14. 1960年11月攝於莫斯科克里姆林宮內。從右至左為：彭真、中共中央委員會統戰部部長廖承志、鄧小平、中華全國總工會主席劉寧一、赫魯雪夫、楊尚昆、劉少奇、中國駐莫斯科大使劉曉。

15. 朱德、周恩來、陳雲、劉少奇、毛澤東以及鄧小平（由左至右）。1962年初攝於北京。

16. 1972年，解放軍叔叔到學校輔導紅小兵，後面是批評鄧小平的標語。

17. 軟禁時期的鄧小平與卓琳。1972年攝於江西省新建縣。

18. 1974年4月，鄧小平前往紐約出席聯合國第六屆特別會議。期間下榻於紐約華道夫-阿斯多里亞飯店（Waldorf-Astoria Hotel），於飯店房間內與季辛吉（中）和喬冠華（左）合影。

19. 金日成與周恩來於1975年4月19日在北京最後一次會面，鄧小平作陪。九個月後周恩來病逝。

20. 1978年於北京召開的中共第十一屆中央委員會第三次全體會議上的鄧小平、華國鋒與葉劍英。

21. 鄧小平與胡耀邦（1981年9月）。

22. 1979年1月29日，鄧小平訪美期間在華府會見哈林籃球隊（Harlem Globetrotters）。最右方為卓琳。右二是口譯員冀朝鑄。

23. 1982年9月，鄧小平會見英國首相柴契爾夫人討論香港問題。會後，柴契爾步出人民大會堂時在石階上跌倒。

24. 1986年12月21日，學生群聚在上海人民廣場，要求民主自由及新聞開放、反政府貪腐及一黨獨裁。

25. 鄧小平與戈巴契夫及其妻子蕾莎（Raisa），1989年5月16日攝於北京。

26. 趙紫陽於1989年5月19日對天安門廣場前的學生演講。

27. 1989年6月5日，天安門廣場附近長安大街上孤身一人的抗議份子。

28. 1992年1月，鄧小平南巡深圳。鄧小平右方是其女兒鄧榕與鄧楠。

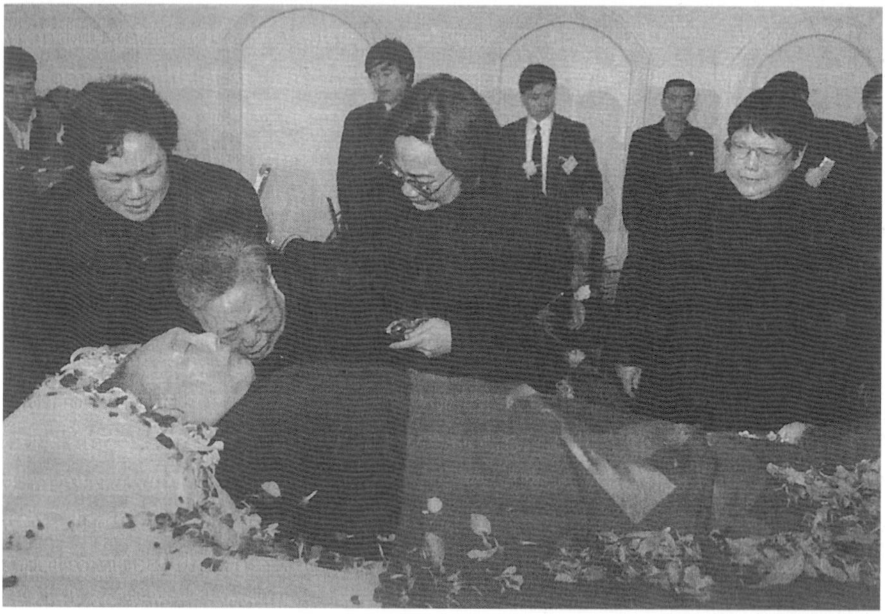

29. 1997年2月19日鄧小平過世。靈前從左至右是滿臉悲痛的鄧楠、卓琳、鄧榕和鄧林。

第十六章
「棉裡藏針」

一九七三年二月二十二日，鄧小平與家人抵達北京。時值隆冬，大地為白雪所覆。中央委員會中央辦公廳的官員們歡欣鼓舞地在北京火車站月台上迎接這名走資派和卓琳，接著驅車載著這一家人到北京西郊的住所。那是棟新穎寬敞又豪華的房舍。鄧小平的女兒回憶：「我們看著滿意極了。」[1]

終於大多數的家人都團聚在一起了，只有鄧樸方還留在醫院。除了三名女兒與么兒之外，還有三名女婿也住在一起。當鄧小平夫妻倆還住在江西時，三名女兒就在那段時間成婚。第一個是一九七一年，次女鄧楠嫁給她的同學張宏，兩人同在農村公社中工作。一九七二年十一月，鄧楠生下一名女嬰，在妹妹鄧毛毛的提議下，取小名為眠眠①。因為這名小女嬰在「爺爺的政治冬眠期間」來到世上，所以選了這個奇特的名字。當時所有人都泛政治化。

剛當上爺爺的鄧小平樂得不得了。他說：「我們家裡不分內外，都叫孫女，都叫爺爺。」[2]

接下來是鄧小平的么女鄧毛毛嫁給前衛生部副部長賀彪的兒子賀平。兩人是透過鄧榕在北京認識的女性友人介紹的。賀平是哈爾濱軍事工程學院的學生，他的父親當時也受到迫害，因此這對新人有些共

---

① 譯註：本名鄧卓芮。

同點。

最晚成婚的是長女鄧林。她的長相一直以來都不像妹妹們那樣動人。她體重過重，外表平凡，戴著厚重的眼鏡；儘管她在歌唱和藝術上有著卓越的天分，卻從沒能引起異性的興趣。她先在中央美術學院附屬中學讀書，後來畢業於中央美術學院國畫系。鄧林被認為是鄧家中最有創作力的，她用水墨在宣紙或絹絲上繪製傳統國畫，甚至還吸引了專家們的注目。可是這些都無助於她的私人生活。後來安排她與在有色金屬研究總院擔任技師的好男人吳建常相親。

鄧小平和卓琳的家庭就此開枝散葉。他們所有健康的孩子都有份工作：鄧林在北京畫院工作；鄧楠在中國科學院自動化研究所；鄧毛毛在北京醫學院醫學系讀書；鄧飛飛在北大物理系就學。

鄧小平定居北京後再度找來他的前秘書王瑞林。在整個「困難期間」，王瑞林都在江西省的「五七幹校」接受再教育。鄧小平的前警衛張寶忠和僕人吳洪俊也都回到鄧小平身旁。生活顯然回到了常態。

一九七三年三月九日，周恩來告知毛澤東鄧小平返回北京，並請求讓鄧小平擔任副總理。毛澤東本人已經決定讓鄧小平分擔病中周恩來的總理重責，因此這不過是個過場形式。[3]

三月二十八日晚上十點，鄧小平在位於北京西北方的中央委員會所在地玉泉山與周恩來會面，這是他們兩人六年來首度見面。總理此時正在此地接受化療。副總理李先念和江青也來歡迎鄧小平。

周恩來看起來情況相當糟——身形瘦削、氣色蠟黃又顯得蒼老。江青則活力四射，看起來比實際年齡五十九歲還年輕。她身材纖細，蓄著短髮，戴著牛角框眼鏡，總是處於一種歇斯底里般興奮的詭異狀態。但很難說從前個性直率，甚至有點暴躁的周恩來，或是曾於國共內戰最後階段在鄧小平手下工作過的李先念也是如此。現在兩人都相當沉靜且言簡意賅。六十四歲的李先念看起來老態龍鍾，滿頭稀疏白髮。他從一九五四年起就擔任國務院副總理，亦擔任過財政部長多年，一九七〇年代初期就成為周恩來真正的左右手。

這場會面只是個形式。周恩來和李先念長期以來都在與毛澤東的愛將、領導中央委員會左派勢力的江青鬥爭。有她在場的情況下，他們並無法與鄧小平真正會商討論。左派分子在文革期間藉由蹂躪老幹部而竄升奪權，對於經濟和外交事務一無所知。他們唯一知道的，就是揭露「階級敵人」以及信口指摘「修正主義分子」。他們負責中央委員會的大眾媒體和意識形態工作，且經常組織喧囂的宣傳運動。周恩來、李先念和負責中央軍委會日常事務工作的葉劍英元帥，都盡力去限制這些左派分子對經濟破壞性的影響，同時努力增加生產與提升軍隊現代化。

作為一名精明的政治家，毛澤東頗能平衡左右派系，迫使江青和周恩來都將他當成最高權威當局，並刻意在競逐的雙方之間維持某種平衡。事實上，他把放逐在外的鄧小平給召回來，就是要增強老幹部們因總理生病而弱化的實力。雖然毛澤東嚴重老化且體力衰弱（一九七一年秋，他的醫生已經診斷出他患有充血性心臟衰竭），他仍緊抓著權力不放，全面控制黨國。

隔天上午毛澤東召見周恩來，周恩來告訴毛澤東「他〔鄧小平〕精神、身體都好」。之後毛主席要鄧小平下午三點過來會面。毛澤東伸手並直視著鄧小平的雙眼說：

「這些年是怎麼過來的？」

「等待。」這名前第二號走資派回答。

「好。努力工作，保重身體。」[4]

當天晚上，根據毛主席的意見，鄧小平參加政治局會議。會中正式批准他擔任副總理，負責外交事務。同時即便他尚未恢復中央委員的身分，但仍被授權參與黨最高權力機構國務院的工作。這就是毛澤東的意志。

當時中國的國際地位持續改善中。一九七〇年代初期，毛澤東和周恩來善加利用因中蘇關係交惡與美國在越南戰情惡化而起的新地緣政治局勢。他們藉由美國人狂熱的反蘇心態，以及期望中國在美國與越共（南越的共產游擊隊）和中國盟友北越間談判時充當調人，吸引了美方的目光。一九七一年十月，美國允許中華人民共和國取得了聯合國的合法地位；一九七二年二月，美國總統理查．尼克森（Richard Nixon）訪問北京，並與毛澤東和周恩來會談。在訪問結束之際的二月二十八日，尼克森到了上海發表了聯合公報，強調「中美兩國關係走向正常化是符合所有國家的利益的」。[5]十六個國家馬上與中國建立起大使層級的外交關係，主要有英國、日本、西德和澳洲。雖然中共因為台灣問題延宕了與美國建立正式外交關係的時間，但此時中國的國際威信大幅上揚。

北京的某次外交接待場合是鄧小平在失寵之後首度公開面對大眾，當時是一九七二年四月十二日。根據在場人士表示，鄧小平看起來對自己沒有信心，在毛澤東的表姪孫女，也是外交部副部長的王海容出現並陪他來到會場的中心之前，他一直都作壁上觀。這時候鄧小平才笑了出來，且所有的賓客都為他鼓掌。[6]

鄧小平如此謹言慎行是說得通的，不單是因為這是他歷經多年隔離後的首度社交場合。他在北京待了一個半月後，或許才剛理解到自己身處多麼艱險的局勢之中。哪怕是他只走錯了一小步，江青和她的支持者，包括了秘密情報頭子康生在內，還有上海幫的「英雄們」王洪文、張春橋與姚文元都不會放過他。雖然他們不會對鄧小平展現出真實的想法，但鄧小平在他們眼中還是名資產階級墮落者與走資派。周恩來特意再度邀請鄧小平來到玉泉山，這次還帶上卓琳。周恩來提點鄧小平有關江青和她的戰友們的事。他們關起門私下會談了好幾個小時，周恩來甚至建議鄧小平不要信任不認識的醫生（左派分子什麼事都做得出來）。[7]

周恩來的整體狀況持續惡化。不過周恩來現在無法留在醫院，因為毛澤東害怕沒了周恩來無法處理政事，甚至禁止醫生考慮住院治療與開刀問題。毛澤東可能認為周恩來無法熬過手術。毛澤東錯了，醫生們認為總理在一九七二年時大有復元的機會，可是毛澤東從來不信任醫生。因此周恩來大部分都是靠門診治療，定期請假跟著太太鄧穎超到有醫生和其他看護能照顧他的玉泉山回診。[8]

此時已接近毛澤東所設定在一九七三年八月二十四日至二十八日要舉行的中共第十次全國代表大會。因為可能要在會中選出新的領導階層，大會實際上對於周恩來、鄧小平還有左派們都非常重要。處於像中國這般家族長式的社會，中央委員會、政治局以及政治局常委會的組成分子是由唯一一人才能決定，那就是毛澤東。如此一來，意欲影響毛澤東的黨內鬥爭達到了關鍵時刻。

五月，江青一派達成一項重大勝利。他們說服「偉大的舵手」允許年輕的（三十八歲）激進派、前上海造反派「參謀總長」王洪文，以及另外一名毛澤東所偏愛的六十八歲左派北京市長吳德參與政治局的工作。

「偉大的舵手」故鄉的前縣黨委會書記華國鋒也獲選當權，他曾在「領袖」的老家修建一座華麗的紀念館。華國鋒當年五十二歲，還相當年輕。他一九三八年加入共產黨，並從此職位一路往上升。文革發動之際，毛澤東指派他擔任湖南省黨委會第一書記，接著掌管湖南省革命委員會代理主任。他在一九六九年第九次全國代表大會選入中央委員；一九七一年調往國務院，接著在一九七二年三月出任公安部部長。[9]不過毋須多言，不論是毛澤東或是鄧小平都無法想像，這個外表謙虛、態度溫和、帶著靦腆微笑的高大胖子，會在鄧小平即將到來的生涯中扮演起關鍵角色。當然，華國鋒本人也沒想過會是如此。

於此之際，江青集團還是持續批鬥周恩來。一九七三年仲夏，左派再度走運。六月底與七月初，毛主席因為病情而心緒不佳，也認為周恩來在關於美國人的議題上被認為「不夠堅定」②，對周恩來下了

---

②編註：一九七三年六月，美國與蘇聯簽訂防止戰爭與限制進攻性戰略武器等相關協定，為此，美國駐中國聯絡處主任布魯斯（David K. E. Bruce）於二十五日求見周恩來，面交尼克森的來信並說明相關情況。外交部起草了兩人的談話要點，在周恩來批改後送予毛澤東審閱。同時，外交部依周恩來的意見，寫了〈對尼克森—布里茲涅夫會談的初步看法〉，發表在二十八日的外交部內部刊物《新情況》上。毛澤東看完會面報告及文章後，批評周恩來對布魯斯口氣不夠強硬，不但沒有大力抨擊美國，還承認了美蘇兩國是世界霸權將主宰世界的企圖。

許多嚴厲的批評。「〔周恩來〕大事不〔跟我〕討論，小事天天送。此調不改動，勢必搞修正。」他如此發牢騷。[10]毛澤東甚至要求張春橋準備第十次全國代表大會的政治報告草稿，其中要含有批評周恩來的內容。[11]在毛澤東與王洪文、張春橋的會話中，他提到了林彪，說他不僅「編織成串的陰謀」，空暇時還喜歡讀儒家的作品。發現這些「陰謀」之後，在這名前國防部長的家中發現整套的孔子語錄。毛澤東把林彪跟國民黨領導階層做比較，二者都同樣尊崇這名古代哲學家。[12]王洪文和張春橋心滿意足地離開毛澤東住處。不久之後，他們與江青發動鬥爭孔子的新文宣運動，將這名古人跟林彪綁在一起。這場運動實際上是針對毫不知情的周恩來總理。

此新運動背後的原因是生於周朝的中國最偉大的哲學家孔子（西元前五五一—前四七九）。因為周朝的周字正與周恩來的姓氏是同一個字。孔子在世的年代，古中國的社會經濟出現重大危機，王權衰敗，傳統社群關係迅速崩解，眾人也質疑敬祖。人本主義的哲學家孔子為消退的舊有秩序辯護，而江青和其同僚視此為「反動」。左派很幸運的是周朝的名字正巧與總理的姓氏相符，因此不斷以負面詞語重複這個字，對於一九七〇年代的大多數中國人而言，在報章雜誌中「周」這個字喚起的聯想就是國務院的領導。

然而八月時，江青和其同夥感到非常失落。毛澤東的情緒又轉變了，他要求總理在第十次全國代表大會上提交主要報告。如此一來，周恩來派系仍保留著相當大的影響力。此時王洪文提交黨章的補充與更動報告，還和周恩來、康生、葉劍英以及中國人民解放軍總政治部主任李德生上將同時被選為副主席。在黨主要組織政治局中，兩派大致上勢均力敵，九名常務委員中多數是站在周恩來這邊。[13]但這其實毫無意義，因為主要拍板定案的人只有一個。

鄧小平參加了代表大會，且按照毛澤東的命令，他入選為中央委員。[14]不過，他又與王洪文和華國鋒不同，還不是正式的政治局委員。周恩來一派的主要成員葉劍英元帥請求毛澤東任命鄧小平同時兼任軍中某個要職，可是「偉大的舵手」僅僅說了「這可以考慮」一句話，似乎他還在檢驗鄧小平的正統性。[15]

一九七三年十一月底與十二月初，毛澤東以更大的力道再次攻擊周恩來，這可說是對鄧小平的決定性考驗。十一月十日晚間，新上任的美國國務卿亨利．季辛吉（Henry Kissinger）抵達北京正式訪問中國。周恩來與葉劍英先迎接了季辛吉。十二日毛澤東也接見了他，不過基本上只是循著先前談判的速記紀錄。在達成談判之後，毛澤東突然懷疑總理對他有所隱瞞，沒把與季辛吉對談的部分細節告訴他。這是個相當牽強的指控，因為周恩來前去跟毛主席報告時（依據其他資料來源，周恩來曾試著打電話給毛澤東），毛澤東人不舒服已經入睡，他的情人兼秘書張玉鳳不想讓人打擾他。毛澤東醒來之後，非常不高興，並立刻懷疑起總理的「詭計」。他稍後讀到會談速記紀錄，再次認為周恩來在面對帝國主義者時立場還不夠堅定。

季辛吉想盡所有辦法要拉攏北京在軍事上共同抵抗莫斯科，周恩來確實並未嘗試以充足的魄力去維護中華人民共和國的獨立政策。[16]周總理一直是使用極度圓滑的外交手段，而非把極為堅持的國務卿拉到自己這邊。他指出只要「無人認為我們是同盟」，或許可以接受季辛吉的提議。[17]毛澤東經由擔任他與領導階層之間聯絡人的表姪孫女王海容和外交部美大司科員唐聞生得知此事，立刻通知了政治局；從毛澤東的觀點看來，周恩來已經向與美方軍事合作方面傾斜，並同意讓中國處於美國「核子傘」的保護之下。周恩來當然什麼也沒做，可是毛澤東相當氣憤說：「有人要借我們一把傘，可是我們不要啊。」[18]

毛澤東一直以來都生性多疑，可是現在他病了，無法信任任何人。在毛澤東的要求下，政治局數次對周恩來與葉劍英的行為做檢查，其中江青和她的爪牙指控總理「叛國」和「右傾投降主義」。江青甚至說黨內下一場的「兩條路線鬥爭」正在進行中，還是個是非對錯的原則性鬥爭。她的聲明等同於宣判死刑。

每名在場者都必須參與這場迫害，無人能沉默不語。大家一個接著一個起身發言譴責周恩來與葉劍英，其中許多人甚至還是他們的支持者。輪到鄧小平時，他眼睛眨都不眨地加入這場眾口鑠金的迫害。

不然他還能怎麼辦？這就是黨內行禮如儀的規矩。鄧小平開始拐彎抹角地批評，但聽起來卻像是在替周恩來辯護一般。他說：「看待國際關係和國與國關係，不能憑藉一次談判和某一句話來進行判斷，關鍵要看大的形勢。」接著氣都不喘一口地說：

目前來看，要講打仗，各方都還沒有準備好，特別是美蘇兩家自己沒有準備好。但是，如果真打起仗來也不可怕，以前我們用「小米加步槍」打敗了日本侵略者，今天就是再用「小米加步槍」，我們也能打贏。

他話鋒一轉又回到周恩來身上：「你現在的位置離主席只有一步之遙，別人都可望而不可即，而你卻是可望而可即，希望你自己能夠十分警惕這一點。」[19]

如此一來，鄧小平也譴責周恩來「拋棄」獨立與自主的外交政策，因為周恩來可能害怕帝國主義者，而「倒向」與美國同盟對抗蘇聯，甚且還不即時通知「偉大的舵手」這次談判的結果。

毛澤東在得知鄧小平並未保持沉默並展現堅持黨原則的態度，感到相當高興。「我知道他會發言的，」他興奮地說：「不用交代也會發言的。」[20]

鄧小平通過了這次重要考驗，然而這場磨難對周恩來卻造成惡劣的影響。他的傳記作者之一寫道：「精神壓力很大，心情沉重，吃不下，睡不著。」[21]兩年後，此事已激情退卻而周恩來也來日無多，外交部副部長喬冠華前去醫院探望周恩來，並為自己跟其他人在一九七一年十一月一道批判他之事表示懊悔。周恩來的經歷讓他明智達理且在行將就木之際，沉靜地回說：「這不是你們能左右的事，那是總的形勢，大家都講了嘛，你在我身邊工作幾十年，又管美國這一攤，怎麼能不講呢？再說，我也有失誤，也不能說不能批評我。」[22]

周恩來非常清楚這一切。他自己「也說了好多違心的話，做了好多違心的事」。[23]周恩來跟喬冠華所說的話，或許在鄧小平來找他請求原諒時也說過了。可是鄧小平並沒有推諉，他跟周恩來一樣清楚，在中共內部只有一名所有人都得屈服於他意志之下的老大。對毛主席明確效忠比其他的一切情感如真誠、友誼、愛情和正派都來得重要。因此何必尋求原諒呢？

到了十二月初，毛澤東已經滿意之前對周恩來的新一波拷打，因此現在開始攻擊江青先前對總理過於嚴苛，他表示江青聲稱在黨內正在進行「兩條路線鬥爭」是錯的。毛澤東這麼評論：「不應該那麼講。」還表示江青可能對奪權「迫不及待」。他也拒絕了江青要求把她和姚文元都選為政治局常委一事。[24]

鄧小平在黨內的地位旋即大幅改變。一九七三年十二月十二日，也就是在周恩來事件的三天之後，毛澤東召開新的政治局會議，會中他提議正式讓鄧小平進入這個最高權力機構。此外，毛澤東要求與會者確認鄧小平的中央軍委會委員職務。他轉身跟鄧小平揶揄地說：「你呢（指鄧小平），我是喜歡你這個人的，咱們中間也有矛盾啊，十個指頭有九個沒有矛盾，就是一個指頭有矛盾。」

之後，毛澤東向政治局委員介紹已經非正式領導「參謀總部」的鄧小平（因為政治局書記處總書記這個職位已不復存在，但鄧小平將再次履行總書記的職責）。「他呢，有些人怕他，」毛澤東繼續說：「但是辦事比較果斷。他一生大概是三七開。你們的老上司，我請回來了。」他看了看鄧小平，又開玩笑地說：「你呢，人家有點怕你，我送你兩句話『柔中寓剛，棉裡藏針』。外面和氣一點，內部是鋼鐵公司。過去的缺點，慢慢地改一改吧。不做工作，就不會犯錯誤。一做工作，總要犯點錯誤的。不做工作本身也是一個錯誤。」[25]

當然毛澤東這兩項人事提議——鄧小平進入政治局和軍委會——都一致通過。十二月底，毛澤東跟軍委會委員介紹鄧小平：

我們黨內有人什麼事都不做，還想辦法犯錯誤，可是鄧小平是真做事而犯錯誤。無論如何，他在思考自己的行為這段期間，自我批評分析做得很好，這證明他在犯錯誤以及承認與修正錯誤這兩方面膽子都夠大。

接著又說：「他呢，我喜歡他。打起仗來呢，他還是個好人。」總之毛澤東重述他所喜愛的玩笑話：「在我看來，他外表軟得像棉花，實際上硬得跟針一樣。」[26]

毛澤東的信任自然鼓舞了鄧小平，尤其是因為毛主席同時削弱了江青和周恩來的地位。這一切都激起鄧小平快速晉升的新希望。我們或許可以相信鄧小平一直都是毛主席的人馬，並透過知情人士的證詞來做此判斷，他不僅從來不曾屬於左派，同時「嚴格地說來……〔從來也都非〕周恩來派系」。與其說是鄧小平需要周恩來，事實上是周恩來更需要鄧小平。[27]鄧小平打從抗日戰爭與國共內戰期間起，與解放軍司令員葉劍英以及其他將領軍官間的緊密關係仍保持著。[28]他維持與周恩來和國務院技術官僚之間務實的關係，基本上跟他們站在同一邊，因為不論是鄧小平還是他們，都看江青跟江青一夥的左派不順眼。鄧小平和周恩來都敬仰「偉大的舵手」，可是他們團結一起是想要終結文化大革命的無政府亂象，以帶領中國進入領先國家之群。中國境內的派系戰爭持續加溫。

鄧小平在毛澤東的指示下準備一項重要的外交任務。一九七四年三月二十日，毛主席決定派他前往紐約參加四月聯合國大會的特別會議。[29]

這是莫大的榮耀，因為自從一九七一年聯合國接受中國入會起，還未曾有中國高層代表在其高壇上向世界發表演說。參加聯合國大會應該能提升鄧小平身為周恩來推定接班人的國內外威望。這將表明「他〔鄧小平〕的時代已經來臨」。[30]鄧小平在十一月與十二月攻訐周恩來和葉劍英之後，在病重的總理一派中地位嚴重動搖，此行也能強化其地位。

左派當然不願見到此種情況。江青堅持鄧小平「國內工作忙」，因此無法前去。可是毛主席態度堅決。他不願聽到任何人有反對意見，哪怕是老婆也不成。看起來江青似乎涉入黨內鬥爭過深，以至於不再了解她丈夫的情緒。「江青！」毛澤東終於爆發，嚴厲地寫信：「鄧小平同志出國是我的意見，你不要反對為好。小心謹慎，不要反對我的提議。」[31]

江青只得屈服。一九七四年四月六日，鄧小平飛往紐約。他受到與任務重要性相符的高規格歡送儀式。整個領導階層除了毛澤東以外都群聚機場送行，同時也匯集了超過四千名勞動群眾。這是最高層級的送行。高階領導們知道鄧小平飛往美國是要執行一項特別任務：在聯合國講壇上向世界介紹「偉大領袖」要將人類區分為三個世界的新外交政策理論。毛澤東將強權——美國與蘇聯——歸為第一世界；日本、歐洲國家、澳洲與加拿大是第二世界；其他國家則屬第三世界。根據毛澤東的說法，同屬「第三世界」的中國應該團結一致鬥爭霸權國家，他所說的就是指美國和蘇聯。一九七四年二月底，毛澤東與尚比亞總統肯尼思・卡翁達（Kenneth Kaunda）會談時，首度提起「三個世界」理論的綱要，[32]它清楚表明毛澤東認為中國必須堅定擁護獨立外交政策的原則，不會倒向任何一邊的強權國家。

四月十日，鄧小平在聯合國大會的議場上發表一篇精采的演說。某名見證人回憶：

> 我的朋友和我一起坐在來賓保留席的樓廳上。下方大廳擠滿了人……從我們樓廳上方看過去似乎顯得特別矮小的鄧小平出現時……受到極其熱烈的鼓掌歡迎。所有人都起立歡迎他。我試著不聽翻譯，而直接聽他演講……雖然他的四川口音很濃厚……我記得他演講得非常好。大家都跟鄧小平祝賀，〔那天〕他如同是中心人物。當然，中國還只是聯合國內相當新的成員國，這也激起了大家對鄧小平演講的興趣。[33]

這篇講稿自然不是鄧小平本人獨力完成，而是由一個特別小組所擬，再呈予鄧小平和周恩來做部分修正。黨領導階層長時間討論整篇內容，並不斷重寫，直到毛澤東終於批准第六次的草稿為止。[34]文章對於美蘇兩國的國際作為都提出非常負面的評價，主張第一世界的雙方都是「當代最大的國際剝削者和壓迫者」，甚至「新的世界戰爭的策源地」。然而它強調「打著社會主義旗號的超級大國尤為惡劣」。[35]

蘇聯外長安德烈・葛羅米柯（Andrei Gromyko）當時也在會場，無法隱藏其憤怒，可並不希望親自料理這名「工人階級的叛徒」。這無疑是葛羅米柯當下對鄧小平的看法，甚至要求其美國同僚季辛吉「以雙方代表的身分」進行回應。[36]

四天之後在華爾道夫飯店（Waldorf Astoria）為鄧小平所舉行的晚宴上，鄧小平試圖緩和這樣的影響。他開著玩笑並盡量放鬆心情。季辛吉和鄧小平整晚大約從八點起到十一點為止都在交談。鄧小平菸抽得很兇，跟季辛吉一道喝著茅台（中國非常昂貴的烈酒），還跟著他自己「永遠無法達成協議」之人一起痛罵蘇共，甚至突然勉強地「坦率」表示：「我們跟你們一起在北方修理這頭〔俄羅斯〕熊。」（意即要抑制蘇維埃霸權。）可是季辛吉無法壓抑對鄧小平聯合國演講感覺不快的餘波。季辛吉的對話者「個人風格」對他來說似乎「相當直接」，甚且「有點尖刻」；雖然鄧小平看起來也不夠熟悉歷史性問題和外交事務。此外，季辛吉認為鄧小平最近才從下放中返回，尚未充滿自信：他不斷尋求身旁的人的協助，目光經常在找他們[37]（季辛吉在更為了解鄧小平之後，對他的看法大為改觀，同時「對這名帶著憂鬱眼神、個性強悍的小個子能在面對非比尋常的沉浮時還堅持自己的志業，逐漸產生巨大的敬意」[38]）。

鄧小平在紐約停留了九天，並無機會去好好熟悉這座大都會。會議一場接著一場開，接待會也是沒停過。鄧小平看到的紐約景象大都是禮車窗戶行經百老匯、第五大道以及華爾街上的景致。四月十四日星期天，他有空能在市區走走。俄國作家馬克西姆・高爾基（Maxim Gorky）筆下的《黃色魔鬼之城》（*The City of the Yellow Devil*）也就是華盛頓・歐文（Washington Irving）口中的「高譚」，到底給了他什麼樣的印象，我們無從得知。很可能他並未與同行僚屬討論過此事。我們只知道他非常喜歡伍爾沃斯（Woolworth's）百貨公司內的兒童玩具，其中包括一個會哭、能餵奶，甚至還會尿尿的洋娃娃。毛澤東的翻譯官唐聞生的父親③陪著鄧小平，他買了這個洋娃娃送給鄧小平的孫女。[39]

在返回中國的路上，鄧小平在法國停留了一天半。鄧小平深愛這座城市，在這裡度過年輕的歲月。

他要求大使館官員開車載他在巴黎街頭四處亂轉，希望能找到熟悉的地點。可是全部街景已變，他甚至認不得周恩來在格德華街曾經住過，以及他曾在那印製《少年》與《赤光》的那間旅館。時光飛逝如梭，他很快就要步入七十歲了。他的一生幾乎已經走完，而他還沒能成為一個自由身。孔子云：「七十而從心所欲，不踰矩。」[40]然而鄧小平依然俯首聽命於他人。

鄧小平在離開法國之前，跟駐法大使提出另外一個要求：幫他買些可頌和乳酪。他想帶回北京當作伴手禮，分送給當時一起待在法國的戰友們。「中國銀行」給了他一些零錢（十六美元），可是他都省了下來，現在決定要用掉。大使館官員買了兩百個可頌和許多種乳酪給鄧小平（顯然在他的十六塊美元之外，他們還暗中自掏腰包補了差額[41]）。

當神情滿足的鄧小平把這些資產階級美味送給周恩來、聶榮臻以及其他鄧小平年輕時的老友們，他們會有多開心！他們開心的程度可能不下於鄧小平孫女收到美國洋娃娃的程度。

有一大部分的法國食物是專門要給周恩來的，他的生命已經無情地走向盡頭，年輕歲月的臨別問候不能不讓他感動。六月一日，經由毛澤東同意，周恩來終於住進解放軍三〇五醫院，也在同一天手術開刀。他的情況有所改善，可是兩個月之後，他的病情又惡化了；八月十日，醫生們再開一次刀。[42]可是，他們再也幫不上什麼忙了。周恩來偶爾外出參加特別重要的會議。跟威脅要抑制生產的左派進行鬥爭時，還需要他持續關注。

雖然毛澤東聲稱他喜歡鄧小平，但是他還是持續在兩個派系間遊走。他也病得很重。一九七四年夏，他顯露出漸凍人症（Lou Gehrig's Disease）或稱肌萎縮性脊髓側索硬化症（ALS）的病徵。一開始毛澤東先出現右手和右腳逐漸麻痺，過了一陣子之後蔓延到喉嚨、喉頭、舌頭與肋間肌。毛澤東的醫師肯定知道毛澤東的陽壽不會超過兩年。[43]可是他還是頑強地緊抓著性命，持續緊追著國家和黨的局勢。

③ 譯註：唐明照，當時擔任駐聯合國副秘書長。

雖然毛澤東斷斷續續地批評江青或其他領導人，其程度不下於他批評周恩來，但他並無意要他們為了權力「天下大亂」。毛澤東有時甚至在江青、王洪文、張春橋與姚文元的敵手也在場的情形下，憤怒地嘀咕他們幾人。「不要搞四人幫了。」他也說：「江青有野心！」可是他會建議親密戰友：「對她（江青）要一分為二，一部分是好的，一部分是不太好。」[44]與此同時，毛澤東不斷提拔年輕的王洪文。周恩來住院之後，毛澤東轉而信賴由王洪文領導政治局的例常工作。

左派感到毛澤東批評他們並未造成致命的危險，一九七四年九月初，他們對老將們發動新的攻勢。可是這在政治局會議上引起一場狂風暴雨的衝突。當時主要的互鬥對手是江青和鄧小平。衝突起因於中國從海外購買現代船艦還是國內自行建造何者為優的爭議。一九七四年九月底，中國船隻「風慶輪」從羅馬尼亞返航，照理說這證明中國有能力建造遠洋船隻。不過交通部數名官員直接跟周恩來匯報，主張中國造船工業尚未充分發展，不論風慶輪性能有多優異，都有緊急跟國外購買或租借整艘船隊的必要，否則中國將沒有能與風慶輪能力相埒的船隻。江青獲知之後，攻擊此種輕蔑中國能力之事，並指控交通部和國務院「賣國」與「崇洋媚外」。在下一次的政治局會議上，江青攻擊矛頭直指鄧小平（周恩來缺席），對他形同審訊。「對風慶輪問題是什麼態度？『洋奴哲學』是什麼態度？」鄧小平駁斥：「政治局開會討論問題要平等，不能用這樣的態度對人！」他反問：「這樣政治局還能合作？」鄧小平怒火中燒站起身，甩上門走了出去。[45]

江青立刻指控鄧小平拒絕文化大革命，隔天便指派王洪文向人在長沙休養的「偉大舵手」報告此事。王洪文開始在毛澤東耳邊說起周恩來、葉劍英元帥和鄧小平等人準備走林彪的道路。「在政治局會議上……江青同鄧小平同志發生了爭吵，吵得很厲害。」[46]王洪文火上添油地向當時因為麻痺狀況愈來愈嚴重而情緒很差的毛澤東告狀。毛澤東氣喘吁吁地跟擔心害怕的王洪文說：「有意見當面談，這麼搞不好，要跟小平同志搞好團結。」接著他又說：「回京後要多找〔周〕總理和劍英同志談，不要跟江青搞在一起。」[47]

王洪文把毛澤東的話轉給江青還有派系內的其他同志。不過，這名目空一切的女人依然持續肆虐。她找來與「偉大的舵手」關係親密的王海容和唐聞生，火冒三丈地暗指鄧小平有背叛之心。在當時的局勢下，鄧小平做了正確的決定。某天晚上，鄧小平親自到江青的家，去跟她「敞開心胸」談談。可是，鄧小平稍後告訴毛澤東，他們兩人之間的對談一事無成：「最後我到她那裡去講了一下，『鋼鐵公司』對『鋼鐵公司』。」毛澤東笑了：「這個好。」[48]

「偉大的舵手」接著大力支持鄧小平與周恩來這一派。他近來對從他發動文革以來就遭到重擊的經濟狀況愈來愈擔憂。毛澤東很清楚工業生產正在衰退，一九七四年的煤礦開採和煉鋼數字與前一年相比，分別衰退了百分之九點四與三點零七。所有的基本消費商品，包括食物與衣服在內都採用配給，此外還有失業問題。農村的局勢尤其嚴峻，有兩億五千萬人面臨飢餓。運輸系統上問題叢生，百分之五十的火車無法準點，還有無數的嚴重意外事故。大量的原物料和商品無法送達消費者手中。工人、工程師與技師經常參與政治活動，派系爭議分裂了工廠和製造廠內的領導階層。左派把有見識的經濟學家當成「階級異類」，想當然成為「紅色分子」要比當專家好得多。超過三成的企業沒有獲利，還有長期的預算赤字。[49]

毛澤東需要有一個不像周恩來那麼務實的人來取代這名病中的總理，而早已對毛澤東展現赤忱的鄧小平正是這樣的人選。一九七四年十月四日，毛澤東通知王洪文他要讓鄧小平擔任第一副總理的想法，好分擔總理的責任。數日之後，毛澤東下令焦孟不離的王海容與唐聞生（兩人分別是他的表姪孫女和英文翻譯）告知政治局，他已經任命鄧小平出任軍委會副主席以及解放軍總參謀長（事實上三項人事任命案都是依據葉劍英元帥的請求）。[50]他突然想起鄧小平在法國加入中國共產黨一事說：「法國派④好。」[51]

江青被晾在一旁，但是無能為力。毛澤東再度平衡了這兩個競爭派系並繼續在中間遊走。

④編註：「法國派」指曾赴法國勤工儉學的周恩來、鄧小平等。

一九七四年十月十一日，在中央委員會關於召開四屆人大的通知中，宣布了毛主席的新指示：「無產階級文化大革命，已經八年。現在，以安定為好。全黨全軍要團結。」[52]（毛澤東首度表示此種不尋常的想法是在一九七四年八月，可是直到此時才揭露出來。）十一月初，「偉大的舵手」在長沙接見李先念和王洪文時表示：「〔我們必須〕把國民經濟搞上去。」[53]毛澤東也跟幾天後前來會見的鄧小平說：「沒辦法呢，你擔起來。」[54]之後到了十二月底，他沉靜地跟王洪文解釋，鄧小平「政治思想強，人才難得……比你強」。當場他提議也讓鄧小平擔任副主席和政治局常委。[55]然而顯然是回想起鄧小平先前走資派的傾向，他表示發展經濟的同時不應該忘記修正主義的嚴重危險。他要求所有人要研究無產階級專政理論，因為「我國現在實行的是商品制度，工資制度也不平等，有八級工資制，等等。這只能在無產階級專政下加以限制」。[56]

當然毛澤東想要的一切都能達成。在一九七五年一月第十屆中央委員會第二次全體會議上，一致通過推選鄧小平為中央委員會副主席與政治局常委。在同一個月份的人大會議中正式確認鄧小平為第一副總理，並兼任總參謀長。於此之際，一場研究無產階級專政理論的全國群眾運動正式展開。在毛澤東的要求之下，此一運動由左派的張春橋與姚文元領軍。

鄧小平所要關注的事務除了外交政策外，就是經濟發展問題。一九七五年，他開始積極努力去處理軍隊和經濟問題，致力執行周恩來自一九六四年十二月起即推出的四個現代化——農業、工業、科學與技術——長期計畫。

依照此項計畫，中華人民共和國到了一九八〇年應該能建立起獨立且相當完整的工業體系與全面性的經濟；到了二十世紀末時，中國應該達到領先國家的現代水平。在一九七五年一月全國人民代表大會上，周恩來總理於政府工作報告中再度宣布此計畫。不過他並非此計畫的制定者。早在一九七四年國家計畫委員會就描繪出該計畫的基本藍圖，其擘劃者是李富春和才華洋溢的經濟學家余秋里。[57]鄧小平參與了此計畫的制定工作，也是周恩來政府工作報告的寫手。「我親自起草的，」他回憶：「不能超過五千字。總理身體那麼差，寫多了他也念不下去。」[58]

一月，鄧小平跟著葉劍英元帥（一九七五年一月人大會後，葉劍英成為國防部長）一起召開參謀總部團長軍階以上的軍官會議。會中鄧小平宣布反對派系鬥爭，首先就是反對幹部間的派系鬥爭。明確地說，他是指左派以永無止境的「批評和鬥爭」運動破壞軍紀的摧毀性行為。[59]

之後鄧小平處理鐵路運輸問題，再轉向處理鋼鐵生產，接著是國防工業，最後才是教育、文化與科學。他不斷召開會談、集會和會議，並平衡自己的運動以根除宗派主義，也就是左派分子批評林彪和孔子的運動。鄧小平竭盡全力警告所有黨幹部，時機已經從革命轉向生產。「聽說現在有的同志只敢抓革命，不敢抓生產，說什麼『抓革命保險，抓生產危險』。這是大錯特錯的。」[60]他呼籲恢復優良傳統，不能等到「把黨的事業鬧得烏天黑地」的人們「覺悟」後才做。「對於派性（宗派主義），領導上要有個明確的態度，就是要堅決反對。」他主張：「對堅持鬧派性的人，該調的就調，該批的就批，該鬥的就鬥，不能慢吞吞的，總是等待。」[61]

一九七五年五月底，鄧小平倚賴「領袖」三項「重要指示」擬把這些政策理論化：「要學習理論（也就是無產階級專政問題）」，（必須）反修防修」；「要安定團結」；以及「要把國民經濟搞上去」。鄧小平宣示「這三項指示是我們這一時期工作綱」。[62]誠如我們之前所見，鄧小平特別強調最後兩項指令。

鄧小平得努力處理的教育問題是恢復一切秩序。他在國務院建立一個「政治研究室」，由對他效忠的六十三歲胡喬木擔任領導。胡喬木先前擔任過毛澤東的個人秘書，也在鄧小平的書記處工作。文革初期，胡喬木和鄧小平一樣都被打為走資派。他也遭受過整肅與批鬥，不過終於獲得平反。胡喬木召集了一個六人小組，成員包括知名的新聞記者吳冷西、胡繩與鄧力群，還有馬克思主義理論家于光遠。鄧小平將此小組劃歸在國務院體系，而非中央委員會，因為當時中央委員會日常工作是由左派的王洪文負責。[63]

江青和她的戰友們試圖進行反擊。在攻擊林彪與孔子的運動證實成效不彰之後，他們發動新的意識形態運動：反對《水滸傳》中包含的經驗主義和「投降主義」。[64]這些都是對準周恩來、鄧小平還有其他「修正主義分子」；在左派分子他們看來，這些人試圖走「沒有劉少奇的劉少奇路線」。[65]

可是自從一九七五年七月起，鄧小平在經由葉劍英的推薦與毛澤東的批准之下，開始成為政治局內的首席小提琴手。是鄧小平，而非王洪文在指揮整個黨務最高層機構，同時開始直接指導中央委員會的例行工作（毛澤東派王洪文前去浙江和上海暫時「幫助」當地左派分子）。[66]鄧小平也被賦予監督毛主席醫療隊伍的責任。如此一來，他在黨內就是繼毛澤東與周恩來之後的第三號人物。可是毛主席和周總理兩人都已經身患絕症，鄧小平還是一如往昔般的身體健康。[67]

在一九七五年四月十八日毛澤東從長沙回到北京之後，他跟來訪的北韓領導人金日成表示：

董必武同志〔全國政協副主席〕去世了。總理生病，康生同志、劉伯承同志也生病了，我也是。今年我都八十二歲了，快不行了……我不〔跟你〕討論政治，由他來跟你談〔毛澤東指著也在場的鄧小平〕。他的名字是鄧小平，他知道如何打仗，也知道怎麼反修正主義。紅衛兵整他，但他現在沒事了。在那些年，清算了好幾個〔領導人〕，現在都平反了。我們需要他們。[68]

接下來是在一九七五年九月二十四日，毛澤東跟北越共產黨領導人黎筍表示：「我們的領導階級現在面臨一個危機。總理……身體不好，一年內就動了四次手術而且〔情況〕很危險。康生和葉劍英兩人身體也不好。我已經八十二歲，病得很厲害。只有他還年輕力壯。」毛澤東當時指著鄧小平這麼說。[69]

不過，毛澤東對鄧小平的熱情很快就消退了，江青與其他左派順利讓這名病得很重的老人跟著他們起舞。毛澤東弟弟毛澤民的兒子毛遠新最聽命於江青，他在此事上扮演了決定性的角色。十月初，不知什麼原因，這名病懨懨的獨裁者決定由毛遠新取代王海容和唐聞生，成為他和政治局之間的聯繫窗口。顯然毛澤東只是想念這名一直以來對他都非常親切的姪子。毛遠新是個孤兒，他父親死於一九四三年，當時他只有兩歲大；他的母親再嫁，應毛澤東和江青的要求，她讓毛遠新跟著他們一起住在中南海。

聰明狡猾的毛遠新成了毛澤東身邊人之一，他熟練地善用局勢強化自己在左派中的地位。「我很注意小平同志的講話，」他跟他的伯伯耳語著：

我感到一個問題，他很少講文化大革命的成績，很少提批劉少奇的修正主義路線。「三項指示為綱」，其實只剩下一項指示，即生產上去了。今年以來，我還沒聽他講過怎樣學習理論，怎樣批評《水滸》，怎樣批評修正主義。[70]

毛遠新一整個月都持續在毛澤東耳邊吹風，毛澤東終於再也忍不住。毛澤東相信了他所聽到的。「什麼『三項指示為綱』？」毛澤東以低沉的嗓音問毛遠新，顯然他不高興了：

安定團結不是不要階級鬥爭，階級鬥爭是綱，其餘都是目……一些同志，主要是老同志思想還停止在資產階級民主革命階段，對社會主義革命不理解、有牴觸，甚至反對。對文化大革命兩種態度，一是不滿意，二是要算帳，算文化大革命的帳。[71]

就在這時候鄧小平又捅了個大紕漏。鄧小平轉交清華大學黨委副書記劉冰的一封信給毛澤東，信中劉冰投訴大學內其他身為知名左派的黨領導人的過分行為。毛澤東認為劉冰的信是對老實人的誹謗，除此之外還是直接針對他本人，因為「清華（大學）所涉及的問題不是孤立的，是當前兩條路線鬥爭的反映」。[72]如此一來，輪到鄧小平失寵了。

在毛澤東要求下，政治局委員開始批評江青的這名「出格」對手，很快他們就免除鄧小平大多數的職責，只允許他參與政治局公開和閉門會議，還有處理外交事務。針對反鄧小平的新運動開始在中國各地加溫。

看起來似乎江青派系已經獲勝。中國在反擊「右傾翻案風」鬥爭旗幟下進入新的一九七六年。可是鄧小平並未喪失希望，他似乎有預感自己此番再次失勢——他一生中第三次下台——很快就會結束。一九七六年是龍年——也就是他的本命年，將會是向上攀升的嶄新序曲。

第十七章
新試煉

毛澤東跟過去一樣，只要一件事：要鄧小平悔悟，徹底且不能再犯地悔悟。然而鄧小平出人意表地扮演了其他角色，他並非擺姿態，而是開始做出奇怪的回應。鄧小平跟那些毛澤東要求對他進行批評的政治局委員交談時，試圖替自己辯護，堅持恢復秩序是正確的政策，並且提到毛主席本人也曾支持他的政策。他甚至拒絕領導一個中央委員會任務小組，該小組負責草擬要宣布文化大革命全面成功的決議案。毛澤東想要把功過定在三七開（三分錯誤，七分成績），[1]可是鄧小平回答他是「桃花源中人，不知有漢，何論魏晉」。[2]鄧小平借用中國偉大詩人〈桃花源記〉作者陶淵明筆下的形象。書中描寫某個氏族在秦始皇（這正是「偉大的舵手」最喜愛的歷史人物之一）時期逃往世界的異境，因此他們全然不知朝代更迭。毛澤東很清楚陶淵明，尤其是因為他自己還開玩笑說，這些在文革期間受到迫害的老同志是「桃花源中人」。「有些老同志七、八年沒管事了，」毛澤東說：「許多事情都不知道。」[3]可是看起來鄧小平完全不像在開玩笑。他還直率地堅稱自己身為被流放之人，無法為文革說任何好話。毛澤東怎麼可能對此不表憤怒呢？

二號走資派當然是在逆流而行。鄧小平不再像先前那樣與毛澤東爭執。或許他只是對不公的指控感到厭煩，抑或了解到毛主席不久於人世，他也就毋須再擔心受怕。在鄧小平重返北京的兩年期間，他大幅增強了自己在黨內、在國家中的地位；其中最為重要的是在軍中的地位。鄧小平長期以來享有中共黨內與解放軍老同志們的尊敬，且現在歸功於他成功處理經濟問題，又獲得大多數幹部的認同。國防部長葉劍英和絕大多數厭倦左派過激舉措的將領對鄧小平尤為讚賞。可是，他們全都無法反對毛澤東，而去支持鄧小平。「偉大的舵手」在黨內、在軍中以及在人民心中的權威遠遠大過鄧小平，以至於葉劍英與所有將領會毫不猶疑地把「領袖與導師」一直渴望送上祭壇的鄧小平拱手獻祭上去。如此一來，鄧小平無法與毛主席進行直接衝突。他很快就了解到他必須自我壓抑。

在十二月二十日政治局會議上，鄧小平終於做出自我批評；在一九七六年一月二日與三日的後續會議上，他進一步擴大自我批評。此外，他遞交一份書面自我分析給黨領導階層，承認犯了諸多「錯誤」。他也寫給毛澤東一封類似的信件。[4]可是，毛主席並不打算原諒這名執拗之人。一九七五年十一月，全國展開反擊「右傾翻案風」運動，這運動基本上是直朝鄧小平而來，此時還持續在加溫。

鄧小平現在有很多與家人相處的時間，他、卓琳還有其他家人現在住在市區內離天安門廣場不遠的一棟大房舍。這原是鄧小平的朋友賀龍元帥的宅邸，但在文革高潮的一九六九年六月九日，賀龍受不了永無止境的羞辱和指控，選擇自我了斷。在他過世後，房舍空了好長一段時間。

鄧小平喜歡這裡，喜歡傍晚時坐在露台上，在內院中漫步，看著鍾愛的孫子們玩玩具。他現在有兩個孫子了。除了孫女眠眠之外，又多了一個孫子萌萌①，這是長女鄧林的兒子。他是早產兒，出生時只有一點六公斤，可是已經健康長大。[5]一九七六年初，鄧萌萌只有一歲半，他的外公當然非常疼愛他。

鄧小平的孫子們總逗他開心，可是他無法全然忘卻自身的乖舛。他的妻兒會發現他偶爾「閉目沉思」。入夜後，「在昏暗的走廊上，又點著一盞檯燈。父親一個人，坐在燈下，常常一坐就是很久，很久」。[6]

回想自己的人生命運不免也痛苦地想起周恩來。一九七六年一月初，周恩來已經進行數次失敗的手術。周恩來知道自己時日不多，躺在醫院的病床上以氣若遊絲般的聲音唱著〈國際歌〉。妻子鄧穎超在他身旁，噙著淚水一起跟著唱。鄧小平還記得在一九七五年九月二十日周恩來要動刀的前夕，他去探視總理時，周恩來緊握著他的手說：「你這一年幹得很好，比我強得多！」接著無法自抑地哭著說：「我是忠於黨，忠於人民的！我不是投降派！」[7]在場的每個人都呆住了，可是鄧小平深知這名老同志。當時正進行一場鬥爭「投降主義」辯護者的運動，左派分子正對準著周恩來、鄧小平與其他修正派支持者。十二月底，周恩來把葉劍英找來，用虛弱的聲音要求他，無論如何都不能讓權力落入四人幫之手（也就是江青、王洪文、張春橋與姚文元）。根據後來的回憶，那也是毛澤東本人跟他們提起的。[8]

一月五日，周總理又進行一次手術；可是兩天之後，他陷入昏迷。隔天一月八日上午九點五十七分，周恩來過世。

鄧小平在同一天召開政治局會議。會中同意替周恩來組織一個治喪委員會，形式上由毛澤東擔任領導。一月九日清晨，對群眾發布周恩來的死訊。[9]

許多人前來弔唁周總理。在大多數的中國人心中，他是具有智慧、誠實與同理心，文革期間更無畏恐懼和責難還試圖抑制野蠻行徑的騎士。這樣的形象深植於群眾的內心。他的告別式一月十一日那天，超過百萬名北京市民為周恩來送上最後一程。

政治局決定在一月十二日由鄧小平在總理紀念儀式上發表悼詞。交給鄧小平是正常之事。如果單純是形式，也是鄧小平指揮中央委員會的例行工作。張春橋提議由葉劍英來發表演說，可是這名堅貞支持鄧小平的元帥堅定地拒絕。[10]因此一月十五日在人民大會堂內，鄧小平朗讀經由政治局通過的官方悼詞。在中國人民的眼中，這立刻使得鄧小平成為摯愛的周恩來的接班人。鄧小平的威望在中國百姓中迅速上升。

一月十五日傍晚，遵照周恩來的遺言，把他的骨灰撒在中國的山川之上。

---

①譯註：本名鄧卓浤。

五天之後，鄧小平又在政治局會議上自我批評，但可以察覺他耐心已達極限邊緣。他在簡短講話之後，請求黨領導階級的其他委員解除他「擔負〔的〕工作」。他並未留下來聽取左派分子對他的批評，站起身表示他必須自行解職，便走了出去。[11]江青、張春橋以及其他激進派強壓自己的怒氣。

隔天一月二十一日，毛遠新通知毛澤東鄧小平此次不宜之舉。可是毛主席只有笑著說：「〔鄧小平〕還是人民內部問題〔也就是說鄧小平並非敵人〕，引導得好，可以不走到對抗方面去。」靜默一陣子之後，他又說：

> 鄧與劉〔少奇〕、林〔彪〕還是有一些區別，鄧願意做自我批評，而劉、林根本不願……小平工作問題以後再議，我意可以減少工作，但不脫離工作，即不應一棍子打死……就請華國鋒帶個頭，他自認為是政治水平不高的人，小平專管外事（即外交）。[12]

一個星期後，毛澤東指示由華國鋒指導中央委員會日常事務，取代了鄧小平；二月二日，政治局一致通過此項任命案。

自此鄧小平被剝奪所有權力，反而是外表寧靜的政治新星華國鋒迅速竄起。一九七五年一月，這名公安部長②原本在周恩來十二名副手中只排名在第六位。毛澤東在一隻腳已經踩進墳中的狀況下，突然之間寵信起華國鋒並提升為代理總理，還負責中央委員會。華國鋒本人當然從未想過有這一天。然而毛澤東的想法可以理解：華國鋒既不屬於鄧小平派系，也非左派。他總是站在一旁，這正是他被致力於兩派平衡的「偉大舵手」看中的原因。華國鋒對毛主席忠心耿耿，可是色彩不鮮明又不會野心過盛，因此他是針鋒相對的兩個派系之間完美的中立角色，更是左右兩派皆可接受的人物。「人家說他〔政治〕水平低〔指為人低調、沒有明確思想立場〕，」毛澤東解釋說：「我就選這個〔政治〕水平低的。」[13]

之後中央委員會發布新的「毛澤東重要指示」給負責批評鄧小平的相關官員：

小平提出「三項指示為綱」，〔可是〕不和政治局研究，在國務院也不商量，也不報告我，就那麼講。他這個人是不抓階級鬥爭的，歷來不提這個綱。還是「白貓、黑貓」啊，不管是帝國主義還是馬克思主義。他不懂馬列，代表資產階級……〔可是〕要幫助他，批他的錯誤就是幫助，順著〔他〕不好。[14]

根據毛主席的指示，一九七六年二月二十五日，華國鋒允許省、自治區、中央層級城市與軍區黨領導人開始點名批評鄧小平的「修正主義錯誤路線」。當然禁止張貼大字報，也不得在廣播與媒體上譴責鄧小平，只能在會議中批評這位修正主義分子。[15]

左派立即充分利用此種局勢，其中江青尤為積極。她在數日之內召集十二個省份與自治區的領導官員進行會議，會中指稱鄧小平是「反革命兩面派」、「法西斯」以及「代表買辦、地主資產階級」。江青甚至指控鄧小平「是個大漢奸」，罵他是「國際資本家的〔中國〕代理人」。[16]

這些當然就過了頭。江青顯然違反了「偉大的舵手」所認定的鄧小平問題是屬於「人民內部」層面。毛澤東從華國鋒處得知江青的演講內容。「單獨召集十二省（領導人）講話，」他在華國鋒的報告上批示：「江青干涉太多了。」[17]

不過連毛澤東都很難讓江青束手就範。儘管左派被禁止在媒體上對鄧小平指名道姓，但仍在江青的領導下迅速匯集反鄧小平的素材，例如摘錄鄧小平講稿，比較鄧小平演講與馬、列、毛學說，比較鄧小平演講和孔、孟道德教條，比較鄧小平演講與機會主義領導者。他們甚至開始拍攝《堅決反對鄧小平》

---

②編註：華國鋒當時同時是國務院副總理。一月八日周恩來逝世後總理一職一直空缺，直到二月二日由華國鋒任代總理。一九七五年一月十七日的第四屆全國人民代表大會中任命十二人為副總理，依序是：鄧小平、張春橋、李先念、陳錫聯、紀登奎、華國鋒、陳永貴、吳桂賢、王震、余秋里、谷牧、孫健。

的紀錄片。三月，鄧小平與家人被迫搬離豪華的官舍移至較樸實的住所。

反擊「右傾翻案風」運動與批評鄧小平融合成一場單一的宣傳運動。在工廠、機關與人民公社中舉辦群眾集會，會中再次重彈彈劾走資派。可是這次許多出席的參與者都只是隨口應付一些樣板語句。可以感覺得出來人們並不支持此次的新行動。畢竟，鄧小平長期都被當成周恩來合法的接班人，無法被如華國鋒之流給取代。人們怎麼可能去辱罵一個剛剛才過世、又廣受熱愛的總理長期善意庇蔭之人呢？特別是因為中國平民百姓把鄧小平的名字和恢復經濟以及鬥爭整個左傾宗派主義令人作嘔的現象連結在一起。如此一來，批評鄧小平注定會失敗。

大多數人很快就不參加這些運動。在北京和其他城市中謠言四處紛傳，總理本人是死於敵視他的左派之手，成為受害者。三月，出現許多反四人幫的大字報。在上海《文匯報》發布一篇含沙射影指周恩來跟鄧小平一樣同屬走資派，且周恩來「在鄧小平失勢後幫助他平反」的文章之後，持續引爆了不滿情緒。而在南京，則是立刻有傳單呼籲人們群起保護。幾乎有四萬名當地學生發動一場示威，可是警方將其驅散。消息立刻傳到北京。接著人們開始在天安門廣場上的人民英雄紀念碑前放置花束與花圈紀念周恩來，並在廣場四周的樹枝別上白紙花（白色是中國悼念的代表色）。大字報譴責了如英迪拉·甘地（Indira Gandhi）③與慈禧太后這樣的女性統治者（雖然並未點名江青，但是所有人都知道作者心中所指何人）。

這個運動在兩週內自發性地展開，最後到了四月四日（中國傳統的清明節），廣場上擠滿了群眾。所有人都很激動，四處都在喊著：「敬愛的周總理，我們將用鮮血和生命誓死捍衛您！偉大的馬克思列寧主義者周恩來萬歲！打倒反對周總理的所有人！」許多人在唱著〈國際歌〉。[18]

江青與她親近的同僚害怕大規模、失控的運動。在四月四日政治局緊急會議中，他們決定撤除所有花圈和花朵並鎮壓這場未經批准的集會。華國鋒支持他們（葉劍英和李先念因為「生病」而不在場）。還是公安部部長的華國鋒說：「一批壞人跳出來了。」北京市長吳德還說：「這看起來像是事先計畫好的行動。鄧小平從一九七四年至一九七五年做了大量輿論準備……這件事鄧小平搞了很長時間的準備形成的……〔他們的〕性質是清楚的，就是反革命搞的事件。」[19]

四月五日，警方開始對示威者展開行動，不過卻遇到抵抗。當警方開始聚集並破壞花圈時，民眾變得憤怒起來。數以萬計的群眾高喊：「還我花圈！」現場爆發了打鬥，有些人燃燒廣場上的某棟建物並焚燒警車。透過極大的努力才鎮壓住這場暴亂，拘捕了幾十名群眾。

毛遠新當然是「客觀地」通知了毛澤東這場「反革命暴動」。他將所有的錯誤歸咎到這些為鄧小平而起的群眾示威上，並把鄧小平與匈牙利革命發生時的總理納吉做了比較，將這些抗議者比作是一九五六年布達佩斯反共產黨的暴動者。「偉大的舵手」批准鎮壓這次暴動：「大膽的戰鬥精神。好、好、好。」[20]

四月六日上午，江青突然去找毛澤東，通知他焚毀車輛、屠殺等等的恐怖細節。接著她宣布：「鄧小平是他們〔造反者〕的總後台。我要控訴，我建議開除鄧小平的黨籍。」[21] 毛澤東抬了抬眼看著她好一段時間，可是沒做任何回答。

毛澤東隔天聽取姪子的新報告之後，很喘地下指示給他：「撤銷鄧小平黨內外一切職務，保留黨籍，以觀後效。」一陣靜默之後，他接著說：「這次，一、首都，二、天安門，三、燒打。這三件好。性質變了。據此，趕〔他〕出去。」[22]

就在同一天毛澤東任命華國鋒擔任中央委員會第一副主席，並正式提名為國務院總理。三週之後，毛澤東已病重得無法開口說話，只能寫字給他的接班人：「慢慢來，不要著急。照過去方針辦。你辦事，我放心。」兩個月後，毛澤東再加上：「國內問題要注意。」[23]

華國鋒的人事任命自然讓江青和其他左派分子不滿，可是解除鄧小平職務仍讓他們欣喜若狂，以至

③ 譯註：英迪拉・甘地是印度獨立後首任總理尼赫魯的女兒，分別擔任過兩屆印度總理，同時也是印度最具有爭論性的政治人物之一。

於有段時間他們小覷了這個「小小」不滿。看起來似乎很容易就能處理掉像華國鋒這樣的土包子。

江青和其他激進派十分歡喜，多數的北京人卻倍感深切哀痛。無聲抗議的人們開始在他們自家窗口上擺放小瓶子當作標誌，因為鄧小平的名字發音與「小瓶」相同，而窗台被解釋成「頂端」或「層峰」。這些把小瓶子放在自家窗台上都是反對四人幫，想表達「鄧小平還在頂端」！與此同時，男人之間開始流行起短髮的「小平頭」，因為希望把這樣解讀成「小平是頭」。

鄧小平至少在外表上看來還維持著沉著態度。從一月底起——也就是從毛澤東決定解除他的職務起——他整天都待在家中。他當然知道天安門廣場前的事件，不過很可能他與他們之中任何人都無牽連。就如之前那般，他多半時間都待在辦公室內不停地抽菸。鄧小平幾乎不跟家人開口說話，試圖不讓他們捲進自己的災禍之中。四月七日上午八點，他從中央人民廣播電台中得知，自己已經被解除所有黨內外一切職務。不過，該項通知充滿著前後矛盾。一方面，它強調「中共中央政治局討論了發生在天安門廣場的反革命事件和鄧小平最近的表現，認為鄧小平問題的性質已經變為對抗性的矛盾」。另一方面，它表明鄧小平仍保留黨籍。[24]看起來就如之前動盪不安的時期一般，毛澤東並不想對「不智」的鄧小平採取血腥報復的手段，且儘管罷黜了他，也不急著加強四人幫的力量。這就帶來了希望，因此鄧小平立刻寫封感謝信給毛澤東。[25]

江青在這個時候正在黨領導階層中散播流言蜚語，表示「群眾」準備痛擊鄧小平並逮捕他，因為就是他在主導「反革命暴動」。江青甚至跟這些領導階層保證，鄧小平親自驅車至天安門廣場領導群眾聚會。[26]不喜歡江青的中央辦公廳主任汪東興在聽聞此事之後，即刻請求毛主席允許將鄧小平夫妻兩人送往便於保護他們的安全處所。毛澤東表示贊同。因此鄧小平和卓琳跟孩子們分別，搬回先前市區那棟豪華住所軟禁。他們完全與外界隔離（如果不算前來幫忙做家務、煮飯的一名親戚和一名警衛的話）長達三個半月之久。

鄧小平的子女被迫參與了公開譴責父親的運動，之後他們搬往他處。鄧家人再次因鄧小平失寵而受到欺壓。鄧林和鄧楠並不壓抑自己的情緒，一起大吼著：「我們在這樣的家庭裡，根本不該生孩子！」他們跟最小的妹妹毛毛開始做最壞的打算。[27]

一場指名道姓、全力批評修正分子鄧小平的運動在中國就此展開。報章雜誌上每天都刊出揭露鄧小平的消息，而廣播電視不停放送鄧小平的「罪行」。可是這場運動在群眾之間依然缺乏吸引力，甚至在官員與執法單位中亦是如此。鄧小平早在一九七五年就準備一些關於恢復秩序的文件，而現在卻被江青那夥人拿出來作為展現「資產階級」鄧小平的反鄧刊物。但這些反鄧刊物卻引起大多數讀者相反的回應；他們並不痛恨這名走資派，反而同情這名試圖改善人民生活之人。[28]

其中一名牢友回憶：

下午兩點，把我帶到審訊室……有三名年長的幹部在我對面，看起來就像是公安部的官員。「看過今天的報紙了嗎？」他們問我。

「是，」我說：「看過了。」

「報上所說的，你有什麼反應？」

「我讀到壞人正在廣場上製造麻煩，他們攻擊革命軍人。不過……我不了解幕後指使者竟然會是鄧小平……我個人無法相信鄧小平會煽動暴民去攻擊人民解放軍。他從軍隊發跡，領導軍隊，活在軍隊。」

我本來預期到會被懲罰，反倒是他們都露齒而笑。我想這他媽的是怎麼一回事？他們看起來像是誘導我。他們看起來很開心……我一頭霧水地回到自己的牢房。[29]

七月，允許鄧小平和卓琳與子女們團聚。他們全都再次回到老家。鄧毛毛寫道：「〔父母親〕不但重新得見子女，更讓他們高興的是能夠見到可愛的孫兒們。」[30]

七月二十七日至二十八日的夜間，他們一家人在這間平房歷經一場翻天動地的地震。震央在離北京約一百五十公里的唐山，芮氏地震儀的規模達到七點八。擁有百萬之眾的唐山徹底毀滅。根據官方統計數字，死亡二十四萬人以上，受傷超過十六萬人。

鄧毛毛回憶：

我跑到走廊裡大叫：「地震啦！地震啦！」這時，只聽見我身後轟隆一聲巨響，轉身一看，走廊的屋頂竟然垮下了一大片……這時，鄧林、鄧楠也都跑了出來。我們相對一看，一起大叫起來：「爸爸、媽媽！」平時為了安全，父親在睡覺時門是緊鎖著的……我們找了一根棍子，七手八腳硬是把門給撬開了，進去一看，由於吃了安眠藥，父母親還熟睡未醒呢。我們趕快把他們叫醒，扶著他們，跌跌撞撞地跑出屋外。這時，天在搖，地在動，從深深的地底下發出沉悶而又巨大的轟鳴……鄧林突然大叫：「還有孩子們呢！」突遇危急，我們滿腦子想的只有爸爸和媽媽，卻把兩個孩子給忘得一乾二淨。我們返身衝進晃動著的房子裡，一把抱起還在熟睡的孩子，跑了出來。[31]

之後鄧小平與家人在住家不遠處緊急搭建的帳篷內住了好長一段時日。大多數的北京居民都住在街上或院子裡，人們害怕回到自己奇蹟似逃過一劫但已在地震中半毀的房屋內。

首都以及其他地區的居民在此情況下也無心去批評鄧小平。交談之間唯一的話題就是地震。群眾宣傳運動就此失敗。

撼動中國的還有另外一則消息。九月九日中午十二點十分，毛澤東過世，全中國陷入哀悼之中。九月十八日，超過百萬人聚集在天安門廣場舉行一場紀念毛澤東的集會。每座城市和每個公社都舉行紀念集會。下午三點，全國靜默三分鐘，唯一的聲音就是工廠和作坊警報器連續的哀鳴。華國鋒在天安門廣場上發表悼念演說。他宣布「毛主席永遠活在我們心中」，並呼籲整個黨、軍隊和中國人民「化悲傷為力量」，以「實踐偉大舵手的遺囑」：「要搞馬列主義，不要搞修正主義；要團結，不要分裂；要光明正大，不要搞陰謀詭計。」（一九七一年八月十七日，毛澤東跟黨軍領導人交代這份遺囑。[32]）華國鋒提出一系列的國內外政策，強調要在無產階級專政下繼續革命。其中之一就是「深入批鄧與反擊右傾翻案風鬥爭」。[33]

毛澤東過世也讓鄧小平相當難過。當然「偉大的舵手」過去經常對鄧小平不公允，可是他並不允許四人幫摧毀他。毛澤東大可以用對付劉少奇的方式來處理他。九月十八日，鄧小平和家人在家中舉行悼念儀式，他們別上黑色臂章圍成半圓靜靜地跟逝者的遺像鞠躬。[34]鄧小平日後提起毛澤東：「我們任何時候都不能損害毛澤東同志在整個中國革命史上的光輝形象……雖然誰不聽他的話，他就想整一下，但是整到什麼程度，他還是有考慮的。」[35]

毛澤東的接班人華國鋒與四人幫持續運用大眾對鄧小平施壓，恢復群眾批鄧運動並持續軟禁他。可是限制範疇算是緩和的：只有不允許鄧小平和卓琳走上街。其他家人可以自由來往，聽任自便；他們可以充當鄧小平與外界聯繫的中間人。他們確實也是這麼做，帶報紙給鄧小平並傳遞耳語消息。

十月七日，鄧小平從鄧毛毛的丈夫賀平那得知一則官方尚未發布的震撼消息，華國鋒前天已經在中南海內逮捕包括毛澤東遺孀江青在內的四人幫，還有「偉大舵手」的姪兒毛遠新。賀平雙親有名軍中老袍澤能獲知秘密訊息，他們立刻跟兒子分享了這項喜悅。

> 「快來！快來！」賀平大喊著飛奔進岳父家中。他妻子寫道：「他滿頭大汗興奮不已。」
> 〔我們知道〕一定有大事發生。在那個時候，我們怕家中裝有竊聽器，因此凡有重要的事情，都會用一些防竊聽的方式悄悄地說。我們大家——父親、母親和當時在家的鄧林、鄧楠，還有我——一起走到廁所裡面，關上門，再大大地開開洗澡盆的水龍頭。在嘩嘩的流水聲中，我們圍著賀平，聽

他講中央粉碎「四人幫」的經過。父親耳朵不好，流水聲音又太大，經常因為沒聽清而再問一句。[36]鄧林、鄧楠和鄧毛毛都樂得跳起來，鄧小平本人也相當興奮，握緊手中的菸，也完全忘記原本打算要抽菸的。

這則消息確實相當震撼。鄧小平了解到「沉靜的」華國鋒決心要逮捕四人幫，毫無疑問地得與軍方高層聯手，也就是那些直到目前為止還與鄧小平本人多有聯繫之人。鄧小平當然不知道此次政變的細節，不過他也絕非政治新手。他感到興奮異常。

十月十日，鄧小平寫了封信給三天之前在政治局會議上一致通過擔任中央委員會主席與軍委會主席的華國鋒，他在信中表達了自己的喜悅之情：

以國鋒同志為首的黨中央戰勝了這批壞蛋，取得了偉大的勝利，這是無產階級對資產階級的勝利，這是社會主義道路戰勝資本主義道路的勝利，這是鞏固無產階級專政、防止資本主義復辟的勝利，這是鞏固黨的偉大事業的勝利，這是毛澤東思想和毛澤東革命路線的勝利。我同全國人民一樣，對這個偉大鬥爭的勝利，由衷地感到萬分的喜悅，情不自禁地高呼萬歲、萬歲、萬萬歲！我用這封短信表達我內心真誠的感情。以華主席為首的黨中央萬歲！黨和社會主義事業的偉大勝利萬歲！[37]

鄧小平日後得知此政變的細節，他再次相信軍方在中國扮演起主要角色。換言之，誠如毛澤東在一九二七年所言：「槍桿子出政權。」

簡言之，這就是一切經過。在「偉大的舵手」過世之後，江青和支持她的一夥人卯足了全力在孤立華國鋒，同時也準備對其他老幹部出重手。江青不斷要求開除鄧小平的黨籍；王洪文要求推翻已經出現在中央委員會內的「修正主義」，他堅稱「鬥爭還沒結束」。張春橋也同聲一氣。[38]這也無怪乎軍中內外的老幹部會群情激憤，就連華國鋒本人也感到不安。如此就奠定華國鋒與軍方老幹部聯手合作的基礎。

周總理生前早把除掉四人幫的任務囑咐給國防部長葉劍英元帥；此次圖謀之中，葉劍英扮演著關鍵性角色。毛澤東過世後，他謀得老幹部的支持，包括了兩名還健在的元帥徐向前與聶榮臻，還有深具影響力的李先念、陳雲、鄧穎超、王震與解放軍前參謀總長楊成武等人。早在九月十二日，葉劍英就與中央辦公廳主任兼八三四一部隊領導④的汪東興討論四人幫問題。汪東興的回覆為何不得而知（他可能有自己的計畫），可是這名不屈不撓的元帥並未退卻，且在幾天之後，他找上華國鋒本人會談。葉劍英此舉顯然相當大膽。不論汪東興抑或華國鋒都不屬於已故的周恩來一派，也非鄧小平的支持者。他們這兩人和老幹部也無私交，可是葉劍英卻孤注一擲。「他們不肯放手，」他告訴華國鋒：「等不及要奪權。」[39]

華國鋒花了點時間反覆再三思量，反而在一週之後——他要求李先念去和這名元帥會面，並詢問解決四人幫問題的時間點與方法。[40]葉劍英再度去會見華國鋒，討論此事的細節部分。十月初，葉元帥又找上汪將軍，因為沒有汪東興就無法成事。汪東興在聽完葉劍英的話之後表示：「局勢很關鍵，我看四人幫不除，我們的黨和國家是沒有出路的。」汪東興終於感受到真正的風向，便同意了。[41]

葉劍英、華國鋒和汪東興討論逮捕四人幫的具體計畫。過程很簡單。華國鋒以討論即將出版的《毛澤東選集》第五卷中的論證為藉口，捏造於十月六日晚上八點在中央委員會與政府的典禮大廳，也就是中南海懷仁堂舉行政治局常委會會議，召集王洪文、張春橋與姚文元前來開會。八三四一部隊的警衛會逮捕他們，還計畫在江青家中逮捕她（江青住在中南海內靠近原住宅的編號二〇一房舍）。同時也決定逮捕毛遠新以及數名四人幫內最為活躍的支持者。

在最關鍵時刻的十月五日，葉劍英為了預防萬一，安排了數名效忠他的高階軍官在旁警戒。[42]隔天

④ 譯註：另兼中央警衛局局長。

傍晚，這些圖謀者依計行事。挑選了二十九名最為可靠的警衛軍官分成了四組。其中一組在汪東興副手張耀祠少將率領下，去逮捕毛遠新和江青。其他三人負責拘禁王洪文、張春橋和姚文元。

大約十五名警衛藏身在懷仁堂的大型窗簾後方，當毫無所悉的王洪文首先抵達並進入空蕩蕩的大廳四處張望時，他們突然把燈關掉，並衝了出來把他綁起來。接著來到的張春橋，還有最後到來的姚文元都是如法炮製。姚文元變得十分激動以至於癱倒在地。這幾人分別被帶到隔壁的房間，華國鋒和葉劍英就在屋內等待這起事件的結果。華國鋒告訴這幾名被拘留者，他們「因反黨與反社會主義的罪行」而遭到逮捕。與此同時，張耀祠帶領著十來人在晚間八點拘禁了毛遠新，半個小時後抵達江青的住所。這名將軍回憶：

> 一進到她的辦公室，她正坐在沙發上。我向她宣布：「江青，我接到華國鋒總理電話指示，你現在還進行分裂黨中央的活動……你要老實向黨坦白交代你的罪刑，要遵守紀律……」在我宣布的時候，江青雙目怒視，一動不動地坐在沙發上，未發一言……她沒有大吵大鬧，也沒有在地上打滾。我宣布完後，江青站起來……外面江青平時用的小車和一直跟著她的司機在外面等候著，江青以一種慣常的姿態上車，將她送到另一個地方。[43]

毛主席還躺在棺木中屍骨未寒，包括他的姪子與老婆在內的最親密戰友都遭到拘禁。一個半小時後，華國鋒和葉劍英在位於北京郊區的葉劍英家中召開了政治局緊急會議，會中他們通知黨內最高權力機構的成員這項「重大勝利」。葉劍英元帥解釋，他們不過是「完成毛主席生前沒有來得及做的事」。[44]無人表示憤慨之意，甚至連那些曾經支持過江青的人都開心地鼓掌。因為所有幹部長久以來都習慣屈服於力量之下。

他們通宵達旦地開會，要決定接下來該怎麼處理。於此之際，效忠葉劍英的部隊控制了大眾媒體：

中央人民廣播電台、新華社以及京區報章雜誌的編輯辦公室。接近清晨四點時會議結束，華國鋒提名葉劍英擔任中央委員會主席和軍委會主席，也就是擔任新領導人。可是這名元帥謙遜地拒絕了，他再過半年就要滿八十歲了，這年紀當領導已經太晚了。此外，所有人都知道毛主席在臨死前選定華國鋒擔任他的接班人。因此葉劍英把這些職位提交給華國鋒，這也就使得華國鋒成為新的「偉大舵手」。[45]

當時華國鋒絕非是改革者。他是名對經濟鮮少認識的黨工，推崇毛主席且唯毛澤東命令是從。可是在新局勢下，並非效忠亡者就足以應付，因為華國鋒是與那些急著不要再進行文革的軍方將領和黨內老幹部同盟，才得以掌權。

緊接著在政變之後，毫不訝異地華國鋒和老幹部們之間起了尖銳的衝突。問題的核心是該怎麼處理鄧小平。葉劍英元帥、李先念和其他老幹部明確要求華國鋒，要在政治上平反他們的老同志，可是華國鋒拒絕了。在他的領導下，推行全國性的兩個宣傳運動：揭露四人幫與批評鄧小平。華國鋒還不夠膽大去停止批鄧運動，這意味著背叛了當初表明批鄧的毛澤東。他也無意成為史書筆下的「中國的赫魯雪夫」。華國鋒堅持是由毛主席發起「批鄧、反擊右傾翻案風」，因此「批〔評〕是必要的」。[46]汪東興和北京市長吳德在意識形態與華國鋒靠攏，兩人全力支持他。他們個人並不反對鄧小平，可是兩人也不想陷於「背叛」毛澤東。例如，盲目效忠毛澤東的汪東興告訴黨內主管意識形態的幹部：「鄧小平跟四人幫一樣違反了毛澤東，違反他的思想和他的革命路線。我們在揭露四人幫的同時，不該對鄧小平放鬆……鄧小平……不好。直到今天他還不了解文化大革命。」[47]

一九七六年十月，基本上是依據華國鋒的提議，開始以「極右機會主義」，而非以「極左」為由批評四人幫。十月八日，華國鋒決定在北京天安門廣場上建立起一座宏偉的「毛主席紀念堂」安置他的遺體，但這違背了毛澤東曾表達死後火化的遺願。十月底，華國鋒告訴中宣部官員：「凡是毛主席做出的決策，我們都堅決維護；凡是毛主席的指示，我們都始終不渝地遵循。」[48]

對毛澤東言行採取此種態度對華國鋒來說是重要的，如此方能合法化自身的權力。「偉大的舵手」

在死前數個月病重之際已然任命華國鋒為接班人。如果認為毛澤東做錯了選擇，尤其是在重病之下，那麼他挑選華國鋒擔任新領導就留下可議之處。

然而到了一九七六年十二月中，華國鋒稍稍退守立場。鄧小平突然生病並需要緊急住院治療。他前列腺發炎，不進行手術就無法處理。華國鋒與汪東興在葉劍英出面施壓以及數名老幹部請求展現同理心的情況下，批准鄧小平的前列腺部分切除手術。手術在先前替鄧樸方動刀的同一間軍醫院內由技術高明的醫師操刀。鄧小平很快恢復健康。

十二月十二日，葉劍英將四人幫對去年四月天安門廣場事件偽造事實的鐵證呈報給華國鋒。華國鋒就在同時也取得相關的文件。這便打破了僵局，並開啟了鄧小平的平反之路。兩天後的十二月十四日，在葉劍英與其他老幹部強力主張下，中央委員會再度授權鄧小平閱讀機密文件的權限。鄧小平立刻收到《王洪文、張春橋、江青、姚文元反黨集團罪證（材料之一）》。鄧小平很清楚這些資料內容，並說：「這就夠了。不需要之二、之三了。可以定罪了。」[49]

數日之後，雖然鄧小平表面上仍處於軟禁狀態，但他的老同志們已經可以去採望他。他們相繼去醫院看他：副總理余秋里、徐向前與聶榮臻兩位元帥、葉劍英的兒子以及其他人。他們全都表達希望鄧小平很快就能自由。

當一九七六年接近尾聲之際，鄧小平不再懷疑自己重回高層之林的時間即將到來。他跟家人滿懷光明的希望與期待在醫院內迎接新年。

第十八章

實踐是檢驗真理的唯一標準

一九七七年一月在周恩來逝世一週年紀念日，北京出現要求重新評價天安門廣場事件和平反鄧小平的傳單與大字報。這些內容批評汪東興、北京市長吳德、康生（已經於一九七五年底過世），甚至還批評了毛澤東本人。找不到真正的元兇。[1]

二月初，鄧小平出院。鄧小平聽從葉劍英的指示，他和家人都搬到位於北京郊區西山屬於軍委會的一棟宅邸內。這名元帥也住在附近。他們終於能夠見到彼此，此外還有很多事要談。權力鬥爭的新階段已然展開，此時是鬥爭華國鋒和其他教條主義的毛派分子。

二月七日，華國鋒和汪東興在這場鬥爭中跨出重要的一步。根據他們的指示，已經傳達給中宣部官員的華國鋒基本理念，刊載於各大主要的報紙和期刊《紅旗》的社論：「凡是毛主席做出的決策，我們都堅決維護；凡是毛主席的指示，我們都始終不渝地遵循。」[2]這就是被稱為「兩個凡是」的路線。

鄧小平在讀完社論後，了解到他必須有所行動。他與副總理王震會面，並表達極度不同意華國鋒和汪東興的路線。鄧小平主張：「這不是馬克思主義，不是毛澤東思想。」[3]王震完全同意。「按照『兩個凡是』，就說不通為我平反的問題，」鄧小平馬上做出合理解釋：「也說不通肯定一九七六年廣大群眾在天安門廣場的活動『合乎情理』的問題。」[4]

高階將領也捲入這場關於「兩個凡是」的鬥爭。軍方最重要的領導人之一廣東軍區司令員兼軍區黨委第一書記許世友，同時也是鄧小平的親密戰友。他以他手下軍官和政工幹部的名義寫了封信給華國鋒，要求華國鋒承認毛澤東在文革期間所犯下的錯誤，同時要平反劉少奇、彭德懷和林彪，此外還加上鄧小平。這是威脅華國鋒的手段。[5]

一九七七年三月，中央委員會工作會議致力於批評四人幫。曾經於一九六二年和劉少奇、鄧小平一起支持包產到戶制的陳雲，在毛澤東過世後重返政壇，他意外地起身發言，直言不諱地說：

鄧小平同志與天安門事件是無關的。為了中國革命和中國共產黨的需要，聽說中央有些同志提出讓鄧小平同志重新參加黨中央的領導工作，是完全正確、完全必要的，我完全擁護。[6]

許多老幹部——包括王震還引用毛主席本人曾經說過鄧小平「人才難得」——呼應陳雲的講話。可是華國鋒非常憤怒，回答：「如果我們急急忙忙讓鄧小平出來工作，就可能上階級敵人的當……我們必須記取〔負面案例〕赫魯雪夫的教訓。」[7]

不過鄧小平的捍衛者們讓工作會議上的其他與會者留下強烈的印象。其他人在走廊間紛紛討論的就是這件事。華國鋒再也挺不下去，幾經思慮之後提出折衷方案。在華國鋒的反對者之一王震的要求下，他做出自我批評。關於此事，華國鋒表示：

經過調查，鄧小平同志根本沒有插手天安門事件。鄧小平同志的問題應該解決，但是要有步驟，要有一個過程，只能在適當的時機讓鄧小平同志出來工作。中央政治局的意見是，經過黨的十屆三中全會（一九七七年七月）和黨的第十一次代表大會（一九七七年八月），正式做出決定，讓鄧小平同志出來工作，這樣做比較適當。

華國鋒也說群眾到天安門悼念周總理，是「合乎情理的」。[8]

鄧小平四月十日得知此消息，「經過審慎考慮」他寫封信給華國鋒、葉劍英和中央委員會。華國鋒在老幹部們的壓迫之下只好屈服。鄧小平感謝黨中央撤銷他與天安門事件有所牽連的指控，接著他還宣示：「在華主席的講話中，肯定了廣大群眾去年清明節在天安門的活動是合乎情理的。」與此同時他也批評「兩個凡是」，強調「我們必須世世代代用準確的、完整的毛澤東思想來指導我們全黨、全軍和全國人民，把黨和社會主義的事業……勝利地推向前進」。[9]鄧小平更做了一個重要的戰略行動，要求中央委員會將此封信，連同一九七六年十月十日寫給華國鋒的祝賀信一起在黨內印發。

華國鋒派了汪東興和李鑫去跟鄧小平談。李鑫近期才成為康生的秘書，現在完全聽命於新任領導。他們要求鄧小平停止批評「兩個凡是」，可是鄧小平堅定地回絕，他表示「毛澤東同志說，他自己也犯過錯誤……這是個重要的理論問題，是個是否堅持歷史唯物主義的問題」[10]（在之後與密友王震和鄧力群談話中，他簡潔地表達自己的觀點：「我們要以意識形態體系來研究和應用毛澤東思想」[11]）。

這個說法實在難以反駁。鄧小平認為自己已經「開砲」指向「凡是派」並「反抗華主席」。[12]鄧小平這場贏了。四天之後的四月十四日，華國鋒屈服並同意發送鄧小平的信件，可是這些信件內容直到五月三日才引起黨內縣級以上與軍中團級以上幹部們的注意，四月十五日出版了《毛澤東選集》第五卷，[13]華國鋒在兩天後於《人民日報》上發表一篇重要文章，他的文章中再度提及要堅定遵循毛澤東「無產階級專政下繼續革命」的路線。[14]

此時離完全平反鄧小平只剩下一週的時間，而華國鋒無力去加以阻止。七月一日，鄧小平回到北京，住在離知名的人工湖北海不遠，故宮正後方一條舒適的衚衕內。十五天之後的七月十六日，他健壯地出現在黨最高領導階層之中，參加第十屆中央委員會第三次全體會議。

隔天七月十七日，儘管華國鋒依舊在報告中堅持「兩個凡是」，三中全會還是一致通過《關於恢復鄧小平同志職務的決議》。鄧小平再度成為中央委員、政治局委員、政治局常委、中央委員會和軍委會副主席、國務院副總理以及人民解放軍參謀總長。

鄧小平人生中最後一次下台就此告終。

在三中全會的七月二十一日，鄧小平發表一篇非常重要的簡短演講。在這篇平反後首度演講中，他闡述在流放那幾年中不斷思索著現代化新計畫的核心要點。鄧小平就如毛澤東在鬥爭期間思考新中國一般，呼籲黨內同志要重新鬥爭教條主義。他此回並非要求把馬克思主義「中國化」，而是毛主席本人教導的創新方法。一九六二年的改革與一九七五年的恢復秩序所帶來的痛苦改革經驗，皆導致鄧小平下台，讓他相信唯有「打垮精神羈絆」，也就是徹底、確實地解放幹部們以及整個民族的意識，方能戰勝毛派共產主義，進行中國現代化。因此，鄧小平饒有機巧地藏身於已故「領袖」的權威之下，提醒所有與會者毛澤東的老口號：「實事求是。」

鄧小平演講中這句口號依其所言是包含了「毛澤東思想的精髓」，是一九四三年十二月毛澤東在延安中央委員會黨校中所說的。現在鄧小平用它來平衡掉「兩個凡是」的作用力。就算鄧小平並未點出誰來決定真理，可是毫無疑問他並未惺惺作態，直接表達了應由他本人、葉劍英與其他有如華國鋒導師般的老幹部們，還加上其他「較年輕一輩」的人帶領所有人走上正確的道路。[15]

就如同在二十年前類似時間點的「百花齊放、百家爭鳴」運動，鄧小平呼籲所有的中國公民要「全面」發展民主：「我們要創造這樣一種政治局面……既有統一意志，又有個人心情舒暢，生動活潑，什麼問題都可以擺到桌面上來，對領導人有意見，也可以批評。」[16]

鄧小平顯然估算力推民主會有助於自己全面戰勝「凡是派」，揭露文革能進而確立自己在黨內的領導地位。他了無新意，完全按照毛澤東當年削弱黨內敵人的手段：以民主之名訴諸群眾。唯一讓人驚訝的是儘管鄧小平本人、毛澤東以及其他共產黨領導人過去不斷以偽自由的口號來欺騙人民，他還是決定再度呼籲群眾公開表達自己的意見。甚至更難解的是許多公民再次熱烈地迎接鄧小平的講話，準備再度落入圈套之內。

七月三十日，鄧小平首度公開露面。他是個狂熱的足球迷，來到體育場觀看中國和香港兩隊之間的比賽。群眾一看見他，便熱烈的歡呼。體育場內的所有人都站起來熱烈歡迎這名新「自由派」。鄧小平起身微笑並輕輕鼓掌。一名有群眾魅力的領袖重返掌權。

八月七日，鄧小平首次接見的外國代表是北韓大使。「我是『三落三起』。」他幽默地說：「我今年七十三歲，自然規律不饒人，但是心情舒暢，想做點工作。」[17]

一九七七年八月十二日至十八日，鄧小平參與中共第十一次全國代表大會。他已經是排在華國鋒和葉劍英之後黨與國的第三號人物；李先念位居第四，而汪東興列名第五。這五個人組成了新的政治局常委會，是個集體領導。鄧小平在政治局內能依賴葉劍英，而華國鋒則依靠汪東興。李先念此時還在打自己的算盤，雖然他似乎還與鄧小平維持著緊密關係，可是不會公開展露態度。對某些中南海的工作人員而言，中央委員會權力寶座，李先念似乎「太圓滑」。鄧小平講稿的刀筆之一甚至認為李先念「顯然不喜歡鄧小平」。[18]不過誰又能確定此事？這兩名老幹部之所以互通聲息，不僅是在周恩來領導之下一起鬥爭四人幫，同時也有昔日革命情感。很可能李先念只是想安全下莊。

此次全國性大會有超過一千五百名代表與會，鄧小平發表第三篇也是最重要的閉幕演講。華國鋒提交政治報告，葉劍英發表修改黨章報告。鄧小平再度呼籲所有人解放思想與實事求是，他也堅稱「一定要言行一致，理論與實踐密切結合」。[19]

鄧小平的演講與華國鋒的報告呈對比。雖然華國鋒宣布結束文化大革命——這可說是他對老幹部們的讓步——但他持續捍衛並肯定毛澤東毫無過錯。他表示這次文化大革命僅僅是一系列文化性革命的第一波，況且「勝利結束……絕不是階級鬥爭的結束」。用華國鋒的話來說，「這種鬥爭是長時期的，曲折的，有時甚至是很激烈的。文化大革命這種性質的政治大革命今後還要進行多次。」不過，他並未撤守毛派的經濟發展模式，甚至還要求完成「全新的躍進」，誓言「消滅資產階級和一切剝削階級」。[20]這似乎是華國鋒進行中國現代化的施政方針。

大會結束後，鄧小平專心致力於現代化的務實工作上。身為副總理的鄧小平認定科學與教育的領先地位是首要任務。根據他的提議，對於在毛澤東時期被打為「資產階級暴民」的知識分子，中共開始改善彼此之間的關係。文革肇始之際被取消的大學入學考試也重新上場，並益發關注科學與技術的發展。「我起的作用就是當後勤部長，就是做發現人才，支持科學家、教育家，撥款，搞設備等事情。」鄧小平說。[21]

於此之際，中國各地也展開批評四人幫的運動。中國媒體使出渾身解數。他們甚至指控毛澤東的寡婦和忠心的子弟們是法西斯分子和走資派，還秘密與可鄙的國民黨人勾結。媒體上滿滿都是重要素材和諷刺漫畫，也報導到處都有憤怒的民眾在集會與示威。黨的新聞記者對此「重大勝利」感到欣喜若狂。《人民日報》記者寫著：「北京薄海歡騰！全中國興奮騷動！」

> 在長城的兩端，在長江的兩岸……人民的內心都是快樂的，他們的戰鬥精神昂揚。在華國鋒主席帶領下，黨中央已經一舉粉碎了「四人幫」……我們必須跟「四人幫」戰鬥到底，鞏固並擴大文化大革命的成果。[22]

可是當這場運動愈走愈遠時，它的虛假之處也益發清晰。如果江青他們那夥人有罪，那應該是煽動華國鋒本人也狂熱地投入這場文化大革命。如果他們全是壞蛋，那麼也就是他們的受害者都是好人。如此一來，誰能揭露四人幫，而不批評「天下大亂」呢？正是這個鬥爭四人幫的邏輯徹底擊潰了華國鋒。

鄧小平和葉劍英元帥並未讓此大好機會溜走，反而充分加以利用。一九七七年十二月，他們要華國鋒指派鄧小平的親密盟友、前共青團書記胡耀邦擔任中央委員會組織部部長。胡耀邦是文革的受害者之一，他馬上全心投入平反所有紅衛兵恐怖下的受害者名譽。

這名個頭矮小、一臉文弱的黨工甚至還比鄧小平矮一點，但實際上非常有活力且工作極具效率。在此任命之前的兩週，他剛剛滿六十二歲；因此從七十四歲的鄧小平和八十一歲的葉劍英眼中看來，胡耀邦是相當年輕的。胡耀邦出身湖南貧農之家，未能完成中學學業，可是對學習和讀書極有熱情。他是中共最有文化的幹部之一。

一九三三年，胡耀邦在瑞金加入共產黨，在共青團內任職。他參與了長征，並在紅軍總政治部中擔任過一連串的職務。一九三七年底至一九三八年初，他在延安的抗日軍政大學讀書。那時他跟鄧小平未來的妻子卓琳成了朋友，當時卓琳在幹部學校受訓。一九四〇年代國共內戰期間，胡耀邦在聶榮臻和彭德懷的軍隊中工作；從中華人民共和國肇建到一九五二年，他都在鄧小平手下擔任中共川北區黨委書記。鄧小平的故鄉就落在他的轄區之內。鄧小平拉拔他調往北京，擔任一九四九年從共青團改為「中國新民主主義青年團」的書記。一九五七年，胡耀邦被選為又改名成「共產主義青年團」的中央委員會第一書記。可是到了一九六六年十二月，他和鄧小平一樣受到迫害，歷經了無數的煉獄，在「批鬥大會」中飽受虐待，還到河南省的「五七幹校」接受「再教育」。一九七三年三月，他收到平反；之後他成為鄧小平恢復秩序工作中最熱心投入的支持者之一。鄧小平派他到「中國科學院」黨委會工作以重組學術幹部，胡耀邦在此表現非常優異。接著一九七六年，胡耀邦受到鄧小平再次垮台的牽連，被撤職同時遭到批評。直到一九七七年三月，他在新的局勢下藉由葉劍英的協助重返權力走廊。[23]

起初是任命胡耀邦擔任在文革期間停辦的中共中央黨校副校長一職。校長是華國鋒，第一副校長是汪東興，但這兩人都是形式上掛個名，實際領導者是胡耀邦。[24]他立刻開啟了對「兩個凡是」的鬥爭。一九七七年七月，為了此次鬥爭的目的，他發行了言詞尖銳的討論期刊《理論動態》，宣傳鄧小平從毛派共產主義的羈絆中解放意識的理念。

認識胡耀邦的人稱他為「中國共產黨內最後的知識分子理想主義者之一」。[25]一九七七年十月，胡耀邦力促《人民日報》首度發表文章，提出要重新檢查所有文革受害者的案例。[26]

胡耀邦現在領導中央組織部，因此負責幹部問題。早在一九七八年一月初，他就針對平反二十六名部會領導人的問題召開了一場重要會議。[27]中共已經開始揚棄文化大革命。

這份任務的範圍十分巨大，必須在最短的可能時間內重新檢視上千萬人的直接和間接指控。「所有偽造的指控和不公的判刑，不論牽涉到誰，不論什麼層級，都必須翻案。」[28]他甚至組成一個專門小組去檢視那些毛澤東親自宣布裁決的案例。胡耀邦確實是個異數。

鄧小平全面支持胡耀邦，即使這個門生很快重啟調查一九五七年時，由鄧小平親自領導鎮壓「右派分子」運動的那些案件。這必須要歸功給鄧小平，因為這次他承認了自己的罪過。鄧小平同時重設了國務院內的「政治研究室」，召集了一批馬克思列寧主義理論家，在胡喬木的領導下，研究現代化的理論。在一九七五年底至一九七六年鄧小平飽受批評之際，這些人都屈服於左派分子的壓力，包括胡喬木在內的多數人都已經投降，甚至參與迫害前老闆的運動。可是鄧小平一如周恩來當初曾經寬恕他一樣，也原諒這些人。[29]沒有必要心懷忿恨，他必須對「凡是派」發動鬥爭。

一九七八年春，出現新的勝利。三月初，鄧小平又多得到一個職務，但是個榮譽職。他成為中國人民政治協商會議全國委員會主席，[30]這是共產黨與在中國內擔任諮詢功能的八個小黨之間所成立的聯合陣線的正式組織。第五屆全國人民代表大會第一次會議也於同時召開，會中確認鄧小平擔任十三位副總理中的第一副總理。

三月五日，全國人代會在鄧小平擔任主席之下，通過中華人民共和國新憲法，儘管憲法中多有更迭，還是與前一部一九七五年的憲法相同，都堅稱「公民有言論、通信、出版、集會、結社、遊行、示威、罷工的自由，有運用『大鳴、大放、大辯論、大字報』的權利」。[31]葉劍英在修憲案中提交報告，特別強調中華人民共和國新任領導保有這些權利，還強調「就要大力恢復和發揚民主傳統，同任何破壞民主生活、侵害公民權利的行為做鬥爭」。[32]

人大代表們推選葉劍英元帥擔任全國人大常委會主席，徐向前成為新任國防部長。華國鋒仍舊保有原有職位，因此鄧小平還在持續鬥爭他。

三、四月間，鄧小平在「科學和教育工作座談會」中強烈批評教條主義。五月十日，《理論動態》刊登一篇措辭嚴厲的論戰文章〈實踐是檢驗真理的唯一標準〉。文中闡揚鄧小平的理念，表示所有理論都必須以實踐來檢驗。這篇文章是一名南京大學年輕的哲學教授和兩名中央黨校幕僚一起完成，並經由胡耀邦編輯，肯定理性崇拜已經取代中國社會的信仰崇拜。

儘管這篇文章遭到保守派的抗拒，中央媒體還是在接下來的兩天中刊印此篇文章；不僅是在黨內，也在社會上引起了十分尖銳的討論，這氣氛歷經整個夏天一直到秋季才沉靜下來。華國鋒本人並未參與其中，但負責監督黨內意識形態和宣傳工作的汪東興卻被捲入，他非常憤怒地表示：「黨報要有黨性黨格……有幾篇〔文章〕（指〈實踐是檢驗真理的唯一標準〉不是那麼恰當……這些文章〔在發表前〕不經過宣傳部，也不給我看……基本上是反對毛澤東思想。中央委員會為何要刊登？我們的任務是捍衛與保護毛澤東思想。我們必須要進行調查。」[33]

在汪東興的壓力之下，中央委員會的理論性期刊《紅旗》拒絕重印這份文章。雖然葉劍英和鄧小平兩人事前也不知道有此文章，可是他們喜歡它。葉、鄧兩人直率表態支持文中的理念。葉元帥甚至提議政治局常委們召開一場理論性會議來討論文中所提出的問題，他建議在舉行此會議之前應該發送該文至全國各地。[34]鄧小平支持葉劍英的想法，也力陳關於理論性問題是退無可退。他解釋：「退讓會導致喪失原則。」[35]

六月二日，鄧小平在人民解放軍的政治工作會議上公開替這篇文章辯護，強烈反對汪東興的說法。雖然鄧小平並未指名道姓，可是所有人都心知肚明。鄧小平表示：

> 我們也有一些同志天天講毛澤東思想，卻往往忘記、拋棄甚至反對毛澤東同志的實事求是、一切從實際出發、理論與實踐相結合的這樣一個馬克思主義的根本觀點、根本方法。不但如此，有的人還認為誰要是堅持實事求是，從實際出發，理論和實踐相結合，誰就是犯了漫天大罪……實事求是，

是毛澤東思想的出發點、根本點。[36]

鄧小平更引用了無數的毛澤東格言和精義來支持自己的結論。

在此之後，許多老幹部與絕大多數黨中央機構、國務院、地方權力組織的領導幹部，還有解放軍的將領們都出面支持這篇文章。[37]到了中秋，鄧小平、葉劍英和胡耀邦很顯然地已經成功「破壞現狀」。幹部們開始克服毛派共產主義的意識形態。周恩來與鄧小平提出要執行「四個現代化」——農業、工業、國防、科學技術——的長期計畫，此時許多人願意自覺地採納這些政策。

鄧小平要打鐵趁熱。從一九七八年春季起至秋季止，他不再只提解放意識，還開始對現代化計畫引進重要的補充部分，專注於結合恢復秩序與擴張企業在金融、外貿以及聘雇與解雇勞力方面的權利。這些表明轉向經濟核算，加強管理經濟領導人的角色並削弱黨委會的控制。同時也意味著對外國採取開放政策，這包括了海外的經濟與技術交流，借用國外技術、科技和經濟管理經驗，並且吸引外資建立合資企業。「世界在發展，」鄧小平說：「我們不在技術上前進，不要說超過，趕都趕不上去，那才真正是爬行主義。我們要以世界先進的科學技術成果作為我們發展的起點。」[38]

鄧小平認為「關起門來不行，不動腦筋永遠陷於落後不行」。但是他當然不會想要破壞社會主義，如同他一直以來深信「我們必須堅持……社會主義秩序……那是不能動搖的。我們不能允許產生一個新的資產階級」。[39]

這種現代化或多或少讓人聯想起清朝一八六一年至一八九四年間的「自強運動」。清朝也承認中國的落後狀況，企圖透過借用外國技術和追求快速工業化成為現代國家。他們同樣也並未變更現有的社經體制。

此時華國鋒的世界觀已經幡然巨變。這名不具魅力的人並不適合擔任領袖，華國鋒在領導黨務和國家上缺乏經驗，因此輕易就淪入性格強勢者的影響之下。在兩個凡是的運動中，他跟著汪東興的腳步；

可是在葉元帥的軍威之下，他又平反了鄧小平。在經濟議題上，一九七八年初，他開始依賴李先念和其他知名的經濟學家，如余秋里和跟隨周恩來工作過的谷牧等人。[40]他們終於說服華國鋒要重新檢視毛澤東最可惡的指令。

一九七八年二月，華國鋒在第五屆全國人民代表大會第一次會議上提交一份革命性的報告，與他在中共第十一次代表大會中的演講大有不同之處。他溫和地支持四個現代化計畫——基本上，與鄧小平為伍。華國鋒肯定經濟改革，與西方擴大貿易，借用外國的技術與科技，甚至是增加工作實質獎勵的重要性。可是他持續強烈堅持新的「大躍進」，而他這次想吸引西方和日本貸款並進口外國設備來保證其想法可行。華國鋒提到要在一九八五年之前建立一百二十個大型工業企業；鋼產量要從目前的兩千萬噸提升三倍到六千萬噸；原油的生產要提升三倍半，從一億噸到三億五千萬噸。雖然這會需要極其龐大的資本投資，且將不低於中國過去三十年的總投資金額，華國鋒還是對成功深具信心。[41]

隨著時間流逝，華國鋒愈來愈相信需要加速推動現代化。他第一次出訪海外是在一九七八年八月下旬，此行給他留下極其深刻的印象（在整個中華人民共和國歷史中，至今領導人只進行過三次出訪。前兩次是毛澤東分別於一九四九年至一九五〇年間，與一九五七年造訪莫斯科）。華國鋒去了羅馬尼亞、南斯拉夫和伊朗。其中南斯拉夫最讓他感到震驚，該國可以自由買賣外匯，成功地吸收西方技術和科技，同時企業甚至還能和西方投資人共同工作。可是南斯拉夫依然還是社會主義國家，並維持其完整的獨立性。南國人民的生活水平要比中國好很多，其配給制度依然有效運作。[42]

其他黨領導人繼華國鋒之後承認改革的必要性。他們許多人也在一九七八年進行了首度海外行程，擴大了他們對中國在世界地位的了解。該年有十三名副總理級官員還有數百名其他高階官員也出訪海外。毛澤東過去不許他們出國訪問，但是目前他們已經眼界大開。「總認為資本主義沒落腐朽，」其中一人回憶：「可走出國門一看，完全不是那麼回事，你中國屬於世界落後的那三分之二！」一九七八年十月，鄧小平親自前往日本一週，大多數的時間都在分析擴大中日兩國之間經濟關係的可能性。他總結自己行程所獲：「我們看得（世界）愈多，就愈知道自己多麼落後。」[43]

用華國鋒的話來說，那就是包括鄧小平在內的所有政治局委員接著開始討論加速現代化的腳步，特別是因為國家安全部門經常提交關於廣東省年輕農民和工人逃至鄰近的香港和澳門的報告。人民逃亡是因為「香港和澳門很富裕，中國很窮」。華國鋒回憶：「我們決定要改變局勢，讓中國富有。」[44]

一九七八年七月至九月，國務院在收到高階官員出訪海外的初步報告之後，針對現代化召開一個專門的理論性會議。會中李先念與其他領導人紛紛肯定中國需要引進外資，並借用西方技術、設備和管理專才。會中也討論在與香港邊界地帶建立出口加工專區的提案，如此中國工人便能在該地透過製造海外市場的產品來累積西方技術和科技。[45]九月中旬，鄧小平也參與了該工作會議，表明「按照經濟規律管理經濟」。[46]

十一月六日，華國鋒召開政治局會議，決定所有黨務工作的重心都擺在現代化之上，作為一九七九年一月的黨務工作重點。四天後，中央委員會召開工作會議討論經濟問題，並草擬預計在十二月底舉行的第十一屆中央委員會第三次全體會議的決議案。這次會議應該是要決定執行此改革的方法，並討論四項文件：〈中共中央關於加快農業發展若干問題的決定（草案）〉、〈農村人民公社工作條例（試行草案）〉、一九七九年至一九八〇年經濟計畫以及李先念就國務院關於現代化理論性會議的報告。[47]

鄧小平並未出席政治局會議，他於十一月五日出發前往泰國、馬來西亞與新加坡訪問九天。他肯定知道這些即將到來的決定，且顯然都反映了他的觀點。此外，也正是鄧小平建議政治局把黨務工作重心轉移至現代化之上，作為一九七九年一月黨務工作重點。[48]

對於這場超過兩百名黨領導官員與會的工作會議，鄧小平和他的支持者做了認真的準備。這些支持者中只有百分之六十三是第十一屆的中央委員或是中央候補委員，其他人多數還是多虧了胡耀邦最近才獲得平反的老幹部。這些形塑了此次會議的特色，會議進行了三十六天直到十二月十五日為止。會場氣氛相當「生動熱烈」。[49]從一開始，該會議就朝著不同於華國鋒原本預期的方向進行，決定要切斷與過去的關聯之後，就討論起政治而非經濟問題，也就是要修正毛澤東本人過去所犯下的左派錯誤。

當然是這些老幹部引爆這場紛爭。十一月十一日，前中共中央副秘書長同時也是鄧小平的好友譚震林發表支持重新評估天安門廣場事件。包括陳再道與呂正操將軍在內還有其他七名老將支持他的看法。[50]葉元帥立刻與華國鋒會商，並建議他留心會議上的一切，否則華國鋒可能會失去職位。[51]

十一月十二日，陳雲顯然已從一九六二年毛澤東攻擊他支持包產到戶制後就「抱病」中復元，急著衝入戰局。他主張在討論移轉重心至現代化之前，中央委員會首先該解決黨史中的六個問題。其中前四個問題是關於平反那些不僅是在文革期間，甚至更早之前就遭到迫害的黨內知名人物，包括彭德懷。第五個問題則是關於天安門廣場事件，他稱之為「偉大的群眾運動」；第六個則是要批評文化大革命的行動謀劃者康生，陳雲指控他犯下「很嚴重」的錯誤。[52]

老幹部們的演講像顆炸開來的炸彈。華國鋒、汪東興和其他凡是派分子只能屈服在尖刻的攻擊之下，原有的議程就此棄之於不顧，大家紛紛輪流大談解放意識，以及客觀評估文革與中共黨史中其他事件以修正左派錯誤的必要性。

事態很快地不僅在會場中增溫，場外亦是如此。陳雲講話後隔天，新任的北京市長林乎加召開北京市委會擴大會議，在會中他遵循受人敬重的陳雲的說法，並以自己權責，在未經政治局同意下，便公開聲明天安門廣場事件是一次「革命行動」。[53]十一月十四日，《北京日報》報導了此事；隔天，《人民日報》、新華社與《光明日報》也都報導此一消息。華國鋒和汪東興已經無法掌控局勢。

十一月十四日傍晚，鄧小平從東南亞返國，葉元帥向他簡報經過，並告訴他此時是鄧小平出任黨國領導人的時機。葉劍英建議還是讓華國鋒保留中央委員會、軍委會主席，以及國務院總理的職位，而鄧小平可依靠集體領導成為實際上的領袖。[54]葉元帥反對撤除華國鋒全部的權力，表示他自己無法背叛毛澤東在死前應該是已託付他要「支持」他的接班人一事。然而更可能的是他矯飾這一切，且毛澤東根本沒說過這些話。至少毛澤東與葉劍英最後一次會面時毛遠新也在場，可是毛遠新否認曾經有此一說。這名元帥似乎在玩弄手段以增加自己的權力。藉由增強鄧小平同時保留華國鋒，他便能在他們兩人間做個仲裁人，成為鄧小平和華國鋒兩人在黨、國內皆會感恩戴德的某種更高權威。

鄧小平表示同意，他了解到自己必須接受此種妥協方式。之後葉劍英通知了華國鋒，他也同意接受。這名軟弱之人缺乏與領導將領們以及從中央到地方省級領導之間的個人關係，害怕分裂的責任又被迫喪失權位只好束手投降。十一月二十五日，他在會中再度公開講話，接受陳雲還有其他老幹部的所有提案。如此一來，官方承認天安門示威事件是「革命的」，並平反一九七六年「失序」中所有的參與者，[55]可惜當時已有十名遭到處決。這一切都發生在毛澤東過世與拘捕四人幫之後的一九七七年。[56]

北京前市長吳德接著做了自我批評。只有汪東興一人不願讓步，因此他遭到與會者公開批評。[57]

一九七八年十一月下旬，起因於汪東興死硬的凡是派立場而爆發了一場人民普遍的不滿，更形惡化了汪東興問題。在會議召開前的兩個月，汪東興負責監管意識形態和宣傳工作。因為共青團《中國青年》期刊的編輯不尊重毛澤東，他禁止發布第一期的《中國青年》。共青團沒有重印「偉大的舵手」新近才發掘出來的詩句，並且也未依規定以引用毛澤東的話來作為該期文章的開頭，甚至在其中一篇文章中呼籲要終結對已故主席神格化的這種「新迷信」。主席的前警衛不會放過此事。儘管遭到禁止，十一月十九日也就是《北京日報》發表重新評估天安門事件文章的五天之後，《中國青年》的編輯們將創刊號的完整內容，張貼在北京市離西長安街與西單北大街路口兩步之遙的牆上。這裡人聲鼎沸接近市中心，因此數以萬計的北京市民和遊客都能讀到這份大字報。

共青團編輯們採取的行動導致新民主運動的自發性發展，當時的人形容此事有點「報紙牆叛亂」的意味。[58]當時網際網路尚未問世，三點五公尺高、六十公尺長的灰色磚牆成為貨真價實的「民主牆」。這就是當時人們對它的稱呼。很快就有人張貼大字報，分享內心深處的想法。北京擠滿了從全國各地而來歷經多年恐懼之後期望平反的群眾。中央組織部解決了有關幹部的問題，對於平反凡夫俗子既沒能力也無時間。因此民眾必須前去首都上訪尋求公理，他們開始張貼自己的故事，攻擊文革。很快地牆上就出現了其他內容的大字報，要求華國鋒與其他凡是派下台並支持鄧小平。[59]十一月二十六日，鄧小平與日本民社黨委員長①會面並表達：「寫大字報是我國憲法允許的。我們沒有權利否定或批判群眾發揚民主、貼大字報，群眾有氣要讓他們出氣。群眾的議論，並非一切都是深思熟慮過的，也不可能要求都是完全正確的，這沒什麼可怕。」此新聞刊登後，親鄧文宣尤其受到歡迎。[60]

人民受到鄧小平聲明的鼓勵，開始張貼言詞更為批判性的大字報，呼籲要進一步自由化。魏京生是一名二十八歲的北京動物園電工，他張貼了一份真正引起軒然大波的大字報。十二月五日，魏京生的朋友張貼了他的〈第五個現代化：民主及其他〉大字報。這是一份非比尋常的大字報，以驚人的方式進行真正的政治論述，反映出許多諸如布魯諾．里齊（Bruno Rizzi）與米洛凡．吉拉斯（Milovan Djilas）等西方評論家對於共產極權主義的觀點，而這名北京年輕人並無法獲悉這些人的作品。魏京生大膽說出反對四人幫與凡是派，還對整個中國官僚統治階級進行摧毀性抨擊，要求中華人民共和國改革整個政治體系，甚至把中共獨裁體制比擬成希特勒集權主義。「我們要自己掌握自己的命運。」他寫道：「我們不要做獨裁統治者擴張野心的現代化工具……不要再相信獨裁者的『安定團結』，法西斯集權主義只能帶給我們災難，不要再對他們抱有幻想……中國人民要現代化，首先必須實行民主，把中國的社會制度現代化。」[61]

無人知道這名年輕的中國電工是如何寫出這樣的大字報，但魏京生立刻成為「西單民主牆」的英雄人物。

許多中央委員會工作會議的與會者去了西單十字路口好幾趟，對了解人民的意願感到興趣。儘管魏京生張貼了大字報，葉劍英與胡耀邦跟鄧小平一樣都大聲支持民主牆。比方葉劍英就告訴與會者：「黨的十一屆三中全會是黨內民主的典範，西單民主牆是人民民主的典範。」[62]似乎開放的時代已經降臨這

---

① 譯註：即佐佐木良。

個國家，黨內具有影響力的勢力加上自由派知識分子和年輕人開始推進中國民主改革的志業。

汪東興為了回應黨內外的壓力，決定退休。十二月十三日，他遞交一份書面聲明：

會場同志已經對於我的錯誤做了許多批評……我必須承認在文革期間以及「四人幫」垮台之後言行上的錯誤……我深信這些職位已經超過我的能力範圍，我愧對這些職位。因此，我懇切請求黨中央撤除我這些職位。[63]

工作會議把汪東興案子交由十一屆三中全會再進行考慮。

如此一來，一九七八年十一月至十二月間舉行的中央委員會工作會議，將是鄧小平成為眾所認可的中國共產黨運動領導人的時機點。雖然在所有正式的官階中，鄧小平並未占有最高職位，可是沒人會懷疑他在黨內、軍中與國家所有事務上的卓越地位。

十二月十三日，鄧小平發表閉會演說。胡喬木在會議召開之前幾週就已經備妥此文稿，可是鄧小平在十一月十四日從東南亞返國後得知這一切的事件，他決定要有所更動。他找上了手下擁有一批文膽的胡耀邦。鄧小平指示他們要強調民主：「〔為了〕發展經濟……要切實保障……民主權利，包括民主選舉、民主管理和民主監督……為了保障人民民主，必須加強法制。」[64]所有人都熱烈投入並完成一篇鄧小平最後認可的文章。

與會者屏息以待聽著鄧小平講話。這是他「大權在握」的演講。「今天，我主要講一個問題，」鄧小平說：

就是解放思想，開動腦筋，實事求是，團結一致向前看……在黨內和人民內部的政治生活中，只能採取民主手段，不能採取壓制、打擊的手段。憲法和黨章規定的公民權利、黨員權利、黨委委員的權利，必須堅決保障，任何人不得侵犯……群眾提了些意見應該允許。

他甚至還表示：「即使有個別心懷不滿的人，想利用民主鬧一點事，也沒有什麼可怕……一個革命政黨，就怕聽不到人民的聲音，最可怕的是鴉雀無聲。」

他呼籲在經濟領域內要擴大民主，再次出言反對過度集中，贊成企業和勞工活動以及恢復實質獎勵原則。他甚至宣布從經濟政策的觀點來看，是可以接受讓某些地區和企業、某些工人和農民比其他地區和其他人率先提升生活水平（也就是先富裕起來）。這將使得「整個國民經濟不斷地波浪式地向前發展」。還表示我們必須讓自己：「著重抓緊三個方面的學習：一個是學經濟學，一個是學科學技術，一個是學管理。」

此外，鄧小平要求持續解決過去所留下來的問題，才能「改正每個錯誤」。他強調必須「科學地歷史地」評估毛澤東和文化大革命，聲明「毛澤東同志在長期革命鬥爭中立下的偉大功勳是永遠不可磨滅的」。[65]

對於所有當時的革命人物而言，可以理解到鄧小平跟華國鋒一樣都不想被認定為「中國的赫魯雪夫」。會議結束後沒多久，鄧楠直接問他：「你是不是擔心被釘成赫魯雪夫？」可是鄧小平只有微笑以對，什麼都沒說。[66]

鄧小平的演講給在場人士留下強烈印象。是鄧小平的演講被認定為基本文件，而非華國鋒開幕的演說內容。會中決定把講稿發送給排定在十二月十八日至二十二日召開的三中全會與會者，並要在此會中純粹形式化地通過鄧小平所提出的路線。三中全會把一場閉門工作會議的決定傳達給中國人與世界大眾。

一九七八年十二月，中國共產黨把重心從宣傳階級鬥爭與組織政治運動轉移至經濟建設，因此放棄無產階級專政革命。

三中全會上免除「凡是派」中最惡劣的汪東興掌管意識形態宣傳的職務，並讓鄧小平堅定的支持者陳雲、胡耀邦和周恩來的遺孀鄧穎超加入了政治局，陳雲更成為政治局常委。全會並重建「中央紀律檢查委員會」，對從鄧小平與其支持者的觀點看來「不想放棄宗派主義」的黨員進行整肅，也就是針對那些不願接受黨中央新路線的黨員。陳雲擔任中紀委的第一書記，第二書記是鄧穎超，胡耀邦位居第三書記。中紀委書記處也包含在一九五九年支持彭德懷而遭到整肅的人民解放軍前參謀總長黃克誠。

最重要的是該全會確認鄧小平實質上握有黨、國最高權力。中國在經濟改革與民主旗幟下進入發展的新時代。

中國的改變引起全世界各國的濃厚興趣。鄧小平本人自然吸引到最多的目光。這個小個子是醒目的強人，在歷經三次下台後像是個從瓶中冒出來的神燈人物，激勵了幾百萬民眾懷抱了中國終會踏上文明之道的希望。美國廣受歡迎的記者羅伯·諾瓦克（Robert D. Novak）在一九七八年十一月底和鄧小平進行了兩個小時的訪問，他告訴全世界「主宰中國的人物今天……衷心地贊同言論自由」。[67]一九七九年一月一日，《時代》雜誌宣布鄧小平為「年度風雲人物」。雜誌封面上鄧小平的身影背景是中國傳統的山川雲海。鄧小平看起來沉靜，臉上微露著一絲譏諷的表情，可是又顯得深不可測：這表情看似說著世界還沒能破解這個中國人面獅身像的謎語。

第十九章
基本原則

一九七八年十二月底，鄧小平在重新安葬彭德懷骨灰於八寶山革命公墓的紀念儀式上講話。他沒有提到彭元帥與毛澤東之間的衝突，只強調：「彭德懷同志……作戰勇敢，耿直剛正……關心群眾，從不考慮個人得失。他不怕困難，勇挑重擔，對革命工作勤勤懇懇，極端負責。」[1]鄧小平顯然是在為一九五九年參與迫害彭德懷道歉。

在不久之後舉行的政治局會議上拔除了汪東興還保留著的一些最重要職務，包括中央辦公廳主任。新主任是一生都在從事經濟與財政事務的姚依林，他要比胡耀邦還小兩歲。此時胡耀邦出任重新恢復的中央委員會書記一職，他的副手還有鄧小平的文膽胡喬木以及姚依林。胡耀邦同時領導中央委員會日常業務和負責中宣部。鄧小平的老友宋任窮接替胡耀邦擔任組織部部長。[2]

此時民主運動正在蓄積力量，一九七九年一月，這波運動從北京擴散到其他大城市，「民主牆」也隨之推展出去。同時還組成了非共產黨或共青團所掌控的自治組織。行動分子開始發行數百份手寫的期刊。有一群自稱啟蒙社的人就在毛澤東紀念堂牆上張貼批評毛澤東的大字報。可是政治生命的中心點還是「西單民主牆」，全國各地而來的人湧向那裡「呼吸北京的民主空氣」。[3]

美國總統吉米．卡特對於中國的自由變革必然印象深刻，他一向宣稱自己是全世界的人權捍衛者。

國務院中國專家芮效儉（J. Stapleton Roy）告知卡特，鄧小平「不僅允許，同時還鼓勵民主牆海報運動以譴責政府內部強硬派，進而鞏固掌控整個官僚體系」。[4]從鄧小平與保守派專欄作家諾瓦克的訪談中，卡特知道「明智又有活力」的鄧小平正在加速創建「一套合理的經濟與政治體系」，還要與美國聯手對抗莫斯科。從美國《時代》雜誌記者海德立．唐納文（Hedley Donovan）與馬許．克拉克（Marsh Clark）訪問鄧小平的報導中，卡特也讀到鄧小平要求強化美中關係和抵抗莫斯科的聯合陣線的消息。[5]後者的考量是非常重要的。美國總統視蘇聯為「頭號敵人」。這一切都加速中美之間的和解。

一九七八年十二月中，美中雙方準備建立正式的外交關係。卡特與鄧小平二人皆努力加快這個流程。與世界最大工業國家的關係正常化在「四個現代化」方面能帶給中國顯而易見的效益。[6]在一九七八年五月底開始舉行的多回合絕密談判期間，在台灣問題方面雙方終於達成相互理解。美方同意取消一九五四年簽訂的《中美共同防禦條約》，從台灣撤除所有軍事人員並斷絕與國民黨政權的外交關係。中方心不甘情不願地忍受美方持續供給台灣美製武器，並對於美方就必須以和平手段解決台灣問題的聲明不提出抗議，可是中國人認為美國人此舉是「干涉中國內政」。[7]

一九七八年十二月十五日（北京時間是十二月十六日），卡特與華國鋒就一九七九年一月一日起相互承認並建交一事，發表一份聯合公報。

對於全世界而言，這是個天大的意外消息，尤其是對台灣而言。對台灣在美國國會遊說活動有所戒心，卡特並未通知蔣介石（已於一九七五年過世）之子、當時的中華民國總統蔣經國，美國正在與共產黨進行談判。就在宣布公報之前的幾個小時，直到台北時間凌晨兩點，美國大使把大吃一驚的蔣經國從睡夢中喚醒並轉告這則消息。蔣經國哭了。[8]如果鄧小平知道這件事，他會非常開心。

與美國關係正常化讓鄧小平能完成他長久以來想訪問美國的心願。時間拉回至一九七八年五月，當鄧小平在迎接卡特的國家安全顧問茲比格涅夫．布里辛斯基（Zbigniew Brzezinski）時，表示他想要看看美國。布里辛斯基立刻回應邀請鄧小平到他位於華府的家中一坐。鄧小平笑了笑並同意了。[9]十二月，美國總統的正式邀請函送達北京；一九七九年一月二十八日，鄧小平帶著卓琳和數名助理出發橫越大洋。國務卿塞魯斯・萬斯（Cyrus Vance）向總統表示：「他的造訪鮮明地象徵著他領導下的中國兩個主要推行的政策——現代化以及反對蘇聯。」[10]

鄧小平與散發著誠摯之意的副總統華特・孟岱爾（Walter Mondale）、國務卿萬斯在安德魯空軍基地（Andrews Air Force Base）會面。他們陪同鄧小平前往位於賓夕法尼亞大道上，那座以壯麗裝潢、高雅家具、昂貴地毯以及非凡畫作而聞名的布萊爾宮（Blair House）。鄧小平所見所聞都讓他印象深刻：寬廣筆直的大道、林立高聳的大樓、美國國會大廈（Capitol）、國家大草坪（The Mall）以及直沖雲霄的華盛頓紀念碑（Washington Monument）；這讓他想起天安門廣場上的人民英雄紀念碑，只是此碑高得多。

在他們一行人抵達美國幾個小時後，「老友」布里辛斯基前來陪同他們，一道前往由他安排在自己家中舉行的小型接待會。除了男女主人之外，還有他們三名青少年的子女、鄧小平夫妻、國務卿萬斯、中國外長黃華以及少數幾人參與了這場基本上是私人的晚宴。[11]隔天就展開旋風式的官方拜訪、旅行和演講等行程，直到鄧小平於二月五日離開美國為止。這一行中有許多感嘆、歡笑，甚至激動的淚水。鄧小平跟政治人物、企業家與運動員握手，親吻那些為他唱中文歌的孩童們，參訪參、眾兩院、科學中心，還包括了休士頓太空中心（Houston Space Center）、福特與波音的工廠、德州的牛仔競技賽，當然還有白宮。卡特總統極其開心。「我對他有絕佳的印象。」他在一月二十九日的日記中寫道：「他個子矮小，看起來堅毅、聰明、坦白、勇敢、有自信、友善，和他談判是件樂事。」[12]鄧小平似乎也感到滿意。[13]

簽署了科技與文化合作、學生交換以及延長中國的最惠國貿易地位等等協議。位於費城的天普大學（Temple University）甚至頒發榮譽法學博士學位給鄧小平，在德州賽門頓（Simonton）參觀牛仔競技比賽時，鄧小平還獲得一頂牛仔帽。誠如萬斯事後所說：「鄧小平的造訪有如一場盛會，如此也是能理解的。」[14]

如此一來，鄧小平便能描繪他的美國行為兩個強權間歷史性修好的起始點。事實上，中華人民共和國和美國當然還維持著無法調解的對立，但此時展現他們兩國間「同盟」以解決鬥爭「蘇聯霸權主義」有關的重大地緣政治問題，這對於鄧小平來說是極其重要的。第一個競技場就在東南亞，蘇聯為了抵抗中國而與越南同盟，這個過去一度是中國忠實的友邦那時轉變成狂熱的對手。

鄧小平在抵達美國不久之後，在布里辛斯基的家中談到蘇聯與越南問題。當會談涉及蘇聯時，鄧小平馬上火冒三丈。當鄧小平被問到如果中國遭到蘇聯的攻擊，中國會採取何種回應。他回答中國能夠以毀滅性重擊作為回應，因為已經有充足的核子武器去摧毀布拉茨克大壩（Bratsk Dam）、新西伯利亞（Novosibirsk），甚至可以把莫斯科化為灰燼。諷刺的是，這次會談賓客們所喝的還是蘇聯大使安納托里伊．多布里寧（Anatolii Dobrynin）送給布里辛斯基的伏特加酒。或許這是鄧小平一臉脹紅的原因。離開時，他鄭重地告訴布里辛斯基，他想告訴卡特總統以及總統最信賴的助手們有關越南最機密的訊息。[15]

鄧小平隔天在白宮與卡特會面時，重提此要求。卡特與鄧小平在橢圓形辦公室內會談，副總統孟岱爾、國務卿萬斯與布里辛斯基也都在場，鄧小平以憂鬱但堅定的口氣通知他們，他決定要攻擊越南。[16]美國人的內心可能是感到相當開心，他們長期以來的敵人現在會遭到中國的懲罰，而且還正是這個先前與北越同聲一氣，輸送武器甚至還派出軍隊前往越南的中國。[17]現在共產黨們不僅彼此間互鬥，而且還與帝國主義者討論他們的作戰計畫。

然而表面上卡特還是維持一派沉靜，甚至試圖勸說鄧小平。雖然卡特並未表達公開反對的立場，但是表示擔心世界輿論和美國國會中許多議員會把中國貼上侵略者的標籤。翌日上午，卡特與鄧小平兩人私下晤談，中間只有翻譯冀朝鑄在場，卡特甚至讀了一封手寫的聲明稿，重述他警告鄧小平所要進行的武裝衝突，「在美國國內關於整個中國名聲以及未來和平解決台灣問題上會造成嚴重關切」。卡特也擔憂蘇聯對中越衝突會做出可能的強烈反應。整體而言，卡特表示入侵「會是嚴重的錯誤」。[18]

可是鄧小平菸一根接著一根抽，對於自己的決定態度堅定；他解釋如果中國不給越南一個短期的教訓，那麼已經在越南站穩了腳跟的蘇聯就會藉由入侵鄰國阿富汗包圍中國[19]（鄧小平在蘇聯干預阿富汗前的十一個月做此表示）。卡特未做回應，可是鄧小平已經說完要說的話，態度立刻沉靜下來。[20]似乎他來到華府就是為了要通知美國人越南戰事一觸即發。

北越共產黨才於不久之前結束了十六年的內戰，其間曾因美國的介入而擴大，終於在一九七五年四月底統一越南。鄧小平現在基本上與美國形成同盟，不僅僅是要對抗「墮落的」蘇聯，還有「英勇的」越南，這到底是怎麼發生的？鄧小平真的會對蘇聯從北方、南方與西方沿著邊界建立軍事基地對中國進行包圍，然後發動核子攻擊一事感到害怕？有可能是如此。畢竟，就在不久之前中蘇邊界才爆發衝突。他可能也不會原諒越南領袖們在一九六〇年代期間在中蘇之間蛇鼠兩端的花招，且之後逐漸靠向蘇聯「霸權主義」那方，主要是因為中國在文化大革命期間無法像蘇聯一樣提供越南實質的援助。

與越南之間的局勢可能特別惱人。一九七〇年代初期，毛澤東、周恩來和鄧小平都感覺到他們正在失掉越南這一塊——他們三人全都非常氣憤——於是轉向印度支那上的另一夥伴柬埔寨共產黨（赤柬）①。赤柬並未如同越南提出龐大的投資要求。[21]一九七五年四月，赤柬很快在柬埔寨奪權，柬埔寨與越南之間的關係迅速惡化。越南在戰爭結束之後，輕易地就把寮國納入自己的影響力範圍，並竭盡一切手段要把柬埔寨（當時稱為「民主柬埔寨」）也納入自己的旗下。然而柬埔寨領導階層對越南地區霸權主義做出急躁的反應，尤其是因為一九七七年越南把兩個海軍基地供給蘇聯使用，此舉同時激怒了中國和柬埔寨。武裝衝突沿著中越邊界與越柬邊界而起，並點燃領土爭議問題。一九七七年十二月三十一日，赤柬宣布與越南斷交。

---

① 譯註：Khmer Rouge為法文，亦稱「紅色高棉」。

一九七八年，局勢益發惡化。一九七八年春，越共開始大規模沒收當地華人產業作為社會主義改革。居住在南越的大約有一百五十萬名華僑，其中大都是小商人；開始改革之際，許多人開始逃回歷史性的祖國。在一九七八年四月起至五月中旬的六週之內，超過五萬名難民從越南越過邊界進入中國。中國領導人視這些華僑難民為烈士，激起了愛國運動，要捍衛他們「無辜受難的」同胞。一九七八年七月，從越南出逃的中國難民數已經達到十七萬人，其中多數甚至不是從南越逃亡，而是來自北越。[22]

到了秋季，越南企圖奪下柬埔寨的態勢顯而易見，只是在等待能派出部隊作戰的乾季到臨。十一月，越南在中國強烈反對下，與蘇聯簽訂了「友好合作條約」以自我保護。

中方領導階層十分震怒。但縱使越南入侵柬埔寨，也非所有領導階層成員都認為攻擊越南是明智之舉。前友邦的舉措當然激起了苦澀的情緒，可是對昔日有著兄弟邦誼的國家發動全面性的戰爭又似乎太過分了。此外，中國軍隊在人員和裝備上都有所匱乏。人民解放軍雖然規模龐大許多，可是與越南在軍火和戰場經驗方面相比，又明顯遜色不少。[23]同時也要擔心蘇聯方面可能的反應。蘇聯領導人列昂尼德·布里茲涅夫（Leonid Brezhnev）會不會突然決定幫助越南，對華北地區發射大量火箭攻擊？

鄧小平的老恩師葉劍英元帥公開反對這場戰爭。他不相信存有蘇聯藉越南協助來包圍中國的危險，他寧可認為當務之急是強化中國北部與蘇聯接壤邊界的實力。[24]可是鄧小平並未理會，他渴望要與越南一戰。似乎鄧小平的個人命運將視中國是否攻擊越南而定。這也並非偶然：中國部分觀察家相信當時身為人民解放軍參謀總長的鄧小平堅持戰爭，進而指導整場戰役，如此一來，他個人才能全面掌控軍方以取得無限的權力。[25]

從一九七八年九月起——也就是打從備戰起——鄧小平實質上奪取了軍方最高指揮權。他指導作戰規劃，並指派自己精力充沛的好友許世友擔任作戰計畫的執行者。十二月二十一日，完成了部隊重新部署。依據各方估計，沿著中越之間將近一千三百公里的邊界，集結了三十三萬到六十萬的中國部隊。[26]在此同時，與蘇聯邊界接壤的解放軍部隊也處於全面備戰的警戒狀態。

一九七八年十二月二十五日，越南在有蘇聯背後支持的情況下派軍入侵柬埔寨；到了隔年一月七日之際，越方已經奪下首都金邊。赤柬政權垮台，由一個親越的政府代之。赤柬撤退到叢林地區，持續作戰到一九八九年。[27]

丟失了金邊讓中國面子掛不住。這顯示越南加上蘇聯要比柬埔寨聯合中國來得更強大。此時對於鄧小平而言，攻擊越南成了「榮譽問題」。

可是鄧小平必須對戰爭取得外交上的支持。九月，鄧小平走訪緬甸、尼泊爾和北韓；十一月，他到了泰國、馬來西亞和新加坡。然而只有泰國領袖們支持他，因為泰國擔心繼柬埔寨之後，他們也會面臨越南的攻擊。至於其他國家的首領則是並未出言強烈反對，鄧小平覺得如此就夠了。鄧小平現在通知美方，跟卡特解釋他需要美方的「道德支持」。[28]卡特並未極力去勸服鄧小平，這點對他而言是非常重要的。基本上卡特給予中方默許。至少外界是如此解讀，[29]且這也正是鄧小平所需要的。[30]就在他造訪美國之後，立刻展開這場戰爭，鄧小平或許相信布里茲涅夫在配合美方的態度，從而減低莫斯科方面捲入此場衝突的可能性。

鄧小平的看法是對的。一九七九年二月十七日，當二十萬名中國軍隊依據鄧小平的命令穿過越南邊界時，布里茲涅夫感到相當困惑。他甚至透過熱線電話打給卡特，要查明中方的行為是否經過美方的同意。卡特反而試圖說服他不要採取行動。之後卡特透過蘇聯大使多布里寧通知布里茲涅夫，他自己曾經警告過鄧小平反對此舉，可是蘇聯領導人並不相信卡特。[31]布里茲涅夫最終並未採取武力回應。

這場持續了二十九天的戰爭基本上都在中越邊界進行。中國軍隊無法滲透超越三十多公里。三月十六日，鄧小平撤出軍隊，留下殘破的城市與燒毀的村莊。[32]依據各方估計，這場衝突中造成兩萬五千名中國官兵和一萬名越南軍民死亡。[33]鄧小平未能教訓越南，中國的損失多達越南的兩倍半。這一拳揮得不是很準確。

可是對於鄧小平而言，在國內取得重大勝利。在戰爭期間，鄧小平確立自己是黨與國內真正的權威領導人。他削弱了葉元帥，而華國鋒早已不再是個威脅。在領導階層中只有陳雲還是個強力指標人物，且鄧小平總能和他達成一致看法。雖然陳雲會嫉妒鄧小平，可是他基本上很滿足於位列黨內第二號人物的角色。此外，陳雲完全支持鄧小平奪權鬥爭華國鋒。

從一九七八年底起，鄧小平自覺並非深諳經濟問題，甚至開始倚賴備受尊敬的黨內元老陳雲的意見。誠然鄧小平在解開政治陰謀的糾結上經驗老到，但是缺乏有條不紊解決經濟問題的耐心。「在經濟問題上，我是個外行。」他說：「一些需要考慮的具體問題，我就懂得不多了。」[34]陳雲剛好相反，熱愛處理經濟事務，在黨內老幹部中正好被視為主要的經濟專家。

陳雲生於一九〇五年六月十三日，四歲時就成了孤兒，一九二五年加入共產黨。一九三五年至一九三六年間，他於莫斯科的列寧學校開始認真研究經濟，雖然只讀馬克思、恩格斯、列寧與史達林的作品。[35]中共建政之後，他專注在社會主義實踐經濟方面。[36]歷經長期的「政治性重病」後，陳雲重返政壇；一九七八年十二月初的工作會議中，他提出經濟發展問題的一系列提案。陳雲明確批評華國鋒的「新大躍進」路線，反而要求「逐步前進」。他表示最需要關注的部分是發展農業、輕工業、建築和觀光，完成之後才是重工業。[37]

陳雲努力詆毀「新大躍進」主力推手華國鋒，鄧小平迅速轉向支持陳雲，放棄了自己先前要加速現代化的觀點。鄧小平這麼做或許出自政治考量。[38]一九七九年一月起，鄧小平繼陳雲之後，開始批評政治局和國務院錯誤的經濟政策。鄧小平表示：「陳雲同志提了意見……寧可降低指標，寧可減建一些項目。這個意見很重要，請計委再做考慮。」[39]

一九七九年三月，陳雲現在已經是中央委員會副主席之一，對華國鋒的經濟政策發動傾巢而出的攻擊。陳雲在三月二十一日的政治局會議上，不停痛斥「那些從國外返國的散播消息……只需投資幾億元，就能完成加速發展的同志們」。陳雲聲稱這些「同志們」，顯然他是指華國鋒，不考慮自己國家的實際情況。可是，此時中國「不少地方還有要飯的」，且廣大農民還在飢餓的邊緣遊走。這是真的，五百萬個生產隊中幾乎有一百五十萬個生產隊的人們一年收入大約五十元人民幣，也就是三十美元的年收入，有些人甚至更低；其中兩百五十萬個生產隊年收入是介於五十到一百元之間。整體而言，超過兩億五千萬農民正在挨餓。[40]陳雲要求平衡經濟的基本分支，因此重工業的部分應該「循序漸退」，首要之急是在農業。唯有如此，才有可能增加經濟生產並達成整體經濟的逐步攀升。[41]陳雲呼應了鄧小平在中央委員會工作會議上的閉幕演講，他提出「波浪式地」向前發展。

陳雲甚至開始仔細盤算一套能結合社會主義計畫經濟與倚賴市場滿足人民基本需求的經濟制度。他考慮在整個社會主義時期內，同時發展計畫經濟和市場調節。他感嘆「農業的非計畫經濟部分現在還太緊、太死②」。[42]當時無人膽敢說出此種言論。三月二十三日，政治局批准依據陳雲的提議規劃「重新調整」政策：「『農、輕、重』的排列法，就是馬克思主義與中國革命實踐相結合。」[43]在陳雲領導下，國務院新成立財政經濟委員會，開始解決並執行其創新政策。[44]

鄧小平也在這場政治局會議中發言，完全支持政策重新調整。雖然他對發展市場經濟一事未做表示，但是他強調中國需要具有「中國特色的現代化」。他斷言：「到本世紀末，我們大概只能達到發達國家一九七〇年代的水平，人均收入不可能有很大的提高。」[45]從那時起他會經常提起這件事，解釋黨員要加速現代化：「〔我們要〕退一步才能進兩步。」[46]

鄧小平改變自己觀點速度之快讓人驚訝。一九七五年起，他就持續鼓吹中國應該在二十世紀末時趕上先進國家。可是只有嫻熟的政治人物才有如此的本事。鄧小平或許過去錯了，可是現在華國鋒的威權正在分崩離析。鄧小平終於能完全重組黨的領導階層。現在全由他來決定華國鋒還能身處於權力結構中多久的時間。鄧小平現在也能解決另一個北京市中心「西單民主牆」的問題，此時他已經不再需要自由主義。他現在已經掌權，不會再允許批評。

② 編註：意指市場調節空間小，管制太多。

一九七九年三月三十日，在「全國理論工作務虛會」——由中央中宣部與中國社會科學院於北京召開，討論理論問題的特別會議——上，鄧小平發表重要演講。

這場會議的第一階段已於一月召開，是為了回應葉元帥要求討論〈實踐是檢驗真理的唯一標準〉一文。[47]一月十八日至二月十五日會議的第一階段，由群集於胡耀邦身旁的黨內自由派為會議定調。會議一開始，胡耀邦呼籲所有一百六十名與會者「解放思想……暢所欲言，充分恢復和發揚黨內民主和黨的實事求是……達到弄清是非，增強整個理論宣傳隊伍的團結」。[48]他的發言完全沒有遭到反對。鄧小平本人當時是肯定民主的。

許多與會者開始提出尖銳的問題；真正的民主、在落後的中國移轉至社會主義的本質、毛澤東在「文化大革命」與「大躍進」中的個人責任、清算個人崇拜等等諸多問題。部分人士甚至主張毛澤東是比江青還要可惡的罪犯，不應該只說是「四人幫」，而是「五人幫」。在來自這些自由派的壓力之下，其中廣為人知的保守派吳冷西甚至被迫兩次自我批評。[49]其他保守派則試圖低調行事。

鄧小平在二月八日從美國行返回之後，相當溫和的保守派胡喬木抱怨了自由派的「獨斷獨行」。胡喬木過去堅定地反對「凡是派」，可是過度的自由主義讓他反感。鄧小平仔細聆聽，這是在他重新掌權後首度表示不同意胡耀邦的舉措。他把黨內外的民主運動比擬為一九五七年的「右傾機會主義威脅」，甚至還說這次民主運動「更為危險」。[50]他要求胡喬木準備一篇演講讓他在會中發表。

越南戰事落幕後，鄧小平回到自由主義問題上。三月十六日，鄧小平在中央委員會特別會議上報告越戰的結果，突然對那些相信言論自由者發表長篇大論。「我們發揚民主，」他說：「處理了許多遺留的問題，但也帶來不少新問題……我們寫文章，一定要注意維護毛主席這面偉大旗幟，絕對不能用這樣那樣的方式傷害這面旗幟……現在的關鍵是安定團結……像評價文化大革命這樣的問題，可以暫時放下。」[51]

鄧小平斷定是該拴緊螺絲的時機。三月二十七日，他召見胡耀邦和胡喬木，不容反對地宣布：「必須四個堅持：堅持社會主義道路，堅持無產階級專政，堅持黨的領導，堅持馬列主義、毛澤東思想的基本原理。」[52]

這就是鄧小平在會議第二階段（三月二十八日至四月三日）開始的兩天之後的三月三十日演講的主軸。[53]包括陳雲、李先念在內的大多數老幹部都熱烈地支持鄧小平。只有葉劍英不喜歡他的演講，但他已漸漸退出政治舞台。[54]自由派當然十分失落，尤其鄧小平讓他們遭受到毀滅性的批評：「社會上有極少數人正在散布懷疑或反對這四項基本原則的思潮……事實證明，他們不但可以而且已經對我們的事業造成很大的危害……我們必須……用巨大的努力同懷疑上面所說的四項基本原則的思潮堅決鬥爭。」

鄧小平也解釋了中國社會所需要的民主：「只能是社會主義民主或稱人民民主，而不是資產階級的個人主義民主。人民民主同對敵人的專政分不開，同民主基礎上的集中制也分不開。」[55]

中國短期的開放旋即告終，開放與「人民民主」矛盾。會議尾聲時，胡耀邦被迫同意鄧小平的說法，他說：「經小平同志代表中央做了一個重要的講話，這就使整個會議開得相當完滿了。」[56]

在三月十六日鄧小平要求削減民主的報告之後，政治局勢已經開始轉變。三月二十九日，鄧小平發表這份重要報告的前一天，北京當局發布一道命令，禁止散播「反社會主義、反無產階級專政、反共產黨領導以及反馬列主義與毛澤東思想的標語、海報、書籍、雜誌、照片以及其他的資料」，也就是禁止反對「四個堅持」。[57]對於「中越戰爭」初期張貼於「民主牆」上對越南表達同情之意，以及譴責中共領導階層的「反動派」的反戰文宣，不論北京當局抑或鄧小平本人都相當不悅。[58]在宣布此道命令的數小時之後，警方以魏京生新大字報標題是〈要民主還是要新獨裁？〉為由逮捕他。這篇文章直指反對鄧小平。魏京生在此文中憤怒地批評鄧小平對中越戰爭所做的報告，指稱鄧小平是「法西斯獨裁者」，並把他比為毛澤東和四人幫。[59]依據各種消息來源，是鄧小平親自下令拘捕魏京生。[60]

一九七九年十月，魏京生被判十五年徒刑。他的家人或律師都不允許進入法庭。[61]另外還拘禁了一百多人。[62]鄧小平明指這些異議分子陰謀破壞，更與國民黨特務及台灣和海外的政治勢力秘密勾結。[63]

「民主牆」上的大字報都被撕掉，並禁止再張貼。

近來這些由鄧小平直接負責的挑撥行為顯然是沿襲了毛主席最厲害的伎倆。中國知識分子再次被高層政治既無恥又諷刺地操弄。之前在民主聲浪高漲下，華國鋒和汪東興被推翻，美國也幾乎是以中國大陸自由的先知來迎接鄧小平。卡特默許支持鄧小平入侵越南，而現在人民的聲音該停止了。

鄧小平不理會奪權路途上所留下的諸多受害者，為所欲為。對他而言，為達目的不擇手段——不論是在革命年代、土地改革、社會主義鬥爭還是後毛澤東時代鬥爭，無非都是為了建立起自己的權威。唯有作為達成個人目標的工具時，人民才是重要的。

如果為了志業的需要，從鄧小平的觀點而言甚至可以犧牲家人。從他最初全心投入政治鬥爭開始，他就拋下雙親，再也沒回過老家出生地，只為了組織的利益而活。他唯有沉浸在工作之中，才覺得如魚得水。他在外開玩笑，隨性與他人相處，建立友誼，給他人一種「平凡人」的印象。可是在家中時，他累癱了，經常一言不發連續靜坐數個小時。他個性堅毅又強悍，是個精明的政治人物和組織者；然而，人道主義和道德情操並不在他的字典之中。甚至同情鄧小平的傳記作家傅高義教授也不得不承認，「鄧小平視人民為有用的工具……為了整個志業，他會是工作上的同志；但不會在組織的需要之外效忠他的朋友。」[64]

鄧小平在鞏固自己的權位之後，得以歡慶勝利。他使用了「偉大的舵手」慣用的伎倆，正如後來回想起的，毛澤東喜歡驚嚇自己的下屬。鄧小平並不會做出泳渡河流之舉，可是在一九七九年七月中旬，儘管他已經七十五歲高齡，他還是爬上安徽省境內享有盛名的黃山。他並未攀登到頂峰（一千八百六十四公尺），可是他也爬到超過海平面一千五百公尺高的地方。鄧小平行經從峭壁中挖出的艱險小徑以及從山壁搭建出來搖搖晃晃的木橋，放眼周遭全是動人的景致。那些隨行人員懇求鄧小平要小心，而他只是揮手要他們讓開。「這個事，你們不用教我，我比你們有經驗。長征時不少人都跑垮了，我還是愈走愈有勁。」鄧小平在山上待了三天四處看看，享受這風景如畫的山色美景。下山之後，他告訴安徽省委第一書記萬里：「黃山這一課，證明我完全合格。」[65]

無庸多說，鄧小平登山具有重大意涵。他確實能攀登山峰，且身體硬朗精力充沛。這才是鄧小平想傳達給世界的訊息。

可是鄧小平眼前還有許多任務。他必須持續改革，從權力結構中拔除華國鋒和華國鋒支持者的權位，以及對中共自一九四九年奪權以來的歷史經驗做出總結。若不這麼做，鄧小平攀登權力頂峰就缺少歷史性依據。就如同毛澤東當初在一九四五年時，必須清算過去以確保將來的地位一般。

第二十章

「讓一部分人先富起來」

鄧小平攀上了權力頂峰，一如所有專制領袖，立即著手擴大並加強自己的官僚菁英。換言之，他開始在各處安插他能信賴之人。鄧小平一直記取毛主席思想，而毛澤東又從史達林身上借用：「政治路線確定之後，幹部就是決定的因素。」[1]

一九七九年七月二十九日，鄧小平來到青島的人民解放軍海軍基地，他在海軍黨委會接待會上就適當挑選與指派幹部議題發表講話。「就全國範圍來說，就大的方面來說，通過實踐是檢驗真理唯一標準和『兩個凡是』的爭論，已經比較明確地解決了我們的思想路線問題。」他說：「黨的思想路線和政治路線，儘管有人不通，但總是已經確立了。現在我們還沒有解決的問題是什麼呢？是組織路線問題。這是一個很重要的問題。」他呼籲所有贊同現代化的老幹部要立刻「選一些年輕的身體好的同志來接班」，「要趁著我們在的時候解決這個問題，我們不在了，將來很難解決。」他還說：「這個問題解決不了，我們見不了馬克思。」鄧小平首次在劃分華國鋒的職權上和葉劍英意見一致，他開始嚴厲批評「凡是派」，甚至把他們比擬為林彪與四人幫。[2]鄧小平顯然試圖要對已經被擊倒的對手落井下石。

鄧小平本人想在一九八五年退休，並早已欽定胡耀邦為接班人，雖然就他的觀點而言，胡耀邦過於自由派。然而鄧小平信任胡耀邦管理日常黨政事務，他鮮少去中南海，比較喜歡在家處理公務。

鄧小平擬把陳雲管轄的經濟管理工作分給兩名「年輕領導人」，期望能得到年長的陳雲應允。鄧小平挑選的人選是六十三歲的安徽省委書記萬里，以及六十歲的四川省委書記趙紫陽。兩人都從一九七五年起就是旗幟鮮明的現代化積極擁護者。一九七七年，他們開始在自己省份內引進實驗性的政策。

萬里是第一個推行現代化的省委書記。這名個頭高大、相貌莊嚴的山東人個性急躁又尖銳。一九七七年十一月，對於安徽農民令人難以置信的貧困程度，萬里感到十分震驚，因此公開提議至少在最赤貧的地區恢復一九六〇年代初期施行過的包產到戶制。一九七七年春，安徽省固鎮縣的貧窮農民當時已經開始實驗家戶耕作。[3]此種與生產隊租賃土地的契作農民，之後不是上繳所有農穫給國家以換取工分，就是如大部分人選擇的把產量差額留給自己，但是他們沒有販售到市場上的權利。他們無權決定作物的品種，反而要按照生產隊領導的指示；生產隊會提供農具、肥料和種子。顯然土地集體所有完全沒有受到侵害，可是卻增加了農民的實質動機。

然而當時幾乎無人支持萬里的想法。黨內許多人還記得毛澤東一九六二年七月對包產到戶制支持者所灑下的腥風血雨，並且雖然在中共內部正在推行「解放思想」運動，人們還是不想被稱為徹底的走資派。甚至在一九七八年十一、十二月間那場知名的中央委員會工作會議上，大家都還在譴責包產到戶制。萬里回憶：

> 在一九七八年十一月中央委員會工作會議中討論草案文件〔〈關於加快農業發展若干問題的決定（草案）〉〕，我表示不同意。草案提到「兩個不許」〔不許包產到戶，不許分田單幹〕……我不同意……〔可是〕準備此份文件的領導不接受我的看法。[4]

這場工作會議提給三中全會一份非常溫和的文件去考慮，三中全會連同〈農村人民公社工作條例（試行草案）〉一同批准作為草案。這兩份文件僅僅談到強化生產隊層級的財務自主，且最多允許生產隊契約制。一九七九年一月，發送這兩份草案至地方以供「討論並以試驗為基礎來施行」。[5]

接著來到一九七八年十二月底，安徽省鳳陽縣小崗村發生一起真正的農民暴動。稱之為暴動或許有些言過其實，可是以下所述是事情的經過。某天晚上十八個家庭代表（二十一人）聚集在一間茅屋內，他們決定完全以個人為基準來劃分生產隊中的土地。這份契約表示他們不願意再為工分制工作。人民公社工分的標準方式是按照工作天數計算，也就是不同範疇的農工在集體農地上工作的天數，轉換成分到的穀物支付。小崗村的農民反而提議把生產隊的土地實際上給出租出去。農民決定將超額的生產量保留下來，並不排除販售到市場上的可能性。他們自己決定要栽種最為有利生長的作物。這群人草擬一份簡短文件，不僅都簽字，還用朱砂押上個人的印章或指紋。

他們只不過是再也忍受不了貧困飢餓。在中共掌權的這些年期間，這座貧窮小農村的居民一直無法擺脫貧困。「大饑荒」（一九五八—一九六二）期間，小崗村全村一百二十人中有六十七人死亡，倖存下來之人只維持在飢餓邊緣。這是當時鳳陽縣所有人的狀況，這也是數個世紀以來整個華東地方最為貧窮的地區。倖存下來的人們大都依靠到附近的城市乞討度日。[6]他們現在得採取極端的措施。

他們害怕遭到懲罰，集體起誓要保守秘密。可是春季時，他們的「修正主義」行動被披露出來，小崗村生產隊的領導被上級叫去訓示。讓他驚訝的是，縣委書記並未對他嚴加申斥。顯然書記能「看到空子」，在黨工的語言中意味著他能察覺上意。縣委書記知道他的直屬大老闆萬里正在努力推行包產到戶制。萬里早在一九七七年底就通知所有的縣委書記可以如此施行。因此縣委書記允許小崗村生產隊領導在接下來的三年中都採取包產到戶制。[7]萬里在得知小崗村農民的倡議後，於一九七九年六月造訪該村；他受到預期豐收的鼓勵，支持這些農民。[8]

萬里也批准肥西縣某個生產隊成員們的做法。一九七八年十月，比小崗村還要早兩個月，生產隊就依家戶分配了工作。可是他們走的是一九六〇年代初期就核准的老方法，相對於小崗村的農民，萬里對此比較不感興趣。這些農民單純只是把公社的土地分配出來，各自決定耕種的作物並把所有收穫上繳給國家以換取工分。萬里也核可了固鎮縣的實驗方法。[9]

萬里去找陳雲並報告他實驗一事之後，陳雲顯然是舉雙手贊成，可是只是私底下認可。鄧小平也決定不公開批准包產到戶制，可是他讓萬里知道他得自行負責並承擔風險。[10]順道一提，鄧小平還在負責西南局時就已經與萬里共事過，從一九七八年起就跟著萬里一同爭取包產到戶制。當時鄧小平曾與四川黨書記趙紫陽討論過萬里所採取的措施，他很有信心地告訴趙紫陽：「農業的路子要寬一些，思想要解放，只是老概念不〔能〕解決問題，要有新概念……只要所有制不動，怕什麼！工業如此，農業〔也〕如此。」[11]

萬里受到陳雲和鄧小平的鼓舞，開始說服國務院官員修改三中全會通過關於農業的草案內容。他希望至少能刪除〈關於加快農業發展若干問題的決定（草案）〉中的「兩個不許」條件。萬里的建議案應該在四中全會時正式通過，可是北京的官員攔阻下來。個性急躁的萬里勃然大怒，還罵農業部副部長是頭豬：「看你長得肥頭大耳，農民卻餓得皮包骨，你怎麼能告訴這些農民無法讓他們想辦法吃飽呢？」[12]

一九七九年九月四中全會前夕，萬里去找胡耀邦談。胡耀邦承諾會幫忙，可是他能做的並不多且或許也不想這麼做。胡耀邦跟鄧小平、陳雲一樣，對於這些問題還是小心翼翼。四中全會通過了這份草案，內容囊括了趙紫陽所提出的妥協方式。[13]第二個「不許」的條件寫得更為和緩改為「不該」：「不該分田單幹。除了部分生產特別重要的副產品或是缺乏通訊設備的偏遠山區農村之外，也同樣不該採行固定家戶指派生產。」[14]

到了一九七九年初，國務院經由政治局的決議，已經將按照生產計畫產出的農產品的收購價格提高了近四分之一，超過計畫生產的部分則以一點五倍的價格收購。[15]降低稅率與增加補貼和貸款額度，這也刺激了農業發展。一九七九年整體的穀物產量比一九七八年超出了兩千七百萬噸，上升了八個百分點。[16]可是如今還是最貧窮的小崗村在同個時期包產到戶制的穀物生產量成長了六倍，農民平均收入從原先的二十二元增加了十八倍，達到四百元。從施行集體制以來，小崗村的農民首度能上繳國家一萬五千噸的穀物。[17]

包產到戶制的優越性已經極其明顯。透過農民與地方幹部的努力，逐漸開始把不同的改革形式傳遞出去。各地都帶來豐盛的成果。可是鄧小平與其在北京的支持者一度還相當謹慎，並不想讓華國鋒和支持華國鋒一派握有攻擊他們的把柄。如此一來，一九七九年整年甚至來到了一九八〇年初期，農村激進的改革一直在檯面下進行。一九九二年，鄧小平回憶：「農村搞家庭聯產承包，這個發明權是農民的。農村改革中的好多東西，都是基層創造出來的。」[18]

一九七九年春，四川省委會第一書記趙紫陽積極支持改革計畫。一九七七年起，他開始進行生產隊層級的實驗，也允許公社成員開發自己的家戶土地並把農產品販售到市場上。之後他批准劃分集體土地和依據家戶指派工作。到了一九八〇年，在糧食生產上趙紫陽也獲得重大進展。[19]此後中國有句順口溜：

要吃米，找萬里。
要吃糧，找紫陽。

趙紫陽精力充沛、個性務實，是個大膽的組織好手，跟萬里一樣都無懼於承擔責任。鄧小平在一九四五年春就認識了趙紫陽，當時趙紫陽擔任冀魯豫邊區地方黨委會的書記，在鄧小平領導下執行「新民主」土地改革計畫。

趙紫陽這名個頭高大的年輕人出身自河南省的富農家庭，和年輕時期的周恩來有個極為相似之處，都歷經了一條艱辛的道路。他在一九三二年十三歲時加入了共青團；一九三七年日軍攻擊中國時，他拋下高中學業。隔年，他加入了中國共產黨。趙紫陽在黨的推薦之下，前往由鄧小平和劉伯承掌控的太行山區中共北方局黨校讀書。就學一年之後，他擔任黨工並積極投入抗日戰爭。鄧小平立刻就欣賞他，他們的情誼也發展起來。在中共建政之前，趙紫陽一直都在鄧小平手下做事。接著毛澤東把趙紫陽調往廣東，葉劍英當時是中南局領導。趙紫陽的表現也留給這名未來的元帥極佳的印象。儘管趙紫陽和劉少奇、陳雲、鄧小平一樣都暫時支持包產到戶制（廣東當時稱為「生產責任制」），還是在廣東大受拔擢。一九六五年，毛澤東指派他擔任廣東省委會第一書記，但趙紫陽擔任此職時間不久。一九六六年九月，紅衛兵開始批判他。一九六七年一月，他們綁架他並將其拘禁在廣州中山大學內；他一直被關到一九七一年四月，跟鄧小平、胡耀邦和其文革時期受害者一樣遭到無數的凌辱。一九七一年，毛澤東調任他到內蒙古處理黨務工作，一年之後又轉回至廣東擔任革命委員會主任。一九七三年，趙紫陽當選中央委員，隔年又擔任廣東省委會第一書記。一九七五年底，在毛澤東同意下，周恩來與鄧小平派他前去中國人口最稠密的省份之一，又特別需要緊密關切的四川省。趙紫陽不光是在農業方面，還有許多其他範疇也都表現優異。他給人一種幹練組織者的印象，透過限制出生，讓四川人口成長率削減至百分之零點六七——全國最低的水平，這有助於減低糧食供給的壓力。一九七七年八月十一屆一中全會，趙紫陽當選政治局候補委員。

一九七九年一月，趙紫陽繼陳雲和鄧小平之後，開始直指經濟發展中的「嚴重失衡」，表示需要「重新調整」。他堅持加速工業改革，要求給予企業主更大的自主權，還包含允許他們保留一小部分獲利；並幾乎與那受人敬重的長老陳雲一樣，討論能結合計畫與市場經濟的工具。趙紫陽和鄧小平同樣熱烈支持「門戶開放」政策，亦即中國與世界經濟體系全面整合。[20]

鄧小平想要趙紫陽擔任總理，萬里擔任負責農業改革的副總理。中國超過八成的勞動力投入在農業上，農業是主要的經濟部門。一九七九年九月二十八日，十一屆四中全會，鄧小平讓趙紫陽成為政治局委員；七個月後的一九八〇年四月，趙紫陽和萬里一同入選國務院擔任華國鋒的副總理。不久之後意志堅定的趙紫陽成了實質上的總理。意志消沉的華國鋒則是徹底屈服。

趙紫陽和萬里兩人都與胡耀邦相同，具有自由派觀點，但是有所限制。他們兩人並未反對「四個堅持」；胡耀邦也依然是共產黨員，且他的理想最多不過就是人性的社會主義（socialism with a human face）。於此之際，保守派加入鄧小平團隊，成員有胡喬木以及鄧小平另外一名擔任中國社科院副院長的文膽鄧力群。這些保守派雖然不反對改革，但是他們試圖在各方面都保留馬列主義的純粹性。他們也相對年輕。

鄧小平在組成團隊之後，維持派系平衡的功力完全不下於毛澤東。然而他並未放棄改革的戰略性途徑以及對外開放，不過他支持陳雲對成長步調的看法。「我們大開口表示要在本世紀末實現四個現代化。後來降低熱度，改叫中國式的現代化，就是把標準放低一點。」鄧小平如此宣示，同時持續鼓勵吸引外資的想法並擴大海外交易。[21]他也談到贊成在社會主義階段要有效結合計畫與市場經濟，並堅稱「只有資本主義的市場經濟……肯定是不正確的」。鄧小平告訴來訪的美、加外賓：「社會主義為什麼不可以搞市場經濟，這個不能說是資本主義。我們是計畫經濟為主，也結合市場經濟，但這是社會主義的市場經濟。」[22]他的賓客們或許會很驚訝，不過他們並未反對。

一九七九年，不僅在鄉村中也在城市內發展市場經濟。到了一九八〇年代初期，小型企業在中國大小城市中都蓬勃發展。此時在文革時期下放至公社的年輕人從農村如潮水般流入城市之內。在一九七八年至一九七九年間，都市人口成長了六百五十萬人；一九八〇年代初期，都市人口又增加了兩千萬。如果國營企業無法提供他們工作，該如何處理這些勞動力？答案是：允許城市內的小規模商業——市場內的個體戶。因為黨內無人能反對這種拐了彎的做法，鄧小平支持者挖出恩格思在其《反杜林論》（Anti-Dühring）中，重述的馬克思《資本論》第一卷中有名資本家剝削八名工人的故事。「如果馬克思準確說出是八個人，就意味著雇用七名勞工者並不是資本家。」他們合乎邏輯地做出此種結論：「且如果老闆本人也要工作，那這怎麼可能會是資本主義呢？」鄧小平喜歡此種「學術性」辯論，因此在他的倡議下，中央委員會領導階層與國務院允許不超過七名員工的個體戶。在日常生活產業中立即引爆開來：小餐館、修鞋店、服飾店、理容院開始如雨後春筍般地冒了出來。聘雇問題暫時獲得解決。[23]

鄧小平很快為此新方法披上中國特有的形式。他表示在二十世紀結束前，中國還無法成為福利國家，但是能達成小康階段。鄧小平視此為「中國特色的現代化」。「我們四個現代化的概念，不是像你們那樣的現代化概念。」鄧小平跟日本首相大平正芳解釋：「而是『小康之家』。」即使中國拚命往前衝，他解釋著到世紀末時，人均國民生產毛額「與西方相比也還是很低」且「還是像之前一樣落後」。[24]鄧小平提出中國式現代化也就是小康之說是明智之舉。他把中國落後的社會主義建立在「傳統民族價值」體系之中，因為小康的概念根源自孔子的教誨。這使得鄧小平能吸引華僑回國貢獻中國的現代化。

鄧小平提議允許這些個體戶連同那些在一九五〇年代被剝奪財富的前商人與前工業家，在中國境內建立企業。吸引華僑資金對中國社會主義比較不具威脅，因為「絕大多數華僑都是帶著愛護和發展社會主義祖國這個願望來的，與純粹的外國投資不同」。而且他贊成與真正的外國人建立起合股公司，強調「利用外資是一個很大的政策，我認為應該堅持」。[25]

一九七九年七月十五日，中央委員會與國務院甚至通過一份決議案，要在廣東省（鄰近香港的）深圳、（緊靠澳門的）珠海和汕頭以及福建省的廈門建立起實驗性質的特區。建立這四個區域以吸引願意在中國建構新工廠企業，或投資中國現有企業的華僑與外國人前來投資。[26]最初嚴格限制外資或合資企業的生產品只能出口，且必須依據市場法規營運。總而言之，建立專區作為中國依舊處於社會主義經濟下的市場飛地。這四個特區與中國其他地區的邊界有著層層警衛，保護程度完全不下於中國與其他國家的邊界管制。[27]

鄧小平強烈支持設立這些新特區，也是由他建議定名的，讓人想起共產黨在抗日戰爭期間所掌控的「陝甘寧特區政府」①。然而這樣的類比有著嚴重缺陷，戰時特區與現今的特區就算有相同之點也是極少。一九七九年八月二十六日正式啟動專區；一九八〇年五月，在陳雲的建議下，它們重新更名為「**經濟**特區」（ＳＥＺ）。陳雲非常擔心部分人士或許會納悶，中國共產黨是否會試圖在國內許多地方引進特殊的**政治**安排。鄧小平不反對在名稱上變化，如同他也不支持在中國進行政治變革。

在深圳經濟特區所成立的第一家企業是間香港拆船公司的分公司，不過這只是開端而已。鄧小平指派知名的改革派健將谷牧擔任「國家進出口管理委員會」、「國家外國投資管理委員會」兩會的主任，負責經濟特區業務。鄧小平也得到廣東與福建兩省省委的全力支持。一切都在加速推行。雖然華僑的資金在四個經濟特區占了絕大多數，但其快速發展也要歸功於日本人與「毛茸茸洋鬼子」（也就是西方投資者）公事公辦的作為。後者開始剝削特區內居民一事顯然並不使鄧小平覺得困擾。相反地，鄧小平公開並相當諷刺地表示，中國的「優勢在於我們相對廉價的勞動力」。[28]

再者關於後者這個議題，鄧小平是比過度謹慎的陳雲更為激進。[29]不過，鄧小平並未與仍具相當影響力且確實是經濟好手的陳雲進行論證。畢竟鄧小平鬥爭華國鋒還需要陳雲的協助。

擠掉華國鋒權力的下一步是攆走華國鋒在政治局內四名主要戰友，並且撤掉他們黨內外的所有職位。一九八〇年二月，鄧小平完成此項工作，他在第五次中央委員會全體會議上，把汪東興、吳德、北京軍區司令員陳錫聯以及副總理紀登奎全數解職。一九七九年十月，他在與胡耀邦、姚依林和鄧力群的私下會議中，原則上就已經做出這項決定。[30]

同一場中全會上，胡耀邦與趙紫陽當選為政治局常委。此外，中央委員會書記處的十一名書記也進行重組——萬里成為負責農業的書記——且也恢復鄧小平擔任到一九六六年為止的總書記職位。胡耀邦成為新任的總書記。五中全會也做出平反劉少奇的歷史性決定。[31]

劉少奇問題當然與評價「文化大革命」以及毛澤東本人有直接的關聯。此時依據不完整的資料來看，已經平反了超過兩百九十萬名遭受政治壓迫的受害者（這些人還都只是曾被起訴的罪犯而已[32]）。劉少奇暫時還被列為不受歡迎人物（persona non grata）。一九七九年九月二十九日，葉劍英元帥以中央

① 譯註：一九三七年九月，成立陝甘寧邊區政府；一九五〇年六月取消。但一九三七年十一月至一九三八年一月改稱「陝甘寧特區政府」。

委員會、全國人大常委會以及國務院的名義，在中國建國三十週年紀念會上發言，對劉少奇沒說什麼好話，然而也沒說什麼壞話，這點就已然值得關注。此外，還首度對一九五七年反右運動、大躍進和文化大革命中所犯下的錯誤提出指責。文化大革命並未僅僅歸咎在如林彪或四人幫等「反黨分子」身上，而是整個黨的領導階層，當然基本是毛主席。[33]從此之後，離平反劉少奇就不遠了，也對中華人民共和國成立之後的中共黨史提供了修正版本。

就在葉元帥發表講話之後，鄧小平建立起一個由胡耀邦領導，其中還包括胡喬木和鄧力群的小組，要準備中共過去三十年黨史的官訂新版本〈關於建國以來黨的若干歷史問題的決議〉。一九七九年十一月，鄧小平在與陳雲、周恩來的遺孀鄧穎超和胡耀邦討論後，關於劉少奇問題拍板定案。[34]一九八〇年一月中旬也就是五中全會前的一個月，鄧小平通知黨工即將要平反「第一號走資派」。他也提到已經備妥的決議文。[35]然而為了阻止任何自由派人士解釋過去的黨史，鄧小平提議以中央委員會的名義刪除憲法中關於公民有「大鳴、大放、大辯論、大字報」權利的條款。[36]一個月後的五中全會，中央委員會全力支持鄧小平；他稍後在九月的第五屆人代會第三次會議上，以「提升民主」名義進行修憲。[37]

劉少奇的遺孀王光美在一九七八年從獄中獲釋，並收到她先生的骨灰罈。一九八〇年五月十七日，在北京舉行一場悼念「偉大的無產階級革命家」儀式上，鄧小平親自發表悼詞演說。之後他緊握著王光美的手說：「是好事！是勝利！」[38]

在多變的政治局勢中，鄧小平現在能公開表達包產到戶制的看法。一九八〇年五月五日，他在會見幾內亞總統賽庫．杜黑（Sekou Touré）時表示：「最近一兩年來，我們強調因地制宜，在農村加強了生產隊與家庭的生產責任制，獲得明顯效果，生產成倍增加。」[39]五月三十一日，他讚許安徽肥西縣和鳳陽縣轉至包產到戶制的農民。「有的同志擔心，」鄧小平告訴胡喬木和鄧力群：「這樣搞會不會影響集體經濟。我看這種擔心是不必要的……實行包產到戶的地方，經濟的主體現在也還是生產隊……關鍵是發展生產力。」[40]

當時並未發表鄧小平的講話，可是透過黨內的管道迅速在幹部間廣泛地流傳開來，同時大幅刺激了包產到戶制的成長。那些原本害怕被上級視為恣意妄為的地方官員，現在把鄧小平的話當成行動的指示。如同中國所說的「一刀切」，全國各地都在劃分土地，根據家戶成員數以及土地肥貧程度來決定每人土地的大小。一九八一年底，百分之九十八的生產隊已經轉移成包產到戶制。半年之後，這個數字接近百分之百。一九八二年六月，百分之六十七的生產隊是「完全包產」制，對照一九八〇年十二月時，只有百分之五的生產隊採行包產到戶制。從一九七八年至一九八二年，整體農民的收入已經倍增。[41]

此時數名學院派經濟學者開始思考，中國應該朝向「依據生產力的實際狀態，降低先前達成的集體化水平」。[42]換句話說，他們開始建議從集體產業的人民公社與生產隊，不是轉到包產到戶制，而是成為以個別農戶為基礎的「新民主」混合經濟模式。他們呼籲中共領導階層要留心蘇聯以及其他社會主義國家建構社會主義的歷史經驗，堅持必須修正「新經濟政策」的列寧概念。

回溯到一九七九年七月，當時最具有自由派傾向的經濟哲學家之一，和鄧小平、胡耀邦的關係也頗為緊密的中國社科院副院長于光遠，在中國社科院內建立起「馬列主義、毛澤東思想研究所」。所中的研究學者開始認真研究南斯拉夫和匈牙利建構社會主義和歐共主義的經驗，可是他們主要關注焦點是在布爾什維克黨的新經濟政策以及新經濟政策偉大的理論家布哈林的作品。布哈林遭到史達林的鎮壓，這點完全不影響他們。相反地，還增加他們對布哈林作品與其個人的興趣。這些知識分子經歷了文化大革命，痛恨各種形式的恐怖主義，也包括史達林派的這種在內。

于光遠出任副院長激勵了對布哈林的興趣。一場由義大利共產黨出資、義大利葛蘭西研究所（Gramsci Institute）主持討論布哈林的國際會議，前《人民日報》理論部編輯、知名的歷史與經濟學家蘇紹智也出席了。在羅馬聽到西方與東歐學者的發言後，蘇紹智大為吃驚。當他返回中國後，告知領導階層布哈林過去是個多麼偉大的理論家。[43]蘇紹智的報告引發非常熱烈的回響，因此于光遠決定召開全國性的布哈林學術討論會。這場討論會準備工作耗時半年，最後終於在一九八〇年九月於北京郊區舉行。約有六十名社會學者與會，經過數週討論新經濟政策的理論，試圖理解為何無法全面在蘇聯執行的原因，以及在中國套用的方法。在會議結束時，依據于光遠的提議建立「布哈林研究班」，由蘇紹智主持。該班包含三十名社會學者，其中包括了林英。林英來自蘇聯伊萬諾夫（Ivanovo）國際兒童院（International Orphanage）。她一九三七年生於莫斯科。父親是共黨國際的職員，之後歷經了史達林十七年的拘留營生涯。一九三八年，當她的父親因偽造的間諜罪名遭到逮捕之後，只有一歲大的她被送到國際兒童院。一九四九年中國革命之後，她回到中國。[44]林英在尚未回國的前一年就廣為知識分子所知，當時她和「蘇聯東歐研究所」副所長趙洵合譯了羅伊・梅德韋傑夫（Roy Medvedev）的《讓歷史來審判》——這是本由蘇聯異議分子歷史學家對史達林主義強力批判的分析之作。林英被選為蘇紹智的副手。胡耀邦把北京黨校頂樓整層都配給了這個研究班。

研究班成員展現出驚人的能量，立刻準備了由三十七篇外語作品集結而成的兩本譯文集，分別是《布哈林和布哈林思想》與《布哈林思想研究》。他們也著手翻譯一九七三年出版，由美國蘇聯專家斯蒂芬・科恩（Stephen F. Cohen）所撰寫的布哈林傳記。[45]他們開始以俄文以及一九八〇年代移居海外俄羅斯人的翻譯版來熟悉布哈林的理論。

數名中國布哈林專家開始在新成立的中央黨校外國社會主義研究部演講，林英甚至巡迴全國講授布哈林理論。在知識分子圈內，她的演講引起了巨大的興趣。令人敬佩的林英回憶：「大廳內擠滿了人。人們甚至坐在窗台上，每個人都想聽到新消息。」[46]

與此同時，「中央委員會馬克思恩格斯列寧史達林著作編譯局」的國際工人運動史部門成員也研究起布哈林的作品。一九八一年，他們出版了一個厚達三百頁的特別版，整本《國際共產主義運動史研究資料》都是布哈林的相關資料。[47]

一九八一年，中國學者開始出版他們自己關於布哈林的著作。鄭異凡一九五九年從列寧大學畢業，在《世界歷史》上發表首篇關於布哈林的文章，立即引起不小的轟動。在不到兩年的時間內，他在中國各種期刊上發表了不下三十六篇關於布哈林生平和作品的文章。[48]鄭異凡斷然表示，布哈林是一名馬克思主義理論家與經濟學家，且史達林談到布哈林的每一件事都是捏造的。他特別提到布哈林跟俄羅斯農民所說的口號有真義：「讓你們自己富足，累積並開發你們的農場。」可以理解他並未與鄧小平眾所皆知的主張先富起來是好事的想法做個比較，但是大家都知道鄭異凡意為何指。

大多數的文章當然都在解釋布哈林的經濟觀點。中國社會科學家承認「這些與當下有關」。他們讚賞布哈林承認蘇聯社會主義是「形式上落後」，他捍衛富農，堅持工業成長直接依賴農業成長，支持調和性調節計畫與市場經濟，也承認價值規律在社會主義下商品財務關係中的重要性。[49]

社科院的另外一名副院長宋一平，於一九三三年至一九三八年間在共產國際中國代表團工作，他與陳雲都曾就讀於國際列寧學院。[50]宋一平在中國組織第一屆有關史達林於一九三〇年代鎮壓蘇聯境內華人歷史的討論會。著名的經濟學家、同時也是經濟研究所的榮譽主任孫冶方，曾經在莫斯科求學與工作（一九二五—一九三〇），他也發表了一篇精采的演說紀念史達林主義下的受害者。之後中國社科院開始翻譯蘇聯異議分子歷史學家阿卜杜拉赫曼·阿夫托爾哈諾夫（Abdurakhman Avtorkhanov）的作品，並出版史達林古拉格②勞改營內中國倖存者的回憶錄。[51]蘇紹智出版法國歷史學家讓·艾倫斯坦（Jean Elleinstein）一本長篇評論著作《史達林現象史》。他譯寫了作者的原意，告訴中國讀者毛澤東的導師是一名多麼恐怖的獨裁者。「必須廢除史達林現象，」蘇紹智斷定表示：「艾倫斯坦……提出一個值得深思的問題。」[52]

鄧小平密切注意這一切活動，和胡耀邦一起支持他們。中國社科院與中央黨校的員工們和魏京生那一夥人並不相同，他們不會侵犯到「四個堅持」問題。他們所寫和所翻譯的書印量不多，且都蓋上「官方使用」印章，因此他們不會對大眾產生太多影響。鄧小平發覺這些東西很有用，讓他想起他自己過去

② 譯註：古拉格是前蘇聯政府的「勞改營管理總局」，負責管理全國勞改營。一九七三年，透過索忍尼辛（Aleksandr Solzhenitsyn）發表的著作《古拉格群島》（*The Gulag Archipelago*），此詞才開始指蘇聯的勞改營和所有形式的蘇聯政治迫害。

從那些倡議新經濟政策的布爾什維克領導人的作品中研究馬克思主義。當鄧小平談到自己推行的改革時，顯然是從新經濟政策中吸納了想法。一九八五年，他公開承認「或許」最正確的社會主義模式是蘇聯的新經濟政策。[53]

鄧小平當然支持，或許也鼓勵重提這名新經濟政策首席理論家。尤其是因為在檢視鄧小平思維與陳雲思想的哲學根源時，將會發現是源自布哈林，而非列寧。雖然列寧批准轉向為新經濟政策，把市場和資本主義串接起來。列寧在承認市場調節的必要性時，也提到了蘇聯國家資本主義經濟中的國家資本主義（即由國家掌控的資本主義）之存在。[54]相反地，布哈林認為「資本主義的本質……是『資本家的財產』，不僅僅是市場關係」。他直言告訴列寧：「我認為你誤用了『資本主義』這個字眼。」[55]布哈林的方法顯然與陳雲以及表示「市場經濟不是資本主義」的鄧小平想法吻合。在討論〈關於建國以來黨的若干歷史問題的決議〉草案時，鄧小平特別要同志們注意批評「對列寧關於小規模生產，每日、每時且大批地產生資本主義和資產階級這一段話的誤解或教條化」，因為「搬錯了」（錯誤地應用）。[56]

可是布哈林和中國改革家們之間唯一的差異點也是關鍵差異，在於布哈林與列寧以及其他布爾什維克主義者都將新經濟政策定義為邁向社會主義的轉移階段，然而鄧小平和陳雲談到的是，在社會主義本身條件下去結合計畫與市場經濟。他們同時堅持儘管包產到戶制全面獲勝，農村還是要保有集體產業。否則他們必須否定一九五五年起所有的政治活動，也就是否定集體化。

一九八〇年九月，華國鋒在鄧小平的壓力下辭去總理職務，並由趙紫陽取代。鄧小平利用這個機會重組領導階層。他本人放棄副總理的職位，還有其他數名「老幹部」也追隨鄧小平的典範，其中有李先念、陳雲與王震。這樣的蛻變被稱為「給年輕同志讓路！」（當然鄧小平、陳雲、李先念和王震等從政府職位上退下來毫無意義，因為他們還盤據著黨內關鍵性職位）。

之後的十一、十二月，政治局把華國鋒辭掉中央委員會主席和軍委會主席的問題交由六中全會來解決。葉劍英與其他數名領導人試圖捍衛華國鋒，但一無成果。政治局臣服於鄧小平的壓力，不僅同意撤除華國鋒的職位，還在〈關於建國以來黨的若干歷史問題的決議〉中批評他的「兩個凡是」，以及他的「新大躍進」計畫。[57]

葉元帥承認失敗之後，遵循中國共產黨的傳統被迫進行自我批評。[58]此後他不再工作，前往在廣州擔任市長的兒子那裡，鮮少重回北京。一九八一年六月，他參加六中全會的開幕式，不過旋即離席，顯然不想涉入拔除華國鋒一事。[59]但不需要葉劍英，還是廢黜了華國鋒，並一致通過選舉胡耀邦為黨主席（暫時廢除總書記一職）。鄧小平成為軍委會主席。[60]這個職位極其重要，中國政治權力依然來自槍桿子。

六中全會也通過耗時一年半準備的〈關於建國以來黨的若干歷史問題的決議〉。鄧小平親自監督此工作小組，跟他們開了十六次會議，仔細閱讀所有草案內容，不斷提出修改以及諮商其他的老幹部。他想完成一份平衡性的文件。一方面要否定所有「左派」的錯誤，另一方面則要留意不在這毛派情感依舊濃烈的社會中造成分裂，而能團結社會。關鍵問題當然是評價毛澤東本人。[61]赫魯雪夫的鬼魂在鄧小平腦中揮之不去。一九八〇年八月，鄧小平要以不會讓任何人產生懷疑的方式來處理此事。他在接受義大利記者奧琳埃娜・法拉奇（Oriana Fallaci）的訪問時，表示不允許徹底駁斥毛主席。從鄧小平的觀點來看，全面修正毛澤東或許會破壞中國社會主義秩序的基礎，同時對所有老一輩革命分子留下陰影，當然包括鄧小平本人。因為不光是毛澤東，而是所有人都曾犯下過錯。[62]

一九八〇年十月，鄧小平決定開放決議案草案給在高階黨幹部圈子中進行討論。有五千六百名與會者，其中包括一千五百名黨校的學生。部分人士認為毛澤東是個暴君，而其他人毫無保留地替毛澤東辯護。可是到了最後，鄧小平還是能達成共識。他們定義毛澤東是「偉大的馬克思主義者，偉大的無產階級革命家、戰略家和理論家」，以及他的思想「是黨最寶貴的精神財富」。決議中也承認毛澤東自一九五〇年代末期起就犯下錯誤，尤其是在文革期間，不過這些過錯在他的一生與作為中都是「次要的」。[63]毛澤東的功過是七三開。

在準備決議案期間，一九八〇年十一月到一九八一年一月間在北京舉行了一場表面上的審判，對鄧小平和其他領導人所認定的文革罪魁禍首：毛澤東的遺孀江青、還加上張春橋、王洪文、姚文元、陳伯達以及五名林彪親密戰友的前將領進行審判。十人的被告席中有八人曾經是毛澤東旗下的政治局委員。法庭指控他們犯下無數的反革命罪狀，包括迫害黨、國的領導人，意圖推翻無產階級專政以及鎮壓群眾。此外，林彪的支持者還被指控企圖謀害毛主席，以及四人幫計畫在「偉大的舵手」過世後在上海發動武裝叛亂。所有人都判有罪，江青甚至大喊：「逮捕我，審判我，就是詆毀毛澤東主席！」儘管張春橋沒有裝腔作勢，但也否認指控。姚文元和前人民解放軍參謀總長黃永勝並未否認所有指控。可是王洪文、陳伯達和其他四名將領都「投降」。一月二十五日，他們全都遭到不同刑期的判決，從王洪文的終生監禁到副參謀總長邱會作的十六年徒刑。江青和張春橋死刑，緩刑兩年執行。[64]可是到了一九八三年，他們的死刑改判為終生監禁。

基本上鄧小平在判決前就公開表示他認為江青有罪。一九八〇年八月，他在回覆法拉奇問題——「對江青你覺得應該怎麼評價，給她打多少分？」——他以不容許反對的口氣回答：「零分以下。」他解釋：「江青幹了很多壞事……江青壞透了。怎麼給『四人幫』定罪都不過分。『四人幫』傷害了成千上萬的人。」[65]以鄧小平的話來說，沒有無罪推定這回事，且他對此也毫無遮掩。

在〈關於建國以來黨的若干歷史問題的決議〉中，嚴厲譴責了江青、林彪以及其他人（包括康生在內）的罪行。另一方面，該份決議案強調「中華人民共和國建國以來，在我黨歷史中具有深遠意義的關鍵轉折點」，是「一九七八年十二月的第十一屆三中全會」。[66]如此一來，鄧小平的歷史角色就此定位，因為所有人皆知是鄧小平帶來此次的「關鍵轉折點」。

至於年邁體衰、為鄧小平付出甚多的葉劍英元帥，中國這名新統治者不再與他維持緊密關係。雖然鄧小平早在一九八四年四月就得知葉劍英身染重病，被診斷出罹患腦血栓和慢性肺炎，[67]可是直到葉劍英於一九八六年十月二十二日過世之前，鄧小平甚至再也沒去探訪過他。鄧小平不再需要葉劍英。現在只有了不起的作為才能撩動這名具有魅力的領袖了。

第二十一章
一國兩制

華國鋒從一九八〇年代初期起就是名政治腐屍，要說鄧小平從報復華國鋒中得到許多樂趣，這也是讓人頗為懷疑的。在中央委員會六中全會上，鄧小平指派華國鋒擔任胡耀邦的副主席。在預計於一九八二年九月召開的第十二次全國代表大會之前，華國鋒一直都是副主席，當然這只是形式上的做法。華國鋒在中央委員會副主席中排第六位。

鄧小平的生活鮮有變化。他大多數時間都待在家中，躲避中南海的黨內冗長「討論會」。他會閱讀黨、國報紙，接見包括胡耀邦與趙紫陽總理在內的訪客，吃三餐，睡覺，看電視，一天至少看十五份報紙，一週和朋友打橋牌一次以及每天在院內長時間散步。鄧小平幾乎不去中央委員會辦公大樓，有次趙紫陽問他為何連常委會會議都不召開，鄧小平回答：「兩個聾子要討論些什麼？」（陳雲跟他一樣都有嚴重的聽力問題。）他還表示：「對我來說，我一年只去陳雲家一次。」[1]

他的生活就如同聰慧的中國帝王遵循傳統的儒道無為原則。鄧小平生活作息跟他下放江西時一樣，早上六點半準時起床做早操，用冷水濕毛巾洗臉。他在八點吃早餐，從九點起坐在辦公室內讀文件。卓琳跟忠心不二的王瑞林一道持續擔任他的個人秘書。王瑞林幫鄧小平準備資料與決議的草稿文件。鄧小平工作一個半小時之後，通常會到戶外活動一下然後再走回辦公室。他在正午時吃午餐，然後休息一陣子，之後如果沒有正式會見的話，再繼續讀文件。[2]他覺得自己幾乎沒有在工作。「精力就比過去差得多了，」他告訴黨內同志：「一天上下午安排兩場活動還可以，晚上還安排就感到不行了。」[3]

王瑞林代表鄧小平出席各種黨務會議，包括政治局會議在內，陳雲的秘書還有幾名其他黨內老幹部也是如此。事實上是胡耀邦和趙紫陽兩人扮演起鄧小平助手的角色。他們不同於王瑞林，享有更大的空間，因為他們是這名「族長」意志的主要執行者。只要一切到位，權力機制便能一絲不苟地運作。

雖然鄧小平每天晚上都覺得很累，可是還是感覺很健康。他並不會抱怨自己的身體狀況，即使他一天要抽兩包菸，但他是抽尼古丁含量低很多的「熊貓牌」香菸。鄧小平這個菸癮讓卓琳吃到更多的苦頭，因為他菸灰不是撣到褲子就是外套上，還把衣服都燒了起來；卓琳還必須讓鄧小平看起來整潔乾淨。[4]他們早就彼此習慣，以至於看起來他們兩人好像只要有一天沒有了對方就活不下去。他們的兒孫們皆被這對老夫妻的感情所感動。他們推崇兩人，還為庭院內緊靠著長在一起的一對小松樹命名為「雙龍樹」（鄧小平和卓琳兩人生肖都屬龍，雖然彼此相差十二歲）。

鄧小平的寓所是棟兩層樓獨棟房舍，有個半圓形的露台和大型陽台，四周綠意環繞。坐落在高牆巷弄的後方，城市內的喧囂幾乎不會穿透至此。鄧小平和家人如同置身鄉下。這棟有著灰磚頂的灰磚建築如今依然矗立在原地。這棟房子相當大，可是鄧小平一家人也不少，且家中成員不斷在增加。除了有鄧楠十歲大的女兒眠眠與鄧林八歲大的兒子萌萌之外，鄧小平和卓琳現在又多添了一名孫女，鄧榕三歲大的女兒羊羊。隔壁其中一側廂房住的是王瑞林一家人、警衛、司機以及其他長期以來有如家人般的服侍人員。[5]

鄧小平一生中最後的二十年都住在這棟松蔭下的房舍。他在此地決定軍國大政。一九八二年上半年，他幾乎都在準備這場對他意義非凡的第十二次全國代表大會。這是他主政領導之後首次的中共全國代表大會。

從一九八一年秋起，似乎陳雲已經開始激怒了鄧小平。陳雲跟葉劍英一樣扮演起自己的角色，還有鄧小平也不再需要陳雲了。他已經推翻了華國鋒和其他「凡是派」，現在他是公認的領袖，握有自己年輕的梯隊。因此他還要陳雲做什麼用呢？可是這名佯稱無所不知的經濟學家相信他有權隨時提供建議，並干涉鄧小平的改革。因此在一九八一年十二月底，包產到戶制以其成熟的形式快速發展讓陳雲驚慌不已，他之前就表示害怕「八億農民的所謂自由，會衝垮國家計畫」。畢竟「不是只要使八億人民有飯吃」，他跟各省、自治區以及中央直轄市的第一書記們解釋：「〔還要〕進行社會主義建設」，因此「農業必須以計畫經濟為主，市場調節為輔」。[6]鄧小平不反對社會主義建設，但是他不認為普遍實施包產到戶制會是個威脅。

陳雲和鄧小平對新經濟政策的發展看法不一也在這場會議中浮現。「現在只能有這幾個〔特區〕①，」陳雲說：「不能增多特區……像江蘇這樣的省不能搞特區。[7]為什麼？因為會打擊人民幣，並且鼓勵「壞分子」（針對後者，陳雲心中是指利用新經濟政策肥了自己口袋的貪官）。

一九八二年一月五日，陳雲在職權範圍內的中央紀律檢查委員會提交了一份關於廣東省貪污走私的報告給鄧小平、胡耀邦、趙紫陽和李先念。報告首頁陳雲就寫明：「對嚴重的經濟犯罪分子，我主張要嚴辦幾個，判刑幾個，以至於殺幾個罪大惡極的，並且登報，否則黨風無法整頓。」[8]

鄧小平還不想與陳雲公開衝突，因此在陳雲的報告中加上「雷厲風行，抓住不放」八個字批語以示贊同。[9]一月十一日，胡耀邦與鄧小平同調，召開中央委員會書記處特別會議來處理廣東官員貪污問題。在鄧小平的倡議下，四名政治局委員前往華南去調查此問題。[10]

然而就在三天之後的書記處會議上，胡耀邦提出一份長篇報告，替中央委員會的國外經濟政策進行辯護。「我們的對外經濟關係……在某些具體問題上發生了一些偏差，」他陳述：「……不過也不要因此就產生錯覺，似乎應當退縮，而不敢再積極發展對外經濟關係了……不能認為經濟犯罪是開放政策帶

① 編註：指深圳、珠海、汕頭、廈門四個特區。

來的，二者沒有必然的因果關係。」[11]之後鄧小平親自前往廣東，告知省內官員毋須害怕開發新經濟政策的工作（為了不要激怒陳雲，他在私下會見廣東省委第一書記時提到此事[12]）。

陳雲持續干涉廣東省現代化的工作，甚至把廣東省委第一書記和省長叫來訓斥，不過並未發揮任何效用。他只能吸引鄧小平團隊中的保守派分子——胡喬木與鄧力群——那些人想讓鄧小平相信，經濟特區正轉變成中國過去悲慘歷史中存在過的外國租界。不過鄧小平斷然地支持胡耀邦。胡耀邦在中國社科院研究員協助下，提供新經濟政策馬列主義的基礎。「這對我們是一件新事，過去長期沒有接觸過。」胡耀邦說：「其實，蘇聯在半個世紀以前（新經濟政策期間）……就搞過租讓制②。租讓制企業，多的時候達到二百多個，利用外資達到幾千萬金盧布，膽子相當大！」[13]

陳雲、胡喬木與鄧力群無法與列寧爭論，但是他們並不歡迎在中國「建設資本主義」。「現在搞特區，各省都想搞，都想開口子。」陳雲抱怨：「如果那樣，外國資本家和國內投機家統統出籠，大搞投機倒把就是了，所以不能那麼搞。」[14]

對於經濟成長率也引起嚴重分歧。鄧小平一九七九年支持陳雲的「調節」計畫，基本上是出自於政治考量，此後就再也無意遵循。他了解到就客觀因素來說，中國無法達到均富，但是他不能從小康的理念中退守；他試圖要在二十一世紀初讓中國人民平均所得達到約一千美元（日後他調降為八百美元[15]）。跟瑞士（幾乎一萬八千美元）、香港（幾乎是六千美元）、新加坡（約莫五千美元）或是台灣（四千五百美元）相比，這是相當低的數字。可是對於中國來說就夠好了。一九八〇年代初期，超過十億人口的中國其人均所得為兩百六十美元；[16]因此產量要增加四倍多，方能達到一千美元或者甚至八百美元的水平，假設前提當然還是在嚴格控制出生率之下。陳雲的調節與此一夢想完全不符。

不能說陳雲——如其中一名陳雲傳記作者所形容，他是名懷疑論者（Doubting Thomas）[17]——反對改善人民生活，但他真的不喜歡急躁。他總是擔心通貨膨脹、部門失衡以及經濟過熱等問題。

與此同時，鄧小平和陳雲在限制出生率上倒是看法一致。鄧小平的小康概念和陳雲的調節兩者都要依賴降低人口成長率。中共領導階層中人人都同意此點看法。一九七九年三月二十三日，鄧小平在政治局會議上提出人口問題，要求人口出生率必須降至百分之一，且必須以法律明定新的人口政策。三個月後，華國鋒在第五屆人大第二次會議上闡述了這個理念，推估到了一九八五年時，每年人口成長率會低於零點五個百分點。一九八〇年九月，第五屆全國人大第三次會議考慮由國務院提案立即實行計畫生育政策，規定每戶不能生超過一名孩童，如此一來到了二十世紀末中國人口就不會超過十二億。九月二十五日，中央委員會發送公開信給黨員與共青團成員，呼籲他們要協助宣傳限制生育的一胎化計畫。一九八一年一月四日，中央決議強制黨與行政組織要採取一切手段「鼓勵一對夫婦只生育一個孩子」。[18]所有這些文件都是針對降低中國漢族的出生率，並不適用少數民族。

鄉下地區強烈反對此項政策，劃分土地的多寡是根據家中的人口數。一胎化政策不合乎農民利益，尤其如果一胎又是女孩的話。所有人都希望有人承繼家中香火，且農務上也歡迎額外的男性幫手。如此一來，新政策成功與否從肇始之際就依賴都市地區人口（儘管政策終究還是成功了，可是就犧牲個人自由以及透過侵犯性，甚至經常都是高壓性的執法方式來說，還是付出了重大代價。到了二〇〇〇年時，中國人口稍稍超過十二億人）。

一九八二年九月一日至十二日在北京舉行中共第十二次全國代表大會，共計一千六百名投票代表與一百四十九名非投票代表與會，他們代表超過三千九百萬名中共黨員。鄧小平坐在主席台上，宣示召開大會，並闡述中國人民在一九八〇年代所要面對的首要戰略目標：「加緊社會主義現代化建設，爭取實現包括台灣在內的祖國統一，反對霸權主義，維護世界和平，是我國人民在八十年代的三大任務。」他

②編註：蘇聯的租讓制是指將部分國有企業以租借制和租讓制的形式轉變成國家資本主義企業，所有權仍歸國家所有，承租者除了按期繳納租金和一定比例的利潤，亦受國家監督，合約到期後企業即全部歸還國家。因此外國資本家可透過自營的租讓企業或與國家合營之股份公司，租讓和租借蘇聯的國有企業。透過此制度，蘇聯政府得以吸收外資又仍能掌握重大企業及國家經濟命脈。

也簡短地對現代化建設提出理論基礎，表示中國共產黨不僅是首度建設社會主義，還要建設「有中國特色的社會主義」。鄧小平並未深入解釋這部分，但他強調「我們的現代化建設，必須從中國的實際出發……把馬克思主義的普遍真理同我國的具體實際結合起來，走自己的道路」。[19]

黨代表們和許多其他中國人可能都了解這名領導人心中所想之事。他已經多次解釋這些改革的想法和目標，只是未曾標榜「有中國特色的社會主義」。大家都知道中國在經濟和文化上都大幅落後，人口規模龐大且多數是鄉村人口，還有可耕地有限等問題。所有人都聽過小康的概念，聽過整個社會主義階段中結合計畫與市場，以及嚴格遵從「四個堅持」的必要性。這些都是有中國特色的社會主義的標誌。

鄧小平循序漸進地創建自己的理論，如同中國諺語所說的「摸著石頭過河」。這些想法並非他獨創，可是他擁抱這些想法並創造性地再行加工。可以很有趣地發現，一九七五年底，美國福特（Gerald R. Ford）總統曾短暫訪問中國並與鄧小平會面，他形容鄧小平是名「實幹者——講究務實而非理論」。[20]他顯然低估了鄧小平。

胡耀邦在會中提交主要報告，基本上是在闡述鄧小平的想法。其中一個主要目標是要在接下來的二十年內，提升工農業年總產值四倍。胡耀邦也提到在這段時期，要發展多種經濟形式。儘管他表示勞動人民集體所有制的合作經濟仍是主要的經濟形式，他仍讚揚生產責任制，亦即包產到戶。他更進一步談到無論在農村或城市，都應鼓勵個體戶的發展，強調「允許對於部分產品的生產和流通不做計畫，由市場來調節」。另外，對於與國外的經濟技術交流，他特別指出：「實行對外開放……擴大對外經濟技術交流……要盡可能地多利用一些可以利用的外國資金進行建設，為此必須做好各種必要的準備工作，安排好必不可少的國內資金和各種配套措施。要積極引進一些適合我國情況的先進技術，特別是有助於企業技術改造的先進技術，努力加以消化和發展，以促進我國的生產建設事業。」這份報告從鄧小平建設「有中國特色的社會主義」理論開始，以胡耀邦的總結作結：「我國的社會主義社會還處在初級發展階段。」[21]這是一份前瞻性的報告，鄧小平相當滿意，尤其是因為他本人親自編撰過。

第十二次全代會再次選取鄧小平成為中央委員，同時也是新成立的中央顧問委員會委員。在大會所通過的新黨章中，定義此委員會為中央委員會的政治助手和顧問角色，[22]可是鄧小平視此委員會為一個過渡性組織架構，給予還不想退休的老一輩領導人保有顏面光榮地撤下工作的機會。鄧小平本人也不急於退休，可是擔任此委員會主任一職，給那些仍抓緊職位的老幹部們立下榜樣。[23]

鄧小平在九月二日的中全會上再次當選為政治局委員、常務委員以及軍委會主席。黨最高權力機構政治局常委會中還有其他五名委員：胡耀邦、葉劍英、趙紫陽、李先念與陳雲。胡耀邦出任重新恢復的總書記一職，中央委員會主席職位廢除，陳雲依然是中紀委第一書記。[24]華國鋒被撤去政治局委員和政治局常委兩項職務，可是依然是中央委員。

陳雲在會中並未與任何人爭論，不過在會議結束之後，他持續介入改革的道路。趙紫陽曾說：「改革開放越來越深入，不斷提出新的問題，需要把改革開放向前推進時，陳雲的思想仍然原封不動。」也不太可能說服他改變觀點。[25]從一九八二年十一月起，陳雲不斷把計畫經濟比作是鳥籠，市場經濟是隻鳥。一九八二年一月，當他建議把經濟特區內的所有投資者限縮在特區之內時，首次開始談到鳥籠，可是他並未一直稱這些人為籠中鳥。現在他相當清楚地表達這樣的概念，雖然他聲明自己並非此說法的原創者。一九八二年八月第十二次全代會前夕，中央紀律檢查委員會書記黃克誠在與陳雲會談時，提出這個具象的比喻，強調經濟建設中秩序的必要性。陳雲喜歡這個比喻並開始使用。如此一來到了十二月二日，陳雲跟第五屆人大代表的上海同鄉說：

> 今後要繼續實行搞活經濟的政策，繼續發揮市場調節的作用。但是，我們也要防止在搞活經濟中，出現擺脫國家計畫的傾向……搞活經濟是在計畫指導下搞活，不是離開計畫的指導搞活。這就像鳥和籠子的關係一樣，鳥不能捏在手裡，捏在手裡會死，要讓牠飛，但是只能讓牠在籠子裡飛……如果說鳥是搞活經濟的話，那麼，籠子就是國家計畫。當然，「籠子」大小要適當，該多大就多

大……但是無論如何，總得有個「籠子」。[26]

然而此時鄧小平與他親近的同僚胡耀邦、趙紫陽、萬里和谷牧正積極地擴大市場調節的範圍，他們顯然對於優先順序瞭若指掌。可是他們還不至於認為要完全放棄計畫經濟，或是進行國營部門私有化。問題只在降低經濟中計畫的部分，到共產主義意識形態所允許的最大程度，從而透過已經驗證的市場機制協助，帶給國家現代化強力突破。

鳥籠的類比並不適用這個問題。鄧小平和他的同僚承認農民應該依據國家計畫增加自己部分的收穫量，就如同部分工業生產量應該依據國家計畫增加產出一般。否則，誠如每個人都會害怕發生糧食以及其他產品生產短缺的問題。不過，他們無意把整個經濟限縮成一座鳥籠，而是要能多大就多大。第十二次全代會支持「計畫經濟與市場機制的部分連接」。[27]換言之，經濟不僅像是一隻鳥，而是一群鳥；其中最大一隻鳥會確實坐在鳥籠中，其他鳥則放任其飛翔。改革派想要在國家內建立起兩套經濟體系，分別是計畫經濟和市場經濟。對於他們而言，最為重要的問題是如何以最理想的方式合併這兩個體制。「計畫與市場的關係問題如何解決？」鄧小平對年輕的經濟學者拋出這個問題：「解決得好，對經濟的發展就很有利，解決不好，就會糟。」[28]

鄧小平想要透過擴大調節市場範圍來達成「波浪般的推進」，允許部分人和地區先富起來。「勤勞致富是正當的。」他指示：「一部分人先富裕起來，一部分地區先富裕起來，是大家都擁護的新辦法，新辦法比老辦法好。」[29]

在改革派勢力主宰之下召開的第五屆人大第五次會議，加速了人民公社的消亡。在此次會議中通過了中國新憲法的第三十條，自此之後，縣或自治縣之下不再劃分為公社和鎮，而是鄉、民族鄉和鎮。換言之，人民公社不再以基本的行政單位存續。[30]憲法中提到人民公社只是一種合作經濟的形式（第八條），而不再是農村產業三級體制的組成元素之一。同時也廢止了生產大隊與生產隊。

為了決定要讓市場發展繼續推進至何種程度，鄧小平和其他改革派試圖鼓動共產黨員和社會學者進行討論。趙紫陽對此尤其投入，他在國務院下建立起分別針對農業和結構性改革的兩個學術中心。趙紫陽頭腦清楚，他首先想要抓緊所有事務以推動經濟現代化向前發展。但他意外地遭到來自胡耀邦方面的問題。

個性活潑衝動的胡耀邦被黨內幸災樂禍之人起了個綽號「蛐蛐兒」，因為胡耀邦讓他們聯想起鬥蛐蛐兒時那個移動迅速又難以捉摸的小東西，[31]他和沉穩內斂的趙紫陽大相逕庭。趙紫陽看起來似乎比其他人更能解決鄧小平和陳雲之間的歧異。當趙紫陽隊伍中的「蛋頭」經濟學家試圖理出頭緒時，胡耀邦無心等待。胡耀邦拚命擴大市場以加速經濟成長節奏。趙紫陽回憶，胡耀邦與他「在具體步驟、方法上也常有些不同看法，尤其在速度問題上，耀邦比鄧更厲害……不同意見在一九八二年就開始了」。[32]胡耀邦喜歡在國內四處巡視（到了一九八六年底之前，中國有兩千個縣，他已經走訪超過一千六百個[33]），鼓勵人們實踐計畫並開發市場關係。一九八三年一月，在趙紫陽走訪非洲時，胡耀邦要求所有工商企業都引進包產到戶制。用趙紫陽的說法就是，這迅速導致投機增長。轉換為包產到戶制的北京大型百貨公司開始批發販賣商品給私營商販以迅速獲利，這些私營商販之後以高價零售賣出。趙紫陽從非洲返國後，馬上反對這樣的政策。一九八三年三月十五日，鄧小平介入了此一衝突，把胡耀邦和趙紫陽兩人找來家中會談。鄧小平在聽取雙方意見後，支持趙紫陽並告誡胡耀邦過於魯莽。[34]

改革派陣營的分裂讓陳雲和其他保守派正中下懷。這些自由派分子中最令保守派厭惡的就是「冒進派」的胡耀邦。胡耀邦則是回敬以敵意。如此到了一九八二年春，胡耀邦在各省檢視工作時，不斷批評陳雲，完全無視於有人會立刻通知陳雲。[35]陳雲和他的支持者便全力支持趙紫陽，胡耀邦則發現自己真的陷於困境。

在陳雲造訪鄧小平家中會談的兩天之後，他在政治局常委會與中央書記處的聯合會議上，指控胡耀邦不了解「歷史唯物論」。陳雲對自由派長久以來蓄積的敵意終於爆發出來。胡耀邦被打得措手不及，感到驚惶失措並做了自我批評；會後鄧小平禁止他再介入國務院事務。[36]

在鬥爭主要自由派分子上，黨內保守派贏了這一回合，他們朝向意識形態戰線發動攻勢。鄧小平對於任何讓他察覺是從「四個堅持」退守的事務都相當敏感。從一九七九年三月起，他持續強調強化群眾意識形態教育的必要性；一九八〇年代初期起，他一再堅稱必須要把改革和開放與建構所謂社會主義精神文化合併為一。一九八三年夏，胡喬木和一年之前就任中宣部部長的鄧力群說服鄧小平，發起新一波反「精神污染」的意識形態運動。他們兩人在三月時告訴鄧小平，知名的文化人周揚在紀念馬克思過世百週年中的演講焦點，擺在人道主義和異化之上（根據馬克思的說法，資本主義下的工人是異化於工作本身、產品、他們自己以及其他人；因為工人並非為自己工作，而是為資本家工作）。周揚在文革期間遭到嚴重的迫害，暗指異化也存在於社會主義的社會之內，同時強調人群中人道關係的超驗意義。這場會議意外地是由蘇紹智所主辦，而他在一九八二年接替于光遠擔任馬列毛研究所所長。出席會議的自由派熱烈歡迎此種想法。許多老保守派如鄧小平的朋友王震等人單純不了解內容，因此佯裝也喜歡這份報告。可是胡喬木和鄧力群深知這一切，但未能順利阻止這篇報告發表。接著他們找上了鄧小平，鄧小平也不了解內容，只問了：「什麼是異化？」胡喬木和鄧力群並不探討細節，只是說了：「這是反社會主義。」

鄧小平火冒三丈，他年老之後變得易怒又非常專制。他怒吼說：「文藝界、理論界不該搞精神污染。」並下令胡喬木就此主題草擬一篇演講。[37]一九八三年十月十二日，鄧小平在第十二屆中央委員會二中全會上發表這份演講。他暴怒並嚴聲譴責，不僅批評創意組織成員還有意識形態戰線的領導階層，基本上也就是胡耀邦。鄧小平強調鬥爭左傾和右傾兩者的必要性，指控不這麼做的人是「軟弱渙散」，並呼籲「靈魂的工程師」（史達林派所說的作家及知識分子）要高舉馬克思與社會主義旗幟。從鄧小平的觀點而言，他攻擊「部分同志」已經過度熱中於「談論人類價值、人道主義和所謂異化」。事態發展甚至到了這種局面，他抱怨「個別的〔藝術家〕還宣傳色情」。[38]

二中全會後，中央展開一場真正的反「精神污染」群眾運動，因為精神污染「散布形形色色的資產階級和其他剝削階級腐朽沒落的思想，散布對於社會主義、共產主義事業和對於共產黨領導的不信任情緒」。[39]揭露、批評「崇洋媚外」，不僅攻擊自由派思想，還針對流行服飾、髮型與西洋音樂。

可是包括胡耀邦與趙紫陽在內的溫和自由派改革者並不會束手就擒，反而群起對抗這種反智主義。「儼然像是一場文化大革命要來的樣子。」趙紫陽回憶說：「那一陣風大有波及經濟領域、衝擊改革開放政策之勢。」[40]趙紫陽、萬里以及國務院其他領導人，還有解放軍總政治部禁止在農村、工業企業、科學與技術機構和軍中進行這個運動。不到一個月（二十八天），這場運動便虎頭蛇尾地結束了。一九八四年二月十一日，胡耀邦宣布，雖然鄧小平提出此問題是完全正確的，但執行他的「明智指示」方法有缺失並導致整個運動失敗。[41]趙紫陽提到：「鄧對耀邦這一講話當然是不高興的。鄧小平雖然當時沒有馬上說什麼話，但他反自由化也好，清除精神污染也好，並沒有後退半步。」[42]

此場運動告終之後，自由派分子間的短暫停火也隨之結束。一九八四年五月二十六日，趙紫陽寫了封密信給鄧小平，表示他自己無法再與胡耀邦共事。他疾呼：「趁您和陳雲同志健在、精力仍然充沛」，希望鄧小平出面確保黨領導階層的穩定與強大，[43]同時也給陳雲一份複本。

鄧小平留中不發，他不處理手下最得力的兩名助手之間的關係，反而擱置了這封信。他開始盤算要在一九八七年即將到來的第十三次全國代表大會上拔除胡耀邦。

與此同時持續在深化改革，主要的經濟學者益發積極地開發出新的構想。部分人開始討論轉移至「雙軌經濟」的重要性，意味著需要在計畫和市場間某種程度的「相互穿透」。另一部分甚至提出更為自由派的概念，諸如按照在總體經濟層次做計畫與在個體經濟層次做市場調節的「有機」聯合調控。開發指導式計畫經濟的想法也傳播開來，也就是計畫經濟中一種更柔和的形態，僅僅指示發展方向而非命令式計畫經濟。[44]

與此同時，中國領導階層邀請外國學者與商人聽取他們對於中國改革問題的觀點。包括世界銀行

（World Bank）在內的外國經濟學者進行調查並且提出寶貴的意見，認為不只要追求快速私有化，並且要引進一個屬於市場經濟而另一個屬於計畫經濟的雙重價格制度。他們也堅定相信到了世紀末時，中國的農業和工業產值能達到四倍的增長。最後一項的結論讓鄧小平十分滿意。[45]

一九八四年，清算人民公社的步伐加速。一九八二年，在要通過廢除人民公社歷史性決定的第五屆人大第五次會議召開前夕，還有五萬四千三百個毛澤東主義的基礎機構；一九八三年，還留有四萬零一百個。可是到了一九八四年底，只剩下兩百四十九個。一九八五年春，所有人民公社都消失殆盡，[46]生產大隊與生產隊同樣也廢除了。

兩份文件都編列為第一號——第一份是在一九八三年初公布，第二份是一九八四年初——皆由國務院農業發展中心草擬，且在中國農村發揮了龐大的影響力。一九八二年十二月二十三日，政治局通過了第一份文件，允許農民雇用勞力，可是假以「助手和實習生」的婉轉說法；城市小企業亦可根據相同的原則比照辦理。農村居民也有權利購買機具設備與工具、小型牽引機、機帆船和機動車輛以推進農業生產。此外，農民還可以進行批發交易，也就是跟鄰近農民收購穀物或其他商品在市場上銷售。第二份文件授權長期使用包產到戶制（十五年以上），並鼓勵「土地逐漸集中在技術熟練的地主，也就是富農手中」。同時批准轉包，允許農民將自己的包產到戶定量轉給另外一名農民。這還包含一個但書，雇用超過法定限額七名雇員的家戶並不會被視為資本家。[47]

這份但書也影響了隨著廢除人民公社而開始急速發展的鄉企業與村企業。他們被認為是集體化，因此工人的數目不受限制，甚至連管理者都與企業簽訂工作契約。這些鄉村企業發展尤其快速，它們吸納隨著生產大隊消逝而釋放出的大多數剩餘勞力。隨著改革深化，農民市場對工業產品的需求不斷增加。因此從一九七八年至一九八五年，鄉與村企業雇用的人數已從兩千八百萬人上升至七千萬人。

在城市中的小企業持續蓬勃發展。超過七百萬人是個體戶，可是鄧小平並不擔心這點。當他被告知此事時，他反問：「怕什麼呢，難道這會危害到社會主義？」[48]他自此放行了城市企業的發展。

經濟特區也欣欣向榮。陳雲觀察到特區的快速成長，甚至被迫和緩他的批評態度。到了一九八二年底，他承認：「特區要辦，必須不斷總結經驗，力求使特區辦好。」[49]之後，其他保守派也對經濟特區提出正面觀點。

鄧小平感到相當滿意。「現在，對特區說好話的多了。」他之後表示：「現在辦得不錯。」[50]一九八四年一月底和二月初，他走訪了三個特區：深圳、珠海和廈門。他相當讚許，驕傲地宣布：「辦經濟特區是我倡議的。」[51]這些過去落後的地區已經轉變成都市觀光景點，鄧小平相信用這樣的方式才能「把經濟特區辦得更快更好些」。[52]他在許多領導人出席的二月二十四日的會議上，總結了此次行程：「我們建立經濟特區，實行開放政策，有個指導思想要明確，就是不是收，而是放。」他解釋：「這次我到深圳一看，給我的印象是一片興旺發達……特區是個……對外政策的窗口。從特區可以引進技術，獲得知識，學到管理，管理也是種知識。」他還建議「資金自由出入〔特區〕」，並再開放「幾個港口城市，如大連、青島」以及海南島。[53]胡耀邦聽到之後表示：「我主張搞它七、八個沿海城市，這沒有危險。」[54]

三月底和四月初，中央委員會書記處和國務院召開與幾個沿海城市領導人的會議；五月四日，通過建立十四個港市經濟特區的決議案，其中有上海、天津和廣州。賦予這幾座城市的特區名稱是「經濟技術開發區」，可是基本上與經濟特區變動不大。吸引外資中最為有利的條件都包含在內，尤其是盈利所得稅降低至百分之十五。[55]經濟技術開發區和中國其他地區分界之處當然都設有檢查哨。

甚至連國營企業都積極投入市場經濟，它們在超額計畫生產上得到愈來愈多的自由。與此同時銀行取得從事商業活動的權利，並轉向為提供企業融資。這也擴大市場調節的範疇。[56]從一九八四年秋起，允許國營企業在計畫內產品和市場商品上使用雙軌價格制。[57]

整體來看市場很快開始征服經濟場域，這也要求對改革道路有進一步的思考。一九八四九月九日，趙紫陽寫信給胡耀邦、鄧小平、李先念和陳雲，在信中他依據經濟學者所提建議，描繪出計畫與市場調節間相互關係的新概念。他強調需要有條不紊地以經濟手段調節的指導式計畫替代命令式計畫。「社會主義經濟，」他在信中說：

> 是以公有制為基礎的有計畫的商品經濟……「計畫第一，價值規律第二」這一表述並不確切，今後不宜繼續沿用。應該如實地把兩者統一起來，而不要把它們割裂開來或對立起來……中國式的計畫經濟，應該是自覺依據並運用價值規律的計畫經濟。[58]

總而言之，趙紫陽提議整個經濟系統的自由化，轉成為市場經濟（純然是戰術性理由，他提的是「商品」經濟，而非「市場」經濟）。

鄧小平覺得趙紫陽的信頗有道理，在（總體經濟層次）計畫與（個體經濟）市場調節之間描繪出組織性統合。其他的政治局常委也批准了這份提案——甚至包含陳雲在內；可是陳雲卻不滿意，因為他一直以來都堅持完全不同的事務，也就是計畫作為基礎而市場是輔助。陳雲顯然認為在鬥爭胡耀邦方面趙紫陽是名盟友，只是不想與趙紫陽爭論。

一九八四年十月，這封信成為第十二屆三中全會〈中共中央關於經濟體制改革的決定〉決議案的基準，提供作為發展市場經濟以及調和市場經濟與計畫經濟的新推力。這份決議案精準地與布哈林同調（當然不會提起此人名諱），強調「在商品經濟和價值規律問題上，社會主義經濟同資本主義經濟的區別，不在於商品經濟是否存在和價值規律是否發揮作用，而在於所有制不同」。[59]趙紫陽回述：

> 十二屆三中全會關於經濟體制改革的決定，強調發揮價值規律和市場作用，指出社會主義也是商品經濟。鄧對這個決定評價很高，說是新的政治經濟學……總之他一貫傾向於商品經濟、價值規律、市場經濟，雖然不同時期有不同說法。[60]

此時改革已經帶來實質成果。從一九七八年至一九八四年，國內生產總值（GDP）持續成長已經實現，平均每年達到百分之八點八（整段期間是成長百分之六十六）。中華人民共和國從來不曾歷經此種成長幅度。同一個時期的工業生產量每年成長超過百分之七十八，最顯著的是重工業百分之六十六的成長，還有輕工業幾乎是百分之九十八。整體投資總量中的外國資金投資比率依然很低（一九八四年大約占百分之四），可是外國人樹立了製造商品速度快、品質佳又可靠的榜樣。而且都是高科技水平。一九八四年，穀物收成量創下新紀錄：超過四億零七百萬噸，這比一九七八年還多出了一億噸的收成。當時甚至連這些改革派都感到相當吃驚，「但是沒人知道要如何處理這麼大量的糧食。當時糧倉不足，亦無充足的資金能與農民結算。」一九八五年一月一日，國務院因此宣布，從當時起國家不再義務收購超過計畫的糧食生產。這導致穀物生產稍微下滑（比一九八五年少了兩千八百萬噸），可是這同時進一步加速農村商品貨幣化的發展。到了一九八五年，農業人口的平均收入已經增加超過一倍半，雇員與工人的平均工資大約上漲百分之六十。誠然還有約占人口百分之十五的一億兩千五百萬農民依然屬於「赤貧」，可是鄧小平過去從來不曾表示所有人都能立刻富裕。[61]而且，處於饑荒的人口數已經縮減了一半。

到了一九八五年，改革政策也為中國政府在最敏感的民族意識和民族統一上帶來顯著功效。一九七九年一月，鄧小平提出中國大陸以「一國兩制」的基礎統一台灣、香港與澳門。他保證香港與澳門回歸中華人民共和國以及中國與台灣統一之後，這三個地區在長時間內（之後提出的數字是五十年）都能保存現有的社會經濟，甚至是政治體制——也就是民主的資本主義。鄧小平甚至跟台灣承諾，中華人民共和國將不會干涉台灣的內政，實際上還可以維持自己的軍隊。他想從台灣得到的是北京能在國際論壇上以一個中國的名義發聲。關於統一問題，鄧小平提出「一國兩制」，顯然準備採用比經濟特區更為廣泛的解釋。

台灣問題絕非一件易事，因為鄧小平在莫斯科中山大學的同學亦即台灣總統蔣經國甚至不想聽取他的提議。蔣經國跟他的父親蔣介石一樣，都堅持自己的政權是中國唯一合法的政府。

香港與澳門問題就簡單多了，雖然它們也有各自的難題，尤其是香港。不用擔心澳門，因為葡萄牙人已經不斷提出要歸還這座島嶼給中國，甚至在一九七九年還與中方達成適度的諒解；當然是不對外公布諒解內容。鄧小平在等待適當的時機點宣布這份諒解。可是他要迅速與英國解決問題並不順利。英國首相瑪格麗特・柴契爾夫人（Margaret Thatcher）認為，香港是「中英成功合作的獨特典範」，且宣布回歸中國將會帶來「災難性的影響」，因為殖民地人民害怕共產主義，還會立刻攜帶資金撤出香港。[62]英國立場和台灣島上的國民政府並不相同，英國人的立場是薄弱的。一九九七年，為期九十九年的「新界」地區租約就將到期。這片區域是香港農業的附屬區，沒了這片區域，數百萬城市居民也無以為繼。

鄧小平深知此事，一九八二年九月，在與柴契爾談判時態度非常強硬。他不帶任何幽默感地表明：「我們要勇敢面對這個災難，做出決策。」這標誌著不論英國是否同意交出香港，中國決心要收回它。鄧小平藉由這個不帶掩飾的威脅，堅稱中國人可以在任何時候，幾個小時內就進入香港。[63]

柴契爾始終對鄧小平留有不愉快的回憶。除了鄧小平武斷的態度之外，鄧小平跟許多他同輩的中國領導人一樣，都菸癮極大，不斷朝著身旁的黃銅痰盂吐痰（雖然鄧小平知道這並不禮貌，但是他有這習慣，且並非針對柴契爾。「我有三個惡習，」他很坦承地說：「我喝酒、吐痰，還抽菸」[64]）。「鐵娘子」對於在談判地點人民大會堂中的所見所聞相當震驚，顯然也十分煩惱，她突然滑了一下，左膝跪跌在地上。電視台攝影記者拍下她跌倒的畫面，這尷尬的小插曲立刻伴隨著尖刻的評論「顯然柴契爾在談判中遭到慘敗」，[65]被轉播至全世界。

這個評價相當精準。到了一九八四年九月底，中英雙方外交官已經解決所有細節部分；十二月中，柴契爾再度來到中國與趙紫陽就香港問題簽署了所謂的〈中英聯合聲明〉。該聲明完全按照鄧小平的條件，指出英國要在一九九七年把香港交還給中國。中國人民熱烈歡迎祖國統一的第一步。鄧小平本人非常開心。一九八四年十月底，他跟老幹部們分享這份喜悅，告訴他們當年會完成兩件事：第一，他已經開放十四個沿海港市供外國投資；第二，他已經依據「一國兩制」解決香港問題。[66]

在與老幹部們會議之前的兩個月，鄧小平跟自己的一大家子歡慶八十歲壽誕。唯一缺席的是他的么子飛飛與媳婦劉小元，他們當時人在紐約的羅徹斯特大學（University of Rochester）讀書。[67]卓琳、鄧小平的女兒們還有家僕擺設兩張大桌子。其中一張桌子擺個巨大的八層奶油糖霜蛋糕，蛋糕繞著八十顆壽桃，八十根蠟燭，還有用奶油寫成的八十個壽字，象徵著生日慶典。鄧小平簡單笑了笑，並在孫子們的協助下，分了好幾次才吹熄所有蠟燭。所有人都大喊：「生日快樂！」接著他們分食生日蛋糕。鄧小平很開心。[68]不光是中國邁入嶄新的一九八五年，而且它的領導人展現出令人欽羨的身心健康，雖然鄧小平計畫在今年退休。

第二十二章
改革與民主

一九八五這年最後成為艱困的一年，因此鄧小平必須延後他的退休計畫。年初他再度感受到知識分子的威脅。中國作家協會召開了第四次全國代表大會，並自由選取領導階層，這導致自由派評論家劉賓雁當選副主席。許多知識分子認為這是意識形態變革的開始，尤其因為胡耀邦以中央委員會名義慶祝大會順利舉行，作家們放言討論要捍衛「表達自由」。[1]鄧小平對「帶著人道主義面孔的社會主義」所知無幾，認為自由選舉就是資本主義的同義詞。

鄧小平對應該負責此事的胡耀邦表達了不滿。三月，他在「全國科學技術工作會議」上，再度提出理想和紀律的問題。[2]自此之後，他一再強調必須不停鬥爭「資產階級自由化」。鄧小平相信「搞資產階級自由化……內部就成了一個亂的社會……什麼建設都搞不成了」。[3]

可是胡耀邦顯然置之不理，因此很快又激起了鄧小平的怒火。五月十日，香港記者同時也是雙週刊《百姓》發行人陸鏗對胡耀邦進行了兩個小時的專訪。鄧小平得知此一專訪之後，簡直氣炸了。陸鏗稱讚胡耀邦為中共領導階層中最偉大的自由派，稱呼他為中國未來的領導人。陸鏗也提出個帶有挑釁的問題：「那為什麼不趁他（鄧）健康的時候，就乾脆把軍委的工作讓你接過來，由你做軍委主席？」換言之，陸鏗暗示胡耀邦應該加速手握大權。

胡耀邦不僅沒有駁斥這名記者，還試圖說話詼諧。他說鄧小平在軍中享有很大的聲望，鄧小平只要說一句話就能辦成他和趙紫陽說了五句話才能辦成的事。胡耀邦還表示軍委會主席責任沒有那麼繁重，因為鄧小平只是省卻胡耀邦和趙紫陽的時間，可以專心在其他要務之上。[4]

六月二十八日，鄧小平召見書記處中與胡耀邦關係緊密的書記胡啟立，要胡啟立轉達他對胡耀邦的不滿；因為胡耀邦並未堅定支持「四個堅持」。胡啟立馬上轉達了，可是胡耀邦卻未回應，或許認為自己在這點上是清白的。

之後到了七月十四日，鄧小平再度把胡啟立找來，憤怒地說：「有些人（鄧小平心中所指是陸鏗與其他資產階級自由派①）慫恿耀邦，打著他的旗子反對我們的國內外政策。」他要求胡耀邦把心思放在反對自由化上，可是胡耀邦依然未遵指示。[5]

趙紫陽得知此事之後，儘管他與總書記間有所嫌隙，還是建議胡耀邦召開批鬥資產階級自由化的會議，以遷就敷衍鄧小平。趙紫陽回憶表示：「你不可能在鄧以外唱一個反調。」[6]胡耀邦還是推諉不幹，拒絕違背良心行事。他不同於鄧小平，確實想在中國建構人性的社會主義。

鄧小平在解決接班人問題之前還無法退休，胡耀邦顯然不再受到鄧小平的青睞。鄧小平無心等到中共第十三次全國代表大會再以其他更聽話的人取代胡耀邦。

這名心生不滿的族長正在權衡是否要提早兩年召開第十三次全國代表大會，可是黨內其他領袖並不支持。反而決定在一九八五年舉行一次全國會議和兩次中全會，以達到全黨與國家領導階層的激進改造。四十到五十歲的年輕人將大量取代老幹部。

可是鄧小平並不希望在中全會上提出胡耀邦問題。總書記辭職是個非常嚴重的事件，甚至會引起群眾不必要的討論。因此最好還是把此議題留到黨全國代表大會上再處理，屆時拔除胡耀邦一事便能以新人交接的名義進行。只要胡耀邦騰出總書記的職缺，鄧小平傾向讓胡耀邦擔任中國國家主席一職，或是接替他擔任軍委會主席（特別是因為從一九八〇年代中期起，鄧小平開始顯現出帕金森氏症的症狀，[7]

他現在期待在一九八七年秋的第十三次全國代表大會上退休）。[8]

九月中，中共召開第十二屆四中全會，會中有一百三十一名老幹部要求退休並獲得允許。[9]兩天後，胡耀邦在黨務會議上講話，並宣示中央委員會建議增補大致相同數目的新成員來接替這些辭去的職務，與會代表也都全數批准通過。[10]鄧小平很是滿意。「工作做得很好。」他說：「一批老同志以實際行動，帶頭廢除領導職務終生制，推動幹部制度的改革，這件事在黨的歷史上值得大書特書。」[11]

緊接著隨即召開五中全會，選取六名被稱為未來第三代領導人的新政治局委員（毛澤東與鄧小平被視為第一代，胡耀邦與趙紫陽是第二代）。第三代領導人中最為重要的是五十六歲自由派的胡啟立，以及五十七歲保守派、擔任趙紫陽的副總理一職的李鵬。胡啟立與胡耀邦關係緊密——黨內許多人視胡啟立為胡耀邦總書記職務的未來接班人——李鵬是周恩來與鄧穎超的養子，他著眼於總理的職務。李鵬和許多老幹部維持良好關係，其中多數還都是保守派，這影響了李鵬的思維。他跟這些人相處覺得輕鬆自在，因為他們許多人都記得他那同是革命殉難英雄的親生父親②以及非常出名的舅舅趙世炎。據說比鄧小平年長一歲的「鄧大姐」（領導階層提到周恩來遺孀之語）在鄧小平發出最後通牒暗示她應該辭職時說：「好，我辭，但是李鵬要取代我在政治局的位置。」[12]當然無人會與她爭辯，就算沒有這件事，李鵬的命運也早就注定好的。

會議期間鄧小平念念不忘要修理胡耀邦，不僅開始公開稱讚趙紫陽成功進行改革，還讚許他能擁護「四個堅持」。許多人認為鄧小平在暗示要以趙紫陽來取代胡耀邦。基本上確實是如此。鄧小平不理會胡耀邦，轉向要求趙紫陽準備第十三次全國代表大會的基本文件。過了不久到了一九八六年五月，鄧小

① 編註：趙紫陽的回憶錄中指的是王若望。

② 編註：即李碩勳（一九〇三—一九三一）。四川省慶符縣人，為一九二五年上海五卅運動領導人之一。後陸續任國民革命北伐軍第四軍政治部主任、江蘇軍委書記、廣東省委軍委書記等職。於一九三一年七月赴海南島開軍事會議時被國民黨政府逮捕，兩個月後被處死。

平通知胡耀邦他打算在一九八七年第十三次大會上辭去政治局常委和軍委會主席職務。胡耀邦客氣地回覆表示他也會辭職。出乎胡耀邦預期，鄧小平根本沒有慰留之意，只提到這樣年輕還不到全面退休的時機，可以替他安排較不繁重的工作。鄧小平建議胡耀邦要「半退」，也就是辭去總書記一職，然後擔任軍委會主席或中華人民共和國主席。胡耀邦表示同意。[13]

胡耀邦理應能嗅出事有蹊蹺，並在十三全會前利用時間重新贏得這名大家長的信賴，但他並不。儘管一九八六年鄧小平看來還是給了胡耀邦最後一次機會，也就是在即將到臨的九月六中全會上負責準備〈中共中央關於社會主義精神文明建設指導方針的決議〉草案。此份決議案的目的是要讓那些不僅期望經濟成長、也期待政治體制改革的自由派徹底封口。鄧小平準備要重組政府架構，而非政治體制及權力機制。[14]他認為這樣的重組能對發展經濟提供正面效果，將經濟發展從黨組織的過度監控中釋放出來，讓工廠負責人更有效率地管理經濟，也讓群眾在生產過程中扮演更為積極的角色。[15]可是這樣的改革無法滿足非黨員的異議知識分子。某些黨員也表示不滿，如知名的黨員天文物理學家方勵之，還有公共知識分子劉賓雁和王若望不斷宣布，中國在發展民主上應該採取美國與西歐的路徑。[16]鄧小平建議胡耀邦開除這三人的黨籍，可是胡耀邦遲遲不做決定。這就是鄧小平想要通過以「精神文明」建構社會主義社會決議案的原因。

胡耀邦一如預期般未能通過最後一次考驗。一九八六年八月，保守派在北戴河會議上批評胡耀邦書記處準備的草案有著基本缺陷，因為其中並未包含鬥爭資產階級自由化的字眼。一大堆黨內老幹部立刻攻擊胡耀邦，要求他要把這個觀點囊括進去。包括趙紫陽在內的大多數人都支持老幹部，胡耀邦心不甘情不願地做了修改。

鄧小平極度不滿。他在會後告訴胡耀邦，當他自己辭去所有職務後，胡耀邦最好不要擔任軍委會主席，而是擔任中央顧問委員會主任。之後鄧小平把不滿之意告訴了楊尚昆與薄一波。他怒不可遏地告訴楊尚昆：「如果我一生中有犯錯，那就是我看錯了胡耀邦這個人。」幾經討論局勢之後，老幹部們完全支持鄧小平做出取代胡耀邦的決定。[17]憤怒蒙蔽了鄧小平的判斷，說出了應藏於心中之話。孔子曾說過「忿思難」，[18]鄧小平顯然未能遵循此教誨。四年之後，他應該會悔不當初。

六中全會在九月二十八日舉行。包括前中宣部部長陸定一與安徽省委第一書記萬里在內數名自由派的胡耀邦支持者提議，把決議案草案中鬥爭資產階級自由化的指令刪除，可是多數人堅決反對。中全會主席胡耀邦採取了迴避的立場。[19]鄧小平接著發言並結束討論：「反對資產階級自由化，我講得最多，而且我最堅持……自由化本身就是資產階級的，是沒什麼無產階級的、社會主義的自由化……現實政治要求我們在決議中寫這個。我主張〔採用〕。」[20]鄧小平表示他準備繼續反對自由化十年、二十年，接著又說：「因此有些人不喜歡。好，再加個五十年或更久，加起來七十年，直到下個世紀中葉前，我們都會反對自由主義。」[21]

中全會後老幹部們持續全面地批評胡耀邦。有名見證人表示，他再擔任領導人的話，工作將變得非常困難。[22]依據鄧小平的指示，趙紫陽開始推動政治架構的改革。所有的老幹部都支持趙紫陽，他們已經決定要讓他在十三全會上擔任總書記一職。

當時中國還發生了其他事件更加速了胡耀邦的垮台。十二月中，合肥學生示威要求自由化，而這正是鄧小平非常害怕會發生之事。鄰近的上海與南京的學生也支持合肥的學生。這些示威的意識形態來源和主要組織者是天文物理學家方勵之。方勵之早在一九五五年還是北京大學物理系學生時，就已然與當局爭鋒交辯。此後他遭到三次迫害。到了一九八〇年代中期，他的想法與政治觀已然成熟。雖然方勵之是名共產黨員，但是他為表達自由而戰，同時讚揚蘇聯核子物理學家暨首要異議分子安德烈・沙卡洛夫（Andrei Sakharov）③。一九八四年，他出任合肥的中國科技大學副校長，並開始在校內推動思想自由

③ 譯註：蘇聯原子物理學家，主導蘇聯第一枚氫彈研發，被稱為「蘇聯氫彈之父」。他同時是人權運動家、公民自由的擁護者，支持蘇聯改革。一九七五年獲得諾貝爾和平獎。

的氣氛。方勵之不僅在中國科技大學授課，也在南京與上海的許多高等學府講學。

另外一名廣受歡迎的異議分子王若望是上海《上海文學》的副主編，他也經常在上海各種場合中演講。他一生中受苦受難，當過國民黨的階下囚，又被毛派關進牢中兩次。劉賓雁在一九五〇年代末期與一九六〇年代也不斷遭到迫害。劉賓雁敘述權貴的貪腐受到廣大好評。如此一來，十一月在合肥開始發生騷動也並不意外，且很快就散布到其他城市。學生們走上街頭高唱「無自由，毋寧死」！他們要求市民代表的公正選舉、言論自由以及其他民主權利。示威席捲了約莫十七座城市，有一百五十個大專學校的學生參與其中。[23]

就某種意義而言，學生們當然是在模仿幾個月前南韓與菲律賓年輕人，在他們國家內所舉行要求推翻獨裁政府的示威活動。一九八六年二月底，菲律賓的行動導致斐迪南．馬可仕（Ferdinand Marcos）政權垮台。從台灣傳來的消息，第一個反對黨——民主進步黨——在一九八六年九月二十八日成立，也對此運動提供了強大的動力。

不滿共產黨獨裁的湧現是自然不過之事，特別是因為前幾年學生的經濟狀況嚴重惡化，以及部分都市人口已經無法在新經濟下立足。市場改革無可避免的副作用就是物價高漲與通貨膨脹，像是改革的通行費。一九八五年上半年，物價開始巨幅上揚，六個月內上漲了十四個百分點，通貨膨脹率是百分之十六。[24]到了下半年以及一九八六年，局勢並未改善。

許多平民百姓對於官員的貪腐感到極其憤慨。官僚們不僅是明目張膽地收賄，同時還直接以及透過親屬間接涉入經濟活動。因為在中國這個以宗族為基礎的社會中，這是很自然的事，關係一直都扮演著核心角色。只有那些握有高階職位之人的親屬或朋友，才有辦法在這世上發達成功。這也就不意外，鄧小平的幼子鄧飛飛（鄧質方）與他的妻子是中國首批赴美的留學生之一。他們在一九八〇年代中期返回中國，開始在香港經商。一九八五年，鄧小平長子鄧樸方成為「中國殘疾人聯合會主席」。一九七九年，鄧小平女兒鄧楠突然在「科學技術委員會」擔任要職。與此同時，鄧楠的先生張宏成為某間大型軍火公司的總經理。鄧小平另外一名女兒鄧毛毛（鄧榕）起初是協助父親擔任貼身秘書的工作，之後跟著夫婿一起經商有成（在中國流傳著無法磨滅的傳聞，除了鄧林之外，鄧小平所有子女都不太正直，可是誰知道這些指控的真實性？[25]）。

一九八六年底，中國學生便有許多理由來發洩他們的不滿。他們的護民官方勵之提議：「需要何種現代化……需要完整的現代化，不光是在少數幾個方面現代化……從馬克思、列寧到史達林，到毛澤東這種正統的社會主義，我們做的結果實際上是失敗的。我個人贊同『徹底的西化』……」[26]十一月底，安徽省前領導人萬里來到中國科技大學要撲滅這場持續發展中的運動，並表示他已經給予學生許多自由和民主。方勵之尖銳地回應：「不是由任何一個人來交出民主。」在數日之後的一場學生會議上，他宣布：「民主不是自上而下給予的，而是從下而上爭取的。」[27]

學生騷動持續了整個十二月。十二月中，部分的上海工人加入了學生運動。市中心到處都是示威活動，多達六萬人走上街頭。方勵之在活動中發表精采演說，斥責了中共的反民主領導。上海黨領導人江澤民要求學生重返校園，不過無人理睬。江澤民最終還是訴諸武力，可是在這之前，他發出一道認定示威是違法行為的嚴格命令。[28]十二月二十四日，北京學生為了展現與上海同學團結一心，試圖走向天安門廣場，不過被警方阻止下來。北京市委會也禁止示威活動，可是一月一、二日，學生在天安門廣場上組織了示威活動。一月初，天津學生躺在鐵軌上作為抗議象徵。但幾天之內所有大城市的示威活動都逐漸平息下來。民主再次成為輸家。

鄧小平十分惱怒，他責備胡耀邦的軟弱。十二月三十日，他把胡耀邦、趙紫陽、萬里、胡啟立、李鵬和國家教育委員會副主任何東昌等人叫到他家宣布：「要採取堅決措施……鬧事……是幾年來反對資產階級自由化思潮旗幟不鮮明、態度不堅決的結果。」他要求即刻開除方勵之、王若望、劉賓雁等人的黨籍，[29]可是他主要攻擊目標是指向胡耀邦。鄧小平實際上指控胡耀邦對「資產階級自由化〔採取〕放任的態度」。[30]

胡耀邦感到極其沮喪。兩天後的新曆年，胡耀邦向鄧小平遞交辭職信，信中表示未能充分展現堅定擁護「四個堅持」的立場，以及不知不覺下成為壞人的「靠山」一事深感遺憾。鄧小平以違反黨規，現在就決定撤換掉這名總書記，而不是等到即將召開的十三全會上再行開革。一月四日，鄧小平把老鐵衛們（薄一波、王震、楊尚昆、陳雲和彭真）找到家中，另外還有「年輕一輩」的趙紫陽和萬里。鄧小平沒有多說話，他把胡耀邦的信交給大家。在所有人讀完後，他用冰冷的語調說：「必須批准他的辭呈。」沒人提出異議。鄧小平安排趙紫陽擔任中央委員會總書記，他還表示他們應該稍微踩一踩胡耀邦：叫他前來「黨民主生活會」——某種黨內審判形式——可是批評胡耀邦之後，又允許他維持政治局常委的職位。[31]

黨民主生活會從一月十日開始舉行到十五日。鄧小平並未參與，而是交由其他人替他完成這份骯髒工作。這場會議由薄一波主持，胡耀邦做了兩項自我批評，也是這場持續不懈批評的首要攻擊目標。他被指控違反集體領導的原則，未能維持紀律，不了解經濟，過於自滿，施行自由主義，甚至企圖推翻鄧小平。胡耀邦無法自抑開始啜泣。可是他的眼淚並無法感動這些鐵了心的共產黨員。對於胡耀邦而言，最為沉痛的是連他的老朋友都參與這場折磨。[32]只有萬里同情這名黨內暴行的受害者。萬里知道胡耀邦喜歡吃狗肉，當天晚上他要手下帶著烤狗肉送給胡耀邦。[33]

隔天一月十六日，政治局擴大會議在鄧小平主持下對胡耀邦事件畫下句點。會議尾聲一致通過〈關於接受胡耀邦同志辭去中央委員會總書記職務的請求決定和推選趙紫陽同志代理中央委員會總書記〉決議案。[34]趙紫陽以中國人慣有方式宣布自己「不配」這份職務，可是他並未抗拒太久。[35]還有許多工作要做，執行改革，準備十三全會——這一切都處於非常艱難的情況。

就在政治局會議之後，鄧小平在保守派的支持下發起大規模的反資產階級自由化運動。所有反對市場改革者立刻昂揚起來，使得趙紫陽追尋經濟改革變得非常艱困。鄧小平無法沉澱下來，還「提出要開個名單，對自由化的人一個個做出處理」。[36]保守派旋即開始攻擊知名的改革分子，尤其針對那些協助趙紫陽推動改革之人。

趙紫陽終於請求會見鄧小平。四月二十八日，鄧小平接見了趙紫陽。新任總書記抱怨部分人士利用反自由化鬥爭抵抗改革，質疑在此情況下是否能順利舉行第十三次全國代表大會，且會中還打算通過一系列針對加速與深化經濟改革的措施。[37] 鄧小平很清楚自己做過頭了。他開始強調左派的危險性，並轉向支持趙紫陽。[38] 一九八七年五月，中國媒體開始強調推動經濟改革。

趙紫陽從那時起便順利進行十三大的準備工作。藉由手下的協助，趙紫陽準備了一份極端進步的報告，也獲得鄧小平的批准。可是在該報告經濟的部分，趙紫陽強調市場改革是發展社會主義商品經濟中不可或缺的部分，這點引起陳雲不悅。陳雲知道鄧小平喜歡這份報告，他既不批評也不表支持；可是到了大會趙紫陽要開始報告時，陳雲突然起身大步走出會場。趙紫陽了解自己又多了一名敵手。[39]

中共第十三次全國代表大會從一九八七年十月二十五日召開到十一月一日為止，共計有一千九百三十六名投票代表與六十一名非投票「特邀代表」與會。此時中國共產黨黨員數已經成長到近四千六百萬人。公認的最高領導人鄧小平看來精神矍鑠，以簡短的開幕聲明宣布召開會議。所有人都起身高唱〈國際歌〉。唱完與一陣默哀毛澤東、周恩來、劉少奇、朱德以及其他死難革命先烈之後，鄧小平把講台交給了趙紫陽。

趙紫陽在首先描述近來的成果之後，盛讚鄧小平對於中國共產黨在正確的馬克思路線上組織與發展，「以馬克思主義的理論勇氣、求實精神、豐富經驗和遠見卓識做出了重大的貢獻」。[40] 鄧小平先前從來不曾在全國代表大會上受到如此崇高的讚譽。在十一月二日第十三屆一中全會上，趙紫陽甚至以更為熱誠的語氣提到這名大家長，表明他自己與其他領導人在所有重要問題上都與鄧小平商議，因為鄧小平是黨的主要領導人，有權最後拍板定案。一中全會上一致通過批准此份報告，指示趙紫陽與其他領導人要服從鄧小平的領導，同時並給予鄧小平自行斟酌決定召開領導階層會議的權利。[41]

時間回到一九八七年三月，鄧小平在與趙紫陽私下會談時，已經表達自己想退出中央委員會、政治局和政治局常委會的想法。在趙紫陽與其他自由派的請求之下，鄧小平同意維持軍委會主席的職務，以抑制保守派並保持穩定。鄧小平開玩笑地說這是「半退」。他想要維持權勢，但是解除許多責任。他們達成一項決議：趙紫陽會盛讚鄧小平，而鄧小平會退休，可是趙紫陽請求中全會讓鄧小平擔任最高領導人，視鄧小平為「丈母娘」的角色（這是他們的說法，自然是玩笑話，意指家中的掌事者，此處是指政治局常委會）。[42]七月初，另外兩名重量級老幹部陳雲和李先念也會進入半退狀態。兩人都辭去中央委員和政治局委員職務，可是陳雲會成為中央顧問委員會主任，李先念則是擔任中國人民政治協商會議全國委員會主席。

在十三全會開始時，趙紫陽如期對「丈母娘」鄧小平兌現承諾，接著提出他的完整報告。報告中有許多創新之處，其中包含定義中國現階段的發展為「社會主義初級階段」。換言之，這句話會持續下去不只百年的時光。[43]多年之後，趙紫陽承認他當時特別強調這個詞彙，並立基於理論之上以滿足保守派。他本人非常清楚了解到中國離社會主義還有條漫漫長路要走，可是這麼說會引起老幹部的勃然大怒，因此「社會主義初級階段」可是最佳說法。一方面，並不會否定社會主義建設的成果；另一方面，趙紫陽與自由派改革者「從正統社會主義原則中全面解脫」。[44]

此種語言花招讓趙紫陽推進了許多新概念，尤其是在進行產品商業化；移轉許多小型企業財產權至集體或個體所有；從國家企業管理中分割所有權；發展契約、租賃和股票市場；以生產、服務和財務手段擴大市場；轉換大多數商品與服務為市場價格；強化銀行在調節總體經濟中的角色；甚至鼓勵以雇用勞工為基礎的私人經濟。[45]

顯然陳雲大有理由在趙紫陽報告時大步跨出會場。趙紫陽並不太擔心，不過在大會之後，他開始表示在兩三年內，計畫經濟部分會從百分之六十降低一半至百分之三十。[46]

在會議尾聲時要選取中央委員。如同先前的協定，鄧小平的名字不在選票之上，可是他還是再度當選中央軍委會主席。胡耀邦依然是政治局委員，不過不再擔任政治局常委。政治局常委除了趙紫陽之外，還有姚依林、李鵬、胡啟立以及負責情報與安全事務的老幹部喬石。政治局中有順利平息上海學生運動的「英雄」江澤民；鄧小平前妻金維映之子李鐵映，之後很快擔任國家經濟體制改革委員會主任，一年後出任國家教育委員會主任。[47]趙紫陽擔任總書記，之後辭去總理職務，由李鵬接任。

鄧小平非常開心，所有事皆依其計畫而行。他不太中意李鵬，但是陳雲和李先念堅持要起用周恩來的養子。鄧小平最終還是同意，要求李鵬公開譴責蘇聯霸權主義（不知為何鄧小平認為李鵬是親蘇派，很可能是因為他在一九四〇年代末期到一九五〇年代初期長期在蘇聯讀書）。李鵬遵照指示並成為總理。[48]

一九八八年新年似乎應許在各方面會有更進一步的成果，但反而是這些年改革中最為艱困的時期。嘗試新的經濟自由化導致物價飛漲。五月，謠言紛傳說趙紫陽計畫在短期內對大多數商品與服務解除價格管制。這迅速導致市場價格以超過百分之五十的年增率暴漲。菸酒類價格飆升達百分之兩百！[49]七月初，通貨膨脹率站上了百分之四十。

不過《人民日報》刊登政治局決議改革物價與薪資之後，八月發生了最糟的狀況。[50]雖然報導表示在五年內會解除物價管制，而非立即施行，可是民眾驚惶失措，立刻從銀行提領現金並掃光商店貨架上所有商品，從肥皂到大米以及最昂貴的電器產品。[51]鄧小平和趙紫陽被迫改口，宣布物價改革會延後五年或更久之後才施行。可是人民無法冷靜下來。

鄧小平自由化的夢魘又開始逐步增強，這次是於一九八七年底從蘇聯傳到中國的自由與開放之風開始增強。知識分子與許多城市居民熱切地吸收來自莫斯科方面的消息。米哈伊爾．戈巴契夫立刻成為最受歡迎的人物。大學生忙著學俄文。中國人只要一聽到外國人是俄國人，會立刻舉起拇指說：「戈巴契夫好！」公車司機在擋風玻璃上放上蘇聯領導人的照片。許多人期望鄧小平會走上戈巴契夫的道路。[52]

可是中國領導人和鄧小平本人對於蘇聯改革有著複雜的情緒。他們害怕開放，但是對於蘇聯外交政策的改變卻是給予正面回應。當然不可能迅速忘卻多年來的敵意。此外，戈巴契夫依然沿著包括蒙古在內的中蘇邊境，駐守著百萬大軍。他的軍隊還在阿富汗境內，同時也支持正占領著柬埔寨的越南。如此一來，從鄧小平的觀點來看，蘇聯依然威脅著中國。鄧小平要求蘇聯撤除兩國關係正常化道路上的所謂「三個障礙」：依據有利於中國的方式解決邊界爭議、阿富汗問題以及越南柬埔寨問題。唯有如此，才能商談中蘇關係正常化。

戈巴契夫也夢想要恢復與中國的友好關係。一九八六年七月二十八日，他在海參崴就這個問題發表演說，甚至表達願意討論「三個障礙」。[53]一九八六年九月二日，鄧小平在接受美國記者麥可．華萊士（Mike Wallace）的訪問中，表達了正面回應。[54]接著到了一九八七年二月二十六日，戈巴契夫在政治局會議上宣布：「我們必須……對中國進行外交工作」，還表示「要試著誘使鄧小平前來莫斯科」。[55]二月，開啟了漫長的副外長層級談判，一開始先處理邊界問題，然後是越南柬埔寨問題。戈巴契夫在所有問題點上都表示讓步，並在他的壓力之下，雙方終於達成全面性的相互諒解。一九八七年七月三十日，戈巴契夫建議在俄羅斯出版鄧小平著作的俄文本，作為莫斯科願意與北京開啟嚴肅對話的信號。戈巴契夫政治局的同僚們熱切地回應。[56]一九八八年初，出版了鄧小平演講與談話集，同時《真理報》還發表一篇讚許的評論。

隨之而來的是中蘇外長互訪，到了一九八九年二月，雙方達成舉行高峰會的協議。八十四歲的鄧小平當然不會前去莫斯科，他欣然同意接待戈巴契夫。訪問預定在一九八九年五月十五日至十七日之間。[58]

鄧小平準備好了戈巴契夫來訪。儘管中國有著經濟問題，但是國勢還是持續上揚，共產黨獨裁似乎還是不會動搖。鄧小平的權威依然堅定不移。

第二十三章
天安門悲劇

然後，屋頂垮了。意外之事蓋過了蔓延全中國的通貨膨脹以及北京領導人傾力準備戈巴契夫來訪。一九八九年四月八日上午的政治局會議，胡耀邦突然感到身體不適，臉色發白地從椅子上站起來，跟主持會議的總書記趙紫陽揮手。

「紫陽同志，我很不舒服，請允許我退席？」

接著胡耀邦就失去知覺倒在地上。

趙紫陽大叫：「誰有硝酸甘油？」

「我有。」江澤民很快回說：「我沒有心臟病，從來不帶這種東西，不過老伴一定要我帶。」

有人很快就放了兩片在胡耀邦的舌頭下。他們打電話給最近的三〇五醫院，就位於中南海對面，可是忘記通知警衛。醫生到了十分鐘之後才獲准進入。救護車終於抵達，醫生診斷是心臟病。胡耀邦被送往醫院，醫生們盡全力搶救他，可是他在一週之後過世了。當時他才七十三歲。[1]

之後很快全國都得知胡耀邦的死訊，聽到消息時人們都哭了出來。許多人認為胡耀邦是國家的典範，還是名正直的黨員。知識分子們特別喜歡胡耀邦，他們相信胡耀邦是因為一九八六年底支持學生運動而遭受不應有的對待。因此有人要求鄧小平公開平反胡耀邦同志。

四月十五日傍晚消息爆發開來，隔天學生們群聚在北京的各校園內。他們宣稱：「該活著的人已經死了」，又補上「該死的人還活著」。[2]部分學生緩步走到天安門廣場上的人民英雄紀念碑前，放置白花圈悼念胡耀邦。[3]旋即爆發出一場自發性的運動。四月十八日胡耀邦過世三天後，數百名學生提出一份政治訴求請願信給全國人民代表大會常務委員會，要求：「民主與自由；徹底否定『清除精神污染』；開放報禁與實施媒體自由；要求犯下重大錯誤的官員下台；中央政府要接受人民信任投票；公布領導人和其子女的財產；無條件釋放政治犯。」[4]

接著隔天傍晚，兩千人聚集在中國最高層領導人居住的中南海前大喊：「胡耀邦沒死！李鵬下台！」其中一名慷慨激昂的學生大叫：「打倒共產黨！」有些學生試圖衝進中南海。他們未能如願，便席地而坐拒絕解散。警方開始毆打他們，強拉他們塞進專門調度來的巴士之內。隨後接著一場騷亂，持續了一整夜。直到清晨五點才恢復了秩序，可是後來演變成只是暫時恢復秩序而已。四月二十日與二十一日，許多學生再次群集在北京市中心，要求政治平反胡耀邦，強烈打擊貪污，終止靠關係建立的企業，以及所有中國公民的自由。隨著日子推演，示威的規模也隨之擴大。四月二十二日，一萬人聚集在天安門廣場上的人民大會堂前。大會堂內正在舉行四十分鐘的胡耀邦悼念儀式，學生們在一片苦寂下井然有序地在外面聽著廣播。[5]

鄧小平對於他前同志的辭世反應沉靜，他早就對胡耀邦失去興趣。一九八七年，鄧小平還會邀請他一道打橋牌，可是不會談到任何嚴肅的議題。一九八七年十二月三十日，鄧小平和胡耀邦甚至切斷了這種形式上的「牌友關係」。雖然楊尚昆和其他政治局委員向鄧小平請求過兩次，要他到醫院探視胡耀邦，但他還是不去。鄧小平斷然回答：「我又不是醫生。」[6]鄧小平檢視趙紫陽擬定的四月二十日喪禮悼詞演講草稿，當時學生擠滿廣場之上，他刪除其中的「偉大的馬克思主義者」這一句。他臉色難看地說：「功勞講足，不提辭職。『偉大的馬克思主義者』〔之稱號〕，我們都不夠〔資格〕，我也不夠，我死後就不要給我加。」[7]可是在卓琳的建議下，鄧小平參加了四月二十二日在人民大會堂內舉行的喪禮儀式，向胡耀邦的遺孀和子嗣們致哀。可是鄧小平看起來頗為冷淡，並未發表演說。

最高領袖最擔心的是首都中心的學生示威以及他們「放肆的」要求。鄧小平總是傾向使用武力來解決這類事件，可是趙紫陽在四月十九日前去看望他，跟他保證一切都在掌控之下。鄧小平願意等，不過並未冷靜下來。四月二十三日，趙紫陽前往早就排定好的官式訪問北韓。他要求總理李鵬替他主持政治局常委會的工作，可是與此同時他也指派他最信任的政治秘書鮑彤嚴密監視著局勢。[8]

校園與城市中的騷亂持續不墜，學生們開始組織串連，同時浮現出領導分子。超過二十個城市的學生加入這場運動，一場真正的民主學生運動在這個國家內活躍起來。李鵬和楊尚昆擔憂並關心街頭上的事態發展，要求會見鄧小平。四月二十五日上午，他們與鄧小平會談，並遞交北京市委會第一書記李錫銘與北京市長陳希同的報告。報告中描述學生示威為反社會主義，此外也指出學生們正指名道姓攻擊鄧小平。李鵬認為這是「資產階級自由化」的證據。[9]

一如意料，鄧小平異常憤怒。他年老之後，變得過敏又多疑，此時他無法忍受任何批評。「這不是一般的學潮，是一場動亂。」鄧小平堅稱：

〔我們〕就是要旗幟鮮明，措施得力，反對和制止這一場動亂。行動要快，要爭取時間……這些人的目的是推翻共產黨的領導，使國家和民族喪失前途……這一場動亂完全是有計畫的陰謀活動……我們必須快刀斬亂麻，為的是避免更大的動亂。[10]

人在平壤的趙紫陽聽到鄧小平的說法，認為最好表達他「完全同意」的態度，他在發給鄧小平與其他領導人的電報中做此表示。[11]李鵬接著指示《人民日報》發表社論回應學生。社論是由胡啟立所監管的中央委員會一名工作人員寫成，胡啟立日後對此感到相當遺憾。[12]該篇社論逐字重述了鄧小平的看法，可是沒有指出來源出處。[13]

不論李鵬是否能預料得到，可他絕沒料想到還有更糟的事。社論激怒了大多數的學生。是愛國心驅使了他們，而非要摧毀共產黨和社會主義體制。事實上，他們想協助中共成為真正屬於人民的政黨，還有對失去一名了解學生們的領導人表達他們的憂傷之情。

四月二十七日，僅僅是北京市就有五萬人參與了抗議示威活動。咸信政府會試圖以暴力方式驅散抗議活動，數名學生還寫下遺書與訣別信，他們準備赴死。學生們害怕是有憑據的。楊尚昆已經收到鄧小平批准從首都軍區部署五百名軍人來協助警方。學生們組成堅固的隊伍沿著北京街道大步前進，高喊著：「媽媽！我們沒有做錯！」北京市民高喊著對學生們的支持，有些人還加入他們。甚至許多地區的警察也表示同情他們。

共黨領導老幹部們聽聞首都街頭發生之事，感到驚惶失措。李先念馬上致電鄧小平說：「要下決心抓他幾十萬人！」王震完全同意這看法，[14]可是鄧小平拖延下來。戈巴契夫在兩週內就要抵達北京，鄧小平不想血洗首都街頭。此時，學生們感到很安全。他們歡慶勝利並準備重新發起戰鬥。學生們認為黨領導們害怕並準備屈服於他們的要求。五週之後，他們會知道這樣的評估犯了多大的錯誤。

學生們並非完全失守。鄧小平感到愈來愈焦慮，他了解到許多公民不再視他為慈父般的恩人，反而是暴君般的鎮壓者。當鄧小平得知李鵬不僅提到他的決定，甚至李鵬在指示《人民日報》總編輯發表那篇惡名昭彰的社論時還闡述了他的說法，他心亂如麻。鄧小平希望躲在幕後，即使是在發布嚴格指令時，他都不想讓自己的名字在群眾之間流傳議論（他或許從來不曾想過這種行為是不道德的）。

鄧小平的家人也擔心他的聲譽問題。趙紫陽的秘書鮑彤正在研擬即將到臨要慶祝「五四運動」七十週年的演講稿，鄧小平的女兒鄧毛毛打電話給他，要求他在講稿中要提到鄧小平這一生中都非常關心中國年輕人。鮑彤在收到趙紫陽從北韓回返途中的應允之後，依從她的請求加入這段話。[15]

儘管總書記在五月三日發表的演講在黨領導人間增強了緊張氣氛，可是趙紫陽談到歷史主題，一九一九年與一九八九年這兩個青年愛國運動，其間類比不言可喻。最重要的是總書記力圖和平解決問題，他對這場學生騷動的評價基本上和《人民日報》社論中的評價有所不同。趙紫陽不僅沒有提到鬥爭資產階級自由化，他反而還承認年輕人要求民主與譴責貪腐的行為正確。[16]

演講隔天，在「亞洲開發銀行」（Asian Development Bank）領袖會議中，趙紫陽更進一步表示：「遊行隊伍中的絕大多數學生……不是要反對我們的根本制度，而是要求我們把工作中的弊端改掉。」[17]

趙紫陽的說法讓鄧小平氣炸了。鄧小平無法原諒趙紫陽推翻他自己對這場運動的評價。包括李鵬在內的其他老幹部也同樣憤慨。五月十一日，鄧小平告訴楊尚昆，學生所謂的反腐敗口號，「只是他們的陪襯（煙霧彈），他們的核心是要打倒共產黨，推翻社會主義制度。」他接著便譴責趙紫陽。

在鄧小平與楊尚昆對談之間，出現過上海領導人江澤民的名字。兩週之前，江澤民關掉一間鼓動人民示威的地方報社。雖然這並未在整個中國新聞記者圈中引起抗議風暴，但鄧小平告訴楊尚昆，陳雲和李先念對此可是非常高興。鄧小平似乎也讚賞江澤民對「四個堅持」的效忠。楊尚昆表示同意，還表示這名上海領導不僅知道如何處理抗議學潮，也對馬克思主義知之甚深。楊尚昆還提到：「〔他〕還用英文背誦馬克思著作。」[18]在他們結束會談時，鄧小平要楊尚昆把趙紫陽給找來。

兩天後，趙紫陽和楊尚昆來到鄧小平面前。鄧小平想知道趙紫陽突然之間「背叛」他的原因。畢竟，直到四月二十五日，在趙紫陽從平壤所發出的電報中還表示「完全同意」鄧小平的觀點。為何突然之間轉變立場？趙紫陽解釋：

> 我也看到這次學潮有兩個很值得注意的特點。一是學生提出要擁護憲法推進民主，反對腐敗等口號。這些要求跟黨和政府的主張基本是一致的，我們不得拒絕。二是參加遊行和支持他們的人非常之多，各界人士都有。在這種情況下，我的一個想法，就是要想平息事態，必須首先著眼於大多

數，把多數人的主流肯定下來。

可惜鄧小平並不同意，他說：「不要讓人牽著鼻子走。這次學潮已經拖得太久了，將近一個月了。老同志們心都焦急著呢……要有決斷力。我不止一次說過，我們要力爭有個穩定的環境，把自己發展起來……這些人是要顛覆我們的國家、我們的黨。」[19]

會談突然終止。雖然趙紫陽是黨的總書記，名義上的最高職務，但是他犯了嚴重的政治失算。他未能了解到，在極權主義中國即便是毛澤東已經過世十三年了，也只會有一個正確的意見，也就是「領導人」的意見。雖然鄧小平本人先前也曾對無條件堅持毛澤東思想與政策——「兩個凡是」——進行過鬥爭，但是他認為自己的觀點毫無爭議之處。有名見證人回憶：「鄧小平……聽不進任何人的意見……他所決定的事，難以改變。」[20]鄧小平如同許多年邁的領導人一般，固執地堅信自己不會犯錯。

事情演變得非常迅速。從那天起鄧小平不再信任趙紫陽。趙紫陽馬上要淪為同樣打垮胡耀邦那個體制下的受害者。胡耀邦與趙紫陽都是好黨員，他們深知如果遵循黨內既定的方式，就不會有任何問題。可是在某些問題點上，他們的良心開始折磨他們，他們覺得不得不公開表態。趙紫陽還選在十分不恰當的時機點上這麼做。在當時的領導階層中只有兩人的看法和他相同：萬里和胡啟立。[21]

戈巴契夫即將來訪。儘管趙紫陽的演講已經暗示，部分黨領導階層同情學生們的觀點，但許多學生並不想退讓。學生運動氣勢重新再起。全中國境內五十一座城市爆發了示威運動。五月十一日，部分北京學生想出要在天安門廣場進行大規模的絕食抗議，以引起戈巴契夫關注，希望這名「有同理心」的蘇聯領導人或許屆時會替他們跟鄧小平說情。五月十三日下午兩點，大約一千名學生占領天安門並搭起帳篷，開始絕食抗議。他們拿著前晚懸掛在許多校園中的大字報，上面寫著：「中國母親！請認真看一眼你的兒女吧！雖然飢餓無情地摧殘著他們的青春，當死亡正向他們逼近，你難道能夠無動於衷嗎？」[22]學生們現在基本上只要求政府一件事：承認《人民日報》四月二十六日的社論是錯的。可是鄧小平不為所動，因為承認錯誤會讓他非常丟臉。

五月十五日，戈巴契夫抵達北京，兩千名學生已經在天安門廣場絕食，隔天人數增加到三千人。絕食示威者周遭還有萬名表達同情的學生。很多人大聲咒罵鄧小平，要求他辭職。鄧小平與蘇聯總書記的會議排定在人民大會堂內舉行，就位於絕食示威者們帳篷旁不遠處。

對於八十四歲又過於敏感的鄧小平而言，這真是個難堪的時刻。一開始一切進行得相當順利。五月十六日上午，鄧小平看起來很開心地與戈巴契夫會面，這兩名領導人進行了兩個半小時「隨性、不限方式」的會談。鄧小平立刻跟戈巴契夫建議：「結束過去，開闢未來。」戈巴契夫也表示同意，這是兩國關係正常化的第一步。鄧小平接著承認他本人在過去兩黨「激烈的論戰」中「絕非無足輕重」的角色，並表示「雙方都講了許多空話」。可是與此同時，鄧小平提醒他的貴賓，中國人過去在俄羅斯人手中遭受到多少不公的殘酷對待。戈巴契夫是名圓融的政治家，回答表示雙方無法重寫歷史，可是可以承認近期過去所犯下的過錯。[23]

在戈巴契夫拜訪期間，所有學生都在等待戈巴契夫是否會走出來見見他們。他們在請願書上簽名，要求戈巴契夫跟他們演講。有群人聚集在蘇聯大使館前，大喊著：「戈巴契夫！出來！」可是他從未現身，尤其是他根本就不住在使館之內，而是住在位於北京市另外一端豪華的釣魚台賓館。此外，他也不願意為此行增添不必要的紛爭。

因此五月十六日傍晚，當趙紫陽突然帶出學生騷動的議題時，戈巴契夫感到相當驚訝。趙紫陽告訴他，首先，中國共產黨和學生缺乏相互諒解；其次，將來中國或許會出現多黨制的問題；第三，他的貴賓應該知道是鄧小平掌管中國一切事務，也就是從一九七八年十二月中共中央三中全會之後，是由鄧小平在領導這個黨和這個國家。換言之，對中國境內未來短期內可能發生的一切，趙紫陽歸責給鄧小平。[24]

在與戈巴契夫會談後，趙紫陽做出另外一個大膽、可是政治不正確的舉動。他召開一場領導階層會議，會中要求發表一份支持學生並揚棄《人民日報》社論的聲明。李鵬跳起身說：「四二六社論基本上是根據小平同志二十五日的講話精神起草的……不能動」。楊尚昆支持李鵬，他警告修改四二六社論會損害鄧小平的形象。[25]

在這場相爭的會議之後，雙方都立刻致電鄧小平。鄧小平要求所有人隔天五月十七日上午都去見他。這天是決定命運的日子。在會議上，只有胡啟立支持趙紫陽。鄧小平滿肚子火，不斷重複表示，學生們的目的是「要建立一個完全依附於西方的資產階級共和國」。他又說：「如果我們現在十億人搞多黨競選，一定會出現文化大革命中那樣『全面內戰』的混亂局面……再這樣下去，我們都要被管制了。」接著鄧小平做出決定：「考慮來考慮去，要請解放軍出來，要在北京戒嚴，具體一點就是在北京市區（北京市有五個城區及五個近郊區）實施戒嚴。戒嚴的目的就是為了堅決制止動亂，迅速恢復秩序。」[26]李鵬、楊尚昆和喬石根據鄧小平的指示行事，三人組成領導團隊要實施戒嚴。趙紫陽拒絕參與鎮壓學生，當天傍晚他向中央委員會遞出辭呈（隔天在楊尚昆的施壓下，趙紫陽收回辭呈，可是這並未改變任何情勢。當時鄧小平已經拔除趙紫陽所有的權力[27]）。

幾個小時內，北京市內關於立刻實施戒嚴的謠言紛傳。到了下午，街上大約有一百二十萬人——學生、教師、公務員和工人——全都表達與廣場上絕食的學生團結一致，並譴責鄧小平，還出現寫著「小平，太老了。人老了，腦袋就昏了！結束老人政治！反對個人崇拜！」的標語。[28]

趙紫陽了解到他自己的政治生涯已經結束，公開站到學生這邊。五月十九日一大清早，他搭著小巴來到天安門廣場會見絕食的示威者。李鵬試圖阻止趙紫陽前往，可是當他了解攔不住趙紫陽時，他也跟著去，不希望把趙紫陽轉變成學生們眼中的英雄。然而李鵬很快就離開，趙紫陽透過小型的揚聲器向學生發表演說。趙紫陽看起來精疲力竭，帶著同情的語調說：「同學們，我們來得太晚了。對不起同學們了。你們說我們、批評我們，都是應該的。」他請求學生們停止絕食，承諾要解決所有問題，或許不是立刻解決，但是會逐步解決。[29]他當然很清楚自己已然無權這麼做。

群眾中有許多人開始哭泣，在趙紫陽演說完之後，他們甚至還鼓掌。鄧小平在電視上看到這一切

（電視轉播了趙紫陽的講話），怒不可抑。他把楊尚昆找來，問他：「你聽他（趙紫陽）講了些什麼？哭喪著臉（事實上趙紫陽並未哭泣），一副很委屈的樣子。實在太不講組織原則了，太沒有紀律了。」鄧小平的老友楊尚昆當然完全同意鄧小平的說法，並為了安全考量建議鄧小平搬到中南海。可是鄧小平拒絕了。[30]

五月二十日上午十點，李鵬宣布北京市區戒嚴。到了五月二十六日，從所有鄰近地區調來四十萬名部隊部署在北京外圍。[31]

學生和學生的同情者們非常憤怒，四處都可以聽到大喊著：「打倒傀儡李鵬！打倒鄧小平！」[32]大約有三十萬人聚集在天安門廣場。各區的人們開始設立路障以阻擋軍隊進入。事件勢不可當地朝向流血結局而去。

五月二十七日深夜，鄧小平在家中召集了七名老幹部——楊尚昆、陳雲、李先念、彭真、鄧穎超、王震和薄一波——討論新的總書記人選。所有人當然都對鄧小平的意見感興趣。他說：「比較來比較去，上海市黨委書記江澤民同志的確是總書記的合適人選。」[33]其他人都表示同意。幾天之後，五月三十一日，鄧小平與李鵬和姚依林會談後，宣布他「決心要退休」，並表示在江澤民的新領導班子就位後，就不再介入領導階層事務。[34]

與此同時，學生們持續準備最後一搏。五月二十四日清早，戴著大眼鏡、看起來很脆弱的學生領袖之一王丹呼籲大家要捍衛廣場，抵抗「黑暗勢力」。學生們和其支持者開始拿起任何能用的東西來武裝自己，可是他們當然不是包圍市區的軍隊與坦克的對手。為了鼓舞大家的精神，北京中央美術學校的師生們在天安門廣場上豎立起一座類似「自由女神像」的「民主女神」石膏雕像。然而抗議者的人數逐漸開始減少。到了五月底，大約只有七千到一萬名示威者還留在廣場上。[35]在六月四日當天晚上面對軍隊的就是他們。

六月二日，鄧小平直接下令「不計一切後果」清空天安門廣場。儘管市區架有路障，部隊還是開進市區。六月三日晚上，天安門廣場入口處發生了流血衝突。坦克在前開道，直朝著群眾而去，士兵直接對人群開槍射擊。憤怒的示威者朝著軍用車輛投擲汽油彈，並處死落單的士官兵作為回應。短時間內，通往廣場的街道上滿布著鮮血，四處都是屍體，空氣中瀰漫著傷者的哀嚎聲。被焚毀的卡車和裝甲車輛冒著濃煙。廣場上的捍衛者們最終被迫撤退。六月四日約莫凌晨一點三十分，軍隊強行推進並包圍天安門廣場。軍方在超過三個小時的過程中，使用喇叭一再命令要學生撤離廣場。大多數的學生在清晨五點左右離開，可是還有數百名學生繼續留在廣場上。他們群集在廣場中心的人民英雄紀念碑旁，開始高唱〈國際歌〉。四十分鐘內，他們都被坦克給驅離。學生們抹去了淚水，卯足了全身的力氣對著士兵大吼：「法西斯主義者！打倒法西斯！土匪！土匪！」士兵們並未攻擊他們，反而專心拆除帳篷和摧毀「民主女神」雕像。軍方占領了整個廣場，於此之際，其他軍人徹底搜查校園和街道，驅散群眾與逮捕激進分子。在接下來的三天，市區中還可以聽到槍響。士兵們會對任何聚集的群眾在不加警告下便開火射擊。[36]

鄧小平再次歡慶勝利，可是這回是鎮壓自己國內年輕人的勝利。依據多方的估計，從六月三日至六月六日，北京的死亡人數落在兩百二十人到三千人之間。正確的死亡人數仍有爭議，且可能永遠無法得知。在這些受難者中，有一名是九歲大的孩子。

第二十四章
元老告退

六月四日，整天都下著小雨。可是六月五日，太陽再度露臉並帶來濕氣。在長安大街這條主要幹道以及鄰近街道上，堆著那些原先被當成路障但燒到焦黑只剩下骨架的車輛、大塊水泥、石頭、腳踏車和路磚。玻璃碎片在陽光下閃閃發光。再也看不到屍體，可是血跡使灰色的瀝青轉成黑色：昨日的小雨無法把這些全部清洗乾淨。

多數的北京市民都待在家中，可是那些膽敢走上街頭的人也顯得一臉沮喪。很多人都哭了，吞忍著淚水啜泣著：「我們不會原諒你！鄧小平，你殺了孩子們！」[1]

六月五日，中央委員會和國務院透過電視和廣播，對首都地區的鎮壓「反革命叛亂」發表一份聲明。雖然年輕人在一百八十一座城市中都舉行示威，但是聲明中對於其他城市所發生之事隻字未提。這些示威直到六月十日才逐漸消失。[2]

六月四、五日兩天，鄧小平沒離開住所，也沒見任何人。只有在六月六日「建立秩序」之後，他才在家中接見數名老幹部，還有李鵬、姚依林與喬石。鄧小平非常激動，並不斷跟每個人保證即便是外國人實施制裁，「中國人民」也不會從選定的道路上轉彎。他非常希望這些剛剛發生的事件不會妨礙到一九八八年黑色八月之後緩和下來的經濟改革。[3]那時也得放棄把計畫經濟部分從百分之六十降為百分之三十之事。許多老幹部支持李鵬，他針對限制市場通過了一系列措施。趙紫陽在第十三次全國代表大會上所倡議調節計畫與市場經濟的統一組織，此時再也無人提起。經濟持續往雙軌制前進，計畫經濟被視為主要部分，市場只是輔助角色。計畫經濟與市場經濟之間相互滲透部分依然很零碎。一九八八年九月，李鵬、姚依林與其他國務委員完成一份新的調節計畫，立刻於十三屆三中全會通過。[4]

「血腥六月」威脅著要把鄧小平的改革拉倒退，他了解黨內許多人，尤其是那些老幹部視改革為一切災難的起因。他們表示，改革透過「資產階級自由化」把中國開放給「腐敗的西方」，「污染」了年輕人的內心。在經濟改革和「四個堅持」之間維持合理平衡點的方法，讓鄧小平一直感到很苦惱。可是，對於這個即將到來的基本問題並無解答。

六月九日，鄧小平向參與了鎮壓學生運動的軍方單位指揮人員發表演講。他對軍方的努力表達了感謝，並對於在「鬥爭反革命叛亂中英勇犧牲」的將士們致上哀悼之意。在鄧小平的提議下，所有人都起立對殞落的戰士們致敬。他反覆重申他對四月到六月間發生之事的分析，不過強調不會回到過去左派的政策。改革的道路會持續運作，只是需要對人民推動教育工作。[5]所有指揮官都鼓掌叫好，可是無法得知他們是否同意深化市場改革。

一週之後，鄧小平會見黨、國最高領導階層，有江澤民、李鵬、楊尚昆、萬里以及其他幾人也在場。鄧小平重複他在五月三十一日給李鵬、姚依林的訊息，也就是江澤民將成為新任總書記，他（鄧小平）將會退休。「當然，你們有事要找我，我不會拒絕，但是不能像過去一樣……新的領導一建立，要一切負起責任。」他再度提到開發經濟，又說：「經濟〔發展〕不能滑坡（放慢）。」他呼籲年輕同志要採取手段，國家發展才會「穩定與持續」，並盡可能與國外擴大經濟關係。[6]

接著來到六月十九日至二十一日的政治局擴大會議，會中檢討趙紫陽事件。此次與兩年半前的胡耀邦事件一般，所有人同聲一氣對這名前同志發起粗暴的批評，可是趙紫陽和情感脆弱的胡耀邦不同，不僅拒絕承認犯下任何錯誤，還執拗地捍衛自己的立場。鄧小平違反了黨規，允許不論是否為政治局委員都可以投票，自然大多數人都舉手贊成解除這名「叛變」的總書記的職務，另外也開革他的中央委員、政治局委員和政治局常委的身分。只有趙紫陽自己一人投下反對票。他說：「對撤銷我的職務，沒有意見，但對（分裂黨、支持動亂）兩頂帽子不同意、不接受。」[7]不論是鄧小平或主持會議的李鵬，還是其他任何人都沒有回應趙紫陽。

馬上來到六月二十三、二十四日，中央委員會四中全會確認政治局擴大會議中關於趙紫陽的決定。李鵬提交關於趙紫陽的主要報告，以最惡劣的角度來刻畫這名前總書記，甚至將中央辦公廳的資料發送給全體與會者，影射趙紫陽為「國內外反動力量要顛覆中國共產黨和打倒鄧小平的預謀者」。[8]四中全會之後，趙紫陽遭到軟禁並且對他進行調查。調查持續到一九九二年十月，長達三年之久。可是並未透露判決結果，顯然領導群並不想挑起過往。然而，他們以一份包含三十項指控罪名的冗長文件要趙紫陽認清自己，對於這名囚徒，他們並未採取任何其他手段。[9]趙紫陽直到二〇〇五年一月十七日過世之前，都被軟禁起來。[10]

如同這些老幹部早就做好的決定，四中全會選取江澤民取代趙紫陽——當然又是一致通過。他們也開除了胡啟立的書記處書記、政治局委員與政治局常委的職務，因為他在天安門事件中始終支持趙紫陽。[11]在決定性的時刻，萬里選擇站在鄧小平這方，因此對萬里並未做出任何制裁。

鄧小平似乎把所有的事都解決得很好，可是他的憤怒並未因此消滅。整個夏秋兩季，他繼續強調持續改革的必要性，但是他的呼籲被當成馬耳東風。不僅是老兵們，連新人（江澤民、李鵬和其他人）也相當被動消極。天安門事件或許不僅是在人民心中，同時也在黨內領導階層之內破壞了鄧小平的權威。早在六月十九至二十一日的政治局擴大會議之初，有數名中共領導階層以批評趙紫陽為掩護，實際上在譴責鄧小平的改革。[12]儘管這名元老大聲呼籲，改革依然緩步不前，鄧小平不了解經濟，且現在已經無人可以倚賴。對於這些問題，江澤民和李鵬傾向靠攏影響力日增的陳雲和李先念。經濟成長步調減弱之際，隨之積極重啟鬥爭「資產階級自由化」。

一九八九年八月中，就在鄧小平要邁入八十五歲之前，他毅然決然決定要徹底退休。八月十七日，他通知楊尚昆和王震（此時這三人都在黃海邊的北戴河度假[13]）。鄧小平認為李先念和陳雲也會全面退下來，留下這兩名保守派掌權會癱瘓改革。可是他們斷然回絕，堅持要保有享有名望的職位（他們直到臨死之前還握有職位，李先念死於一九九二年，陳雲是一九九五年）。因此鄧小平必須獨自一人退隱。九月四日，他把自己的想法告知了江澤民、李鵬以及其他年輕一輩的領導人。他的告別說辭是：「中國一定要有一個具改革開放形象的領導團體，這點請你們特別注意。改革開放放棄不得。」[14]此時他也向政治局提出辭去中央軍委會主席的職務。[15]

十一月初，十三屆中央委員會第五次全體會議通過鄧小平的請求案，強調「中國人民的傑出領導人」完全退休並非因為個人健康惡化的因素，這純粹是見證了「偉大無產階級革命家的寬闊胸襟」。[16]推選江澤民接替鄧小平中央軍委會主席的職務。鄧小平把政府治權交給了江澤民和李鵬。

從那時起，鄧小平成天都與親近的家人相處在一起。一如過去，他經常在庭院內散步，通常是跟同樣也老了的卓琳一起漫步。他們手牽手散步，沿著那圍繞著公園的小徑走上好幾圈。他就只有散步，獨自思索。他的隨員開玩笑表示：「老爺子在這條小徑上決定中國的命運。」大家都喊他「老爺子」——不是只有孫子們這麼叫他，連卓琳、他的子女和僕役都是。[17]雖然鄧小平不再需要做許多決定，對於家人來說，他還是最重要的人物。他散步時，喜歡走到園中央的一個用磚石環繞、上面布滿花朵的小池塘。他會盯著池中翻游的金魚好長一段時間，掰下手中麵包餵給那些張著大口貪吃的金魚。

所有事都上了軌道。每天晚上家人們都圍繞著餐桌一道吃晚餐。鄧小平喜歡吃美食，不過自己已經不再下廚。他和其他榮譽職的老幹部們一樣，擁有一名深知老闆脾胃的廚師。鄧小平老年期間，依然喜歡油、辣的食物：辣炒豬肉和宮保雞丁。他不允許把剩菜給倒掉：「把剩菜倒掉的是傻子，」他笑著說：「做成燴菜、燴飯，下頓接著吃。」[18]

鄧小平並未撇下對橋牌的愛好，甚至比之前更常打牌。他也喜歡敲撞球，可是自從他一九五九年打球滑倒跌斷腿骨之後，就再也沒上過球檯。一九八八年七月，他當選「中國橋牌協會」名譽主席，感到非常榮耀。不過五年之後的一九九三年，他收到「世界橋牌聯合會」（World Bridge Association）主席的正式證書，以表彰他為世界橋牌運動所做的「促進與發展」，使他更感榮耀。

足球是鄧小平另外一項喜好。他自己從來不踢球，可是熱愛觀看電視上的足球比賽，還到球場看球賽。如果他因故錯過了電視轉播，他總是要他的警衛張寶忠幫他把比賽給錄下來。[19]

在夏季的那幾個月內，鄧小平會和家人前往海濱，不是去北戴河就是到青島，住在中央委員會靠近海邊的招待所。他喜歡游泳，不是在室內的游泳池，而是在開放之處以感受自由自在。鄧小平八十歲以後每天跟孩子與警衛們游泳一個小時。[20]

鄧小平當然不可能完全放掉工作。黨與政府的文件每天都會送到他那裡，他讀過之後寫下意見，然後交給秘書。他持續讀大量的報紙，跟上時事發展。鄧小平的辦公室井然有序，他喜歡整潔並確保所有東西都就定位。在他大辦公桌上靠近桌燈的旁邊擺著孫子們送的兒童磁玩具和禮物——老鼠、小老虎、小羊和小牛。每一個都代表他四個孫子的生肖：老鼠是孫女眠眠、老虎是孫子萌萌、小羊是孫女羊羊、小牛是孫子小弟。這些玩具後面是個大把手的小籃子，前面站著兩隻戴著眼鏡的胖小豬。其中一隻頭上戴著小男孩的軟呢帽，另外一隻綁著蝴蝶結。這兩個代表著鄧小平和卓琳。籃中有五隻小豬則是鄧小平的子女：鄧林、鄧樸方、鄧楠、鄧榕和鄧質方。這是孫子們的想法。[21]

鄧小平喜愛這三組小動物，當然他最喜歡的是能讓他想起孫子的那些小動物。他現在花很多時間陪著孫子。冬天時，他會跟著他們一起在院內堆雪人；夏季時，他們一起去郊遊。他開玩笑地說：「我們國家有『四個堅持』，我們家也有四個。我們家的四個堅持就是我那四個孫子、孫女。」[22]鄧小平書房內辦公桌下有好幾個彩色的箱子，裡面裝著他要給孫子們的玩具。

退休時就算是在工作，他也不想獨自一人，因此當他吃完早餐走進辦公室時，通常會帶著小弟一起。這小孩立刻爬到祖父的書桌之下，祖孫兩人各自忙著自己的事。卓琳也時常會走進先生的辦公室，去看顧那當然會在書房內吵鬧的小弟。不過，鄧小平並不覺得孫子打擾到他。鄧小平沉坐在一張柔軟的搖椅內，雙腳靠在一個軟墊上開始讀書。他有時會走到牆邊的沙發，躺在沙發上就著旁邊的立燈繼續讀書。隨著年紀增長，他的視力愈來愈退化，老花得很厲害，迫使他得戴上又大又厚的眼鏡。[23]鄧小平喜歡瀏覽字典，特別是皇皇巨冊的中文字典《辭海》。他只要遇到不熟悉的字，就樂於查找它的字義。他時常重讀西元前二世紀到一世紀漢代史學家司馬遷的《史記》，以及宋朝史學家司馬光（西元十一世紀）的《資治通鑑》。鄧小平最喜歡的文學作品，是那活在滿洲人征服中國期間的蒲松齡（一六四〇—一七一五）所寫的《聊齋誌異》。他和卓琳也時常聽京劇的錄音。[24]

鄧小平偶爾會接見那些指名想與他會面的外國訪客。他在國外依然被視為中華人民共和國具有領袖魅力的領導人，因此也不意外會有許多政治人物想與他對話，儘管他們也知道血腥的天安門鎮壓事件應由鄧小平負責。政治就是政治。一九八九年十月，鄧小平會見美國前總統尼克森，並跟他抱怨美國人自六四之後就「不斷譴責中國」，認為這毫無道理。他還說：「中國沒有做任何一件對不起美國的事，」而「北京不久前發生的動亂和反革命暴亂，卻是由國際反共反社會主義的思潮煽動起來的」。他要求尼克森轉告於一九七四年擔任美國北京聯絡處主任時就已經熟識的老布希（George H. W. Bush）總統，要「結束過去」。[25]

一九八九年十二月，鄧小平把這些說法向老布希的國家安全顧問布蘭特·史考克羅（Brent Scowcroft）重述了一次。他笑著說：「請特使轉告布希總統，在東方的中國有一位退休老人，關心著中美關係的改善和發展。」他的女兒鄧毛毛擔任翻譯，也笑了。[26]

鄧小平有時也會與江澤民、李鵬和其他領導人會談，通常是在他家。他或許會給予他們一些建議或讚許，可是他一般並不干涉黨內日常事務。總而言之，他很享受退休生活。

只有一次例外，一九九〇年年底，鄧小平才放任自己就市場經濟問題跟江澤民和李鵬長篇大論。似乎他愈來愈不喜歡新領導階層的保守做法。「我們必須從理論上搞懂，資本主義與社會主義的區分，不在於是計畫還是市場這樣的問題。」他又解釋：「社會主義也有市場經濟，資本主義也有計畫控制……不要以為搞點市場經濟就是資本主義道路，沒有那回事。計畫和市場都得要……冒點風險不怕。」[27]楊尚昆參與此次會議，並完全支持鄧小平。

雖然鄧小平退休後自有其退休的樂趣，但他依然是名政治人物，也依舊關心中國的問題。一九九一年一月初，在全國準備歡慶中國農曆年期間，他前往上海，但並非為了要放鬆休閒，而是要去視察。在一場與黨領導人的會議上，鄧小平建議他們要努力「毫不猶疑地」發展上海外灘黃浦江對岸形同半荒廢的浦東。為此他還提議他們要吸引外資。這個想法並非出自於鄧小平本人，而是一九八六年底或一九八七年初時，有名殷實的美國華僑在與趙紫陽談話時首次提出。趙紫陽告訴了對此深感興趣的鄧小平，可是陳雲和其他保守派都表示反對，計畫因此被擱置。[28]鄧小平現在抓住這個概念，並把它當成自己的想法在闡述（當然完全不會提到趙紫陽）。他解釋：「只要守信用，按照國際慣例辦事，人家首先會把資金投到上海，競爭就要靠這個競爭。」鄧小平也提醒市委會領導階層計畫經濟不意味著社會主義，市場經濟也並非就是資本主義；他表示希望所有上海人民要「思想更解放一點，膽子更大一點，步子更快一點」。[29]

六個月後，鄧小平再次與江澤民、李鵬以及外交部長錢其琛提起成長節奏的問題，這一次又有楊尚昆與會。「強調穩定是對的，」他又跟新領導階層建議：「但強調得過分就可能喪失時機……穩這個字還是需要的，但並不能解決一切問題。」[30]但顯然他們不太在意鄧小平講的話。

鄧小平開始質疑這批之前全力投入清除精神污染的新領導人，擔心他們可能無法達成他多年前早已設好的中國國內生產總值要在世紀末之前成長四倍的目標。國內生產總值成長率讓他感到焦慮。一九八六年至一九八八年，總值上漲了百分之三十五；一九八九年至一九九一年只有上漲百分之十八。但出口成長的數字並未減緩，同時外國直接投資已經快速成長，這都讓鄧小平感到雀躍。一九八五年至一九八八八年，外國商人已經在中國投資約九十億美元，接著一九八九年至一九九一年，此投資金額上漲到超過一百一十億美元。[31]全球輿論當然對中國殘暴鎮壓學生示威運動表達深切的憤怒，[32]可是穩定中國局勢的經濟效益要比道德考量來得重要。

因國際局勢有利於中國，鄧小平感覺有必要介入，以便對改革提供新動力。天安門悲劇已經消退成過往。現在有可能回轉反自由主義運動，並把整個國家轉到以中共第十三次全國代表大會的精神來建設經濟。

一九九二年一月十七日，還有三週就是中國農曆年，這名八十七歲的元老從北京火車站啟程往南，經由武漢與長沙來到了深圳與珠海經濟特區。隨行的還有妻子卓琳、四名子女（除了鄧樸方之外）、孫子女、楊尚昆以及忠心耿耿的王瑞林。鄧小平也計畫再度前往上海。他此趟為期超過一個月的行程目標，是透過造訪這幾個象徵他推動改革的地方，再度振作起中共的新力量，把黨和領導階層指往加速市場化的道路之上。鄧小平是經過深思熟慮才行事，套用「偉大的舵手」不斷重複利用的相同伎倆：直接利用群眾來壓制北京的領導階層，而他也一如毛澤東過去那般地圓滿成功。

關於改革問題，地方幹部和一般市民全心全意地支持鄧小平，江澤民和李鵬再也無法置之不理，尤其因為鄧小平在各地宣布：「誰要改變三中全會以來的路線、方針、政策，老百姓不答應，誰就會被打倒。」他會見地方領導人、工程師、技工和其他人，公開表示盡全力推進重建，加速成長步調和擴大市場調節範圍等必要性。這是他退休以來首次從事繁重的公共活動。

「改革開放膽子要大一些，敢於試驗，不能像小腳女人一樣。」鄧小平不斷強調：「必須大膽吸收和借鑑人類社會創造的一切文明成果，吸收和借鑑當今世界各國包括資本主義發達國家一切反映現代化社會生產規律的先進經營方式、管理方法。」他公開嘲笑害怕發展市場經濟，以及把「改革和開放政策等同引進資本主義的方法」之人，視他們為「缺乏基本常識」。他非常激動，甚至還宣布現今中國「左派」觀點最是根深柢固，是所有人應該鬥爭反對的觀點。畢竟，「『左』的東西在我們黨的歷史上可怕呀！一個好好的東西，一下子被他搞掉了。」於此之際，鄧小平和過去一樣著重堅守「四個堅持」的必要性，強調所有改革最終都直指建構進步的社會主義。[33]

在鄧小平公開講話之後，北京領導階層確實得立正聽命。雖然鄧小平已經失去些許的影響力，但是他還是「家庭的大家長」。

簡言之，家長「南巡」對黨內氣氛帶來了重大影響。一九九二年二月底，中央委員會把鄧小平此次南巡期間的談話與演講內容發送給所有中共黨員。三月九、十日，江澤民召開政治局會議，基本上將黨的工作重心再次移轉至經濟建設，遵循黨的改革與開放政策。該次會議認定使用鄧小平最新演講內容，作為即將來臨的第十四次全國代表大會基礎文件的必要性。[34]

一切事務都按照鄧小平的計畫而走。他最後一次公開露面就是這名元老跟全國的道別。鄧小平退出了舞台，他對黨和人民的道別演說就是要持續改革，解放意識以及在對外界開放的道路上大膽前進。

一九九二年十月十二日至十八日，中共舉行第十四次全國代表大會。鄧小平以「特邀代表」的身分與會，共有四十六名這樣的代表，他們全都在一九二七年之前就加入共產黨。共有一千九百八十九名代表，代表了為數超過五千一百萬名的黨員。鄧小平聽完江澤民的整份報告，之後他在走廊上分享了他的看法：「講得不錯，我要為這個報告鼓掌。」[35]他並沒有惺惺作態。這份報告不僅反映他南巡期間會談與講話的基本意涵，也與十三全會決議案的精神緊密融合。此文件設定今後的任務是在計畫與市場有機聯合的概念下，在中國建設所謂社會主義市場經濟。不採雙軌發展模式。新任總書記江澤民在趙紫陽之後再度強調，中國還處於「社會主義初級階段」，當然他不會提起趙紫陽，他呼籲要重新將經濟導向出口，甚至要對世界更加開放中國市場，以及達成現代化與「加速改革步調」。[36]

大會結束之後，市場改革再度振作起來。城市內私人企業的數目大幅增長，到了二〇〇〇年，共有三千九百五十萬名私有企業主。國內生產總值開始快速成長。從一九九一年至一九九五年之間，上漲了百分之七十八點三，年平均成長率是百分之十二點二。[37]中國再度展現具有「中國特色社會主義」的生命力。

鄧小平能再次歡慶勝利，對於中國國內生產總值在世紀末之前要比一九八〇年時成長四倍，他不再感到懷疑了（先跳往前去看，鄧小平沒有弄錯，他當時所預見之事確實將來都應驗了）。他現在能好好放鬆。一九九二年底，他工作的時間愈來愈少。他幾乎鮮少會見江澤民。冬季幾個月的期間，他會離開北京，只是不是去視察，而是去休息。冬季北方的天寒地凍讓他感到厭煩。一九九二年十二月底至一九九三年一月初，鄧小平和卓琳待在杭州風景秀麗的西湖畔，那兒也是毛澤東喜愛之地。接下來的一月和部分二月時日，他們到了上海。隔年，他們再次幾乎在上海待了兩個月之久。

鄧小平的老同志們一一消逝：鄧穎超、李先念、王震。陳雲得了重病，也在上海過冬。雖然鄧小平依然精神奕奕，可是無法抵擋帕金森氏症無情地把他推向盡頭。他的雙手和頭都會嚴重顫抖，走路需要枴杖，無法把腿抬離地面。一九九四年八月二十二日，鄧小平跟家人慶祝九十歲大壽。有一塊大蛋糕，所有人都祝福老爺子身體健康、長命百歲，大家也都盡情歡樂。

可是到了一九九四年底，鄧小平感到身體很虛弱。檢查報告披露他患有嚴重的肺感染。十二月二十二日，他住進高檔的解放軍醫院。他在醫院待了一個半月，直到二月七日才出院。在新曆一月底舊曆年除夕，江澤民前去醫院探視鄧小平。鄧小平握著江澤民的手，要他向中國人民轉達他誠心的新年祝福。[38]

四月十日，鄧小平得知陳雲過世，鄧小平最後一批親密的老同志之一現在也永遠離去了。只剩下彭真、薄一波，當然還有他的老友楊尚昆還在世。他們全都垂垂老矣，可是當下還緊握著生命（他們比鄧小平晚走：彭真是一九九七年四月，楊尚昆在彭真過世一年之後離世，薄一波是在二〇〇七年過世）。

一九九六年，鄧小平的帕金森氏症快速蔓延。十二月十二日，他又住進同一間軍醫院，因為再度肺感染使得他的病情更為複雜。如此一來，十分憔悴又疲憊的鄧小平在醫院的床上迎接一九九七年。儘管他非常虛弱，一月一日，他還是看了電視播出他生平影集的第一集。看起來鄧小平似乎很開心，雖然此時他幾乎已經全聾，護士們跟他說話時必須不斷提高音量。接下來的十一天，他看完整個系列影集。[39]

二月初，江澤民再度前來探視鄧小平並致上新年祝福。鄧小平再次表達對所有中國人民的祝福，並希望來年中央委員會團結在江澤民的領導之下，能順利完成兩項歷史性任務：將中國主權擴延至香港以及召開中共第十五次全國代表大會（正式移交香港給中國的儀式排定在一九九七年七月一日，兩個月後的九月是十五全大會）。

鄧小平非常想親眼目睹香港回歸中國，甚至夢想要造訪該城。可是命運決定往反方向走。二月中，鄧小平的健康狀況急速惡化，很快失去自主呼吸。卓琳和孩子們知道這就是告終之時。鄧小平瀕臨死亡，醫生們已經束手無策。二月十五日，卓琳和孩子們就葬禮安排事宜一起寫了封信給江澤民和中央委員會。鄧小平個人是希望黨領導們簡單辦理他的葬禮，[40]他們要求不要舉行隆重的葬禮，也不要公開展示遺體。追悼會應該在擺著往生者的遺照與骨灰罈前舉行。[41]葬禮之後，鄧小平的骨灰撒在黃海之上。[42]這是他的遺願。

一九九七年二月十九日晚間九點零八分，這名偉大的革命家與改革者以九十三歲高齡告別人世。

喪禮完全按照鄧小平的遺願安排。二月二十四日，黨、國領導階層來到軍醫院永遠送別鄧小平。之後他的遺體送往革命英雄公墓的火葬場。數以萬計的民眾沿著長安大街目送鄧小平人生的最後一程。是什麼讓人們走上街頭？同情、好奇、還是敬愛？誰又知道呢？大多數的北京居民都待在家裡。隔天追悼會在人民大會堂內舉行，會中由江澤民發表悼念演說。會場內超過萬人，一片靜默地追悼鄧小平。

六天之後的三月二日，卓琳在中共暨中國的第四代領導人政治局常委胡錦濤陪伴之下，將先生的骨灰撒在寬闊的黃海之上。[43]

尾聲

每次重返中國時，真的很難再辨認出中國的模樣。北京、上海、重慶、西安，還有許多大城市以飛快的速度在轉變。各處都在蓋新大樓。旅館、百貨公司、商辦大樓，所有的東西都直沖雲霄。賓士、寶馬在新大道上奔馳，老區都在翻新，人們的穿著愈來愈好。街上生機盎然，商店內擠滿了商品，情侶們在大街上卿卿我我。已經無人會跟在外國人後頭，也不會緊緊地圍著他們盯著瞧或東摸西摸，而不過大概二十多年前，幾乎所有中國人都會這麼做。中國人現在和「長毛洋鬼子」做生意；外國人是夥伴，不是殖民歷史博物館中的展示品。大家都能感受到這些變革，甚至在內地、在西北和西南的農村之中都是如此，雖然這些改變都不如城市來得劇烈。然而鄧小平從來不曾說過全部的人都會變得富有與文明。

上海的變化尤為可觀。這座超現代的大都會多采多姿，講究實際且富有活力，從一大早到深夜都忙碌著。從凡賽斯（Versace）到梅西百貨（Macy's）高檔入時的外國商家成排地沿著南京路、淮海路等主要商業幹道開著。毛澤東和鄧小平穿著的老式外套早就落伍了，所有人都想穿著西方樣式的時尚服飾。婦女購買昂貴的化妝品，身穿五顏六色的服裝，戴著高雅的帽子。在黃浦江對岸的浦東商業區，成千上萬的商人在大賺其財。大型外國公司的分公司也坐落此區，包含索尼（Sony）和許多中國企業的總部都設在此處。星期一到星期五，浦東就是中國的華爾街；週末，這裡幾乎毫無人跡。空蕩蕩的摩天大樓靜悄悄地俯瞰著那三三兩兩的遊客，他們四處張望著這不久之前還是未開發之地的倏忽變化。

從旅館二十一樓的窗戶看出去，上海市區在下方延展出去。過了平靜的黃浦江江面，浦東區沉靜地坐落在那，可是在上海鬧區生活脈動飛快地跳躍著。年輕人擠滿了淮海路附近歐風區的異國咖啡館、小餐廳。年輕男女喝著咖啡，吃著冰淇淋；他們顯得朝氣蓬勃，精神奕奕。到了傍晚六點夜幕低垂，這座城市又充塞了潮水般的廣告，麥當勞、可口可樂、富豪汽車和國際牌電器，色彩繽紛的霓虹燈誘使著人們走上街頭。

走在燈光明亮的大道上，邊看著快樂的年輕人，不由得會想到那個昔日是英國殖民地，如今是中國特別行政區的香港。香港和上海一樣生氣蓬勃且多采多姿，同樣有著美麗動人又熱愛生活的年輕人。接著想起不過就在二〇一四年六月四日的前幾個月，香港年輕人走上街頭，悼念追憶那些在天安門廣場上殞落的捍衛者。成千上萬的人們湧上了街頭和廣場，表達他們的憂傷和憤怒。四分之一個世紀以來，在每年的這一天他們會進行示威並點上蠟燭。中國大陸沒有任何一座城市曾經發生這樣的事。

對於這個擁有無上權力的獨裁政權而言，這並不太需要害怕。在中華人民共和國，鮮少人真的還記得天安門的這場悲劇。鄧小平提升了整體生活水平，讓人們有發財致富的機會。現在遍布著快樂年輕人的上海、浦東以及北京才是鄧小平最大的功勳。「中國特色的社會主義」結果證實是可行的。

當然，鄧小平另外一項功業就是一個由共產黨所掌管強有力的獨裁機器，他一生都刻意地在加強這個體制。歸功於鄧小平的努力，尤其是在毛澤東過世之後，中國在二十一世紀依然是這世上唯一大型的共產主義國家，其領導人不僅依然效忠馬克思與列寧，甚至還對史達林與毛澤東輸誠。中國大陸共產黨獨裁體制已然頂住那些試圖將中國轉型成民主國家的野心。中國人民不同於台灣人民，他們不曾享有過公民自由。鄧小平的「四個堅持」是共產黨獨裁的柱石，依然形塑與限制住中國一般公民的日常生活。

在現今的世界上，中華人民共和國是個不尋常的案例。其政治和意識形態是屬於專制獨裁的社會主義的一部分，可是其當前的繁榮卻植基於市場經濟，雖然國家在其中持續扮演著指揮者的角色。這是鄧小平一手創建依然存在的共生體制，他結合了馬克思主義、史達林主義、毛澤東主義和務實主義，成為一個獨特的中國社會主義模式。

鄧小平振興了中國經濟，可是卻沒成為中國的戈巴契夫。戈巴契夫這名俄羅斯西化派因在俄羅斯境內提倡自由主義，一再被類似雷根和柴契爾夫人等人讚譽有加，約莫於此之際，鄧小平在國內屠殺自由派學生。可是，我們是否該簡化到怪罪於鄧小平呢？鄧小平有可能成為中國的戈巴契夫嗎？

不可能，鄧小平辦不到。不僅是因為鄧小平本人不像戈巴契夫，而更為重要的是，因為他所統治的國家與蘇聯大相逕庭。鄧小平一生中對戈巴契夫的評價只有兩個字：「很蠢。」[1]然而，他錯得很離譜。兩國國內之事並不簡單。中國並非俄羅斯，因此中國無法遵循俄羅斯的途徑改革或轉型。

首先，一如我們之前所見，中國農業改革是底層自發性而起，還有鄧小平在一年半之後才支持這樣的改革。蘇聯的局勢則全然不同。一九八五年，戈巴契夫開始進行改革；他也和鄧小平一樣採取解放意識的做法。然而，他無法以中國人劃分土地的方式推行農業改革。俄羅斯農民和中國農民不同，他們並不想要劃分土地。他們沒有瀕臨饑荒的問題，在私有的土地上可以任意栽種任何作物，還可以留給自己或是販售到市場之上。俄羅斯農民飼養自己的家禽和牛隻，還有他們從集體農場中竊取任何他們能取得的物品。

其次，兩國城市內的狀況也不相同。在中國的經濟特區中，華僑是主要的投資者。中國人有宗族意識，對於他們而言，母國不僅是愛國情懷的目標，同時也是家庭的具體表達。因此對於華僑而言，投資中國經濟意味著同時幫助了國家以及他們自身的宗族。正是華僑們的資金使得深圳、珠海還有其他經濟特區得以成長。就算戈巴契夫想要建立經濟特區，俄國人也能達成嗎？看起來似乎極不可能。俄羅斯不同時期的大規模外移者與母國之間的關係，和中國華僑與中國之間的關係又全然不同。

再者，中國經濟奇蹟的基石一直都是中國極其廉價的勞動力。甚至在鄧小平過世時，中國工人的平均薪資只超過美國的百分之二以及台灣的百分之五。[2]而蘇聯工人在改革初期甚至拒絕在如此低廉的報酬下工作。

還有，甚至中國的幹部也與蘇聯的狀況不一樣。暴君毛澤東在臨死之前都還能壓制所有幹部。或許說來奇怪，文化大革命是夢魘，但至少在限制中國統治菁英階層可能的放縱上帶來正面效果。毛澤東時期的國家幹部腐敗程度，還不如布里茲涅夫統治時期蘇聯權貴那般惡劣。正是那些權貴摧毀了蘇聯，劫掠了國家財產，並讓他們自己、而且也只讓他們自己變得極其富有。

最後，不應該低估了冷戰因素。一九八五年，戈巴契夫開始進行改革之際，蘇聯有百分之四十的預算是投資在國防之上，而中國在一九七八年改革時，國防支出只占百分之十五。[3]蘇聯在軍事支出的重擔之下，經濟因此崩潰。如此局勢迫使戈巴契夫坐上談判桌跟雷根就裁軍進行談判，並接受美方對於蘇聯改善境內人權條件的要求。這正是戈巴契夫把蘇聯異議分子暨運動領袖安德烈・沙卡洛夫從下放調回莫斯科，並進行開放的原因。於此同時，鄧小平卻巧妙地在玩弄兩個超級強權之間的矛盾，利用美國人發展中國的經濟。

因此鄧小平比戈巴契夫擁有更多的餘裕去開發市場經濟。結果自然是當鄧小平決定鎮壓民主反對運動時，他能依靠軍隊、幹部、快速成長的中產階級以及富農們的強力支援。因為大多數的中國人滿意國內的大幅經濟成長，也被動接受了官方對於天安門事件定義為「鎮壓反革命叛亂」的評價。因為同樣的代價，他們也接受江澤民對鄧小平的溢美之詞。

若非鄧小平同志，中國人民不會享有當前的生活水平，中國不會握有改革與開放的新局勢，以及社會主義現代化的美好願景。整個黨、軍、民承認鄧小平同志是享有最高權威的傑出領袖，馬克思主義者，偉大的無產階級革命家，政軍領袖，外交家，為共產主義志業戎馬倥傯的鬥士，社會主義改革、開放和現代化的總設計師，以及具有中國特色社會主義的理論建構者。[4]

鄧小平真的就這麼好嗎？我們透過記錄下他所有的功業，以及那些無可否認與大規模的罪行所做出的研究，提供了一份清楚的答案，以便對這名人物建構出一份具體而微又具多面向的描繪。

總而言之，鄧小平絕對是名傑出的革命領袖、偉大的經濟與社會改革者、才華洋溢的戰略家與戰術家，以及手腕高明的政治組織者。然而，鄧小平和毛澤東一樣都是血腥的獨裁者，因為恐怖的社會改革以及一九五八年至一九六二年之間史無前例的饑荒造成數百萬無辜人民的死亡，他們兩人都要負起責任。在毛澤東過世後，鄧小平永遠蒙上屠殺一九八九年六月北京街頭上中國青年民主鬥士的恥辱。

諷刺的是，鄧小平本人估算自己「功過是五五開」。因此，鄧小平要求他身後的領導人不要稱他為偉大的馬克思主義者，可是事與願違。在他過世前幾年，他甚至表示永遠不會出版自己的傳記。鄧小平說：「如果要寫傳，應該寫自己辦的好事，也應該寫自己辦的不好的事，甚至是錯事。」[5]用他的話來說，他犯下許多過失。

直到現在，中國人民至少還能接受鄧小平的自我評價。可是到了將來，隨著全球經濟的發展與西方價值在全球傳遞，當大多數中國人民終究有擁抱民主和公民權概念這一天時，新世代的中國人民一定會在其漫長又迂迴曲折的歷史中，為鄧小平找到一個更恰當的位置。而馬克思和毛澤東的亡靈則永遠無法再告訴任何人，在他們自己人之間對於鄧小平的看法了。

附錄一
鄧小平年表

一九〇四年八月二十二日——鄧先聖誕生於四川省廣安縣望溪鄉（今協興鎮）牌坊村內的富有地主鄧文明家中，
　　鄧文明妻子為淡氏。
一九一九年九月——進入重慶預備學校，成為參加法國勤工儉學計畫的學生。
一九二〇年十月十九日——抵達法國，歷經四年半留學、工作與參與政治活動生涯。
一九二一年七月二十三日至三十一日——中國共產黨第一次全國代表大會在上海與嘉興舉行。
一九二三年六月——加入中國社會主義青年團旅歐支部，旋即與雙親關係惡化。
一九二五年四月——加入中國共產黨旅歐支部。
一九二六年一月七日——離開巴黎前往莫斯科，一月十七日，進入東方勞動者共產主義大學（ＫＵＴＶ）。
　　一月二十九日——轉至莫斯科中山大學（ＵＴＫ）。
一九二六年——鄧小平母親過世，死於肺結核。
一九二七年一月十二日——尚未完成學業就返回中國，參加與共產黨聯盟抵抗帝國主義陣線的馮玉祥國民軍。
　　三月底——馮玉祥任命鄧小平擔任西安西北軍官學校政治部主任。
　　六月底——馮玉祥與共產黨決裂，要求共產黨員離開西北軍。

七月初——鄧小平抵達武漢，成為中共中央委員會技術書記，改名為鄧小平。

八月七日——參加中共中央委員會漢口緊急會議，首度與毛澤東會面。

九月底或十月初——與中央委員會一同遷至上海，十二月成為中共中央秘書長。

一九二八年春——娶妻張錫瑗（一九〇七年十月二十八日生）。

一九二九年八月——出任中央委員會在廣西省的代表，組織反對國民黨的起義。

十二月十一日——共產黨在百色起義，建立中國工農紅軍第七軍。

一九三〇年一月——第一個孩子誕生。張錫瑗與女兒同亡。中央委員會馬上指派鄧小平擔任中國工農紅軍第七軍政委。

二月一日——共產黨龍州起義，組織中國工農紅軍第八軍。中央委員會指派鄧小平擔任該軍政委。

四、五月——在廣西西北東蘭建立蘇維埃區。

一九三一年二月八日——第七軍開往江西省，鄧小平離開第七軍前往上海匯報。

八月初——中央委員會指派鄧小平前往中央蘇區工作，娶妻「阿金」金維映（一九〇四年秋生）。

一九三一年八月中至一九三三年五月初——連續擔任中央瑞金、會昌、尋烏、安遠等縣的書記以及江西省委會宣傳部部長。

一九三三年二月至五月——遭到黨內領導人批評為「毛派」，亦即支持毛澤東的游擊隊防禦戰術。他的妻子阿金離他而去。

七月——擔任中央軍事革命委員會《紅星》總編輯。

一九三四年十月——與紅軍部隊開始出發長征。

十二月——再度擔任中共中央秘書長。

一九三五年一月十五日至十七日——參加政治局遵義擴大會議。

一九三五年六月底至一九三八年一月初——在紅軍中連續擔任軍事與政治領導職位（一九三七年八月起在紅八

軍）。

一九三六年——鄧小平父親過世。

一九三七年七月七日——日本發動全面侵華戰爭。

一九三八年一月五日——擔任紅八軍第一二九師政委。

一九三九年八月底——娶妻卓琳（一九一六年四月六日生）。

一九四一年九月十一日——女兒鄧林誕生。

一九四二年至一九四四年——在日軍後方的晉冀魯豫邊區領導由毛澤東發起的大範圍黨內整風（清洗）運動。

一九四四年四月——兒子鄧樸方誕生。

一九四五年四月二十三日至六月十一日——中國共產黨第七次全國代表大會在延安舉行，鄧小平當選中央委員。

八月十四日（十五日）——日本投降。

九月至十月——對國民黨軍隊作戰獲勝，發起新一波國共內戰。

十月——女兒鄧楠誕生。

一九四六年六月——國民黨部隊對中共部隊占領的陣地發動大規模攻勢。

一九四七年五月十五日——毛澤東指派鄧小平為中央委員會中原局書記。

六月——鄧小平部隊越過黃河，國共內戰進入新階段，共產黨發動反攻。

八月——鄧小平部隊強行軍至蔣介石部隊後方，在中原地帶的山區中建立起「解放區」。

一九四八年十一月至一九四九年一月——鄧小平與劉伯承在淮海戰役中指揮軍隊作戰。

一九四九年四月二十日——鄧小平部隊越過長江，四月二十三日占領南京，五月二十七日攻下上海。

八月一日——毛澤東指派鄧小平擔任新成立的中共中央西南局第一書記。

九月三十日——當選中央人民政府委員。

十月一日——毛澤東宣布成立中華人民共和國。

十二月十日——蔣介石先後逃亡至四川省會成都，再至台灣。

一九五〇年一月二十五日——女兒鄧榕誕生。

一九五〇年十月至一九五一年十月——鄧小平部隊與賀龍部隊「解放」西藏。

一九五〇年至一九五二年——鎮壓「反革命分子」以及在中國西南地區執行激進的農業改革。

一九五一年八月——兒子鄧質方誕生。

一九五二年七月——毛澤東把鄧小平調回北京擔任政務院副總理。

一九五三年夏——擔任財經委員會第一副主任與財政部長。

一九五三年十二月至一九五四年二月——依據毛澤東指示，處理高崗與饒漱石事件。

一九五四年四月——擔任中共委員會秘書長與組織部部長。

九月——第一屆全國人民代表大會確認鄧小平擔任國務院副總理。

一九五五年四月——當選中共中央政治局委員。

一九五六年二月十一日至三月一日——作為中共代表團副團長前往蘇聯參加蘇共第二十次代表大會。

九月十五日至二十七日——中共第八次全國代表大會在北京召開。鄧小平提交修改黨章報告，並獲選為中央委員。在第八屆第一次中全會中獲選為政治局委員、政治局常委以及中央總書記。

十月二十三日至三十一日——因應波蘭與匈牙利事件，鄧小平率領代表團出訪莫斯科，與蘇共代表團團長赫魯雪夫進行談判。

一九五七年二月至九月——依據毛澤東的命令，鄧小平監管黨內清洗運動以及全國性的「百花齊放、百家爭鳴」運動，之後領導鎮壓知識分子運動。

十一月二日至二十一日——陪同毛澤東前往蘇聯參加「十月革命」四十週年紀念活動。參與共產黨與工人黨代表以及社會主義國家共產黨領導人的會議。

一九五八年二月十八日——參與政治局擴大會議，會後宣布「多、快、好、省」政策作為共黨建設社會主義的新總路線。三個月後的第八屆第二次中全會確認此路線。鄧小平熱烈支持的「大躍進」就此開始。

七月三十一日至八月三日——參與毛澤東與赫魯雪夫之間的談判。中蘇關係益發緊張。

冬季——起因於「大躍進」的大規模饑荒開始。

一九六〇年四月——中共與蘇共開始公開爭論。

九月至十二月初——擔任中共代表團團長，參與和蘇共代表團在莫斯科的談判。會後參與了共產黨與工人黨代表的新會議以及其編輯委員會工作。

一九六一年五月——支持批評「大躍進」的劉少奇。

十二月——依據毛澤東指示，鄧小平在中央委員會工作會議上提交鬥爭蘇聯「修正主義」報告。

一九六二年一、二月——參與在北京召開多達七千名幹部與會的中央委員會全體擴大會議，毛澤東在會中自我批評。

六月底至七月初——以「不管黑貓、黃貓，能逮住老鼠就是好貓」來描繪農村包產到戶制的發展。

七月——毛澤東對包括鄧小平在內的黨內「溫和派」發起鬥爭。

一九六三年七月五日至二十日——鄧小平率領中共代表團前赴莫斯科與蘇共代表開會。兩黨之間關係基本上形同破裂。

一九六五年十一月十日——姚文元在上海《文匯報》發表文章評論北京副市長吳晗的京劇《海瑞罷官》。

一九六六年五月十六日——在毛澤東的提議下，政治局擴大會議以中央委員會的名義通過發給中國所有黨組織一份特殊文件，呼籲所有組織要高舉文化大革命的旗幟。

八月——鄧小平的中央委員會總書記一職遭到裁撤。

十月二十三日——鄧小平在中央委員會工作會議上進行自我批評。

十二月二十五日——清華大學師生在北京組織一場示威，會中首度公開批評劉少奇與鄧小平。

一九六七年四月一日——《人民日報》與《紅旗》發表文章，首次在公開媒體上指稱鄧小平是「黨內第二號走資派」。

七月二十九日——「中南海造反派」把鄧小平與卓琳拖到「鬥爭大會」上，造反派極盡可能地羞辱，甚至毆打他們兩人，之後兩人遭到在家拘禁。

一九六八年七月五日——鄧小平提交「自白」給「鄧小平專案組」。

一九六九年四月——中國共產黨第九次全國代表大會，毛澤東指稱「鄧小平和劉少奇之間還是有區別的」。

十月二十二日——鄧小平、卓琳與繼母從北京遷移至南昌，拘禁在前福州軍區南昌步兵學校（後已轉為「五七幹校」）之內。鄧小平在此度過三年半的歲月。

一九七三年二月二十二日——依據毛澤東的決定，鄧小平與家人重返北京。

三月九日——毛澤東再度指派鄧小平擔任國務院副總理。

十二月——依據毛澤東的提議，鄧小平進入中央委員會政治局。

一九七四年四月十日——在紐約聯合國大會上發表演講，提出毛澤東「三個世界」理論，會後與季辛吉舉行會談。

十月——毛澤東任命鄧小平擔任中央軍委會副主席以及解放軍參謀總長。

一九七五年一月——在毛澤東建議下，中央委員會全體會議推選鄧小平成為中央委員會副主席與政治局常委一員。之後在全國人民代表大會上確認鄧小平第一副總理的職務，鄧小平開始恢復經濟秩序並確認「四個現代化」政策。

一九七六年三月十九日至四月五日——天安門廣場大規模群眾示威與周恩來之死有關。根據江青與其支持者的報告，毛澤東將此「反革命暴動」歸咎於鄧小平。

四月七日——毛澤東解除鄧小平所有職務，並任命華國鋒擔任中央委員會第一副主席以及國務院總理。鄧小平再度被軟禁。

九月九日——毛澤東辭世。

十月六日——華國鋒、葉劍英和汪東興逮捕江青與其他「四人幫」成員。翌日，華國鋒成為中央委員會主席與中央軍委會主席。

十月十日——鄧小平寫信給華國鋒表達自己對逮捕「四人幫」的喜悅。

一九七七年二月七日——華國鋒闡述「兩個凡是」概念。鄧小平提出反對。

二月——許世友將軍寫信給華國鋒要求平反鄧小平。

三月——在中央委員會工作會議上，陳雲、王震與數名老幹部要求平反鄧小平。

七月十七日——中全會恢復鄧小平中央委員、政治局委員以及政治局常委，中央委員會與中央軍委會副主席，國務院副總理以及解放軍參謀總長的職務。鄧小平呼籲共產黨員要「實事求是」。

一九七八年五月十日——《理論動態》期刊發表〈實踐是檢驗真理的唯一標準〉。鄧小平利用此篇文章作為鬥爭華國鋒的工具。

十一月與十二月——中央委員會工作會議上，鄧小平支持者對華國鋒一派大獲全勝。

十二月十八日至二十二日——第十一屆中央委員會第三次全體會議將黨工作重心從階級鬥爭轉為經濟建設。

十二月底——安徽省鳳陽縣小崗村農民採用「包產到戶」制。

一九七八年底至一九七九年初——年輕人間興起民主運動。

一九七九年一月——以「一國兩制」原則推行統一中國大陸與台灣、香港與澳門的計畫。

一月二十八日至二月六日——造訪美國，與總統吉米．卡特晤談。

二月十七日至三月十六日——對越南社會主義共和國發動戰爭。

三月三十日——發表「四個堅持」演說並同時粉碎民主運動。

七月中旬——攀登黃山。

八月二十六日——開放四個「經濟特區」。

十二月六日——提出小康概念。

一九八〇年二月——鄧小平在中全會上開革華國鋒主要支持者，並增加胡耀邦與趙紫陽進入中央常務委員會。全會通過平反劉少奇的決議案。

五月——發言支持包產到戶制。

九月——辭去副總理職位並強迫華國鋒把總理職務讓予趙紫陽。

一九八一年六月——中全會通過〈關於建國以來黨的若干歷史問題的決議〉。華國鋒被解除黨內最高職務。鄧小平當選中央軍委會主席。

一九八二年九月——當選新成立的中央顧問委員會委員。

一九八三年十一月至一九八四年二月——進行清除「精神污染」運動。

一九八四年五月四日——依據鄧小平的倡議，決定開啟十四個經濟與技術開發特區。

十月——在鄧小平支持下，中央委員會全體會議通過〈關於經濟體制改革的決定〉。

一九八五年一月——發動對抗「資產階級自由化」運動。

一九八六年十二月與一九八七年一月——年輕人間興起民主運動。

十二月三十日——學生動亂歸咎於胡耀邦。

一九八七年一月十六日——依據鄧小平的建議，政治局擴大會議推選趙紫陽擔任中共中央委員會總書記。

十月二十五日至十一月一日——在中共第十三次全國代表大會上辭去中央委員、政治局委員、政治局常委以及中央軍委會主席職務。

一九八九年四月十五日至六月四日——北京與其他城市發展出新民主運動。

五月十六日——與米哈伊爾・戈巴契夫在人民大會堂會晤。中蘇關係正常化。

五月十七日——決定在北京市區實施戒嚴。

五月二十七日——與老幹部會談，決定指派江澤民擔任中共中央委員會總書記。

六月四日—鎮壓北京學生民主運動。

九月四日——向政治局提出請求辭去軍委會主席職務。

一九九二年一月與二月——走訪武昌、長沙、深圳、珠海與上海，強調深化市場改革的必要性。

一九九四年十二月二十二日至一九九五年二月七日——在解放軍醫院治療帕金森氏症，因肺部感染病情惡化。

一九九六年十二月十二日——因相同病症再度住院。

一九九七年二月十九日晚上九點零八分——鄧小平辭世。

附錄二

鄧小平家系譜

雙親

父親（鄧家第十八代，家族排行「紹」字輩）——鄧紹昌（鄧文明）（一八八六—一九三六）

母親——淡氏（一八八四—一九二六）

繼母——夏伯根（一九〇一—二〇〇一）

妻子

第一任妻子——張錫瑗（一九〇七年十月二十八日—一九三〇年一月），於一九二八年春結婚。

第二任妻子——金維映（一九〇四年秋—一九四一），於一九三一年八月或九月結婚。

第三任妻子——卓琳（一九一六年四月六日—二〇〇九年七月二十九日），於一九三九年夏末結婚。

子女

第一名子女（第一任妻子所生）——女兒（一九三〇年一月生，同月卒）

第二名子女（第三任妻子所生）——長女鄧林（一九四一年九月十一日生）

鄧林丈夫——吳建常（一九三九年生）

第三名子女（第三任妻子所生）——長子鄧樸方（鄧家第二十代，家族排行「型」字輩）（一九四四年四月十六日生）

鄧樸方妻子——高蘇寧（生年不詳）

第四名子女（第三任妻子所生）——次女鄧楠（一九四五年十月生）

鄧楠先生——張宏（生年不詳）

第五名子女（第三任妻子所生）——么女鄧榕（毛毛）（一九五〇年一月二十五日生）

鄧榕先生——賀平（一九四六年生）

第六名子女（第三任妻子所生）——么子鄧質方（鄧家第二十代，家族排行「型」字輩）（一九五一年八月生）

鄧質方妻子——劉小元（生年不詳）

孫輩

孫女（鄧楠之女）——眠眠（鄧卓芮）（一九七二年生）

眠眠先生——吳小暉（一九六六年生）

孫子（鄧林之子）——萌萌（鄧卓泝）（一九七四年四月—二〇一四年三月二十六日）

孫女（鄧榕之女）——羊羊（鄧卓玥）（一九七九年生）

羊羊先生——馮波（一九六九年生）

孫子（鄧質方之子）——小弟（鄧卓棣，英文名David Zhuo）（鄧家第二十一代，家族排行「培」字輩）（一九八五年生）

曾孫輩

曾孫女（鄧卓玥之女）——馮然（二〇一〇年生）

兄弟姊妹

大姊——鄧先烈（一九〇二—一九九七）

大弟——鄧先修（鄧墾）（鄧家第十九代，家族排行「先」字輩）（一九一〇年或一九一一年生）

二弟——鄧先治（鄧蜀平）（鄧家第十九代，家族排行「先」字輩）（一九一二—一九六七年三月十五日）

大妹——鄧先珍（一九一三—一九二三）

三弟——鄧先清（鄧家第十九代，家族排行「先」字輩）（一九二七年生）

二妹——鄧先蓉（一九三〇？—一九四〇？）

么妹——鄧先群（一九三五年十二月生）

收養妹妹（繼母夏伯根與前夫所生）

三妹——鄧先芙（一九三一年生）

致謝

沒有下述人士的關照與協助，此書將永無見日的一天，很榮幸能對他們表達深深的謝意。我們要向以下人士致上謝意：Kirill Mikhailovich Anderson, Nikolai Sergeevich Arinchev, Daria Aleksandrovna Arincheva (Spichak), Richard Ashbrook, Peter W. Bernstein, Ekaterina Borisovna Bogoslovskaia, Denvy Bowman, Christopher Buckley、陳永發、Georgii Iosifovich Cherniavskii, John Garnaut, Tamara IvanovnaIllarionova, Liubov Spiridonovna Kaliuzhnaia, James DeGrande, Liudmila Konstantinovna Karlova, Mikhail Vladimirovich Karpov, Elizaveta Pavlovna Kishkina（李莎，李立三的遺孀）, Liudmila Mikhailovna Kosheleva, Boris Iosifovich Koval', Madeline G. Levine、李丹慧、李英男（李立三之女）、李玉貞、林立衡（豆豆，林彪之女）、林英（Lena Jin）、 劉戴蒙、Liu Wei（鄧小平之女鄧榕〔毛毛〕的秘書，也是鄧小平秘書王瑞林的媳婦）、William H. Magginis, David McBride, Nina Stepanovna Pantsova, Svetlana Markovna Rozental', John Sexton, Valintina Nikolaevna Shchetilina、沈志華、Valerii Nikolaevich Shepelev, Irina Nikolaevna Sotnikova, Evgeniia Aleksandrovna Tobol'（Igor Vasilievich Yurchenko〔Yuzhin〕之孫女）, Yurii Tikhonovich Tutochkin, Ezra F. Vogel（傅高義）、王福曾、王建軍（廣安市委書記）、魏京生、汪小京（汪澤楷之孫）、余敏玲、資中筠（擔任過鄧小平、毛澤東、劉少奇與周恩來口譯員）、Vladislav Martinovich Zubok，還有其他許多中華人民共和國的公民分享他們在鄧小平時期的過往回憶，不過，他們寧可在此隱姓埋名。

照片來源

本書的照片來源分列如下。感謝美國聯合通訊社圖片部門的Mattew Lutts，以及俄羅斯社會暨政治史國家檔案館副館長Valerii N. Shepelev同意本書重製並使用這些照片。

美國聯合通訊社（Associated Press），後附圖片編號

5. 在法國的鄧小平（LIC-00155080）；9. 廣西時期的鄧小平（LIC-00155080）；11. 第一二九師師部（LIC-00155080）；15. 中共領導人攝於1962年初北京（LIC-00155080）；17. 鄧小平與卓琳（LIC-00155080）；20. 鄧小平、華國鋒與葉劍英（LIC-00155080）；21. 鄧小平與胡耀邦（LIC-00155080）；22. 鄧小平訪美（LIC-00155080）；25. 鄧小平與戈巴契夫（LIC-00155080）；26. 趙紫陽（LIC-00155080）；27. 天安門廣場附近的抗議分子（LIC-00155080）；28. 鄧小平南巡深圳（LIC-00155080）；29. 鄧小平過世（LIC-00155080）

俄羅斯社會暨政治史國家檔案館（Russian State Archive of Social and Political History）

8. 張錫媛；10. 金維映；14. 鄧小平等人於克里姆林宮

作者亞歷山大·潘佐夫（Alexander V. Pantsov），訪問中華人民共和國期間所攝

1. 鄧小平故居；2. 鄧小平出生房間；3. 協興初級小學堂；7. 莫斯科中山大學

Getty Images International，後附圖片編號

18. 鄧小平、季辛吉與喬冠華（515575324/ Bettmann)）；23. 鄧小平與柴契爾會談（182630211/ AFP）

老照片圖庫

12. 鄧小平夫婦及其子女；13. 鄧小平視察人民公社；16. 文革期間批鬥鄧小平；19. 周恩來與鄧小平見金日成

辛普朗明信片公司（Simplon Postcards），www.simplonpc.co.uk

4. 安德烈・勒鵬號郵輪

中國文化指南（Guide Culturel de Chine），http://www.gcchine.com/index.php/documentation/album/6

6. 旅歐中國共青團第五次代表大會

杭州陳開頻攝影，首發於博訊，轉載自 http://08charterbbs.blogspot.tw/2012/07/1986.html

24. 八六學潮

43. 卓琳比鄧小平多活了12年半，這幾乎就是她和鄧小平之間的年齡差。2009年7月29日，她久病後辭世。

尾聲

1. 結束戈巴契夫的會面後，鄧小平告訴他的口譯官：「戈巴契夫看上去很聰明，實際上很蠢」，見〔張維為〕，〈翻譯員回憶鄧小平：強調任何事情都要親自實踐〉，news.qq.com/a/20140818/009294.htm。另見 Vogel, *Deng Xiaoping and the Transformation of China*, 423。
2. See Gel'bras, *Ekonomika Kitaiskoi Narodnoi Respubliki* (Economy of the People's Republic of China), 288.
3. See M. S. Gorbachev, *Zhizn' i reformy* (Life and Reforms), vol. 2 (Moscow: Novosti, 1995), 334; Barry Naughton, *Growing out of the Plan: Chinese Economic Reform, 1978–1993* (Cambridge: Cambridge University Press, 1995), 261; M. L. Titarenko, ed., *40 let KNR* (Forty Years of the PRC) (Moscow: Nauka, 1989), 531–32.
4. Jiang, *Izbrannoye* (Selected Works), vol. 1, 727.
5. Deng, *Selected Works of Deng Xiaoping*, vol. 2 *(1975–1982)*, 349; vol. 3 *(1982–1992)*, 175.

17. 《永遠的小平——卓琳等人訪談》，15、17。
18. 同前註，39。
19. 同前註，147、177；武市紅，《世紀風流——鄧小平與卓琳》，153–55。
20. 見Deng, *Selected Works of Deng Xiaoping*, vol. 3 *(1982–1992)*, 314；武市紅，《世紀風流——鄧小平與卓琳》，152。
21. 武市紅，《世紀風流——鄧小平與卓琳》，198；《永遠的小平——卓琳等人訪談》，12、15、159。
22. 引自武市紅，《世紀風流——鄧小平與卓琳》，185。
23. 《永遠的小平——卓琳等人訪談》，13、18、179。
24. 同前註，159；武市紅，《世紀風流——鄧小平與卓琳》，148–51。
25. Deng, *Selected Works of Deng Xiaoping*, vol. 3 *(1982–1992)*, 320–21.
26. 同前註，339；George Bush and Brent Scowcroft, *A World Transformed* (New York: Knopf, 1998), 176。
27. Deng, *Selected Works of Deng Xiaoping*, vol. 3 *(1982–1992)*, 457.
28. See Zhao, *Prisoner of the State*, 109–10.
29. Deng, *Selected Works of Deng Xiaoping*, vol. 3 *(1982–1992)*, 353–55.
30. 同前註，356。
31. See Gel'bras, *Ekonomika Kitaiskoi Narodnoi Respubliki* (Economy of the People's Republic of China), 161, 177–78, 187–89.
32. 世界各地對天安門事件的反應，見Nathan and Link, *The Tiananmen Papers*, 416–18; Gorbachev, *Memoirs*, 492–93; Bush and Scowcroft, *A World Transformed*, 86–89, 97–99, 101, 106–11, 115, 128, 174。
33. Deng, *Selected Works of Deng Xiaoping*, vol. 3 *(1982–1992)*, 358–70.
34. 冷溶、汪作玲主編，《鄧小平年譜（1975-1997）》，下卷，1341、1345–46。
35. 引自同前註，1355。
36. See Jiang Zemin, *Izbrannoye* (Selected Works), vol. 1 (Beijing: Izdatel'stvo literatury na inostrannykh iazykakh, 2010), 247, 252–75.
37. See Gel'bras, *Ekonomika Kitaiskoi Narodnoi Respubliki* (Economy of th People's Republic of China), 206, 230.
38. 冷溶、汪作玲主編，《鄧小平年譜（1975-1997）》，下卷，1367–71。
39. 《永遠的小平——卓琳等人訪談》，159；高曉林編，《走近鄧小平》（北京：當代中國出版社，2004），197。
40. See for example, Deng, *Selected Works of Deng Xiaoping*, vol. 3 *(1982–1992)*, 307.
41. 根據鄧小平的遺囑，他希望只火化身體軀幹部分，眼角膜和內臟則提供作為醫學研究。
42. 冷溶、汪作玲主編，《鄧小平年譜（1975-1997）》，下卷，1374–75。

32. Nathan and Link, *The Tiananmen Papers*, 238–39.
33. 同前註，309。
34. Deng, *Selected Works of Deng Xiaoping*, vol. 3 *(1982–1992)*, 292.
35. See Karpov, *Ekonomicheskie reformy i politicheskaia bor'ba v KNR (1984–1989)* (Economic Reforms and Political Struggle in the PRC [1984–1989]), 148.
36. See Nathan and Link, *The Tiananmen Papers*, 362, 377–85, 421–22, 436–37; David J. Firestein, *Beijing Spring, 1989: An Outsider's Inside Account* (Austin, TX: Banner Press, 1990), 147–56; Chen Yizi, *Chen Yizi huiyilu* (Memoirs of Chen Yizi) (Hong Kong: New Century, 2013), 626–28; Latin American Diplomat Eyewitness Account of June 3–4 Events in "Tiananmen Square," https://wikileaks.org/cable/1989/07/89BEIJING8828/html；潘佐夫於2015年3月19日對Jonathan Mirsky之訪問紀錄。

第二十四章　元老告退

1. 引自潘佐夫於1989年6月4日至5日對市民的訪問紀錄。
2. See *Major Documents of the People's Republic of China*, 828–31; Nathan and Link, *The Tiananmen Papers*, 392–96, 398–416.
3. See Nathan and Link, *The Tiananmen Papers*, 420–24.
4. See Zhao, *Prisoner of the State*, 231–36.
5. Deng, *Selected Works of Deng Xiaoping*, vol. 3 *(1982–1992)*, 294–99.
6. 同前註，301、303。另見冷溶、汪作玲主編，《鄧小平年譜（1975-1997）》，下卷，1281–82。
7. Zhao, *Prisoner of the State*, 41.
8. 同前註，42；Nathan and Link, *The Tiananmen Papers*, 438–41。
9. 判決書內容，見Zhao, *Prisoner of the State*, 63–70。
10. 趙紫陽在過世前數年，開始用錄音機記錄其口述回憶錄，並將錄音帶藏在孫子的空玩具盒內。在這名前總書記辭世之後，其家人把錄音帶帶到香港。他的回憶錄以《國家的囚徒：趙紫陽的祕密錄音》（*Prisoner of the State*: *The Secret Journal of Premier Zhao Ziyang*）之名，在香港、台北與紐約同步發行，造成轟動。
11. See *Major Documents of the People's Republic of China*, 840–43.
12. See Nathan and Link, *The Tiananmen Papers*, 432–36.
13. 冷溶、汪作玲主編，《鄧小平年譜（1975-1997）》，下卷，1286。
14. Deng, *Selected Works of Deng Xiaoping*, vol. 3 *(1982–1992)*, 307–8.
15. 同前註，312–13。
16. *Major Documents of the People's Republic of China*, 878.

12. 鮑彤，〈鮑彤在學潮和動亂期間言行的「交代」：1989年9月25日於秦城監獄〉，收於吳偉，《中國八十年代政治改革的台前幕後》，626。
13. See Oksenberg, Sullivan, and Lambert, *Beijing Spring, 1989*, 206–8.
14. 引自Zhao, *Prisoner of the State*, 13。但趙紫陽補充，他並不確定李先念是否說了此話。
15. 同前註，16；Zhao Ziyang, "Make Further Efforts to Carry Forward the May 4th Spirit in the New Age of Construction and Reform," in Oksenberg, Sullivan, and Lambert, *Beijing Spring, 1989*, 249；鮑彤，〈鮑彤在學潮和動亂期間言行的「交代」：1989年9月25日於秦城監獄〉，624–25。
16. See Zhao, "Make Further Efforts to Carry Forward the May 4th Spirit in the New Age of Construction and Reform," 248.
17. Nathan and Link, *The Tiananmen Papers*, 115. 這份講稿也是由鮑彤起草，但是所有重要的內容思想都是趙紫陽口授的。鮑彤提到趙紫陽這篇講話的基調和常委的集體決策不一致，見鮑彤，〈鮑彤在學潮和動亂期間言行的「交代」：1989年9月25日於秦城監獄〉，625。
18. 同前註，143。
19. 同前註，147–49。
20. 約翰·加諾特（John Garnaut）於2013年2月在北京訪問胡石英（胡喬木之子）的紀錄〔編註：約翰·加諾特為《雪黎先驅晨報》（*The Sydney Morning Herald*）駐北京記者。〕
21. 同前註，19–22。
22. Nathan and Link, *The Tiananmen Papers*, 154. See also Philip J. Cunningham, *Tiananmen Moon: Inside the Chinese Student Uprising of 1989* (Lanham, MD: Rowman & Littlefield, 2009), 59–85.
23. Mikhail Gorbachev, *Memoirs* (New York: Vantage Press, 1996), 488–89; Deng, *Selected Works of Deng Xiaoping*, vol. 3 *(1982–1992)*, 284–87; Qian, *Ten Episodes in China's Diplomacy*, 29–30; Fedotov, *Polveka vmeste s Kitaem* (A Half a Century Together with China), 616–18.
24. See Gorbachev, *Memoirs*, 490; Oksenberg, Sullivan, and Lambert, *Beijing Spring, 1989*, 261；吳偉，《中國八十年代政治改革的台前幕後》，438、621–23、626。部分與黨領導階層關係緊密之人日後宣稱，趙紫陽是因為在接待會上喝了太多酒，才會如此行事。同前註，627。
25. Nathan and Link, *The Tiananmen Papers*, 181; Zhao, *Prisoner of the State*, 27.
26. Nathan and Link, *The Tiananmen Papers*, 188–89.
27. Zhao, *Prisoner of the State*, 29, 68–69. 楊尚昆擔心學生會「以趙紫陽的辭職為藉口大鬧起來」，見鮑彤，〈鮑彤在學潮和動亂期間言行的「交代」：1989年9月25日於秦城監獄〉，627。
28. Nathan and Link, *The Tiananmen Papers*, 194.
29. Oksenberg, Sullivan, and Lambert, *Beijing Spring, 1989*, 288–90.
30. Nathan and Link, *The Tiananmen Papers*, 217–19.
31. See Oksenberg, Sullivan, and Lambert, *Beijing Spring, 1989*, 309–16; Karpov, *Ekonomicheskie reformy i politicheskaia bor'ba v KNR (1984–1989)* (Economic Reforms and Political Struggle in the PRC [1984–1989]), 148.

56. 同前註，216。
57. See Deng Xiaoping, *Osnovnye voprosy sovremennogo Kitaia* (Fundamental Issues of Contemporary China) (Moscow: Politizdat, 1988).
58. For details, see Huang, *Memoirs*, 493–518; Qian Qichen, *Ten Episodes in China's Diplomacy* (New York: HarperCollins, 2005), 1–28; V. P. Fedotov, *Polveka vmeste s Kitaem: Vospominaniia, zapisi, razmyshleniia* (A Half a Century Together with China: Reminiscences, Notes, Thoughts) (Moscow: ROSSPEN, 2005), 482–613; Wishnick, *Mending Fences*, 98–103, 107–15.

第二十三章　天安門悲劇

1. 李鵬，〈關鍵時刻——李鵬日記〉，收於張剛華編，《李鵬六四日記真相》（香港：澳亞出版有限公司，2010），55-56；鄭仲兵主編，《胡耀邦年譜資料長編》，下冊，1216–17; Andrew J. Nathan and Perry Link, eds., *The Tiananmen Papers*, compiled Zhang Liang (New York: PublicAffairs, 2002), 20–21; Lo Ping, "The Last Eight Days of Hu Yaobang," in Michel Oksenberg, Lawrence R. Sullivan, and Marc Lambert, eds., *Beijing Spring, 1989: Confrontation and Conflict: The Basic Documents* (Armonk, NY: Sharpe, 1990), 195–203; Pang Pang, *The Death of Hu Yaobang*, trans. Si Ren (Honolulu: Center for Chinese Studies, 1989), 9–49.
2. 引自 Karpov, *Ekonomicheskie reformy i politicheskaia bor'ba v KNR (1984–1989)* (Economic Reforms and Political Struggle in the PRC [1984–1989]), 168。
3. 李鵬，〈關鍵時刻——李鵬日記〉，59–62。
4. Nathan and Link, *The Tiananmen Papers*, 34.
5. 李鵬，〈關鍵時刻——李鵬日記〉，73, 77；Zhao, *Prisoner of the State*, 4; Nathan and Link, *The Tiananmen Papers*, 29–31; David Turnley, *Beijing Spring* (New York: Stewart, Tabori & Chang, 1989), 29–31, 38–44.
6. 引自楊尚昆，〈楊尚昆日記：鄧小平拒絕看望臨終的胡耀邦〉，http://qzxy.blog.epochtimes.com/article/ show?articleid=28779。另見李鋭，〈耀邦去世前的談話〉，43-44。
7. 引自鄭仲兵主編，《胡耀邦年譜資料長編》，下冊，1220。另見李鵬，〈關鍵時刻——李鵬日記〉，71。
8. See Zhao, *Prisoner of the State*, 5–6, 8–9, 50, 63–64.
9. 同前註，9–10; Nathan and Link, *The Tiananmen Papers*, 53–54, 57–60；冷溶、汪作玲主編，《鄧小平年譜（1975-1997）》，下卷，1272。
10. 引自冷溶、汪作玲主編，《鄧小平年譜（1975-1997）》，下卷，1272–74；Oksenberg, Sullivan, and Lambert, *Beijing Spring, 1989*, 203–6.
11. Nathan and Link, *The Tiananmen Papers*, 74; Zhao, *Prisoner of the State*, 11.

35. See Zhao, *Prisoner of the State*, 176.
36. 同前註，190。
37. 同前註，194。
38. See Deng, *Selected Works of Deng Xiaoping*, vol. 3 *(1982–1992)*, 223.
39. See Zhao, *Prisoner of the State*, 122–23.
40. *Documents of the Thirteenth National Congress of the Communist Party of China (October 25–November 1, 1987)* (Beijing: Foreign Languages Press, 1987), 7–8.
41. See Zhao, *Prisoner of the State*, 46–47, 210.
42. 或許能將鄧小平的角色比擬為垂簾聽政的慈禧太后，可是無人膽大到對鄧小平提此建議。
43. *Documents of the Thirteenth National Congress of the Communist Party of China (October 25–November 1, 1987)*, 9–18.
44. Zhao, *Prisoner of the State*, 206.
45. See *Documents of the Thirteenth National Congress of the Communist Party of China (October 25–November 1, 1987)*, 18–42.
46. See Richard Baum, "Zhao Ziyang and China's 'Soft Authoritarian' Alternative," in Guoguang Wu and Helen Lansdowne, eds., *Zhao Ziyang and China's Political Future* (London: Routledge, 2008), 111–12; Zhao, *Prisoner of the State*, 220.
47. 李鐵映當選之後，中國境內開始紛傳李鐵映是鄧小平的私生子。人們認為在1935年的「長征」期間，金維映可能背著新任丈夫李維漢與前夫舊情復燃。可是，這些流言蜚語當然是假的。誠如大家所知，鄧小平至死都無法原諒背叛他的前妻。可是，鄧小平和李鐵映的交情卻很好。
48. See Zhao, *Prisoner of the State*, 211.
49. 菸酒的價格確實因為國家放任自由訂價而飆高。國家並未改變其他商品的公定價格，因此菸酒的市場價格上升完全是由於群眾哄抬引起。
50. 《中國共產黨新時期歷史大事紀（增訂本1978.12-2008.3）》，182–83。
51. See Vogel, *Deng Xiaoping and the Transformation of China*, 470; Karpov, *Ekonomicheskie reformy i politicheskaia bor'ba v KNR (1984–1989)* (Economic Reforms and Political Struggle in the PRC [1984–1989]), 106; Victor Shih, *Factions and Finance in China: Elite Conflict and Inflation* (New York: Cambridge University Press, 2008), 124–36.
52. 根據潘佐夫於1987年至1988年間訪問中國的印象。
53. See *Pravda*, July 29, 1986.
54. See Deng, *Selected Works of Deng Xiaoping*, vol. 3 *(1982–1992)*, 170–77.
55. A. S. Cherniaev et al., eds., *V Politburo TsK KPSS . . . Po zapisiam Anatoliia Cherniaeva, Vadima Medvedeva, Georgiia Shakhnazarova (1985–1991)* (In the CC CPSU Politburo . . . from The Notes Taken by Anatolii Cherniaev, Vadim Medvedev, Georgii Shakhnazarov [1985–1991]) (Moscow: Alphina Biznes Buks, 2006), 152.

17. See Zhao, *Prisoner of the State*, 166, 168–69; Ruan, *Deng Xiaoping*, 162–63.
18. Confucius, *The Analects of Confucius*, 83.
19. See Zhao, *Prisoner of the State*, 166；李銳，〈耀邦去世前的談話〉，40。
20. Deng, *Selected Works of Deng Xiaoping*, vol. 3 *(1982–1992)*, 182–83.
21. 引自Ruan, *Deng Xiaoping*, 163。
22. Zhao, *Prisoner of the State*, 170.
23. See Goldman, *Sowing the Seeds of Democracy in China*, 200–201.
24. See Karpov, *Ekonomicheskie reformy i politicheskaia bor'ba v KNR (1984–1989)* (Economic Reforms and Political Struggle in the PRC [1984–1989]), 29.
25. See Seth Faison, "Condolences Calls Put Rare Light on Deng's Family," *New York Times*, Feb. 22, 1997；鮑彤，〈鮑彤在學潮和動亂期間的「解釋」〉，收於吳偉，《中國八十年代政治改革的台前幕後》（香港：新世紀出版社，2013），628-29；"China's Former 'First Family': Deng Children Enjoy Privilege, Jealous Attention," http://www.cnn.com/SPECIALS/1999/china.50/inside.china/profiles/deng.xiaoping/children/。
26. Fang Lizhi, *Bringing Down the Great Wall: Writings on Science, Culture, and Democracy in China*, trans. James H. Williams and others (New York: Knopf, 1991), 158, 160.
27. 引自Goldman, *Sowing the Seeds of Democracy*, 200; Karpov, *Ekonomicheskie reformy i politicheskaia bor'ba v KNR (1984–1989)* (Economic Reforms and Political Struggle in the PRC [1984–1989]), 80。另見方勵之，《方勵之自傳：天體物理的開拓者，民主的啟蒙者》，367–68。
28. See Robert Lawrence Kuhn, *The Man Who Changed China: The Life and Legacy of Jiang Zemin* (New York: Crown, 2004), 126–34; Goldman, *Sowing the Seeds of Democracy in China*, 201–2; Karpov, *Ekonomicheskie reformy i politicheskaia bor'ba v KNR (1984–1989)* (Economic Reforms and Political Struggle in the PRC [1984–1989]), 81–83.
29. 1987年1月，中共開除方勵之、王若望、劉賓雁三人的黨籍，但他們不同於魏京生，並未入獄。1988年春，中共甚至允許劉賓雁到美國進行巡迴演講。1989年6月，在中共鎮壓六四學生運動之後，方勵之與王若望前往美國。
30. Deng, *Selected Works of Deng Xiaoping*, vol. 3 *(1982–1992)*, 194–97. 另見方勵之，《方勵之自傳：天體物理的開拓者，民主的啟蒙者》，370–77；李銳，〈耀邦去世前的談話〉，41。
31. Zhao, *Prisoner of the State*, 172–73；鄭仲兵主編，《胡耀邦年譜資料長編》，下冊，1182。鄧小平也要求無須將胡耀邦的錯誤標誌為反黨路線，不以派系鬥爭之名起訴胡耀邦，也不會討論他的人格問題。
32. See Zhao, *Prisoner of the State*, 164, 174–75；鄭仲兵主編，《胡耀邦年譜資料長編》，下冊，1182–86；李銳，〈耀邦去世前的談話〉，43、44。
33. 鄭仲兵主編，《胡耀邦年譜資料長編》，下冊，1186。
34. 引自同前註，1187。

前往海外的中國留學生。鄧質方的兒子「小弟」(鄧卓棣)於1985年生於美國，因此成了美國公民，並改為英文名字David Zhuo。鄧卓棣從杜克大學(Duke University)畢業之後，在華爾街工作，過著富豪般的生活，在捲入一場性醜聞之後終於返回中國。爺爺鄧小平對此勢必感到不悅。

68. 武市紅，《世紀風流——鄧小平與卓琳》，183；《永遠的小平——卓琳等人訪談》，121；Yang, *Deng*, 126。

第二十二章　改革與民主

1. See Liu Binyan. *A Higher Kind of Loyalty: A Memoir by China's Foremost Journalist*, trans. Zhu Hong (New York: Pantheon Books, 1990), 247.
2. See Vogel, *Deng Xiaoping and the Transformation of China*, 567; Deng, *Selected Works of Deng Xiaoping*, vol. 3 *(1982–1992)*, 116–19.
3. Deng, *Selected Works of Deng Xiaoping*, vol. 3 *(1982–1992)*, 130.
4. 陸鏗，《胡耀邦訪問記》，31–33、37–42。
5. 引自Zhao, *Prisoner of the State*, 164–69。
6. 同前註，165–66。
7. 《永遠的小平——卓琳等人訪談》，158。
8. 同前註，171。
9. See M. V. Karpov, *Ekonomicheskie reformy i politicheskaia bor'ba v KNR (1984–1989)* (Economic Reforms and Political Struggle in the PRC [1984–1989]) (Moscow: ISAA of MGU Press, 1997), 41.
10. 鄭仲兵主編，《胡耀邦年譜資料長編》，下冊，1044。
11. Deng, *Selected Works of Deng Xiaoping*, vol. 3 *(1982–1992)*, 148.
12. 潘佐夫於2012年4月24日，在俄亥俄州哥倫布市訪問一位前中國社會科學院研究員林英之紀錄。
13. 李銳，〈耀邦去世前的談話〉，43。
14. See Deng, *Selected Works of Deng Xiaoping*, vol. 3 *(1982–1992)*, 178–79.
15. See Karpov, *Ekonomicheskie reformy i politicheskaia bor'ba v KNR (1984–1989)* (Economic Reforms and Political Struggle in the PRC [1984–1989]), 66.
16. See Gregor Benton and Alan Hunter, eds., *Wild Lily, Prairie Fire: China's Road to Democracy: From Yan'an to Tian'anmen, 1942–1989* (Princeton, NJ: Princeton University Press, 1995), 307–32; Merle Goldman, *Sowing the Seeds of Democracy in China: Political Reform in the Deng Xiaoping Era* (Cambridge, MA: Harvard University Press, 1994), 191–203；方勵之，《方勵之自傳：天體物理的開拓者，民主的啟蒙者》(台北：天下文化，2013)。

45. See Vogel, *Deng Xiaoping and the Transformation of China*, 454–64.
46. See Gel'bras, *Ekonomika Kitaiskoi Narodnoi Respubliki* (Economy of the People's Republic of China), 115；武力編，《中華人民共和國經濟史（1949-1999）》，下冊（北京：中國經濟出版社，1999），58。
47. See L. D. Boni, ed., *Ekonomicheskaia reforma v KNR: Preobrazovaniia v derevne: 1978–1988: Dokumenty* (Economic Reform in the PRC: Reform in Villages: 1978–1988: Documents) (Moscow: Nauka, 1993), 81–82, 128–30.
48. 引自Vogel, *Deng Xiaoping and the Transformation of China*, 449。
49. 引自王朔，〈特事特辦：胡耀邦與經濟特區〉，37。
50. 同前註，38。
51. 引自冷溶、汪作玲主編，《鄧小平年譜（1975-1997）》，下卷，954。
52. Deng, *Selected Works of Deng Xiaoping*, vol. 3 *(1982–1992)*, 61.
53. 同前註，61–62。
54. 引自王朔，〈特事特辦：胡耀邦與經濟特區〉，39。
55. 《十一屆三中全會以來重要文獻選讀》，下冊（北京：人民出版社，1987），735–46。
56. 詳情見Gel'bras, *Ekonomika Kitaiskoi Narodnoi Respubliki* (Economy of the People's Republic of China), 125–26, 130–31, 137.
57. See Vogel, *Deng Xiaoping and the Transformation of China*, 465.
58. 引自Zhao, *The Biography of Zhao Ziyang*, 241–42。另見*Prisoner of the State*, 121。
59. *Major Documents of the People's Republic of China: Selected Important Documents Since the Third Plenary Session of the Eleventh Central Committee of the Communist Party of China, December 1978–November 1989* (Beijing: Foreign Languages Press, 1991), 407.
60. Zhao, *Prisoner of the State*, 119–20.
61. 武力編，《中華人民共和國經濟史（1949-1999）》，下冊，109、127、131、141、143；Gel'bras, *Ekonomika Kitaiskoi Narodnoi Respubliki* (Economy of the People's Republic of China), 122–23, 128, 138, 140; Vogel, *Deng Xiaoping and the Transformation of China*, 444–45.
62. Margaret Thatcher, *The Downing Street Years* (New York: HarperCollins, 1993), 260; Deng, *Selected Works of Deng Xiaoping*, vol. 3 *(1982–1992)*, 25.
63. Deng, *Selected Works of Deng Xiaoping*, vol. 3 *(1982–1992)*, 25; Thatcher, *The Downing Street Years*, 262.
64. 引自Mark Roberti, *The Fall of Hong Kong: China's Triumph and Britain's Betrayal* (New York: Wiley, 1996), 192.
65. 柴契爾跌倒的影片可至YouTube搜尋。
66. Deng, *Selected Works of Deng Xiaoping*, vol. 3 *(1982–1992)*, 91.
67. 飛飛（鄧質方）與妻子是1980年代初期，在鄧小平和卡特同意進行學生交換不久之後，首批

Congress of the Communist Party of China [Documents]) (Beijing: Foreign Languages Press, 1982), 20, 30–33, 37, 40.

22. 《中國共產黨第十二次全國代表大會文件匯編》（北京：人民出版社，1982），110。
23. See Deng, *Selected Works of Deng Xiaoping*, vol. 3 *(1982–1992)*, 17, 18–19.
24. See *Dvenadtsatyi Vsekitaiskii s"ezd Kommunisticheskoi partii Kitaia (dokumenty)* (Twelfth National Congress of the Communist Party of China [Documents]), 161–65.
25. Zhao Ziyang, *Prisoner of the State: The Secret Journal of Premier Zhao Ziyang*, trans. Bao Pu et al. (New York: Simon & Schuster, 2009), 93, 122.
26. 陳雲，《陳雲文選（1956-1985）》，287。另見朱佳木編，《陳雲年譜（1905-1995）》，下卷，311–12。
27. O. N. Borokh, *Razvitie kitaiskoi ekonomicheskoi nauki v period reform* (Development of Chinese Economic Science During the Reform Period), part 1 (Moscow: IDV RAN, 1997), 99–100.
28. Deng, *Selected Works of Deng Xiaoping*, vol. 3 *(1982–1992)*, 26–27.
29. 同前註，33。
30. See *Fifth Session of the Fifth National Congress (Main Documents)* (Beijing: Foreign Languages Press, 1982), 12, 20–21; *Documents of the First Session of the Fifth National People's Congress of the People's Republic of China*, 155.
31. 引自 Vogel, *Deng Xiaoping and the Transformation of China*, 569。
32. Zhao, *Prisoner of the State*, 92, 114.
33. See Ruan, *Deng Xiaoping*, 109.
34. See Zhao, *Prisoner of the State*, 116；鄭仲兵主編，《胡耀邦年譜資料長編》，下冊，778–79, 801–2。
35. See Zhao, *Prisoner of the State*, 97.
36. 同前註，179–80；鄭仲兵主編，《胡耀邦年譜資料長編》，下冊，799–802；朱佳木編，《陳雲年譜（1905-1995）》，下卷，322–23。
37. 引自 Su, "A Decade of Crisis at the Institute of Marxism-Leninism-Mao Zedong Thought, 1979–1989," 343.
38. Deng, *Selected Works of Deng Xiaoping*, vol. 3 *(1982–1992)*, 48, 50, 51, 53.
39. 同前註，51。
40. Zhao, *Prisoner of the State*, 163. 胡耀邦回憶：「我和紫陽聯手抵制……這場類似『文革』的『清污』運動」，引自李銳，〈耀邦去世前的談話〉，43。
41. 鄭仲兵主編，《胡耀邦年譜資料長編》，下冊，901。
42. Zhao, *Prisoner of the State*, 164.
43. 同前註，177。
44. Borokh, *Razvitie kitaiskoi ekonomicheskoi nauki* (Development of Chinese Economic Science), 99–101.

第二十一章 「一國兩制」

1. 引自 Vogel, *Deng Xiaoping and the Transformation of China*, 380；李銳，〈耀邦去世前的談話〉，42。
2. See Vogel, *Deng Xiaoping and the Transformation of China*, 378.
3. Deng, *Selected Works of Deng Xiaoping*, vol. 2 *(1975–1982)*, 214.
4. 潘佐夫於2010年6月24日，訪問位於鄧小平故居牌坊村的鄧小平紀念館之紀錄；Zhang Weiwei, "My Personal Memoirs as Deng Xiaoping's Interpreter: From Oriana Fallaci to Kim Il-sung to Gorbachev," http://huffingtonpost.com/zhang-weiwei/deng-xiaopingremembered_b_5706143.html.
5. 《永遠的小平——卓琳等人訪談》，3。
6. 陳雲，《陳雲文選（1956-1985）》，275–77。
7. 同前註，276–77。
8. 引自朱佳木編，《陳雲年譜（1905-1995）》，下卷，287。
9. 引自冷溶、汪作玲主編，《鄧小平年譜（1975-1997）》，下卷，796。
10. 王朔，〈特事特辦：胡耀邦與經濟特區〉，37；鄭仲兵主編，《胡耀邦年譜資料長編》，下冊，648；朱佳木編，《陳雲年譜（1905-1995）》，下卷，287–88。
11. 鄭仲兵主編，《胡耀邦年譜資料長編》，下冊，650；王朔，〈特事特辦：胡耀邦與經濟特區〉，36–37。
12. 冷溶、汪作玲主編，《鄧小平年譜（1975-1997）》，下卷，799；Vogel, *Deng Xiaoping and the Transformation of China*, 415。
13. 鄭仲兵主編，《胡耀邦年譜資料長編》，下冊，653。
14. 陳雲，《陳雲文選（1956-1985）》，280。
15. See Deng, *Selected Works of Deng Xiaoping*, vol. 2 *(1975–1982)*, 223–24；鄧小平，《鄧小平自述》，189、259；Deng, *Selected Works of Deng Xiaoping*, vol. 3 *(1982–1992)*, 67, 74.
16. 李松晨等編，《改革檔案：1976-1999》，上冊（北京：當代中國出版社，2000），429；Deng, *Selected Works of Deng Xiaoping*, vol. 2 *(1975–1982)*, 383.
17. Bachman, "Differing Visions of China's Post-Mao Economy," 321.
18. 《中國共產黨新時期歷史大事紀（增訂本1978.12-2008.3）》（北京：中共黨史出版社，2009），11、45；《人民日報》，1979年6月19日；Susan Greenhalgh, *Just One Child: Science and Policy in Deng's China* (Berkeley: University of California Press, 2008), 298–302; Vogel, *Deng Xiaoping and the Transformation of China*, 435.
19. Deng, *Selected Works of Deng Xiaoping*, vol. 3 *(1982–1992)*, 14–15.
20. Gerald R. Ford, *A Time to Heal: The Autobiography of Gerald R. Ford* (New York: Harper & Row, 1979), 337.
21. *Dvenadtsatyi Vsekitaiskii s"ezd Kommunisticheskoi partii Kitaia (dokumenty)* (Twelfth National

44. See Sin-Lin (Lin Ying), *Shattered Families, Broken Dreams: Little-Known Episodes from the History of the Persecution of Chinese Revolutionaries in Stalin's Gulag: Rescued Memoirs and Archival Revelations*, trans. Steven I. Levine (Portland, ME: MerwinAsia, 2012).
45. See Stephen F. Cohen, *Bukharin and the Bolshevik Revolution: A Political Biography, 1888–1938* (New York: Knopf, 1973).
46. 潘佐夫於2012年5月27日，在俄亥俄州哥倫布市訪問一位前中國社會科學院研究員林英之紀錄。
47. 《國際共運史研究資料》（北京：人民出版社，1981）。
48. See Yin Xuyi and Zheng Yifan, "Bukharin in the People's Republic of China," in Theodor Bergmann, Gert Schaefer, and Mark Selden, eds., *Bukharin in Retrospect* (Armonk, NY: Sharpe, 1994), 58.
49. 同前註，59。
50. See *Lichnoe delo Sun Yipina* (Personal File of Song Yiping), RGASPI, collection 495, inventory 225, file 2807.
51. 潘佐夫於2012年5月27日，在俄亥俄州哥倫布市訪問一位前中國社會科學院研究員林英之紀錄。
52. Su Shaozhi, *Democratization and Reform* (Nottingham: Spokesman, 1988), 36–38.
53. Deng, *Selected Works of Deng Xiaoping*, vol. 3 *(1982–1992)*, 143.
54. 例如Lenin, "The Tax in Kind," 329–54.
55. N. I. Bukharin, "Otvet na zapisku V. I. Lenina" (Reply to V. I. Lenin's Note), in L. B. Kamenev, ed., *Leninskii sbornik* (Lenin's Collection), vol. 4 (Moscow: Gosizdat, 1925), 384. See also Cohen, Bukharin, 139.
56. Deng, *Selected Works of Deng Xiaoping*, vol. 2 *(1975–1982)*, 296.
57. 同前註，295–96；鄧小平，《鄧小平文選》，卷2，441–42；*Resolution on CPC History (1949–81)* (Beijing: Foreign Languages Press, 1981), 48–49。胡耀邦於1980年11月19日的中央政治局會議上，對華國鋒的批評，見鄭仲兵主編，《胡耀邦年譜資料長編》，上冊，504–5。
58. 劉維賢，《葉劍英年譜（1897-1986）》，下冊，1196。
59. See Vogel, *Deng Xiaoping and the Transformation of China*, 372.
60. 王健英編，《中國共產黨組織史資料彙編——領導機構沿革和成員名錄》，654–55。
61. See Deng, *Selected Works of Deng Xiaoping* vol. 2 *(1975–1982)*, 276–96.
62. 同前註，326–27。
63. *Resolution on CPC History (1949–81)*, 56, 72.
64. See *A Great Trial in Chinese History*, 18–26, 102, 108–9, 111, 114, 115, 118, 119, 122–25, 127, 128, 233.
65. Deng, *Selected Works of Deng Xiaoping*, vol. 2 *(1975–1982)*, 334.
66. *Resolution of CPC History (1949–81)*, 49.
67. 劉維賢，《葉劍英年譜（1897-1986）》，下冊，1228。

20. See David Bachman, "Differing Visions of China's Post-Mao Economy: The Ideas of Chen Yun, Deng Xiaoping, and Zhao Ziyang," *Asian Survey*, vol. 26, no. 3 (1986): 311–21.
21. 鄧小平，《鄧小平文選》，卷2，194。
22. 同前註，236。
23. 詳情見Vogel, *Deng Xiaoping and the Transformation of China*, 447–49；http://andrewbatson.com/2015/10/18/marxist-numerology-or-why-seven-workers-are-different-than-eight/。
24. 鄧小平，《鄧小平文選》，卷2，23、259。
25. 同前註，156–57、198、235。
26. 同前註，443；王朔，〈特事特辦：胡耀邦與經濟特區〉，《炎黃春秋》，4（2008）：36；《回憶鄧小平》，中冊（北京：中央文獻出版社，1998），383。
27. 另參考潘佐夫於1987年12月2日及1988年2月13日訪問珠海、深圳特區的紀錄。
28. 鄧小平，《鄧小平文選》，卷2，199。
29. 可見陳雲，《陳雲文選（1956-1985）》，236–37。
30. 冷溶、汪作玲主編，《鄧小平年譜（1975-1997）》，上卷，574。
31. 王健英編，《中國共產黨組織史資料彙編——領導機構沿革和成員名錄》，654。
32. See Deng, *Selected Works of Deng Xiaoping*, vol. 2 *(1975–1982)*, 228.
33. 《人民日報》，1979年9月30日。
34. 黃崢，《王光美訪談錄》（北京：中央文獻出版社，2006），438。
35. See Deng, *Selected Works of Deng Xiaoping*, vol. 2 *(1975–1982)*, 228–30.
36. 同前註，241–42。
37. 引自Chang Chen-pang, Hsiang Nai-kuang, and Yin Ching-yao, *Mainland Situation Viewed from the Third Session of the Fifth "National People's Congress"* (Taipei: World Anti-Communist League, China Chapter/Asian Peoples' Anti-Communist League, 1980), 12.
38. 引自黃崢，《王光美訪談錄》，441。
39. 鄧小平，《鄧小平文選》，卷2，313。
40. Deng, *Selected Works of Deng Xiaoping*, vol. 2 *(1975–1982)*, 297.
41. See Hinton, "A Trip to Fengyang County," 2–3; Azhaeva, *Evoliutsiia politiki KNR v oblasti sel'skogo khoziastva* (Evolution of PRC Agricultural Policy), 34; Vogel, *Deng Xiaoping and the Transformation of China*, 443.
42. O. N. Borokh, *Kontseptsii ekonomicheskogo razvitiia Kitaia (1978–1982): Avtoreferat dissertatsiii na soiskanie uchenoi stepeni kandidata economicheskih nauk* (Concepts of Economic Development in China [1978–1982]: Abstract of Dissertation Submitted for PhD in Economics) (Moscow: IDV AN SSSR, 1985), 8.
43. See Su Shaozhi, "A Decade of Crisis at the Institute of Marxism-Leninism-Mao Zedong Thought, 1979–1989," *China Quarterly*, vol. 134 (June 1993): 335–51.

第二十章　「讓一部分人先富起來」

1. Mao, *Selected Works of Mao Tse-tung*, vol. 2, 202.
2. Deng, *Selected Works of Deng Xiaoping*, vol. 2 *(1975–1982)*, 196–99.
3. 吳象、張廣友、韓鋼，〈萬里談十一屆三中全會前後的農村改革〉，于光遠、王恩茂等，《改變中國命運的41天——中央工作會議、十一屆三中全會親歷記》（深圳：海天出版社，1998），282-83；程中原、王玉祥、李正華，《1976-1981年的中國》，358；Daniel Kelliher, *Peasant Power in China: The Era of Rural Reform, 1979–1989* (New Haven: Yale University Press, 1992), 60。
4. 吳象、張廣友、韓鋼，〈萬里談十一屆三中全會前後的農村改革〉，286–87。
5. Deng, *Selected Works of Deng Xiaoping*, vol. 2 *(1975–1982)*, 406; *History of the Chinese Communist Party—A Chronology of Events (1919–1990)*, 397.
6. Wu Nanlan, "The Xiaogang Village Story" (March 6, 2008), http://www.china.org.cn/china/features/content_11778487.htm；程中原、王玉祥、李正華，《1976-1981年的中國》，366；William Hinton, "A Trip to Fengyang County: Investigating China's New Family Contract System," *Monthly Review*, vol. 35, no. 6 (1983): 1–28；Becker, *Hungry Ghosts,* 130–49；張德元、何開蔭，《變遷：安徽農村改革述論》（合肥：安徽大學出版社，2004），12-13。
7. Wu, "The Xiaogang Village Story."
8. See Meliksetov, *Istoriia Kitaia* (History of China), 708.
9. 程中原、王玉祥、李正華，《1976-1981年的中國》，364–65; Kelliher, *Peasant Power in China*, 61–62.
10. See Vogel, *Deng Xiaoping and the Transformation of China*, 439.
11. 引自程中原、王玉祥、李正華，《1976-1981年的中國》，359。
12. 引自 Vogel, *Deng Xiaoping and the Transformation of China*, 439.
13. 吳象、張廣友、韓鋼，〈萬里談十一屆三中全會前後的農村改革〉，287。
14. 《三中全會以來重要文獻選編》，上冊（北京：人民出版社，1982），172。
15. See *History of the Chinese Communist Party—A Chronology of Events (1919–1990)*, 398; Azhaeva, *Evoliutsiia politiki KNR v oblasti sel'skogo khoziastva* (Evolution of PRC Agricultural Policy), 9.
16. See Gel'bras, *Ekonomika Kitaiskoi Narodnoi Respubliki* (Economy of the People's Republic of China), 128.
17. See Wu, "The Xiaogang Village Story."
18. Deng *Selected Works of Deng Xiaoping*, vol. 3 *(1982–1992)*, 369–70.
19. See Zhao Wei, *The Biography of Zhao Ziyang*, trans. Chen Shibin (Hong Kong: Educational & Cultural Press, 1989), 219–30; David L. Shambaugh, T*he Making of a Premier: Zhao Ziyang's Provincial Career* (Boulder, CO: Westview Press, 1984), 81, 99.

China), 110.

41. 陳雲，《陳雲文選（1956-1985）》，224–31。
42. 同前註，221、222。
43. 同前註，222–23。
44. 同前註，232–34；*History of the Chinese Communist Party—A Chronology of Events (1919–1990)*, 399–400。
45. 引自冷溶、汪作玲主編，《鄧小平年譜（1975-1997）》，上卷，497。
46. See Deng, *Selected Works of Deng Xiaoping*, vol. 2 *(1975–1982)*, 169.
47. 劉維賢，《葉劍英年譜（1897-1986）》，下冊，1145。
48. 鄭仲兵主編，《胡耀邦年譜資料長編》，上冊，359。
49. See Vogel, *Deng Xiaoping and the Transformation of China*, 259.
50. 引自 Richard Baum, *Burying Mao: Chinese Politics in the Age of Deng Xiaoping* (Princeton, NJ: Princeton University Press, 1994), 80。
51. 引自冷溶、汪作玲主編，《鄧小平年譜（1975-1997）》，上卷，493。
52. 引自同前註，499。
53. See Deng, *Selected Works of Deng Xiaoping*, vol. 2 *(1975–1982)*, 172.
54. See Vogel, *Deng Xiaoping and the Transformation of China*, 260, 783.
55. Deng, *Selected Works of Deng Xiaoping*, vol. 2 *(1975–1982)*, 174, 183.
56. 鄭仲兵主編，《胡耀邦年譜資料長編》，上冊，387。
57. 引自 Wei, *The Courage to Stand Alone*, 255。
58. See Hemen Ray, *China's Vietnam War* (New Delhi: Radiant, 1983), 111.
59. Myers, *Chinese Politics: Documents and Analysis*, vol. 3, 401–6; *Democracy Wall Prisoners: Xu Wenli, Wei Jingsheng and Other Jailed Prisoners of the Chinese ProDemocracy Movement* (New York: Asia Watch, 1993), 38–42.
60. 胡績偉，〈胡耀邦與西單民主牆〉，27；Wei, *The Courage to Stand Alone*, xii；潘佐夫於2012年10月21日，在華盛頓特區對魏京生訪問之紀錄；潘佐夫於2012年4月30日，在俄亥俄州哥倫布市訪問一位前中國社會科學院研究員林英之紀錄。
61. 潘佐夫於2012年10月21日，在華盛頓特區對魏京生訪問之紀錄。另見 Wei, *The Courage to Stand Alone*, 257。
62. See Wei, *The Courage to Stand Alone*, 256.
63. See Deng, *Selected Works of Deng Xiaoping*, vol. 2 *(1975–1982)*, 182.
64. Vogel, *Deng Xiaoping and the Transformation of China*, 383.
65. 引自冷溶、汪作玲主編，《鄧小平年譜（1975-1997）》，上卷，355。另見《鄧小平與現代中國》，145–46。

25. 潘佐夫於2012年10月21日，在華盛頓特區對魏京生訪談的紀錄；Vogel, *Deng Xiaoping and the Transformation of China*, 528。
26. See King C. Chen, *China's War with Vietnam, 1979: Issues, Decisions, and Implications* (Stanford, CA: Hoover Institution Press, 1987), 102; John Pilger, *Heroes* (Cambridge, MA: South End Press, 2001), 248; Stein Tønnesson and Christopher E. Goscha, "Le Duan and the Break with China," in Priscilla Roberts, ed., *Behind the Bamboo Curtain: China, Vietnam, and the World Beyond Asia* (Washington, DC, and Stanford, CA: Woodrow Wilson Center Press and Stanford University Press, 2006), 462.
27. 詳情見 Stephen J. Morris, *Why Vietnam Invaded Cambodia: Political Culture and the Causes of War* (Stanford, CA: Stanford University Press, 1999); Benjamin E. Kringer, "The Third Indochina War: A Case Study on the Vietnamese Invasion of Cambodia," in Ross A. Fisher, John Norton Moore, and Robert F. Turner, eds., *To Oppose Any Foe: The Legacy of U.S. Intervention in Vietnam* (Durham, NC: Carolina Academic Press, 2006), 275–326; Clodfelter, *Warfare and Armed Conflict*, 669.
28. 引自 Brzezinski, *Power and Principle*, 409.
29. See Kissinger, *On China*, 365–66.
30. 在鄧小平離開華府之前，布里辛斯基甚至還向鄧小平強調來自「總統的支持」。參見 Brzezinski, *Power and Principle*, 410–11。這當然讓這名中國貴客感到十分愉悅。
31. See Vance, *Hard Choices*, 121–22; Elizabeth Wishnick, *Mending Fences: The Evolution of Moscow's China Policy from Brezhnev to Yeltsin* (Seattle: University of Washington Press, 2001), 63–64.
32. See *Chinese War Crimes in Vietnam* (Hanoi: Vietnam Courier, 1979).
33. 中國堅稱越南有五萬七千名戰士傷亡，可是這與實情不符。參見Zhang Xiaoming, "China's 1979 War with Vietnam: A Reassessment," *China Quarterly*, vol. 184 (December 2005): 866; Clodfelter, *Warfare and Armed Conflict*, 669.
34. Deng, *Selected Works of Deng Xiaoping*, vol. 3 *(1982–1992)*, 85.
35. See Spichak, *Kitaiskii avangard Kremlia* (The Chinese Vanguard of the Kremlin), 134.
36. See *Lichnoe delo Chen' Yunia* (Personal File of Chen Yun), RGASPI, collection 495, inventory 225, file 157.
37. 陳雲，《陳雲文選（1956-1985）》，213。陳雲先前也提出過這些問題，包括在1978年夏季一場討論現代化的理論性會議期間，他寫給李先念的信中就提到這些問題。不過，當時並無人理會陳雲的說法。見Vogel, *Deng Xiaoping and the Transformation of China*, 427。
38. See Yang, *Deng*, 209–10.
39. 引自冷溶、汪作玲主編，《鄧小平年譜（1975-1997）》，上卷，466。
40. See V. V. Azhaeva, *Evoliutsiia politiki KNR v oblasti sel'skogo khoziaistva: Nauchno-analiticheskii obzor* (Evolution of PRC Agricultural Policy: A Scholarly Analysis) (Moscow: INION AN SSSR, 1983), 5; Gel'bras, *Ekonomika Kitaiskoi Narodnoi Respubliki* (Economy of the People's Republic of

Power and Principle: Memoirs of the National Security Advisor, 1977–1981 (New York: Farrar, Straus and Giroux, 1985), 209–33; Jimmy Carter, *Keeping Faith: Memoirs of a President* (Fayetteville: University of Arkansas Press, 1995), 199–203; Jimmy Carter, *White House Diary* (New York: Farrar, Straus and Giroux, 2010), 85, 170, 265.

8. See Patrick Tyler, *A Great Wall: Six Presidents and China: An Investigative History* (New York: PublicAffairs, 1999), 271.
9. See Huang, *Memoirs,* 347–48; Brzezinski, *Power and Principle*, 215.
10. Nickles and Howard, *Foreign Relations of the United States 1977–1980*, vol. 13: *China*, 729.
11. See Huang, *Memoirs*, 352; Brzezinski, *Power and Principle*, 405–6; Ji Chaozhu, *The Man on Mao's Right: From Harvard Yard to Tiananmen Square: My Life Inside China's Foreign Ministry* (New York: Random House, 2008), 298–99.
12. Carter, *White House Diary*, 283.
13. See Carter, *Keeping Faith*, 207; Ji, *The Man on Mao's Right*, 299–301.
14. Cyrus Vance, *Hard Choices: Critical Years in America's Foreign Policy* (New York: Simon & Schuster, 1983), 121.
15. Nickles and Howard, *Foreign Relations of the United States, 1977–1980*, vol. 13: *China*, 738–41. See also Huang, *Memoirs*, 352; Brzezinski, *Power and Principle*, 405–6.
16. 鄧小平的談話，見Nickles and Howard, *Foreign Relations of the United States 1977–1980*, vol. 13: *China*, 767–70。
17. 根據各方資料，在1965年6月至1973年8月的這段期間，至少有32萬名中國「志願者」在中越之間移防。
18. Nickles and Howard, *Foreign Relations of the United States, 1977–1980*, vol. 13: *China*, 770–71. See also Carter, *White House Diary*, 284, 285; Carter, *Keeping Faith*, 211, 213; Brzezinski, *Power and Principle*, 409–10; Henry A. Kissinger, *On China* (New York: Penguin Press, 2011), 365–67.
19. See Brzezinski, *Power and Principle*, 410; Kissinger, *On China*, 367.
20. See Carter, *Keeping Faith*, 211–13.
21. See Zhai Qiang, "China and the Cambodian Conflict, 1970–1975," in Priscilla Roberts, ed., *Behind the Bamboo Curtain: China, Vietnam, and the World Beyond Asia* (Washington, DC, and Stanford, CA: Woodrow Wilson Center Press and Stanford University Press, 2007), 391–92.
22. See Robert S. Ross, *The Indochina Tangle: China's Vietnam Policy, 1975–1979* (New York: Columbia University Press, 1988), 176–89; Steven J. Hood, *Dragons Entangled: Indochina and the China-Vietnam War* (Armonk, NY: Sharpe, 1992), 136–50.
23. See Ross, *The Indochina Tangle*, 230–31.
24. See Weatherley, *Mao's Forgotten Successor*, 153–54; Vogel, *Deng Xiaoping and the Transformation of China*, 532.

56. See Ruan, *Deng Xiaoping*, 21–22.
57. See Yu, *Deng Xiaoping Shakes the World*, 80–83, 90–92, 97.
58. Robert D. Novak, *The Prince of Darkness: 50 Years Reporting in Washington* (New York: Crown Forum, 2007), 324.
59. For more details, see Roger Garside, *Coming Alive: China After Mao* (New York: McGraw-Hill, 1981), 212–39；潘佐夫於2012年10月21日，在華盛頓特區對魏京生訪談的紀錄。
60. 鄧小平的訪問刊登於1978年11月28日的《人民日報》。
61. Wei Jingsheng, *The Courage to Stand Alone: Letters from Prison and Other Writings*, ed. and trans. Kristina Torgeson (New York: Viking, 1997), 208–9.
62. 引自胡績偉，〈胡耀邦與西單民主牆〉，http://www.boxun.com/news/gb/z_special/2004/04/200404220644.shtml〔編註：胡績偉為當時的《人民日報》總編輯。原書提供的連結失效，此文原刊載於香港《爭鳴》雜誌2004年4月號及5月號，全文可另見：http://hx.cnd.org/?p=81695〕。
63. 引自Yu, *Deng Xiaoping Shakes the World*, 163–65。
64. 引自Ruan, *Deng Xiaoping*, 7。
65. Deng, *Selected Works of Deng Xiaoping*, vol. 2 *(1975–1982)*, 151–65.
66. 引自Ruan, *Deng Xiaoping*, 13。
67. Novak, *The Prince of Darkness*, 327.

第十九章　基本原則

1. 引自Myers, *Chinese Politics: Documents and Analysis*, vol. 3, 361。
2. 鄭仲兵主編，《胡耀邦年譜資料長編》，上冊，344；Yu, *Deng Xiaoping Shakes the World*, 207。
3. Ruan, *Deng Xiaoping*, 47; See also James D. Seymour, ed., *The Fifth Modernization: China's Human Rights Movement, 1978–1979* (Stanfordville, NY: Human Rights, 1980); Stephen C. Angle and Marina Svensson, eds., *The Chinese Human Rights Reader: Documents and Commentary, 1900–2000* (Armonk, NY: Sharpe, 2001), 253–72; Maurice Meisner, *The Deng Xiaoping Era: An Inquiry into the Fate of Chinese Socialism, 1978–1994* (New York: Hill and Wang, 1996), 110–14.
4. Novak, *The Prince of Darkness*, 330–31.
5. 同前註，327、328。"An Interview with Teng Hsiao-p'ing Calling for Stronger U.S.- China Ties and a United Front Against Moscow," *Time*, vol. 113, no. 6 (Feb. 5, 1979): 32–35; David P. Nickles and Adam M. Howard, eds., *Foreign Relations of the United States, 1977–1980*, vol. 13*: China* (Washington, DC: U.S. Government Printing Office, 2013), 743.
6. See Kissinger, *Years of Renewal*, 868–69.
7. See Huang Hua, *Memoirs* (Beijing: Foreign Languages Press, 2008), 347–50; Zbigniew Brzezinski,

32. 同前註，190–91。
33. 引自鄭仲兵主編，《胡耀邦年譜資料長編》，上冊，316；Ruan, *Deng Xiaoping*, 33.
34. 冷溶、汪作玲主編，《鄧小平年譜（1975-1997）》，上卷，357、401–02、544；Deng, *Selected Works of Deng Xiaoping*, vol. 2 *(1975–1982)*, 197；劉維賢，《葉劍英年譜（1897-1986）》，下冊，1145、1152；鄭仲兵主編，《胡耀邦年譜資料長編》，上冊，318；Yu Guangyuan, *Deng Xiaoping Shakes the World: An Eyewitness Account of China's Party Work Conference and the Third Plenum* (November–December 1978) trans. Steven I. Levine (Norwalk, CT: EastBridge, 2004), 15–16。
35. 引自 Yu, *Deng Xiaoping Shakes the World*, 18。
36. Deng, *Selected Works of Deng Xiaoping*, vol. 2 *(1975–1982)*, 128.
37. See *History of the Chinese Communist Party—A Chronology of Events (1919–1990)*, 389.
38. 鄧小平，《鄧小平文選》，卷2，129。
39. Deng, *Selected Works of Deng Xiaoping*, vol. 2 *(1975–1982)*, 143. 鄧小平，《鄧小平文選》，卷2，133。
40. See Vogel, *Deng Xiaoping and the Transformation of China*, 187, 189.
41. See *Documents of the First Session of the Fifth National People's Congress of the People's Republic of China*, 35–66; Meliksetov, *Istoriia Kitaia* (History of China), 702.
42. See Vogel, *Deng Xiaoping and the Transformation of China*, 189–90.
43. 引自同前註，223、218〔編註：回憶者為廣東省經委主任王全國，參見崔榮慧，〈改革開放，先行一步：訪原廣東省省委書記王全國〉，收於宋曉明、劉蔚編，《追尋1978：中國改革開放紀元訪談錄》（福州：福建教育出版社，1998），558〕。
44. 引自《李先念傳（1949-1992）》，下冊（北京：中央文獻出版社，2009），1048。
45. 同前註，1048–71。
46. 鄧小平，《鄧小平文選》，卷2，130。
47. See Yu, *Deng Xiaoping Shakes the World*, 23, 25；劉維賢，《葉劍英年譜（1897-1986）》，下冊，1155。
48. 朱佳木編，《陳雲年譜（1905-1995）》，下卷，226。
49. Deng, *Selected Works of Deng Xiaoping*, vol. 2 *(1975–1982)*, 151.
50. 葉選基，〈葉帥在十一屆三中全會前後：讀于光遠著《1978：我親歷的那次歷史大轉折》有感〉，《南方週末》，2008年10月30日。
51. See Vogel, *Deng Xiaoping and the Transformation of China*, 233.
52. 陳雲，《陳雲文選（1956-1985）》，208–10。
53. See Vogel, *Deng Xiaoping and the Transformation of China*, 235.
54. 同前註，240。
55. See Yu, *Deng Xiaoping Shakes the World*, 74–76；劉維賢，《葉劍英年譜（1897-1986）》，下冊，1157。

10. Deng, *Selected Works of Deng Xiaoping*, vol. 2 *(1975–1982)*, 51; Ruan, *Deng Xiaoping*, 29–30.
11. Deng, *Selected Works of Deng Xiaoping*, vol. 2 *(1975–1982)*, 52.
12. 鄧小平，《鄧小平自述》，174。
13. See *History of the Chinese Communist Party—A Chronology of Events (1919–1990)*, 382.
14. 《人民日報》，1977年5月1日。
15. Deng, *Selected Works of Deng Xiaoping*, vol. 2 *(1975–1982)*, 58–59, 81, 141; Ruan, *Deng Xiaoping*, 40.
16. Deng, *Selected Works of Deng Xiaoping*, vol. 2 *(1975–1982)*, 59.
17. 鄧小平，《鄧小平自述》，171–72.
18. Ruan, *Deng Xiaoping*, 40.
19. *The Eleventh National Congress of the Communist Party of China: Documents* (Beijing: Foreign Languages Press, 1977), 192.
20. 同前註，8、52、86。
21. 鄧小平，《鄧小平自述》，178、180。關於鄧小平對發展科學及教育之談話，見Deng, *Selected Works of Deng Xiaoping*, vol. 2 *(1975–1982)*, 61–86, 101–16, 119–26.
22. *Great Historic Victory: In Warm Celebration of Chairman Hua Kuo-feng's Becoming Leader of the Communist Party of China, and of the Crushing of the Wang-Chang-Chiang-Yao Anti-Party Clique* (Peking: Foreign Languages Press, 1976), 34, 41.
23. 陸鏗，《胡耀邦訪問記》（紐約：紐約華語機構，1985），8-9；胡德平，《中國為什麼要改革——思憶父親胡耀邦》（北京：人民出版社，2011），3–77；鄭仲兵主編，《胡耀邦年譜資料長編》，上冊（香港：時代國際出版有限公司，2005），1–286；Yang Zhongmei, *Hu Yaobang: A Chinese Biography*, trans. William A. Wycoff (Armonk, NY: Sharpe, 1988), 3–126; Sladkovskii, *Informatsionnyi biulleten'. Seriia A. Vypusk 2* (Information Bulletin: Series A: 2nd Installment), 24.
24. 鄭仲兵主編，《胡耀邦年譜資料長編》，上冊，286。
25. Ruan, *Deng Xiaoping*, 24. 另見李銳，〈耀邦去世前的談話〉，《當代中國研究》，2001年第4期，23–45。
26. 《人民日報》，1977年10月7日。
27. See *History of the Chinese Communist Party—A Chronology of Events (1919–1990)*, 387.
28. 引自Ruan, *Deng Xiaoping*, 36。
29. See Vogel, *Deng Xiaoping and the Transformation of China*, 152, 197–98, 724, 726; Frederick C. Teiwes and Warren Sun, *The End of the Maoist Era: Chinese Politics During the Twilight of the Cultural Revolution, 1972–1976* (Armonk, NY: Sharpe, 2007), 423–25.
30. See *History of the Chinese Communist Party—A Chronology of Events (1919–1990)*, 387.
31. *Documents of the First Session of the Fifth National People's Congress of the People's Republic of China* (Peking: Foreign Languages Press, 1978), 166.

38. 引自劉維賢，《葉劍英年譜（1897-1986）》，下冊（北京：中央文獻出版社，2007），1110–13；Deng, *Deng Xiaoping and the Cultural Revolution*, 434.
39. 引自Deng, *Deng Xiaoping and the Cultural Revolution*, 437.
40. 引自MacFarquhar and Schoenhals, *Mao's Last Revolution*, 443；劉維賢，《葉劍英年譜（1897-1986）》，下冊，1111。
41. 引自劉維賢，《葉劍英年譜（1897-1986）》，下冊，1112–13。
42. 同前註，1114。
43. 張耀祠，《張耀祠回憶錄——在毛主席身邊的日子》（北京：中共黨史出版社，2008），271–72。另見范碩，《葉劍英在關鍵時刻》（長春：遼寧人民出版社，2011），294-306；青野、方雷，《鄧小平在1976》，下卷，282–331。
44. 引自劉維賢，《葉劍英年譜（1897-1986）》，下冊，1114–15。
45. 同前註，1116。
46. 引自冷溶、汪作玲主編，《鄧小平年譜（1975-1997）》，上卷，156。另見*History of the Chinese Communist Party—A Chronology of Events (1919–1990)*, 378。
47. 引自Ruan, *Deng Xiaoping*, 19–20。
48. 引自《中共黨史大事年表》（北京：人民出版社，1987），405。
49. 引自冷溶、汪作玲主編，《鄧小平年譜（1975-1997）》，上卷，153。

第十八章　實踐是檢驗真理的唯一標準

1. See Ruan, *Deng Xiaoping*, 20–21.
2. 《人民日報》，1977年2月7日。
3. 冷溶、汪作玲主編，《鄧小平年譜（1975-1997）》，上卷，155；鄧小平，《鄧小平自述》，177。
4. Deng, *Selected Works of Deng Xiaoping*, vol. 2 *(1975–1982)*, 51.
5. See Meliksetov, *Istoriia Kitaia* (History of China), 699–700.
6. 陳雲，《陳雲文選（1956-1985）》（北京：人民出版社，1986），207。
7. 引自Ruan, *Deng Xiaoping*, 21；程中原、王玉祥、李正華，《1976-1981年的中國》（北京：中央文獻出版社，2008），43–45。
8. 引自冷溶、汪作玲主編，《鄧小平年譜（1975-1997）》，上卷，156。另見Ruan, *Deng Xiaoping*, 21。
9. Myers, *Chinese Politics: Documents and Analysis*, vol. 3, 175–76；鄧小平，《鄧小平手跡選》，冊3（北京：中國檔案出版社／大象出版社，2004），32、143；Deng, *Selected Works of Deng Xiaoping*, vol. 2 *(1975–1982)*, 52, 55。另見冷溶、汪作玲主編，《鄧小平年譜（1975-1997）》，上卷，157。

12. 引自冷溶、汪作玲主編，《鄧小平年譜（1975-1997）》，上卷，145–47。
13. 引自逄先知、金冲及編，《毛澤東傳（1949-1976）》，下冊，1767。
14. 引自冷溶、汪作玲主編，《鄧小平年譜（1975-1997）》，上卷，147。
15. 同前註，147–48；逄先知、金冲及編，《毛澤東傳（1949-1976）》，下冊，1771–72; *History of the Chinese Communist Party—A Chronology of Events (1919–1990)*, 374–75。
16. 引自冷溶、汪作玲主編，《鄧小平年譜（1975-1997）》，上卷，148; Deng, *Deng Xiaoping and the Cultural Revolution*, 386。
17. 毛澤東，《建國以來毛澤東文稿》，冊13，527。
18. See *Rethinking the "Cultural Revolution"* (Beijing: Foreign Languages Press, 1987), 22–23; Yen and Kao, *The Ten-Year History of the Cultural Revolution*, 553; Palmer, *Heaven Cracks, Earth Shakes*, 95; MacFarquhar and Schoenhals, *Mao's Last Revolution*, 420–30; Witke, *Comrade Chiang Ch'ing*, 15, 469.
19. 引自青野、方雷，《鄧小平在1976》，上卷（瀋陽：春風文藝出版社，1993），178、180。
20. 引自逄先知、金冲及編，《毛澤東傳（1949-1976）》，下冊，1776；Deng, *Deng Xiaoping and the Cultural Revolution*, 398。毛遠新的報告，見青野、方雷，《鄧小平在1976》，上卷，180–83。
21. 引自逄先知、金冲及編，《毛澤東傳（1949-1976）》，下冊，1776–77。
22. 引自同前註，1977。
23. 毛澤東，《建國以來毛澤東文稿》，冊13，538。
24. 引自同前註，530。
25. 冷溶、汪作玲主編，《鄧小平年譜（1975-1997）》，上卷，150。
26. See Deng, *Deng Xiaoping and the Cultural Revolution*, 399.
27. 引自同前註，409。
28. See Chi Hsin, *The Case of Gang of Four: With First Translation of Teng Hsiaoping's "Three Poisonous Weeds"* (Hong Kong: Cosmos Books, 1977), 201–2.
29. Rittenberg and Bennett, *The Man Who Stayed Behind*, 425–26.
30. Deng, *Deng Xiaoping and the Cultural Revolution*, 419.
31. 同前註，422–23。
32. Borisov and Titarenko, *Vystupleniia Mao Tsze-duna, ranee ne publikovavshiesia v kitaiskoi pechati* (Speeches of Mao Zedong Previously Unpublished in the Chinese Press), series 6, 274.
33. 《人民日報》，1976年9月19日。
34. 冷溶、汪作玲主編，《鄧小平年譜（1975-1997）》，上卷，151。
35. Deng, *Selected Works of Deng Xiaoping*, vol. 2 *(1975–1982)*, 264, 287.
36. Deng, *Deng Xiaoping and the Cultural Revolution*, 440–41.
37. 引自青野、方雷，《鄧小平在1976》，下卷，378。另見James T. Myers et al., eds., *Chinese Politics: Documents and Analysis*, vol. 3 (Columbia: University of South Carolina Press, 1995), 174–75.

憶鄧小平》（香港：時代國際出版有限公司，2005），2-9；Deng, *Deng Xiaoping and the Cultural Revolution*, 329.

64. 經驗主義是指不依據理論基礎的行為舉措，投降主義則是指向敵人放棄本身的立場。參見《開展對「水滸」的評論》（西安，1975）。
65. *Lichnoe delo Chzhou En' laia (*Personal File of Zhou Enlai), RGASPI, collection 495, inventory 225, file 2, vol. 3, sheet 47.
66. 于光遠，《我憶鄧小平》，5。
67. See Barnouin and Yu, *Ten Years of Turbulence*, 274; Zhang, "Neskol'ko shtrikhov k kartine poslednikh let zhizni Mao Tszeduna, Chzhou En'laia" (Some Brush Strokes Toward a Picture of the Last Years of Mao Zedong and Zhou Enlai), 95.
68. Westad et al., "77 Conversations Between Chinese and Foreign Leaders on the Wars in Indochina," 193. 另見Deng, *Deng Xiaoping and the Cultural Revolution*, 300，內有稍微不同的引文。
69. Westad et al., "77 Conversations Between Chinese and Foreign Leaders on the Wars in Indochina," 194.
70. 引自冷溶、汪作玲主編，《鄧小平年譜（1975-1997）》，上卷，125；Deng, *Deng Xiaoping and the Cultural Revolution*, 352。
71. 毛澤東，《建國以來毛澤東文稿》，冊13，486–87。
72. 同前註。

第十七章　新試煉

1. 毛澤東，《建國以來毛澤東文稿》，冊13，488。
2. 引自鄧榕，《我的父親鄧小平：「文革」歲月》，427。
3. 毛澤東，《建國以來毛澤東文稿》，冊13，488。
4. See Deng, *Deng Xiaoping and the Cultural Revolution*, 364–69.
5. 同前註，272。
6. 同前註，360。
7. 引自同前註，347。
8. See Zhou Bingde, *Moi diadia Chzhou Enlai* (My Uncle Zhou Enlai) (Beijing: Foreign Languages Press, 2008), 285; Deng, *Deng Xiaoping and the Cultural Revolution*, 373.
9. See James Palmer, *Heaven Cracks, Earth Shakes: The Tangshan Earthquake and the Death of Mao's China* (New York: Basic Books, 2012), 8.
10. 冷溶、汪作玲主編，《鄧小平年譜（1975-1997）》，上卷，143。
11. Deng, *Deng Xiaoping and the Cultural Revolution*, 381.

42. 力平、馬芷蓀編，《周恩來年譜（1949-1976）》，下卷，671。
43. See Li, *Private Life of Chairman Mao*, 581–82.
44. 毛澤東，《建國以來毛澤東文稿》，冊13，394–96。
45. 引自楊勝群、閻建琪等編，《鄧小平年譜（1904-1974）》，下冊，2058；鄧小平，《鄧小平自述》，167；Deng, *Deng Xiaoping and the Cultural Revolution*, 277。
46. 引自*A Great Trial in Chinese History: The Trial of Lin Biao and Jiang Qing Counter-Revolutionary Cliques, Nov. 1980–Jan. 1981* (Oxford: Pergamon Press, 1981), 47, 159。
47. 引自逄先知、金冲及編，《毛澤東傳（1949-1976）》，下冊，1704。
48. 引自楊勝群、閻建琪等編，《鄧小平年譜（1904-1974）》，下冊，2066；Deng, *Deng Xiaoping and the Cultural Revolution*, 281。
49. See Barnouin and Yu, *Ten Years of Turbulence*, 276–77; V. G. Gel'bras, *Ekonomika Kitaiskoi Narodnoi Respubliki: Vazhneishie etapy razvitiia, 1949–2008: Kurs lektsii: v 2 ch.* (Economy of the People's Republic of China: Key Stages of Development 1949–2008: Lecture Series. In two parts) (Moscow: Rubezhi XXI veka, 2010), 90, 94–97.
50. 楊勝群、閻建琪等編，《鄧小平年譜（1904-1974）》，下冊，2053–54、2061、2064。
51. 引自同前註，2060。
52. 毛澤東，《建國以來毛澤東文稿》，冊13，402。
53. 同前註，410。
54. 引自楊勝群、閻建琪等編，《鄧小平年譜（1904-1974）》，下冊，2066；Deng, *Deng Xiaoping and the Cultural Revolution*, 281。
55. 引自楊勝群、閻建琪等編，《鄧小平年譜（1904-1974）》，下冊，2076；Deng, *Deng Xiaoping and the Cultural Revolution*, 285。
56. 毛澤東，《建國以來毛澤東文稿》，冊13，413–14；Borisov and Titarenko, *Vystupleniia Mao Tszeiduna, ranee ne publikovavshiesia v kitaiskoi pechati* (Mao Zedong's Speeches Previously Unpublished in the Chinese Press), series 6, 288.
57. See Gel'bras, *Ekonomika Kitaiskoi Narodnoi Respubliki* (Economy of the People's Republic of China), 85–86.
58. 引自Deng, *Deng Xiaoping and the Cultural Revolution*, 283；另見Deng Xiaoping, *Selected Works of Deng Xiaoping*, vol. 3 *(1982–1992)* (Beijing: Foreign Languages Press, 1994), 369。
59. See Deng, *Selected Works of Deng Xiaoping*, vol. 2, 11–13.
60. 同前註，14。
61. 同前註，19。
62. 引自冷溶、汪作玲主編，《鄧小平年譜（1975-1997）》，上卷（北京：中央文獻出版社，2004），50。
63. 同前註，63–64；逄先知、金冲及編，《毛澤東傳（1949-1976）》，下冊，1739；于光遠，《我

24. 力平、馬芷蓀編，《周恩來年譜（1949-1976）》，下卷，634–35。
25. 引自楊勝群、閻建琪等編，《鄧小平年譜（1904-1974）》，下冊，1991–92。另見Deng, *Deng Xiaoping and the Cultural Revolution*, 259，內含稍微不同的翻譯。
26. Borisov and Titarenko, *Vystupleniia Mao Tsze-duna, ranee ne publikovavshiesia v kitaiskoi pechati* (Speeches of Mao Zedong Previously Unpublished in the Chinese Press), series 6, 283；楊勝群、閻建琪等編，《鄧小平年譜（1904-1974）》，下冊，1993。
27. *Vypiska iz materialov posol'stva SSSP v Kitae, vkh. no. 05220 ot 11 fevralia 1975 g. (Zapis' besedy s poslom DRV v KNR Nguyen Chan Vinem i sovetnikomposlannikom posol'stva DRV Nguyen T'enom 30. V. 1975 g.* (Excerpt from Materials of the USSR Embassy in the PRC, no. 05220, Feb. 11, 1975 [Notes of a Conversation with DRV Ambassador Nguyen Chang Vinh and DRV Minister Counselor Nguyen Tien, May 30, 1975]), RGASPI, collection 495, inventory 225, file 2, vol. 3, sheet 12; *Vypiska iz materialov posol'stva SSSR v SShA, vkh. no. 16203, 26. IV. 1974 g.* (*Zapis' besedy s nauchnym sotrudnikom "Rend korporeishen' W. Whitsonom 16. IV. 1974 g.*, (Excerpt from Materials of the USSR Embassy in the U.S.A., no. 16203, Apr. 26, 1974 [Notes of a Conversation with Rand Corporation Researcher W. Whitson, Apr. 16, 1974]), ibid., 28. See also Gao, *Zhou Enlai*, 245.
28. See *Lichnoe delo Chzhou En' laia (*Personal File of Zhou Enlai), RGASPI, collection 495, inventory 225, file 2, vol. 3, sheet 17.
29. 楊勝群、閻建琪等編，《鄧小平年譜（1904-1974）》，下冊，2005。
30. *Vypiska iz soobshcheniia sovposla v Pekine (vkh. no. 010324 ot 5 aprelia 1974 g.)* (Excerpt from a Report by the Soviet Ambassador in Beijing. [No. 010324, Apr. 5, 1974]), RGASPI, collection 495, inventory 225, file 2, vol. 3, sheet 31.
31. 毛澤東，《建國以來毛澤東文稿》，冊13，373。
32. 毛澤東，《毛澤東文集》，卷8，441–42；毛澤東，《建國以來毛澤東文稿》，冊13，379–82。
33. 引自潘佐夫於2012年1月25日，在俄亥俄州哥倫布市（Columbus, OH）對梁思文訪問的紀錄。
34. 毛澤東，《建國以來毛澤東文稿》，冊13，386。
35. Deng Xiaoping, *Speech by Chairman of Delegation of the People's Republic of China, Teng Hsiao-p'ing, at the Special Session of the U.N. General Assembly* (Peking: Foreign Languages Press, 1974), 2.
36. Burr, *The Kissinger Transcripts*, 273.
37. 同前註，270、272、275、317。
38. Henry A. Kissinger, *Years of Renewal* (New York: Simon & Schuster, 1999), 164.
39. See Vogel, *Deng Xiaoping and the Transformation of China*, 85–86.
40. Confucius, *The Analects of Confucius*, 6.
41. 楊勝群、閻建琪等編，《鄧小平年譜（1904-1974）》，下冊，2015；Deng, *Deng Xiaoping and the Cultural Revolution*, 269; Salisbury, *The Long March*, 137.

第十六章 「棉裡藏針」

1. Deng, *Deng Xiaoping and the Cultural Revolution*, 240.
2. 引自同前註，220。
3. 毛澤東，《建國以來毛澤東文稿》，冊13，347–48；楊勝群、閻建琪等編，《鄧小平年譜（1904-1974）》，下冊，1972。
4. 引自楊勝群、閻建琪等編，《鄧小平年譜（1904-1974）》，下冊，1973。
5. 引自Henry A. Kissinger, *White House Years* (Boston: Little, Brown, 1979), 1492。
6. See Franz, *Deng Xiaoping*, 225–26; Yang, *Deng Xiaoping*, 174.
7. See Deng, *Deng Xiaoping and the Cultural Revolution*, 245.
8. See Gao, *Zhou Enlai*, 235–36, 260–62; Zhang Yufeng, "Neskol'ko shtrikhov k kartine poslednikh let zhizni Mao Tszeduna, Chzhou En'laia" (Some Brush Strokes Toward a Picture of the Last Years of Mao Zedong and Zhou Enlai), in Yu. M. Galenovich, *Smert' Mao Tszeduna* (The Death of Mao Zedong) (Moscow: Izd-vo "Izograf," 2005), 81.
9. For more details, see Wang Ting, *Chairman Hua: Leader of the Chinese Communists* (Montreal: McGill-Queen's University Press, 1980); Robert Weatherley, *Mao's Forgotten Successor: The Political Career of Hua Guofeng* (New York: Palgrave Macmillan, 2010).
10. 毛澤東，《建國以來毛澤東文稿》，冊13，356–57。
11. See Gao, *Zhou Enlai*, 239.
12. See *History of the Chinese Communist Party—A Chronology of Events (1919–1990)*, 385.
13. See *The Tenth National Congress of the Communist Party of China* (Documents) (Peking: Foreign Languages Press, 1973); *Lichnoe delo Mao Tszeduna* (Personal File of Mao Zedong), RGASPI, collection 495, inventory 225, file 71, vol. 6, sheets 257–60.
14. 楊勝群、閻建琪等編，《鄧小平年譜（1904-1974）》，下冊，1978。
15. 引自Deng, *Deng Xiaoping and the Cultural Revolution*, 252。
16. See William Burr, ed., *The Kissinger Transcripts: The Top Secret Talks with Beijing and Moscow* (New York: New Press, 1998), 166–216；力平、馬芷蓀編，《周恩來年譜（1949-1976）》，下卷，632–34；Gao, *Zhou Enlai*, 239–42.
17. Burr, *The Kissinger Transcripts*, 205.
18. 引自Gao, *Zhou Enlai*, 241.
19. 引自楊勝群、閻建琪等編，《鄧小平年譜（1904-1974）》，下冊，1990；Gao, *Zhou Enlai*, 246.
20. 引自Deng, *Deng Xiaoping and the Cultural Revolution*, 256。
21. Gao, *Zhou Enlai*, 244.
22. 引自同前註。
23. Deng, *Selected Works of Deng Xiaoping*, vol. 2 *(1975–1982)*, 329–30.

(Speeches of Mao Zedong Previously Unpublished in the Chinese Press), series 6 (Moscow: Progress, 1976), 266.

42. See Barnouin and Yu, *Ten Years of Turbulence*, 91.
43. 劉少奇，《劉少奇自述》（北京：解放軍文藝出版社，2002），179-254；王光美、劉源，《你所不知道的劉少奇》（鄭州：河南人民出版社，2000）；劉崇文、陳紹疇編，《劉少奇年譜，1898-1969》，下卷，661；Yen Chia-chi and Kao Kao, *The Ten-Year History of the Chinese Cultural Revolution* (Taipei: Institute of Current China Studies, 1988), 168.
44. 引自Deng, *Deng Xiaoping and the Cultural Revolution*, 109–10。
45. 他們打包了非常多家居用品，但因為超過飛機的起飛負重量，最後只能帶走一半。
46. Deng, *Deng Xiaoping and the Cultural Revolution*, 108.
47. 同前註，127–32；武市紅，《世紀風流——鄧小平與卓琳》，107–11；《永遠的小平——卓琳等人訪談》，40–52;；楊勝群、閻建琪等編，《鄧小平年譜（1904-1974）》，下冊，1949–54；《鄧小平與現代中國》，94–99；熊敏、梅飆，〈回憶鄧小平在江西新建的一段日子——訪問羅朋談話錄〉，收於危仁晸編，《鄧小平在江西的日子》（北京：中共黨史出版社，1997），134-38。
48. 引自Deng, *Deng Xiaoping and the Cultural Revolution*, 130。
49. 同前註，130, 149–51, 165–66, 173, 198–200；楊勝群、閻建琪等編，《鄧小平年譜（1904-1974）》，下冊，1950、1953–55、1958–59。
50. Deng, *Deng Xiaoping and the Cultural Revolution*, 179–80.
51. 關於陳伯達的失勢，見潘佐夫、梁思文，《毛澤東：真實的故事》，578。
52. 細節同前註，576-80。
53. 引自Deng, *Deng Xiaoping and the Cultural Revolution*, 184.
54. 引自同前註，184–87。
55. 同前註，69、184。
56. 引自同前註，193。
57. 引自同前註，201。
58. 鄧小平，〈鄧小平給毛主席信（1972年8月3日）〉。
59. 毛澤東，《建國以來毛澤東文稿》，冊13，308。
60. Witke, *Comrade Chiang Ch'ing*, 362, 363.
61. See Deng, *Deng Xiaoping and the Cultural Revolution*, 238；熊敏、梅飆，〈回憶鄧小平在江西新建的一段日子——訪問羅朋談話錄〉，138。
62. 引自Deng, *Deng Xiaoping and the Cultural Revolution*, 226.

15. See Deng, *Deng Xiaoping and the Cultural Revolution*, 37；楊勝群、閻建琪等編，《鄧小平年譜（1904-1974）》，下冊，1937。
16. See Deng, *Deng Xiaoping and the Cultural Revolution*, 42–43。
17. 楊勝群、閻建琪等編，《鄧小平年譜（1904-1974）》，下冊，1938。
18. 引自 Deng, *Deng Xiaoping and the Cultural Revolution*, 44。
19. 引自逄先知、金冲及編，《毛澤東傳（1949-1976）》，下冊，1490。
20. 引自 Deng, *Deng Xiaoping and the Cultural Revolution*, 39。
21. 楊勝群、閻建琪等編，《鄧小平年譜（1904-1974）》，下冊，1938–42、1944,、1946–47。
22. Deng, *Deng Xiaoping and the Cultural Revolution*, 45–46。
23. 楊勝群、閻建琪等編，《鄧小平年譜（1904-1974）》，下冊，1939。
24. See Franz, *Deng Xiaoping*, 201.
25. 武市紅，《世紀風流——鄧小平與卓琳》，111；Deng, *Deng Xiaoping and the Cultural Revolution*, 57, 150。
26. 引自 Deng, *Deng Xiaoping and the Cultural Revolution*, 53。
27. 引自同前註。
28. 引自楊勝群、閻建琪等編，《鄧小平年譜（1904-1974）》，下冊，1944。
29. 鄧小平，《鄧小平：我的自述（摘錄）》。
30. 引自楊勝群、閻建琪等編，《鄧小平年譜（1904-1974）》，下冊，1946。
31. 引自 *Velikaia proletarskaia kul'turnaia revoliutsiia (vazhneishie dokumenty)* (The Great Proletarian Cultural Revolution [Key Documents]), 167.
32. 引自楊勝群、閻建琪等編，《鄧小平年譜（1904-1974）》，下冊，1946。
33. 引自同前註，1947。
34. 引自同前註，1948；Deng, *Deng Xiaoping and the Cultural Revolution*, 101.
35. 引自 Deng, *Deng Xiaoping and the Cultural Revolution*, 103.
36. 引自同前註，81。
37. 細節見同前註，103–5、108、109。
38. 《永遠的小平——卓琳等人訪談》，46。
39. 楊勝群、閻建琪等編，《鄧小平年譜（1904-1974）》，下冊，1948；Deng, *Xiaoping and the Cultural Revolution*, 124.
40. See Geroi ostrova Damanskii (Heroes of Damansky Island) (Moscow: "Molodaia gvardiia," 1969); Christian F. Osterman, "East German Documents on the Border Conflict, 1969," *CWIHP Bulletin*, nos. 6–7, (1995–96), 188–90; Krivosheev, *Grif sekretnosti snyat* (The Stamp of Secrecy Is Removed), 398; Clodfelter, *Warfare and Armed Conflict*, 676; D. S. Riabushkin, *Mify Damanskogo* (Myths of Damansky)(Moscow: AST, 2004), 73–75, 78–81.
41. Borisov and Titarenko, *Vystupleniia Mao Tsze-duna, ranee ne publikovavshiesia v kitaiskoi pechati*

1990), 329；逄先知、金冲及編，《毛澤東傳（1949-1976）》，下冊，1429。

75. Deng, *Deng Xiaoping and the Cultural Revolution*, 22.
76. 楊勝群、閻建琪等編，《鄧小平年譜（1904-1974）》，下冊，1930.
77. 引自同前註，1932；廖蓋隆等編，《毛澤東百科全書》，卷6，3219；*History of the Chinese Communist Party—A Chronology of Events (1919–1990)*, 331。
78. 引自MacFarquhar and Schoenhals, *Mao's Last Revolution*, 138。
79. Deng, *Deng Xiaoping and the Cultural Revolution*, 28.
80. 引自同前註。
81. Borisov and Titarenko, *Vystupleniia Mao Tsze-duna, ranee ne publikovavshiesia v kitaiskoi pechati* (Speeches of Mao Zedong Previously Unpublished in the Chinese Press), series 5, 126.
82. 引自楊勝群、閻建琪等編，《鄧小平年譜（1904-1974）》，下冊，1934。
83. 見傅高義（Ezra F. Vogel）於2011年3月17日寄給潘佐夫的信。
84. 楊勝群、閻建琪等編，《鄧小平年譜（1904-1974）》，下冊，1935。
85. Confucius, *The Analects of Confucius*, 43.

第十五章　拘捕與下放

1. 引自武市紅，《世紀風流——鄧小平與卓琳》，103。
2. 引自同前註。
3. Deng, *Deng Xiaoping and the Cultural Revolution*, 28.
4. 同前註，40、81。
5. See MacFarquhar and Schoenhals, *Mao's Last Revolution*, 124–25；逄先知、金冲及編，《毛澤東傳（1949-1976）》，下冊，1438。
6. 引自MacFarquhar and Schoenhals, *Mao's Last Revolution*, 110。
7. 引自同前註，126。
8. *CCP Documents of the Great Proletarian Cultural Revolution, 1966–1967*, 50.
9. 引自*History of the Chinese Communist Party—A Chronology of Events (1919–1990)*, 334。
10. See MacFarquhar and Schoenhals, *Mao's Last Revolution*, 165.
11. 毛澤東，《建國以來毛澤東文稿》，冊12（北京：中央文獻出版社，1996），186–87；逄先知、金冲及編，《毛澤東傳（1949-1976）》，下冊，1466。
12. 楊勝群、閻建琪等編，《鄧小平年譜（1904-1974）》，下冊，1936；鄧毛毛，《我的父親鄧小平：「文革」歲月》（北京：中央文獻出版社，2000），40。
13. 引自Deng, *Deng Xiaoping and the Cultural Revolution*, 36。
14. 同前註，37；楊勝群、閻建琪等編，《鄧小平年譜（1904-1974）》，中冊，1937。

55. 同前註，6、15。

56. Sladkovskii, *Informatsionnyi biulleten'. Seriia A. Vypusk 2* (Information Bulletin: Series A: 2nd Installment), 73.

57. 劉崇文、陳紹疇編，《劉少奇年譜，1898-1969》，下卷，640；MacFarquhar and Schoenhals, *Mao's Last Revolution*, 65, 66.

58. See Barbara Barnouin and Yu Changgen, *Ten Years of Turbulence: The Chinese Cultural Revolution* (London: Kegan Paul International, 1993), 75; Lowell Dittmer, *Liu Shao-ch'i and the Chinese Revolution: The Politics of Mass Criticism* (Berkeley: University of California Press, 1974), 81. 另見劉崇文、陳紹疇編，《劉少奇年譜，1898-1969》，下卷，641。

59. 引自逄先知、金冲及編，《毛澤東傳（1949-1976）》，下冊，1415。

60. See M. I. Sladkovskii, ed., *Informatsionnyi Biulleten'. Seriia A. "Kul'turnaia revoliutsiia" v Kitae. Dokumenty i materialy (perevod s kitaisogo). Vypusk 7: Vystupleniia Chzhou En'-laia v period "kul'turnoi revoliutsii" (1966)* (Information Bulletin. Series A. The Cultural Revolution in China. Documents and Materials Translated from Chinese. The 7th installment: Speeches of Zhou Enlai during the Cultural Revolution [1966]) (Moscow: IDV AN SSSR, 1971), 6.

61. 引自MacFarquhar and Schoenhals, *Mao's Last Revolution*, 77。

62. 引自Deng, *Deng Xiaoping and the Cultural Revolution*, 16。另見劉崇文、陳紹疇編，《劉少奇年譜，1898-1969》，下卷，645。

63. Borisov and Titarenko, *Vystupleniia Mao Tsze-duna, ranee ne publikovavshiesia v kitaiskoi pechati* (Speeches of Mao Zedong Previously Unpublished in the Chinese Press), series 5, 84.

64. 同前註，84、85。

65. 同前註，129、130。另見MacFarquhar and Schoenhals, *Mao's Last Revolution*, 84.

66. Deng, *Deng Xiaoping and the Cultural Revolution*, 17.

67. 引自同前註，18。

68. Rittenberg and Bennett, *The Man Who Stayed Behind*, 313.

69. 楊勝群、閻建琪等編，《鄧小平年譜（1904-1974）》，下冊，1926。

70. *CCP Documents of the Great Proletarian Cultural Revolution, 1966–1967*, 42.

71. 逄先知、金冲及編，《毛澤東傳（1949-1976）》，下冊，1428–29；另見劉崇文、陳紹疇編，《劉少奇年譜，1898-1969》，下卷，649。

72. Westad et al., "77 Conversations Between Chinese and Foreign Leaders on the Wars in Indochina," 133.

73. See MacFarquhar and Schoenhals, *Mao's Last Revolution*, 94.

74. See *Lichnoe delo Mao Tszeduna* (Personal File of Mao Zedong), RGASPI, collection 495, inventory 225, file 71, vol. 3, sheets 104–5；廖蓋隆等編，《毛澤東百科全書》，卷6（北京：光明日報出版社，2003），3215；*History of the Chinese Communist Party—A Chronology of Events (1919–*

37. Borisov and Titarenko, *Vystupleniia Mao Tsze-duna, ranee ne publikovavshiesia v kitaiskoi pechati* (Speeches of Mao Zedong Previously Unpublished in the Chinese Press), series 5, 195.
38. 吳秦傑編，《毛澤東光輝歷程地圖集》，122、125。根據另一份資料，毛澤東於1966年1月5日抵達武漢，見逄先知、金冲及編，《毛澤東傳（1949-1976）》，下冊，1402。
39. M. I. Sladkovskii, ed., *Informatsionnyi biulleten'. Seriia A. "Kul'turnaia revoliutsiia v Kitae" (perevod s kitaisogo). Vypusk 12: Dokumenty. Sbornik, fevral' 1966—fevral' 1967 gg.* (Information Bulletin. Series A: The Cultural Revolution in China. The 12th installment: Documents, Collection: February 1966–February 1967) (Moscow: IDV AN SSSR, 1972), 1, 5, 7. For the text of the theses, see also Sladkovskii, *Informatsionnyi biulleten'. Seriia A. Vypusk 2* (Information Bulletin: Series A: 2nd Installment), 157–63.
40. 引自Li, *Private Life of Chairman Mao*, 448. See also *History of the Chinese Communist Party—A Chronology of Events (1919–1990)*, 320。
41. 引自逄先知、金冲及編，《毛澤東傳（1949-1976）》，下冊，1402。
42. See MacFarquhar and Schoenhals, *Mao's Last Revolution*, 31.
43. Borisov and Titarenko, *Vystupleniia Mao Tsze-duna, ranee ne publikovavshiesia v kitaiskoi pechati* (Speeches of Mao Zedong Previously Unpublished in the Chinese Press), series 5, 62–63, 66, 68.
44. 引自吳冷西，《憶毛主席：我親身經歷的若干重大歷史事件片斷》，152。
45. 引自逄先知、金冲及編，《毛澤東傳（1949-1976）》，下冊，1404；另見MacFarquhar and Schoenhals, *Mao's Last Revolution*, 32, 491。
46. See MacFarquhar and Schoenhals, *Mao's Last Revolution*, 32.
47. 陳清泉、宋廣渭，《陸定一傳》（北京：中共黨史出版社，1999），496–508。
48. See *Lichnoe delo Mao Tszeduna* (Personal File of Mao Zedong), RGASPI, collection 495, inventory 225, file 71, vol. 3, sheet 77; *History of the Chinese Communist Party—A Chronology of Events (1919–1990)*, 324–25；陳伯達口述，陳曉農編纂，《陳伯達最後口述回憶》，修訂版（香港：星克爾出版社有限公司，2005），305；陳伯達，《陳伯達遺稿——獄中自述及其他》，（香港：天地圖書有限公司，1998），87-88。
49. *CCP Documents of the Great Proletarian Cultural Revolution, 1966–1967* (Hong Kong: Union Research Institute, 1968), 27.
50. 同前註，28。
51. O. Arne Westad et al., eds. "77 Conversations Between Chinese and Foreign Leaders on the Wars in Indochina, 1964–1977" *CWIHP Working Paper*, no. 22 (May 1998), 130–31.
52. 聶元梓等，〈宋碩、陸平、彭佩雲在文化大革命中究竟幹些什麼？〉，《人民日報》，1966年6月2日。
53. See Deng, *Deng Xiaoping and the Cultural Revolution*, 8.
54. 引自同前註。

17. Sladkovskii, *Informatsionnyi biulleten'. Seriia A. Vypusk 2* (Information Bulletin: Series A: 2nd Installment), 62; Witke, *Comrade Chiang Ch'ing*, 310, 332.
18. See Sladkovskii, *Informatsionnyi biulleten'. Seriia A. Vypusk 2* (Information Bulletin: Series A: 2nd Installment), 68; Franz, *Deng*, 180.
19. See MacFarquhar, *Origins of the Cultural Revolution*, vol. 3, 252–56, 443–47.
20. 引自 V. N. Usov, *KNR: Ot " bol'shogo skachka" k " k'ul'turnoi revoliutsii" (1960–1966)* (The PRC: From the Great Leap to the Cultural Revolution, 1960–1966), part 2, 186.
21. Borisov and Titarenko, *Vystupleniia Mao Tsze-duna, ranee ne publikovavshiesia v kitaiskoi pechati* (Speeches of Mao Zedong Previously Unpublished in the Chinese Press), series 5, 153; Snow, *The Long Revolution*, 169.
22. Borisov and Titarenko, *Vystupleniia Mao Tsze-duna, ranee ne publikovavshiesia v kitaiskoi pechati* (Speeches of Mao Zedong Previously Unpublished in the Chinese Press), series 4, 154, 194–95.
23. See Roderick MacFarquhar and Michael Schoenhals, *Mao's Last Revolution* (Cambridge, MA: Belknap Press of Harvard University Press, 2006), 17.
24. Sladkovskii, *Informatsionnyi biulleten'. Seriia A. Vypusk 2* (Information Bulletin: Series A: 2nd Installment), 68. See also *Velikaia proletarskaia kul'turnaia revoliutsiia (vazhneishie dokumenty)* (The Great Proletarian Cultural Revolution [Key Documents]) (Beijing: Izdatel'stvo literatury na inostrannykh iazykakh, 1970), 99.
25. 引自 Andrew Hall Wedeman, *The East Wind Subsides: Chinese Foreign Policy and The Origins of the Cultural Revolution* (Washington, DC: Washington Institute Press, 1988), 176。
26. 引自逄先知、金冲及編，《毛澤東傳（1949-1976）》，下冊，1395。
27. 引自 Deng, *Deng Xiaoping and the Cultural Revolution*, 3。
28. 引自逄先知、金冲及編，《毛澤東傳（1949-1976）》，下冊，1399。
29. Borisov and Titarenko, *Vystupleniia Mao Tsze-duna, ranee ne publikovavshiesia v kitaiskoi pechati* (Speeches of Mao Zedong Previously Unpublished in the Chinese Press), series 5, 154.
30. 引自 Deng, *Deng Xiaoping and the Cultural Revolution*, 3–4。
31. 引自逄先知、金冲及編，《毛澤東傳（1949-1976）》，下冊，1399。
32. 引自 MacFarquhar and Schoenhals, *Mao's Last Revolution*, 18。
33. Sladkovskii, *Informatsionnyi biulleten'. Seriia A. Vypusk 2* (Information Bulletin: Series A: 2nd Installment), 68.
34. See MacFarquhar and Schoenhals, *Mao's Last Revolution*, 18; Wedeman, *The East Wind Subsides*, 223–24.
35. Sladkovskii, *Informatsionnyi biulleten'. Seriia A. Vypusk 2* (Information Bulletin: Series A: 2nd Installment), 68.
36. 引自 MacFarquhar and Schoenhals, *Mao's Last Revolution*, 28。

Communist Party of the Soviet Union to All Party Organizations and Communists in the Soviet Union) (Moscow: Gospolitizdat, 1963).

62. 李越然，《外交舞台上的新中國領袖》，211。另見楊勝群、閻建琪等編，《鄧小平年譜（1904-1974）》，下冊，1766–67。
63. Fursenko, *Prezidium TsK KPSS: 1954–1964* (Presidium of the CC CPSU: 1954–1964), vol. 1, 696.

第十四章　第二號走資派

1. See Richard Baum and Frederick C. Teiwes, *Ssu-ch'ing: The Socialist Education Movement of 1962–1966* (Berkeley: University of California Press), 1968, 58–71.
2. 鄧小平，《鄧小平：我的自述（摘錄）》。
3. 引自 Baum and Teiwes, *Ssu-ch' ing*, 77.
4. See MacFarquhar, *Origins of the Cultural Revolution*, vol. 3, 344–48, 426, 606.
5. Borisov and Titarenko, *Vystupleniia Mao Tsze-duna, ranee ne publikovavshiesia v kitaiskoi pechati* (Speeches of Mao Zedong Previously Unpublished in the Chinese Press), series 5, 198.
6. 同前註，series 4，183–84。
7. 同前註，series 5，133。
8. See *History of the Chinese Communist Party—A Chronology of Events (1919–1990)* (Beijing: Foreign Languages Press, 1991), 311.
9. 吳冷西，《憶毛主席：我親身經歷的若干重大歷史事件片斷》，148。
10. See Baum and Teiwes, *Ssu-ch' ing*, 102–17.
11. Borisov and Titarenko, *Vystupleniia Mao Tsze-duna, ranee ne publikovavshiesia v kitaiskoi pechati* (Speeches of Mao Zedong Previously Unpublished in the Chinese Press), series 4, 183–200.
12. 引自薄一波，《若干重大決策與事件的回顧》，下卷，1131；MacFarquhar, *Origins of the Cultural Revolution*, vol. 3, 423；Jin, *Liu Shaoqi zhuan* (Biography of Liu Shaoqi), vol. 2, 890.
13. Mao Zedong, *Miscellany of Mao Tse-tung Thought (1949–1968)*, part 2 (Springfield, VA: Joint Publications Research Service, 1974), 427；楊尚昆，《楊尚昆日記》，上冊，476。
14. Borisov and Titarenko, *Vystupleniia Mao Tsze-duna, ranee ne publikovavshiesia v kitaiskoi pechati* (Speeches of Mao Zedong Previously Unpublished in the Chinese Press), series 4, 206–7; Li, *Private Life of Chairman Mao*, 416–17；薄一波，《若干重大決策與事件的回顧》，下卷，1131；逄先知、金冲及編，《毛澤東傳（1949-1976）》，下冊，1266–1375；MacFarquhar, *Origins of the Cultural Revolution*, vol. 3, 424–25。
15. 引自 Baum and Teiwes, *Ssu-ch' ing*, 120。
16. Edgar Snow, *The Long Revolution* (New York: Random House, 1972), 17.

47. Mao Zedong, *Oblaka v snegu: Stikhotvoreniia v perevodakh Aleksandra Pantsova* (Clouds in the Snow: Poems in [Russian] Translation by Alexander Pantsov) (Moscow: "Veche," 2010), 85.
48. 吳冷西，《十年論戰：1956-1966中蘇關係回憶錄》，下冊，537–38；薄一波，《若干重大決策與事件的回顧》，下卷，1146。
49. Georgi Arbatov, *Zhizn', sobytiia, liudi: Avtobiografiia na fone istoricheskikh peremen* (Life, Events, People: An Autobiography Against the Background of Historical Changes) (Moscow: Liubimaia Rossiia, 2008), 99.
50. Georgi Arbatov, *Zatianuvsheesia vyzdorovlenie (1953–1985): Svidetel'stvo sovremennika* (A Lengthy Convalescence [1953–1985]: Testimony of a Contemporary) (Moscow: Mezhdunarodnye otnosheniia, 1991), 93. See also Georgii Arbatov, *The System: An Insider's Life in Soviet Politics* (New York: Times Books, 1992), 97–98.
51. 直至1964年10月16日，中國才成功爆炸了第一顆原子彈。
52. 吳冷西，《十年論戰：1956-1966中蘇關係回憶錄》，下冊，602。
53. *Stenogramma vstrechi delegatsii Kommunisticheskoi partii Sovetskogo Soiuza I Kommunisticheskoi partii Kitaia 5–20 iulia 1963 g.* (Stenographic Record of the Meeting Between a Delegation of the Communist Party of the Soviet Union and the Communist Party of China, July 5–20, 1963). Moscow, part 1, *Former Archives of the Central Committee of the Socialist Unity Party of Germany*, 93. (We are thankful to V. M. Zubok who kindly presented us a copy of the document.).
54. 同前註，part 2，294。另見楊尚昆，《楊尚昆日記》，下冊，294–301；吳冷西，《十年論戰：1956-1966中蘇關係回憶錄》，下冊，601–23；李越然，《外交舞台上的新中國領袖》，206–11。
55. *Stenogramma vstrechi delegatsii Kommunisticheskoi partii Sovetskogo Soiuza I Kommuniticheskoi partii Kitaia 5–20 iulia 1963 g. Zhongguo* (Stenogram of the Meeting Between a Delegation of the Communist Party of the Soviet Union and the Communist Party of China, July 5–20, 1963), part 2, 317.
56. 同前註，317、318。
57. 同前註，329。See the communiqué of the negotiations in *Za splochenost' mezhdunarodnogo kommunistichekogo dvizheniia: Dokumenty i materialy* (For the Unity of the International Communist Movement: Documents and Materials) (Moscow: Politizdat, 1964), 66。
58. 閻明復，〈閻明復談鄧小平〉，170；楊尚昆，《楊尚昆日記》，下冊，301；楊勝群、閻建琪等編，《鄧小平年譜（1904-1974）》，下冊，1763–66。
59. Borisov and Titarenko, *Vystupleniia Mao Tsze-duna, ranee ne publikovavshiesia v kitaiskoi pechati* (Speeches of Mao Zedong Previously Unpublished in the Chinese press), series 4, 170.
60. 楊尚昆，《楊尚昆日記》，下冊，294–301；閻明復，〈閻明復談鄧小平〉，170–71；吳冷西，《十年論戰：1956-1966中蘇關係回憶錄》，下冊，623。
61. See *Otkrytoe pis'mo Tsentral'nogo Komiteta Kommunisticheskoi partii Sovetskogo Soiuza partiinym organizatsiiam, vsem kommunistam Sovetskogo Soiuza* (Open Letter of the Central Committee of the

20. 引自馬齊彬等編，《中國共產黨執政四十年（1949-1989）》，217。
21. 引自薄一波，《若干重大決策與事件的回顧》，下卷，1084。
22. 馬齊彬等編，《中國共產黨執政四十年（1949-1989）》，217。
23. Deng, *Selected Works of Deng Xiaoping (1938–1965)*, 292–93.
24. 同前註，306。
25. 引自Gao, *Zhou Enlai*, 98.
26. 引自薄一波，《若干重大決策與事件的回顧》，下卷，1086。
27. 引自Li, *The Private Life of Chairman Mao*, 392。
28. 朱佳木編，《陳雲年譜（1905-1995）》，下卷，120。
29. 逄先知、金冲及編，《毛澤東傳（1949-1976）》，下冊，1232–33。
30. 薄一波，《若干重大決策與事件的回顧》，下卷，1086–87。
31. 同前註，1086。
32. See MacFarquhar, *Origins of the Cultural Revolution*, vol. 3, 268.
33. 引自薄一波，《若干重大決策與事件的回顧》，下卷，1087；楊尚昆，《楊尚昆日記》，下冊，196。
34. 引自逄先知、金冲及編，《毛澤東傳（1949-1976）》，下冊，1234。
35. Borisov and Titarenko, *Vystupleniia Mao Tsze-duna, ranee ne publikovavshiesia v kitaiskoi pechati* (Speeches of Mao Zedong Previously Unpublished in the Chinese Press), series 4, 38–40.
36. 引自Lüthi, *Sino-Soviet Split*, 189。
37. 引自Khrushchev, *Memoirs of Nikita Khrushchev*, vol. 3, 502。
38. Fursenko, *Prezidium TsK KPSS: 1954–1964* (Presidium CC CPSU: 1954–1964), vol. 1, 498, 1088.
39. 引自吳冷西，《十年論戰：1956-1966中蘇關係回憶錄》，上冊，460。
40. 引自Lüthi, *Sino-Soviet Split*, 208。
41. 引自B. T. Kulik, *Sovetsko-kitaiskii raskol: Prichiny i posledstviia* (The *Sino-Soviet Split*: Causes and Consequences) (Moscow: IDV RAN, 2000), 317。
42. *XXII s"ezd Kommunisticheskoi partii Sovetskogo Soiuza: 17-31 oktiabria 1961 goda: Stenograficheskii otchet* (Twenty-second Congress of the Communist Party of the Soviet Union: Oct. 17–31, 1961: Stenographic Record), vol. 3 (Moscow: Gospolitizdat, 1962), 362.
43. 引自吳冷西，《十年論戰：1956-1966中蘇關係回憶錄》，上冊，480。
44. 朱瑞真，〈中蘇分裂的根源〉，收入《戰後中蘇關係走向（1945-1960）》，99–100；Niu Jun, "1962: The Eve of the Left Turn in China's Foreign Policy," *CWIHP Working Paper*, no. 48 (October 2005), 28–29; Lüthi, *Sino-Soviet Split*, 212–13。
45. Borisov and Titarenko, *Vystupleniia Mao Tsze-duna, ranee ne publikovavshiesia v kitaiskoi pechati* (Speeches of Mao Zedong Previously Unpublished in the Chinese Press), series 4, 38, 39.
46. 同前註，47。

第十三章 「黃貓、黑貓」

1. See MacFarquhar, *Origins of the Cultural Revolution*, vol. 3, 217.
2. 引自薄一波，《若干重大決策與事件的回顧》，下卷，1080。
3. 引自同前註。
4. 引自同前註，1026–27。
5. 引自 Sladkovskii, *Informatsionnyi biulleten'. Seriia A. Vypusk 2* (Information Bulletin: Series A: 2nd Installment), 184.
6. 劉少奇，《劉少奇選集》，下卷，421、427。See also V. N. Usov, *KNR: Ot " bol'shogo skachka" k "kul'turnoi revoliutsii" (1960–1966)* (The PRC: From the Great Leap to the Cultural Revolution [1960–1966]), part 1 (Moscow: IDV RAN, 1998), 78; Huang Lingjun, "Liu Shaoqi yu dayuejin" (Liu Shaoqi and the Great Leap)," *Zhongguo xiandaishi* (Contemporary History of China), no. 7 (2003), 10.
7. Borisov and Titarenko, *Vystupleniia Mao Tsze-duna, ranee ne publikovavshiesia v kitaiskoi pechati* (Speeches of Mao Zedong Previously Unpublished in th Chinese Press), series 4 (Moscow: Progress, 1976), 12, 19, 20, 29.
8. Deng, *Selected Works of Deng Xiaoping (1938–1965)*, 269–86. 另見薄一波，《若干重大決策與事件的回顧》，下卷，1028。
9. 引自 Gao Wenqian, *Zhou Enlai: The Last Perfect Revolutionary: A Biography* (New York: PublicAffairs, 2007), 96。
10. See Li, *Private Life of Chairman Mao*, 386.
11. 同前註，386–87。
12. Borisov and Titarenko, V*ystupleniia Mao Tsze-duna, ranee ne publikovavshiesia v kitaiskoi pechatii* (Speeches of Mao Zedong Previously Unpublished in the Chinese Press), series 4, 114.
13. 逄先知、金冲及編，《毛澤東傳（1949-1976）》，下冊，1207–8、1218；朱佳木編，《陳雲年譜（1905-1995）》，下卷（北京：中央文獻出版社，2000），107–10；Becker, *Hungry Ghosts,* 156。
14. See Deng, *Selected Works of Deng Xiaoping (1938–1965)*, 293；薄一波，《若干重大決策與事件的回顧》，下卷，1078。
15. See Peng Dehuai, *Memuary marshala* (Memoirs of a Marshal), trans. A. V. Pantsov, V. N. Usov, and K. V. Shevelev (Moscow: Voenizdat, 1988), 16.
16. 引自馬齊彬等編，《中國共產黨執政四十年（1949-1989）》（北京：中共黨史出版社，1991），217。
17. 引自 Li, *Private Life of Chairman Mao*, 390–91。
18. 引自薄一波，《若干重大決策與事件的回顧》，下卷，1084。
19. 引自同前註。

小平年譜（1904-1974）》，下冊，1592–1603；楊尚昆，《楊尚昆日記》，上冊，580-629。

55. 引自 Westad, *Brothers in Arms*, 366。
56. See Lüthi, *Sino-Soviet Split*, 159.
57. See Roderick MacFarquhar, *The Origins of the Cultural Revolution*, vol. 3: *The Coming of the Cataclysm, 1961–1966* (New York: Columbia University Press, 1997), 323.
58. 引自 Westad, *Brothers in Arms*, 371。
59. Confucius, *The Analects of Confucius*, 70.
60. See MacFarquhar, *Origins of the Cultural Revolution*, vol. 3, 324；力平、馬芷蓀編，《周恩來年譜（1949-1976）》，中卷，366。
61. See David Wolff, "'One Finger's Worth of Historical Events': New Russian and Chinese Evidence on the Sino-Soviet Alliance and Split, 1948–1959," *CWIHP Working Paper*, no. 30 (August 2000), 63–64; MacFarquhar, *Origins of the Cultural Revolution*, vol. 3, 202.
62. See Li, *Private Life of Chairman Mao*, 339, 340.
63. 楊繼繩，《墓碑——中國六十年代大饑荒紀實》，下冊（香港：天地圖書有限公司，2008），875；Lüthi, *Sino-Soviet Split*, 158。
64. See Dikötter, *Mao's Great Famine*, x, 325. 一位中國研究者提出了較「審慎」的數字—3,600萬，見 Yang Jisheng, *The Great Chinese Famine, 1958–1962*, trans. Stacy Mosher and Guo Jian (New York: Farrar, Straus and Giroux, 2012), 430. 亦有其他學者提出不同的數字，從兩千萬到三千萬不等，見潘佐夫、梁思文，《毛澤東：真實的故事》，502。
65. Borisov and Titarenko, *Vystupleniia Mao Tsze-duna, ranee ne publikovavshiesia v kitaiskoi pechati* (Speeches of Mao Zedong Previously Unpublished in the Chinese Press), series 3, 268, 272.
66. 楊勝群、閻建琪等編，《鄧小平年譜（1904-1974）》，下冊，1621–23、1628；Dikötter, *Mao's Great Famine*, 118–19。
67. 引自武市紅，《世紀風流——鄧小平與卓琳》，73。
68. 引自楊勝群、閻建琪等編，《鄧小平年譜（1904-1974）》，下冊，1636–37。
69. 引自力平、馬芷蓀編，《周恩來年譜（1949-1976）》，中卷，409。另見《朱德年譜》，478。
70. 毛澤東，《建國以來毛澤東文稿》，冊8，273。
71. 劉少奇，《劉少奇選集》，下卷，337。
72. 引自楊勝群、閻建琪等編，《鄧小平年譜（1904-1974）》，下冊，1642。
73. 毛澤東，《毛澤東文集》，卷8（北京：人民出版社，1999），273。
74. 引自 Li, *The Private Life of Chairman Mao*, 380。
75. Deng, *Selected Works of Deng Xiaoping*, vol. 2 *(1975–1982)*, 327–28.

31. Fursenko, *Prezidium TsK KPSS: 1954–1964* (Presidium of the CC CPSU: 1954–1964), vol. 1, 390. By some sort of miracle, the record was preserved.
32. 引自吳冷西，《十年論戰：1956-1966中蘇關係回憶錄》，上冊，227、231–34；毛澤東，《建國以來毛澤東文稿》，冊8，599–602；楊勝群、閻建琪等編，《鄧小平年譜（1904-1974）》，下冊，1520。
33. 吳冷西，《十年論戰：1956-1966中蘇關係回憶錄》，上冊，251。
34. 引自同前註，251–52。
35. 引自同前註，254–55；Deng, *Selected Works of Deng Xiaoping (1938–1965)*, 259–60。
36. 《紅旗》，第8期（1960）；《人民日報》，1960年4月22日；*Pravda*，1960年4月23日。
37. See Glenn W. LaFantasie, ed., *Foreign Relations of the United States: 1958–1960, vol. 19: China* (Washington, DC: U.S. Government Printing Office, 1996), 710.
38. See Zubok, "Look What Chaos in the Beautiful Socialist Camp!" 156–57.
39. Fursenko, *Prezidium TsK KPSS: 1954–1964* (Presidium of the CC CPSU: 1954–1964), vol. 1, 443.
40. 引自潘佐夫、梁思文，《毛澤東：真實的故事》，501。
41. 引自Lorenz Lüthi, *The Sino-Soviet Split: Cold War in the Communist World* (Princeton, NJ: Princeton University Press, 2008), 173。
42. Westad, *Brothers in Arms*, 361–62.
43. See Lüthi, *Sino-Soviet Split*, 183–84；楊勝群、閻建琪等編，《鄧小平年譜（1904-1974）》，下冊，1571–73；楊尚昆，《楊尚昆日記》，上冊，536–37。
44. 引自李越然，《外交舞台上的新中國領袖》，167。
45. 楊尚昆，《楊尚昆日記》，上冊，541。
46. 李越然，《外交舞台上的新中國領袖》，167。另見楊尚昆，《楊尚昆日記》，上冊，546。
47. 引自李越然，《外交舞台上的新中國領袖》，172–74。另見Deng Xiaoping, "Deng Xiaoping's Talks with the Soviet Ambassador and Leadership, 1957–1963," *CWIHP Bulletin*, no. 10 (March 1998): 172–73.
48. 引自李越然，〈李越然談鄧小平〉，收於劉金田等編，《話說鄧小平》，176。另見楊尚昆，《楊尚昆日記》，上冊，546。
49. 引自李越然，《外交舞台上的新中國領袖》，168。
50. 引自同前註，169–72。
51. 引自楊勝群、閻建琪等編，《鄧小平年譜（1904-1974）》，下冊，1579。
52. 楊尚昆，《楊尚昆日記》，上冊，551–77；崔奇，《我所親歷的中蘇大論戰》（北京：人民出版社，2009），88-89。
53. 引自李越然，《外交舞台上的新中國領袖》，175–76；劉曉，《出使蘇聯八年》（北京：中共黨史出版社，1998），121。
54. 劉崇文、陳紹疇編，《劉少奇年譜，1898-1969》，下卷，496–99；楊勝群、閻建琪等編，《鄧

9. 毛澤東所用的「毛遂自薦」一語，典出戰國時期。
10. 引自楊勝群、閻建琪等編，《鄧小平年譜（1904-1974）》，下冊，1501。另見毛澤東，《建國以來毛澤東文稿》，冊8（北京：中央文獻出版社，1993），196。
11. Peng, "Comrade Peng Dehuai's Letter to Chairman Mao (July 14, 1959)," 510–20.
12. See Dikötter, *Mao's Great Famine*, 92.
13. Sladkovskii, *Informatsionnyi biulleten'. Seriia A. Vypusk 2* (Information Bulletin: Series A: 2nd Installment), 45.
14. See Li, *Private Life of Chairman Mao*, 314–15.
15. 詳情見李銳，《廬山會議實錄》（北京：春秋出版社／湖南教育出版社，1989）；*The Case of Peng Dehuai, 1959–1968*, 1–121, 405–46.
16. 李新芝、王月宗編，《偉大的實踐，光輝的思想：鄧小平革命活動大事紀》（北京：華齡出版社，1990），117。
17. See Deng, "Velikoe splochenie kitaiskogo naroda i velikoe splochenie narodov mira" (The Great Unity of the Chinese People and the Great Unity of the Peoples of the World).
18. 武市紅，《世紀風流——鄧小平與卓琳》，153–54、157。
19. Fursenko, *Prezidium TsK KPSS: 1954–1964* (Presidium of the CC CPSU: 1954–1964), vol. 1, 337.
20. 吳冷西，《十年論戰：1956-1966中蘇關係回憶錄》，上冊，191。
21. 引自Roxane Witke, *Comrade Chiang Ch'ing* (Boston: Little, Brown, 1977), 272。
22. *Stenograficheskii otchet XXI s"ezda Kommunisticheskoi partii Sovetskogo Soiuza* (Stenographic Record of the Twenty-first Congress of the Communist Party of the Soviet Union), vol. 1 (Moscow: Gospolitizdat, 1959), 93–110.
23. Khrushchev, *Memoirs of Nikita Khrushchev*, vol. 3, 450–51.
24. See "Records of the Meeting of the CPSU and CCP Delegations, Moscow, July 5–20, 1963," 379; MacFarquhar, *Origins of the Cultural Revolution*, vol. 2, 225–26; Zhang Shu Guang, "Between 'Paper' and 'Real Tigers': Mao's View of Nuclear Weapons," in John Lewis Gaddis et al., eds., *Cold War Statesmen Confront the Bomb: Nuclear Diplomacy Since 1945* (New York: Oxford University Press, 1999), 208.
25. Khrushchev, *Memoirs of Nikita Khrushchev*, vol. 3, 480–81.
26. 引自MacFarquhar, *Origins of the Cultural Revolution*, vol. 2, 226。
27. 吳冷西，《十年論戰：1956-1966中蘇關係回憶錄》，上冊，208。
28. 楊勝群、閻建琪等編，《鄧小平年譜（1904-1974）》，下冊，1518。
29. Zubok, "The Mao-Khrushchev Conversations, July 31–August 3, 1958, and October 2, 1959," 267–69；另見李越然，《外交舞台上的新中國領袖》，161–64；吳冷西，《十年論戰：1956-1966中蘇關係回憶錄》，上冊，226–27。
30. 引自李越然，《外交舞台上的新中國領袖》，164。

(Beijing: Foreign Languages Press,1984), 515.
91. 引自楊勝群、閻建琪等編，《鄧小平年譜（1904-1974）》，下冊，1453–68；MacFarquhar, *Origins of the Cultural Revolution*, vol. 2, 85, 121。
92. See MacFarquhar, *Origins of the Cultural Revolution*, vol. 2, 127.
93. 根據潘佐夫於2004年10月28日在北京對一位市民所做的訪問紀錄。
94. 引自楊勝群、閻建琪等編，《鄧小平年譜（1904-1974）》，下冊，1462、1467。
95. 余廣人，〈鄧小平求實與反思精神〉，《炎黃春秋》，4（2002），2–8。
96. Deng, *Selected Works of Deng Xiaoping*, vol. 2 *(1975–1982)*, 328.
97. See Borisov and Titarenko, *Vystupleniia Mao Tsze-duna, ranee ne publikovavshiesia v kitaiskoi pechati* (Mao Zedong's Speeches Previously Unpublished in the Chinese Press), series 2, 348–407；楊勝群、閻建琪等編，《鄧小平年譜（1904-1974）》，下冊，1468–69、1471。
98. See *Materialy 6-go plenuma Tsentral'nogo Komiteta Kommunisticheskoi partii Kitaia vos'mogo sozyva* (Materials of the Sixth Plenum of the Eighth Central Committee of the Chinese Communist Party) (Beijing: Izdatel'stvo literatury na inostrannykh iazykakh, 1959), 13–54.
99. 引自楊勝群、閻建琪等編，《鄧小平年譜（1904-1974）》，下冊，1472–73。
100. See *Materialy 6-go plenuma Tsentral'nogo Komiteta Kommunisticheskoi partii Kitaia vos'mogo sozyva* (Materials of the Sixth Plenum of the Eighth Central Committee of the Chinese Communist Party), 55.
101. 引自 Frank Dikötter, *Mao's Great Famine: The History of China's Most Devastating Catastrophe, 1958–1962* (New York: Walker, 2010), 80。
102. 同前註，89；Jasper Becker, *Hungry Ghosts: China's Secret Famine* (New York: Free Press, 1996), 85。

第十二章　存在與意識

1. 毛澤東，《建國以來毛澤東文稿》，冊8，42。
2. 引自楊勝群、閻建琪等編，《鄧小平年譜（1904-1974）》，下冊，1490。
3. 同前註，1478、1502。
4. See Li, *Private Life of Chairman Mao*, 295.
5. Borisov and Titarenko, *Vystupleniia Mao Tsze-duna, ranee ne publikovavshiesia v kitaiskoi pechati* (Speeches of Mao Zedong Previously Unpublished in the Chinese Press), series 2, 419, 420; series 3, 67.
6. 楊勝群、閻建琪等編，《鄧小平年譜（1904-1974）》，下冊，1478–87。
7. See MacFarquhar, *Origins of the Cultural Revolution*, vol. 2, 162–63, 169–70.
8. 毛澤東，《毛澤東文集》，卷7，117；楊勝群、閻建琪等編，《鄧小平年譜（1904-1974）》，下冊，1490。

Eighth Congress of the Chinese Communist Party), 68.

75. See Borisov and Titarenko, *Vystupleniia Mao Tsze-duna, ranee ne publikovavshiesia v kitaiskoi pechati* (Mao Zedong's Speeches Previously Unpublished in the Chinese Press), series 2, 264, 275, 281; Roderick MacFarquhar, *The Origins of the Cultural Revolution*, vol. 2: *The Great Leap Forward, 1958–1960* (New York: Columbia University Press, 1983), 85, 90.
76. 楊勝群、閻建琪等編，《鄧小平年譜（1904-1974）》，中冊，1318–19。
77. See Mao, *Mao Zedong on Diplomacy*, 247; B. N. Vereshchagin, *V starom i novom Kitae: Iz vospominanii diplomata* (In Old and New China: Reminiscences of a Diplomat) (Moscow: IDV RAN, 1999), 119–20; Shu Guang Zhang, "Sino-Soviet Economic Cooperation," in Westad, *Brothers in Arms*, 207; Zhang Shu Guang and Chen Jian, "The Emerging Disputes Between Beijing and Moscow: Ten Newly Available Chinese Documents, 1956–1958," *CWIHP Bulletin*, nos. 6–7 (1995–96), 154–59, 162–63.
78. Mao, *Mao Zedong on Diplomacy*, 250–58; Vereshchagin, *V starom i novom Kitae* (In Old and New China), 128.
79. Khrushchev, *Memoirs of Nikita Khrushchev*, vol. 3, 455.
80. 同前註，456。
81. 引自閻明復，〈閻明復談鄧小平〉，165–66。另可見閻明復接受美國記者索爾茲伯里（Harrison Salisbury）的訪問（1988年4月29日），收於Harrison E. Salisbury, *The New Emperors: China in the Era of Mao and Deng* (Boston: Little, Brown, 1992), 155–58。
82. See Zubok, "The Mao-Khrushchev Conversations, July 31–August 3, 1958, and October 2, 1959," 244–72.
83. 1958年7月31日至8月3日間，在北京舉行了四次中蘇兩國最高領導層級的會談，但只有第一次和最後一次會談存有全程速記紀錄，因此無法得知在第二、三次會談中何人發言，可能有鄧小平。關於四次會談的經過，見吳冷西，《十年論戰：1956-1966中蘇關係回憶錄》，上冊，162–74。不過，吳冷西未曾提及鄧小平的演說。
84. 引自Salisbury, *The New Emperors*, 156。
85. 引自閻明復，〈閻明復談鄧小平〉，166。
86. 引自Li, *Private Life of Chairman Mao*, 261。
87. 楊勝群、閻建琪等編，《鄧小平年譜（1904-1974）》，下冊，1448。
88. Borisov and Titarenko, *Vystupleniia Mao Tsze-duna, ranee ne publikovavshiesia v kitaiskoi pechati* (Mao Zedong's Speeches Previously Unpublished in the Chinese Press), vol. 2, 311.
89. Deng Xiaoping, "Velikoe splochenie kitaiskogo naroda i velikoe splochenie narodov mira" (The Great Unity of the Chinese People and the Great Unity of the Peoples of the World), *Pravda*, Oct. 1, 1959.
90. Peng Dehuai, "Comrade Peng Dehuai's Letter to Chairman Mao (July 14,1959)," in Peng Dehuai, *Memoirs of a Chinese Marshal: The Autobiographical Notes of Peng Dehuai*, trans. Zheng Longpu

1956-1966中蘇關係回憶錄》，上冊，153–55。

54. 引自吳冷西，《十年論戰：1956-1966中蘇關係回憶錄》，上冊，100。另見Mao, *Mao Zedong on Diplomacy*, 251.

55. 李越然，《外交舞台上的新中國領袖》，130–47。

56. 引自同前註，137。

57. 楊尚昆，《楊尚昆日記》，上冊，285、291。

58. Borisov and Titarenko, *Vystupleniia Mao Tsze-duna, ranee ne publikovavshiesia v kitaiskoi pechati* (Mao Zedong's Speeches Previously Unpublished in the Chinese Press), series 1, 94. 毛澤東於1957年11月19日與蘇聯外交部長葛羅米柯（Andrei A. Gromyko）會談時也提到了同樣的想法，見Andrei A. Gromyko, *Pamiatnoe* (Remembered), vol. 2 (Moscow: Politizdat, 1988), 131.

59. *Pravda*, Nov. 7, 1957.

60. See Chen Jian and Yang Kuisong, "Chinese Politics and the Collapse of the Sino-Soviet Alliance," in Westad, *Brothers in Arms*, 265.

61. Deng, *Selected Works of Deng Xiaoping*, vol. 2 *(1975–1982)*, 281.

62. Borisov and Titarenko, *Vystupleniia Mao Tsze-duna, ranee ne publikovavshiesia v kitaiskoi pechati* (Mao Zedong's Speeches Previously Unpublished in the Chinese Press), series 2, 112, 123；力平，《開國總理周恩來》（北京：中共中央黨史出版社，1994），359。

63. 引自力平，《開國總理周恩來》，361。

64. 同前註，362–63。

65. Borisov and Titarenko, *Vystupleniia Mao Tsze-duna, ranee ne publikovavshiesia v kitaiskoi pechati* (Mao Zedong's Speeches Previously Unpublished in the Chinese Press), series 2, 134–55.

66. 鄧小平，《鄧小平：我的自述（摘錄）》。

67. See Chen Yungfa, "Jung Chang and Jon Halliday. 'Mao: The Unknown Story'," *Twentieth Century China*, vol. 33, no 1 (2007): 111.

68. Li, *The Private Life of Chairman Mao*, 277.

69. 引自楊勝群、閻建琪等編，《鄧小平年譜（1904-1974）》，下冊，1415。

70. Borisov and Titarenko, *Vystupleniia Mao Tsze-duna, ranee ne publikovavshiesia v kitaiskoi pechati* (Mao Zedong's Speeches Previously Unpublished in the Chinese Press), series 2, 156, 158.

71. 引自楊勝群、閻建琪等編，《鄧小平年譜（1904-1974）》，下冊，1421。

72. *CWIHP Bulletin*, no. 10 (March 1998), 167.

73. See *Vtoraia sessiia VIII Vsekitaiskogo s"ezda Kommunisticheskoi partii Kitaia* (Second Session of the Eighth Congress of the Chinese Communist Party) (Peking: Izdatel'stvo literatury na inostrannykh iazykakh, 1958), 70–81；楊勝群、閻建琪等編，《鄧小平年譜（1904-1974）》，下冊，1426。

74. *Vtoraia sessiia VIII Vsekitaiskogo s"ezda Kommunisticheskoi partii Kitaia* (Second Session of the

44. 引自李越然，《外交舞台上的新中國領袖》，143。
45. 引自Khrushchev, *Memoirs of Nikita Khrushchev*, vol. 3, 439；李越然，《外交舞台上的新中國領袖》，143–44。
46. See Fursenko, *Prezidium TsK KPSS: 1954–1964* (Presidium of the CC CPSU: 1954–1964), vol. 1, 224, 274, 991, 1017; vol. 2, 540, 1003；楊勝群、閻建琪等編，《鄧小平年譜（1904-1974）》，下冊，1401。毛澤東當然日後聲稱是赫魯雪夫提議要召開會議並通過此宣言。See Mao Zedong, *Mao Zedong on Diplomacy* (Beijing: Foreign Languages Press, 1998), 251. 可是毛澤東的說法與文獻資料有所牴觸。
47. See N. S. Khrushchev, *Report of the Central Committee of the Communist Party of the Soviet Union to the 20th Party Congress, February 14, 1956* (Moscow: Foreign Languages Publishing House, 1956), 38–47.
48. 關於毛澤東於1956年3月12日在書記處擴大會議中，針對此問題的談話，見吳冷西，《憶毛主席：我親身經歷的若干重大歷史事件片斷》，上冊，4–5〔編註：吳冷西的書中，記載書記處擴大會議是於3月17日舉行，但在其他資料記錄為3月12日，見逄先知、金冲及編，《毛澤東傳（1949-1976）》；逄先知、馮蕙編，《毛澤東年譜（1949-1976）》，卷2（北京：中央文獻出版社，2013），545〕。亦可見毛澤東於1956年11月中，在八屆二中全會上的談話，Mao, *Selected Works of Mao Tse-tung*, vol. 5, 341, 342。
49. Mao, *Mao Zedong on Diplomacy*, 252；楊勝群、閻建琪等編，《鄧小平年譜（1904-1974）》，下冊，1401。
50. *Modern China*, 393. 楊勝群、閻建琪等編，《鄧小平年譜（1904-1974）》，下冊，1402–16；吳冷西，《十年論戰：1956-1966中蘇關係回憶錄》，上冊，96–98；楊尚昆，《楊尚昆日記》，上冊，286-95。
51. “Tezisy mnenii po voprosu o mirnom perekhode (10 noiabria 1957 g.)” (Theses of Opinions on the Issue of Peaceful Transition [November 10, 1957]), in *Polemika o general’noi linii mezhdunarodnogo kommunisticheskogo dvizheniia* (Polemic on the General Line of the International Communist Movement) (Beijing: Izdatel’stvo literatury na inostrannykh iazykakh, 1965), 112–15.
52. *Dokumenty soveshchanii predstavitelei kommunisticheskikh i rabochikh partii, sostoiavshikhsia v Moskve v noiabre 1957 goda* (Documents from the Meetings of Representatives of Communist and Workers’ Parties That Took Place in Moscow in November 1957) (Moscow: Gospolitizdat, 1957), 18–22；另見吳冷西，《十年論戰：1956-1966中蘇關係回憶錄》，上冊，98, 127–41；楊尚昆，《楊尚昆日記》，上冊，285–96；楊勝群、閻建琪等編，《鄧小平年譜（1904-1974）》，下冊，1402–7; Fursenko, *Prezidium TsK KPSS: 1954–1964* (Presidium of the CC CPSU: 1954–1964), vol. 1, 279–81; vol. 2, 720–31, 1004；閻明復，〈閻明復談鄧小平〉，收於劉金田等編，《話說鄧小平》，164–65。
53. 楊勝群、閻建琪等編，《鄧小平年譜（1904-1974）》，下冊，1408；吳冷西，《十年論戰：

Analysis) (Moscow: Voennoye izdatel'stvo, 1993), 397; Micheal Clodfelter, *Warfare and Armed Conflict: A Statistical Encyclopedia of Casualty and Other Figures, 1494–2007*, 3rd. ed. (Jefferson, NC: McFarland, 2008), 576–77.

25. 引自蕭冬連，《五十年國事紀要—外交卷》（長沙：湖南人民出版社，1999），194-95。
26. 吳冷西，《十年論戰：1956-1966中蘇關係回憶錄》，上冊，59。
27. 見1956年12月29日的《人民日報》。
28. 引自楊勝群、閻建琪等編，《鄧小平年譜（1904-1974）》，中冊，1323。
29. 更多細節見毛澤東，《建國以來毛澤東文稿》，冊6，120–21；Roderick MacFarquhar, *The Hundred Flowers Campaign and the Chinese Intellectuals* (New York: Praeger, 1960), 6–9; [Robert R. Bowie and John K. Fairbank, eds.,] *Communist China, 1955–1959: Policy Documents with Analysis* (Cambridge, MA: Harvard University Press, 1962), 5–7.
30. 楊勝群、閻建琪等編，《鄧小平年譜（1904-1974）》，中冊，1321；力平、馬芷蓀編，《周恩來年譜（1949-1976）》，上卷（北京：中央文獻出版社，1997），628。
31. 引自楊勝群、閻建琪等編，《鄧小平年譜（1904-1974）》，中冊，1327。
32. See Sladkovskii, *Informatsionnyi biulleten'. Seriia A.Vypusk 2* (Information Bulletin: Series A: 2nd Installment), 33; Mao, *Selected Works of Mao Tse-tung*, vol. 5, 353.
33. See Mao, *Selected Works*, vol. 5, 408–14.
34. 引自Sladkovskii, *Informatsionnyi biulleten'. Seriia A. Vypusk 2* (Information Bulletin: Series A: 2nd Installment), 35. See also Deng, *Selected Works of Deng Xiaoping*, vol. 2 *(1975–1982)*, 282–83.
35. 中華人民共和國境內，除了執政黨中國共產黨外，另有八個被稱為「民主黨派」的政黨與中共形成統一戰線。
36. 《人民日報》，1957年6月8日。
37. *CWIHP Bulletin*, no. 10 (2001), 165.
38. 引自V. N. Berezhkov, *Riadom so Stalinym* (By Stalin's Side) (Moscow: Vagrius, 1998), 443–44。
39. 引自Jonathan Fenby, *The Penguin History of Modern China: The Fall and Rise of a Great Power, 1850–2009* (London: Penguin Books, 2009), 392。另見Yang, *Deng Xiaoping*, 141。
40. 引自Fenby, *The Penguin History of Modern China*, 393。關於逮捕的規模，見Meliksetov, *Istoriia Kitaia* (History of China), 649。
41. Deng Xiaoping, "Report on the Rectification Campaign, 1955–1959," [Bowie and Fairbank,] *Communist China, 1955–1959: Policy Documents with Analysis*, 341, 344.
42. Deng, *Selected Works of Deng Xiaoping*, vol. 2 *(1975–1982)*, 262–63, 279.
43. 引自李越然，《外交舞台上的新中國領袖》（北京：外語教學與研究出版社，1994），143；Khrushchev, *Memoirs of Nikita Khrushchev*, vol. 3, 439, 488; N. S. Khrushchev, *Vremia, Liudi, Vlast': Vospominaniia* (Time, People, Power: Memoirs), vol. 3 (Moscow: Moskovskiie novosti, 1999), 58, 104–5.

Meeting of the CPSU and CCP Delegations, Moscow, July 5–20, 1963," in Westad, *Brothers in Arms*, 378.

10. Sándor Petőfi, *Rebel or Revolutionary: Sándor Petőfi as Revealed by His Diary, Letters, Notes, Pamphlets and Poems*, trans. Edwin Morgan (Budapest: Corvina Press, 1974), 196.
11. For more details, see Zinner, *National Communism and Popular Revolution*, 398–434; Kramer, "New Evidence on Soviet Decision-Making and the 1956 Polish and Hungarian Crisis," 362–69.
12. See Fursenko, *Prezidium TsK KPSS: 1954–1964* (Presidium of the CC CPSU: 1954–1964), vol. 1, 178–79, 187–88；楊勝群、閻建琪等編，《鄧小平年譜（1904-1974）》，中冊，1322；徐則浩編，《王稼祥年譜（1906-1974）》（北京：中央文獻出版社，2001），439–40。
13. 逄先知、金冲及編，《毛澤東傳（1949-1976）》，上冊，602–3；師哲口述，李海文整理，《中蘇關係見證錄》（北京：當代中國出版社，2005），225；*Vozniknovenie i razvitie raznoglasii mezhdu rukovodstvom KPSS i nami: Po povodu otkrytogo pis'ma TsK KPSS* (The Origins and Development of Disagreements Between the Leadership of the CPSU and Us: On the Open Letter of the CC CPSU), 12；吳冷西，《十年論戰：1956-1966中蘇關係回憶錄》，上冊，45。
14. Fursenko, *Prezidium TsK KPSS: 1954–1964* (Presidium of the CC CPSU: 1954–1964), vol. 1, 178. 另見師哲、師秋朗，《我的一生——師哲自述》（北京：人民出版社，2002），470–71。
15. Khrushchev, *Memoirs of Nikita Khrushchev*, vol. 3, 430, 488, 489.
16. See William Taubman, *Khrushchev: The Man and His Era* (New York: Norton, 2003), 297.
17. Fursenko, *Prezidium TsK KPSS: 1954–1964* (Presidium of the CC CPSU: 1954–1964), vol. 1, 188；吳冷西，《十年論戰：1956-1966中蘇關係回憶錄》，上冊，52。
18. Fursenko, *Prezidium TsK KPSS: 1954–1964* (Presidium of the CC CPSU: 1954–1964), vol. 1, 188.
19. 引自師哲口述，李海文整理，《中蘇關係見證錄》，235。另見Zubok, "Look What Chaos in the Beautiful Socialist Camp!" 153。
20. 引自師哲口述，李海文整理，《中蘇關係見證錄》，234。
21. I. F. Kurdiukov et al., eds., *Sovetsko-kitaiskie otnosheniia, 1917–1957: Sbornik dokumentov* (Soviet-Chinese Relations, 1917–1957: A Documentary Collection) (Moscow: Izd-vo vostochnoi literatury, 1959), 319. See also Fursenko, *Prezidium TsK KPSS: 1954–1964* (Presidium of the CC CPSU: 1954–1964), vol. 1, 191.
22. Fursenko, *Prezidium TsK KPSS: 1954–1964* (Presidium of the CC CPSU: 1954–1964), vol. 1, 191.
23. Khrushchev, *Memoirs of Nikita Khrushchev*, vol. 3, 651. 亦可參考劉少奇於1956年11月10日，在八屆二中全會上針對此問題所做的報告，見逄先知、金冲及編，《毛澤東傳（1949-1976）》，上冊，603–5。
24. See G. F. Krivosheev, ed., *Grif sekretnosti sniat: Poteri Vooruzhennykh Sil SSSR v voinakh, boevykh deistviiakh i voennykh konfliktakh: Statisticheskoe issledovanie* (The Stamp of Secrecy Is Removed: Losses of the Armed Forces of the USSR in Wars, Battles, and Armed Conflicts: A Statistical

32. 沈志華，〈中共八大為什麼不提「毛澤東思想」？〉，《歷史教學》，5（2005），6。另見毛澤東，《毛澤東文集》，卷6（北京：人民出版社，1999），387。
33. See Deng, *Deng Xiaoping and the Cultural Revolution*, 53.
34. Liu, *On the Party*, 157; *Eighth National Congress of the Communist Party of China*, vol. 1, 137.
35. *Eighth National Congress of the Communist Party of China*, vol. 1, 200.
36. 鄧小平，《鄧小平：我的自述（摘錄）》。
37. *Eighth National Congress of the Communist Party of China*, vol. 2, 199–200.
38. 毛澤東，《毛澤東文集》，卷7（北京：人民出版社，1999），111–12。另見毛澤東，《建國以來毛澤東文稿》，冊6（北京：中央文獻出版社，1992），165；Wingrove, "Mao's Conversations with the Soviet Ambassador, 1953–1955," 36。
39. 引自毛澤東，《毛澤東文集》，卷7，111–12。這次推舉發生在1956年9月13日的七屆三中全會，詳情見楊勝群、劉金田等編，《鄧小平傳（1904-1974）》，下冊，993-96。

第十一章 「後起之秀」

1. Deng, *Deng Xiaoping and the Cultural Revolution*, 4.
2. 同前註，37、44–45、46、50–51；武市紅，《世紀風流——鄧小平與卓琳》，71。
3. Fursenko, *Presidium TsK KPSS: 1954–1964* (Presidium of the CC CPSU: 1954–1964), vol. 1, 173.
4. For more details, see Paul E. Zinner, ed., *National Communism and Popular Revolt in Eastern Europe: A Selection of Documents on Events in Poland and Hungary* (New York: Columbia University Press, 1956), 9–262; Mark Kramer, "New Evidence on Soviet Decision-Making and the 1956 Polish and Hungarian Crisis," *CWIHP Bulletin*, nos. 8–9 (1996–97): 360-61.
5. See Vladislav M. Zubok, "Look What Chaos in the Beautiful Socialist Camp! Deng Xiaoping and the Sino-Soviet Split, 1956–1963," *CWIHP Bulletin*, no. 10 (March 1998): 153.
6. 引自吳冷西，《十年論戰：1956-1966中蘇關係回憶錄》，上冊，35。
7. 同前註，39–40。
8. *Istoricheskii arkhiv* (Historical Archive), nos. 4–5 (1996): 184–85; Fursenko, *Prezidium TsK KPSS: 1954–1964* (Presidium of the CC CPSU: 1954–1964), vol. 1, 174–75; A. A. Fursenko, *Prezidium TsK KPSS: 1954–1964* (Presidium of the CC CPSU: 1954–1964), vol. 2. *Postanovleniia: 1954–1958* (Resolutions of 1954–1958) (Moscow: ROSSPEN, 2006), 471–72.
9. *Vozniknovenie i razvitie raznoglasii mezhdu rukovodstvom KPSS i nami: Po povodu otkrytogo pis'ma TsK KPSS* (The Origin and Development of Disagreements Between the Leadership of the CPSU and Us: On the Open Letter of the CC CPSU) (Beijing: Izdatel'stvo literatury na inostrannykh iazykakh, 1963), 12；吳冷西，《十年論戰：1956-1966中蘇關係回憶錄》，上冊，42–45；"Records of

Documents) (Moscow: ROSSPEN, 2002), 24, 37, 252–53. See also Vittorio Vidali, *Diary of the Twentieth Congress of the Communist Party of the Soviet Union*, trans. Nell Amter Cattonar and A. M. Elliot (Westport, CT, and London: Lawrence Hill and Journeyman Press, 1974), 26–27.

13. See A. A. Fursenko, ed., *Prezidium TsK KPSS: 1954–1964* (Presidium of the CC CPSU: 1954–1964), vol. 1. *Chernovye protokol'nye zapisi zasedanii, stenogramy, postanovleniia* (Draft Protocol Minutes of the Sessions, Stenographic Records, and Resolutions) (Moscow: ROSSPEN, 2003), 106–7；楊勝群、閻建琪等編，《鄧小平年譜（1904-1974）》，中冊，1275；師哲，《在歷史巨人身邊》，597。
14. 引自Li, *The Private Life of Chairman Mao*, 115。
15. 吳冷西，《十年論戰：1956-1966中蘇關係回憶錄》，上冊，6–7；劉崇文、陳紹疇編，《劉少奇年譜，1898-1969》，下卷，363。但根據另一份資料，鄧小平是在3月12日舉行的中央政治局擴大會議中報告，見逄先知、金冲及編，《毛澤東傳（1949-1976）》，下冊，363。
16. 逄先知、金冲及編，《毛澤東傳（1949-1976）》，下冊，496。
17. 引自吳冷西，《十年論戰：1956-1966中蘇關係回憶錄》，上冊，8。
18. 引自同前註。
19. 陳紹禹自1931年初即開始使用化名「王明」。
20. 引自吳冷西，《十年論戰：1956-1966中蘇關係回憶錄》，上冊，11。
21. 引自同前註，14–15。
22. 同前註，16。
23. 合作化運動的細節，見潘佐夫、梁思文，《毛澤東：真實的故事》，441-47。
24. 吳冷西，《十年論戰：1956-1966中蘇關係回憶錄》，卷1，16–19。
25. 關於毛澤東親自潤飾、增補該文，見同前註，59–67。另見吳冷西，《憶毛主席：我親身經歷的若干重大歷史事件片斷》，2–7。
26. Borisov and Titarenko, *Vystupleniia Mao Tsze-duna, ranee ne publikovavshiesia v kitaiskoi pechati* (Mao Zedong's Speeches Previously Unpublished in the Chinese Press), series 1, 93.
27. See Mao, *Selected Works of Mao Tse-tung*, vol. 5, 284–307. See also Stuart Schram, ed., *Chairman Mao Talks to the People: Talks and Letters, 1956–1971* (New York: Pantheon Books, 1974), 81–82; Borisov and Titarenko, *Vystupleniia Mao Tszeduna, ranee ne publikovavshiesia v kitaiskoi pechati* (Mao Zedong's Speeches Previously Unpublished in the Chinese Press), series 1, 66–86.
28. Borisov and Titarenko, *Vystupleniia Mao Tsze-duna, ranee ne publikovavshiesia v kitaiskoi pechati* (Mao Zedong's Speeches Previously Unpublished in the Chinese Press), series 2, 122; Li, *Private Life of Chairman Mao*, 181, 183, 192.
29. See Yang, *Deng Xiaoping*, 134.
30. *The Case of Peng Dehuai, 1959–1968* (Hong Kong: Union Research Institute, 1968), 445.
31. 鄧小平，《鄧小平：我的自述（摘錄）》。

第十章 「批評個人崇拜」與其後果

1. See O. Arne Westad, ed., *Brothers in Arms: The Rise and Fall of the Sino-Soviet Alliance, 1945–1963* (Stanford, CA: Stanford University Press, 1998), 16, 39; Khrushchev, *Memoirs of Nikita Khrushchev*, vol. 3, 420–27; D. T. Shepilov, "Vospominaniia" (Reminiscences), *Voprosy istorii (Problems of History)*, no. 9 (1998), 18–33, no. 10 (1998), 3–31; K. I. Koval', "Moskovskiie peregovory I. V. Stalina s Chzhou En'laem v 1953 g. i N. S. Khrushcheva s Mao Tzedunom v 1954 g." (J. V. Stalin's Moscow Negotiations with Zhou Enlai in 1953 and N. S. Khrushchev's with Mao Zedong in 1954), *Novaia i noveishaia istoriia (Modern and Contemporary History)*, no. 5 (1989), 113–18；師哲，《峰與谷——師哲回憶錄》（北京：紅旗出版社，1992），106-15；Zhihua Shen and Yafeng Xia, "Between Aid and Restrictions: Changing Soviet Policies Toward China's Nuclear Weapons Program, 1954–1960," *Nuclear Proliferation International History Project Working Paper*, no. 2 (May 2012), 1–80.
2. 引自楊勝群、閻建琪等編，《鄧小平年譜（1904-1974）》，中冊，1272。
3. *Stenograficheskii otchet XX s"ezda KPSS* (Stenographic Record of the Twentieth Congress of the CPSU), vol. 1 (Moscow: Gospolitizdat, 1956), 230.
4. 引自楊勝群、閻建琪等編，《鄧小平年譜（1904-1974）》，中冊，1273。
5. 同前註，1274。
6. 引自師哲，《在歷史巨人身邊》（北京：中央文獻出版社，1995），595。
7. See N. S. Khrushchev, *Speech of Nikita Khrushchev Before a Closed Session of the XXth Congress of the Communist Party of the Soviet Union on February 25, 1956* (Washington, DC: U.S. Government Printing Office, 1957).
8. 引自吳冷西，《十年論戰：1956-1966中蘇關係回憶錄》，上冊（北京：中央文獻出版社，1999），4–5。
9. 引自師哲，《在歷史巨人身邊》，596；吳冷西，《十年論戰：1956-1966中蘇關係回憶錄》，上冊，5。
10. 逄先知、金冲及編，《毛澤東傳（1949-1976）》，下冊，495。
11. See Mao Zedong, "Mao Tszedun o kitaiskoi politike Kominterna i Stalina" (Mao Zedong on the China Policy of the Comintern and Stalin), *Problemy Dal'nego Vostoka (Far Eastern Affairs)*, no. 5 (1998) 103; M. S. Kapitsa, *Sovetsko-kitaiskie otnosheniia* (Soviet-Chinese Relations) (Moscow: Gospolitizdat, 1958), 357, 364；李丹慧，〈毛澤東對蘇認識與中蘇關係的演變（1954-1960）〉，收入中國中俄關係史研究會編，《戰後中蘇關係走向（1945-1960）》（北京：社會科學文獻出版社，1997），78。
12. See K. Aimermakher, ed., *Doklad N. S. Khrushcheva o kul'te lichnosti Stalina na XX s"ezde KPSS: Dokumenty* (N. S. Khrushchev's Report on Stalin's Cult of Personality at the 20th CPSU Congress:

35. 更多細節見Teiwes, *Politics at Mao's Court*, 44–47。
36. 引自同前註，85。
37. 同前註，308–9。孔子的言談見Confucius, *The Analects of Confucius*, 15。
38. 引自Teiwes, *Politics at Mao's Court*, 229。
39. 同前註，117。
40. 劉少奇，《劉少奇選集》，下卷（北京：人民出版社，1985），125–31。
41. Zhou Enlai, "Comrade Zhou Enlai's Speech Outline at the Discussion Meeting on the Gao Gang Question (February 1954)," in Teiwes, *Politics at Mao's Court*, 240–45.
42. I. V. Kovalev, "Zapiska I. V. Kovaleva ot 24 dekabria 1949 g." (I. V. Kovalev's Note of December 24, 1949), *Novaia i noveishaia istoriia (Modern and Contemporary History)*, no. 1 (2004), 132–39; I. V. Kovalev, "Dialog Stalina s Mao Tszedunom" (Stalin's Dialogue with Mao Zedong), *Problemy Dal'nego Vostoka (Far Eastern Affairs)*, no. 6 (1991): 89, 91; I. V. Kovalev, "Rossiia v Kitae (S missiei v Kitae)" (Russia in China [My Mission to China]), *Duel*, Nov. 19, 1997; N. S. Khrushchev, *Memoirs of Nikita Khrushchev*, trans. George Shriver, vol. 3 (University Park: Pennsylvania State University Press, 2004), 412–14；薄一波，《若干重大決策與事件的回顧》，上卷，40–41；葉子龍，《葉子龍回憶錄》（北京：中央文獻出版社，2000），201；陳愛菲，《走出國門的毛澤東》（石家莊：河北人民出版社，2001），88–91; Heinzig, *The Soviet Union and Communist China, 1945–1950*, 157, 158, 285–86, 296–97.
43. Deng Xiaoping, Chen Yi, and Tan Zhenlin, "Report of Deng Xiaoping, Chen Yi, and Tan Zhenlin Concerning the Discussion Meeting on the Rao Shushi Question (March 1, 1954)," in Teiwes, *Politics at Mao's Court*, 245–52.
44. 詳情見趙家梁、張曉霽，《半截墓碑下的往事——高崗在北京》（香港：大風出版社，2008），203–16、238–45。
45. See Short, *Mao*, 442, 444, 737.
46. See Ruan Ming, *Deng Xiaoping: Chronicle of an Empire,* trans. and ed. Nancy Liu, Peter Rand, and Lawrence R. Sullivan (Boulder, CO: Westview Press, 1992), 55.
47. N. G. Sudarikov, ed., *Konstitutsiia i osnovnye zakonodatel'nye akty Kitaiskoi Narodnoi Respubliki* (The Constitution and Founding Legislative Acts of the People's Republic of China) (Moscow: Izdatel'stvo inostrannoi literatury, 1955), 31.
48. See Deng Xiaoping, "Report on the Gao Gang, Rao Shushi Anti-Party Alliance (March 21, 1955)," in Teiwes, *Politics at Mao's Court*, 254–76.
49. 楊尚昆，《楊尚昆日記》，上冊（北京：中央文獻出版社，2001），180、181、184。
50. Quoted in Teiwes, *Politics at Mao's Court*, 26.

inventory 46, file 12, folder 362, sheet 185.

12. See Philip Short, *Mao: A Life* (New York: Holt, 1999), 442.
13. 薄一波，《若干重大決策與事件的回顧》，上卷，240；金冲及編，《周恩來傳（1898-1976）》，下卷（北京：中央文獻出版社，2009），987-88。
14. 楊勝群、閻建琪等編，《鄧小平年譜（1904-1974）》，中冊，1078–79。
15. 毛澤東，《建國以來毛澤東文稿》，冊4（北京：中央文獻出版社，1990），27。
16. Mao, *Selected Works of Mao Tse-tung*, vol. 5, 105；薄一波，《若干重大決策與事件的回顧》，上卷，234–35。
17. 薄一波，《若干重大決策與事件的回顧》，上卷，242；金冲及編，《周恩來傳（1898-1976）》，下卷，989。
18. Gao Gang, *Izbrannoe* (Selected Works) (Moscow: IDV AN SSSR, 1989), 226–31.
19. 金冲及主編，《劉少奇傳（1898-1969）》，下冊，680；薄一波，《若干重大決策與事件的回顧》，上卷，218。
20. 逄先知、金冲及編，《毛澤東傳（1949-1976）》，上冊，252。
21. Mao, *Selected Works of Mao Tse-tung*, vol. 5, 93.
22. See Paul Wingrove, "Mao's Conversations with the Soviet Ambassador, 1953–1955," *CWIHP Working Paper*, no. 36 (April 2002), 40；薄一波，《若干重大決策與事件的回顧》，上卷，241、311; Teiwes, *Politics at Mao's Court*, 242.
23. Teiwes, *Politics at Mao's Court*, 163.
24. 引自薄一波，《若干重大決策與事件的回顧》，上卷，247。
25. See Mao, *Selected Works of Mao Tse-tung*, vol. 5, 103–11; Zhou Enlai, "Rech' na Vsekitaiskom finansovo-ekonomicheskom soveshchanii" (Speech at the All-China Financial-Economic Conference), AVP RF, collection 0100, inventory 46, file 374, folder 121, sheets 8–19；薄一波，《若干重大決策與事件的回顧》，上卷，247–48; A. M. Ledovskii, *Delo Gao Gana-Rao Shushi* (The Gao Gang, Rao Shushi Affair) (Moscow: IDV AN SSSR, 1990), 99。
26. Zhou Enlai, "Rech' na Vsekitaiskom finansovo-ekonomicheskom soveshchanii" (Speech at the All-China Financial-Economic Conference), 18.
27. 引自薄一波，《若干重大決策與事件的回顧》，上卷，251。
28. 同前註，252。
29. Mao, *Selected Works of Mao Tse-tung*, vol. 5, 103, 104, 110.
30. See Teiwes, *Politics at Mao's Court*, 6–7, 93–96, 101–11, 221–27.
31. Deng, *Selected Works of Deng Xiaoping*, vol. 2 *(1975–1982)*, 278–79.
32. See Teiwes, *Politics at Mao's Court*, 94.
33. Deng, *Selected Works of Deng Xiaoping*, vol. 2 *(1975–1982)*, 278.
34. 楊勝群、閻建琪等編，《鄧小平年譜（1904-1974）》，中冊，1129–35。

Installment), 22.

61. 引自 Deng, *Deng Xiaoping,* 453。另見高屹編，《豐碑——鄧小平故居陳列館》（成都：四川大學出版社，2004），95。
62. Deng, *Deng Xiaoping,* 465.
63. 《永遠的小平——卓琳等人訪談》，78。
64. 鄧小平把鄧先芙送到西南軍政大學，還開玩笑地說：「你們要先把腦筋洗了再說，你們先要改造思想。我三哥他們就叫洗腦筋，叫我們要學猴子變人，改造思想。」同前註，79。
65. Sladkovskii, *Informatsionnyi biuletten'. Seriia A. Vypusk 2* (Information Bulletin: Series A: 2nd Installment), 22.

第九章　北京競賽場

1. See Frederick C. Teiwes, *Politics at Mao's Court: Gao Gang and Party Factionalism* (Armonk, NY: Sharpe, 1990), 100.
2. Deng, *Deng Xiaoping,* 463.
3. 薄一波，《若干重大決策與事件的回顧》，上卷，318。
4. 更多細節見潘佐夫、梁思文，《毛澤東：真實的故事》，514-16。
5. 金冲及主編，《劉少奇傳（1898-1969）》，下冊，671。
6. See K. V. Shevelev, *Formirovaniie sotsial'no-ekonomicheskoi politiki rukovdostva KPK v 1949–1956 godakh* (The Formation of the CCP's Socioeconomic Policy in 1949–1956), V–4.
7. See Mao, *Selected Works of Mao Tse-tung*, vol. 5, 71; M. I. Sladkovskii, ed., *Informatsionnyi biulleten'. Seriia A. "Kul'turnaia revoliutsiia v Kitae. Dokumenty i materialy. Vypusk 1: "Hunveibinovskaia" pechat' o Liu Shaotsi* (Information Bulletin: Series A: The Cultural Revolution in China. Trans. from Chinese: The 1st installment: The Red Guard Press on Liu Shaoqi) (Moscow: IDV AN SSSR, 1968), 73–74.
8. Shevelev, *Formirovaniie sotsial'no-ekonomicheskoi politiki rukovdostva KPK v 1949–1956 godakh* (The Formation of the CCP's Socio-economic Policy in 1949–1956), IV–14.
9. See J. V. Stalin, *Sochineniia (Works)*, vol. 18 (Tver': Informatsionno-izdatel'skii tsentr "Soiuz," 2006), 587.
10. 引自武市紅，《世紀風流——鄧小平與卓琳》，85–86。
11. 引自 Jin, *Liu Shaoqi zhuan: 1898–1969* (Biography of Liu Shaoqi: 1898–1969), vol. 2, 664; *Dnevnik sovtskogo posla v Kitae V. V. Kuznetsova. Zapis' besedy s Liu Shaoqi, 9 noiabra 1953* g. (Diary of Soviet Ambassador to China V. V. Kuznetsov. Notes of a Conversation with Liu Shaoqi. November 9, 1953), Archive of the Foreign Policy of the Russian Federation (hereafter AVP RF), collection 0100,

40. Mao, *Selected Works of Mao Tse-tung*, vol. 5, 33.
41. 同前註，24。
42. See A. S. Mugruzin, *Agrarnye otnosheniia v Kitae v 20-40-x godakh XX veka* (Agrarian Relations in China in the 1920s–1940s) (Moscow: Nauka, 1970), 18, 197.
43. Deng, *Selected Works of Deng Xiaoping (1938–1965)*, 178. 另見鄧小平，《鄧小平西南工作文集》，371、407。
44. Mao, *Selected Works of Mao Tse-tung*, vol. 5, 34.
45. 毛澤東，《建國以來毛澤東文稿》，冊2，303、304；Deng, *Selected Works of Deng Xiaoping (1938–1965)*, 177.
46. See Ezra F. Vogel, *Deng Xiaoping and the Transformation of China* (Cambridge, MA: Belknap Press of Harvard University Press, 2011), 42〔編註：另可見毛澤東於1951年2月18日發給譚政與葉劍英的電報，收於毛澤東，《建國以來毛澤東文稿》，冊3，228〕。
47. Deng, *Selected Works of Deng Xiaoping (1938–1965)*, 169. 關於在此少數民族區的土地改革，見Solinger, *Regional Government and Political Integration in Southwest China, 1949–1954*, 180–82.
48. See Deng, *Selected Works of Deng Xiaoping (1938–1965)*, 169; Solinger, *Regional Government and Political Integration in Southwest China, 1949–1954*, 184, 187.
49. 鄧小平，《鄧小平西南工作文集》，544。
50. 同前註，407、447、508、544。
51. For more details see K. V. Shevelev, *Formirovaniie sotsial'no-ekonomicheskoi politiki rukovodstva KPK v 1949–1956 godakh (rukopis')* (The Formation of the CCP's Socio-economic Policy in 1949–1956) (manuscript), IV-6.
52. Mao, *Selected Works of Mao Tse-tung*, vol. 5, 77.
53. 鄧小平，《鄧小平西南工作文集》，466–70、481–93、504–11、514–17、520–21、524–40、542–45。
54. 毛澤東，《建國以來毛澤東文稿》，冊2，513；Mao, *Selected Works of Mao Tse-tung*, vol. 5, 64–69。更多細節見王少軍、張福興，《反腐風暴：開國肅貪第一戰》（北京：中共黨史出版社，2009）；《三反五反運動文件彙編》（北京：人民出版社，1953）。
55. 引自薄一波，《若干重大決策與事件的回顧》，上卷（北京：中共中央黨校出版社，1991），167。
56. 楊奎松，〈毛澤東為什麼放棄新民主主義？關於俄國模式的影響問題〉，182–83；逢先知、金冲及編，《毛澤東傳（1949-1976）》，上冊，236。
57. Evans, *Deng Xiaoping and the Making of Modern China*, 112.
58. Deng, *Selected Works of Deng Xiaoping (1938–1965)*, 153.
59. 同前註，158。
60. Sladkovskii, *Informatsionnyi biulleten'. Seriia A. Vypusk 2* (Information Bulletin: Series A: 2nd

21. 1952年4月，鄧小平提議成立軍政委員會，但是毛澤東並未批准。見Mao, *Selected Works of Mao Tse-tung*, vol. 5, 73, 74。
22. See Deng, *Selected Works of Deng Xiaoping (1938–1965)*, 162, 330–31；鄧小平，《鄧小平文選》，卷1（北京；人民出版社，1994），370；Dorothy J. Solinger, *Regional Government and Political Integration in Southwest China, 1949–1954: A Case Study* (Berkeley: University of California Press, 1977), 180.
23. 鄧小平一直在宣傳工作上投入大量的心力。他表示：「拿筆桿是實行領導的主要方法。」因此，鄧小平和所有共產黨員一樣，對於共黨要完全掌控媒體一事深信不疑。Deng, *Selected Works of Deng Xiaoping (1938–1965)*, 146–47。
24. Karl Marx. "Capital. Vol. 1. The Process of Production of Capital," in Karl Marx and Friedrich Engels. *Collected Works*, vol. 35 [trans. Richard Dixon and others] (New York: International, 1996), 739.
25. Mao, *Selected Works of Mao Tse-tung*, vol. 5, 29.
26. See Shi Ch'eng-chih, *People's Resistance in Mainland China* (Hong Kong: Union Research Institute, 1956), 1.
27. 引自楊奎松，〈新中國「鎮壓反革命」運動研究〉，http://www.usc.cuhk.edu.hk/PaperCollection/Details.aspx?id=5540〔編註：此文原刊載於《史學月刊》，2006年第1期，原書提供的網址連結失效，另以香港中文大學中國研究服務中心數據庫取代〕。
28. 鄧小平，《鄧小平自述》，130。
29. 在莫斯科為毛澤東診療的俄國醫生L. Mel'nikov，其個人筆記及報告完整地呈現毛澤東當時的病況。見RGASPI, collection 495, inventory 225, file 71, vol. 1, sheets 185, 187–87 reverse side.
30. 引自*Eighth National Congress of the Communist Party of China*, vol. 2, 119.
31. See Deng, *Selected Works of Deng Xiaoping (1938–1965)*, 155, 157.
32. For more details, see Solinger, *Regional Government and Political Integration in Southwest China, 1949–1954*, 177–78.
33. 楊奎松，〈新中國「鎮壓反革命」運動研究〉。
34. 毛澤東，《建國以來毛澤東文稿》，冊2（北京：中央文獻出版社，1988），267。
35. See Frank Dikötter, *The Tragedy of Liberation: A History of the Chinese Revolution, 1945–1957* (New York: Bloomsbury Press, 2013), 88, 90, 309.
36. 毛澤東，《建國以來毛澤東文稿》，冊2，267。
37. 楊奎松，〈新中國「鎮壓反革命」運動研究〉。
38. See Stéphane Courtois et al., *The Black Book of Communism: Crimes, Terror, Repression*, trans. Jonathan Murphy and Mark Kramer (Cambridge, MA: Harvard University Press, 1999), 481; Maurice Meisner, *Mao's China and After: A History of the People's Republic of China*, 3rd. ed. (New York: Free Press, 1999), 72.
39. See *Eighth National Congress of the Communist Party of China*, vol. 2, 119–20.

6. 引自Thomas Laird, *The Story of Tibet: Conversations with the Dalai Lama* (New York: Grove Press, 2006), 295, 298.
7. 毛澤東，《建國以來毛澤東文稿》，冊1（北京：中央文獻出版社，1987），209、226。
8. 引自楊勝群、閻建琪等編，《鄧小平年譜（1904-1974）》，中冊，860。
9. 詳情見Melvyn C. Goldstein, *A History of Modern Tibet, 1913–1951: The Demise of the Lamaist State* (Berkeley: University of California Press, 1989), 638–87；唐培吉主編，《中國歷史大事年表：現代史卷》（上海：上海辭書出版社，1997），668-69。
10. 英國籍的無線電工程師羅伯・福特（Robert Ford）是當時少數為西藏政府工作的歐洲人，他目睹了一切。對於這些聽眾們聽到解放軍的話語之後，他提供了相當有趣的描述：「傳來西藏人交談的聲音。他們感到很困惑，因為我是他們大多數人中唯一見過的洋鬼子。他們無法想像其他的外國人到底是在哪，會需要這樣多的軍隊把他們都給找出來。」Robert Ford, *Captured in Tibet* (Hong Kong: Oxford University Press, 1990), 138–39。
11. 引自Laird, *The Story of Tibet*, 305。福特有著類似的回憶：「中共很精明……旋即使得僧眾們認為是神明要來解救他們……從來不曾有過表現如此良善的中國軍隊。」見Ford, *Captured in Tibet*, 139。
12. *The Question of Tibet and the Rule of Law* (Geneva: International Commission of Jurists, 1959), 140.
13. 引自Laird, *The Story of Tibet*, 312。
14. See Melvyn C. Goldstein, *The Snow Lion and the Dragon: China, Tibet, and the Dalai Lama* (Berkeley: University of California Press, 1997), 51–52; Goldstein, *A History of Modern Tibet*, 698–813.
15. 鄧小平，《鄧小平西南工作文集》（北京／重慶：中央文獻出版社／重慶出版社，2006），340。
16. 當時中共新政權對於人口數量只有非常模糊的概念，他們估計總人口為4億7,500萬，但實際上是5億4,160萬人。見M. L. Titarenko, ed., *Istoriia Kommunisticheskoi partii Kitaia* (History of the Communist Party of China), vol. 1 (Moscow: IDV AN SSSR, 1987), 48–49。關於西南地區的人口，鄧小平於1951年2月提供的數字是7,000萬人，但到了同年5月，他預估為8,000萬人。見鄧小平，《鄧小平西南工作文集》，342；Deng, *Selected Works of Deng Xiaoping (1938–1965)*, 177。根據理查・埃文思（Richard Evans）在鄧小平傳記中提供的數據，1950年代初期，約有1億5,000萬人居住在西南地區，見Evans, *Deng Xiaoping and the Making of Modern China*, 109.
17. 《中華人民共和國大事（1949-2004）》，冊1（北京：人民出版社，2004），9；Mao, *Selected Works of Mao Tse-tung*, vol. 5, 40。
18. See *Obrazovanie Kitaiskoi Narodnoi Respubliki: Dokumenty i materialy* (Establishment of the People's Republic of China: Documents and Materials), 35.
19. 引自Meliksetov, *Istoriia Kitaia* (History of China), 619。
20. *Eighth National Congress of the Communist Party of China*, vol. 1 (Peking: Foreign Languages Press, 1956), 90.

64. Acheson, "Letter of Transmittal," xiv.
65. 吳素傑編，《毛澤東光輝歷程地圖集》（北京：中國地圖出版社，2003），81。
66. 逄先知編，《毛澤東年譜，1893-1949》，下卷，343–44。
67. 引自楊勝群、閻建琪等編，《鄧小平年譜（1904-1974）》，中冊，780。
68. 引自 Deng, *Deng Xiaoping,* 456。
69. 同前註，422–23。
70. See Borisov and Titarenko, *Vystupleniia Mao Tsze-duna, ranee ne publikovavshiesia v kitaiskoi pechati* (Mao Zedong's Speeches Previously Unpublished in the Chinese Press), series 2, 181.
71. 毛澤東，《毛澤東文集》，卷5，140–41、145。
72. 劉少奇，〈關於新民主主義的建設問題〉，《共和國走過的路：建國以來重要文獻專題選集（1949-1952）》（北京：中央文獻出版社，1991），24。另見楊奎松，〈毛澤東為什麼放棄新民主主義？關於俄國模式的影響問題〉，《近代史研究》，4（1997）：177。
73. Deng, *Selected Works of Deng Xiaoping (1938–1965)*, 104–5, 116.
74. 逄先知編，《毛澤東年譜，1893-1949》，下卷，437。
75. Deng, *Deng Xiaoping,* 445–46.
76. Deng, *Selected Works of Deng Xiaoping (1938–1965)*, 139.
77. Deng, *Deng Xiaoping,* 449.
78. 武市紅，《世紀風流——鄧小平與卓琳》，60–61。
79. Deng, *Selected Works of Deng Xiaoping (1938–1965)*, 137.
80. 同前註，141。
81. See Deng, *Deng Xiaoping,* 454.
82. See *Obrazovanie Kitaiskoi Narodnoi Respubliki: Dokumenty i materialy* (Establishment of the People's Republic of China: Documents and Materials) (Moscow: Gospolitizdat, 1950), 64–66.
83. 引自逄先知、金冲及編，《毛澤東傳（1949-1976）》，上冊（北京：中央文獻出版社，2003），3。

第八章　西南區大老

1. C. Martin Wilbur, ed., *The Communist Movement in China: An Essay Written in 1924 by Ch'en Kung-po* (New York: East Asian Institute of Columbia University, 1960), 126.
2. 楊勝群、閻建琪等編，《鄧小平年譜（1904-1974）》，中冊，831。
3. 同前註，831、832、845–46。西南局的所有編制於11月底才完成。
4. 《永遠的小平——卓琳等人訪談》，28。
5. 同前註。

36. 引自同前註，52–53。
37. 引自Deng, *Deng Xiaoping,* 400。
38. 楊勝群、閻建琪等編，《鄧小平年譜（1904-1974）》，上冊，614–15。
39. 毛澤東，《毛澤東文集》，卷4（北京：人民出版社，2001），241。
40. 楊勝群、閻建琪等編，《鄧小平年譜（1904-1974）》，中冊，666–67。
41. Westad, *Decisive Encounters*, 168.
42. 引自Deng, *Deng Xiaoping,* 395。另見楊勝群、閻建琪等編，《鄧小平年譜（1904-1974）》，中冊，670–71。
43. 鄧小平，《鄧小平自述》，118。
44. 毛澤東，《毛澤東文集》，卷4，274–75。
45. *The Holy Bible* (King James version) (Iowa Falls, IA: World Bible, 1990), 47. [Exodus 14:21, 26, 27].
46. 鄧小平，《鄧小平自述》，119。
47. Deng, *Selected Works of Deng Xiaoping (1938–1965)*, 97.
48. 鄧小平，《鄧小平自述》，119。
49. *Vazhneishie dokumenty ob osvoboditel'noi voine kitaiskogo naroda v poslednee vremia* (The Most Important Documents of the Chinese People's Liberation War in the Most Recent Period) (Harbin: Izd-vo Severo-Vostoka Kitaia, 1948), 3–4.
50. A. V. Meliksetov, *Pobeda kitaiskoi revoliutsii: 1945–1949* (The Victory of the Chinese Revolution: 1945–1949) (Moscow: Nauka, 1989), 112.
51. 更多細節見同前註，110–20。
52. 金冲及主編，《劉少奇傳（1898-1969）》，上冊（北京：中央文獻出版社，2008），538–45。
53. 毛澤東，《毛澤東文集》，卷5（北京：人民出版社，2001），17。
54. 引自楊勝群、閻建琪等編，《鄧小平年譜（1904-1974）》，中冊，712。
55. 毛澤東，《毛澤東文集》，卷5，18。
56. 引自楊勝群、閻建琪等編，《鄧小平年譜（1904-1974）》，中冊，716。
57. 引自逄先知編，《毛澤東年譜，1893-1949》，下卷，282。
58. Deng, *Selected Works of Deng Xiaoping (1938–1965)*, 107.
59. 同前註，110–16。
60. 同前註，110；逄先知編，《毛澤東年譜，1893-1949》，下卷，319。
61. Acheson, "Letter of Transmittal," vii, xi.
62. See Li Zhisui, *The Private Life of Chairman Mao: The Memoirs of Mao's Personal Physician*, trans. Tai Hung-chao (New York: Random House, 1994), 37.
63. See A. V. Meliksetov, ed., *Istoriia Kitaia* (History of China) (Moscow: Izdatel'stvo MGU, 1998), 582–88; Jonathan D. Spence, *The Search for Modern China*, 2nd ed. (New York: Norton, 1999), 473–80.

Relations to the Period 1944–1949 (New York: Greenwood Press, 1968), ix–x; Dieter Heinzig, *The Soviet Union and Communist China, 1945–1950*, 79–82, 86–97;《彭真年譜，1902-1997》，卷1（北京：中央文獻出版社，2002），281–307。

17. 楊勝群、閻建琪等編，《鄧小平年譜（1904-1974）》，上冊，577。
18. 引自 Deng, *Deng Xiaoping,* 365.
19. *Pis'mo I. V. Stalina V. M. Molotovu, L. P. Berii, G. M. Malenkovu i A. I. Mikoianu* (Letter of J. V. Stalin to V. M. Molotov, L. P. Beria, G. M. Malenkov, and A. I. Mikoyan), RGASPI, collection 558, inventory 11, file 98, sheet 81.
20. See Chiang, *Soviet Russia in China*, 179–81.
21. See O. Arne Westad, *Cold War and Revolution: Soviet-American Rivalry and the Origins of the Chinese Civil War, 1944–1946* (New York: Columbia University Press, 1993), 152.
22. See Heinzig, *The Soviet Union and Communist China, 1945–1950*, 98–101; Westad, *Cold War and Revolution*, 161.
23. See Steven I. Levine, *Anvil of Victory: The Communist Revolution in Manchuria, 1945–1948* (New York: Columbia University Press, 1987), 78–79.
24. 引自 O. Arne Westad, *Decisive Encounters: The Chinese Civil War, 1946–1950* (Stanford, CA: Stanford University Press, 2003), 35。
25. 引自逄先知編，《毛澤東年譜，1893-1949》，下卷，92–93。
26. Acheson, "Letter of Transmittal," xv.
27. 引自 Deng, *Deng Xiaoping,* 384。
28. Acheson, "Letter of Transmittal," vi.
29. 引自 Douglas J. Macdonald, *Adventures in Chaos: American Intervention for Reform in the Third World* (Cambridge, MA: Harvard University Press, 1992), 107–8.
30. 同前註，110。目擊者證實中共部隊中許多士兵所配置的美式現代化武器（湯普森衝鋒槍），是從國民黨軍隊手中奪取而來。見 Noel Barber, *The Fall of Shanghai* (New York: Coward, McCann & Geoghegan, 1979), 146。
31. See Acheson, "Letter of Transmittal," xv.
32. Deng, *Deng Xiaoping,* 452.
33. See Deng Rong, *Deng Xiaoping and the Cultural Revolution: A Daughter Recalls the Critical Years,* trans. Sidney Shapiro (Beijing: Foreign Languages Press, 2002), 146, 203, 204; Salisbury, *The Long March*, 137.
34. 《太行革命根據地史稿，1937-1949》（太原：山西人民出版社，1987），298-304；William Hinton, *Fanshen: A Documentary of Revolution in a Chinese Village* (New York: Monthly Review Press, 2008), 131–38。
35. 引自武市紅，《世紀風流——鄧小平與卓琳》，39。

63. Liu Shao-chi, *On the Party* (Peking: Foreign Languages Press, 1950), 157.
64. 毛澤東所擬的第七次全國代表大會中央委員會名單，見Vladimirov, *Osobyi Raion Kitaia, 1942–1945* (Special Region of China, 1942–1945), 607–8.

第七章 新民主主義革命前線

1. 鄧小平，《鄧小平自述》，114；楊勝群、閻建琪等編，《鄧小平年譜（1904-1974）》，上冊，562–63；Deng, *Deng Xiaoping,* 358。
2. See Dieter Heinzig, *The Soviet Union and Communist China, 1945–1950: The Arduous Road to the Allianc*e (Armonk, NY: Sharpe, 2004), 51–125.
3. 潘佐夫、梁思文，《毛澤東：真實的故事》，345–47; Chiang Chung-cheng (Chiang Kaishek), *Soviet Russia in China: Summing-Up at Seventy*, trans. under the direction of Madame Chiang Kai-shek, rev., enlarged ed., with maps (New York: Farrar, Straus and Cudahy, 1958), 143–44; Vladislav Zubok, "The Mao-Khrushchev Conversations, July 31–August 3, 1958, and October 2, 1959," *Cold War International History Project* (hereafter *CWIHP*) *Bulletin*, nos. 12–13 (Fall–Winter 2001): 255。
4. 見Igor Vasilievich Yurchenko (Yuzhin)的私人檔案，他是史達林於1941至1943年間，派駐於毛澤東在延安的總部之聯絡員。
5. 引自《朱德年譜》（北京：人民出版社，1986），274。
6. Chiang, *Soviet Russia in China*, 137.
7. See Suzanne Pepper, *Civil War in China: The Political Struggle, 1945–1949*, 2nd ed. (Lanham, MD: Rowman & Littlefield, 1999), xi.
8. 引自《朱德年譜》，276。
9. See Pepper, *Civil War in China*, xi.
10. 引自鄧小平，《鄧小平自述》，111。
11. 更多細節見Christopher R. Lew, *The Third Chinese Revolutionary Civil War, 1945–1949: An Analysis of Communist Strategy and Leadership* (London and New York: Routledge, 2009), 23–24.
12. 鄧小平，《鄧小平自述》，113。
13. Mao Zedong, "Mao Tszedun o kitaiskoi politike Kominterna i Stalina" (Mao Zedong on the China Policy of the Comintern and Stalin), *Problemy Dal'nego Vostoka* (Far Eastern Affairs), no. 5 (1994), 107.
14. 引自Jonathan Fenby, *Chiang Kai-shek: China's Generalissimo and the Nation He Lost* (New York: Carroll & Graf, 2004), 454.
15. Mao, *Selected Works of Mao Tse-tung*, vol. 4, 54.
16. See Dean Acheson, "Letter of Transmittal," in *United States Relations with China: With Special*

35. 楊勝群、閻建琪等編，《鄧小平年譜（1904-1974）》，上冊，206–27；Schram, *Mao's Road to Power*, vol. 6, 267–68.
36. 王健英編，《中國共產黨組織史資料彙編——領導機構沿革和成員名錄》，330；張恆、劍非編，《中共中央組織人事簡明圖表》（北京：中國廣播電視出版社，2003），17。
37. Schram, *Mao's Road to Power*, vol. 6, 539.
38. 引自楊勝群、閻建琪等編，《鄧小平年譜（1904-1974）》，上冊，230。
39. 同前註，233。
40. 引自同前註，231。
41. See Deng, *Selected Works of Deng Xiaoping (1938–1965)*, 318–19.
42. 1937年10月，東南地區的紅軍整編為國民革命軍陸軍新編第四軍，簡稱新四軍。
43. 引自逄先知編，《毛澤東年譜，1893-1949》，中卷，151。
44. 關於史達林對此之介入，見潘佐夫、梁思文，《毛澤東：真實的故事》，338、341-42、355。
45. See Schram, *Mao's Road to Power*, vol. 7, 279–306, 330–69, 526.
46. 楊勝群、閻建琪等編，《鄧小平年譜（1904-1974）》，上冊，449。
47. See Deng, *Selected Works of Deng Xiaoping (1938–1965)*, 320. 另見鄧小平於1944年8月24日發給毛澤東的電報，收於宋玉璽，《鄧小平與抗日戰爭》（北京：中央文獻出版社，2005），318-20。
48. 同前註，83、84、88。
49. See Deng, *Deng Xiaoping,* 345.
50. 引自同前註，293。
51. See Carlson, *Twin Stars of China*, 162.
52. 卓琳，〈卓琳談鄧小平〉，收於劉金田等編，《話說鄧小平》，387–88；《永遠的小平——卓琳等人訪談》（成都：四川大學出版社，2004），22-23；武市紅，《世紀風流——鄧小平與卓琳》（北京：團結出版社），32；鄧小平，《鄧小平自述》，101–2。
53. Deng, *Deng Xiaoping,* 312.
54. 《永遠的小平——卓琳等人訪談》，25；鄧小平，《鄧小平自述》，103；武市紅，《世紀風流——鄧小平與卓琳》，37。
55. 引自武市紅，《世紀風流——鄧小平與卓琳》，65。
56. See Deng, *Deng Xiaoping,* 328.
57. 詳情見武市紅，《世紀風流——鄧小平與卓琳》，48–51。
58. 同前註，362。
59. 張恆、劍非編，《中共中央組織人事簡明圖表》，20。
60. 潘佐夫、梁思文，《毛澤東：真實的故事》，356-57。
61. 武市紅，《世紀風流——鄧小平與卓琳》，51。
62. 鄧小平對毛澤東的看法，可見Deng, *Selected Works of Deng Xiaoping (1938–1965)*, 90–96.

《張聞天年譜》，上卷，488-90；Schram, *Mao's Road to Power*, vol. 6, 11, 12, 14。

16. 毛澤東，《毛澤東文集》，卷2（北京：人民出版社，1993），8-10。
17. Schram, *Mao's Road to Power*, vol. 6, 11, 12, 14; See also Vladimirov, *Osobyi Raion Kitaia, 1942–1945* (Special Region of China, 1942–1945), 519, 600.
18. See Schram, *Mao's Road to Power*, vol. 6, 11, 12; Braun, *A Comintern Agent in China, 1932–1939*, 212.
19. 引自逄先知編，《毛澤東年譜，1893-1949》，中卷，18–19。
20. See Nie, *Inside the Red Star*, 310–24; A. V. Pantsov, "Obrazovanie opornykh baz 8-i Natsional'no-revoliutsionnoi armii v tylu iaponskikh voisk v Severnom Kitae" (Establishment of Base Areas of the 8th National Revolutionary Army in the Rear of Japanese Troops in North China), in M. F. Yuriev, ed., *Voprosy istorii Kitaia* (Problems of Chinese history) (Moscow: Izdatel'stvo MGU, 1981), 39, 41, 42.
21. Mao Zedong, *Selected Works of Mao Tse-tung*, vol. 2 (Peking: Foreign Languages Press, 1967), 62; Schram, *Mao's Road to Power*, vol. 6, 144, 146, 149.
22. 楊勝群、閻建琪等編，《鄧小平年譜（1904-1974）》，上冊，167。
23. 引自Jack Belden, *China Shakes the World* (New York: Harper, 1949), 48。
24. 引自Deng, *Deng Xiaoping,* 280。
25. 鄧小平，〈悼劉伯承〉，收於劉伯承，《劉伯承回憶錄》，冊3（上海：上海文藝出版社，1987），5–6。
26. 同前註，8–9。
27. 同前註，5；另見*Lichnoe delo Liu Bochena* (Personal File of Liu Bocheng), RGASPI, collection 495, inventory 225, file 171。
28. 楊勝群、閻建琪等編，《鄧小平年譜（1904-1974）》，上冊，168–230。
29. Evans Fordyce Carlson, *Twin Stars of China: A Behind-the-Scenes Story of China's Valiant Struggle for Existence by a U.S. Marine Who Lived and Moved with the People* (New York: Dodd, Mead & Company, 1940), 252.
30. Deng Xiaoping, *Selected Works of Deng Xiaoping (1938–1965)* (Beijing: Foreign Languages Press, 1992), 11.
31. 同前註，40–41、42。
32. 張聞天，《張聞天選集》，66–70；張培森主編，《張聞天年譜》，上卷，278–79、286–87；毛澤東，《毛澤東文集》，卷1（北京：人民出版社，1993），74–75。
33. See Sidney L. Greenblatt, ed., *The People of Taihang: An Anthology of Family Histories* (White Plains, NY: International Arts and Sciences Press, 1976), xiv.
34. See Pantsov, *Obrazovanie opornykh baz 8-i Natsional'no-revoliutsionnoi armii v tylu iaponskikh voisk v Severnom Kitae* (Establishment of Base Areas of the 8th National Revolutionary Army in the Japanese Rear in North China), 43.

61. See Jocelyn and McEwen, *The Long March*, 326–27.
62. Deng, *Deng Xiaoping,* 252.
63. 同前註，264。
64. See Franz, *Deng Xiaoping,* 15–17；楊勝群、閻建琪等編，《鄧小平年譜（1904-1974）》，上冊，140。「黃河大王」見Richard Wilhelm, ed., *The Chinese Fairy Book* (New York: Frederick A. Stokes, 1921), 131–37。

第六章　太行山之師

1. 國民黨政府效法明太祖朱元璋，將首都定於南京（南方的京城），並將之前的首都更名為北平（北方平安）。
2. See Mif, *Sovety v Kitae* (Soviets in China), 454–56; Schram, *Mao's Road to Power*, vol. 4, 209–14.
3. 劉崇文、陳紹疇編，《劉少奇年譜，1898-1969》，上卷（北京：中央文獻出版社，1998），145。
4. 《周恩來年譜（1898-1949）》，366–67: Chang, *The Rise of the Chinese Communist Party,* vol. 2, 517–20。
5. See Chang, *The Rise of the Chinese Communist Party,* vol. 2, 517–20.
6. Chang Kuo-t'ao, "Introduction," in Liu Shaoqi, *Collected Works* of Liu Shao-Ch'i Before 1944 (Hong Kong: Union Research Institute, 1969), i.
7. 見李敦白（Sidney Rittenberg）對鄧小平的回憶〔編註：美國學者，1945年隨美軍派駐中國，戰後繼續待在中國直至1979年。他是第一個加入中國共產黨的美國人，曾在延安近距離觀察中共領導人。〕Sidney Rittenberg and Amanda Bennett, *The Man Who Stayed Behind* (New York: Simon & Schuster, 1993), 313。
8. 劉崇文、陳紹疇編，《劉少奇年譜，1898-1969》，上卷，178–84；逄先知編，《毛澤東年譜，1893-1949》，上卷，672–80。
9. 楊勝群、閻建琪等編，《鄧小平年譜（1904-1974）》，上冊，144–45；李忠傑主編，《楊尚昆年譜，1907-1998》，上卷（北京：中央黨史出版社，2008），265。
10. 引自Deng, *Deng Xiaoping,* 269。
11. 八路軍於1937年9月11日改名為第十八集團軍。
12. 楊勝群、閻建琪等編，《鄧小平年譜（1904-1974）》，上冊，150–51; P. P. Vladimirov, *Osobyi raion Kitaia, 1942–1945* (Special Region of China, 1942–1945) (Moscow: APN, 1975), 239–40.
13. 楊勝群、閻建琪等編，《鄧小平年譜（1904-1974）》，上冊，150、153。
14. 劉伯承，〈我們在太行山〉，收於氏著，《劉伯承回憶錄》，冊1（上海：上海文藝出版社，1981），16；Nie, *Inside the Red Star*, 295。
15. 王實編，《中國共產黨歷史簡編》（上海：上海人民出版社，1959），178–79；張培森主編，

42. See *Lichnoe delo Tszin Veiyin* (Lizy) (Personal File of Jin Weiying [Liza]), 30–32. Sladkovskii, *Informatsionnyi biulleten'. Seriia A. Vypusk 2* (Information Bulletin: Series A: 2nd Installment), 10.
43. 毛澤東，《建國以來毛澤東文稿》，冊13（北京：中央文獻出版社，1998），308。
44. 鄧小平，《鄧小平自述》，76。
45. Titarenko et al., *VKP(b), Komintern i Kitai: Dokumenty* (The AUCP[b], the Comintern, and China: Documents), vol. 4, 1146.
46. 楊勝群、閻建琪等編，《鄧小平年譜（1904-1974）》，上冊，99–111; Deng, *Deng Xiaoping,* 222.
47. See Titarenko et al., *VKP(b), Komintern i Kitai: Dokumenty* (The AUCP[b], the Comintern, and China: Documents), vol. 4, 602, 613.
48. 詳情見潘佐夫、梁思文，《毛澤東：真實的故事》，298-99。
49. On the Long March, see in detail Otto Braun, *A Comintern Agent in China, 1932–1939*, trans. Jeanne Moore (Stanford, CA: Stanford University Press, 1982); Harrison E. Salisbury, *The Long March: The Untold Story* (New York: Harper & Row, 1985); Charlotte Y. Salisbury, *Long March Diary: China Epic* (New York: Walker, 1986); Ed Jocelyn and Andrew McEwen, *The Long March and the True Story Behind the Legendary Journey that Made Mao's China* (London: Constable, 2006); and Sun Shuyun, *The Long March: The True History of Communist China's Founding Myth* (New York: Doubleday, 2006).
50. 引自 Deng, *Deng Xiaoping,* 241.
51. 天主堂的資料取材自潘佐夫於2010年6月21日至遵義的訪問紀錄。
52. Braun, *A Comintern Agent in China, 1932–1939*, 99–102；《遵義會議文獻》（北京：人民出版社，1985），116–17；金冲及編，《毛澤東傳（1893-1949）》（北京：中央文獻出版社，2004），353–54；楊尚昆，《楊尚昆回憶錄》（北京：中央文獻出版社，2002），117–21。
53. 《遵義會議文獻》，117。多年之後的1996年10月，毛澤東回憶起遵義會議，他特別指出周恩來與朱德在此會議中所扮演的「積極」角色，「當時沒有他們，情勢就會很糟。」O. Borisov (O. B. Rakhmanin) and Titarenko, eds., *Vystupleniia Mao Tsze-duna, ranee ne publikovavshiesia v kitaiskoi pechati* (Mao Zedong's Speeches Previously Unpublished in the Chinese Press), series 5 (Moscow: Progress, 1976), 120。
54. 張聞天，《張聞天選集》（北京：人民出版社，1985），37-59。
55. 《遵義會議文獻》，42–43、132–36。
56. 同前註，134。
57. See *Lichnoe delo Chzhu Zhuia* (Personal File of Zhu Rui), RGASPI, collection 495, inventory 225, file 1285.
58. 引自 Deng, *Deng Xiaoping,* 246–47。
59. 引自同前註，244。
60. 詳情見潘佐夫、梁思文，《毛澤東：真實的故事》，285–88。

人民出版社，1989），309–12。鄧小平當然不會將此法令置之不理。

25. Schram, *Mao's Road to Power*, vol. 3, 155–56〔編註：這四個原則見毛澤東於1929年4月5日，在瑞金起草的〈前委致中央的信〉，收於《中央革命根據地資料選編》，第2輯（南昌：江西人民出版社，1982）〕
26. Titarenko et al., *VKP(b), Komintern i Kitai: Dokumenty* (The AUCP[b], the Comintern, and China: Documents), vol. 4, 194, 225, 227.
27. 凌步機，《鄧小平在贛南》，85。
28. See Bo Gu, *Moia predvaritel'naia ispoved'* (My Preliminary Confession), RGASPI, collection 495, inventory 225, file 2847, sheet 48.
29. 王健英編，《中國共產黨組織史資料彙編——領導機構沿革和成員名錄》（北京：紅旗出版社，1983），188；張培森主編，《張聞天年譜》，上卷（北京：中共黨史出版社，2000），190。
30. 凌步機，《鄧小平在贛南》，76。
31. 羅明當時並不同意紅軍抵抗蔣介石的第四次征剿。此第四次肇始於1933年2月底，一個月後因為國民黨軍隊遭逢新敗而結束。更多細節見羅明，《羅明回憶錄》（福州：福建人民出版社，1991）。
32. 《六大以來》，上冊，330-48；黎辛、朱鴻召編，《博古，39歲的輝煌與悲壯》（上海：學林出版社，2005），215–24；凌步機，《鄧小平在贛南》，77。
33. 楊勝群、閻建琪等編，《鄧小平年譜（1904-1974）》，上冊，94；凌步機，《鄧小平在贛南》，80。
34. 《六大以來》，上冊，349–50。
35. 該份報告的基本內容，見《六大以來》，上冊，362–68。至於李維漢在羅織「鄧毛謝古」事件中不恰當的角色，參見毛澤東弟弟毛澤民在1939年8月26日發給第三國際執委會的信函。Titarenko et al., *VKP[b], Komintern i Kitai: Dokumenty* [The AUCP[b], the Comintern, and China: Documents], vol. 4, 1136–38; and Bo, "Moia predvaritel'naia ispoved'" (My Preliminary Confession), 68–69.
36. 楊勝群、閻建琪等編，《鄧小平年譜（1904-1974）》，上冊，96。
37. 毛澤東的《尋烏調查》之英譯本及導讀譯註，見Roger R. Thompson, *Report from Xunwu* (Stanford, CA: Stanford University Press, 1990), 28.
38. 鄧小平，《鄧小平：我的自述（摘錄）》。
39. 引自吳冷西，《憶毛主席：我親身經歷的若干重大歷史事件片斷》（北京：新華出版社，1995），157–58。
40. 文革期間，紅衛兵指稱金維映發瘋喪失神智，是因為李維漢早就決定把她送到莫斯科，好「擺脫她」。
41. 鄧穎超，〈關於金維映情況（李鐵映同志的母親）〉，收於徐朱琴，《金維映傳》，319–20。

烈士陵園）。

8. 鄧小平弟弟鄧墾在1931年5月2日的《時事新報》上刊登尋人啟事：「鄧希賢兄鑑，弟已來滬，希見報速至法租界薩坡賽路辣裴德路口普慶里五十七號一晤，弟先修啟。」鄧小平讀後，便於5月中旬與鄧墾見面。
9. See *Lichnoe delo Ttszin Veiyin (Lizy)* (Personal File of Jin Weiying [Liza]), RGASPI, collection 495, inventory 225, file 428, sheets 28–31；徐朱琴，《金維映傳》（北京：中共黨史出版社，2004），6–86, 330–33。
10. 引自徐朱琴，《金維映傳》，95。
11. 凌步機，《鄧小平在贛南》，31–32、35。
12. 同前註，30。
13. 詳情見Stephen C. Averill, "The Origins of the Futian Incident," in Tony Saich and Hans J. van de Ven, eds., *New Perspectives on the Chinese Communist Revolution* (Armonk, NY: Sharpe, 1995), 79–115；潘佐夫、梁思文，《毛澤東：真實的故事》，261-66。
14. 鄧小平，〈鄧小平起草的《七軍工作總報告》〉，71。
15. 鄧小平，《鄧小平：我的自述（摘錄）》。另見楊勝群、閻建琪等編，《鄧小平年譜（1904-1974）》，上冊，84–85；凌步機，《鄧小平在贛南》，32–37；馮都，〈蘇區「京官」鄧小平〉，http://cpc.people.com.cn/GB/64162/64172/64915/4670788.html。
16. 楊勝群、閻建琪等編，《鄧小平年譜（1904-1974）》，上冊，86。
17. 凌步機，《鄧小平在贛南》，38–42。
18. Schram, *Mao's Road to Power*, vol. 3, 256, 257, 504.
19. See Hsiao Tso-liang, *Power Relations Within the Chinese Communist Movement, 1930–1934* (Seattle: University of Washington Press, 1967), vol. 2, 382–89.
20. See "Beseda [G. I.] Mordvinova st. Chzhou En'laem 4 marta 1940 g. (Conversation between [G. I.] Mordvinov and Zhou Enlai, Mar. 4, 1940), RGASPI, collection 495, inventory 225, file 71, vol. 1, sheet 32.
21. 潘佐夫、梁思文，《毛澤東：真實的故事》，278。
22. 1931年11月7日至20日，在江西瑞金舉行中華蘇維埃第一次全國代表大會，並宣告共和國（CSR）成立。
23. 引自凌步機，《鄧小平在贛南》，41–42。
24. 1931年12月，中華蘇維埃共和國宣布了蘇區的土地法令〔編註：《中華蘇維埃共和國土地法》〕。根據該法，分給富農最貧瘠的土地，地主通常是無法分地的。參見L. M. Gudoshnikov, ed., *Sovetskie raiony Kitaia. Zakonodatel'stvo Kitaiskoi Sovetskoi Respubliki, 1931–1934* (Soviet Areas of China: Codes of Laws of the Chinese Soviet Republic, 1931–1934), trans. Z. E. Maistrova (Moscow: Nauka, 1983), 80–81. 1932年12月，江西蘇維埃政府通過類似法令〔編註：《江西省蘇維埃政府對於沒收和分配土地的條例》〕，參見《六大以來：黨內秘密文件》，卷1（北京：

92. 鄧小平，〈鄧小平起草的《七軍工作總報告》〉，54。
93. 陳金源，〈韋拔群頭骨出土紀實〉，《文史春秋》2004年5期：5–25；藍漢東、藍啟渲，《韋拔群》；215–18; Levich, *The Kwangsi Way in Kuomintang China, 1931–1939*, 58.
94. 鄧小平，〈鄧小平起草的《七軍工作總報告》〉，57–58；楊勝群、閻建琪等編，《鄧小平年譜（1904-1974）》，上冊，75。
95. Mif, Strategiia i taktika Kominterna v natsional'no-kolonial'noi revoliutsii naprimere Kitaia (Strategy and Tactics of the Comintern in National and Colonial Revolutions: The Case of China), 283–90.
96. 《左右江革命根據地》，上冊，513–14。
97. 更多細節，見鄧小平，〈鄧小平起草的《七軍工作總報告》〉，61–63；莫文驊，《回憶紅七軍》，第3版（南寧：廣西人民出版社，1979），85-106；黃榮，〈黃榮談鄧小平〉，26。
98. 鄧小平，《鄧小平：我的自述（摘錄）》。
99. 引自Yang, *Deng*, 65–66. 另見楊勝群、閻建琪等編，《鄧小平年譜（1904-1974）》，上冊，81; Deng, *Deng Xiaoping,* 185–86; Franz, *Deng Xiaoping,* 87–88.
100. 請參見紅七軍莫文驊將軍回憶錄的前兩個版本，莫文驊，《回憶紅七軍》（南寧：廣西人民出版社，1961，1962）。只有在1979年鄧小平掌權之後不久出版的第三版中，才提到「黨決定」於1931年3月派遣鄧小平回到上海。見莫文驊，《回憶紅七軍》第3版，106。
101. Sladkovskii, *Informatsionnyi biulleten'. Seriia A. Vypusk 2* (Information Bulletin: Series A: 2nd Installment), 7.
102. 鄧小平，《鄧小平：我的自述（摘錄）》；鄧小平，〈鄧小平給毛主席信（1972年8月3日）〉，http://www.sinovision.net/blog/index/php?act=details&id=12850&bcode=xinwu〔編註：原書提供的網址失效，信件全文可見http://www.lssdjt.com/d/19720803.htm〕。
103. 鄧小平，〈鄧小平起草的《七軍工作總報告》〉，72。

第五章 「五不怕」精神

1. In Deng's words, "He left quietly after a battle without telling anyone, and no one knew where he had gone." 引自Deng, *Deng Xiaoping,* 181。
2. 陳豪人，〈七軍工作總報告〉，378。
3. 閻衡，〈閻衡同志關於第七軍的報告〉，《左右江革命根據地》，上冊，382–84。
4. Titarenko et al., *VKP(b), Komintern i Kitai: Dokumenty* (The AUCP[b], the Comintern, and China: Documents), vol. 3, 1357.
5. 鄧小平，〈鄧小平起草的《七軍工作總報告》〉，72。
6. Deng, *Deng Xiaoping,* 219.
7. 張錫瑗的遺骨於1969年，以本名登記，重新安葬於上海烈士革命陵園（編註：現更名為龍華

Collection of Documents and Materials), (Moscow: 4) 198；鄧小平，〈鄧小平起草的《七軍工作總報告》〉，46–47。

70. 這封通知的摘要見〈中國紅軍第八軍政治部為法帝國主義駐龍州領事館無理照會告全國民眾書〉，《左右江革命根據地》，上冊，206。
71. See [Li] Lisan, "Chisede Longzhou" (Red Longzhou), in 同前註，251; Siao, "Sovetskaia vlast' v Lunzhou (provintsiia Guansi)" (Soviet Power in Longzhou [Guangxi Province]), 194.
72. Deng, *Deng Xiaoping,* 156.
73. See Ivin, *Sovetskii Kitai* (Soviet China), 151; Siao, "Sovetskaia vlast' v Lunzhou (provintsiia Guansi)" (Soviet Power in Longzhou [Guangxi Province]), 194–99; Snow, *Random Notes on Red China (1936–1945)*, 138.
74. 楊勝群、閻建琪等編，《鄧小平年譜（1904-1974）》，上冊，62–63。
75. Yang, *Deng*, 63.
76. 鄧小平，〈鄧小平起草的《七軍工作總報告》〉，48。
77. 鄧小平，《鄧小平自述》，40。
78. 同前註，43。
79. 引自 Deng, *Deng Xiaoping,* 166.
80. 藍漢東、藍啟渲，《韋拔群》，139–40；陳欣德，〈韋拔群〉，201。
81. See Deng, *Deng Xiaoping,* 166.
82. 《土地法暫行條例》，收入《左右江革命根據地》，上冊，265–66；楊勝群、閻建琪等編，《鄧小平年譜（1904-1974）》，上冊，64–65。
83. Siao, "Sovetskaia vlast' v Lunzhou (provintsiia Guansi)" (Soviet Power in Lonzhou [Guangxi Province]), 198.
84. See 鄧小平，〈鄧小平起草的《七軍工作總報告》〉，65–66。See also Huang, "Huang Rong tan Deng Xiaoping" (Huang Rong Speaks About Deng Xiaoping), 26; Chen, "Wei Baqun," 206–7.
85. See Ivin, *Sovetskii Kitai* (Soviet China), 149.
86. See Woodhead, *China Year Book 1931*, 595.
87. 引自 Deng, *Deng Xiaoping,* 170. 另見鄧小平，《鄧小平自述》，41。
88. See *Lichnoe delo Den Gana* (Personal File of Deng Gang), RGASPI, collection 495, inventory 225, file 2956. 中國勞動者孫逸仙大學（UTK）於1928年改名為中國勞動者孫逸仙共產主義大學（KUTK）〔編註：改名前後皆通稱莫斯科中山大學〕。
89. 引自王健民，《中國共產黨史稿》（台北：作者自行出版，1965）第2編，77。
90. 楊勝群、閻建琪等編，《鄧小平年譜（1904-1974）》，上冊，69–70。
91. 同前註，70。事件目擊證人之一的紅七軍參謀長龔楚堅稱，鄧小平強烈支持攻擊大城市，而他自己則強烈反對這個想法。請參見龔楚《我與紅軍》，198。不過，並無其他訊息能佐證此說法。

44. 同前註。
45. 同前註，175–76、179、363。
46. 陳豪人，〈七軍工作總報告〉，360。
47. 鄧小平，〈鄧小平起草的《七軍工作總報告》〉，收於《鄧小平自述》，50–51。
48. 陳豪人，〈七軍工作總報告〉，360。
49. 鄧小平，〈鄧小平起草的《七軍工作總報告》〉，67–69。
50. 王福琨主編，《紅七軍紅八軍總指揮李明瑞》（南寧：廣西人民出版社，2008），123–26。
51. 楊勝群、閻建琪等編，《鄧小平年譜（1904-1974）》，上冊，56–57。
52. 陳導民〔陳豪人〕，〈七軍前委報告〉，159–60；楊勝群、閻建琪等編，《鄧小平年譜（1904-1974）》，上冊，55–58；〔鄧小平〕，〈補充報告〉，收於〈對廣西紅軍工作布置的討論〉，《左右江革命根據地》，上冊，180。
53. 〔鄧小平〕〈報告〉，178。
54. 鄧小平，〈鄧小平起草的《七軍工作總報告》〉，65；陳豪人，〈七軍工作總報告〉，375。
55. 〈中國紅軍第七軍目前實施政綱〉，《左右江革命根據地》，上冊，105–6；陳導民〔陳豪人〕，〈七軍前委報告〉，161。
56. Titarenko et al., *VKP(b), Komintern i Kitai: Dokumenty* (The AUCP[b], the Comintern, and China: Documents), vol. 3, 607.
57. 同前註，621。
58. 中共中央委員會駁斥這些指控，向第三國際執委會發出抗議信，在信中堅稱遠東局所批評之事「完全是造謠生事」。同前註，732。
59. *Pravda*, Dec. 29, 1929.
60. 《左右江革命根據地》，上冊，180–98、233。另見楊勝群、劉金田等編，《鄧小平傳（1904-1974）》，上冊（北京：中央文獻出版社，2014），137-40。
61. 《左右江革命根據地》，上冊，179–80, 187–88。
62. See Deng, *Deng Xiaoping,* 158；王福琨主編，《紅七軍紅八軍總指揮李明瑞》，251。
63. 《左右江革命根據地》，上冊，198、229、233。
64. 〔鄧小平〕，〈補充報告〉，180；〈中國紅軍第七軍目前實施政綱〉，105。
65. 〈中共中央給廣東省委轉七軍前委的指示〉，《左右江革命根據地》，上冊，218–48。
66. 鄧小平，《鄧小平自述》，38；楊勝群、閻建琪等編，《鄧小平年譜（1904-1974）》，上冊，60。可惜的是，中央委員會的指派命令並未留下文書資料佐證。
67. 引自楊勝群、閻建琪等編，《鄧小平年譜（1904-1974）》，上冊，61。
68. 同前註，203–4；鄧小平，〈鄧小平起草的《七軍工作總報告》〉，45–46。
69. See A. Ivin, *Sovetskii Kitai* (Soviet China) (Moscow: "Molodaia gvardiia," 1931), 151; Siao Lo (Xiao Luo), "Sovetskaia vlast' v Lunzhou (provintsiia Guansi)" (Soviet Power in Longzhou [Guangxi province]), in Pavel Mif, ed., *Sovety v Kitae: Sbornik dokumentov i materialov* (Soviets in China: A

22. Harry A. Franck, *Roving Through Southern China* (New York: Century, 1925), 356, 357.
23. 這封信可見《左右江革命根據地》，上冊，76–92。
24. 張雲逸，〈百色起義與紅七軍的建立〉，9–10；陳導民〔即陳豪人〕，〈七軍前委報告〉（1930年1月），《左右江革命根據地》，上冊，158。
25. 〔鄧小平〕〈報告〉，176–77；陳豪人，〈七軍工作總報告〉（1931年3月9日），《左右江革命根據地》，上冊，361；Deng, *Deng Xiaoping,* 155–56。
26. 楊勝群、閻建琪等編，《鄧小平年譜（1904-1974）》，上冊，53；黃榮，〈黃榮談鄧小平〉，收於劉金田等編，《話說鄧小平》，24。
27. 陳豪人，〈七軍工作總報告〉，360。
28. Lary, *Region and Nation*, 102. See also Katherine Palmer Kaup, *Creating the Zhuang: Ethnic Politics in China* (Boulder, CO, and London: L. Reiner, 2000), 94–100；藍漢東、藍啟渲，《韋拔群》（北京：中國青年出版社，1986），93；Franz, *Deng Xiaoping,* 77–78。
29. See Mary S. Erbaugh, "The Secret History of the Hakkas: The Chinese Revolutionas a Hakka Enterprise," in Susan D. Blum and Lionel M. Jensen, eds., *China off Center: Mapping the Migrants of the Middle Kingdom* (Honolulu: University of Hawai'i Press, 2002), 187, 189; Eugene W. Levich, *The Kwangsi Way in Kuomintang China, 1931–1939* (Armonk, NY: Sharpe, 1993), 179.
30. See Kaup, *Creating the Zhuang*, 96; Pavel Mif, ed., *Sovety v Kitae: Sbornik dokumentovi materialov* (Soviets in China: A Collection of Documents and Materials) (Moscow: Partizdat TsK VKP[b], 1934), 196.
31. See Kaup, *Creating the Zhuang*, 95.
32. See Lary, *Region and Nation*, 103.
33. 〔鄧小平〕〈報告〉，178。
34. 關於韋拔群在此方向所做的努力，見Kaup, *Creating the Zhuang*, 96–99.
35. 同前註，104。
36. 「該地語言極不統一。」〔鄧小平〕〈報告〉，175。
37. 另見楊勝群、閻建琪等編，《鄧小平年譜（1904-1974）》，上冊，54、55; Deng, *Deng Xiaoping,* 152–53。
38. 《左右江革命根據地》，上冊，97、99；鄧小平，《鄧小平自述》，41；鄧小平，《鄧小平：我的自述（摘錄）》，1968年6月20日至7月5日，http://blog.smthome.net/article-htm-tid-993.html；楊勝群、閻建琪等編，《鄧小平年譜（1904-1974）》，上冊，53–54。
39. 〔鄧小平〕〈報告〉，175。
40. 引自Deng, *Deng Xiaoping,* 153。
41. 陳豪人，〈七軍工作總報告〉，360。
42. 同前註。
43. 〔鄧小平〕〈報告〉，178。

冊，50–51；龔楚，《我與紅軍》（香港：南風出版社，1954），165-67。

3. 龔楚，《我與紅軍》，167。

4. See Diana Lary, *Region and Nation: The Kwangsi Clique in Chinese Politics, 1925–1937* (London: Cambridge University Press, 1974), 103.

5. 同前註，183–200；龔楚，《我與紅軍》，173；《黨史研究資料》，第5集（成都：四川人民出版社，1985），496-97。

6. 陳欣德，〈韋拔群〉，胡華主編，《中共黨史人物傳》，卷12，183-200。根據其他資料，韋拔群於1928年底加入中國共產黨。見《壯族簡史》（南寧：廣西人民出版社，1980），149；黃獻璠，《壯族通史》（南寧：廣西人民出版社，1988），788。

7. Titarenko et al., *VKP(b), Komintern i Kitai: Dokumenty* (The AUCP[b], the Comintern, and China: Documents), vol. 3, 732.

8. 引自 Deng, *Deng Xiaoping,* 144。

9. 同前註。

10. 同前註，146。

11. 〈中共廣西特委給廣東省委的信——關於九、十兩月的報告〉，《左右江革命根據地》，上冊（北京：中共黨史資料出版社，1989），79。關於賀昌在共產黨省大會所提出的報告，見《張雲逸大將畫傳》（成都：四川人民出版社，2009），66。

12. 關於雷經天，見〈雷經天〉，胡華主編，《中共黨史人物傳》，卷20（西安：陝西人民出版社，1984），346–60。

13. 鄧小平，《鄧小平自述》，40。

14. 冷溶、閻建琪等編，《鄧小平畫傳》，上卷，52；楊勝群、閻建琪等編，《鄧小平年譜（1904-1974）》，上冊，50。

15. 龔楚，《我與紅軍》，168–69。

16. 同前註，171–72；楊勝群、閻建琪等編，《鄧小平年譜（1904-1974）》，上冊，51; *Zhang Yunyi dajiang huazhuan* (Pictorial Biography of General Zhang Yunyi), 66。

17. See Deng, *Deng Xiaoping,* 145.

18. 龔楚，《我與紅軍》，173–74。

19. H. G. W. Woodhead, ed., *China Year Book 1931* (Nendeln/Liechtenstein: Kraus Reprint, 1969), 595. On the opium trade in this region, see also Harry A. Franck, *China: A Geographical Reader* (Dansville, NY: F. A. Owen, 1927), 212–13.

20. See Deng, *Deng Xiaoping,* 148–49；楊勝群、閻建琪等編，《鄧小平年譜（1904-1974）》，上冊，51；張雲逸，〈百色起義與紅七軍的建立〉，《中國：廣西革命回憶錄》（南寧：廣西壯族自治區人民出版社，1959），6。

21. 〔鄧小平〕〈報告〉〔1930年1月〕，收於〈對廣西紅軍工作布置的討論〉，《左右江革命根據地》，上冊，175。

43. 潘佐夫、梁思文，《毛澤東：真實的故事》，225。
44. See Chang, *The Rise of the Chinese Communist Party,* vol. 2, 39.
45. See *Deng Xiaoping,* 37；楊勝群、閻建琪等編，《鄧小平年譜（1904-1974）》，上冊，39。
46. 冷溶、閻建琪等編，《鄧小平畫傳》，上卷，49。
47. 黃玠然，〈黃玠然談鄧小平〉，收於劉金田等編，《話說鄧小平》，21。
48. See Deng, *Deng Xiaoping,* 135.
49. 引自同前註，132。
50. See Zheng, *An Oppositionist for Life*, 215.
51. 羅正楷等，《鄧小平早期革命活動》，134。
52. See Sladkovskii, *Informatsionnyi biulleten'. Seriia A. Vypusk 2* (Information Bulletin: Series A: 2nd Installment), 4.
53. 這是根據潘佐夫於2010年6月24日在協興鎮所做的訪問。
54. Franz, *Deng Xiaoping,* 13–14.
55. 引自Deng, *Deng Xiaoping,* 136–37.
56. 任弼時，《任弼時年譜，1904-1950》（北京：中央文獻出版社，2004），95。
57. M. I. Sladkovskii, ed., *Dokumenty po istorii Kommunisticheskoi partii Kitaia 1920–1949 (v chetyrekh tomakh)* (Documents on the History of the Communist Party of China, 1920–1949. In four volumes), vol. 1 (Moscow: IDV AN SSSR, 1981), 180–81; vol. 2, 26, 30.
58. Pavel Mif, ed., *Strategiia i taktika Kominterna v natsional'no-kolonial'noi revoliutsiina primere Kitaia* (Strategy and Tactics of the Comintern in National and Colonial Revolutions: The Case of China) (Moscow: IWEIP Press, 1934), 236–44.
59. See Titarenko et al., *VKP(b), Komintern i Kitai: Dokumenty* (The AUCP[b], the Comintern, and China: Documents), vol. 3, 603. 另見楊勝群、閻建琪等編，《鄧小平年譜（1904-1974）》，上冊，49。
60. 關於龔飲冰，可見龔育之，〈龔飲冰〉，胡華主編，《中共黨史人物傳》，卷34（西安：陝西人民出版社，1987），261-70。
61. See Deng, *Deng Xiaoping,* 159.
62. 引自冷溶、閻建琪等編，《鄧小平畫傳》，上卷，50。

第四章　廣西試驗

1. See Nie, *Inside the Red Star*, 84–85；廖蓋隆等編，《中國共產黨歷史大辭典增訂本 總論．人物》（北京：中共中央黨校出版社，2001），177。
2. See Nie, *Inside the Red Star*, 84–85；楊勝群、閻建琪等編，《鄧小平年譜（1904-1974）》，上

士等，〈劉伯堅〉，275；羅正楷等，《鄧小平早期革命活動》，132；孟醒仁、曹書升，《馮玉祥傳》，144–45。

22. 引自 Yang, *Deng Xiaoping,* 55.
23. 張鈞華、王少民，〈史可軒〉，119。
24. See *Deng Xiaoping,* 35–36；羅正楷等，《鄧小平早期革命活動》，132；高克林，〈高克林談鄧小平〉，20。
25. See Zheng, *An Oppositionist for Life*, 127, 130–31.
26. See Deng, *Deng Xiaoping,* 118.
27. RGASPI, collection 17, inventory 162, file 5, sheet 30. This telegram was first published in 1996. See Titarenko, et al. *VKP(b), Komintern i Kitai: Dokumenty* (The AUCP[b], the Comintern, and China: Documents), vol. 2, 763–64.
28. Titarenko, et al. *VKP(b), Komintern i Kitai: Dokumenty* (The AUCP[b], the Comintern, and China: Documents), vol. 2, 814, 823.
29. 同前註，843。
30. 引自 Chang, *The Rise of the Chinese Communist Party,* vol. 1, 715.
31. Zheng, *An Oppositionist for Life*, 129.
32. See Patricia Stranahan, *Underground: The Shanghai Communist Party and the Politics of Survival, 1927–1937* (Lanham, MD: Rowman & Littlefield, 1998), 23.
33. Chang, *The Rise of the Chinese Communist Party,* vol. 1, 669–70.
34. Stuart R. Schram, ed., *Mao's Road to Power: Revolutionary Writings, 1912–1949* vol. 3 (Armonk, NY: Sharpe, 1995), 30–33;《八七會議》（北京：中共黨史資料出版社，1986），73。
35. 引自凌步機，《鄧小平在贛南》（北京：中央文獻出版社，1995），85。
36. 除了毛澤東之外，羅明納茲所選取的臨時政治局成員共十五人：九名委員加上六名候補委員，其中有瞿秋白、鄧中夏、周恩來、張國燾以及李立三。
37. 詳情見潘佐夫、梁思文，《毛澤東：真實的故事》，215-18。
38. See Zheng, *An Oppositionist for Life*, 133; Titarenko et al., eds., *VKP(b), Kominterni Kitai: Dokumenty* (The AUCP[b], the Comintern, and China: Documents), vol. 3, 126–27.
39. For more details see A. M. Grigoriev, *Kommunisticheskaia partiia Kitaiav nachal'nyi period sovetskogo dvizheniia (iul' 1927g.–sentiabr' 1931g.)* (The Communist Party of China in the Initial Period of the Soviet Movement [July 1927–September 1931]) (Moscow: IDV AN SSSR, 1976), 37–46.
40. 孫中山的「三民主義」是國民黨的核心思維，是要以所有階級合作為基礎去建構未來民主中國的根柢。
41. See Frederic Wakeman, Jr., *Policing Shanghai, 1927–1937* (Berkeley: University of California Press, 1995), 58, 133.
42. See Stranahan, *Underground*, 17.

第三章　從西安到上海

1. 引自Deng, *Deng Xiaoping,* 112。另見鄧小平，《鄧小平自述》，27；楊勝群、閻建琪等編，《鄧小平年譜（1904-1974）》，上冊，32。
2. On Feng, see V. M. Primakov, *Zapiski volontera: Grazhdanskaia voina v Kitae* (Notes of a Volunteer: The Civil War in China) (Moscow: Nauka, 1967), 36–37.
3. A Chinese saying has it that "A wise person should speak softly and should be afraid of spilling the cup of wisdom."
4. 高克林，〈高克林談鄧小平〉，收於劉金田等編，《話說鄧小平》，19。
5. 張鈞華、王少民，〈史可軒〉，胡華主編，《中共黨史人物傳》，卷26（西安：陝西人民出版社，1985），104、111–15。
6. 引自Deng, *Deng Xiaoping,* 113.
7. 同前註；高克林，〈高克林談鄧小平〉，19；鄧毛毛，《我的父親鄧小平》（北京：中央文獻出版社，1997），157。
8. 見Deng, *Deng Xiaoping,* 113；羅正楷等，《鄧小平早期革命活動》，130。另外一名書記是高克林，但不確定他是鄧小平前任或是繼任的軍校黨組織書記，但他是鄧小平在政治部內的下屬，擔任組織局科長。〔編註：政治部下設組織科、宣傳科及煥章俱樂部。〕見高克林，〈高克林談鄧小平〉，20；張鈞華、王少民，〈史可軒〉，114-15。
9. 楊勝群、閻建琪等編，《鄧小平年譜（1904-1974）》，上冊，33。
10. 高克林，〈高克林談鄧小平〉，20。
11. See Deng, *Deng Xiaoping,* 113.
12. RGASPI, collection 17, inventory 162, file 4, sheets 71–72. See also Titarenko, et al. *VKP(b), Komintern i Kitai. Dokumenty* (The AUCP[b], the Comintern, and China. Documents), vol. 2, 632–33. [Italics in original.]
13. Chang, *The Rise of the Chinese Communist Party,* vol. 1, 606.
14. 馮玉祥，《我的生活》，535。在1912年1月1日中華民國宣布成立之前，陝西督軍的住所被稱為「公署」。Harry Alverson Franck, *Wandering in Northern China* (New York: Century, 1923), 383。
15. 張鈞華、王少民，〈史可軒〉，117。
16. 馮玉祥，《馮玉祥日記》，卷2，333–34；Sheridan, *Chinese Warlord,* 224。
17. 引自Sheridan, *Chinese Warlord,* 227。
18. 同前註，225–26。
19. 引自同前註，232。
20. 引自同前註，228。
21. 馮玉祥，《我的生活》，563；馮玉祥，《馮玉祥日記》，卷2，337；*Deng Xiaoping,* 35；秦燕

(Moscow: AO "Buklet," 1996), 202.

94. See Titarenko, et al. *VKP(b), Komintern i Kitai: Dokumenty* (The AUCP[b], the Comintern, and China. Documents), vol. 2, 228, 281.

95. See George T. B. Davis, *China's Christian Army: A Story of Marshal Feng and His Soldiers* (New York: Christian Alliance, 1925), 7; Marshall Broomhall, *General Feng: A Good Soldier of Christ Jesus* (London: China Inland Mission, 1923), 11; Marcus Ch'eng, *Marshal Feng—The Man and His Work* (Shanghai: Kelly & Walsh, 1926), 9；馮理達，《我的父親馮玉祥》（成都：四川人民出版社，1984），92。

96. 馮玉祥，《馮玉祥日記》，卷2（南京：江蘇古籍出版社，1992），177–215；Lars T. Lih et al., eds., *Stalin's Letters to Molotov, 1925–1936*, trans. Catherine A. Fitzpatrick (New Haven: Yale University Press, 1995), 103–18；孟醒仁、曹書升，《馮玉祥傳》（合肥：安徽人民出版社，1998），118；*Lichnoe delo Sobinovoi* (Personal File of Sobinova), RGASPI, collection 495, inventory 225, file 1341; *Lichnoe delo Nezhdanovoi* (Personal File of Nezhdanova), 同前註，file 2034; *Lichnoe delo Kalganskogo* (Personal File of Kalganskii), 同前註，file 1818.另可見莫斯科東方大學學生曾湧泉（Nikolai Petrovich Nakatov）的個人檔案，共產國際執行委員會曾於馮玉祥前往蘇聯時，指派曾擔任馮玉祥的口譯人員（同前註，file 2051）。

97. 馮玉祥，《馮玉祥日記》，卷2，177–215；馮玉祥，《我的生活》（哈爾濱：黑龍江人民出版社，1984），461–82；Titarenko, et al. *VKP(b), Komintern i Kitai: Dokumenty* (The AUCP[b], the Comintern, and China: Documents), vol. 2, 241, 242; Sheng, *Sun Yat-sen University and the Chinese Revolution*, 133–43；秦燕士等，〈劉伯堅〉，胡華主編，《中共黨史人物傳》，卷4（西安：陝西人民出版社，1982），267–68。

98. 逢先知編，《毛澤東年譜，1893-1949》，上卷（北京：人民出版社與中央文獻出版社，2002），169–72; M. F. Yuriev, *Revoliutsiia 1925–1927 gg. V Kitae* (The Revolution of 1925–1927 in China) (Moscow: Nauka, 1968), 416; Vera Vladimirovna Vishniakova-Akimova, *Two Years in Revolutionary China 1925–1927*, trans. Steven I. Levine (Cambridge, MA: Harvard University Press, 1971), 243–71; Chang Kuo-t'ao, *The Rise of the Chinese Communist Party,* 1921–1927, vol. 1 (Lawrence: University Press of Kansas, 1972), 532–72。

99. See James E. Sheridan, *Chinese Warlord: The Career of Feng Yu-hsiang* (Stanford, CA: Stanford University Press, 1966), 203–9.

100. Titarenko, et al. *VKP(b), Komintern i Kitai: Dokumenty* (The AUCP[b], the Comintern, and China. Documents), vol. 2, 449.

101. 該報告的影本可見，鄧小平，《鄧小平自述》，28；冷溶、閻建琪等編，《鄧小平畫傳》，上卷，42。

102. See *Lichnoe delo Den Sisiania* (Personal File of Deng Xixian), 9.

See RGASPI, collection 530, inventory 1, file 17, sheet 53.

71. RGASPI, collection 530, inventory 2, file 5, sheet 175；鄧小平，《鄧小平自述》，25–26。
72. Sheng, *Sun Yat-sen University in Moscow and the Chinese Revolution*, 87–88.
73. See Deng, *Deng Xiaoping,* 106.
74. Karl Marx, "Critique of the Gotha Programme," in Karl Marx and Frederick Engels, *Collected Works*, vol. 24, trans. Richard Dixon and others (New York: International, 1989), 87.
75. V. I. Lenin, "The Tax in Kind," in V. I. Lenin, *Collected Works*, vol. 32 (Moscow: Progress Publishers, 1965), 344.
76. J. V. Stalin, "The Fourteenth Congress of the C.P.S.U. (B.). December 18–31, 1925," in J. V. Stalin, *Works*, vol. 7 (Moscow: Foreign Languages Publishing House, 1954), 374.
77. N. I. Bukharin, *Selected Writings on the State and the Transition to Socialism*, trans., ed., and introduced Richard B. Day (Armonk, NY: Sharpe, 1982), 189, 197.
78. See RGASPI, collection 495, inventory 225, file 1629, unpaginated; Sheng, *Sun Yatsen University in Moscow and the Chinese Revolution,* 69–70；冷溶、閻建琪等編，《鄧小平畫傳》，上卷（成都：四川人民出版社，2004），26。
79. 引自L. Yu Miin-ling, *Sun Yat-sen University in Moscow, 1925–1930*, PhD dissertation (New York, 1995), 179。
80. 同前註，175。
81. See RGASPI, collection 530, inventory 2, file 33, sheets 28–30.
82. 同前註，31–32。
83. 同前註，inventory 1, file 42, unpaginated; Sun Yefang, "Guanyu Zhonggong liu Mo zhibu" (On the Moscow Branch of the CCP), *Zhonggong dangshi ziliao* (Materials on the History of the CCP), no. 1 (1982): 180–83; Sheng, *Sun Yat-sen University in Moscow and the Chinese Revolution*, 111–12。
84. See Yu, *Sun Yat-sen University in Moscow, 1925–1930*, 172–73.
85. 同前註，175。
86. RGASPI, collection 530, inventory 2, file 15, sheet 42 reverse.
87. 引自Deng, *Deng Xiaoping,* 107–8。
88. *Lichnoe delo Den Sisiania (Dozorova)* (Personal File of Deng Xixian [Dozorov]), 18.
89. 同前註，9。
90. *Lichnoe delo Dogadovoi* (Personal File of Dogodova), RGASPI, collection 495, inventory 225, file 1669；冷溶、閻建琪等編，《鄧小平畫傳》，上卷，41。
91. For more details, see Pantsov, *The Bolsheviks and the Chinese Revolution, 1919–1927*, 84–98.
92. 詳情請見潘佐夫、梁思文，《毛澤東：真實的故事》，176-79。
93. See RGASPI, collection 17, inventory 162, file 3, sheet 55; M. L. Titarenko et al., eds., *VKP(b), Komintern i Kitai: Dokumenty* (The AUCP[b], the Comintern, and China: Documents), vol. 2

父親獲選為共青團旅歐支部執委會成員一事，做此推定，而自認鄧小平當時已獲准入黨。參見Deng, *Deng Xiaoping,* 87。

53. See *Lichnoe delo Den Sisiania (Dozorova)* (Personal File of Deng Xixian [Dozorov]), 2 reverse, 4, 5, 10 reverse, 12 reverse; *Lichnoe delo Den Sisiania* (Personal File of Deng Xixian), 3；鄧小平，《鄧小平自述》，11–14。
54. See *Lichnoe delo Den Sisiania* (Personal File of Deng Xixian), 3.
55. 楊勝群、閻建琪等編，《鄧小平年譜（1904-1974）》，上冊，24。
56. For more details, see Nora Wang, "Deng Xiaoping: The Years in France," *China Quarterly*, vol. 92 (December 1982): 701–705; Wang, *Émigration et Politique* (Emigration and Politics), 280–83; Deng, *Deng Xiaoping,* 92–97.
57. 楊品蓀僅僅在1926年秋時來到莫斯科學習，他當時已經是巴黎的中共黨員。參見 *Lichnoe delo Maikova* (*Yan Pinsunia*) (Personal File of Maikov [Yang Pinsun]), RGASPI, collection 495, inventory 225, file 1994.
58. 引自 Wang, *Émigration et Politique* (Emigration and Politics) 281; Deng, *Deng Xiaoping,* 97。
59. See Alexander Pantsov, *The Bolsheviks and the Chinese Revolution, 1919–1927* (Honolulu: University of Hawai'i Press, 2000), 282.
60. For more details, see Spichak, *Kitaiskii avangard Kremlia* (The Chinese Vanguard of the Kremlin), 43–44.
61. 同前註，43、45。
62. 中共與共青團旅歐支部的300多名成員中，當時在莫斯科學習的成員超過200人。參見鄧小平，《鄧小平自述》，頁23。
63. See *Lichnoe delo Den Sisiania* (Personal File of Deng Xixian), 1–4.
64. Zheng, *An Oppositionist for Life*, 48, 54〔編註：另可見鄭超麟，《鄭超麟回憶錄》上冊（上海：東方出版社，2004），186、192–93〕。
65. 任卓宣，〈留俄及歸國後的回憶〉，《六十年來中國留俄學生之風霜踔厲》（台北：中華文化基金會，1988），74。
66. 鄧小平，《鄧小平自述》，26。
67. See Spichak, *Kitaiskii avangard Kremlia* (The Chinese Vanguard of the Kremlin), 77.
68. See Pantsov, *The Bolsheviks and the Chinese Revolution, 1919–1927*, 282; *Deng Xiaoping,* 31; Sheng Yueh, *Sun Yat-sen University in Moscow and the Chinese Revolution: A Personal Account* (Lawrence: University of Kansas, 1971), 88.
69. See RGASPI, collection 530, inventory 1, file 16, not paginated; S. A. Dalin, *Kitaiskie memuary: 1921–1927* (Chinese Memoirs: 1921–1927) (Moscow: Nauka, 1975), 176.
70. See "V universitete trudiashchikhsia Sun Yat-sena" (In Sun Yat-sen University of Toilers), *Pravda*, Mar. 11, 1926. 自1926年下半年開始，改為每週一至三上課八小時，每週四至六上課六小時。

炎〉，胡華主編，《中共黨史人物傳》，卷7（西安：陝西人民出版社，1983），13-14。

34. 廖蓋隆等編，《中國共產黨歷史大辭典：創立時期分冊》，205。
35. Deng, *Deng Xiaoping,* 73.
36. See Edgar *Snow, Random Notes on Red China (1936–1945)* (Cambridge, MA: East Asian Research Center, Harvard University, 1957), 137.
37. Deng, *Deng Xiaoping,* 73.
38. *Lichnoe delo Den Sisiania (Dozorova)* (Personal File of Deng Xixian [Dozorov]), 4, 5.
39. 鄧小平，《鄧小平自述》，13。
40. 同前註，10；*Lichnoe delo Den Sisiania (Dozorova)* (Personal File of Deng Xixian [Dozorov]), 4–5.
41. 依據陳獨秀以及中國社會主義者青年團中央執委會的要求，變更中國共青團歐洲組織的名稱。
42. 見Deng, *Deng Xiaoping*, 80–81；鄧小平，《鄧小平自述》，16；2012年12月2日，汪小京（汪澤楷之孫，是汪澤楷推薦鄧小平加入共青團）給潘佐夫的信函。鄧小平在遲暮之年告訴女兒，自己是在1922年夏天加入中國社會主義者青年團，參見Deng, *Deng Xiaoping*, 80。不過，此與事實不符。1926年在莫斯科時，鄧小平在許多份問卷及其手書的自傳中，反覆聲稱自己在1923年6月加入共青團。See *Lichnoe delo Den Sisiania (Dozorova)* (Personal File of Deng Xixian [Dozorov]), 2 reverse side, 4, 5, 10 reverse side, 12 reverse side; *Lichnoe delo Deng Sisiania* (Personal File of Deng Xixian), RGASPI, collection 495, inventory 225, file 2574, sheet 3；鄧小平，《鄧小平自述》，11、14、31。另見楊勝群、閻建琪等編，《鄧小平年譜（1904-1974）》上冊，18。
43. 鄧小平，《鄧小平自述》，4；鄧墾，〈鄧墾談鄧小平〉，6–7。
44. 鄧小平，《鄧小平自述》，4。
45. 鄧墾，〈鄧墾談鄧小平〉，7；鄧墾，〈哥哥為革命不回家〉。
46. 周恩來在為期短暫的留日期間，僅僅從1917年底到1918年初，在東京神田區的東亞高等預備學校中學習日語〔編註：周恩來於1917年9月登輪赴日，10月入學。1918年3月開始準備投考東京高等師範學校及東京第一高等學校，皆未被錄取。1919年4月中由神戶乘船返國〕。
47. 蔡暢，〈談勤工儉學和社會主義青年團旅歐支部〉，《共產主義小組》，冊2（北京：中共黨史資料出版社，1987），947。
48. 引自Deng, *Deng Xiaoping,* 88. See also *Deng Xiaoping, Selected Works of Deng Xiaoping,* vol. 2 *(1975–1982)*, 2nd ed. (Beijing: Foreign Languages Press, 1995), 329.
49. 李璜，《學鈍室回憶錄》，89。
50. See Alexander V. Pantsov and Gregor Benton, "Did Trotsky Oppose Entering the Guomindang 'From the First'?" *Republican China*, vol. 19, no. 2 (April 1994): 52–66.
51. 《周恩來年譜（1898-1949）》，62。
52. 鄧小平女兒堅稱鄧小平於1924年時已經是共黨黨員一事，顯然是牽強附會之說。她是根據其

12. See Deng, *Deng Xiaoping,* 61–62.
13. 陳毅，〈我兩年來留法勤工儉學的實感〉，收入《赴法勤工儉學運動史料》，冊3，47、53。
14. 陳毅，〈我兩年來留法的痛苦〉，同前註，57。
15. 日後當上中華人民共和國總理的周恩來，曾在他寫的詩中稱法國為「自由故鄉」。
16. 陳毅，〈我兩年來留法的痛苦〉，收入《赴法勤工儉學運動史料》，冊3，56。
17. 李璜，《學鈍室回憶錄》（台北：傳記文學出版社，1973），69。
18. See Marilyn A. Levine and Chen San-ching, *The Guomindang in Europe: A Sourcebook of Documents* (Berkeley: University of California Press, 2000), 11.
19. 引自Deng, *Deng Xiaoping,* 60.
20. 李璜，《學鈍室回憶錄》，70。
21. See Paul J. Bailey, "The Chinese Work-Study Movement in France," *China Quarterly*, vol. 115 (September 1988): 458; Marilyn A. Levine, *The Found Generation: Chinese Communists in Europe During the Twenties* (Seattle: University of Washington Press, 1993), 126.
22. See Deng, *Deng Xiaoping,* 69.
23. 更多細節見：Levine, *The Found Generation*, 121–31; Nora Wang, *Émigration et Politique: Les Ētudiants-Ouvriers Chinois en France (1919–1925)* (Emigration and Politics: Chinese Worker-Students in France [1919–1925]) (Paris: Indes savantes, 2002), 213–28, 238–40; Nie Rongzhen, *Inside the Red Star: The Memoirs of Marshal Nie Rongzhen* (Beijing: New World Press, 1983), 18.
24. 更多細節見：Zheng Chaolin, *An Oppositionist for Life: Memoirs of the Chinese Revolutionary Zheng Chaolin*, trans. Gregor Benton (Atlantic Highlands, NJ: Humanities Press, 1997), 25–26；鄭超麟，〈鄭超麟談鄧小平〉，收於劉金田等編，《話說鄧小平》，10。
25. 引自Deng, *Deng Xiaoping,* 72。
26. 鄭超麟，〈鄭超麟談鄧小平〉，收於劉金田等編，《話說鄧小平》，11。
27. 溫賢美、鄧壽明，《五四運動與四川建黨》，40–41。
28. See Zheng, *An Oppositionist for Life*, 17–18; Nie, *Inside the Red Star*, 25–26.
29. 《周恩來年譜（1898-1949）》重刊版（北京：中央文獻出版社，1997），45、48；廖蓋隆等編，《中國共產黨歷史大辭典》（北京：中共中央黨校出版社，2001），198。
30. See Zheng, *An Oppositionist for Life*, 22；廖蓋隆等編，《中國共產黨歷史大辭典：創立時期分冊》（北京：中共中央黨校出版社，1989），205。
31. See Zheng, *An Oppositionist for Life*, 25；孫其明，〈陳延年〉，胡華主編，《中共黨史人物傳》，卷12（西安：陝西人民出版社，1983），7。
32. See Daria A. Spichak, *Kitaiskii avangard Kremlia: Revoliutsionery Kitaia v moskovskikh shkolakh Kominterna (1921–1939)* (The Chinese Vanguard of the Kremlin: Revolutionaries of China in Moscow Comintern Schools [1921–1939]) (Moscow: "Veche," 2012), 91–92.
33. 《周恩來年譜（1898-1949）》，56；Zheng, *An Oppositionist for Life*, 27–29；彭承福，〈趙世

25. 鄧小平，《鄧小平自述》，2；鄧墾，〈鄧墾談鄧小平〉，3–4；鄧墾，〈哥哥為革命不回家〉，《中國日報》，2008年9月28日。
26. 岳飛，〈滿江紅〉，收入《精忠岳飛全集》（台北：漢聲出版社，1976），155。
27. 引自Franz, *Deng Xiaoping*, 22。
28. See in detail Daria A. Spichak, *Kitaitsy vo Frantsii* (Chinese in France) (manuscript), 9–12.
29. 同前註，23–24。
30. 楊勝群、閻建琪等編，《鄧小平年譜（1904-1974）》，上冊，7；江澤民，〈留法、比勤工儉學的回憶〉，收入《赴法勤工儉學運動史料》，冊3（北京：北京出版社，1981），448-49。
31. 江澤民，〈留法、比勤工儉學的回憶〉，448。
32. See Deng, *Deng Xiaoping*, 70.
33. See in detail Kapp, *Szechwan and the Chinese Republic*, 8, 14, 17–23.
34. 詳情見《五四運動在四川》（成都：四川大學出版社，1989），103–18, 235–63, 188–322, 355–71；溫賢美、鄧壽明，《五四運動與四川建黨》（成都：四川人民出版社，1985），10-29。
35. 江澤民，〈留法、比勤工儉學的回憶〉，448。
36. 金小明等，〈「鄧家老院子」的老故事〉。
37. 鄧小平，《鄧小平自述》，3；鄧墾，〈哥哥為革命不回家〉；Deng, *Deng Xiaoping*, 60。
38. 引自〈鄧小平一家的故事〉。

第二章　從巴黎到莫斯科：布爾什維克主義的教訓

1. 本章之撰寫得力於Daria Alexandrovna Arincheva (Spichak)之協助。
2. 羅正楷等，《鄧小平早期革命活動》（瀋陽：遼寧人民出版社，1991），54。
3. 同前註，56。
4. 引自Yang, *Deng*, 29。
5. See "Liner André Lebon," http://www.frenchlines.com/ship_en_1018.php.
6. 江澤民，〈留法、比勤工儉學的回憶〉，449–50；羅正楷等，《鄧小平早期革命活動》，63–64。
7. 1919至1920年間，總計1,449名學生，每20人為一組，自中國前往法國。第一批於1919年3月17日抵法，最後一批則於1920年12月15日到達。
8. 子暉，〈留法儉學勤工兩年來之經過及現狀〉，收入《赴法勤工儉學運動史料》，冊1，85-94；黃金平、張勵，《鄧小平在上海》（上海：上海人民出版社，2004），17-18。
9. Deng, *Deng Xiaoping*, 60. 學生須於晚上八點前返回宿舍，並於九點熄燈。早上六點須起床，上課時間則是上午八點到十一點，以及下午兩點到四點。
10. See Deng, *Deng Xiaoping*, 60；楊勝群、閻建琪等編，《鄧小平年譜（1904-1974）》，上冊，10。
11. 楊勝群、閻建琪等編，《鄧小平年譜（1904-1974）》，上冊，8。

6. See M. I. Sladkovskii, ed., *Informatsionnyi biulleten'. Seriia A. "Kulturnaiarevoliutsiia" v Kitae. Dokumenty i materialy (perevod s kitaiskogo), Vypusk 2:"Hunveibinskaia pechat' o Den Siaopine, Pen Chzhene, Yan Shankune i Khe Lune* (Information Bulletin: Series A: The "Cultural Revolution" in China. Documents and Materials Translated from Chinese: The 2nd Installment. Red Guard Press on Deng Xiaoping, Peng Zhen, Yang Shangkun, and He Long (Moscow: IDV AN SSSR, 1968), 4.
7. Benjamin Yang, *Deng: A Political Biography* (Armonk, NY: Sharpe, 1998), 10, 11.
8. 《世紀弦歌百年傳響：四川大學校史展，1896-2006》（成都：四川大學出版社，2007），51。
9. See Deng, *Deng Xiaoping,* 35；《鄧小平，1904-1997》（成都：四川人民出版社，2009），18。
10. 《鄧小平與現代中國》（北京：現代出版社，1997），3；《鄧小平，1904-1997》，17-18；Robert S. Ramsay, *The Languages of China* (Princeton, NJ: Princeton University Press, 1987), 33。
11. See Sladkovskii, *Informatsionnyi biulleten'. Seriia A. Vypusk 2* (Information Bulletin: Series A: 2nd Installment), 82–83; Deng, *Deng Xiaoping*, 20–22.
12. Deng, *Deng Xiaoping*, 40.
13. Mencius, *Mencius*, trans. Irene Bloom (New York: Columbia University Press, 2009), 63–64.
14. 鄧小平，《鄧小平自述》（北京：解放軍出版社，2004），3-4。
15. 同前註，2。
16. 同前註，3。
17. See Uli Franz, *Deng Xiaoping*, trans. Tom Artin (Boston: Harcourt Brace Jovanovich, 1987), 10; Richard Evans, *Deng Xiaoping and the Making of Modern China*, rev. ed. (London: Penguin Books, 1997), 4.
18. See Deng, *Deng Xiaoping*, 12.
19. 金小明、馮昌勇、劉謹，〈「鄧家老院子」的老故事〉，《人民日報》，2004年8月22日；〈鄧小平一家的故事〉，《新浪》；Deng, *Deng Xiaoping*, 40。
20. 潘佐夫於2004年6月27日，訪談中國社會科學院近代史研究所李玉貞教授所做的紀錄。
21. See Deng, *Deng Xiaoping*, 40；楊勝群、閻建琪等編，《鄧小平年譜（1904-1974）》，上冊（北京：中央文獻出版社，2010），3。根據其他資料，此事發生於兩年後，見金小明等，〈「鄧家老院子」的老故事〉；〈鄧小平一家的故事〉。
22. 詳情見亞歷山大・潘佐夫、梁思文，《毛澤東：真實的故事》（台北：聯經出版公司，2015），36、41。數年之後，鄧小平在提交給莫斯科中山大學教務部的自傳中，將孟子之言「不孝有三，無後為大。」說成是孔子之言。這顯然不是出自筆誤。See RGASPI, collection 530, inventory 2, file 5, sheet 175；鄧小平，《鄧小平自述》，3。這對於讀過書的中國人而言，是個無法原諒的錯誤。
23. 引自 Deng, *Deng Xiaoping,* 34。
24. See in detail Robert A. Kapp, *Szechwan and the Chinese Republic: Provincial Militarism and Central Power, 1911–1938* (New Haven: Yale University Press, 1973), 8–10.

註釋

緒論

1. Lao Tsu, *Tao Te Ching*, trans. Ralph Alan Dale (London: Watkins, 002), 157.
2. 同前註，145。
3. Confucius, *The Analects of Confucius*, trans. Simon Leys (New York: Norton, 1997), 64, 100.
4. See, for instance, critical reviews by Christian Caryl (*Foreign Policy*, Sept. 13, 2011), Jonathan Mirsky (*New York Times*, Oct. 21, 2011), Pete Sweeney (*China Economic Review*, Nov. 1, 2011), John Garnaut (*The Sydney Morning Herald*, Nov. 5, 2011), Clarissa Sebag-Montefiore (*The Independent*, Dec. 2, 2011), Andrew Nathan (*New Republic*, Feb. 22, 2012), Charles Horner (*Claremont Review of Books*, Summer 2012), and many others. 另見知名的中國異議分子方勵之及王丹的評論，前者刊載於2011年11月10日的《紐約書評》（*New York Review of Books*），後者登於2012年1月29日的《台北時報》（*Taipei Times*）。
5. Pete Sweeney, "Burying Deng: Ezra Vogel Lets Deng Xiaoping off the Hook," *China Economic Review*, vol. 22, no. 11 (Nov. 1, 2011): 62.

第一章　生於龍年

1. See Deng Maomao, *Deng Xiaoping: My Father* (New York: Basic Books, 1995), 13；亞歷山大・潘佐夫於2010年6月24日，至牌坊村做田野調查之紀錄。
2. 「地主」字面上是指土地的主人，傳統上英文使用 landlord 一字。然而此英文並不精準，因為「地主」並非如同在歐洲一樣指涉某種單獨的社會階級。地主和農民的歧異之處只在於擁有物質財富的水平有所不同。農民又可分為貧農、中農和富農三個階層。
3. See *Lichnoe delo Den Sisiana (Dozorova)* (Personal File of Deng Xixian [Dozorov]), *Rossiiskii gosudarstvennyi arkhiv sotsial'no-politicheskoi istorii* (Russian State Archive of Social and Political History, hereafter RGASPI), collection 495, inventory 225, file 1629, sheets 2, 4, 5.
4. Deng, *Deng Xiaoping*, 34.
5. 鄧墾，〈鄧墾談鄧小平〉，收於劉金田等編，《話說鄧小平》（北京：中央文獻出版社，2004），3。

Zhonggong dangshi dashi nianbiao (Chronology of Major Events in the History of the CCP). Beijing: Renmin chubanshe, 1987.

Zhongguo gongchandang lishi jiangyi (Lectures on CCP History). 2 vols. Changchun: Liaoning renmin chubanshe, 1981.

Zhongguo gongchandang lishi jiangyi (Lectures on CCP History). 2 vols. Jinan: Shandong renmin chubanshe, 1982.

Zhongguo gongchandang xin shiqi lishi dashiji (zengdingben) (12, 1978–3, 2008) (Chronology of CCP History in the New Period: Expanded edition [December 1978–March 2008]). Beijing: Zhonggong dangshi chubanshe, 2009.

Zhonghua renmin gongheguo dashi (1949–2004) (Chronicle of Major Events in the People's Republic of China [1949–2004]). 2 vols. Beijing: Renmin chubanshe, 2004.

Zhongguo renmin jiefangjun zuzhi yange he geji lingdao chengyuan minglu (Organizational Evolution and Personnel of the Leading Organs at All Levels of the PLA). Beijing: Junshi kexue chubanshe, 1987.

Zhou Enlai nianpu (1898–1949) (Chronological biography of Zhou Enlai [1898–1949]). Rev. ed. Beijing: Zhongyang wenxian chubanshe, 1998.

Zhou Guoquan et al. *Wang Ming nianpu* (Chronological Biography of Wang Ming). [Hefei]: Anhui renmin chubanshe, 1991.

Zhu De nianpu (Chronological Biography of Zhu De). Beijing: Renmin chubanshe, 1986.

Zhu Jiamu, ed. *Chen Yun nianpu: 1905–1995* (Chronological Biography of Chen Yun: 1905–1995). 3 vols. Beijing: Zhongyang wenxian chubanshe, 2000.

Zhu Ruizhen. "Zhong-su fenliede genyuan" (Causes of the Sino-Soviet Spilt). In *Zhanhou zhong-su guanxi zuoxiang (1945–1960)* (The Development of Sino-Soviet Relations After the War [1945–1960]). Beijing: Shehui kexue wenhua chubanshe, 1997, 91–116.

Zhuangzi. *The Complete Works of Chuang Tsu*. Translated by Burton Watson. New York: Columbia University Press, 1968.

Zhuangzu jianshi (Short History of the Zhuang). Nanning: Guangxi renmin chubanshe, 1980.

Zweig, David. "Context and Content in Policy Implementation: Household Contracts and Decollectivization, 1977–1983." In David M. Lampton, ed. *Policy Implementation in Post-Mao China.* Berkeley: University of California Press, 1987, 255–83.

Works of the Extremely Dedicated Patriot Yue Fei). Taipei: Hansheng chubanshe, 1976, 155.

Yuriev, M. F. *Revoliutsiia 1925–1927 gg. v Kitae* (The Revolution of 1925–1927 in China). Moscow: Nauka, 1968.

Zhai Qiang. "China and the Cambodian Conflict, 1970–1975." In Priscilla Roberts, ed. *Behind the Bamboo Curtain: China, Vietnam, and the World Beyond Asia.* Washington, DC, and Stanford, CA: Woodrow Wilson Center Press and Stanford University Press, 2006, 369–404.

Zhang Deyuan and He Kaiying. *Bianqian: Anhui nongcun gaige shulun* (Changes: On the Reform in the Anhui Countryside). Hefei: Anhui daxue chubanshe, 2004.

Zhang Heng and Jiang Fei, eds. *Zhonggong zhongyang zuzhi renshi jianmian tupu* (Brief Chronological Tables of the Organizational Composition of the CC CCP). Beijing: Zhongguo guangbo dianshi chubanshe, 2003.

Zhang Jingru et al. *Wusi yilai lishi renwu biming, bieming lu* (Collection of Pen names and Pseudonyms of Historical People Since the May 4 Movement). Xi'an: Shaanxi renmin chubanshe, 1986.

Zhang Junhua and Wang Shaomin. "Shi Kexuan." In Hu Hua, ed. *Zhonggong dangshi renwu zhuan* (Biographies of Persons in CCP History). Vol. 26. Xi'an: Shaanxi renmin chubanshe, 1985), 104–21.

Zhang Peisen, ed. *Zhang Wentian nianpu* (Chronological Biography of Zhang Wentian). 2 vols. Beijing: Zhonggong dangshi chubanshe, 2000.

Zhang Shu Guang. "Between 'Paper' and 'Real Tigers': Mao's View of Nuclear Weapons." In John Lewis Gaddis, et al., eds. *Cold War Statesmen Confront the Bomb: Nuclear Diplomacy Since 1945*. New York: Oxford University Press, 1999, 194–215.

Zhang Shu Guang. "Sino-Soviet Economic Cooperation." In O. Arne Westad, ed. *Brothers in Arms: The Rise and Fall of the Sino-Soviet Alliance, 1945–1963*. Stanford, CA: Stanford University Press, 1998, 189–225.

Zhang Xiaoming. "China's 1979 War with Vietnam: A Reassessment." *China Quarterly*, vol. 184 (December 2005): 851–74.

Zhang Yunyi dajiang huazhuan (Pictorial Biography of General Zhang Yunyi). Chengdu: Sichuan renmin chubanshe, 2009.

Zhanhou zhongsu guanxi zouxiang (1945–1960) (The Development of Sino-Soviet Relations After the War [1945–1960]). Beijing: Shehui kexue wenhua chubanshe, 1997.

Zhao Chang'an et al. *Lao gemingjiade lian'ai, hunyin he jiating shenghuo* (Love, Marriages, and Family Life of the Old Generation Revolutionaries). Beijing: Gongren chubanshe, 1985.

Zhao Jialiang and Zhang Xiaoji. *Banjie mubei xia de wangshi: Gao Gang zai Beijing* (A Story Dug from Underneath a Half-destroyed Tombstone: Gao Gang in Beijing). Hong Kong: Dafeng chubanshe, 2008.

Zhao Wei. *The Biography of Zhao Ziyang.* Translated by Chen Shibin. Hong Kong: Educational & Cultural Press, 1989.

Yang Jisheng. *Mubei: Zhongguo liushi niandai da jihuang jishi* (Tombstone: Unforgettable Facts About the Great Famine in the 1960s). 2 vols. Hong Kong: Tian di tushu youxian gongsi, 2008.

Yang Jisheng. *The Great Chinese Famine, 1958–1962.* Translated by Stacy Mosher and Guo Jian. New York: Farrar, Straus and Giroux, 2012.

Yang Kuisong. "Mao Zedong weishenma fangqi xinminzhuyi? Guanyu Eguo moshide yingxiang wenti" (Why Did Mao Zedong Discard New Democracy? On the Influence of the Russian Model). *Jindaishi yanjiu (Studies in Modern History),* no. 4 (1997): 139–83.

Yang Kuisong. "Xin zhongguo 'zhenya fangeming' yundong yanjiu" (A Study of New China's Campaign to "Suppress Counter-revolutionaries"), http://wenku.baidu. com/view/6a3d9b165f0e7cd18425362b.html

Yang Kuisong. *Zhonggong yu Mosike guanxi (1920–1960)* (Relations Between the CCP and Moscow [1920–1960]). Taipei: Sanmin shuju, 1997.

Yang Kuisong. *Zouxiang polie: Mao Zedong yu Mosike enen yuanyuan* (Heading for a Split: Concord and Discord in Relations Between Mao Zedong and Moscow). Hong Kong: Sanlian shudian, 1999.

Yang Shengqun and Liu Jintian, eds. *Deng Xiaoping zhuan (1904–1974)* (Biography of Deng Xiaoping [1904–1974]). 2 vols. Beijing: Zhongyang wenxian chubanshe, 2014.

Yang Shengqun and Yan Jianqi, eds. *Deng Xiaoping nianpu: 1904–1974* (Chronological Biography of Deng Xiaoping: 1904–1974). 3 vols. Beijing: Zhongyang wenxian chubanshe, 2010.

Yang Zhongmei. *Hu Yaobang: A Chinese Biography.* Translated by William A. Wycoff. Armonk, NY: Sharpe, 1988.

Ye Jianying zhuanlüe (Short Biography of Ye Jianying). Beijing: Junshi kexueyuan chubanshe, 1987.

Ye Xuanji. "Ye shuai zai shi yi di san zhongquanhui qianhou: Du Yu Guangyuan zhu '1978: Wo qinlide naci lishi da zhuanzhe yugan'" (Marshal Ye Before and After the Third Plenum of the Eleventh Central Committee: Impressions from Yu Guangyuan's Work *1978: The Great Historical Turning Point That I Personally Witnessed), Nanfang zhoumo (Southern Weekend)*, Oct. 30, 2008.

Ye Yonglie. *Deng Xiaoping gaibian Zhongguo: Cong Hua Guofeng dao Deng Xiaoping* (Deng Xiaoping Transforms China: From Hua Guofeng to Deng Xiaoping). Chengdu: Sichuan renmin chubanshe, 2014.

Ye Yonglie. *Jiang Qing zhuan* (Biography of Jiang Qing). Beijing: Zuojia chubanshe, 1998.

Yen Chia-chi and Kao Kao. *The Ten-Year History of the Chinese Cultural Revolution.* Taipei: Institute of Current China Studies, 1988.

Yin Xuyi and Zheng Yifan. "Bukharin in the People's Republic of China." In Theodor Bergmann, Gert Schaefer, and Mark Selden, eds. *Bukharin in Retrospect.* Armonk, NY: Sharpe, 1994, 54–62.

Yu Guangren. "Deng Xiaoping qiushi yu fansi jingshen" (The Spirit of Deng Xiaoping: Seek the Truth and Reflect It). *Yanhuang chunqiu (History of China)*, no. 4 (2002): 2–8.

Yu Miin-ling, L. *Sun Yat-sen University in Moscow, 1925–1930.* PhD dissertation. New York, 1995.

Yue Fei. "Man jiang hong" (The River Is Dyed Red). In Yue Fei. *Jingzhong Yue Fei quanji* (Collected

Zhonggong dangshi chubanshe, 1997.

Wen Xianmei and Deng Shouming. *Wusi yundong yu Sichuan jiandang* (May 4th Movement and Party Building in Sichuan). Chengdu: Sichuan renmin chubanshe, 1985.

Westad, Odd Arne, ed. *Brothers in Arms: The Rise and Fall of the Sino-Soviet Alliance, 1945–1963*. Stanford, CA: Stanford University Press, 1998.

Westad, Odd Arne. *Cold War and Revolution: Soviet-American Rivalry and the Origins of the Chinese Civil War, 1944–1946.* New York: Columbia University Press, 1993.

Westad, Odd Arne. *Decisive Encounters: The Chinese Civil War, 1946–1950.* Stanford, CA: Stanford University Press, 2003.

Westad, Odd Arne. "Fighting for Friendship: Mao, Stalin, and the Sino-Soviet Treaty of 1950." *CWIHP Bulletin*, nos. 8–9 (1996–97): 224–36.

Wilhelm, Richard, ed. *The Chinese Fairy Book.* New York: Frederick A. Stokes, 1921.

Wilson, Dick. *Zhou Enlai: A Biography*. New York: Viking, 1984.

Wishnick, Elizabeth. *Mending Fences: The Evolution of Moscow's China Policy from Brezhnev to Yeltsin.* Seattle: University of Washington Press, 2001.

Woodhead, H. G. W., ed. *China Year Book 1931.* Nendeln/Liechtenstein: Kraus Reprint, 1969.

Wu Guoguang and Helen Lansdowne, eds. *Zhao Ziyang and China's Political Future.* London: Routledge, 2012.

Wu Li, ed. *Zhongguo renmin gongheguo jingji shi* (Economic History of the PRC). 2 vols. Beijing: Zhongguo jingji chubanshe, 1999.

Wu Nanlan. "The Xiaogang Village Story.", http://www.china.org.cn/china/featurecontent_11778487.htm.

Wu Qinjie, ed. *Mao Zedong guanghui licheng dituji* (Atlas of Mao Zedong's Glorious Historical Path). Beijing: Zhongguo ditu chubanshe, 2003.

Wu Shihong. *Deng Xiaoping yu Zhuo Lin* (Deng Xiaoping and Zhuo Lin). Beijing: Tuanjie chubanshe, 2006.

Xiao Denglin. *Wushi nian guoshi jiyao: Waijiao juan* (Draft History of State Affairs for the Past Fifty Years: Foreign Affairs Volume). Changsha: Hunan renmin chubanshe, 1999.

Xiao Xiaoqin et al., ed. *Zhonghua renmin gongheguo sishi nian* (Forty Years of the People's Republic of China). Beijing: Beijing shifan xueyuan chubanshe, 1990.

Xu Yuandong et al. *Zhongguo gongchandang lishi jianghua* (Lectures on the History of the CCP). Beijing: Zhongguo qingnian chubanshe, 1982.

Xu Zehao, ed. *Wang Jiaxiang nianpu: 1906–1974* (Chronological Biography of Wang Jiaxiang: 1906–1974). Beijing: Zhongyang wenxian chubanshe, 2001.

Xu Zhujin. *Jin Weiying zhuan* (Biography of Jin Weiying). Beijing: Zhonggong dangshi chubanshe, 2004.

Yang, Benjamin. *Deng: A Political Biography*. Armonk, NY: Sharpe, 1998.

Wang Dong. "The Quarreling Brothers: New Chinese Archives and a Reappraisal of the Sino-Soviet Split, 1959–1962." *CWIHP Working Paper*, no. 36 (April 2002).

Wang Fukun, ed. *Hong qi jun hong ba jun zong zhihui Li Mingrui* (Li Mingrui, Commander-in-chief of the 7th and 8th Corps of the Red Army). Nanning: Guanxi renmin chubanshe, 2008.

Wang Jianmin. *Zhongguo gongchandang shigao* (A Draft History of the Chinese Communist Party). 3 vols. Taipei: Author Press, 1965.

Wang Jianying, ed. *Zhongguo gongchandang zuzhi shi ziliao huibian—lingdao jigou yange he chengyuan minglu* (Collection of Documents on the Organizational History of Chines Communist Party—The Evolution of Leading Organs and Name List of Personnel). Beijing: Hongqi chubanshe, 1983.

Wang Linmao. "Lei Jingtian." In Hu Hua, ed. *Zhonggong dangshi renwu zhuan* (Biographies of Persons in CCP History). Vol. 20. Xi'an: Shaanxi renmin chubanshe, 1984, 346–60.

Wang Meng. *Bolshevik Salute: A Modernist Chinese Novel*. Translated by Wendy Larson. Seattle: University of Washington Press, 1989.

Wang, Nora. "Deng Xiaoping: The Years in France." *China Quarterly*, vol. 92 (December 1982): 698–705.

Wang, Nora. *Émigration et Politique: Les Ētudiants-Ouvriers Chinois en France (1919–1925)* (Emigration and Politics: Chinese Worker-Students in France [1919–1925]). Paris: Indes savantes, 2002.

Wang Shaoguang. *Failure of Charisma: The Cultural Revolution in Wuhan.* Hong Kong: Oxford University Press, 1995.

Wang Shi, ed. *Zhongguo gongchandang lishi jianbian* (Short History of the Chinese Communist Party). Shanghai: Shanghai renmin chubanshe, 1959.

Wang Shoujun and Zhang Fuxing. *Fanfu fengbao—Kaiguo sutan di yi zhan* (The Hurricane Aimed Against Corruption—The First Battle After the Founding of the PRC to Liquidate Corruption). Beijing: Zhonggong dangshi chubanshe, 2009.

Wang Shuo. "Teshi teban: Hu Yaobang yu jingji tequ" (Special Things Done in Special Ways: Hu Yaobang and Special Economic Zones). *Yanhuang chunqiu (History of China),* no. 4 (2008): 36–40.

Wang Ting. *Chairman Hua: Leader of the Chinese Communists.* Montreal: McGill-Queen's University Press, 1980.

Wang Xingfu. *Linshi sanxiongdi: Lin Yuying, Lin Yunan, Lin Biao* (The Three Lin Brothers: Lin Yuying, Lin Yunan, Lin Biao). Wuhan: Hubei renmin chubanshe, 2004.

Weatherley, Robert. *Mao's Forgotten Successor: The Political Career of Hua Guofeng*. New York: Palgrave Macmillan, 2010.

Wedeman, Andrew Hall. *The East Wind Subsides: Chinese Foreign Policy and the Origins of the Cultural Revolution.* Washington, DC: Washington Institute Press, 1988.

Wei, Betty Peh-t'i. *Old Shanghai.* Hong Kong: Oxford University Press, 1993.

Wei Renzheng, ed. *Deng Xiaoping zai Jiangxi rizi* (The Days Deng Xiaoping Spent in Jiangxi). Beijing:

Taubman, William. *Khrushchev: The Man and His Era.* New York: Norton, 2003.

Taylor, Jay. *The Generalissimo: Chiang Kai-shek and the Struggle for Modern China*. Cambridge, MA: Belknap Press of Harvard University Press, 2009.

Teiwes, Frederick C. *Politics and Purges in China: Rectification and the Decline of Party Norms, 1950–1965.* 2nd ed. Armonk, NY: Sharpe, 1993.

Teiwes, Frederick *C. Politics at Mao's Court: Gao Gang and Party Factionalism.* Armonk, NY: Sharpe, 1990.

Teiwes, Frederick C., and Warren Sun. *The End of the Maoist Era: Chinese Politics During the Twilight of the Cultural Revolution, 1972–1976.* Armonk, NY: Sharpe, 2007.

Teiwes, Frederick C., and Warren Sun, eds. *The Politics of Agricultural Cooperativization in China: Mao, Deng Zihui and the "High Tide" of 1955.* Armonk, NY: Sharpe, 1993.

Terrill, Ross. *Madam Mao: The White-boned Demon.* Rev. ed. Stanford, CA: Stanford University Press, 1999.

Thomas, S. Bernard. *Season of High Adventure: Edgar Snow in China.* Berkeley: University of California Press, 1996.

Titarenko, M. L., ed. *Istoriia Kommunisticheskoi partii Kitaia* (History of the Communist Party of China). 2 vols. Moscow: IDV AN SSSR, 1987.

Titarenko, M. L. ed. *40 let KNR* (Forty Years of the PRC). Moscow: Nauka, 1989.

Titov, A. S. *Iz istorii bor'by i raskola v rukovodstve KPK, 1935–1936 gg.* (From the History of Struggle and Split in the Leadership of the CCP, 1935–1936). Moscow: Nauka, 1979.

Titov, A. S. *Materialy k politicheskoi biografii Mao Tsze-duna* (Materials for a Political Biography of Mao Zedong). 3 vols. Moscow: IDV AN SSSR, 1969.

Tønnesson, Stein, and Christopher E. Goscha. "Le Duan and the Break with China." In Priscilla Roberts, ed. *Behind the Bamboo Curtain: China, Vietnam, and the World Beyond Asia.* Washington, DC, and Stanford, CA: Woodrow Wilson Center Press and Stanford University Press, 2006, 453–86.

Turnley, David. *Beijing Spring*. New York: Stewart, Tabori & Chang, 1989.

Tyler, Patrick. *A Great Wall: Six Presidents and China: An Investigative History.* New York: PublicAffairs, 1999.

Usov, V. N. *KNR: Ot " bol'shogo skachka" k " kul'turnoi revoliutsii" (1960–1966)* (The PRC: From the Great Leap to the Cultural Revolution, 1960–1966). 2 parts. Moscow: IDV RAN, 1998.

Vogel, Ezra F. *Canton Under Communism: Programs and Politics in a Provincial Capital.* Cambridge, MA: Harvard University Press, 1969.

Vogel, Ezra F. *Deng Xiaoping and the Transformation of China.* Cambridge, MA: Belknap Press of Harvard University Press, 2011.

Wakeman, Jr., Frederic. *Policing Shanghai, 1927–1937.* Berkeley: University of California Press, 1995.

Centenary Echoes for a Hundred Years: History of Universities in Sichuan). Chengdu: Sichuan daxue chubanshe, 2007.

Short, Philip. *Mao: A Life*. New York: Holt, 1999.

Song Yuxi and Mo Jiaolin. *Deng Xiaoping yu kangri zhanzheng* (Deng Xiaoping and the Anti-Japanese War). Beijing: Zhongyang wenxian chubanshe, 2005.

Spence, Jonathan D. *Mao Zedong*. New York: Viking, 1999.

Spence, Jonathan D. *The Search for Modern China.* 2nd ed. New York: Norton, 1999.

Spichak, Daria A. *Kitaitsy vo Frantsii* (Chinese in France). (Manuscript.)

Spichak, Daria A. *Kitaiskii avangard Kremlia: Revoliutsionery Kitaia v moskovskikh shkolakh Kominterna (1921–1939)* (The Chinese Vanguard of the Kremlin: Revolutionaries of China in Moscow Comintern Schools [1921–1939]). Moscow: "Veche," 2012.

Solinger, Dorothy J. *Regional Government and Political Integration in Southwest China, 1949–1954: A Case Study.* Berkeley: University of California Press, 1977.

Stewart, Whitney. *Deng Xiaoping: Leader in a Changing China*. Minneapolis, MN: Lerner, 2001.

Stranahan, Patricia. *Underground: The Shanghai Communist Party and the Politics of Survival, 1927–1937*. Lanham, MD: Rowman & Littlefield, 1998.

Su Shaozhi. *Democratization and Reform.* Nottingham: Spokesman, 1988.

Sun Qiming. "Chen Yannian." In Hu Hua, ed. *Zhonggong dangshi renwu zhuan* (Biographies of Persons in CCP History). Vol. 12. Xi'an: Shaanxi renmin chubanshe, 1983, 1–38.

Sun Shuyun. *The Long March: The True History of Communist China's Founding Myth.* New York: Doubleday, 2006.

Sweeney, Pete. "Burying Deng: Ezra Vogel Lets Deng Xiaoping off the Hook." *China Economic Review*, vol. 22, no. 11 (November 2011): 62.

"A Symposium on Marxism in China Today: An Interview with Su Shaozhi, with Comments by American Scholars and a Response by Su Shaozhi." *Bulletin of Concerned Asian Scholars,* vol. 20, no. 1 (January–March 1988): 11–35.

Taihang geming genjudi shigao, 1937–1949 (Draft History of the Taihang Revolutionary Base Area, 1937–1949). Taiyuan: Shanxi renmin chubanshe, 1987.

Tang Chunliang. *Li Lisan quanzhuan* (A Complete Biography of Li Lisan). Hefei: Anhui renmin chubanshe, 1999.

Tang Chunliang. *Li Lisan zhuan* (Biography of Li Lisan). Harbin: Heilongjiang renmin chubanshe, 1984.

Tang Peiji, ed. *Zhongguo lishi da nianbiao: Xiandaishi juan* (Chronology of Events in Chinese History: Contemporary History Volume). Shanghai: Shanghai cishu chubanshe, 1997.

Tang Zhentang. *Jindai Shanghai fanhualu* (Lively Notes on Modern Shanghai). Beijing: Shangwu yinshuguan, 1993.

Rethinking the "Cultural Revolution." Beijing: Beijing Review, 1987.

Riabushkin, D. S. *Mify Damanskogo* (Myths of Damansky). Moscow: AST, 2004.

Roberti, Mark. T*he Fall of Hong Kong: China's Triumph and Britain's Betrayal.* New York: Wiley, 1996.

Roberts, Priscilla, ed. *Behind the Bamboo Curtain: China, Vietnam, and the World Beyond Asia.* Washington, DC, and Stanford, CA: Woodrow Wilson Center Press and Stanford University Press, 2006.

Ross, Robert S. *The Indochina Tangle: China's Vietnam Policy, 1975–1979.* New York: Columbia University Press, 1988.

Rue, John E. *Mao Tse-tung in Opposition: 1927–1935*. Stanford, CA: Stanford University Press, 1966.

Saich, Tony, and Hans J. van de Ven, eds. *New Perspectives on the Chinese Communist Revolution.* Armonk, NY: Sharpe, 1995.

Salisbury, Charlotte Y. *Long March Diary: China Epic.* New York: Walker, 1986.

Salisbury, Harrison E. *The Long March: The Untold Story.* New York: Harper & Row, 1985.

Salisbury, Harrison. *The New Emperors: China in the Era of Mao and Deng.* Boston: Little, Brown, 1992.

Sándor, Petöfi. *Rebel or Revolutionary: Sándor Petöfi as Revealed by His Diary, Letters, Notes, Pamphlets and Poems.* Translated by Edwin Morgan. Budapest: Corvina Press, 1974.

Schram, Stuart R. *Mao Tse-tung.* New York: Simon and Schuster, 1966.

Schram, Stuart R. *Mao Tse-tung.* Harmondsworth: Penguin, 1974.

Sergeant, Harriet. *Shanghai*. London: Jonathan Cape, 1991.

Shambaugh, David L. *The Making of a Premier: Zhao Ziyang's Provincial Career.* Boulder, CO: Westview Press, 1984.

Shen Zhihua. "Zhonggong bada weishemma buti 'Mao Zedong sixang?'" (Why Did the Eighth Congress Not Raise "Mao Zedong Thought?" *Lishi jiaoxue (Teaching of History)*, no. 5 (2005): 5–10.

Shen Zhihua and Yafeng Xia. "Between Aid and Restrictions: Changing Soviet Policies Toward China's Nuclear Weapons Program, 1954–1960." *Nuclear Proliferation International History Project Working Paper*. No. 2 (May 2012).

Sheridan, James E. *Chinese Warlord: The Career of Feng Yu-hsiang.* Stanford, CA: Stanford University Press, 1966.

Shevelev, K. V. *Formirovaniie sotsial'no-ekonomicheskoi politiki rukovodstva KPK v 1949–1956 godakh (rukopis')* (The Formation of the CCP's Socio-economic Policy in 1949–1956). (Manuscript.)

Shevelev, K. V. *Iz istorii obrazovaniia Kommunisticheskoi partii Kitaia* (From the History of the Establishment of the Communist Party of China). Moscow: IDV AN SSSR, 1976.

Shih, Victor. *Factions and Finance in China: Elite Conflict and Inflation.* New York: Cambridge University Press, 2008.

Shiji xiange, bainian chuanxiang: Sichuan da xuexiao shizhan (1896–2006) (Instrumental Song of a

Pantsov, Alexander V., and Daria A. Spichak. "Deng Xiaoping in Moscow (1926–27): Ideological Development of a Chinese Reformer." *Far Eastern Affairs*, no. 4 (November 2011): 153–64.

Pantsov, Alexander V., and Daria A. Spichak. "Light from the Russian Archives: Chinese Stalinists and Trotskyists at the International Lenin School, 1926–1938." *Twentieth-Century China*, no. 2 (2008): 29–50.

Pantsov, Alexander V., and Gregor Benton. "Did Trotsky Oppose Entering the Guomindang 'From the First'?" *Republican China*, vol. 19, no. 2 (April 1994): 52–66.

Pantsov, Alexander V., and Steven I. Levine. *Chinese Comintern Activists: An Analytic Biographic Dictionary.* (Manuscript.)

Pantsov, Alexander V., with Steven I. Levine. *Mao: The Real Story.* New York: Simon & Schuster, 2012.

Peng Chengfu. "Zhao Shiyan." In Hu Hua, ed. *Zhonggong dangshi renwu zhuan* (Biographies of Persons in CCP History). Vol. 7. Xi'an: Shaanxi renmin chubanshe, 1983, 1–48.

Peng Dehuai nianpu (Chronological Biography of Peng Dehuai). Beijing: Renmin chubanshe, 1998.

Peng Zhen nianpu (1902–1997) (Chronological Biography of Peng Zhen, 1902–1997). vol. 1 Beijing: Zhongyang wenxian chubanshe, 2002.

Pepper, Suzanne. *Civil War in China: The Political Struggle, 1945–1949.* 2nd ed. Lanham, MD: Rowman & Littlefield, 1999.

Perevertailo, A. S., et al., eds. *Ocherki istorii Kitaia v noveishee vremia* (An Outline History of Contemporary China). Moscow: Izd-vo vostochnoi literatury, 1959.

Perry, Elizabeth J., and Li Xun. *Proletarian Power: Shanghai in the Cultural Revolution.* Boulder, CO: Westview Press, 1997.

Pilger, John. *Heroes.* Cambridge, MA: South End Press, 2001.

Poston, Jr., Dudley L., and David Yaukey, eds. *The Population of Modern China.* New York: Plenum Press, 1992.

Qing Shi (Yang Kuisong). "Gongchan guoji yazhi Mao Zedong le ma?—Mao Zedong yu Mosike de enen yuanyuan" (Did the Comintern Suppress Mao Zedong? Concord and Discord in the Relations Between Mao Zedong and Moscow). *Bainian chao (Century Tides)*, no. 4 (1997): 21–33.

Qing Wu and Fang Lei. *Deng Xiaoping zai 1976* (Deng Xiaoping in 1976). 2 vols. Shenyang: Chunfeng wenyi chubanshe, 1993.

Ramsay, Robert S. *The Languages of China.* Princeton, NJ: Princeton University Press, 1987.

Ray, Hemen. *China's Vietnam War.* New Delhi: Radiant, 1983.

Ren Bishi nianpu, 1904–1950 (Chronological Biography of Ren Bishi, 1904–1950). Beijing: Zhongyang wenxian chubanshe, 2004.

Ren Jianshu. "Chen Duxiu." In Wang Qi and Chen Zhiling, eds. *Zhonggong dangshi renwu zhuan* (Biographies of Persons in the CCP History). Vol. 51. Xi'an: Shaanxi renmin chubanshe, 1992, 1–129.

CWIHP Working Paper, no. 25 (April 1999).

Morris, Stephen J. *Why Vietnam Invaded Cambodia: Political Culture and the Causes of War.* Stanford, CA: Stanford University Press, 1999.

Mugruzin, A. S. *Agrarnye otnosheniia v Kitae v 20-40-kh godakh XX veka* (Agrarian Relations in China in the 1920s–1940s). Moscow: Nauka, 1970.

Niu Jun. "1962: The Eve of the Left Turn in China's Foreign Policy." *CWIHP Working Paper*, no. 48 (October 2005).

Niu Jun. "The Origins of the Sino-Soviet Alliance." In O. Arne Westad, ed. *Brothers in Arms: The Rise and Fall of the Sino-Soviet Alliance, 1945–1963*. Stanford, CA: Stanford University Press, 1998, 47–89.

North, Robert C. *Moscow and Chinese Communists.* Stanford, CA: Stanford University Press, 1953.

Naughton, Barry. *Growing out of the Plan: Chinese Economic Reform, 1978–1993*. Cambridge, UK: Cambridge University Press, 1995.

Palmer, James. *Heaven Cracks, Earth Shakes: The Tangshan Earthquake and the Death of Mao's China.* New York: Basic Books, 2012.

Pan Ling. *In Search of Old Shanghai.* Hong Kong: Joint Pub., 1983.

Pang Pang. *The Death of Hu Yaobang.* Translated by Si Ren. Honolulu: Center for Chinese Studies, School of Hawaiian, Asian, and Pacific Studies, University of Hawai'i, 1989.

Pang Xianzhi, ed. *Mao Zedong nianpu: 1893–1949* (Chronological Biography of Mao Zedong: 1893–1949). 3 vols. Beijing: Renmin chubanshe/Zhongyang wenxian chubanshe, 2002.

Pang Xianzhi and Jin Chongji, eds. *Mao Zedong zhuan (1949–1976)* (Biography of Mao Zedong [1949–1976]). 2 vols. Beijing: Zhongyang wenxian chubanshe, 2003.

Pantsov, Alexander V. *The Bolsheviks and the Chinese Revolution 1919–1927.* Honolulu: University of Hawai'i Press, 2000.

Pantsov, Alexander V. *Den Siaopin* (Deng Xiaoping). Moscow: "Molodaia gvardiia," 2013.

Pantsov, Alexander V. *Iz istorii ideinoi bor'by v kitaiskom revoliutsionom dvizhenii 20-40-x godov* (On the History of Ideological Struggle in the Chinese Revolutionary Movement, 1920s–1940s). Moscow: Nauka, 1985.

Pantsov, Alexander V. "Liubimets partii" (The Favorite of the Party). *The Primary Russian Magazine*, no. 20 (2013): 95–100.

Pantsov, Alexander V. Mao Tszedun (Mao Zedong). 2nd, rev. ed. Moscow: "Molodaia gvardiia," 2012.

Pantsov, Alexander V. "Obrazovanie opornykh baz 8-i Natsional'no-revoliutsionnoi armii v tylu iaponskikh voisk v Severnom Kitae" (Establishment of Base Areas of the 8th National Revolutionary Army in the rear of Japanese Troops in North China). In M. F. Yuriev, ed. *Voprosy istorii* Kitaia (Problems of Chinese History). Moscow: Izdatel'stvo MGU, 1981, 39–43.

MacFarquhar, Roderick. *The Hundred Flowers Campaign and the Chinese Intellectuals.* New York: Praeger, 1960.

MacFarquhar, Roderick. *The Origins of the Cultural Revolution. Vol. 1: Contradictions Among the People, 1956–1957.* New York: Columbia University Press, 1974.

MacFarquhar, Roderick. *The Origins of the Cultural Revolution. Vol. 2: The Great Leap Forward, 1958–1960.* New York: Columbia University Press, 1983.

MacFarquhar, Roderick. *The Origins of the Cultural Revolution. Vol. 3: The Coming of the Cataclysm, 1961–1966.* New York: Columbia University Press, 1997.

MacFarquhar, Roderick, and Michael Schoenhals. *Mao's Last Revolution.* Cambridge, MA: Belknap Press of Harvard University Press, 2006.

Maliavin, V. V. *Kitaiskaia tsivilizatsiia* (Chinese Civilization). Moscow: Astrel', 2004.

Marx, Karl. "Capital. Vol. 1. The Process of Production of Capital." In Karl Marx and Friedrich Engels. *Collected Works.* Vol. 35. [Translated by Richard Dixon and others.] New York: International, 1996.

Marx, Karl. "Critique of the Gotha Program." In Karl Marx and Friedrich Engels. *Collected Works.* Vol. 24. [Translated by Richard Dixon and others]. New York: International, 1989.

McCord, Edward A. *The Power of the Gun: The Emergence of Modern Chinese Warlordism.* Berkeley: University of California Press, 1993.

Meisner, Maurice. *The Deng Xiaoping Era: An Inquiry into the Fate of Chinese Socialism, 1978–1994.* New York: Hill and Wang, 1996.

Meisner, Maurice. *Li Ta-chao and the Origins of Chinese Marxism.* New York: Atheneum, 1979.

Meisner, Maurice. *Mao's China and After: A History of the People's Republic.* 3rd ed. New York: Free Press, 1999.

Meliksetov, A. V., ed. *Istoriia Kitaia* (History of China). Moscow: Izdatel'stvo MGU, 1998.

Meliksetov, A. V. "'Novaia demokratiia'" i vybor Kitaem putei sotsial'noekonomicheskogo razvitiia (1949–1953)" ("New Democracy" and China's Choice of a Socio-economic Development Path in 1949–1953). *Problemy Dal'nego Vostoka (Far Eastern Affairs)*, no. 1 (1996): 82–95.

Meliksetov, A. V. *Pobeda kitaiskoi revoliutsii: 1945–1949* (The Victory of the Chinese Revolution: 1945–1949). Moscow: Nauka, 1989.

Meliksetov, A. V., and Alexander Pantsov. "Stalinization of the People's Republic of China." In William C. Kirby, ed. *Realms of Freedom in Modern China.* Stanford, CA: Stanford University Press, 2003, 198–233.

Mencius. *Mencius*. Translated by Irene Bloom. New York: Columbia University Press, 2009.

Meng Xinren, and Cao Shusheng. *Feng Yuxiang zhuan* (Biography of Feng Yuxiang). Hefei: Anhui renmin chubanshe, 1998.

Morris, Stephen J. "The Soviet-Chinese-Vietnamese Triangle in the 1970's: The View from Moscow."

Period of the New Democratic Revolution). Rev. ed. Beijing: Zhonggong zhongyang dangxiao chubanshe, 2001.

Liao Gailong, et al., eds. *Zhongguo gongchandang lishi da cidian. Zengdingben. Zonglun: Renwu.* (Great Dictionary of the History of the Chinese Communist Party. Expanded edition. General section: Personnel). Rev. ed. Beijing: Zhonggong zhongyang dangxiao chubanshe, 2001.

Liao Gailong, et al., eds. *Zhongguo renwu da cidian* (Great Dictionary of China's Personalities). Shanghai, Shanghai cishu chubanshe, 1992.

"Liner André Lebon.", http:www.frenchlines.com/ship_en_1018.php.

Liu Binyan, with Ruan Ming, and Xu Gang. *"Tell the World": What Happened in China and Why.* Translated by Henry L. Epstein. New York: Pantheon Books, 1989.

Liu Chongwen and Chen Shaochou, eds. *Liu Shaoqi nianpu: 1898–1969* (Chronological Biography of Liu Shaoqi: 1898–1969). (2) vols. Beijing: Zhongyang wenxian chubanshe, 1998.

Liu Guokai. *A Brief Analysis of the Cultural Revolution.* Armonk, NY: Sharpe, 1987.

Liu Jixian, ed. *Ye Jianying nianpu (1897–1986)* (Chronological Biography of Ye Jianying [1897–1986]). 2 vols. Beijing: Zhongyang wenxian chubanshe, 2007.

Lo Ping. "The Last Eight Days of Hu Yaobang." In Michel Oksenberg, Lawrence R. Sullivan, and Marc Lambert, eds. *Beijing Spring, 1989: Confrontation and Conflict: The Basic Documents.* Armonk, NY: Sharpe, 1990, 195–203.

Lu Ren and Liu Qingxia. "Mao Zedong chong Heluxiaofu fahuo" (How Mao Got Angry at Khrushchev). *Zhuanji wenxue (Biographical Literature)*, no. 4 (2004): 21–28.

Lubetkin, Wendy. *Deng Xiaoping.* New York: Chelsea House, 1988.

Luo Shaozhi. "Cai mu Ge Jianhao" (Mama Cai, Ge Jianhao). In Hu Hua, ed. *Zhonggong dangshi renwu zhuan* (Biographies of Persons in CCP History). Vol. 6. Xi'an: Shaanxi renmin chubanshe, 1982, 47–57.

Luo Shaozhi et al. "Cai Hesen." In Hu Hua, ed. *Zhonggong dangshi renwu zhuan* (Biographies of Persons in CCP History). Vol. 6. Xi'an: Shaanxi renmin chubanshe, 1982, 1–46.

Luo Zhengkai et al., eds. *Deng Xiaoping zaoqi geming huodong* (Deng Xiaoping's Early Revolutionary Activity). Shenyang: Liaoning renmin chubanshe, 1991.

Lüthi, Lorenz M. *The Sino-Soviet Split: Cold War in the Communist World.* Princeton, NJ: Princeton University Press, 2008.

Ma Qibin et al., eds. *Zhongguo gongchandang zhizheng sishi nian (1949–1989): Zengdingben* (Forty Years of the Leadership of the CCP [1949–1989]). Rev. ed. Beijing: Zhonggong dangshi chubanshe, 1991.

Macdonald, Douglas J. *Adventures in Chaos: American Intervention for Reform in the Third World.* Cambridge, MA: Harvard University Press, 1992.

Levine, Marilyn A. *The Found Generation: Chinese Communists in Europe During the Twenties.* Seattle: University of Washington Press, 1993.

Levine, Steven I. *Anvil of Victory: The Communist Revolution in Manchuria, 1945–1948.* New York: Columbia University Press, 1987.

Lew, Christopher R. *The Third Chinese Revolutionary Civil War, 1945–1949: An Analysis of Communist Strategy and Leadership.* London and New York: Routledge, 2009.

Li Jingtian, ed. *Yang Shangkun nianpu, 1907–1998* (Chronological Biography of Yang Shangkun, 1907–1998). Vol. 1. Beijing: Zhonggong dangshi chubanshe, 2008.

Li Ping. *Kaiguo zongli Zhou Enlai* (Zhou Enlai, the First Premier). Beijing: Zhonggong zhongyang dangxiao chubanshe, 1994.

Li Ping and Ma Zhisun, eds. *Zhou Enlai nianpu (1949–1976)* (Chronological Biography of Zhou Enlai: [1949–1976]). 3 vols. Beijing: Zhongyang wenxian chubanshe, 1997.

Li Xiannian nianpu (Chronological Biography of Li Xiannian). 6 vols. Beijing: Zhongyang wenxian chubanshe, 2011.

Li Xiannian zhuan: 1949–1992 (Biography of Li Xiannian: 1949–1992). 2 vols. Beijing: Zhongyang wenxian chubanshe, 2009.

Li Xing and Zhu Hongzhao, eds. *Bo Gu, 39 suide huihuang yu beizhuang* (Brilliant Rise and Tragic End at 39). Shanghai: Xuelin chubanshe, 2005.

Li Xinzhi and Wang Yuezong, eds. *Weida de shijian, guanghui de sixiang—Deng Xiaoping geming huodong dashiji* (Great Practice, Glorious Ideology—Chronicle of Basic Events in the Revolutionary Activity of Deng Xiaoping). Beijing: Hualing chubanshe, 1990.

Li Ying, ed. *Cong yida dao shiliu da* (From the First to the Sixteenth Congress). 2 vols. Beijing: Zhongyang wenxian chubanshe, 2002.

Li Yuan, ed. *Mao Zedong yu Deng Xiaoping* (Mao Zedong and Deng Xiaoping). Beijing: Zhonggong dangshi chubanshe, 2008.

Liao Gailong et al., eds. *Mao Zedong baike quanshu* (Encyclopedia of Mao Zedong). 7 vols. Beijing: Guangming ribao chubanshe, 2003.

Liao Gailong, et al., eds. *Zhongguo gongchandang lishi da cidian: Chuangli shiqi fengqi* (Great Dictionary of the History of the Chinese Communist Party: Foundation Period Section). Beijing: Zhonggong zhongyang dangxiao chubanshe, 1989.

Liao Gailong, et al., eds. *Zhongguo gongchandang lishi da cidian. Zengdingben: Shehui geming shiqi* (Great Dictionary of the History of the Chinese Communist Party. Expanded edition: The Period of the Socialist Revolution). Rev. ed. Beijing: Zhonggong zhongyang dangxiao chubanshe, 2001.

Liao Gailong, et al., eds. *Zhongguo gongchandang lishi da cidian. Zengdingben: Xin minzhu zhuyi geming shiqi* (Great Dictionary of the History of the Chinese Communist Party. Expanded edition: The

Kenny, Henry J. "Vietnamese Perceptions of the 1979 War with China." In Mark A. Ryan, David M. Finkelstein, and Michael A. McDevitt, eds. *Chinese Warfighting: The PLA Experience Since 1949.* Armonk, NY: Sharpe, 2003, 217–40.

Klein, Donald, and Anne Clark. *Biographic Dictionary of Chinese Communism: 1921–1969.* 2 vols. Cambridge, MA: Harvard University Press, 1971.

Kratkaia Istoriia KPK (1921–1991) (A Short History of the CCP [1921–1991]). Beijing: Izdatel'stvo literatury na inostrannykh iazykakh, 1993.

Kringer, Benjamin E. "The Third Indochina War: A Case Study on the Vietnamese Invasion of Cambodia." In Ross A. Fisher, John Norton Moore, and Robert F. Turner, eds. *To Oppose Any Foe: The Legacy of U.S. Intervention in Vietnam.* Durham, NC: Carolina Academic Press, 2006, 275–326.

Krivosheev, G. F., ed. *Grif sekretnosti sniat: Poteri Vooruzhennykh Sil SSSR v voinakh, boevykh deistviiakh i voennykh konfliktakh: Statisticheskoe issledovanie* (The Stamp of Secrecy Is Removed: Losses of the Armed Forces of the USSR in Wars, Battles, and Armed Conflicts: A Statistical Analysis). Moscow: Voennoye izdatel'stvo, 1993.

Kuhn, Robert Lawrence. *The Man Who Changed China: The Life and Legacy of Jiang Zemin.* New York: Crown, 2004.

Kulik, B. T. *Sovetsko-kitaiskii raskol: Prichiny i posledstviia* (The Sino-Soviet Split: Causes and Consequences). Moscow: IDV RAN, 2000.

Lan Handong, and Lan Qixun. *Wei Baqun.* Beijing: Zhongguo qingnian chubanshe, 1986.

Lao Tsu. *Tao Te Ching*. Translated by Ralph Alan Dale. London: Watkins, 2002.

Lary, Diana. *Region and Nation: The Kwangsi Clique in Chinese Politics,* 1925–1937. London: Cambridge University Press, 1974.

Ledovskii, A. M. *Delo Gao Gana-Rao Shushi* (The Gao Gang, Rao Shushi Affair). Moscow: IDV AN SSSR, 1990.

Lee, Frederic E. *Currency, Banking, and Finance in China.* Washington, DC: U.S. Government Printing Office, 1926.

Leng Buji. *Deng Xiaoping zai Gannan* (Deng Xiaoping in South Jiangxi). Beijing: Zhongyang wenxian chubanshe, 1995.

Leng Rong and Wang Zuoling, eds. *Deng Xiaoping nianpu: 1975–1997* (Chronological Biography of Deng Xiaoping: 1975–1997). 2 vols. Beijing: Zhongyang wenxian chubanshe, 2004.

Leng Rong and Yan Jianqi, eds. *Deng Xiaoping huazhuan* (Pictorial Biography of Deng Xiaoping). 2 vols. Chengdu: Sichuan chuban jituan/Sichuan renmin chubanshe, 2004.

Lévesque, Léonard. *Hakka Beliefs and Customs.* Translated by J. Maynard Murphy. Taichung: Kuang Chi Press, 1969.

Levich, Eugene W. *The Kwangsi Way in Kuomintang China, 1931–1939.* Armonk, NY: Sharpe, 1993.

Hood, Steven J. *Dragons Entangled: Indochina and the China-Vietnam War.* Armonk, NY: Sharpe, 1992.

Hsiao Tso-liang. *Power Relations Within the Chinese Communist Movement, 1930–1934: A Study of Documents.* Seattle: University of Washington Press, 1967.

Hu Sheng et al. *Zhongguo gongchandang qishi nian* (Seventy Years of the Chinese Communist Party). Beijing: Zhonggong dangshi chubanshe, 1991.

Huang Lingjun. "Liu Shaoqi yu dayuejin" (Liu Shaoqi and the Great Leap Forward). *Zhongguo xiandaishi* (Contemporary History of China), no. 7 (2003): 107–11.

Huang Xianfan. *Zhuangzu tongshi* (Comprehensive History of the Zhuang). Nanning: Guangxi renmin chubanshe, 1988.

Jiang Boying et al. "Deng Zihui." In Hu Hua, ed. *Zhonggong dangshi renwu zhuan* (Biographies of Persons in CCP History). Vol. 7. Xi'an: Shaanxi renmin chubanshe, 1990, 296–380.

Jin Chongji, ed. *Liu Shaoqi zhuan: 1898–1969* (Biography of Liu Shaoqi: 1898–1969). 2 vols. Beijing: Zhongyang wenxian chubanshe, 2008.

Jin Chongji, ed. *Mao Zedong zhuan* (1893–1949) (Biography of Mao Zedong [1893–1949]). Beijing: Zhongyang wenxian chubanshe, 2004.

Jin Chongji, ed. *Zhou Enlai zhuan: 1898–1976* (Biography of Zhou Enlai: 1898–1976). 2 vols. Beijing: Zhongyang wenxian chubanshe, 2009.

Jin Qiu. *The Culture of Power: The Lin Biao Incident in the Cultural Revolution.* Stanford, CA: Stanford University Press, 1999.

Jin Xiaoming, et al. "'Deng jia lao yuanzi' de lao gushi" (Old Stories of "The Deng Family Old Household"). *Renmin ribao* (People's Daily), Aug. 22, 2004.

Jin Yanshi, et al. "Liu Bojian." In Hu Hua, ed. *Zhonggong dangshi renwu zhuan* (Biographies of Persons in CCP History). Vol. 4. Xi'an: Shaanxi renmin chubanshe, 1982), 255–94.

Jocelyn, Ed, and Andrew McEwen. *The Long March and the True Story Behind the Legendary Journey that Made Mao's China.* London: Constable, 2006.

Ivin, A. *Sovetskii Kitai* (Soviet China). Moscow: "Molodaia gvardiia," 1931.

Kapitsa, M. S. *Sovetsko-kitaiskie otnosheniia* (Soviet-Chinese Relations). Moscow: Gospolitizdat, 1958.

Kapp, Robert A. *Szechwan and the Chinese Republic: Provincial Militarism and Central Power, 1911–1938.* New Haven: Yale University Press, 1973.

Karpov, M. V. *Ekonomicheskie reformy i politicheskaia bor'ba v KNR (1984–1989)* (Economic Reforms and Political Struggle in the PRC [1984–1989]). Moscow: ISAA of MGU Press, 1997.

Kaup, Katherine Palmer. *Creating the Zhuang: Ethnic Politics in China.* Boulder, CO, and London: L. Reiner, 2000.

Kelliher, Daniel. *Peasant Power in China: The Era of Rural Reform, 1979–1989.* New Haven: Yale University Press, 1992.

Gao Wenqian. *Zhou Enlai: The Last Perfect Revolutionary: A Biography.* New York: PublicAffairs, 2007.

Gel'bras, V. G. *Ekonomika Kitaiskoi Narodnoi Respubliki: Vazhneishie etapy razvitiia, 1949–2008: Kurs llektsii. V 2 ch* (The Economy of the People's Republic of China: Key Stages of Development, 1949–2008: Lecture Series. In two parts). Moscow: Rubezhi XXI veka, 2010.

Goldman, Merle. *Sowing the Seeds of Democracy in China: Political Reform in the Deng Xiaoping Era.* Cambridge, MA: Harvard University Press, 1994.

Goldstein, Melvyn C. *A History of Modern Tibet, 1913–1951: The Demise of the Lamaist State.* Berkeley: University of California Press, 1989.

Goldstein, Melvyn C. *The Snow Lion and the Dragon: China, Tibet, and the Dalai Lama.* Berkeley: University of California Press, 1997.

Gong Youzhi. "Gong Yinbing." In Hu Hua, ed. *Zhonggong dangshi renwu zhuan* (Biographies of Persons in CCP History). Vol. 34. Xi'an: Shaanxi renmin chubanshe, 1987, 261–70.

Goodman, David S. G. *Deng Xiaoping and the Chinese Revolution: A Political Biography*. London: Routledge, 1994.

Greenhalgh, Susan. *Just One Child: Science and Policy in Deng's China.* Berkeley: University of California Press, 2008.

Grigoriev, A. M. *Kommunisticheskaia partiia Kitaia v nachal'nyi period sovetskogo dvizheniia (iul' 1927 g.–sentiabr' 1931 g.)* (The Communist Party of China in the Initial Soviet Period [July 1927–September 1931]). Moscow: IDV AN SSSR, 1976.

Guoji gongyun shi yanjiu ziliao: Bukhalin zhuanji (Materials on the Study of History of the International Communist Movement: Special Collection on Bukharin). Beijing: Renmin chubanshe, 1981.

Gudoshnikov, L. M., ed. Sovetskie raiony Kitaia: Zakonodatel'stvo Kitaiskoi Sovetskoi Respubliki, 1931–1934 (Soviet Areas of China: Codes of Laws of the Chinese Soviet Republic, 1931–1934). Translated by Z. E. Maistrova. Moscow: Nauka, 1983.

Han Wenfu. *Deng Xiaoping zhuan* (A Biography of Deng Xiaoping). 2 vols. Taipei: Shibao wenhua, 1993.

He Long nianpu (Chronological Biography of He Long). Beijing: Zhonggong zhongyang dangxiao chubanshe, 1988.

Heinzig, Dieter. *The Soviet Union and Communist China, 1945–1950: The Arduous Road to the Alliance.* Armonk, NY: Sharpe, 2004.

Hinton, William. *Fanshen: A Documentary of Revolution in a Chinese Village.* New York: Monthly Review Press, 2008.

Hinton, William. "A Trip to Fengyang County: Investigating China's New Family Contract System." *Monthly Review,* vol. 35, no. 6 (1983): 1–28.

History of the Chinese Communist Party—A Chronology of Events (1919–1990). Beijing: Foreign Languages Press, 1991.

chubanshe, 1997.

Dikötter, Frank. *Mao's Great Famine: The History of China's Most Devastating Catastrophe, 1958–1962.* New York: Walker, 2010.

Dikötter, Frank. *The Tragedy of Liberation: A History of the Chinese Revolution, 1945–1957*. New York: Bloomsbury Press, 2013.

Dillon, Michael, ed. *China: A Cultural and Historical Dictionary.* Richmond, Surrey: Curzon Press, 1998.

Dillon, Michael. *Deng Xiaoping: A Political Biography.* London: I. B. Tauris, 2015.

Dittmer, Lowell. *Liu Shao-ch'i and the Chinese Revolution: The Politics of Mass Criticism.* Berkeley: University of California Press, 1974.

Ehrenburg, G. "K voprosu o kharaktere i osobennostiakh narodnoi demokratii v Kitae" (On the Nature and Characteristics of People's Democracy in China). In L. V. Simonovskaia and M. F. Yuriev, eds. *Sbornik statei po istorii stran Dal'nego Vostoka* (Collection of Articles on the History of the Countries of the Far East). Moscow: Izdatel'stvo MGU, 1952, 5–21.

Ehrenburg, G. "Mao Tszedun" (Mao Zedong). *Za Rubezhom (Abroad)*, no. 31 (63) (1934): 15.

Ehrenburg, G. *Sovetskii Kitai* (Soviet China). Moscow: Partizdat, 1933.

Esherick, Joseph W. *Reform and Revolution in China: The 1911 Revolution in Hunan and Hubei.* Berkeley: University of California Press, 1976.

Erbaugh, Mary S. "The Secret History of the Hakkas: The Chinese Revolution as a Hakka Enterprise." In Susan D. Blum and Lionel M. Jensen, eds. *China off Center: Mapping the Migrants of the Middle Kingdom.* Honolulu: University of Hawai'i Press, 2002, 185–213.

Evans, Richard. *Deng Xiaoping and the Making of Modern China*. Rev. ed. London: Penguin Books, 1997.

Faison, Seth. "Condolences Calls Put Rare Light on Deng's Family." *New York Times.* Feb. 22, 1997.

Fan Shuo. *Ye Jianying zai guanjian shike* (Ye Jianying in a Critical Period of Time). Changchun: Liaoning renmin chubanshe, 2011.

Fenby, Jonathan. *Chiang Kai-shek: China's Generalissimo and the Nation He Lost.* New York: Carroll & Graf, 2004.

Fenby, Jonathan. *The Penguin History of Modern China: The Fall and Rise of a Great Power, 1850–2009.* London: Penguin Books, 2009.

Feng Du. "Suqu 'jingguan' *Deng Xiaoping"* (Deng Xiaoping—head of the "Capital" of the Soviet Area), http://cpc.people.com.cn/GB/64162/64172/64915/4670788.html.

Franz, Uli. *Deng Xiaoping.* Translated by Tom Artin. Boston: Harcourt Brace Jovanovich, 1987.

Galenovich, Yu. M. *Smert' Mao Tszeduna* (The Death of Mao Zedong). Moscow: Izd-vo "Izograf," 2005.

Gao, Mobo G. G. *Gao Village: A Portrait of Rural Life in Modern China.* Honolulu: Hawai'i University Press, 1999.

Chen, King C. *China's War with Vietnam, 1979: Issues, Decisions, and Implications.* Stanford, CA: Hoover Institution Press, 1987.

Chen Qingquan and Song Guangwei. *Lu Dingyi zhuan* (Biography of Lu Dingyi). Beijing: Zhonggong dangshi chubanshe, 1999.

Chen Xinde. "Wei Baqun." In Hu Hua, ed., *Zhonggong dangshi renwu zhuan* (Biographies of Persons in CCP History). Vol. 12. Xi'an: Shaanxi renmin chubanshe, 1983, 183–200.

Chen Yungfa. "Jung Chang and Jon Halliday 'Mao: The Unknown Story.'" *Twentieth Century China,* vol. 33, no. 1 (2007): 104–13.

Chen Yutang. *Zhonggong dangshi renwu bieming lu (zihao, biming, huaming)* (Collection of Pseudonyms of CCP Historical Personalities [Aliases, Pen names, Other Names]). Beijing: Hongqi chubanshe, 1985.

Chen Zhiling. "Li Fuchun." In Hu Hua, ed. *Zhonggong dangshi renwu zhuan* (Biographies of Persons in CCP History). Vol. 44. Xi'an: Shaanxi renmin chubanshe, 1990, 1–112.

Chen Zhongyuan, Wang Yuxiang, and Li Zhenghua. *1976–1981 niande Zhongguo* (China in 1976–1981). Beijing: Zhongyang wenxian chubanshe, 2008.

Cheng Bo. *Zhonggong " bada" juece neimu* (Behind the Scenes Decision-making at the Eighth Congress of the CCP). Beijing: Zhonggong dang'an chubanshe, 1999.

"China's Former 'First Family': Deng Children Enjoy Privilege, Jealous Attention." http://www.cnn.com/SPECIALS/1999/china.50/inside.china/profiles/deng. xiaoping/children/.

Ch'i Hsi-Sheng. *Politics of Disillusionment: the Chinese Communist Party under Deng Xiaoping, 1978-1989*. Armonk, N.Y.: M.E. Sharpe, 1991.

Clodfelter, Micheal. *Warfare and Armed Conflict: A Statistical Encyclopedia of Casualty and Other Figures, 1494–2007.* 3rd. ed. Jefferson, NC: McFarland, 2008.

Cohen, Stephen F. *Bukharin and the Bolshevik Revolution: A Political Biography, 1888–1938.* New York: Knopf, 1973.

Confucius. *The Analects of Confucius.* Translated by Simon Leys. New York: Norton, 1997.

Cormack, J. G. *Chinese Birthday, Wedding, Funeral, and Other Customs.* Peking, Tientsin: La Librairie française, 1923.

Courtois, Stéphane, et al. *The Black Book of Communism: Crimes, Terror, Repression.* Translated by Jonathan Murphy and Mark Kramer. Cambridge, MA: Harvard University Press, 1999.

Democracy Wall Prisoners: Xu Wenli, Wei Jingsheng and Other Jailed Pioneers of the Chinese Pro-Democracy Movement. New York: Asia Watch, 1993.

Deng Xiaoping, 1904–1997. Chengdu: Sichuan chuban jituan/Sichuan renmin chubanshe, 2009.

"Deng Xiaoping yi jiade gushi" (Stories of Deng Xiaoping's Family). *Xin lang (New Wave)*. Sept. 7, 2006.

Deng Xiaoping yu xiandai Zhongguo (Deng Xiaoping and Contemporary China). Beijing: Xiandai

London: Kegan Paul International, 1993.

Baum, Richard. *Burying Mao: Chinese Politics in the Age of Deng Xiaoping. Princeton,* NJ: Princeton University Press, 1994.

Baum, Richard. "Zhao Ziyang and China's 'Soft Authoritarian' Alternative." In Guoguang Wu and Helen Lansdowne, eds. *Zhao Ziyang and China's Political Future*. London: Routledge, 2008, 110–21.

Becker, Jasper. *Hungry Ghosts: Mao's Secret Famine*. New York: Free Press, 1996.

Bonavia, David. *Deng*. Hong Kong: Longman, 1989.

Bony, L. D. "Mekhanizm iz"iatiia tovarnogo zerna v KNR (50-e gody)" (The Mechanism of Grain Acquisition in the PRC in the 1950s). In L. P. Deliusin, ed. *Kitai: gosudarstvo i obshchestvo* (China: State and Society). Moscow: Nauka, 1977, 275–95.

Borok h, O. N. *Kontseptsii ekonomicheskogo razvitiia Kitaia (1978–1982): Avtoreferat dissertatsiii na soiskanie uchenoi stepeni kandidata economicheskih nauk* (Concepts of Economic Development in China [1978–1982]: Abstract of Dissertation Submitted for PhD in Economics). Moscow: IDV AN SSSR, 1985.

Borokh, O. N. *Razvitie kitaiskoi ekonomicheskoi nauki v period reform* (Development of Chinese Economic Science During the Reform Period). Moscow: IDV RAN, 1997.

Burlatskii, F. *Mao Zedong, Tsian Tsin i sovetnik Den* (Mao Zedong, Jiang Qing, and the Advisor Deng). Moscow: Eksmo-press, 2003.

Chang Chen-pang, Hsiang Nai-kuang, and Yin Ching-yao. *Mainland Situation Viewed from the Third Session of the Fifth "National People's Congress."* Taipei: World Anti-Communist League, China Chapter/Asian Peoples' Anti-Communist League, Republic of China, 1980.

Chao Feng, ed. *"Wenhua da geming" cidian* (Dictionary of the Great Cultural Revolution). Taipei: Taiwan donghua shuju gufen youxian gongsi, 1993.

Chen Aifei and Cao Zhiwei. *Zouchu guomende Mao Zedong* (Mao Zedong Abroad). Shijiazhuang: Hebei renmin chubanshe, 2001.

Chen Jian. "A Crucial Step Towards the Breakdown of the Sino-Soviet Alliance: The Withdrawal of Soviet Experts from China in July 1960." *CWIHP Bulletin*, nos. 8–9 (1996–97): 246, 249–50.

Chen Jian. *Mao's China and the Cold War.* Chapel Hill: University of North Carolina Press, 2001.

Chen Jian. "Deng Xiaoping, Mao's 'Continuous Revolution,' and the Path Towards the Sino-Soviet Split." *CWIHP Bulletin*, no. 10 (March 1998): 162–64.

Chen Jian and Yang Kuisong. "Chinese Politics and the Collapse of the Sino-Soviet Alliance." In O. Arne Westad, ed., *Brothers in Arms: The Rise and Fall of the Sino-Soviet Alliance, 1945–1963*. Stanford, CA: Stanford University Press, 1998, 246–94.

Chen Jinyuan. "Wei Baqun tougu chutu jishu" (True Story of the Exhumation of Wei Baqun's Skull). *Wenshi chunqiu (Literary and Historical Chronicle)*, no. 5 (2004): 5–25.

Renmin zhengxie bao (Newspaper of the Chinese People's Political Consultative Conference). Beijing, 2004.

Segodnia (Today). Ukraine, 1989.

Shishi xinbao (New Newspaper of Facts). Shanghai, 1931.

The Sydney Morning Herald. Sydney, 2011.

Taipei Times. Taipei, 2012.

Time. New York, 1978–1986.

Twentieth Century China. Columbus, OH, 2007.

Voprosy istorii (Problems of History). Moscow, 1990.

Voprosy istorii KPSS (Problems of History of the Communist Party of the Soviet Union). Moscow, 1958.

Wenshi chunqiu (Literary and Historical Chronicle). Nanning, 2004.

Xin lang (New Wave). Shanghai, 2006.

Xinmin wanbao (The Renovation of People Evening Newspaper). Beijing, 2004.

Yanhuang chunqiu (History of China). Beijing, 2002.

Za Rubezhom (Abroad). Moscow, 1934.

Zhongguo ribao (China Newspaper). Beijing, 2008.

Zhongguo xiandaishi (Contemporary History of China). Beijing, 2003.

Zhuanji wenxue (Biographical Literature). Beijing, 2004–2008.

二手著作

All About Shanghai and Environs: A Standard Guide Book: Historical and Contemporary Facts and Statistics. Shanghai: University Press, 1934.

Arincheva, Daria A., and Alexander V. Pantsov. "Mao Zedong's 'New Democracy' and Chiang Kai-shek's New Authoritarianism: Two Paradigms of China's Social Progress in the Middle of the 20th Century." *Problemy Dal'nego Vostoka (Far Eastern Affairs)* no. 1 (March 2014): 109–18.

Averill, Stephen C. "The Origins of the Futian Incident." In Tony Saich and Hans J. van de Ven, eds. *New Perspectives on the Chinese Communist Revolution*. Armonk, NY: Sharpe, 1995, 79–115.

Azhaeva, V. V. *Evoliutsiia politiki KNR v oblasti sel'skogo khoẓiaistva: Nauchnoanaliticheskii obzor* (Evolution of PRC Agricultural Policy: A Scholarly Analysis). Moscow: INION AN SSSR, 1983.

Bachman, David. "Differing Visions of China's Post-Mao Economy: The Ideas of Chen Yun, Deng Xiaoping, and Zhao Ziyang." *Asian Survey*. Vol. 26, no. 3 (1986): 292–321.

Bailey, Paul J. "The Chinese Work-Study Movement in France." *China Quarterly*, vol. 115 (September 1988): 441–61.

Barnouin, Barbara, and Yu Changgen. *Ten Years of Turbulence: The Chinese Cultural Revolution*.

Present Development of the Frugal Study, Diligent Work [movement] in France). In *Fu Fa qingong jianxue yundong shiliao* (Materials on the History of the Diligent Work, Frugal Study Movement in France). Vol. 1. Beijing: Beijing chubanshe, 1981, 83–94.

報紙與期刊

Asian Survey. Berkeley, CA, 1986.

Bainian chao (Century Tides). Beijing, 2001–2005.

Bulletin of Concerned Asian Scholars. Cambridge, MA., 1988.

China Economic Review. London/Hong Kong, 2011.

The China Quarterly. London, 1960–2009.

Claremont Review of Books. Claremont, 2012.

Dangdai Zhongguo yanjiu (Modern China Studies). Princeton, NJ, 2001–2014.

Dangshi yanjiu (Studies on Party History). Beijing, 1986–1987.

Dangshi yanjiu ziliao (Study Materials on Party History). Beijing, 1979–2009.

Duel' (Duel). Moscow, 1996–97.

Ershiyi shiji (The Twenty-first Century). Beijing, 2007.

Far Eastern Affairs, Moscow, 2011–2014.

Foreign Policy. Washington, 2011.

Guangming ribao (Enlightenment Daily). Beijing, 1988.

Hongqi (Red Flag). Beijing, 1958-1988.

The Independent. London, 2011.

Istoricheskii arkhiv (Historical Archive). Moscow, 1992–1996. -. Moscow, 1994.

*Izvestiia TsK KPSS (*News of the CPSU CC). Moscow, 1989–1991.

Jindaishi yanjiu (Studies in Modern History). Beijing, 1985–2009.

Jiefang ribao (Liberation Daily). Beijing, 2005.

Moskovskii komsomolets (Moscow Young Communist). Moscow, 2002.

Nanfang zhoumo (Southern Weekly). Canton, 2008.

Narody Azii i Afriki (Peoples of Asia and Africa). Moscow, 1972–1976.

New York Times. New York, 1997–2011. The New Republic. Washington, DC, 2012. New York Review of Books. New York, 2011.

Novaia i noveishaia istoriia (Modern and Contemporary History). Moscow, 1989–2011.

Pravda (Truth). 1917–2009.

Problemy Dal'nego Vostoka (Far Eastern Affairs). Moscow, 1972–2011.

Renmin ribao (People's Daily). Beijing, 1949–2014.

youxian gongsi, 2005.

Yu Guangyuan, et al. *Gaibian Zhongguo mingyunde 41 tian—Zhongyang gongzuo huiyi, shiyi ji zhongquanhui qin liji (*Forty-one Days That Changed China's Fate: Reminiscence of the Central Committee Work Conference and the Third Plenum of the Eleventh Central Committee). Shenzhen: Haitian chubanshe, 1998.

Zhao Ziyang. *Prisoner of the State: The Secret Journal of Premier Zhao Ziyang.* Translated by Bao Pu et al. New York: Simon & Schuster, 2009.

[Zhang Weiwei]. "Fangyiyuan huiyi Deng Xiaoping: Qiangdiao renhe shiqing dou yao qin zi shijian" (Interpreter Remembers Deng Xiaoping: One Must Definitely Go from Practice in All Things), news.qq.com/d/20140818/009294.htm.

Zhang Weiwei. "My Personal Memoirs as Deng Xiaoping's Interpreter: From Oriana Fallaci to Kim Il-sung to Gorbachev." http://www.huffingtonpost.com/zhangweiwei/deng-xiaoping-remembered_b_5706143.html.

Zhang Yaoci. *Zhang Yaoci huiyilu—Zai Mao zhuxi shenbian de rizi* (Memoirs of Zhang Yaoci—Days at the Side of Chairman Mao). Beijing: Zhonggong dangshi chubanshe, 2008.

Zhang Yufeng. "Neskol'ko shtrikhov k kartine poslednikh let zhizni Mao Tszeduna, Chzhou En'laia" (Some Brush Strokes Toward a Picture of the Last Years of Mao Zedong and Zhou Enlai). In Yu. M. Galenovich, *Smert' Mao Tszeduna* (The Death of Mao Zedong). Moscow: Izd-vo "Izograf," 2005, 79–106.

Zhang Yunyi. "Bose qiyi yu hong qi jun de jianli" (The Uprising in Bose and the Establishment of the 7th Corps of the Red Army). In *Guangxi geming huiyilu* (Reminiscences of the Revolution in Guangxi). Nanning: Guangxi zhuangzu zizhiqu renmin chubanshe, 1959, 1–16.

Zheng Chaolin. *An Oppositionist for Life: Memoirs of the Chinese Revolutionary Zheng Chaolin.* Translated by Gregor Benton. Atlantic Highlands, NJ: Humanities Press, 1997.

Zheng Chaolin. *Zheng Chaolin huiyilu* (Memoirs of Zheng Chaolin). [Hong Kong], [n.p.], 1982.

Zheng Chaolin. "Zheng Chaolin tan Deng Xiaoping" (Zheng Chaolin Speaks About Deng Xiaoping). In Liu Jintian, ed. *Huashuo Deng Xiaopin*g (Stories About Deng Xiaoping). Beijing: Zhongyang wenxian chubanshe, 2004, 10–12.

Zhou Bingde. *Moi diadia Chzhou Enlai* (My Uncle Zhou Enlai). Beijing: Foreign Languages Press, 2008.

Zhou Enlai. *Zhou Enlai zishu* (Autobiographical Notes of Zhou Enlai). Beijing: Jiefangjun wenyi chubanshe, 2002.

Zhuo Lin. "Zhuo Lin tan Deng Xiaoping" (Zhuo Lin Speaks About Deng Xiaoping), in Liu Jintian, ed. *Huashuo Deng Xiaopin*g (Stories About Deng Xiaoping). Beijing: Zhongyang wenxian chubanshe, 2004, 387–92.

Zi Hui. "Liu Fa jianxue qingong liang nian laizhi jingguo ji xianzhuang" (The Two-year History and

Steven I. Levine. Cambridge, MA: East Asian Research Center, Harvard University, 1971.

Wang Guangmei and Liu Yuan. *Ni suo bu zhidaode Liu Shaoqi* (The Unknown Liu Shaoqi). Zhengzhou: Henan renmin chubanshe, 2000.

Witke, Roxane. *Comrade Chiang Ch'ing*. Boston: Little, Brown, 1977.

Wu Lengxi. *Shi nian lunzhan: Zhongsu guanxi huiyilu* (1956–1966) (The Ten-Year Debate: Reminiscences of Sino-Soviet Relations [1956–1966]). 2 vols. Beijing: Zhongyang wenxian chubanshe, 1999.

Wu Lengxi. *Yi Mao zhuxi: Wo qinshen jinglide ruogan zhongda lishi shijian pianduan* (Remembering Chairman Mao: Some Important Historical Events from My Own Life). Beijing: Xinhua chubanshe, 1995.

Wu Wei. *Zhongguo bashi niandai zhengzhi gaigede taiqian muhou* (On Stage and Backstage: China's Political Reform in the 1980s). Hong Kong: Xin shiji chubanshe, 2013.

Wu Xiang, Zhang Guangyou, and Han Gang. "Wan Li tan shiyi san zhongquanhui qianhoude nongcun gaige" (Wan Li Speaks About Rural Reform Before and After the Third Plenum of the Eleventh Central Committee). In Yu Guangyuan et al. *Gaibian Zhongguo mingyunde 41 tian—Zhongyang gongzuo huiyi, shiyi ji zhongquanhui qin liji (*41 Days That Changed China's Fate: Reminiscence of the Central Committee Work Conference and the Third Plenum of the Eleventh Central Committee). Shenzhen: Haitian chubanshe, 1998, 281–89.

Xiong Min and Mei Biao. "Huiyi Deng Xiaoping zai Jiangxi Xinjian de yiduan rizi— fangwen Luo Peng tanhualu" (Remembering the Days Spent with Deng Xiaoping in Xinjian [County] of Jiangxi: Notes of a Conversation with Luo Peng). In Wei Renzheng, ed. Deng Xiaoping zai Jiangxi de rizi (The Days Deng Xiaoping Spent in Jiangxi). Beijing: Zhonggong dangshi chubanshe, 1997, 134–38.

Yan Mingfu. "Yan Mingfu tan Deng Xiaoping" (Yan Mingfu Speaks About Deng Xiaoping). In Liu Jintian, ed. *Huashuo Deng Xiaoping* (Stories About Deng Xiaoping). Beijing: Zhongyang wenxian chubanshe, 2004), 164–73.

Yang, Rae. *Spider Eaters: A Memoir*. Berkeley: University of California Press, 1997.

Yang Shangkun. *Yang Shangkun huiyilu* (Memoirs of Yang Shangkun). Beijing: Zhongyang wenxian chubanshe, 2001.

Ye Zilong. *Ye Zilong huiyilu* (Memoirs of Ye Zilong). Beijing: Zhongyang wenxian chubanshe, 2000.

Yongyuande Xiaoping: Zhuo Lin dengren fangtanlu (The Unforgettable Xiaoping: Interviews with Zhuo Lin and others). Chengdu: Sichuan chubanshe, 2004.

Yu Guangyuan. *Deng Xiaoping Shakes the World: An Eyewitness Account of China's Party Work Conference and the Third Plenum (November–December 1978)*. Translated by Steven I. Levine. Norwalk, CT: EastBridge, 2004.

Yu Guangyuan. *Wo yi Deng Xiaoping* (I Remember Deng Xiaoping). Hong Kong: Shi dai guo chuban

Shi Zhe. *Feng yu gu—Shi Zhe huiyilu* (Summit and Abyss—Reminiscences of Shi Zhe). Beijing: Hongqi chubanshe, 1992.

Shi Zhe. *Zai lishi juren shenbian* (By the Side of Historical Titans). Rev. ed. Beijing: Zhongyang wenxian chubanshe, 1995.

Shi Zhe and Li Haiwen. *Zhong-su guanxi jianzheng lu* (Eyewitness Notes of SinoSoviet Relations). Beijing: Dangdai Zhongguo chubanshe, 2005.

Shi Zhe and Shi Qiulang. *Wode yisheng—Shi Zhe zishu* (My Life—Reminiscences of Shi Zhe Autobiographical Notes). Beijing: Renmin chubanshe, 2002.

Sin-Lin (Lin Ying). *Shattered Families, Broken Dreams: Little-Known Episodes from the History of the Persecution of Chinese Revolutionaries in Stalin's Gulag: Rescued Memoirs and Archival Revelations.* Translated by Steven I. Levine. Portland: MerwinAsia, 2012.

Snow, Edgar. *Journey to the Beginning.* New York: Random House, 1958.

Snow, Edgar. *The Long Revolution.* New York: Random House, 1972.

Snow, Edgar. *Random Notes on Red China (1936–1945).* Cambridge, MA: East Asian Research Center, Harvard University, 1957.

Snow, Edgar. *Red Star over China.* London: Victor Gollancz, 1937.

Snow, Helen Foster (Nym Wales). *The Chinese Communists: Sketches and Autobiographies of the Old Guard.* Westport, CT: Greenwood, 1972.

Snow, Helen Foster (Nym Wales). *Inside Red China.* New York: Da Capo Press, 1977.

Snow, Helen Foster (Nym Wales). *My China Years.* New York: Morrow, 1984.

Su Shaozhi. "A Decade of Crisis at the Institute of Marxism-Leninism-Mao Zedong Thought, 1979–89." *China Quarterly*, vol. 134 (June 1993): 335–51.

Sun Yefang. "Guanyu Zhonggong liu Mo zhibu" (On the Moscow Branch of the CCP). *Zhonggong dangshi ziliao (Materials on the History of the CCP)*, no. 1 (1982): 180–83.

Sun Yong. *Zai Mao zhuxi shenbian ershi nian* (Twenty Years at the Side of Chairman Mao). Beijing: Zhongyang wenxian chubanshe, 2010.

Teichman, Eric. *Travels of a Consular Officer in North-West China.* Cambridge: Cambridge University Press, 1921.

Thatcher, Margaret. *The Downing Street Years.* New York: HarperCollins, 1993. Vance, Cyrus. *Hard Choices: Critical Years in America's Foreign Policy.* New York: Simon & Schuster, 1983.

Vereshchagin, B. N. *V starom i novom Kitae: Iz vospominanii diplomata* (In Old and New China: Reminiscences of a Diplomat). Moscow: IDV RAN, 1999.

Vishniakova-Akimova, Vera Vladimirovna. *Dva goda v vostavshem Kitae 1925–1927: Vospominaniia* (Two Years in Revolutionary China, 1925–1927: Memoirs). Moscow: Nauka, 1965.

Vishniakova-Akimova, Vera Vladimirovna. *Two Years in Revolutionary China, 1925–1927.* Translated by

Meng Qingshu. *Chen Shaoyu—Wan Min: Biografiia: Vospominania* (Chen Shaoyu— Wang Ming: A Biography. Memoirs). Translated and edited by Wang Danzhi. Moscow: BF "Ontopsikhologiia," 2011.

Mo Wenhua. *Huiyi hong qi jun* (Reminiscences of the Red 7th Corps). Nanning: Guangxi renmin chubanshe, 1961.

Mo Wenhua. *Huiyi hong qi jun* (Reminiscences of the Red 7th Corps). 2nd rev. ed. Nanning: Guangxi renmin chubanshe, 1962.

Mo Wenhua. *Huiyi hong qi jun* (Reminiscences of the Red 7th Corps). 3rd rev. ed. Nanning: Guangxi renmin chubanshe, 1979.

Nichols, Francis H. *Through Hidden Shensi*. London: G. Newnes, 1902.

Nie Rongzhen. *Inside the Red Star: The Memoirs of Marshal Nie Rongzhen.* Beijing: New World Press, 1983.

Nixon, Richard. RN: *The Memoirs of Richard Nixon.* New York: Grosset & Dunlap, 1978.

Novak, Robert D. *The Prince of Darkness: 50 Years Reporting in Washington.* New York: Crown Forum, 2007.

Peng Dehuai. *Memoirs of a Chinese Marshal: The Autobiographical Notes of Peng Dehuai (1898–1974).* Translated by Zheng Longpu. Beijing: Foreign Languages Press, 1984.

Peng Dehuai. *Memuary marshala* (Memoirs of a Marshal). Translated by A. V. Pantsov, V. N. Usov, and K. V. Shevelev. Moscow: Voenizdat, 1988.

Primakov, V. M. *Zapiski volontera: Grazhdanskaia voina v Kitae* (Notes of a Volunteer: The Civil War in China). Moscow: Nauka, 1967.

Pu Yi. *From Emperor to Citizen.* Translated by W. J. F. Jenner. Oxford: Oxford University Press, 1987.

Qian Qichen. *Ten Episodes in China's Diplomacy.* New York: HarperCollins, 2005.

Quan Yanchi. *Mao Zedong: Man, Not God.* Beijing: Foreign Languages Press, 1992.

Ren Zhuoxuan. "Liu E ji gui guo hou de huiyi" (Reminiscences of Life in Russia and After Returning to the Motherland). In *Liushi nian lai zhongguo liu E xuesheng zhi fengxian diaoku* (Reminiscences of Chinese Students About Their Sojourns in Russia Sixty Years Ago). Taipei: Zhonghua shuju chubanshe, 1988), 73–78.

Rittenberg, Sidney, and Amanda Bennett. *The Man Who Stayed Behind.* New York: Simon & Schuster, 1993.

Ruan Ming. *Deng Xiaoping: Chronicle of an Empire.* Translated and edited by Nancy Liu, Peter Rand, and Lawrence R. Sullivan. Boulder, CO: Westview Press, 1992.

Sheng Yueh. *Sun Yat-sen University in Moscow and the Chinese Revolution: A Personal Account.* Lawrence: University of Kansas, 1971.

Shepilov, D. T. "Vospominaniia" (Reminiscences). *Voprosy istorii* (Problems of History), no. 9 (1998): 18–33; no. 10 (1998): 3–31.

Lee, Xiao Hong Lily, and A. D. Stefanowska, eds. *Biographical Dictionary of Chinese Women: The Twentieth Century, 1912–2000*. Hong Kong: Hong Kong University Press, 2003.

Li Huang. *Xuedun shi huiyilu* (Reminiscences of an Uneducated Scholar in His Study Room). Taipei: Chuanji wenxue chubanshe, 1973.

Li Peng. "Guanjian shike—Li Peng riji" (The Crucial Moment—Li Peng's Diary). In Zhang Ganghua, *Li Peng liu si riji zhenxiang* (A True Nature of Li Peng's June 4th Diary). Hong Kong: Aoya chuban youxian gongsi, 2010, 43–379.

Li Rui. *Lushan huiyi shilu* (The True Record of the Lushan Plenum). Beijing: Chunqiu chubanshe/Hunan jiaoyu chubanshe, 1989.

Li Rui. "Yaobang qushi qiande tanhua" (Talks with [Hu] Yaobang Before His Death), *Dangdai Zhongguo yanjiu* (Modern China Studies), no. 4 (2001), 23–45.

Li Weihan. *Huiyi yu yanjiu* (Reminiscences and Studies). 2 vols. Beijing: Zhonggong dangshi ziliao chubanshe, 1986.

Li Yueran. "Li Yueran tan Deng Xiaoping" (Li Yueran Speaks About Deng Xiaoping). In Liu Jintian, ed. *Huashuo Deng Xiaoping* (Stories About Deng Xiaoping). Beijing: Zhongyang wenxian chubanshe, 2004, 174–77.

Li Yueran. "Mao zhuxi di erci fangwen Sulian" (Chairman Mao's Second Visit to the Soviet Union). In Li Min, et al., eds. *Zhenshide Mao Zedong: Mao Zedong shenbian gongzuo renyuande huiyi* (The Real Mao Zedong: Recollections of People Who Worked with Mao Zedong). Beijing: Zhongyang wenxian chubanshe, 2004: 566–78.

Li Yueran. *Waijiao wutai shang de xin Zhongguo lingxiu* (Leaders of the New China in the Diplomatic Arena). Beijing: Waiyu jiaoxue yu yanjiu chubanshe, 1994.

Li Zhisui. *The Private Life of Chairman Mao: The Memoirs of Mao's Personal Physician.* Translated by Tai Hung-chao. New York: Random House, 1994.

Liu Binyan. *A Higher Kind of Loyalty: A Memoir by China's Foremost Journalist.* Translated by Zhu Hong. New York: Pantheon Books, 1990.

Liu Bocheng. *Liu Bocheng huiyilu* (Reminiscences of Liu Bocheng). 3 vols. Shanghai: Shanghai wenyi chubanshe, 1981.

Liu Jintian, ed. *Huashuo Deng Xiaoping* (Stories About Deng Xiaoping). Beijing: Zhongyang wenxian chubanshe, 2004.

Liu Shaoqi. *Liu Shaoqi zishu* (Autobiographical Notes of Liu Shaoqi). Beijing: Jiefangjun wenyi chubanshe, 2002.

Liu Xiao. *Chushi Sulian ba nian* (Eight Years as Ambassador to the USSR). Beijing: Zhonggong dangshi chubanshe, 1998.

Luo Ming. *Luo Ming huiyilu* (Reminiscences of Luo Ming). Fuzhou: Fujian renmin chubanshe, 1991.

chubanshe, 2004, 24–26.

Huang Zeran. "Huang Zeran tan Deng Xiaoping" (Huang Zeran Speaks About Deng Xiaoping). In Liu Jintian, ed. *Huashuo Deng Xiaoping* (Stories About Deng Xiaoping). Beijing: Zhongyang wenxian chubanshe, 2004, 21–23.

Huang Zheng. *Wang Guangmei fang tan lu* (Notes on Conversations with Wang Guangmei). Beijing: Zhongyang wenxian chubanshe, 2006.

Huiyi Deng Xiaoping (Remembering Deng Xiaoping). 3 vols. Beijing: Zhongyang wenxian chubanshe, 1998.

Ji Chaozhu. *The Man on Mao's Right: From Harvard Yard to Tiananmen Square, My Life Inside China's Foreign Ministry.* New York: Random House, 2008.

Jiang Zemin. "Liu Fa, Bi qingong jianxue huiyi" (Recollections on the Diligent Work, Frugal Study in France and Belgium). In *Fu Fa qingong jianxue yundong shiliao* (Materials on the History of the Diligent Work, Frugal Study Movement in France), vol. 3. Beijing: Beijing chubanshe, 1981, 448–68.

Kapitsa, M. S. *Na raznykh paralleliakh: Zapiski diplomata* (On Various Parallels: Notes of a Diplomat). Moscow: Kniga i biznes, 1996.

Khrushchev, Nikita S. *Memoirs of Nikita Khrushchev.* 3 vols. Translated by George Shriver. University Park: Pennsylvania State University Press, 2004–2008.

Khrushchev, Nikita S. *Vospominaniia: Izbrannye fragmenty* (Reminiscences: Selected Fragments). Moscow: Vagrius, 1997.

Khrushchev, Nikita S. *Vremia, Liudi, Vlast'. Vospominaniia* (Time, People, Power. Memoirs). 4 vols. Moscow: Moskovskie novosti, 1999.

Kissinger, Henry A. *On China*. New York: Penguin Press, 2011.

Kissinger, Henry A. *White House Years*. Boston: Little, Brown, 1979.

Kissinger, Henry A. *Years of Renewal.* New York: Simon & Schuster, 1999.

Kissinger, Henry A. *Years of Upheaval*. Boston: Little, Brown, 1982.

Koval', K. I. "Moskovskiie peregovory I. V. Stalina s Chzhou En'laem v 1953 g. i N. S. Khrushcheva s Mao Tszedunom v 1954 g. (J. V. Stalin's Negotiations in Moscow with Zhou Enlai in 1953 and N. S. Khrushchev's with Mao Zedong in 1954), *Novaia i noveishaia istoriia* (Modern and Contemporary History), no. 5 (1989): 104–19.

Kovalev, I. V. "Dialog Stalina s Mao Tszedunom" (Stalin's Dialogue with Mao Zedong). *Problemy Dal'nego Vostoka (Far Eastern Affairs)*, no. 6 (1991): 83–93; nos. 1–3 (1992): 77–91.

Kovalev, I. V. "Rossiia v Kitae (S missiei v Kitae)" (Russia in China [My Mission to China]). *Duel' (Duel)*. Nov. 5, 11, 19, 25, Dec. 3, 17, 1996, Jan. 14, Feb. 11, 25, Mar. 25, Apr. 8, 1997.

Krutikov, K. I. *Na kitaiskom napravleniu: Iz vospominanii diplomata* (Pointed Toward China: A Diplomat's Reminiscences). Moscow: IDV RAN, 2003.

gufen youxian gongsi, 2013.

Fedotov, V. P. *Polveka vmeste s Kitaem: Vospominaniia, zapisi, razmyshleniia* (A Half a Century Together with China: Reminiscences, Notes, Thoughts). Moscow: ROSSPEN, 2005.

Feng Lida. *Wo de fuqin Feng Yuxiang jiangjun* (My Father General Feng Yuxiang). Chengdu: Sichuan renmin chubanshe, 1984.

Feng Yuxiang, *Wo de shenghuo* (My Life). Harbin: Heilongjiang renmin chubanshe, 1984.

Firestein, David J. *Beijing Spring 1989: An Outsider's Inside Account*. Austin, TX: Banner Press, 1990.

Ford, Gerald R. *A Time to Heal: The Autobiography of Gerald R. Ford.* New York: Harper & Row, 1979. Ford, Robert. Captured in Tibet. Hong Kong: Oxford University Press, 1990.

Franck, Harry Alverson. *China: A Geographical Reader*. Dansville, NY: Owen, [1927].

Franck, Harry Alverson. *Roving Through Southern China*. New York: Century, 1925.

Franck, Harry Alverson. *Wandering in Northern China*. New York: Century, 1923.

Gao Kelin. "Gao Kelin tan Deng Xiaoping" (Gao Kelin Speaks About Deng Xiaoping). In Liu Jintian, ed. *Huashuo Deng Xiaoping* (Stories About Deng Xiaoping). Beijing: Zhongyang wenxian chubanshe, 2004, 17–20.

Gao Xiaolin, ed. *Zoujin Deng Xiaoping* (Together with Deng Xiaoping). Beijing: Dangdai Zhongguo chubanshe, 2004.

Garside, Roger. *Coming Alive: China after Mao*. New York: McGraw-Hill, 1981.

Geil, William Edgar. *Eighteen Capitals of China.* Philadelphia: Lippincott, 1911.

Geil, William Edgar. *A Yankee on the Yangtse: Being a Narrative of a Journey from Shanghai Through the Central Kingdom to Burma.* New York: A. C. Armstrong and Son, 1904.

Gong Chu. *Wo yu hongjun* (The Red Army and I). Hong Kong: Nan feng chubanshe, 1954.

Gorbachev, Mikhail. *Memoirs.* New York: Vantage Press, 1996.

Gorbachev, Mikhail. *Zhizn' i reformy* (Life and Reforms). 2 vols. Moscow: Novosti, 1995.

Greenblatt, Sidney L., ed. *The People of Taihang: An Anthology of Family Histories. White Plains*, NY: International Arts and Sciences Press, 1976.

Gromyko, A. A. *Pamiatnoe* (Remembered). 2 vols. Moscow: Politizdat, 1988.

Gromyko, A. A. *Pamiatnoe* (Remembered). 2 vols. 2nd, enlarged ed. Moscow: Politizdat, 1990.

Hu Deping. *Zhongguo weishemma yao gaige—siyi fuqin Hu Yaobang* (Why Should China Reform? Thoughts and Reflections on My Father Hu Yaobang). Beijing: Renmin chubanshe, 2011.

Hu Jiwei. "Hu Yaobang yu Xidan minzhu qiang" (Hu Yaobang and the Xidan Democracy Wall"), http://www.boxun.com/news/gb/z_special/2004/ 04/ 200404220644.shtml.

Huang Hua. *Memoirs*. Beijing: Foreign Languages Press, 2008.

Huang Rong. "Huang Rong tan Deng Xiaoping" (Huang Rong Speaks About Deng Xiaoping). In Liu Jintian, ed. *Huashuo Deng Xiaoping* (Stories About Deng Xiaoping). Beijing: Zhongyang wenxian

Cressy-Marcks, *Violet. Journey into China*. New York: Dutton, 1942.

Cui Ji. *Wo suo qinlide zhongsu da lunzhan (*The Great Polemic Between the USSR and the PRC as Part of My Own History). Beijing: *Renmin ribao* chubanshe, 2009.

Cunningham, Philip J. *Tiananmen Moon: Inside the Chinese Student Uprising of 1989.* Lanham, MD: Rowman & Littlefield, 2009.

Dalin, S. A. *Kitaiskie memuary: 1921–1927* (Chinese Memoirs: 1921–1927). Moscow: Nauka, 1975.

Davidson, Robert J., and Isaac Mason. *Life in West China Described by Two Residents in the Province of Sz-Chwan*. London: Headley Brothers, 1905.

Davis, George T. B. *China's Christian Army: A Story of Marshal Feng and His Soldiers*. New York: Christian Alliance, 1925.

Dedijer, Vladimir. *Tito Speaks*. London: Weidenfeld and Nicolson, 1953.

Deng Ken. "Deng Ken tan Deng Xiaoping" (Deng Ken Speaks About Deng Xiaoping). In Liu Jintian, ed. *Huashuo Deng Xiaoping* (Stories About Deng Xiaoping). Beijing: Zhongyang wenxian chubanshe, 2004, 3–9.

[Deng Ken]. "Gege wei geming bu huijia" (Elder Brother Did Not Return Home for the Sake of the Revolution). *Zhongguo ribao (China Newspaper).* Sept. 28, 2008.

Deng Maomao. *Deng Xiaoping: My Father*. New York: Basic Books, 1995.

Deng Maomao. *Wode fuqin Deng Xiaoping* (My Father Deng Xiaoping). Beijing: Zhongyang wenxian chubanshe, 1997.

Deng Maomao. *Wode fuqin Deng Xiaoping: "Wenge" suiyue* (My Father Deng Xiaoping: Years of the Cultural Revolution). Beijing: Zhongyang wenxian chubanshe, 2000.

Deng Rong. *Deng Xiaoping and the Cultural Revolution: A Daughter Recalls the Critical Years.* Translated by Sidney Shapiro. Beijing: Foreign Languages Press, 2002.

Deng Xiaoping. *Deng Xiaoping zishu* (Autobiographical Notes of Deng Xiaoping). Beijing: Jiefangjun chubanshe, 2004.

Deng Xiaoping. "Diao Liu Bocheng" (To the Memory of Liu Bocheng). In Liu Bocheng, *Liu Bocheng huiyilu* (Reminiscences of Liu Bocheng). Vol. 3. Shanghai: Shanghai wenyi chubanshe, 1987, 5–9.

Deng Xiaoping. *Wode zishu (Zhailu)* (My Autobiographical Notes [Excerpts]). June 20–July 5, 1968. http://blog.smthome.net/article-htm-tid-993.html.

Deng Yingchao, "Guanyu Jin Weiying qingkuang (Li Tieying tongzhi de muqin)" (Regarding Jin Weiying [Comrade Li Tieying's Mother]). In Xu Zhujin. *Jin Weiying zhuan* (Biography of Jin Weiying). Beijing: Zhonggong dangshi chubanshe, 2004, 319–20.

Djilas, Milovan. *Conversations with Stalin.* Translated by Michael B. Petrovich. New York: Harcourt, Brace & World, 1962.

Fang Lizhi. *Fang Lizhi zizhuan* (The Autobiography of Fang Lizhi). Taipei: Tianxia yuanjian chuban otnosheniia, 1998.

Broomhall, Marshall. *General Feng: A Good Soldier of Christ Jesus.* London: China Inland Mission, 1923.

Brzezinski, Zbigniew. *Power and Principle: Memoirs of the National Security Advisor, 1977–1981*. New York: Farrar, Straus and Giroux, 1985.

Bush, George, and Brent Scowcroft. *A World Transformed.* New York: Knopf, 1998.

Cai Chang. "Tan fu Fa qingong jianxue he shehuizhuyi qingniantuan lü Ou zhibu" (On the Diligent Work, Frugal Study in France and the European Branch of the Socialist Youth League). *Gongchanzhuyi xiaozu* (Communist Cells). Vol. 2. Beijing: Zhonggong dangshi ziliao chubanshe, 1987, 945–48.

Carlson, Evans Fordyce. *Evans F. Carlson On China at War, 1937–1941*. New York: China and Us, 1993.

Carlson, Evans Fordyce. *Twin Stars of China: A Behind-the-Scenes Story of China's Valiant Struggle for Existence by a U.S. Marine Who Lived and Moved with the People.* New York: Dodd, Mead & Company, 1940.

Carter, Jimmy. *Keeping Faith: Memoirs of a President.* Fayetteville: University of Arkansas Press, 1995.

Chang Kuo-t'ao. "Introduction." In Liu Shaoqi. *Collected Works of Liu Shao-ch'i Before 1944*. Hong Kong: Union Research Institute, 1969, i–x.

Chang Kuo-t'ao. The Rise of the Chinese Communist Party. *Volumes One & Two of Autobiography of Chang Kuo-t'ao.* Lawrence: University Press of Kansas, 1972.

Chen Boda. *Chen Boda yi gao: yuzhong zishu ji qita* (Manuscripts of Chen Boda: Autobiographical Notes from Prison and Other [Materials]). Hong Kong: Tiandi tushu youxian gongsi, 1998.

Chen Boda. *Chen Boda zuihou koushu huiyi* (The Last Oral Reminiscences of Chen Boda). Rev. ed. Hong Kong: Xingke'er chubanshe youxian gongsi, 2005.

Chen Yi. "Wo liang nian lai liu Fa de tong ku" (My Two-year Sufferings from Sojourning in France). In *Fu Fa qingong jianxue yundong shiliao* (Materials on the History of the Diligent Work, Frugal Study Movement in France). Vol. 3. Beijing: Beijing chubanshe, 1981, 54–57.

Chen Yi. "Wo liang nian lai liu Fa qingong jianxuede shigan" (My Two-year Impressions from the Diligent Work, Frugal Study in France). In *Fu Fa qingong jianxue yundong shiliao* (Materials on the History of the Diligent Work, Frugal Study Movement in France). Vol. 3. Beijing: Beijing chubanshe, 1981, 47–53.

Chen Yizi. *Chen Yizi huiyilu* (Memoirs of Chen Yizi). Hong Kong: New Century, 2013.

Ch'eng, Marcus. *Marshal Feng—The Man and His Work*. Shanghai: Kelly & Walsh, 1926.

Chiang Ching-kuo. *My Days in Soviet Russia.* [Taipei: [n.p.], 1963].

Chiang Chungcheng (Chiang Kai-shek). *Soviet Russia in China: Summing-Up at Seventy* Translated, under the direction of Madame Chiang Kai-shek. Rev., enlarged ed., with maps. New York: Farrar, Straus and Cudahy, 1958.

Zhou Xun, ed. *The Great Famine in China, 1958–1962: A Documentary History*. New Haven: Yale University Press, 2012.

Zinner, Paul E. ed. *National Communism and Popular Revolt in Eastern Europe: A Selection of Documents on Events in Poland and Hungary.* New York: Columbia University Press, 1956.

Zubok, Vladislav. "'Look What Chaos in the Beautiful Socialist Camp!' Deng Xiaoping and the Sino-Soviet Split, 1956–1963." *CWIHP Bulletin*, no. 10 (March 1998): 152–62.

Zubok, Vladislav. "The Mao-Khrushchev Conversations, July 31–August 3, 1958, and October 2, 1959." *CWIHP Bulletin*, nos. 12–13 (Fall–Winter 2001): 244–72.

Zunyi huiyi wenxian (Documents of the Zunyi Conference). Beijing: Renmin chubanshe, 1985.

Zuo you jiang geming genjudi (Revolutionary Bases in the Zuojiang and Youjiang Areas). 2 vols. Beijing: Zhonggong dangshi ziliao chubanshe, 1989.

回憶錄與傳記

Aleksandrov-Agentov, A. M. Ot *Kollontai do Gorbacheva: Vospominaniia diplomata, sovetnika A. A. Gromyko, pomoshchnika L. I. Brezhneva, Iu. V. Andropova, K. U. Chernenko i M. S. Gorbacheva* (From Kollontai to Gorbachev: The Reminiscences of a Diplomat and Adviser to A. A. Gromyko, and Assistant to L. I. Brezhnev, Iu. V. Andropov, K. U. Chernenko, and M. S. Gorbachev). Moscow: Mezhdunarodnye otnosheniia, 1994.

Arbatov, Georgii. *The System: An Insider's Life in Soviet Politics*. New York: Times Books, 1992.

Arbatov, Georgii. *Zatianuvsheesia vyzdorovlenie (1953–1985): Svidetel'stvo sovremennika* (A Lengthy Convalescence [1953–1985]: Testimony of a Contemporary). Moscow: Mezhdunarodnye otnosheniia, 1991.

Arbatov, Georgii. *Zhizn', sobytiia, liudi: Avtobiografiia na fone istoricheskikh peremen* (Life, Events, People: An Autobiography Against the Background of Historical Changes). Moscow: Liubimaia Rossiia, 2008.

Barber, Noel. *The Fall of Shanghai*. New York: Coward, McCann & Geoghegan, 1979.

Belden, Jack. *China Shakes the World.* New York: Harper, 1949.

Berezhkov, V. N. *Riadom so Stalinym* (By Stalin's Side). Moscow: Vagrius, 1998.

Bo Yibo. *Ruogan zhongda juece yu shijiande huigu* (Recollections of Several Important Decisions and Their Implementation). 2 vols. Beijing: Zhonggong zhongyang dangxiao chubanshe, 1991.

Braun, Otto. *A Comintern Agent in China, 1932–1939*. Translated by Jeanne Moore. Stanford, CA: Stanford University Press, 1982.

Brezhnev, A. A. *Kitai: ternistyi put' k dobrososedstvu: vospominaniia i razmyshleniia* (China: The Arduous Way to Neighborliness: Reminiscences and Thoughts). Moscow: Mezhdunarodnye

Wusi shiqi qikan jieshao (Survey of May 4th Era Publications). 4 vols. Beijing: Shenghuo. Dushu. Xinzhi sanlian shudian, 1979.

Wusi yundong zai Sichuan (May 4th Movement in Sichuan). Chengdu: Sichuan daxue chubanshe, 1989.

Yang Shangkun. *Yang Shangkun riji* (Diary of Yang Shangkun). 2 vols. Beijing: Zhongyang wenxian chubanshe, 2001.

Yang Shangkun. "Yang Shangkun riji: Deng Xiaoping jujue kanwang linzhongde Hu Yaobang" (Yang Shangkun's Diaries: Deng Xiaoping Refused to Visit Dying Hu Yaobang), http://qzxy.blog.epochtimes.com/article/show?articleid=28779.

Za splochenost' mezhdunarodnogo kommunistichekogo dvizheniia: Dokumenty i materialy (For the Unity of the International Communist Movement: Documents and Materials). Moscow: Politizdat, 1964.

Zhang Shuguang and Chen Jian. "The Emerging Disputes Between Beijing and Moscow: Ten Newly Available Chinese Documents, 1956–1958." *CWIHP Bulletin*, nos. 6–7 (1995–96), 148–63.

Zhang Wentian. *Zhang Wentian xuanji* (Selected Works of Zhang Wentian). Beijing: Renmin chubanshe, 1985.

Zhang Yunhou, et al. *Wusi shiqi de shetuan* (Societies During the May 4th Era). 4 vols. Beijing: Shenghuo. Dushu. Xinzhi sanlian shudian, 1979.

Zhao Ziyang. *China's Economy and Development Principles: A Report by Zhao Ziyang.* Beijing: Foreign Languages Press, 1982.

Zhao Ziyang. "Make Further Efforts to Carry Forward the May 4th Spirit in the New Age of Construction and Reform." In Michel Oksenberg, Lawrence R. Sullivan, and Marc Lambert, eds. *Beijing Spring, 1989: Confrontation and Conflict: The Basic Documents*. Armonk, NY: Sharpe, 1990, 244–51.

Zheng Zhongbing, ed. *Hu Yaobang nianpu ziliao changbian* (Large Collection of Materials for a Chronological Biography of Hu Yaobang). 2 vols. Hong Kong: Shidaiguo ji chuban youxian gongsi, 2005.

Zhonggong zhongyang wenjian xuanji (Collection of CCP CC Selected Documents). 18 vols. Beijing: Zhonggong zhongyang dangxiao chubanshe, 1989.

Zhongguo gongchandang di shier ci quanguo daibiao dahui wenjian huibian (Collection of Documents from the Twelfth National Congress of the Communist Party of China). Beijing: Renmin chubanshe, 1982.

Zhou Enlai. *K voprosu ob intelligentsii. (Doklad na soveshchanii po voprosu ob intelligentsii, sozvannom TsK KPK 14 ianvaria 1956 g.)* (On the Issue of Intelligentsia: A Report at the Meeting on Intelligentsia Held by the CCP CC on January 14, 1956). Beijing: Izdatel'stvo literatury na inostrannykh iazykakh, 1956.

Zhou Enlai. *Selected works of Zhou Enlai.* 2 vols. Beijing: Foreign Languages Press, 1981.

Zhou Enlai. *Zhou Enlai xuanji* (Selected works of Zhou Enlai). 2 vols. Beijing: Renmin chubanshe, 1980.

March 11, 1926.

Vazhneishie dokumenty ob osvoboditel'noi voine kitaiskogo naroda v poslednee vremia (The Most Important Documents of the Chinese People's Liberation War in the Most Recent Period). Harbin: Izd-vo Severo-Vostoka Kitaia, 1948.

Velikaia proletarskaia kul'turnaia revoliutsiia (vazhneishie dokumenty) (The Great Proletarian Cultural Revolution [Key Documents]). Beijing: Izdatel'stvo literatury na inostrannykh iazykakh, 1970.

Vladimirov, P. P. *Osobyi raion Kitaia, 1942–1945* (Special Region of China, 1942–1945). Moscow: APN, 1975.

Vidali, Vittorio. *Diary of the Twentieth Congress of the Communist Party of the Soviet Union.* Translated by Nell Amter Cattonar and A. M. Elliot. Westport, CT, and London: Lawrence Hill and Journeyman Press, 1974.

Vozniknovenie i razvitie raznoglasii mezhdu rukovodstvom KPSS i nami: Po povodu otkrytogo pis'ma TsK KPSS (The Origin and Development of Disagreements Between the Leadership of the CPSU and Us: On the Open Letter of the CC CPSU). Beijing: Izdatel'stvo literatury na inostrannykh iazykakh, 1963.

Vtoraia sessiia VIII Vsekitaiskogo s"ezda Kommunisticheskoi partii Kitaia (Second Session of the Eighth Congress of the Communist Party of China). Beijing: Izdatel'stvo literatury na inostrannykh iazykakh, 1958.

Wang Dongxing. *Wang Dongxing riji* (Diary of Wang Dongxing). Beijing: Zhongguo shehui kexue chubanshe, 1993.

Wang Ming. *Sobranie sochinenii* (Collected Works). 4 vols. Moscow: IDV AN SSSR, 1984–87.

Wei Jingsheng. *The Courage to Stand Alone: Letters from Prison and Other Writings.* Edited and translated by Kristina Torgeson. New York: Viking, 1997.

Westad, O. Arne, et al., eds. "77 Conversations Between Chinese and Foreign Leaders on the Wars in Indochina, 1964–1977." *CWIHP Working Paper*, no. 22 (May 1998).

Wilbur, C. Martin, ed. *The Communist Movement in China: An Essay Written in 1924 by Ch'en Kung-po.* New York: East Asian Institute of Columbia University, 1960.

Wingrove, Paul. "Mao's Conversations with the Soviet Ambassador, 1953–1955." *CWIHP Working Paper*, no. 36 (April 2002).

Wishnick, Elizabeth. "In the Region and in the Center: Soviet Reactions to the Border Rift." *CWIHP Bulletin*, nos. 6–7 (1995–96): 194–201.

Wishnick, Elizabeth. "Sino-Soviet Tensions, 1980: Two Russian Documents." *CWIHP Bulletin*, nos. 6–7 (1995–96): 202–6.

Wolff, David. "'One Finger's Worth of Historical Events': New Russian and Chinese Evidence on the Sino-Soviet Alliance and Split, 1948–1959." *CWIHP Working Paper*, no. 30 (August 2000).

China. Documents and Materials [Translated from Chinese]). 12 installments. Moscow: IDV AN SSSR, 1968–72.

Stalin, J. V. *Sochineniia (Works)*. Vol. 18. Tver': Informatsionno-izdatel'skii tsentr "Soiuz," 2006.

Stalin, J. V. *Works*. 13 vols. Moscow: Foreign Languages Publishing House, 1954. "Stalin's Conversations with Chinese Leaders: Talks with Mao Zedong, 1949–January 1950, and with Zhou Enlai, August–September 1952." *CWIHP Bulletin*, nos. 6–7 (1995–96): 5–19.

Stenograficheskii otchet XX s"ezda KPSS (Stenographic Record of the Twentieth Congress of the CPSU). 2 vols. Moscow: Gospolitizdat, 1956.

Stenograficheskii otchet XXI s"ezda Kommunisticheskoi partii Sovetskogo Soiuza (Stenographic Record of the Twenty-first Congress of the Communist Party of the Soviet Union). 2 vols. Moscow: Gospolitizdat, 1959.

Sudarikov, N. G., ed. *Konstitutsiia i osnovnye zakonodatel'nye akty Kitaiskoi Narodnoi Respubliki* (The Constitution and Founding Legislative Acts of the People's Republic of China). Moscow: Izdatel'stvo inostrannoi literatury, 1955.

Sun Yat-sen. *Izbrannye proizvedeniia* (Selected Works), 2nd ed., revised and expanded. Moscow: Nauka, 1985.

Sun Yat-sen. *Zhongshan quanji* (Complete works of [Sun] Yatsen). 2 vols. Shanghai: Lianyou tushuguan yinshu gongsi, 1931.

The Tenth National Congress of the Communist Party of China (Documents). Peking: Foreign Languages Press, 1973.

Tikhvinsky, S. L., ed. *Rossiisko-kitaiskiie otnosheniia v XX veke* (Russo-Chinese Relations in the 20th Century). Vol. 5. 2 books. Moscow: Pamiatniki istoricheskoi mysli, 2005.

Titarenko, M. L., ed. *Kommunisticheskii Internatsional i kitaiskaia revoliutsiia: Dokumenty i materialy* (The Communist International and the Chinese Revolution: Documents and Materials). Moscow: Nauka, 1986.

Titarenko, M. L., et al., eds. *VKP (b), Komintern i Kitai: Dokumenty* (The AUCP[b], the Comintern, and China: Documents). 5 vols. Moscow: AO "Buklet," 1994–2007. Unger, Jonathan, ed. T*he Pro-Democracy Protests in China: Reports from the Provinces*. Armonk, NY: Sharpe, 1991.

Tomilina N. G., ed. *Nasledniki Kominterna: Mezdunarodnyie soveshchaniia predstavitelei kommunisticheskikh i rabochikh partii v Moskve (noiabr', 1957 g.): Dokumenty* (The Comintern's Heirs: International Conferences of Communist and Labour Parties Representatives in Moscow (November 1957): Documents). Moscow: ROSSPEN, 2013.

United States Relations with China: With Special Reference to the Period 1944–1949. New York: Greenwood Press, 1968.

"V universitete trudiashchikhsia Sun Yat-sena" (In Sun Yat-sen University of Toilers). *Pravda (Truth)*.

the USSR Council of Ministers 1945–1953). Moscow: ROSSPEN, 2002.

The Question of Tibet and the Rule of Law. Geneva: International Commission of Jurists, 1959.

"Record of Conversation, Mao Zedong and Soviet Ambassador to Beijing Pavel Yudin, July 22, 1958." In O. Arne Westad, ed., *Brothers in Arms: The Rise and Fall of the Sino-Soviet Alliance, 1945–1963*. Stanford, CA: Stanford University Press, 1998, 347–56.

Resolution on CPC History (1949–81). Beijing: Foreign Languages Press, 1981.

Saich, Tony, ed. *The Rise to Power of the Chinese Communist Party: Documents and Analysis*. Armonk, NY: Sharpe, 1996. Sanfan wufan yundong wenjian huibian (Collection of Documents from the Three Anti and Five Anti Movements). Beijing: Renmin chubanshe, 1953.

San zhongquanhui yilai—zhongyang wenxian xuanbian (Collection of Selected Key Documents Since the Third Plenum). 2 vols. Beijing: Renmin chubanshe, 1982.

Schell, Orville. *Mandate of Heaven: A New Generation of Entrepreneurs, Dissidents, Bohemians, and Technocrats Lays Claim to China's Future*. New York: Simon & Schuster, 1994.

Schell, Orville, and David Shambaugh, eds. *The China Reader: The Reform Era*. New York: Vintage Books, 1999.

Schoenhals, Michael, ed. *China's Cultural Revolution, 1966–1969: Not a Dinner Party.* Armonk, NY: Sharpe, 1996.

Schram, Stuart, ed. *Chairman Mao Talks to the People: Talks and Letters, 1956–1971*. New York: Pantheon Books, 1974.

Schram, Stuart R., ed. *Mao's Road to Power: Revolutionary Writings, 1912–1949*. 7 vols. Armonk, NY: Sharpe, 1992–2005.

Seymour, James D., ed. *The Fifth Modernization: China's Human Rights Movement, 1978–1979*. Stanfordville, NY: Human Rights, 1980.

Shi Ch'eng-chih. *People's Resistance in Mainland China.* Hong Kong: Union Research Institute, 1956.

Shiyi jie san zhongquanhui yilai zhongyao wenxian xuandu (A Reader of Important Documents Since the Third Plenum of the Eleventh Central Committee). 2 vols. Beijing: Renmin chubanshe, 1987.

Siao Lo (Xiao Luo). "Sovetskaia vlast' v Lunzhou (provintsiia Guansi)" (Soviet Power in Longzhou [Guangxi Province]). In Pavel Mif, ed. *Sovety v Kitae: Sbornik dokumentov i materialov* (Soviets in China: A Collection of Documents and Materials). Moscow: Partizdat TsK VKP(b), 1934, 192–95.

The Sino-Soviet Dispute. New York: Scribner, 1969.

Sladkovskii, M. I., ed. *Dokumenty po istorii Kommunisticheskoi partii Kitaia 1920–1949* (v chetyrekh tomakh) (Documents on the History of the Communist Party of China, 1920–1949. 4 vols.). Moscow: IDV AN SSSR, 1981.

Sladkovskii, M. I., ed. *Informatsionnyi biulleten': Seriia A: "Kulturnaia revoliutsiia" v Kitae: Dokumenty i materialy (perevod s kitaiskogo)* (Information Bulletin. Series A: The "Cultural Revolution" in

"Minutes, Mao's Conversation with a Yugoslavian Communist Union Delegation, Beijing, [undated] September, 1956." *CWIHP Bulletin*, nos. 6–7 (1995–96): 148–52.

Myers, James T., et al., eds. *Chinese Politics: Documents and Analysis*. 4 vols. Columbia: University of South Carolina Press, 1986.

Nathan, Andrew J., and Perry Link, eds. *The Tiananmen Papers.* Compiled by Zhang Liang. New York: PublicAffairs, 2002.

"A New 'Cult of Personality': Suslov's Secret Report on Mao, Khrushchev, and SinoSoviet Tensions, December 1959." *CWIHP Bulletin*, nos. 8–9 (1996–97): 244, 248.

Nickles, David P., and Adam M. Howard, eds. *Foreign Relations of the United States, 1977–1980*. Vol. 13: China. Washington, DC: U.S. Government Printing Office, 2013.

Nie Yuanzi, et al. "Song Shuo, Lu Ping, Peng Peiyuan zai wenhua gemingzhong jiujing gan shenma" (What Are Song Shuo, Lu Ping, and Peng Peiyuan Really Doing with Respect to the Cultural Revolution). *Renmin ribao* (People's Daily), June 2, 1966. The Ninth National Congress of the Communist Party of China (Documents). Peking: Foreign Languages Press, 1969.

Obrazovanie Kitaiskoi Narodnoi Respubliki: Dokumenty i materialy (Establishment of the Chinese People's Republic: Documents and Materials). Moscow: Gospolitizdat, 1950.

Ogden, Suzanne, et al., eds. *China's Search for Democracy: The Student and the Mass Movement of 1989*. Armonk, NY: Sharpe, 1992.

Oksenberg, Michel, Lawrence R. Sullivan, and Marc Lambert, eds. *Beijing Spring, 1989: Confrontation and Conflict: The Basic Documents*. Armonk, NY: Sharpe, 1990.

Ostermann, Christian F. "East German Documents on the Border Conflict, 1969." *CWIHP Bulletin*, nos. 6–7 (1995–96): 186–93.

Otkrytoe pis'mo Tsentral'nogo Komiteta Kommunisticheskoi partii Sovetskogo Soiuza partiinym organizatsiiam, vsem kommunistam Sovetskogo Soiuza (Open Letter of the Central Committee of the Communist Party of the Soviet Union to all Party Organizations and Communists in the Soviet Union). Moscow: Gospolitizdat, 1963.

Peng Dehuai. "Comrade Peng Dehuai's Letter to Chairman Mao (July 14, 1959)." In Peng Dehuai. *Memoirs of a Chinese Marshal: The Autobiographical Notes of Peng Dehuai (1898–1974)*. Translated by Zheng Longpu. Beijing: Foreign Languages Press, 1984, 510–20.

The Polemic on the General Line of the International Communist Movement. Peking: Foreign Languages Press, 1965.

Polemika o general'noi linii mezhdunarodnogo kommunisticheskogo dvizheniia (Polemic on the General Line of the International Communist Movement). Beijing: Izdatel'stvo literatury na inostrannykh iazykakh, 1965.

Politburo TSK VKP(b) i Sovet ministrov SSSR 1945–1953 (The Politburo of the CC of the AUCP[b] and

Zedong shuxin xuanji (Selected Letters of Mao Zedong). Beijing: Renmin chubanshe, 1983.

Mao Zedong. *Mao Zedong sixiang wansui* (Long Live Mao Zedong Thought). 2 vols. Beijing: S.N.I., 1967–69.

Mao Zedong. *Mao Zedong wenji* (Works of Mao Zedong). 8 vols. Beijing: Renmin chubanshe, 1993–99.

Mao Zedong. *Mao Zedong xuanji* (Selected Works of Mao Zedong). Vols. 1–5. Beijing: Renmin chubanshe, 1951–1977.

Mao Zedong. *Mao Zedong zai qidade baogao he jianghua ji* (Collection of Reports and Speeches of Mao Zedong at the 7th Congress). Beijing: Zhangyang wenxian chubanshe, 2000.

Mao Zedong. *Miscellany of Mao Tse-tung Thought (1949–1968)*. 2 parts. Springfield, VA: Joint Publications Research Service, 1974.

Mao Zedong. *Oblaka v snegu. Stikhotvoreniia v perevodakh Aleksandra Pantsova* (Clouds in the Snow: Poems in [Russian] Translation by Alexander Pantsov). Moscow: "Veche," 2010.

Mao Zedong. "Qida gongzuo fangzhen" (Work Report at the Seventh Congress). *Hongqi* (Red Flag), no. 11 (1981): 1–7.

Mao Zedong. *Report from Xunwu*. Translated, with an introduction and notes by Roger R. Thomson. Stanford, CA: Stanford University Press, 1990.

Mao Zedong. *Selected Works of Mao Tse-tung*. 5 vols. Peking: Foreign Languages Press, 1967–1977.

Mao Zedong shenghuo dang'an (Archives of Mao Zedong's Life). 3 vols. Beijing: Zhonggong dangshi chubanshe, 1999.

Materialy 6-go plenuma Tsentral'nogo Komiteta Kommunisticheskoi partii Kitaia vos'mogo sozyva (Materials of the Sixth Plenum of the Eighth Central Committee of the Chinese Communist Party). Beijing: Izdatel'stvo literatury na inostrannykh iazykakh, 1959.

Materialy VIII Vsekitaiskogo s"ezda Kommunisticheskoi partii Kitaia (Materials from the 8th Congress of the Communist Party of China). Moscow: Gospolitizdat, 1956.

"Memo, PRC Foreign Ministry to the USSR Embassy in Beijing, March 13, 1957." *CWIHP Bulletin*, nos. 6–7 (1995–96): 159–60.

"Meeting Between Zhou Enlai and Kosygin at the Beijing Airport." http://www. fmprc.gov.cn/ eng/56920%l.html.

Mif, Pavel, ed. *Sovety v Kitae: Materialy i dokumenty: Sbornik vtoroi* (Soviets in China: Materials and Documents. Collection Two). Moscow: Partizdat TSK VKP(b), 1935. Unpublished proofs.

Mif, Pavel, ed. *Sovety v Kitae: Sbornik materialov i dokumentov* (Soviets in China: Collection of Materials and Documents). Moscow: Partizdat, 1934.

Mif, Pavel, ed. *Strategiia i taktika Kominterna v natsional'no-kolonial'noi revoliutsii na primere Kitaia* (Strategy and Tactics of the Comintern in National and Colonial Revolution: The Case of China). Moscow: IWEIP Press, 1934.

Lenin, V. I. *Collected Works*. 45 vols. Moscow: Progress Publishers, 1972.

Lenin, V. I. *Polnoe sobranie sochinenii* (Complete Collected Works). 55 vols. Moscow: Politizdat, 1963–1978.

Levine, Marilyn A., and Chen San-ching. *The Guomindang in Europe: A Sourcebook of Documents*. Berkeley: University of California Press, 2000.

Li Fu-ch'un. "Report on the First Five-Year Plan, 1953–1957, July 5–6, 1955." In [Robert R. Bowie and John K. Fairbank, eds.] *Communist China, 1955–1959: Policy Documents with Analysis*. Cambridge, MA: Harvard University Press, 1962, 43–91.

Li Songchen, ed. *Gaige dang'an (1976–1999)* (Archive of Reform [1976–1999]). 2 vols. Beijing: Dangdai Zhongguo chubanshe, 2000.

Li Xiannian. *Li Xiannian wenxuan: 1935–1988* (Selected Works of Li Xiannian). Beijing: Renmin chubanshe, 1989.

Lih, Lars T., et al., eds. *Stalin's Letters to Molotov, 1925–1936*. Translated by Catherine A. Fitzpatrick. New Haven: Yale University Press, 1995.

Liu da yilai: Dangnei mimi wenxian (After the Sixth Congress: Secret Intra-party Documents). 2 vols. Beijing: Renmin chubanshe, 1989.

Liu Shao-chi. *On the Party*. Peking: Foreign Languages Press, 1950.

Liu Shaoqi. "Guanyu xinminzhuyi de jianshe wenti" (On the Question of New Democratic Construction). In *Gongheguo zouguode lu—jianguo yilai zhongyao wenxian zhuanti xuanji (1949–1952 nian)* (The Path the Republic Has Taken—Thematic Collection of Selected Important Documents from the Time of the Founding of the PRC [1949–1952]). Beijing: Zhongyang wenxian chubanshe, 1991, 17–26.

Liu Shaoqi. *Liu Shaoqi xuanji* (Selected Works of Liu Shaoqi). 2 vols. Beijing: Renmin chubanshe, 1985.

Liu Shaoqi. *Selected Works of Liu Shaoqi*. 2 vols. Beijing: Foreign Languages Press, 1984.

Lu Keng. *Hu Yaobang fangwen ji* (Interview with Hu Yaobang). New York: Niuyue huayu jigou, 1985.

MacFarquhar, Roderick, ed. *The Secret Speeches of Chairman Mao: From the Hundred Flowers to the Great Leap Forward*. Cambridge, MA: Council on East Asian Studies/Harvard University, 1989.

Major Documents of the People's Republic of China: Selected Important Documents Since the Third Plenary Session of the Eleventh Central Committee of the Communist Party of China, December 1978–November 1989. Beijing: Foreign Languages Press, 1991.

Mao Zedong. *Jianguo yilai Mao Zedong wengao* (Manuscripts of Mao Zedong from the Founding of the PRC). 13 vols. Beijing: Zhongyang wenxian chubanshe, 1987–1998.

Mao Zedong. "Mao Tszedun o kitaiskoi politike Kominterna i Stalina" (Mao Zedong on the China Policy of the Comintern and of Stalin). *Problemy Dal'nego Vostoka (Far Eastern Affairs)*, no. 5 (1998): 101–10.

Mao Zedong. *Mao Zedong on Diplomacy*. Beijing: Foreign Languages Press, 1998. Mao Zedong. Mao

Huang Jinping and Zhang Li. *Deng Xiaoping zai Shanghai* (Deng Xiaoping in Shanghai). Shanghai: Shanghai renmin chubanshe, 2004.

"An Interview with Teng Hsiao-p'ing: Calling for Stronger U.S.-China Ties and a United Front Against Moscow." *Time*, vol. 113, no. 6 (Feb. 5, 1979): 32–35.

Jiang Zemin. *Izbrannoye (Selected Works)*, vol. 1. Beijing: Izdatel'stvo literatury na inostrannykh iazykakh, 2010.

Jinggangshan geming genjudi shiliao xuanbian (Collection of Selected Materials on the Revolutionary Base Area in the Jinggang Mountains). Nanchang: Jiangxi renmin chubanshe, 1986.

Kaizhan dui "Shuihu" de pinglun (Develop Criticism of [the Novel] Water Margin). Xi'an: [n.p.], 1975.

Kau, Michael Y. M., ed. *The Lin Piao Affair: Power Politics and Military Coup*. White Plains, NY: International Arts and Sciences Press, 1975.

Khrushchev, N. S. *Report of the Central Committee of the Communist Party of the Soviet Union to the 20th Party Congress*, February 14, 1956. Moscow: Foreign Languages Publishing House, 1956.

Khrushchev, N. S. *Speech of Nikita Khrushchev Before a Closed Session of the XXth Congress of the Communist Party of the Soviet Union on February 25, 1956*. Washington, DC: U.S. Government Printing Office, 1957.

"Khrushchev's Nuclear Promise to Beijing During the 1958 Crisis." *CWIHP Bulletin*, nos. 6–7 (1995–96): 219, 226–27.

Kovalev, I. V. "Zapiska I. V. Kovaleva ot 24 dekabria 1949 g." (I. V. Kovalev's Note of December 24, 1949). *Novaia i noveishaia istoriia* (Modern and Contemporary History), no. 1 (1998): 132–39.

Kramer, Mark. "New Evidence on Soviet Decision-Making and the 1956 Polish and Hungarian Crisis." *CWIHP Bulletin*, nos. 8–9 (1996–97): 358–84.

Kramer, Mark. "The USSR Foreign Ministry's Appraisal of Sino-Soviet Relations on the Eve of the Split, September 1959." *CWIHP Bulletin*, nos. 6–7 (1995–96): 170–85.

Kurdiukov, I. F., et al., eds. *Sovetsko-kitaiskie otnosheniia, 1917–1957: Sbornik dokumentov* (Soviet-Chinese Relations, 1917–1957: A Documentary Collection). Moscow: Izd-vo vostochnoi literatury, 1959.

LaFantasie, Glenn W., ed. *Foreign Relations of the United States: 1958–1960*. Vol. 19: China. Washington, DC: U.S. Government Printing Office, 1996.

Laird, Thomas. *The Story of Tibet: Conversations with the Dalai Lama.* New York: Grove Press, 2006.

Laoyibei gemingjia shuxin xuan (Selected Letters of the Old Generation Revolutionaries). Changsha: Hunan renmin chubanshe, 1984.

Latin American Diplomat Eyewitness Account of June 3–4 Events in "Tiananmen Square." https://wikileaks.org/ cable/1989/07/89BEIJING8828/html.

"Le Duan and the Break with China." *CWIHP Bulletin*, nos. 12–13 (Fall–Winter 2001), 273–88.

Fang Lizhi. *Bringing Down the Great Wall: Writings on Science, Culture, and Democracy in China*. Translated by James H. Williams and others. New York: Knopf, 1991.

Feng Yuxiang, *Wo de shenghuo* (My Life). Harbin: Heilongjiang renmin chubanshe, 1984.

Feng Yuxiang. *Feng Yuxian riji* (Diary of Feng Yuxiang). 2 vols. Nanjing: Jiangsu guji chubanshe, 1992.

Fifth Session of the Fifth National Congress (Main Documents). Beijing: Foreign Languages Press, 1982.

Fu Fa qingong jianxue yundong shiliao (Materials on the History of the Diligent Work, Frugal Study Movement in France). 3 vols. Beijing: Beijing chubanshe, 1981.

Fursenko, A. A., ed. *Prezidium TsK KPSS: 1954–1964* (Presidium of the CC CPSU: 1954–1964). Vol. 1. *Chernovye protokol'nye zapisi zasedanii, stenogramy, postanovleniia* (Draft Protocol Minutes of the Sessions, Stenographic Records, and Resolutions). Moscow: ROSSPEN, 2003.

Fursenko, A. A., ed. *Prezidium TsK KPSS: 1954–1964* (Presidium of the CC of the CPSU: 1954–1964). Vol. 2. *Postanovleniia 1954-1958* (Resolutions of 1954–1958). Moscow: ROSSPEN, 2006.

Fursenko, A A., ed. *Prezidium TsK KPSS: 1954–1964* (Presidium of the CC of the CPSU: 1954–1964). Vol. 3. Postanovleniia 1959–1964 (Resolutions of 1959–1964). Moscow: ROSSPEN, 2008.

Gao Gang. *Izbrannoe* (Selections). Moscow: IDV AN SSSR, 1989.

Gao Yi, ed. *Fengbei—Deng Xiaoping guju chenleguan* (A Monument to Deng Xiaoping). Chengdu: Sichuan chubanshe, 2004.

Geroi ostrova Damanskii (Heroes of Damansky Island). Moscow: "Molodaia gvardiia," 1969.

Gongchan xiaozu (Communist Cells). 2 vols. Beijing: Zhonggong dangshi ziliao chubanshe, 1987.

Gongheguo zouguode lu—jianguo yilai zhongyao wenxian zhuanti xuanji (1949–1952 nian) (The Path the Republic Has Taken—Thematic Collection of Selected Important Documents from the Time of the Founding of the PRC [1949–1952]). Beijing: Zhongyang wenxian chubanshe, 1991.

The Great Cultural Revolution in China. Rutland, VT: Tuttle, 1968.

Great Historic Victory: In Warm Celebration of Chairman Hua Kuo-feng's Becoming Leader of the Communist Party of China, and of the Crushing of the WangChang-Chiang-Yao Anti-Party Clique. Beijing: Foreign Languages Press, 1976.

The Great Socialist Cultural Revolution in China. 1–6. Peking: Foreign Languages Press, 1966.

A Great Trial in Chinese History: The Trial of the Lin Biao and Jiang Qing Counter-Revolutionary Cliques, Nov. 1980–Jan. 1981. Oxford: Pergamon Press, 1981.

Han Minzhu, ed. *Cries for Democracy: Writings and Speeches from the 1989 Chinese Democracy Movement*. Princeton, NJ: Princeton University Press, 1990.

Ho Chi Minh. "The Last Testament of Ho Chi Minh." *Antioch Review*. Vol. 29, no. 4 (1969–1970): 497–99.

Hsiao Tso-liang. *Power Relations Within the Chinese Communist Movement, 1930–1934*. Vol. 2. Seattle: University of Washington Press, 1967.

Deng Xiaoping. "Velikoe splochenie kitaiskogo naroda i velikoe splochenie narodov mira" (The Great Unity of the Chinese People and the Great Unity of the Peoples of the World). *Pravda (Truth)*, Oct. 1, 1959.

IX Vsekitaiskii s"ezd Kommunisticheskoi partii Kitaia (dokumenty) (Ninth Congress of the Communist Party of China [Documents]). Beijing: Izdatel'stvo literatury na inostrannykh iazykakh, 1969.

Documents of the First Session of the Fifth National People's Congress of the People's Republic of China. Beijing: Foreign Languages Press, 1978.

Documents of the National Conference of the Communist Party of China: March 1955. Peking: Foreign Languages Press, 1955.

Documents of the Thirteenth National Congress of the Communist Party of China (October 25–November 1, 1987). Peking: Foreign Languages Press, 1987.

"Doklad delegatsii iz Guansi na I Vsekitaiskoi konferentsii predstavitelei Sovetskikh raionov: Mai 1930 g." (Report of the Guangxi Delegation at the First All-China Conference of the Soviet Areas' Representatives: May 1930). In Pavel Mif, ed. *Sovety v Kitae: Sbornik dokumentov i materialov* (Soviets in China: A Collection of Documents and Materials). Moscow: Partizdat TsK VKP(b), 1934, 195–200.

Dokumenty soveshchaniia predstavitelei kommunisticheskikh i rabochikh partii, sostoiavshikhsia v Moskve v noiabre 1957 goda (Documents from the Meetings of Representatives of Communist and Workers' Parties that Took Place in Moscow in November 1957). Moscow: Gospolitizdat, 1957.

Dokumenty VIII Plenuma Tsentral'nogo Komiteta Kommunisticheskoi partii Kitaia vos'mogo sozyva (Documents of the Eighth Plenum of the Eighth Central Committee of the Communist Party of China). Beijing: Izdatel'stvo literatury na inostrannykh iazykakh, 1959.

Dvenadtsatyi Vsekitaiskii s"ezd Kommunisticheskoi partii Kitaia (dokumenty) (Twelfth National Congress of the Communist Party of China [Documents]). Beijing: Foreign Languages Press, 1982.

XXII s"ezd Kommunisticheskoi partii Sovetskogo Soiuza: 17–31 oktiabria 1961: Stenograficheskii otchet (Twenty-second Congress of the Communist Party of the Soviet Union: October 17–31, 1961: Stenographic Record). 3 vols. Moscow: Gospolitizdat, 1962.

Eighth National Congress of the Communist Party of China. 2 vols. Peking: Foreign Languages Press, 1956.

The Eleventh National Congress of the Communist Party of China: Documents. Beijing: Foreign Languages Press, 1977.

"The Emerging Disputes Between Beijing and Moscow: Ten Newly Available Chinese Documents, 1956–1958." *CWIHP Bulletin*, nos. 6–7 (1995–96): 148–63.

"Excerpt from the Communiqué of the Fourth Plenum (February 18, 1954)." In Frederick C. Teiwes. *Politics at Mao's Court: Gao Gang and Party Factionalism*. Armonk, NY: Sharpe, 1990, 236–37.

Medvedeva, Georgiia Shakhnazarova (1985–1991) (In the CC CPSU Politburo … from the Notes Taken by Anatolii Cherniaev, Vadim Medvedev, Georgii Shakhnazarov). Moscow: Alphina Biznes Buks, 2006.

Chi Hsin. *The Case of Gang of Four: With First Translation of Teng Hsiao-ping's "Three Poisonous Weeds."* Hong Kong: Cosmos Books, 1977.

Chinese War Crimes in Vietnam. Hanoi: Vietnam Courier, 1979.

Chou En-lai. "Report on the Proposals for the Second Five-Year Plan for Development of the National Economy." In *Eighth National Congress of the Communist Party of China.* Vol. 1: *Documents*. Peking: Foreign Languages Press, 1956, 261–328.

Deng Xiaoping. "Deng Xiaoping gei Mao zhuxide xin (1972 nian 8 yue 3 ri)" (Deng Xiaoping's Letter to Chairman Mao [August 3, 1972]), http://www.sinovision. net/blog/index/php?act=details&id=12850 &bcode=xinwu.

Deng Xiaoping. "Deng Xiaoping qicaode 'Qi jun gongzuo baogao'" (Report on the Work of the 7th Corps Written by Deng Xiaoping). In Deng Xiaoping. *Deng Xiaoping zishu* (Autobiographical Notes of Deng Xiaoping). Beijing: Jiefangjun chubanshe, 2004, 45–74.

Deng Xiaoping. *Deng Xiaoping shouji xuan* (Selected Manuscripts of Deng Xiaoping). 4 vols. Beijing: Zhongguo dang'an chubanshe/Daxiang chubanshe, 2004.

Deng Xiaoping. *Deng Xiaoping wenxuan* (*Selected Works of Deng Xiaoping*). 3 vols. Beijing: Renmin chubanshe, 1994.

Deng Xiaoping. *Deng Xiaoping xinan gongzuo wenji* (Works of Deng Xiaoping on His Work in the Southwest). Beijing/Chongqing: Zhongyang wenxian chubanshe/ Chongqing chubanshe, 2006.

Deng Xiaoping. "Deng Xiaoping's Talks with the Soviet Ambassador and Leadership, 1957–1963." *CWIHP Bulletin*, no. 10 (March 1998): 165–82.

Deng Xiaoping. *Osnovnye voprosy sovremennogo Kitaia* (Fundamental Issues of Contemporary China). Moscow: Politizdat, 1988.

Deng Xiaoping. "Report on the Rectification Campaign, 1955–1959." In [Bowie, Robert R., and John K. Fairbank, eds.] *Communist China, 1955–1959: Policy Documents with Analysis*. Cambridge, MA: Harvard University Press, 1962, 341–63.

Deng Xiaoping. *Selected Works of Deng Xiaoping (1938–1965)* Beijing: Foreign Languages Press, 1992.

Deng Xiaoping. *Selected Works of Deng Xiaoping*. Vol. 2 *(1975–1982)*. Beijing: Foreign Languages Press, 1995.

Deng Xiaoping. *Selected Works of Deng Xiaoping*. Vol. 3 *(1982–1992)*. Beijing: Foreign Languages Press, 1994.

Deng Xiaoping. S*peech by Chairman of Delegation of the People's Republic of China, Teng Hsiao-p' ing, at the Special Session of the U.N. General Assembly*. Beijing: Foreign Languages Press, 1974.

and Disturbances: September 25, 1989, the Qincheng Municipal Prison). In Wu Wei, *Zhongguo bashi niandai zhengzhi gaigede taiqian muhou* (On Stage and Backstage: China's Political Reform in the 1980s). Hong Kong: Xin shiji chubanshe, 2013, 624–30.

Baqi huiyi (August 7 Conference). Beijing: Zhonggong dangshi ziliao chubanshe, 1986.

Baum, Richard, and Frederick C. Teiwes. *Ssu-Ch'ing: The Socialist Education Movement of 1962–1966.* Berkeley: University of California Press, 1968.

Benton, Gregor, and Alan Hunter, eds. *Wild Lily, Prairie Fire: China's Road to Democracy: From Yan'an to Tian'anmen, 1942–1989*. Princeton, NJ: Princeton University Press, 1995.

Boni, L. D., ed. *Ekonomicheskaia reforma v KNR: Preobrazovaniia v derevne: 1978–1988: Dokumenty* (Economic Reform in the PRC: Reform in Villages: 1978–1988: Documents). Moscow: Nauka, 1993.

Borisov, O. [Rakhmanin O. B.], and M. Titarenko, eds. *Vystupleniia Mao Tsze-duna, ranee ne publikovavshiesia v kitaiskoi pechati* (Mao Zedong's Speeches Previously Unpublished in the Chinese Press.) 6 series. Moscow: Progress, 1975–76.

[Bowie, Robert R., and John K. Fairbank, eds.] *Communist China, 1955–1959: Policy Documents with Analysis*. Cambridge, MA: Harvard University Press, 1962.

Bukharin, N. I. "Otvet na zapisku V. I. Lenina" (Reply to V. I. Lenin's Note). In L. B. Kamenev, ed. *Leninskii sbornik* (Lenin's Collection). Vol. 4. Moscow: Gosizdat, 1925, 384–85.

Bukharin, N. I. *Selected Writings on the State and the Transition to Socialism*. Translated, edited, and introduced by Richard B. Day. Armonk, NY: Sharpe, 1982.

Burr, William, ed. *The Kissinger Transcripts: The Top Secret Talks with Beijing and Moscow.* New York: New Press, 1998.

Carter, Jimmy. *White House Diary*. New York: Farrar, Straus and Giroux, 2010.

The Case of Peng Dehuai: 1959–1968. Hong Kong: Union Research Institute, 1968.

CCP Documents of the Great Proletarian Cultural Revolution, 1966–1976. Hong Kong: Union Research Institute, 1968.

Chen Jian. "Deng Xiaoping, Mao's 'Continuous Revolution,' and the Path Towards the Sino-Soviet Split: A Rejoinder." *CWIHP Bulletin*, no. 10 (March 1998): 162–64.

Chen Yun. *Chen Yun wenxuan: 1926–1949* (Selected Works of Chen Yun: 1926–1949), Vol. 1. Beijing: Renmin chubanshe, 1984.

Chen Yun. *Chen Yun wenxuan: 1949–1956* (Selected Works of Chen Yun: 1949–1956), Vol. 2. Beijing: Renmin chubanshe, 1984.

Chen Yun. *Chen Yun wenxuan: 1956–1985* (Selected Works of Chen Yun: 1956–1985), Vol. 3. Beijing: Renmin chubanshe, 1986.

Cherniaev, A. S., et al., eds. *V Politburo TsK KPSS ... Po zapisiam Anatoliia Cherniaeva, Vadima*

Collection 558. Joseph Vissarionovich Stalin. Collection of unsorted documents.

俄羅斯聯邦外交政策檔案館（Archive on the Foreign Policy of the Russian Federation，俄文縮寫：AVP RF）

Collection 0100. Inventory 46. File 12. Folder 362. The Diary of Soviet Ambassador to China Vasily Vasilevich Kuznetsov. Miscellaneous papers.

Collection 0100. Inventory 46. File 374. Folder 121. Zhou Enlai Speech at the All-China Financial-Economic Conference.

德國統一社會黨中央委員會檔案（Former Archive of the Central Committee of the Socialist Unity Party of Germany）

Stenographic Record of the Meeting Between a Delegation of the Communist Party of the Soviet Union and the Communist Party of China, July 5–20, 1963. Moscow. [2 parts.]

中華民國法務部調查局檔案

Miscellaneous papers on Chinese Communist movement.

私人檔案收藏

Archives of Alexander V. Pantsov. Miscellaneous papers.

Archives of Igor Vasilievich Yurchenko (Yuzhin), Stalin's Emissary at Mao's Headquarters in Yan'an, 1941–1943. Miscellaneous papers.

文獻史料出版品

Acheson, Dean. "Letter of Transmittal." In *United States Relations with China: With Special Reference to the Period 1944–1949*. New York: Greenwood Press, 1968, iii–xvii.

Aimermakher, K., ed. *Doklad N. S. Khrushcheva o kul'te lichnosti Stalina na XX s"ezde KPSS: Dokumenty* (N. S. Khrushchev's Report on Stalin's Cult of Personality at the 20th CPSU Congress: Documents). Moscow: ROSSPEN, 2002.

"'All Under the Heaven Is Great Chaos': Beijing, the Sino-Soviet Clashes, and the Turn to Sino-American Rapprochement, 1968–69." *CWIHP Bulletin*, no. 11 (March 1998): 155–75.

Angle, Stephen C., and Marina Svensson, eds. *The Chinese Human Rights Reader: Documents and Commentary, 1990–2000*. Armonk, NY: Sharpe, 2001.

Bao Tong. "Bao Tong zai xuechao he dongluan qijian yanxing de 'jiaodai': 1989 nian 9 yue 25 ri yu Qincheng jianyu" ("Explanations" of Bao Tong's Words and Actions During the Student Movement

參考書目

文獻史料

檔案

俄羅斯社會暨政治史國家檔案館（Russian State Archive of Social and Political History，俄文縮寫：RGASPI）

Collection 17. Inventory 2. Plenums of the Central Committee of the Russian Communist Party (Bolsheviks) and the All-Union Communist Party (Bolsheviks). 1918–1941.

Collection 17. Inventory 3. Minutes of Sessions of the Politburo of the Central Committee of the Russian Communist Party (Bolsheviks) and the All-Union Communist Party (Bolsheviks).

Collection 17. Inventory 162. Special Papers of the Politburo of the Central Committee of the Russian Communist Party (Bolsheviks) and the All-Union Communist Party (Bolsheviks).

Collection 146. Inventory 2. File 3. The Diary of Georgii Dimitrov (Mar. 9, 1933–Feb. 6, 1949).

Collection 495. Inventory 65a. Personal Files of Employees of the Executive Committee of the Communist International Apparatus.

Collection 495. Inventory 225. File 71. Dossier to the Personal File of Mao Zedong. 5 vols.

Collection 495. Inventory 225. File 71. Personal File of Mao Zedong. 10 vols.

Collection 495. Inventory 225. File 428. Personal file of Jin Weiying (Liza). [Deng Xiaoping's second wife.]

Collection 495. Inventory 225. File 1629. Personal File of Deng Xixian (Dozorov). [Deng Xiaoping.]

Collection 495. Inventory 225. File 1669. Personal File of Dogadova. [Deng Xiaoping's first wife.]

Collection 495. Inventory 225. File 2574. Personal File of Deng Xixian. [Deng Xiaoping.]

Collection 495. Inventory 225. Personal Files of 3,323 Members of the Chinese Communist Party and the Guomindang.

Collection 505. International Control Commission of the Communist International.

Collection 514. Central Committee of the Chinese Communist Party.

Collection 514. Inventory 3. Collection of Mao Zedong's Documents of 1923–1940.

Collection 530. Communist University of the Toilers of China. Collection 531. International Lenin School.

Collection 532. Communist University of the Toilers of the East and the Research Institute of National and Colonial Problems.

歷史大講堂

鄧小平：革命人生

2016年8月初版 定價：新臺幣590元
2021年8月初版第二刷
有著作權・翻印必究
Printed in Taiwan.

著者 Alexander V. Pantsov.
Steven I. Levine
譯者 吳潤璿
叢書主編 梅心怡
校對 呂佳真
吳淑芳
封面設計 陳文德

副總編輯 陳逸華
總編輯 涂豐恩
總經理 陳芝宇
社長 羅國俊
發行人 林載爵

出版者 聯經出版事業股份有限公司
地址 新北市汐止區大同路一段369號1樓
叢書主編電話 (02)86925588轉5305
台北聯經書房 台北市新生南路三段94號
電話 (02)23620308
台中分公司 台中市北區崇德路一段198號
暨門市電話 (04)22312023
台中電子信箱 e-mail：linking2@ms42.hinet.net
郵政劃撥帳戶第0100559-3號
郵撥電話 (02)23620308
印刷者 文聯彩色製版印刷有限公司
總經銷 聯合發行股份有限公司
發行所 新北市新店區寶橋路235巷6弄6號2樓
電話 (02)29178022

行政院新聞局出版事業登記證局版臺業字第0130號

本書如有缺頁，破損，倒裝請寄回台北聯經書房更換。 ISBN 978-957-08-4779-6 (平裝)
聯經網址：www.linkingbooks.com.tw
電子信箱：linking@udngroup.com

國家圖書館出版品預行編目資料

鄧小平：革命人生/ Alexander V. Pantsov、
Steven I. Levine著．吳潤璿譯．初版．新北市．
聯經．2016年8月（民105年）．592面．17×23公分
（歷史大講堂）
譯自：Deng Xiaoping: A Revolutionary Life
ISBN 978-957-08-4779-6（平裝）
[2021年8月初版第二刷]

1.鄧小平 2.傳記

782.887 105013193